U0488789

李伯谦先生从事教学考古60周年暨学术思想研讨会与会人员合影

本书由郑州中华之源与嵩山文明研究会、
郑州嵩山文明研究院资助出版

中华之源与嵩山文明研究系列丛书

学而述而里仁

——李伯谦先生从事教学考古60周年暨学术思想研讨会文集

王文超 何驽 主编

中原出版传媒集团
中原传媒股份有限公司
大象出版社
·郑州·

图书在版编目(CIP)数据

学而述而里仁：李伯谦先生从事教学考古60周年暨学术思想研讨会文集 / 王文超，何驽主编. — 郑州：大象出版社，2022.12
ISBN 978-7-5711-1652-1

Ⅰ. ①学… Ⅱ. ①王… ②何… Ⅲ. ①考古学-教学思想-学术会议-文集 Ⅳ. ①K85-53

中国版本图书馆 CIP 数据核字(2022)第 227654 号

XUEER SHUER LIREN

学而述而里仁
——李伯谦先生从事教学考古60周年暨学术思想研讨会文集

王文超　何　驽　主编

出 版 人	汪林中
责任编辑	王军敏
责任校对	万冬辉　张绍纳　安德华
装帧设计	张　帆
责任印制	郭　锋

出版发行	大象出版社（郑州市郑东新区祥盛街27号　邮政编码450016）
	发行科　0371-63863551　总编室　0371-65597936
网　　址	www.daxiang.cn
印　　刷	河南瑞之光印刷股份有限公司
经　　销	各地新华书店经销
开　　本	720 mm×1020 mm　1/16
印　　张	43.25
字　　数	588 千字
版　　次	2022 年 12 月第 1 版　2022 年 12 月第 1 次印刷
定　　价	298.00 元

若发现印、装质量问题，影响阅读，请与承印厂联系调换。
印厂地址　武陟县产业集聚区东区(詹店镇)泰安路与昌平路交叉口
邮政编码　454950　　　　　　电话　0371-63956290

"中华之源与嵩山文明研究系列丛书"

编纂委员会

学术顾问
徐光春　王伟光　李伯谦　严文明
朱凤瀚　郭黛姮　朱绍侯　朱士光
王　巍

主　任
王文超

副主任
李柏拴　刘其文　丁世显

委　员
（以姓氏笔画为序）

刘太恒　齐岸青　孙英民　陈西川
苗书梅　赵　辉　赵　健　阎铁成
韩国河

"中华之源与嵩山文明研究系列丛书"

编辑委员会

主　任

李伯谦

副主任

王　巍　赵　辉　杨焕成　孙英民

委　员

陈星灿　杭　侃　郭黛姮　郝本性
郑杰祥　雷兴山　刘海旺　张新斌
史家珍　李令福　杜启明　张国硕
程民生　阎铁成　任　伟　朱　军
张松林　王文华　顾万发　张建华

本辑编委

主　编：王文超　何　弩
副主编：阎铁成　张建华
编　辑：李　珣　柴小羽　鲍君惠

谨以此书

敬献给我们最敬爱的李伯谦先生

致敬考古学家李伯谦先生
（代序）

河南省委原常委　郑州市委原书记　王文超

在纪念中国现代考古学诞生一百周年的日子里，喜逢当代考古学家李伯谦先生从事考古教学和考古事业六十周年，郑州中华之源与嵩山文明研究会联合北京大学考古文博学院、中国考古学会为李先生举办了六十周年座谈会，参加会议的有李先生的学生，也有他事业上的朋友，还有相关部门的领导。大家欢聚一堂，讲述先生的故事，感恩先生的教诲，回顾先生的贡献，展望先生为之鞠躬尽瘁的考古事业，祝福先生健康长寿。

我和李先生相识二十多年了，尽管对先生的事业和成就有些了解，但在座谈会上还是被深深感动了。李先生对学生们的爱护、对事业的追求和执着、对中国现代考古事业和教学的贡献、对家乡的拳拳赤心，让人印象深刻，令人无限崇仰。

李先生北京大学毕业后留校任教，六十年来，从风华正茂到鬓发斑斑，亲自带出的博士生、硕士生近百人。李先生和学生们间的师生情谊朴实而又深厚，对学生的爱护是全方位的，从学习到工作，言传身教，春风化雨，润物无声。李先生教学授之以渔，启发独立思考，鼓励创见与讨论。在考古学理论与方法上，鼓励学生放飞思想、天马行空，求证真史小心谨慎，坚持教学相长，交流互鉴，学生们从中受益匪浅。

李先生不仅有大学问，还有大操守、大格局、大情怀，严以律己，宽厚待人，有教无类，呕心沥血，为学界同人所尊重。他所接触的考古工作者来自不同高等院校、各省市文博考古机构，遍及大江南北。先生对他们从无门户之见、派别之分，不搞学术小圈子，总是热情地为他们答疑解惑，毫无保留地指导和帮助他们，这种开放包容的学者风范宛如一泓清泉，明亮清澈且沁人心脾。

李先生一生致力于考古学研究和教学，奔波在课堂和田野间。六十年来，足迹遍及祖国大地，北至黑龙江、内蒙古，南至海南、广东，西至青海、新疆，东至山东、浙江。用手铲释读天书，寻找中华文明远古的辉煌。他常常离家几个月，工作条件也很差，没有稳定的住地，没有充足的口粮，随时还会有危险。李先生认为，考古学的研究一定是植根于田野当中的，每一趟出发、每一回紧握手铲、每一次埋首探方都会让人满载而归。先生是行走在课堂与田野间时间最长的专家之一。正是像李先生这样的一批考古学家坚持一线考古，风餐露宿，青灯黄卷，展现了深厚的爱国情怀、坚定的学术志向、顽强的工作作风，铸就了中国考古人的精神。

1996年，"九五"国家重点科技攻关项目"夏商周断代工程"启动，全国历史、考古、天文、测年、古文献等多个学科超过二百位的专家学者，联合开展夏、商、周三代的年代学研究，李先生出任首席科学家，主要负责考古领域。在项目实施五年多的时间里，他不但要统一课题规划，还要统筹各遗址的考古发掘，积极协调各课题组以及相关学科间的研究。这项工程首创了社会科学领域多学科、多单位、多学者团结合作、协同攻关解决重大课题的科研模式，在海内外学界产生了重大影响，在夏商周年代学和年表的建立方面贡献巨大。二十年过后，王巍先生回忆说，断代工程是以考古资料为基础的，有很多专家参加，因此就有各种各样的意见、见解，有时候有些意见很难统一，李先生大度包容，以高超的组织力和亲和力，形成了一个比较好的结果，李先生功莫大焉。

进入新世纪后，李先生逐渐将研究重心集中到对中国早期文明的探索上来。2000年，他和北京大学的徐天进、朱凤瀚教授一起主持起草了《关于中国古代文明研究的几点设想》，并出任国家"十五"科技攻关项目"中华文明探源工程预研究"主持人，为深入探索中华文明的起源奠定了坚实基础。

李先生非常关注、支持环嵩山地区旧石器时代的考古，不仅将其列入北京大学中国考古学研究中心的首批重大课题，还要求北京大学考古文博学院年代测定实验室承担了年代测定工作。阶段性考古发掘成果出来后，李先生指导课题组举办了国际学术研讨会。每到关键时期，他都亲临现场，使田野考古工作不断取得一个个重大突破，李家沟遗址、老奶奶庙遗址正是在李先生的指导下取得的丰硕成果，被列入国家年度十大考古新发现。

李先生十分重视考古学理论与方法的建设与创新。他坚持中国考古学的自身特色，注重考古学理论与方法的继承与发展，对国外考古学理论与方法既不主观感性地完全排斥，也不简单盲目地照单全收，而是科学辨析、客观反思、理性借鉴，为建立中国考古学文化发展的完整体系做出了巨大努力。他提出了很多重要学术观点，如中国古代文明演进的两种模式：神权与王权；文明形成的十项判断标准：明显的贫富分化、设防的城垣、大型礼仪建筑、观象台、文字的出现、铜器的出现、大型的仓储设施、大型的宫殿建筑基址、高规格的墓葬、异族文化等；文明进程的三个阶段：古国—王国—帝国。他提出了考古学上的文化因素分析法，认为考古学目前已逐步由物质文化史的研究转向社会及其发展规律的研究，由物的单纯研究发展到遗存背后精神层面的研究，许多考古文化事象，若不经过文化因素分析法对文化细节做解构性研究,很难发现文物背后的来龙去脉,包括文化构成、不同文化因素来源、文化变迁和文化特质等。文化因素分析方法已成为与地层学、类型学并列的中国考古学研究的三大基本方法之一。特别是他在《感悟考古》一书中,对考古学研究中的十七个问题展开了讨论,这既是他对个人治学生涯的一次回顾,更是他对中国考古学理论与方法的全面反思。

郑州是一座历史悠久、文化灿烂的城市。五千年前,这里就是传说中黄帝时代的政治、经济活动中心,夏商时代登封王城岗、新密新砦、郑州商城先后立都,是中华文明起源的核心地区。二十年前我着手推进郑州历史文明研究保护时,李先生就给予了全力支持,郑州很多重大考古发现、重大学术研究的突破都与他密不可分。尤其是郑州巩义双槐树遗址的发掘研究,无论严寒还是酷暑,经常看到八十多岁的他驻足探坑,鉴证遗物,指导考古取得重大突破。他组织专家们认真论证双槐树遗址为"河洛古国"都邑遗址,对于推进中华文明起源的研究和探源工程做出了积极贡献。

2010年,郑州市成立了中华之源与嵩山文明研究会,我们请李先生领衔研究会的工作,他爽快答应,身体力行。研究会聚集起了全国各地高校和研究机构的一大批专家学者,形成了全国性开放性专家型研究平台。李先生任学术委员会主任,倾心谋划研究会的发展方向,搭建学术构架,选定研究课题,致力推动研究会与国内高等院校、科研院所开展课题研究合作。十多年来,研究会相继启动了"东亚现代人起源——以嵩山地区为中心的研究""嵩山地区文明化进程与华夏文明的形成"等十七项重大课题,先后发布了八批嵩山文明研究年度课题,资助二百多个项目,内容涉及历史、考古、哲学、地理、水文等众多领域。在李先生的带领下,一大批国内外专家、学者参与课题研究,形成了许多卓有远识的学术观点,撰写了一批在国内外得到广泛关注的论著。郑州中华之源与嵩山文明研究会已成

致敬考古学家李伯谦先生（代序）

为国内有重要影响力的学术团体。

为了更好地促进学术交流，李先生还策划组织了一系列的学术研讨活动，先后召开了嵩山文明与早期中国学术研讨会、中国古代文明化模式学术研讨会、五帝时代与中华文明学术研讨会等二十多场研讨会。这些研讨会意义非凡，影响深远，形成了强有力的中原学术之声，引发学界强烈关注。特别是推进郑州市委、市政府与中国考古学会、中国社会科学院考古研究所等联合主办首届中国考古学大会，开创了中国考古成果交流与研究的新局面，同中国考古学会主办的两年一届的"中国考古·郑州论坛"已成为在中国考古界享有盛誉的学术互动平台。

李先生以极大的热情组织了"天中讲坛——中华文明系列专题讲座"，全国各地各专业的专家、学者应邀莅临讲坛，将各地各领域的最新成果呈现给公众，形成了中华文明研究新成果的一个传播中心，引起了社会各界的广泛关注，树起了"天中讲坛"声名远播的学术品牌。

2018年底，郑州中华之源与嵩山文明研究会换届，李先生担任研究会会长兼学术委员会主任，还出任了郑州天中书院院长。老骥伏枥，壮心不已。

衷心祝福李先生青松长健！衷心祝愿李先生为中华文明起源研究和中国现代考古学事业再树丰碑！

2022年3月23日

前　言

中国社会科学院考古研究所　何　驽

2021年是中国共产党建党百年、中国考古学诞生百年。在这样一个重要的年份，北京大学考古文博学院的著名教授李伯谦先生，从事教学考古60周年。由北京大学考古文博学院、郑州中华之源与嵩山文明研究会主办，郑州嵩山文明研究院、河南省文物考古研究院、郑州市文物考古研究院承办的"李伯谦先生学术思想研讨会——李伯谦先生从事教学考古60周年"座谈会，于2021年7月17日下午，在郑州索菲特酒店三楼白云阁举行。座谈会由郑州中华之源与嵩山文明研究会副会长阎铁成主持。

参加研讨会的有河南省委、河南省人大常委会、河南省政协、焦作市委、中国考古学会理事会、河南省文化厅、郑州市常委、河南省文物局、河南省考古学会、河南报业集团等单位的领导们。专家学者们则来自中国社会科学院考古研究所、北京大学考古文博学院、中国人民大学、北京师范大学、首都师范大学、中国科学院大学、中国国家博物馆、故宫博物院、文物出版社、陕西省考古研究院、陕西师范大学、西安工程大学、西北大学、山西省考古研究院、山西大学、河北师范大学、山东大学、湖北省文物考古研究所、武汉大学、湖北大学、安徽省文物考古研究所、江西省文物考古研究院、南京大学、南京博物馆、上海大学、泗县博物馆、深圳市文物考古鉴定所、宿迁市文旅局、宿迁市政协、河南省文物局、河南省文物考古研究院、河南博物院、郑州大学、河南大学、河南省社会科学院历史与考古研究所、龙门石窟研究院、郑州市文物局、郑州市文物考古研究院、郑州中华之源与嵩山文明研究会、郑州嵩山文明研究院、郑州市地方史志办公室、河南文艺出版社、中州古籍出版社、中影公司、郑州第47中学。此外还有新闻界的各位朋友。参加研讨会的人员共计100余人。

半天的座谈会上，有两位领导致辞，有17位专家学者发言，最后李伯谦先生做了总结讲话。座谈会开得非常热烈、温馨、圆满而成功。但皆因李伯谦先生反复要求低调，座谈会并未广为宣传。

于是，何驽填《瑞鹤仙》以志座谈会盛况：

郑州云疾走，桃李会，海内高朋齐奏。耕耘杏坛久，六十年，洙水攻渔频授。颜回巷陋，德远宣、英才入彀。更臻思独道，河洛古国，玉圭难朽。

宝月青铜照宴，弟子称爵，玉姝传豆，精神抖擞。虽耄耋，正时候；发豪情，考古天香分鼎，吴钩彻胆依旧。看星繁宇宙，光投斗南一宿。

武家璧亦作《七律》赞曰：

执教黉门六十载，迎来弟子自八方。

穷经颜氏居陋巷，抗礼端木走上邦。

处处交觥闻弦歌，声声献寿称羽觞。

对扬宾客来郑州，鹤发吾师坐高堂。

会后，会务组发出了出版"李伯谦先生学术思想研讨会——李伯谦先生从事教学考古60周年"座谈会文集的约稿。至2021年底，稿件陆续收齐。郑州中华之源与嵩山文明研究会与李伯谦先生商定，由王文超、何驽来主编。2022年元月，李伯谦先生的爱女李珣女士将先期收集到的稿件汇总，转交给何驽,开始初步编辑。河南省委原常委、郑州市委原书记王文超先生以《致敬考古学家李伯谦先生》为题,深情致敬李先生,代为本文集序。

李伯谦先生在北京大学考古教学60年,桃李满天下,自己研究成果等身,道德文章双馨。同门弟子与受惠和受教于李先生的人们,无不敬仰先生的深厚学养与君子标格,对先生的学术思想高山仰止。我们认为李伯谦先生旌表杏坛,真慈宏范,德比仲尼。于是本文集取义《论语》,总题为《学而述而里仁》,皆从《论语》内篇名集成。

文集第一部分"雍也致辞",名头出自《论语·雍也第六》:"子曰:'雍也,可使南面。'"这一部分收录了北京大学考古文博学院院长陈建立与中国考古学会理事长王巍先生热情洋溢的研讨会致辞。

文集第二部分"学而回顾",名头出自《论语·学而第一》:"子曰:'学而时习之,不亦说乎?有朋自远方来,不亦乐乎?人不知而不愠,不亦君子乎?'"这部分收录李伯谦先生的弟子们与受惠和受教于先生的人们,回顾先生的教育、教诲、培养、关怀、爱护、奖掖、支持的点点滴滴。其中,《李伯谦先生从事教学考古60周年暨学术思想研讨座谈录》为座谈会17位学者的发言集录。其余9篇为杜金鹏、周晓陆、田建文、张国硕、宋玲平、秦文波、王幼平、李海荣、吉琨璋先生,从各自的角度与经历,专文回顾与李伯谦先生的学术交往以及先生的学术贡献,深深感恩之情,跃然纸上。

文集第三部分"述而作论",名头出自《论语·述而第七》:"子曰:'述而不作,信而好古,窃比于我老彭。'"这部分收录了25位学者的学术新作。其中何驽、王文华、牛世山、雷兴山、王洋、袁广阔、梁云、段旭颖、董新林、岳天懿、徐良高、宫希成的论文,围绕李伯谦先生学术思想体系,进行发散性的学术研究。赵春青、王睿、杜金鹏、段勇、张渭莲、蒋迎春、徐坚、陈彦堂、顾万发的论文则涉及考古具体问题的分析。武家璧先生的论文谈史前天文考古。蔡庆良的论文以晋侯墓地M63玉器案例谈艺术考古。高子期的论文阐发了他对高校考古学科建设的一些思考。孙庆伟的论文重申了他对"中国特色中国风格中国气派考古学"的丰富内涵的认识。

文集第四部分"里仁文志",名头出自《论语·里仁第四》:"子曰:'里仁为美。'"邢昺疏:"正义曰:此篇明仁。仁者,善行之大名也。"这部分收录了田建文、吉琨璋二位先生不辞辛劳收集的李伯谦先生论文著作目录,此乃李伯谦先生仁者善行年表,同时田、吉二位先生收集先生论文著述目录、年表之善举,亦可称"里仁"也。

还有一些弟子与受惠和受教于李伯谦先生的人们,由于公务十分繁忙,未能提交论文和回顾与先生学术交往的文章,虽心心念念,但只能留有遗憾了。也祝愿他们在自己的工作与科研岗位上,继续发扬李伯谦先生的学术思想理念与高尚的精神,做好工作,再创佳绩,以回报师恩!

共勉!

目 录

雍也致辞

李伯谦先生学术思想座谈会致辞　　　　　　　　　　　　陈建立　/002
李伯谦先生学术思想研讨会致辞　　　　　　　　　　　　　王　巍　/006

学而回顾

李伯谦先生从事教学考古60周年暨学术思想研讨座谈录　　何　驽等 /010
继承与创新的典范
　　——写在"李伯谦先生学术思想研讨会"召开之际　　　杜金鹏　/055

师恩尽透些微处

　　——写在李伯谦老师从教六十周年时　　　　　　　　　　周晓陆　/059

再读李伯谦先生《感悟考古·导言》　　　　　　　　　　　田建文　/071

我所了解的李伯谦先生　　　　　　　　　　　　　　　　　张国硕　/077

虚怀若谷，海纳百川

　　——向李伯谦先生从事教学考古60周年致敬　　　　　宋玲平　/081

一朝沐杏雨，一生念师恩　　　　　　　　　　　　　　　　秦文波　/087

李伯谦先生与郑州旧石器考古　　　　　　　　　　　　　　王幼平　/095

李伯谦先生对岭南考古的研究及其贡献　　　　　　　　　　李海荣　/113

李伯谦老师与山西夏商周晋文化考古　　　　　　　　　　　吉琨璋　/140

伯乐先生，斗南一人

　　——我心目中的李伯谦老师　　　　　　　　　　　　　何　驽　/154

述而作论

试论李伯谦先生考古学术思想体系　　　　　　　　　　　　何　驽　/168

考古学文化传统与考古学文化因素分析　　　　　　　　　　王文华　/185

文化因素分析方法与人文社会科学研究　　　　　　　　　　牛世山　/194

考古学文化因素分析方法新理解　　　　　　　　雷兴山　王　洋　/206

中国史前文明起源"两种模式论"与中原文明化进程探索

　　——以河南地区为中心的考察　　　　　　　　　　　　袁广阔　/218

目 录

论战国秦陵对秦始皇陵的影响　　　　　　　　　　　　　　梁　云　段旭颖　/229

莒县陵阳河遗址的天文考古研究　　　　　　　　　　　　　　　　武家璧　/249

"夏启之居"与"后羿代夏"
　　　——新砦城址的历史学意义　　　　　　　　　　　　　　　赵春青　/281

河南淇河下游地区下七垣文化遗址的调查与收获　　　　　　　　　　王　睿　/307

说璋
　　　——殷商玉器名实考之七　　　　　　　　　　　　　　　　杜金鹏　/349

三星堆新发现"奇奇怪怪"青铜器及青铜祭坛解读　　　　　　　　顾万发　/394

关于三星堆遗址及其文物的断想　　　　　　　　　　　　　　　　段　勇　/426

胶东地区商周时期考古学研究的两点思考　　　　　　　　　　　　徐良高　/433

读《江南地区印纹陶问题学术讨论会论文集》札记　　　　　　　　宫希成　/445

东周赵国的埋葬制度　　　　　　　　　　　　　　　　　　　　　张渭莲　/452

战国及秦代蜀地漆器源流分析　　　　　　　　　　　　　　　　　蒋迎春　/471

三角缘神兽镜再检讨：从金石学、以物证史到历史考古学
　　　　　　　　　　　　　　　　　　　　　　　　　　　　　　徐　坚　/491

中国古代低温铅釉陶器研究中几则基本材料的疏证　　　　　　　　陈彦堂　/507

辽祖陵出土瓦当的文化因素分析　　　　　　　　　　　　董新林　岳天懿　/526

艺术考古研究
　　　——以晋侯墓地 M63 晋穆侯夫人墓出土组玉佩为例　　　　蔡庆良　/560

深刻认识"中国特色中国风格中国气派考古学"的丰富内涵

　　　　　　　　　　　　　　　　　　　　　　　　　　　　　　孙庆伟　/617

工科类高校设立艺术考古学科的意义　　　　　　　　　　　　　高子期　/623

里仁文志

李伯谦先生论文集、主编著作、著述年表　　　　　　　　　　田建文　/638
李伯谦先生关于晋文化论著目录　　　　　　　　　　　　　　吉琨璋　/655

后记　　　　　　　　　　　　　　　　　　　　　　　　　　何　驽　/659

雍也致辞

李伯谦先生学术思想座谈会致辞

北京大学考古文博学院　陈建立

尊敬的李伯谦先生、张玉范先生，各位领导，各位老师，各位来宾朋友，大家好！李伯谦先生在北大考古学习、任教65周年，我们在这里隆重举办李伯谦先生学术思想座谈会，请允许我代表北京大学考古文博学院，向李伯谦先生为北大考古和中国考古学事业发展做出的巨大贡献表示最热烈、最衷心的敬意！向长期以来关心、支持北大考古事业发展，向热情举办这次研讨会的各位朋友们，致以最诚挚、最崇高的感谢！

百年学科，百年征程，几代北大考古人的艰苦奋斗和励精图治，向世界传递着北大精神，塑造着北大考古的精神品格。新中国成立以来，北大考古发现了许多未曾发现的实物，构建了中国考古学的学科体系，培养了大批卓越的"中华遗产的保护者、中华文明的诠释者和中华文化的传播者"，成为考古学家的摇篮。自1956年到北大学习、工作以来，经过65年的奋斗历程，李伯谦先生成为北大考古教育事业的缔造者和见证者之一，成为北大考古精神的构建者、力行者之一。在北大考古学科发展历史上，李伯谦先生功不可没，李先生的学术思想和精神魅力值得我们深入发掘、研究与弘扬。

依然记得在 2017 年的北京大学考古文博学院开学典礼上,李伯谦先生为同学们诠释考古学的内涵和当代价值,勉励同学们继承和发扬传统,坚守梦想,脚踏实地,以更大的视野、更宽的胸怀和更远的眼光,通过与其他学科的交叉、融合、借鉴,解放自己,提升自己,做出年青一代应有的奉献,肩负应有的历史责任、时代担当。这正是李先生自己成长过程的真实写照。在中国现代考古学和北大考古学科百年发展的历程中,李伯谦先生有属于自己的重大贡献和历史地位。我认为,李伯谦先生是卓越的考古教育家,是杰出的考古科学家,也是出色的考古领导者。

李伯谦先生长期在北京大学任教,经历、参与或主导了中国考古学教学的多次改革,为构建中国特色考古教学体系做出了突出贡献,是卓越的考古教育家。根据学科发展趋势,在李伯谦先生带领下,北京大学考古系及后来的考古文博学院调整课堂教学和田野考古实习方式,增加科技考古、文物保护和文化遗产等方面内容,强调基础训练、技能训练、方法训练,着重学生动手能力和分析问题、解决问题能力的培养。这种方式培养了大批基本功扎实、研究能力强的考古工作者,对我国考古事业的发展发挥了重要推动作用。

李伯谦先生考古讲坛六十载,在北京大学、山东大学等多所高校先后讲授过"商周考古""中国古代青铜器""中国古代青铜文化""田野考古""商周考古学理论方法""夏商周考古前沿课题研究"等本科生、进修生、研究生课程,招收了几十名硕士、博士研究生,参与培养了一批夏商周考古工作者,桃李满天下,有些已成长为卓有建树的优秀学者和管理者。

李伯谦先生在教学中特别强调要继承好北大考古专业教育与重要学术问题相结合,老师之间的团队合作、不区分研究生的门户和传帮带的优良传统，提倡教学相长。李先生做出重要贡献的这种教学模式，不但影响了其他高校考古教育工作，也影响到了中国考古学事业的发展，成为中国考古教育的北大模式。

李伯谦先生退休之后仍然活跃于立德树人第一线，特别是完成的《感悟考古》一书，深刻影响了年青一代考古学子的心灵，北京大学考古文博学院依托这本书开设的"感悟考古"课程，已被评为国家精品课程。

李伯谦先生在长期的教学过程中，不断研究考古学理论、方法等方面的基础问题，不断解放思想、探索新领域，取得众多原创性、引领性成果，是杰出的考古科学家。李伯谦先生提出的考古学文化因素分析方法，是从考古学研究上升和过渡到历史学研究的桥梁；提出的"中国青铜文化的发展阶段与分区系统"，推广了苏秉琦先生提出的考古学文化区系类型体系理论方法；系统开展了文明研究的理论方法、研究历史、研究步骤和中华文明演进的阶段、模式、形成标准及其现代意义等工作，提出关于文明形成的十项标准、文明演进的两种模式和文明进程的三个阶段，指导了近年来中华文明探源工程的顺利开展。

李伯谦先生始终保持开放的思想，积极推动考古学与文献历史学、文化人类学、社会学以及自然科学、技术科学的交叉融合，是科技考古发展的重要推动者。他认为考古发掘出土的资料，什么都可以分析，通过分析会得出许多新的认识，这是没有止境的。他对自然科学、技术科学方法手段的渗入持积极的欢迎态度，并身体力行，使引入变成融合，要求考古工作者主动学习引入的新方法、新手段，争取能够掌握、能够运用，自然科学、技术科学工作者要主动参与考古调查发掘的全过程，了解考古方面的需要，实现二者更好地结合。

李伯谦先生是出色的考古领导者。李伯谦先生长期领导北京大学考古文博学院的建设，在学院的人才培养模式、学术研究取向、学院文化养成和学院图书馆、实验室、博物馆硬件建设等各方面的付出，陆续结出优异的果实，为学院的可持续健康发展奠定了坚实基础。李伯谦先生作为首席科学家主持国家科技攻关重大项目"夏商周断代工程"和"中华文明探源工程预研究"，为两大工程的顺利开展做出突出贡献，也为"中华文明探源工程"的正式启动做了准备工作，充分展示了他的出色领导才能，放在百年学科发展史上看，其重大意义将继续得以提高。现在，李伯谦先生仍以极高的热情，参与"考古中国"项目的指导工作。

现在，国家对文化和文物考古工作的需求比以往任何时候都要强烈，但考古学科队伍比较弱小，学科的创新能力需要提高，在承担国家重大战略任务能力等方面存在很多短板。因此，我们学习李伯谦先生实事求是、脚踏实地、仰望星空精神，继续坚守优秀传统，继续发扬合作精神，继续提高创新引领能力，发挥好考古工作服务国家政治社会发展需要的作用，这应是本次座谈会的意义所在。

谢谢大家，预祝本次座谈会圆满成功！

李伯谦先生学术思想研讨会致辞

中国考古学会　中国社会科学院考古研究所　王　巍

我们敬爱的李伯谦先生、张玉范老师，首先我代表郑州中华之源与嵩山文明研究会祝贺李先生从事教学六十周年研讨会的顺利举行！刚才陈建立教授对李伯谦先生在北大考古工作的贡献说了说，我从我的角度说一下。我对北京大学夏商周考古比较感兴趣，我毕业以后分到了现在的考古研究所工作，所以我一直对从事夏商周考古的老师们的研究比较关注。我那时候的第一个感觉，就是当时我们主要的精力都集中在黄河中游地区，我们研究的时候，李先生带队开始了江西吴城文化的研究。当时我对他不是特别理解，但是现在看应该说李先生是把精力集中在夏商王朝核心地区之外，开辟了一个新的考古领域。当然现在新干、三星堆都很出名，但是那时候是有很大的学术前瞻性，这一点是令我印象非常深刻的。刚才陈建立也特别讲了，李先生的文化因素分析方法的总结和提出，对中国考古学的发展是做出了重要贡献的。这一研究方法之所以提出，是因为它有了对南方考古的研究实践。如果是一直在中原地区做研究，这个意识可能不会特别明显，但是在南方地区，哪些是中原化的，哪些是它自身的，还有周围的长江下游的，在实践当中总结提炼出这样的方法，且这个方法得到了广泛应用，我觉得这是李先生的一个非常重要的贡献。还有对于青铜时代的阶段性的划分，这些都是具有里程碑意义的研究。

我自己亲身经历的重要的工作是断代工程和探源工程。我是1996年7月开始担任中国社会科学院考古研究所商周考古研究室的主任，正好那时候我们科技部启动了断代工程，有4位首席科学家，李伯谦先生是考古界的首席科学家。因为大家都知道断代工程是以考古资料为基础的，设置哪些遗址发掘、解决哪些问题都由首席科学家确定。我们一共设定了44个课题，其中考古学占2/3以上，所以李伯谦先生在夏商周断代工程当中的作用是至关重要的。

我觉得可能在座的直接参与断代工程的人不多。我感受到了断代工程组织工作的艰辛。那时候有很多年龄在李先生之上的先生在工程里边，有各种各样的意见见解，而且都很坚持主见，协调起来非常不容易。李先生表现出很大度的态度，很高超的策略，甚至有的时候我们在旁边听了都很不好办的事，因为有一些老先生会提出一些很尖锐的问题，李先生能够忍辱负重，把这个大型的工程项目，形成一个比较好的闭环，有一个比较好的结果。我觉得在这一方面，包括做这科有很多的方法都是以考古学为基础的，所以会促进我们这些工作。当时李先生做考古研究时，我们好几个队都是李伯谦先生他们来领导筹备的，确实发挥了非常好的非常关键的作用。因为这一点我算是亲历者，我觉得应该比较了解。李先生做断代工程大家知道他的成果是一个年表，当然还有详稿，最近出版了。我觉得，断代工程最大的贡献是开创了国家支持、多学科结合研究人文学科重大问题的先例。正因为有了断代工程，才有后来的探源工程，所以我觉得这一点应该高度肯定。

另外李先生领导策划了中华文明探源工程。启动探源工程需要一个方案策划，探源工程是科技部交给李伯谦先生，我来协助策划，包括预备性研究具体设置哪些课题都是李先生来引导的。当然，后来因为李先生要完成断代工程报告繁本，科技部又要求一定要把方案策划范本做出来，所以科技部决定由我和赵辉来负责探源工程。所以在探源工程总的方针、总的课题的设置等方面，李先生起了重要作用。

还有李先生从北大退下来之后来到了河南，我也先后来到河南，跟他接触得更多，我也是耳濡目染做了很多的事情，在很多方面获益良多，包括文明模式、文明的标志等。在我们探源工程的各个环节，当然有苏秉琦先生的理论，实际上在后来李伯谦先生有很多重要的观点都成为我们探源工程当中遵循的一些准则，尤其是在最近几年的以双槐树为代表的遗址的发掘，李先生去双槐树比我还要多，他去了十几次指挥指导，包括河洛古国。当时我们讨论双槐树是怎么定性，李先生提出了河洛古国，说实话这既有高度，又有勇气。我觉得对河洛古国，现在学界总体上是很肯定的，所以我们觉得这也都是李先生的贡献。

另外我能够感觉到李先生对学生非常关爱，来自各方面的。他对各个领域的学生的关心指导，这反映出他的胸怀，而且不仅是对自己的学生，不仅是对北大的学生，我觉得他不区分门户，这一点是需要非常高的境界的。中国考古是整体的一盘棋，各个大学各有特点，但是在李先生这儿，我觉得包括来请教的，不分你是哪个大学的，你是不是我指导的，我觉得他做到这一点是非常值得钦佩的。所以正是因为这样，李先生得到了全国考古学界同人发自内心的爱戴。2021年是考古百年，是李先生从事教学考古六十年，李先生是新中国考古发展历程的一个见证者，也是中国考古发展的一个推动者或者说引领者。李先生是中国著名考古学家，也是学术大师，我想在这个时候我应该发自内心地向李伯谦先生表示由衷的谢意，感谢他这么多年对中国考古，对我们这一代人、对后一代人的这种指导、支持和关爱，也希望李先生保持健康，继续引领我们沿着总书记提出的方向阔步前进！

谢谢大家！

学而回顾

李伯谦先生从事教学考古 60 周年暨学术思想研讨座谈录

何 驽等

2021 年 7 月 17 日下午，"李伯谦先生学术思想研讨会——李伯谦先生从事教学考古 60 周年"座谈会，在郑州索菲特酒店三楼白云阁举行。座谈会由郑州中华之源与嵩山文明研究会副会长阎铁成主持。

阎铁成：各位领导，各位来宾，大家下午好！今年的中国大事连连，喜事连连。七月的郑州热烈如火，柔情似水。我们刚刚庆祝过中国共产党成立一百周年，今天又欢聚一起举行李伯谦先生学术思想研讨会，祝贺李先生从事教学与考古六十周年。在中国共产党领导下，古老中国这一百年发生的历史巨变，是千千万万人奋斗出来的，李伯谦先生就是中国考古战线的杰出代表。六十年薪火相传，李先生为中国考古事业培养了大批优秀人才，桃李不言，下自成蹊。今天到场的李先生的这些弟子，都是李先生这棵参天大树结下的硕果。这些硕果哪一颗都芳香四溢，哪一位都是玉树临风，事业有成，担当着当今中国考古事业的大任，他们就是李先生薪火相传的丰碑！

六十年耕耘不辍，李先生始终奋斗在考古第一线，致力于华夏文明的廓清和构筑，迈出了探索文明发展不同模式的步伐，构建了青铜文化结构体系，确立了夏商周三代年表，丰富完善了夏商周考古教学体系，对廓清中华文明的源起，特别是夏商考古学的发展做出了巨大的贡献！

为了致敬、学习李先生丰富精深的学术思想和学术成就，我们举办了这次李伯谦先生学术思想研讨会。非常高兴的是，我们敬爱的李伯谦老师和夫人张玉范老师亲自参会并看望大家。现在让我们以热烈的掌声和灿烂的鲜花，向李老师和张老师表示热烈的祝贺和崇高的敬礼！

下面请允许我向李老师和张老师介绍一下今天与会的各位嘉宾和弟子，他们是中共河南省委原常委、郑州市委原书记、河南省人大常委会原副主任王文超先生，中共河南省委原常委、洛阳市委原书记、河南省人大常委会原副主任李柏拴先生，河南省政协原副主席、焦作市委原书记刘其文先生，中国考古学会理事长王巍先生，原河南省文化厅厅长杨丽萍先生，郑州市委原常委、宣传部原部长丁世显先生，河南省文物局副局长贾连敏先生，河南省考古学会会长孙英民先生，河南报业集团原副总齐岸青先生，陕西师范大学曹玮，中国社会科学院考古研究所常怀颖，河南文艺出版社陈静，北京大学考古文博学院陈建立，湖北省文物考古研究所陈丽新，河南省文物局陈彦堂，郑州第47中学崔晟，中影公司崔雪峰，中国国家博物馆戴向明，上海大学段勇，山东大学方辉，西安工程大学高子期，安徽省文物考古研究所宫希成，郑州市文物考古研究院顾万发，郑州市文物局郭磊，中国人民大学韩建业，中国社会科学院考古研究所何驽，南京博物馆华国荣，山西省考古研究所吉琨璋，泗县博物馆江枫，郑州大学靳松安，首都师范大学雷兴山，深圳市文化遗产保护中心李海荣，西北大学梁云，郑州嵩山文明研究院刘富良，河南省文物考古研究院刘海旺，郑州中华之源与嵩山文明研究会刘太恒，宿迁市文旅局马志春，河南省文物考古研究院马俊才，湖北大学孟华平，河南大学苗书梅，中国社会科学院考古研究所牛世山，河南省文物局秦文波，郑州市文物局任伟，郑州嵩山文明研究院沈倩，龙门石窟研究院史家珍，中国科学院大学宋国定，故宫博物院宋玲平，河南博物院苏湲，陕西省考古研究院孙周勇，山西省考古研究院田建文，北京大学考古文博学院王岱琳，故宫博物院王睿，中国国家博物馆王力之，山西大学王炜林，郑州嵩山文明研究院王文华，北京大学考古文博学院王幼平，河南省文物考古研究院魏兴涛，北京师范大学武家璧，上海大学徐坚，中国社会科学院考古研究所徐良高，河南省文物考古研究院辛革，安徽省文物考古研究所叶润清，首都师范大学袁广阔，郑州中华之源与嵩山文明研究会袁巧珠，武汉大学张昌平，河北师范大学张翠莲，宿迁市政协张威，郑州大学张国硕，郑州嵩山文明研究院张建华，河南文艺出版社张静祎，河南大学张立东，河南省社会科学院历史与考古研究所张新斌，中国社会科学院考古研究所赵春青，文物出版社郑彤，中州古籍出版社郑雄，江西省文物考古研究院周广明，南京大学周晓陆，郑州市地方史志办公室朱军，宿迁市政协朱磊。

此外还有新闻界的各位朋友。没有介绍到的请包涵。在此，我谨代表主办单位北京大学考古文博学院、郑州中华之源与嵩山文明研究会，承办单位郑州嵩山文明研究院、河南省文物考古研究院、郑州市文物考古研究院，对各位领导、嘉宾的到来，表示热烈的欢迎和衷心的感谢！

北京大学考古文博学院陈建立先生致辞与中国考古学会理事长王巍先生致辞见本文集"雍也致辞"。

以下为参加研讨会的与会专家学者的发言。

何驽：首先表达一下心情。我的这些师兄弟让我代表大家说几句话，我代表不了，但是可以代表大家表达两个心情。

第一个就是感谢此次研讨会的各主办方，为我们提供了一个很好的机会，恰逢其时来总结一下李伯谦老师从事教学考古60年的经验，适逢其时地提供这样一个机会来好好总结一下李伯谦先生的学术思想。

第二个就是我们这些受过李老师教育恩惠的弟子，我们的一些朋友，感谢他对我们这么多年来的谆谆教诲，言传身教，我们受益匪浅。

今天我参加这个研讨会很高兴，高兴有这样一个机会见到这么多的李老师的亲弟子，我的兄弟姊妹们。我觉得这一次应该是聚得最全的一次了，上次2017年马鞍山会议的时候都没聚这么全。此后我们又这么多年来没见了，有的人可能一二十年都没见过了，这一次见到了，所以非常高兴！

再一个更高兴的是，我看到了李伯谦老师和张玉范老师身体健康。尤其是李老师在去年一年同病魔斗争重新站起来之后，我们觉得他恢复到了一定的精神状态，这种状态我觉得很好！我们大家看到李老师恢复到这种状态，都很高兴！

既然是探讨李老师的考古教育60年的历程以及李伯谦先生学术思想，我是有得天独厚的、近水楼台先得月的这样一个机会。我是1985年本科毕业就直接考上李老师的硕士研究生的，当时是导师挂名邹衡和李伯谦两位先生，实际上是李老师带我。我可以从事考古这方面的工作，以及这些年来成长到现在，都和李老师的教育是分不开的。虽然我个人成长的学术生涯应该说是有点曲折，也比较跌宕起伏，但我更应该从我个人角度，对于今天研讨会这两个大话题，谈谈我自己的一些感想和感悟。

首先，我从自己的学术经历，来回顾一下李老师考古教育教学这方面对我的影响。我认为李老师对于学生的教育最大的一个特点就是授之以渔，而不是授之以鱼，不是给我们一条鱼就完了，不仅仅是教我们知识，更重要的是教给我们解决问题的方法，希望我们独立思考，尤其是有创见。我说一个印象最深的例子是我们在硕士研究生期间开的考古学理论与方法的讨论课，这个讨论课氛围很自由，观点也是百花齐放，百家争鸣。讨论课上，李老师经常说："你们把何驽当成靶子，让他先说，他说完之后你们去批他。"这在当时讨论课是常态，对垒辩论的双方都要做功课，都要动脑子。我不知道别人的讨论课怎么样，至少我的讨论课是这样的。虽然我当时有点顶不住，但通过这样的辩论，启发学生的创见思想这一点是非常重要的，使我们这些弟子受益匪浅。当时讨论的最重要的几个话题，一个是文化因素分析法，一个是民族考古学，还有一个是考古研究与历史学的关系。因为当时国外尤其是美国考古学理论刚刚进入到国内考古学界里来，所以我们这些学生非常热衷讨论这些话题。李老师紧跟中国考古学理论发展这个潮流，也在我们的讨论课上去讨论这些很前沿的问题。通过这些讨论，我们都受到了非常好的训练，也激发了我们的独立思考。我硕士毕业后没两年就发表了相关的论文：第一篇论文就是《也谈"民族志考古学"的定义与方法》，虽然是发在《中国文物报》上，但却是我第一篇正式发表的学术论文，都是得益于硕士研究生期间的讨论课所结出的硕果。我们当时讨论的文化因素分析法，现在被应用到大量的考古文物研究上。我工作以后，发表了《考古学文化因素分析法与文化因素传播模式论》，后来南京大学历史系自编教材《考古学方法与理论》把这篇文章收进去了，而且李老师也利用很多的场合来推送这篇文章，我也感到非常荣幸。关于《考古遗物共存空间关系概念的初步研究》这篇论文，也是在讨论课上形成的一个成果，在1992年发表了。

在硕士研究生期间，我们已经开始考虑精神文化考古方面的问题了，在讨论考古文化的时候，就已经开始涉及精神文化这个领域了。当时我个人对这方面有一些想法，其实李老师他也在想这个问题，所以他鼓励我在这个方面去探索。讨论课上，我提出来考古学文化不光是物质的，我们还应该加入精神的因素在里边。这一观点，我在1991年发表的文章《考古学文化定义的哲学与逻辑思考》当中正式提出了。后来通过近一二十年来不断的探索、思考和实践，李老师本人也大力提倡在这方面下功夫，于是在探源工程期间，在我们老所长王巍先生的大力支持下，我们在探源工程当中单拿出来一个课题，专门做精神文化考古，最终形成了我个人的第一本专著《怎探古人何所思——精神文化考古理论与实践探索》，在学界还是产生了一定积极的影响。精神文化考古，也可以说应该是在新世纪或者在后一百年当中中国考古学一个新的、重要的增长点。

在教学上面的第二个方面，李老师的风格和特点，我觉得就是他讲究的是学术的民主和百家争鸣。李老师从来不要求我们弟子一些观点和他的观点保持一致，只要能自圆其说，是讲道理的，就可以去争论一下。这样的实例我们有很多，学弟和学妹会有更多这样的实例，我就不多说了。

教学方面第三个给我重要的一个印象，就是李老师秉承了"教学相长"原则。他不仅不要求学生的观点一定要与他保持一致，更难能可贵的是，如果他觉得我们学生的一些观点是有积极意义的，他还去采纳并积极地去倡导、去推动。比如说李老师在提出构建中国文明两种模式的时候，引用了我的一个"可持续发展的人地关系"的观点。再譬如还有一个例子是对于三星堆"祭祀坑"青铜器年代的认识，他用了一个"文化滞后"的理论，这也是沿用了我的"文化因素在社会的历史沉淀中的文化后滞现象"理论。这个让我很感动，一个老师能引用自己学生的观点，而且还很明确指出"我是引用谁谁的观点"，这个很难得的。

第四个特点是，李老师对学生的培养，特别重视田野技能的全方位的培养。我对这一方面感受特别深。李老师常说，牢记田野工作是考古学安身立命的根本。我讲一件发生在我个人身上的小事。1984年秋季，我们班几个同学包括我在内，组成一个小组，跟着李老师去发掘山西曲沃曲村遗址。那次发掘我们班是毕业实习，吉琨璋他们班（82级）是田野生产实习。当时我们作为考古系的学生，肯定心里边的心思就是盯着怎么发掘墓葬，发掘遗址，心无旁骛。我记得当时是李老师和刘绪老师负责给我们考古队买菜。结果有一天李老师说："何驽，走，我们去街上买菜！"我说："不是，买菜您带我干什么去？"我就很不解，我当一个实习生，把我的田野做好了不就行了，为什么要跟着您去买菜呀？然后李老师说："你将来要当考古队队长的，这些事你都要管的。"我当时就不理解，考古队队长干什么要去买菜？后来工作后，自己当了考古队队长、当了领队以后，才发现考古队队长、领队就是全面管理，买菜也得管，这是一个基本的训练。所以说李老师对我们的训练是全方位的，不光是田野技能、绘图、照相等等。可能李老师都不一定记得这件小事了，但让我终身受益。

此后，对我的成长最重要的就是在我上硕士研究生期间，李老师让我带队发掘湖北江陵梅槐桥遗址，与当地的基层博物馆荆州博物馆的同人一起进行工作。我作为研究生，独立带领刘本安他们那个本科班的一个小组去挖这个遗址，这一锻炼环节，对我后来成长为一名合格的考古领队、合格的考古队队长是极为重要的、必不可少的，在我的学术生涯中是非常重要的一关、一个环节，具有里程碑的意义，所以我记得这么清。李老师还让我参加江陵荆南寺遗址的发掘，去独立整理荆南寺的考古发掘的资料，独立完成整个的整理过程，甚至画图都让我自己去做。这一整套的训练，为我形成一篇硕士研究生学位论文打下了坚实的基础。更可贵的是，李老师让我独立完成梅槐桥遗址的发掘简报的编写工作，用以发表。就这一点，我当时作为学生，还不太理解，这个简报谁写不行呢？而且梅槐桥遗址当时的发掘工作，是跟荆州博物馆的老师合作，一般来说简报发表是两家联名，得有人家一个执笔的。但是李老师坚持让我独立完成，让我作为独立执笔人。后来我才明白李老师培养我的用心良苦。梅槐桥遗址的发掘简报是我独立做的，这对我的训练极为重要。这篇发掘简报1991年发表在《考古》上，后来我凭着这篇简报，非常顺利地拿到了考古领队资格。

第五个方面，李老师教学还有很重要的一个宗旨，就是他非常肯定"大胆假设，小心求证"这种研究方法。中国考古界的不少先生不一定能做到的。李老师在《中国文明起源与形成研究需要注意的几个问题》这篇文章里，就肯定了这种做法。李老师这种研究思路、研究理念，我是非常遵从的。而我则更向前走一步：不怕乱想，就怕不想。如果你乱想还有50%的可能性；你要是不想，100%没有可能性。所以李老师这一宗旨对我来说，就是天马行空地去想是可以的，但也必须要脚踏实地去验证，前一句话要有，后一句话也不能忘。有了这种发散性的研究思路，我对陶寺遗址的发掘研究很有成效。我对陶寺遗址的研究，正是在这个"大胆假设，小心求证"的思路下，在有条件的理论假设指导下进行探索的。20年来，在老所长王巍先生和现任所长陈星灿先生的支持下，在我们山西队同人的共同努力下，我们陶寺遗址的发掘与研究大有收获，得益于研究思路上的"大胆假设，小心求证"。当然，这种考古研究方法不是没有受到诟病的。有很多先生是批评我的，诟病我对陶寺遗址的研究是观念先行，"不是材料牵着鼻子走"，我还是有压力的。但是我坚信，"大胆假设，小心求证"还是一条正确的道路。

第六个方面，李老师给我的另外一个最大的受益就是他勇于自我纠错的勇气，这一点对我影响非常深刻，李老师也成为我们学生的楷模。李先生最先赞成二里头遗址是商都西亳的说法，但是后来认为邹衡先生的"二里头为夏都"说法更有道理，所以他就公开地说他改变了原来的看法，接受了邹衡先生的观点。在《晋侯墓地墓主推定之再思》这篇文章中，李老师也明显地表达了对先前漏掉晋侯墓地M113、M114这两个重要墓葬的担责。这些例子都让我印象非常深刻。我在陶寺遗址20多年的工作当中，也做过很多的误判。王巍所长曾经常地提醒我，敲打我。经过这十来年不断地纠偏，我也勇于纠正自己的错误，错了就是错了，关键是要看到自己错了，用新的发现纠正我的一些误判。一个最突出的例子就是，原来我判断陶寺早期小城有 56 万平方米，后来陶寺宫城发现后，引导我们重新判断所谓的陶寺早期城址的北墙和西墙，结果发现是陶寺中期的，推翻了我原来对于陶寺早期城址的判断。再一个例子是关于陶寺晚期的社会动荡的原因，我原来认为是陶寺内部原因，现在来看还是从外部来的因素是主要动因。这两项纠偏，我都在正式发表的论文当中明确提出过。我勇于承认错误，就是受到了李老师的教育。

　　李老师的学术思想方面，刚才陈建立院长总结得很全面，我不再赘述。在这里我从我个人的成长经历，谈谈李老师学术的布局和构建。硕士研究生即将毕业之际，我想到长江地区工作。李老师就从中国青铜文化结构这个整体布局，来支持我去长江中游工作。这样我就在湖北荆州博物馆工作了 11 年。这 11 年当中，我主要是在探索长江中游地区的夏商时期的文化谱系，对于这些问题的判断，为李老师中国青铜文化结构体系做一点实实在在的工作。在我工作期间，李老师还反反复复地指导我修改我的硕士学位论文，后来达到了发表的水平，以《荆南寺遗址夏商时期遗存分析》为题目发表了，初步构建了江汉平原的夏商文化谱系。在这 11 年的基层锻炼当中，我从一个初出茅庐的学生成长为一名考古学家，一个合格的考古领队和考古队队长。

　　李老师学术思想当中还有一个重要的方面，就是文明起源的探索。李老师从夏商周断代工程开始，就对中国文明起源这个问题进行了很深入的思考。所以 1999 年我回到北京大学跟着李老师读博士的时候，当时我们俩对我的学位论文的选题进行商定，就叫《长江中游地区文明进程》。这篇学位论文我提前一年完成，我想提前一年博士毕业，所以当时写得很辛苦。我想预答辩的时候完成论文的 70%，这样做在当年是合规的。我便问李老师，预答辩时我完成 70% 论文行不行？李老师断然说："不行！必须 100% 完成！否则你别想提前毕业！"这一句话就把我逼到死角，我最后加班加点，终于按期提前一年把这篇学位论文完成了，顺利通过正式答辩后获得了博士学位。很遗憾的是，到现在，我这篇博士学位论文也没有改出来，还没有正式发表，这是我一个很大的遗憾。我想退休以后，在完成了陶寺发掘报告以后，一定把这个夙愿完成。这是我心里的一个坎儿。

李老师的文明形成的十项标准，其中还参考了我关于陶寺遗址聚落形态研究的成果，这一点也是让我感到非常欣慰。除了这十项判别标准，我觉得李老师对于文明起源的重大贡献，就是三个阶段的理论。这三个阶段的理论非常重要，我们大家都很熟悉，即古国—王国—帝国。对此，我自己也有一些新的想法，最近也发表了一篇关于古国定义的理论思考，发表在《文物春秋》上。基于苏秉琦先生"古国"概念的初衷，受酋邦理论的概念启发，根据中国考古实践，我认为"古国"是中国史前平等社会向不平等社会的过渡形态，我给"古国"下一个明确的定义，就是高于部落之上的有地缘政治倾向的、稳定的、独立的、等级化的血缘政治实体。有了这样一个古国定义之后，关于中国文明起源与发展阶段，我的观点和李老师的观点略有不同，我是四个阶段：古国—邦国—王朝国家—帝国。因为时间关系，在这里我不再展开阐述了。

中国文明起源两种模式即神权模式和王权模式，也是李老师提出来的，这也是对中国文明起源理论的另一个巨大的贡献。在李老师的两种模式的基础上，我提出了两种社会经济基础，这两种文明模式的产生是由两种不同形式的经济基础来决定的：一个就是商品经济，一个是自然小农经济。我的这个观点虽有争议，但是我觉得将来经过深入研究，应该是一个发展的方向，研究的深入方向。

李老师的学术思想体系当中，还有一个重建上古史的基本框架的理论方法，这个问题也很重要。在《中国考古学的60年：发展、贡献、问题与前瞻》这一篇文章中，李老师就已经提出来以考古发现为基础，通过考古资料和文献资料的整合，提出来有充分依据的更为可信的一部上古史的基本框架。2018年在一次访谈当中，李老师明确提出来把考古资料与文献加上文化人类学和社会学三种不同程度的研究成果综合起来，来研究夏代的历史。我认为李老师这个提法非常有道理。在李老师这个理论的基础上，我提出了以考古证据链为主，配合文献证据链、人类学证据链，拧成一条有机的证据链绳，来研究探索历史素地，重建传说时代的历史。我的这一篇文章，准备发在《华夏考古》上。

通过以上我个人这些点点滴滴的感悟，我做了以下的总结。我认为李伯谦老师的学术思想体系是以文化因素分析法为手段，构建中国青铜时代时空与文化结构体系，以夏商周断代工程为学术道路的转折点，向中国文明起源理论探索转移，构建中国文明判断的十项标准，提出中国文明的两种模式和三个阶段，为丰富中国文明起源理论做出了重要的贡献，提出考古、文献、文化人类学三种研究成果综合研究，构建中国上古史方法论，从而形成了自己的完整学术思想体系。

在教书育人方面，李伯谦老师立足对学生授之以渔，全方位培养学生发现问题、分析问题和解决问题的能力，让学生形成自己的学术能力，形成自己的学术特色，也就是学术地位、学术风格、学术气派。李老师学风正派堪称楷模，他坚持实事求是，从不文过饰非，既大胆假设，勇于创新，又谨慎探索，小心求证，尊重前辈先贤，但又不迷信。李老师脑勤、手勤、腿勤，奖掖后学，从不保守。我觉得这正是李老师的学术气派！

以上就是我的一些感悟。谢谢大家！

朱磊：尊敬的李先生，各位领导，各位专家，大家下午好！非常高兴，也非常荣幸在中国考古学泰斗、著名考古学家李伯谦先生从事教学考古60

周年之际，受江苏省宿迁市政协王主席的委托，专门来参加今天的研讨活动，我们在此谨向李先生致以诚挚的祝贺和崇高的敬意！

我来自江苏宿迁。宿迁是西楚霸王项羽的故乡，是驰名中外的酒都，"洋河蓝色经典"就是产自此。被誉为江苏生态大公园，宿迁地处淮河下游，怀抱中国第四大淡水湖洪泽湖。世界文化遗产京杭大运河、中华民族的母亲河黄河穿流而过。宿迁被誉为江苏文明之根，这就要归功于以李伯谦先生为代表的考古界专家学者的大力支持。我们宿迁市泗洪境内的顺山集新石器时代遗址，距今8500年到7500年，是目前江苏境内最早的新石器时代遗址，填补了江苏早期古文化史的空白，将江苏文明史至少推前了1600年，被评为"2012年中国十大考古新发现"之一。2013年8月20日，江苏省文物局公布了我省第二批大遗址名录，顺山集新石器时代遗址名列其中，成为全省6处大遗址之一。2019年10月，顺山集遗址入选第八批全国重点文物保护单位名单。2012年11月17日至18日，在泗洪县召开的江苏泗洪顺山集遗址考古发掘成果论证会上，李伯谦先生提出可以将以顺山集遗址文化遗存为代表的文化遗存命名为顺山集文化，这是江苏文明之根。李先生亲自到泗洪县考古工地指导顺山集遗址的考古发掘工作，还为我们的顺山集遗址题词：顺山遗址　文明之光。从此我们600万宿迁人民有了一张新的名片。

宿迁的顺山集文化尽管已提出了10年时间，但是作为一支新的考古学文化，在李先生的帮助和支持下，越来越多的考古学家形成了共识，顺山集文化研究也不断开枝散叶，硕果累累。我们宿迁市政协编纂的《江苏文明之根——宿迁顺山集文化》一书，也正在紧锣密鼓地撰写，10月份即将出版发行。顺山集新石器时代考古遗址公园建设也在积极地推进。我们正在按照习近平总书记提出的推动中华优秀传统文化创造性转化、创新性发展的要求，努力将顺山集文化研究成果进行转化、活化和项目化，让江苏文明根脉得到更好的保存，并不断更新发展，在新时代焕发出新的生机与活力。衷心祝愿中华之源与嵩山文明研究会在李先生的带领下不断取得更大的成绩！也衷心祝愿李先生健康长寿，学术常青！谢谢大家！

雷兴山：尊敬的各位领导，各位老师，朋友们，同志们，大家好！刚才王巍先生、陈建立书记、何驽师兄，就李伯谦先生的学术思想讲了很多，都讲得非常好，一会儿还有很多同人也会讲。我觉得，对李老师的学术思想，我们还要常学常思，还要不断实践领悟，甚至我们还要按照李老师的要求，发扬光大，超越老师。

我本来也有所准备，准备讲一讲我学习李老师学术思想的体会，但我这会儿心情比较激动，就不讲原来准备的稿子了。此时此刻，我内心想说的只有两个字：感谢！不过这个感谢不是首先说给李老师的。

说来惭愧，我也不知道有多长时间没有对李老师说过"感谢"二字了，当然很不像话！不过我们这些学生，都是深感大恩不言谢。我们跟李老师的感情就像父子情深，不是"感谢"两个字所能表达的，所以今天我也不在这里说感谢李老师。

我想在这儿表达的是，衷心感谢各位领导、各位同人、各位朋友还有社会各界，最近这些年对李老师身体、生活、工作等各方面的关照和帮助。这才是我这会儿心里想得最多的。

最近这几年，李老师常在郑州。我们郑州的一些领导、朋友们，给李老师安排了房子、办公室，给予了很多帮助，还安排了专门的联系人，把李老师照顾得无微不至。我们时常听到这样的消息，非常高兴，深感放心，也十分感动。

特别是去年下半年，李老师先是感冒，后来腿又不好，做了个手术。我知道在这期间，省领导、市领导，还有郑州嵩山文明研究院等社会各界的朋友们，都跑前跑后，尽心费力，用心用情，照顾得无微不至。

今年年初，李老师去了海南，但是到了之后便高烧不退。我们嵩山文明研究院的领导和部分同志们，连春节都不过了，在海南尽心尽力地去照顾李老师。特别是我们王文超书记，虽然位高权重，工作很忙，但还是亲自到海南去找医生，换医院，时刻观察、判断李老师的病情。最后王书记当机立断，决定送李老师回北京治疗。为了安全、及时，王书记先找了一架私人飞机，但是起飞的时候出了点问题，临时又换了一架飞机，最后才把李老师送回北京。我们王书记在北京，连续几天忙前忙后，联系医生，找医院，最终使李老师转危为安。

每每想起这些事情，我都感动不已。因此，今天借这个场合，我冒昧地提议，让我们以热烈的掌声，向最近这些年对李老师方方面面关心、关照、帮助的各位领导、朋友们，表示衷心的感谢！谢谢你们！

当然我们还是要感谢李老师的，但不是只说"谢谢"两个字，我想我们这些做学生的，应该是按照李老师的要求，立大志，明大理，成大才，担大任，用更多的努力工作，对社会做更多的贡献，以此来表达对李老师的感谢。最后，我还想提议，我们以热烈的掌声，祝李老师身体永远健康，永远踏遍青山人不老！谢谢大家！

赵春青：我今天非常高兴参加李伯谦先生学术思想研讨会，同时这也是李伯谦先生从事教学考古 60 周年的研讨活动。我跟雷兴山感觉是一样的，有很多的话想说，但未能全说出来。所以我把我要做的发言，临时概括成六个方面，大家听一听，看看是不是这样的。

第一个方面，先讲一下李伯谦先生与我。

我印象最深的就是我第一次见到李老师，那是 1985 年李老师去洛阳博物馆做讲座。当年李老师才 40 多岁，神采奕奕，风华正茂，出口成章，讲得周围人都对李老师仰慕不已，那是第一次印象。

第二次见面，印象中是 1989 年，我作为洛阳市文物工作队的田野考古工作人员考上了北大考古系的硕士研究生班，但是，洛阳市文物工作队的领导们不放我走，不让我去北大念研究生。我没有办法，想起了李老师，于是冒昧地来到李老师家中，请李老师帮忙做洛阳市文物队领导们的工作。这是第二次。

第三次是 1999 年，我真正地成为李伯谦老师的博士后。我再次向各位强调一下，我是李老师的学生。虽然李老师自己不认可我这个学生，但我本人自认为就是李老师的学生，因为从 1999 年开始，我就跟着李老师做夏商周断代工程的子课题。

第二个方面就是新砦遗址。

新砦遗址是张立东老师在做夏商周断代工程办公室秘书的时候就看上了，觉得应该重新发掘一下。但是他后来去美国，所以说新砦遗址再重要，他也顾不上再来新砦搞发掘了。当时，李伯谦老师是我的博士后导师之一，我的合作导师有两个：一个是李老师，一个是严文明老师。我本来要写《中原地区文明化进程》这样一个博士后出站报告，李老师说："你别写了，你去发掘，发掘是最重要的。你到哪儿发掘呢？到新砦！"我心中想，我是搞新石器考古研究的，忽然让我发掘新砦这一夏代遗址，我心里有点打鼓。李老师说："你去。因为目前有两位老先生在新砦期问题上争论不休，赵芝荃先生坚持新砦期的存在，邹衡先生坚决否认新砦期的存在。我们一时不知道究竟谁说的符合实际情况，你就挖吧！"李老师让我去重新发掘新砦。一去就是多少年呢？1999 年到现在，已经 23 个年头了，突破很大，人生何求？当我整理 1999～2000 年新砦遗址田野考古发掘资料时，和我一块儿参加考古发掘工作的顾万发建议将这次发掘结果整理成一部书。李老师原来没有这个要求啊！整理报告工作量远比发掘要大得多，这中间的多少艰辛我不再说了。而报告整理经费，如果没有李老师，那是批不下来的。《新密新砦——1999～2000年田野考古发掘报告》于2008年顺利出版。

新砦遗址发掘之后，李老师对新砦遗址性质的认定有了变化。他最初认为河南偃师二里头遗址是后羿代夏的都邑。新砦发掘了以后，李老师觉得应该把新砦遗址当作后羿代夏时期的遗存，我觉得这是新砦遗址发掘的第二个方面的贡献。

第三个方面就是文化因素分析法。

这是李老师率先提出来的。有人说是俞伟超先生先提的，但是至少是李伯谦老师在1978年《试论吴城文化》一文中，真正完整系统地展示文化因素分析法的。这篇文章发表出来以后，日益被考古学家们当作同考古地层学、考古类型学一样重要的方法。李老师倡导的文化因素分析法，完全适用于新砦遗址，我们将新砦遗址的文化因素划分为：A组是本地因素，B组是东方因素，C组是南方因素，D组是北方因素。

第四个方面是李老师提出的文明十项标准。

我在新砦遗址开展田野工作以后，于2009年12月组织了一次全国性的聚落考古会——"纪念新砦遗址发掘三十周年学术研讨会"，李老师在那个会上，明确提出了判断文明的十项标准。我觉得这个思想，对于如今的文明探源研究，都有很大的指导作用。

第五个方面就是李老师提出的两种文明模式及"河洛古国"。

李老师亲身参与了中国文明探源工作，才能提炼出这样重要的学术思想。我觉得这些思想对于深入开展中国文明起源研究，起到了重要的指导作用。

第六个方面，我想再说一下李老师与我的文学爱好。

我个人除了考古，还有一些文学爱好，所以1989年我来到北大念硕士研究生时，曾经当面向李老师提出来："李老师，我能不能不干考古了？

我要浪迹天涯，做一个流浪诗人！"李老师听了之后，冷静而又严厉地批评我道："什么流浪诗人，你给我好好念考古去！"李老师当头给我泼了一盆冷水，于是我就打消了浪迹天涯，去做流浪诗人的想法。后来，的确有几个流浪诗人，完全按照我预设的路子走下来了，他们四个人一起，从北京的北边出发，首先到内蒙古大草原，再往西边到新疆戈壁滩，然后折向西南到西藏，最后转回北京来。流浪诗人中的一个来到我的宿舍，哭丧着脸对我说："赵老师，你的流浪天涯的打算，我们几个已经完成了。不过，我们临走的时候是四个人，现在回来的只有三个了，因为其中的一个已经死在流浪的路上了。"我想，幸亏我当时没有流浪天涯，我要是流浪天涯，搞不好我也没命了。所以说，这是李老师救了我一命。时隔多年以后，我的诗集《黑山的诗》正式出版了，我的杂文集《考古半生缘》也出版了，我就都拿给李老师去看。李老师看了看我那两本薄薄的小册子，微笑着对我说："在回北京的火车上，我有消遣的书可看了。"这次，李老师至少没有像当年那样，不让我干文学这个东西。他说看来搞点文学还是可以的。去年我负责的课题当中，我节外生枝写了一个《大夏王朝》剧本，并把剧本交给了李老师，李老师也看过这个剧本。《大夏王朝》剧本我虽然写出来了，但是太庞大，太庞杂，接下来，如果有时间，应该细化一点，做到真正能够依此来演出，才算完成。当然了，今年又时逢仰韶文化遗址百年，我现在还打算写《仰韶》剧本，真能把仰韶写成一部话剧，并将话剧公开演出，那才叫过瘾呢。

最后恭祝李老师健康长寿！

张立东：我先说一下跟李伯谦老师的渊源关系。我先自报家门。我是北大的本科、硕士和博士，在北大度过了11年差3个月。在本科期间，我只上过李老师的一门课，就叫"夏商文化研究"，是我们1983级跟1982

级一起上的。这门课对我的影响非常大，我后来做这方面的研究了。在读硕士研究生期间，上了李老师两门课，"考古学理论与方法"和"夏商周边境地区的青铜文化"。理论方法课我记忆犹新。刚才何驽师兄说他是他们班的靶子，而我则是我们班的靶子，因为我喜欢放炮，喜欢提问题。我印象最深的就是，我喜欢在短时间内弄一套系统说法出来，但因为能力、时间等因素往往不够严谨，所以经常被同学们批得体无完肤。今天也有几位当年的同学在座，他们可以作证，如果我今天浮夸了，你们还可以批评我。大家知道，我在读硕士和博士期间都在河南做田野工作，在淇县待了好多年，把李老师都待烦了。因为只要工作就需要钱，虽然花钱不太多，也得要钱，所以从某种意义上说是李老师"养"了我好多年。当然无论是室内整理还是论文写作，我都从李老师那里学到不少东西。

毕业之后到中国社会科学院考古研究所工作，从1996年春节开始，我开始参加夏商周断代工程。李老师是夏商周断代工程的首席科学家，我则是他的"大秘"（学术秘书），所以关于李老师对夏商周断代工程的贡献，我想在座的可能没有人比我更有发言权。当初，断代工程办公室的朱学文老师，想让我到中国社会科学院历史研究所的"夏商周断代工程办公室"坐班，王巍主任说我要写《中国考古学·夏商卷》，离不开，所以最后妥协的结果就是，有事找我，开会时参与各种会务，尤其是做会议记录，并在会后写会议纪要。因为秘书中只有我一个人是学考古的，所以当时考古方面的会议纪要大多是我写的。结题阶段我又参加了断代工程总报告的编写。当时我们有三个年轻人跟着专家组成员彭林先生一起写，先后住在东城的礼士宾馆和中国科学院在怀柔（很可能是现在的中国科学院大学雁栖湖校区）的房子里集中写作。整个写作大体可以分成两个阶段：第一阶段分学科写，我负责考古和碳十四；第二阶段分年代写，我负责夏代和商前期两个部分。我的写作直接受李老师领导，稿子体现的大都是李老师的观点，好在我跟他的观点比较接近，写得还比较顺。

从海外漂了十几年回国以后，李老师把我推荐到了河南大学历史文化学院，替我找到了一个可以发挥学力的立足之地。

为了今天的盛会，我准备了一个比较长篇的李伯谦老师关于夏文化研究的综述。找了一个研究生搜集材料，我们一起合作写的。今天没有时间念，但是下面我以夏文化为主，就李老师的学术思想谈一谈。

李伯谦老师最早接触夏文化应该是1963年在二里头发掘时期。当年我做《手铲释天书——与夏文化探索者的对话》那个访谈的时候，李老师提到当时的一些情况。第二个阶段是李老师在80年代写了三篇大作：一篇是关于东下冯类型，一篇是关于造律台类型，一篇是关于二里头文化。第一篇主张东下冯是二里头文化的一个类型，是从河南发展到山西去的。第二篇关于造律台类型（现在一般称作"文化"）的观点影响很大，当年读时印象非常深，现在仍然认为是非常有道理的，我一直想再续写一下，但是一直没写出来。造律台文化是有虞氏的遗存，就是夏代以前的跟夏文化关系非常密切的文化。在历史学界，不少学者对有虞氏非常重视，文献也经常说虞夏商周。第三篇就是1986年发表的《二里头类型的文化性质与族属问题》，明确说二里头一期不是最早的夏文化。文章刚发表的时候，李老师正好给我们上课，当时我是本科三年级，这个观点对我触动很大。我写作业的时候，试图把那个思路更具体化，可惜后来一直没敢发表，现在还放在包里边，希望能把它弄得更清楚一些。

第三个阶段就是90年代后半叶，李老师在断代工程中对夏代的研究。首先是夏代课题的设计。当时夏代课题里有四个专题，考古方面有两个：一个是早期夏文化研究，一个是二里头文化的分期与夏商分界。早期夏文化专题的这个设计非常英明。过去大家都盯着二里头，李老师则把注意力放到更早的夏文化上。当时写课题论证报告的时候，我和方燕明先生两个人在那琢磨，后来就有了王城岗、瓦店两个遗址的发掘。夏商周断代工程进行当中，李老师有一个非常有名的判断，就是偃师商城是夏商分界的界标。学界对这个界标说分歧很大，有些先生对此表示异议，但是我认为这个界标说是没有问题的。当然仅仅这一个城址是不够的，还不能成为"成说"，但是这个说法本身是没有问题的。1997年先在偃师开后在郑州开的一个会上，讨论的结论应该是，郑州商城和偃师商城的始建大概是商代的开始，李老师做的这个总结是非常恰到好处的，基本上形成共识，现在学术界对这个结论仍然没有太大的异议。

接下来就是刚才赵春青说的新砦期问题。最初课题设计的时候，并没有提到新砦期。我给夏代课题写结题报告的时候，是跟邹衡先生联名。写的过程中，我觉得新砦期应该是存在的，于是我又跟邹先生谈这个事，他当时也同意了。我在会议上发言之后，李老师当机立断，把新砦遗址纳入进来，组织了新砦遗址的再发掘。新砦遗址的重新发掘，直接对后来整个早期夏文化研究，起到了很大的推动作用。

再一个需要提到的，就是李老师对与夏文化有关的先商文化的研究。李老师的《先商文化探索》文章，对先商文化有一个系统的分期。虽然那时候材料还比较少，但是整个框架已经有了。后来我也做过先商文化的分期，基本上是跟李老师走，只是稍微做一点改变。另外一个对先商文化研究有贡献的沈勇，是北大考古1979级的，后来1985年与何驽一起跟着李老师读硕士研究生，当时李老师让他做保定北部地区的先商文化时期遗存。沈勇的毕业论文题目大概叫《论保北地区的先商文化》，后来张翠莲同学在"先商文化保北型"的基础上提出下岳各庄文化，影响也是相当大的。

我刚刚在网上又重新推送了我的一篇小文《中国考古学的三大论纲》，缘起就是2017年《读写生命大地——记20世纪知名科学家李伯谦》一书出版的时候，在嵩山宾馆召开了一个座谈会，我配合那个会议写了一个公众号的文章，当时的副标题就是"《感悟考古》之感悟"。李老师 2014 年出版了一本书，题为《感悟考古》。这本书刚刚出版之后，李老师在河南大学就导言的内容讲了一次。此后，凡是学生来问我学考古从哪一本书读起，我就推荐这本书。因为李老师这本书所谈的理论，都是非常脚踏实地的理论，我特别喜欢这种理论。有些关于考古学理论的书，因为受西方考古学的影响比较大，一谈到理论问题就说你们做得不对，却不告诉我们该怎么做。这就让我们很迷茫：你说我做得不对，可以，那你就出来告诉我该怎么做！我们不应该搞"空对空"的理论，应该搞"地对空"的。你再高大的理论，也应该是脚踏实地的，从具体的陶片、具体的遗迹、具体的考古学文化研究、具体的课题展开。

今天就讲这么多。最后祝愿李老师健康长寿！

徐良高：我是北大考古 1982 级的。李伯谦老师与我们班关系非常近，李老师是我们班的班主任，我们班第一次在山西曲村实习，是李老师带队，所以我们和李老师有非常深的感情。此外，我们第二次在荆州荆南寺遗址毕业实习的时候，也是李老师带队，我们四个人一个小组，其中有我、张昌平和王连葵，而王连葵是李老师的第一个硕士生弟子。今天他没有来，我代他向李老师表达感谢。

除我们班与李老师的这些特殊关系外，我还想说说我的工作方面与李老师的关系。我从北大毕业以后到丰镐、周原考古发掘，参加断代工程，再到跟着李老师的脚步去研究南方商周，现在在江西工作，都不仅得到了李老师的关心和支持，也得到了李老师的学术指导。现在，李老师仍然对我们的工作非常关注，经常去现场指导。从这个角度讲，李老师确确实实是我们的终身老师。

李老师的学术体系涉猎广泛，研究深入，我想后面各位师兄师弟将会从多方面来谈。我在此仅谈两点,这也是我个人的学习感受与体会。

第一点是文化因素分析法。大家都知道,文化因素分析法现在已经成为考古学研究的基本方法之一,被广泛应用。这个问题的提出,我想大家也知道是从吴城文化研究开始的,当时是用来研究吴城文化的。除这个外,我印象最深的就是我们在荆州实习的时候,即1985年第二次实习的时候,大概是十一二月的时间,有几天李老师看起来非常累,后来突然有一天,他把我们几个叫到一起,说今天要给我们讲一课。他说这几天他没睡好觉,终于把这个文化因素分析的问题做了一个深入系统的思考,即它的哲学基础是什么,具体内容是什么,作用是什么,今天给我们系统地讲一下。我对这件事印象深刻,今天在这里提出来跟大家分享,我想那个时候李老师把文化因素分析法已经真正提炼出来了。文化因素分析法也使我豁然开朗,我提出的"青铜礼器文化圈"概念与此有关。

第二点是李老师对我个人研究的影响。我们认为中国古代各区域文化之间存在着信仰、文化、政体和生活方式的差异,在考古学文化的基础上还应该研究社会运行机制,研究不同区域的文化传统、思想观念等。李老师在这方面进行了深入的研究,提出了不同地区的古代文化存在不同的演进模式和发展道路。这对我的研究有很大的启示,我们讲的文化大传统、小系统,实际上也讲到不同的区域文化各有自己的文化小传统,不同的区域有不同的发展道路。后面还会有很多的师兄们可能要谈这个问题,我就不再展开了。

就我个人来说,我认为我们特别应该向李老师学习的有三点。

第一点是他对考古学的热爱和全身心的奉献精神,直到现在,李老师还这么投入。说实在话,我个人在这方面是有压力的,应该向他学习。

第二点是他的思考不停、笔耕不辍的精神。这是我印象极为深刻的,也多次跟他交流。他的许多重要观点,如两种模式、文明十个标准、对考古学的系统论述等都是近年来提出的。我们很多人都觉得退休了可以休息休息，可以养花种草，颐养天年了，但李老师的很多重要思想、观点恰是在他人生的这一阶段提出来的，真是值得我们学习。我个人应该好好学习，以后也应不懈怠，加把劲儿，继续努力。

第三点是他的鼓励创新、多元包容的精神，正如刚才几位师兄弟所说的。他鼓励年轻人有不同观点，不但鼓励你提出来，还会帮助你在各种场合发表，这是作为先生、老师的精神，一种坚持"独立意志，自由思想"的精神，是一种北大精神的传承。

以上三点是我这么多年来跟随李老师学习的最深切感受，也是非常值得我们学习的精神。

最后，祝李老师身体健康！

宫希成：我在安徽省从事考古工作已经30多年了。我就讲几件印象深刻的事情。

第一，李先生对我们安徽夏商周考古工作的指导。1982年的时候，李老师带队到安徽六安一带做考古调查。第一次把相当于夏代时候的二里头文化阶段的文化遗存区分出来，并且首次区分出来了本地的文化、二里头文化和岳石文化因素。安徽的考古工作基础比较薄弱，在这之前，我们当地的考古学者，对于新石器时代晚期和夏商时代的遗存，认识并不是很清楚。在20世纪70年代末的文献当中，所提到的一些新石器时代遗址，后来重新再检查，实际上都包含有商周时期的标本。所以这一次的工作实际上为安徽夏商周的考古工作奠定了基础，后来安徽省的夏商周考古工作，实际上是在这个基础上的延伸，这期间李先生始终不断地给予我们指导。

第二，李先生对南方考古工作的贡献。李先生在老一辈考古学家里是比较早关注南方考古的，先后发表了不少的文章，起到了指导性作用。特别是其关于江南地区的印纹陶文化分期分区的文章，对南方地区整个的夏商周考古工作影响很大。这一篇文章把整个分布那么广泛的南方印纹陶为代表的文化遗存，进行了一个比较清楚的梳理，实际上这也是文化因素分析法一个比较典型的应用。我们对比一下在这一篇文章发表前后，对印纹陶问题的研究文献和认识，差别非常大，有非常大的区别。过去对其时代、文化性质甚至命名等有很多分歧，认识不清楚，也比较乱。可以说李老师的这篇文章对整个南方地区夏商周考古学文化的研究，起了一个非常大的指导和促进作用。

我认识李老师已经30多年了，感受最深的是李老师这几十年对考古学始终如一地保持热情和追求。这一点是我远远没有做到的，是我们学习的榜样。我祝愿李老师永远保持身体健康，继续带领我们在考古学研究中走下去！

吉琨璋：第一点说一下我们班和李老师的感情。我们班是北大1982级考古专业班，今天到会场的有五位同学，徐良高、张昌平、华国荣、唐际根和我，王连葵等同学原打算要来的，因为种种原因没有到。大学时期我们班的商周专业课是李老师讲的，在大三生产实习的时候也是李老师带的队，还有刘绪老师，从那个时候我们班和老师逐渐形成了一种感情，这种感情我们用简单话说就是一种父子般的感情，因为在曲村的那半年，我们大家和老师在一个锅里边吃饭，跟着老师学到很多东西，我们班王连葵就是李老师正式的开门硕士弟子。从那个时候开始直到现在，这么多年过去了，这种感情像一坛子老酒，时间越长越香。这里边要说的细节太多太多了，由于时间关系在这里也不一一表达，只是说我们班同学和老师之间有这种父子般的感情。

第二点就是李老师与山西。1979年，李老师跟随邹衡先生第一次到山西晋南做考古调查和发掘，从那时候算起到现在，40余年了，到过多少次，没有具体的统计数字，可以说算是山西人了。李老师说山西是他的第二个故乡，第一个故乡是河南。1984年那一次我们大三的生产实习，李老师带队从头到尾一直做完，何驽师兄前面也讲到这些细节。尤其是90年代的时候，李老师带队发掘晋侯墓地。可以说，商周考古这一块儿，李老师对山西的贡献非常大。有一些细节可能我经历更多一点。2001年在曲村晋侯墓地发掘晋侯陪葬墓，李老师作为领队还坚持要做一个墓，我记得是M134。当时李老师已经是60多岁的人了，M134是一个8米多深的墓，发掘条件很简陋的，下墓的时候是坐着简易吊车，人抓住吊绳站在筐子里放下去。李老师也是从头到尾做下来的，他每天也是那样上下，当时我的心就是纠结的。像这样的细节很多，这个墓的发掘都是李老师亲力亲为，从用毛刷仔细清理遗迹现象到随葬品的提取、填写标签，到写报告，都是李老师亲自做的，这些言传身教对我们的影响太大了。晋侯墓资料进入整理阶段，从2012年开始到现在，李老师到山西太多次了，我每次都是陪伴，这么多年我们每次都在一起整理资料，这中间细节感受也是太多了，今天在这儿也没有时间去一一说，只想在这儿表达对李老师的敬意，时间有限，讲5分钟。最后祝李老师身体健康，谢谢大家！

戴向明：我1989年从吉林大学毕业，考入北京大学考古系读硕士研究生，专业方向是新石器时代考古。按当时要求，新石器和商周考古研究两个专业方向的学生的专业课都要合在一起上。新石器考古由严文明先生讲授，夏商周考古由李伯谦先生讲授。上课方式，都是由老师布置大家课下先看相关文章和书籍，并指定每位同学课上各讲一段研究史或一个专题，然后老师再点评、总讲。那时研究生数量少，我们两个专业总共才有5名同学上这两门专业课，在考古系俗称"兔子房"的一个小办公室里，师生数人围在一起，坐而论学，至今想起还有一种其乐融融的感觉。

李先生的夏商周考古课，讲授的知识全面而系统，而且对一些重要专题都有很深的认识和论述，如夏文化、先商文化与先周文化、族徽与族属问题等，课上还对当时很热门的"文化因素分析法"进行了讨论。课程结束后每位同学都要写出论文作为作业上交，题目自选。这样的课程，其引导式、启发式、研讨式的授课方式，不仅能给学生打下良好专业基础，而且还非常有助于培养、锻炼学生的研究能力。

除此之外，我还主动选修了李伯谦先生给本科生开的另一门课"边境地区青铜文化"，主要讲授中原之外各区域的青铜时代考古学文化。这门课与中原夏商周考古课程的主要内容相结合，体现了李先生有关中国青铜文化结构体系的整体认识，是先生早期学术生涯的主要成果。作为曾亲炙李伯谦先生教诲的学生，我从先生的教学和著述中获益良多。

工作以后，随着年纪渐长，我对李先生的大家风范也有了更多、更深的体会。李先生是位非常勤勉的学者，在离开北大考古文博学院领导岗位后，因有了更多时间从事学术活动与研究，取得的成果也更丰富了。尤其令人敬佩的是，李先生在人生高龄还能不断超越自我，领风气之先。在夏商周考古研究之外，他还在有关中国文明起源这一重大学术问题上发表了许多真知灼见。他在古稀之年发文提出了中国古代文明演进的两种模式，其新颖而独到的见解在学界产生了广泛、持久而深刻的影响，身体力行地展现了永不言老、不断开拓进取的学者精神，成为垂范后学的表率！

作为一名学界长者，李先生拥有开放包容的心胸气度，常鼓励晚学后辈大胆探索新领域，提出新观点。对与自己见解不同者，只要言之有据，先生也都是平等相待，甚至称许有加。这种宽厚和蔼的君子之风，对于培育学界健康、良好的风尚是非常重要的。

近些年，李先生不辞高龄，常应邀奔波在全国各地考古新发现的现场，出席一些重要学术研讨会。我也有许多机会与先生相遇，得以当面聆听先生的精辟见解。2019年春，我本人主持的西吴壁夏商冶铜遗址发掘现场专家论证会在山西绛县召开，李先生亲临现场指导，并欣然应邀主持了专家论证会，对我们的工作和取得的成绩给予了极大肯定、支持，使我这个学生深受鼓舞，感怀不已。

最后，真诚祝愿李伯谦先生健康长寿，永葆学术青春，不断泽被后学！

董新林：尊敬的李老师和张师母，各位领导，各位同学，下午好！

今天参加我的授业导师李伯谦教授从教考古60周年纪念会，回想起导师对我的殷殷教诲，十分激动。在这里我想谈三点感受。

第一是求学。我是1989年到1993年跟随李老师读硕士研究生。在求学期间，根据李老师的安排，我很有幸参加了三次田野考古工作。其中前两次都是在李老师的具体指导下独立完成的田野发掘工作。一次是在山东，一次是在辽宁。我的田野考古在吉林大学奠定了较好的发掘基础；在北京大学，经李老师的悉心指导，我在室内整理方面有了很好的提升，同时学会了写论文，为我后来独立从事科学研究奠定了很好的学术基础。

李老师一方面对我的专业学习和论文写作要求很严格，另一方面对我的日常生活和学习又非常关照。我想我的师兄弟们都有同感，李老师像一个大家长，对我们事无巨细，从学习到日常生活都安排得非常周到。在北大求学期间，我跟李老师学会了如何做人，如何做学问。

第二是转换。我于1993年进入中国社会科学院考古研究所工作。因为考古研究所工作的需要，在1997年前后，我被要求从商周考古转换到辽宋金元考古方面。我向李老师汇报工作情况时，李老师虽然不赞同，但从考古事业的大局出发，待我说明理由后，李老师还是同意了我的转换，并给我一些叮嘱。我从事辽宋金元时期考古也有20余年，一直遵循老师的教诲，长年坚持工作在田野考古发掘第一线，也取得了一些成绩，没有辜负老师的教导。在工作转换过程中，我跟李老师学会要顾全大局。

第三是传承。1989年来到北京大学，我还是一个求知欲较强的学子。30多年后，我已经成长为一名可以招收博士生的考古学者。我虽然长期从事历史时期的城市考古和陵墓考古的发掘和研究，但我十分注重考古地层学、类型学和文化因素分析等方法的应用。我一直认为历史时期同样需要这些考古学研究的基本方法，所以我在给我的学生讲课和指导学位论文时，特别强调学生们对地层学、类型学和文化因素分析方法的具体操作。在考古教学中，我领悟到学术和考古事业要传承。

最后，再次感谢李伯谦老师对我的培养和教育，师恩难忘。恭祝老师健康长寿！

王幼平：我来说几句，我是李老师的学生，从本科毕业田野实习到毕业论文都是在李老师的指导下完成的。所以我首先要特别感谢李老师。也还要感谢郑州嵩山文明研究院提供了一个非常好的机会，安排这次会议。今年是中国考古学的百年的纪念，百年考古学史的回顾占了很大的一部分。实际上我们今天的学术讨论会也可以看作是回顾中国考古百年史的一个部分。所以非常感谢有这样一个机会。

收到会议邀请以后，我看了一下会议要讨论的题目，很遗憾的是虽然在本科阶段有一年的时间在李老师的指导下学习，但后来因为研究方向的区别，会议的前几个题目，我都没有在座的各位老师、各位同行有资格来谈。从我自己本科学习的角度，以及后来在学校工作期间在李老师关心下不断成长的过程，我对李先生考古教学的思想有比较深的体会。我觉得李先生的考古教学思想最重要的一点是注重奠定学生田野考古的坚实基础。这方面我自己有非常切身的体会。刚才安徽的宫老师谈了安徽西部的调查，本科毕业实习我刚好就是参加安徽西部调查，我自己是在霍邱县承担调查的任务。我记得特别清楚，在绣鞋墩遗址发掘，当时我是在已经发掘到很深处的探方内。在探方外的民工说有人来了，我抬头看到是李先生。那时他自己坐着长途车，应该是从寿县过来直接到霍邱工地现场指导我们的工作。我还记得特别清楚，李先生不辞辛苦，马上下探方仔细观察发掘现场，特别悉心纠正了一个我画错了地层线之处。当时是挖了一个商周的探方，后来还有一个探沟是新石器的。这次的工作在李老师的指导下进一步巩固了我田野考古的基础，对我以后的田野工作帮助很大。虽然是做旧石器的，但是我明白田野考古一定要有明确的学术目标，不在于你挖多大，而在于你要解决什么问题。我们那次工作就大致建立起了皖西史前文化发展的初步序列。这样一个点面结合的经验对于后来我的野外工作，特别是近20年来郑州地区的工作都非常重要。我们发掘旧石器遗址有的面积很大，主要是注重解决平面关系，揭露遗址整体布局的情况。但是更多的是郑州地区以前的旧石器基础工作不是很多，更需要的是建立一个系统的旧石器文化发展过程的认知体系。这个过程对于郑州地区，其实也是对整个中国旧石器文化发展都是非常重要的。因为中国旧石器文化有两个板块：一个是南方的砾石石器，一个是北方的石片石器。郑州刚好是在这两个板块的过渡带。这里过去的面貌不是很清楚，但是最近这20年，由于我们有明确学术目标，采用大小两类遗址点面相结合的发掘取得了重要进展。所以我始终感谢李老师在我毕业实习阶段给我们建立起来这样一个学术理念。正是这一理念，使得郑州地区的旧石器考古文化发展序列有了很好的梳理。从这一具体过程，我们可以更清楚感受到李老师的考古教学思想，首先是奠定学生田野考古的坚实基础。

李老师考古教学思想值得我们思考的第二个方面，是李先生一直在强调完整的中国考古学科体系的建设。虽然李先生主要是以青铜时代作为研究对象和内容的，但是他在自己的教学与研究中，以及后来领导考古系与中国考古学研究中心的过程中，并不仅仅关注青铜时代，而是以构建完整的考古学体系为基础的。像我后来在郑州地区的旧石器工作，从开始在郑州地区做的第一个发掘荥阳织机洞遗址，就是李老师规划并全力推动的。现在回想起来还非常感动。当时李老师安排得非常细致，从遗址的发掘规划到具体的工作细节，李老师都非常关心。知道我不能喝酒，李老师担心我在野外做考古时不会喝酒可能会遇到与当地沟通工作的困难，还特别跟张院长提前打好招呼，说一定不要让我喝酒。这件事已过去多年，但仍让我想到李先生对学生和年轻教师的田野考古工作的关心和具体安排。更令我感动的是，这个例子是说李先生虽然研究青铜时代，但是他对时代更遥远的旧石器考古同样关心，不但关心我们大的规划，具体的工作也替我们想到了。后来我们在郑州发掘一有新的收获，李先生也一定会赶到现场看一看，来给我们做一些讨论和指导。这些充分说明李先生虽然是研究青铜时代的专家，但是他的考古教学目标却并不仅仅局限于自己的研究范围，而是希望构建一个从早到晚完整的中国考古学科体系。

第三点，近年来，我们大家知道遗传学（DNA）在中国考古学的研究中发挥越来越大的作用，很多学校和研究单位在建立这方面的实验室。最近我们学院也有这方面的考虑，在讨论到这个问题的时候我马上想起，其实在20年前的2000年前后，李老师就跟当时的北大生物系等有关单位商讨合作，力主在我们考古文博学院也建立这样的实验室。所以可见李先生的学术眼光和推动中国考古学多学科研究发展的努力由来已久。说到多学科和我们在河南的工作，还有我们考古同事都熟悉的夏先生。他把环境和考古结合起来也做得是很早的，在这方面合作还是从旧石器晚期的工作开始的。其实夏先生和我们的合作，也是和李先生与诸前辈在考古文博学院提倡和具体推动多学科的研究分不开的。这是第三个方面，是李先生在推动中国考古学多学科合作方面的努力。这也是他教育思想的一个组成部分。

第四点，国际视野，或者说是推动中国考古学走向国际的努力。我觉得这个也是李先生教育思想的一个重要的组成部分。这个方面最直接的感受也是我个人在学习工作过程中的一次很深刻的体会，李先生和考古系诸位前辈都非常注重年轻教员出国进修、学习了解国外考古。记得是1996年因为有一个英国学术院奖学金的申请机会，我很犹豫，觉得院里面的工作很多，个人出国去学习会耽误时间。当时李先生是考古系系主任。他特别鼓励我申请这个奖学金去英国学习。实际上还有像我们院1996年和韩国国立首尔大学考古系的合作，李先生也是非常努力促成。当时几个研究方向从旧石器一直到汉唐，组成一个团队进行合作、互访，建立了很长久的合作关系。从这些都看到李先生的国际视野，体现了李先生推动中国考古学走向国际的努力，很早就具体在高校里实践。这是第四个方面。

第五点，注重构建我们院内师生之间，还有同事之间的和谐、团结互助的气氛，形成一个非常好的传统。在高校工作的同事都知道，因为高校教学工作的特点，尤其是文科的同事基本上是自己做自己的工作。考古学工作特别需要团队的合作。在学校工作这些年，我感触很深，就是考古文博学院的师生关系，还有教师之间的关系，和其他的院系相比我们有更密切的联系。这是一个很好的传统。这个传统的形成李先生也有非常大的推动作用。我也记得比较具体的例子，像老师对同学的关心，刚才讲到我不能喝酒的例子，这些年我一直都记得。跟李先生的交流过程中我还有一个体会，有些同学在外地已经工作了好几十年，我们聊天说起某个同学我都忘记了名字，但是过去了这么多年，李老师年龄这么大了，却仍然都能记起来。这种记忆看起来是很随意、很简单的，但这些其实是李先生对学生的关心，在学校时关心，毕业以后仍然给予帮助和关注。所以说考古文博学院的良好传统的建立，李先生和学院众多前辈先生一样都有非常多的努力，给我们树立了非常好的榜样。

总之，受邀参加这次会议，还有听前面各位同事、同学，还有老师的发言，我也是非常非常感动。在这个时候我还是特别希望李先生和张老师都多多保重身体，能够给中国考古学，给中国考古学的学术研究和人才培养更多更长久的指导。谢谢！

田建文：各位老师，我是北京大学李伯谦老师的学生。我简单地说说李老师。首先，我们北大旧石器和新石器老师教得好，我却学得不好；而李老师教的夏商周考古我却学得比较好，一是因为李老师教得好，二是因为李老师带我的时候我已经大二，较之前成熟许多。李老师从事考古学研究以来，一共写了150多篇文章，包括研究论文，也包括给别人做的序、前言等，这些文章前前后后，是哪一年发表的，我都梳理出来了，回头会另形成一篇文章。

现在，我总结李老师考古学术思想五个点：一、以苏秉琦先生的区系类型学理论为指导思想研究中国夏商周时期的考古学文化。二、以相对完善的中原地区夏商周考古学术体系为基本点与出发点，研究周边地区青铜时代考古学文化，硕果累累，构建了中国青铜时代考古学文化的结构体系。三、利用扎实的专业基本功写出了众多经典著作，李老师最经典的文章就是《二里头类型的文化性质与族属问题》和《先商文化探索》。现在哪一个学者能写出这样的水平？没有。四、系统提出了考古学文化因素分析法，完善了考古学文化理论。那是1985年11月份在侯马"晋文化研究座谈会"上提出来的。五、李老师在中国古代文明起源研究方面还颇有建树。这里面要提到学术研究视野拓展过程中有相似之处的三位考古学家。第一位是苏秉琦先生，他是从秦汉开始研究，后来成了新石器考古研究大家；第二位是张忠培先生，他是从新石器考古起步，但后来深入到马克思主义考古学、考古学文化等理论层面的研究；第三位是李老师，他从商周开始研究，反而在文明起源问题上取得了非常丰硕的成果。

最后，李老师和善待人，桃李满天下。李老师的粉丝特别多，他总是不厌其烦地为这些粉丝答疑解惑。我们以前去到李老师那里，不论问的问题有多奇怪，李老师都耐心解答。李老师《感悟考古》的《导言》部分，越读越有深的触动，我们需要在遗址发掘中很好地应用这些方法。我们要牢记田野工作是考古学安身立命的根本，现在有些人在做沙发考古学，我看是根本没有读过这本书，也不注意这个问题。

大家都赶时间，我的汇报完了！

武家璧：我是李老师以"夏商周断代工程"名义招收的一个研究生，我也是李老师的关门弟子，就是李老师在大陆招的最后一个研究生，在座的各位李老师的学生都是我的师兄师姐。大恩不言谢，我只讲我的题目：在老师的指导下从事天文考古研究。

我在李老师指导读研究生的时候他是"夏商周断代工程"的首席科学家，所以我曾经戏称自己是"首席研究生"，赵春青是"首席博士后"，何驽是"首席博士"。我想结合习近平总书记的讲话说两句。习近平总书记讲话中说考古学的任务有三个认识：认识中华文明起源和发展的历史脉络，认识中华文明取得的灿烂成就，认识中华文明对人类文明的重大贡献。以前我们讨论什么是文明、文明的要素等，成果是很多的，但是习总书记的讲话要求我们应该更多地研究我们祖先究竟创造了哪些成就，做出了哪些贡献，这些方面我们做得不够。这使我想到了李老师，因为他当年指导我做天文考古研究，目的就是要探讨我们祖先在天文历法方面创造了哪些成就，做出了哪些贡献，这不能不说是深谋远虑的。

习总书记在讲中华民族在哪些方面做出了重大成就和重大贡献的时候，有两次提到了天文历法。我看到了以后非常激动。我觉得就是在跟我说话，我是搞天文考古的，国内没有几个人搞这个。我感觉到好像习总书记是在指着我说，这个问题你给我讲清楚！

古埃及的天文历法是太阳历，古巴比伦的是太阴历，我们中国的历法是什么？我的回答是"地平历"——我的这个研究结论还没有太大的影响力，这当然不能怪李老师，是我自己努力不够。这个问题我现在还不能讲得很清楚。下面我想举一个具体的例子来说明李老师是怎样指导我做天文考古的。

我在做硕士论文的过程当中，李老师跟我说，山东莒县博物馆老馆长苏兆庆说，陵阳河遗址春分的时候太阳从寺崮山上升起，这个现象跟大汶口文化陶尊上面那个图案是不是相关的？我当时给李老师的回答是：遗址中好像没有发现人工遗迹，只有这个背景山峰，不好说它们是相关的。因为我当时的理想目标是要做天人合一的中国的天文遗址。中国古代是天人合一的，但是在国际范围内来看这两个东西合在一块儿好像不是很现实，比如像英国的巨石阵就没有这么理想，它只有人工遗迹，没有自然背景。后来才知道，要找一个理想的对象是很难的，但是要找到李老师提到的类似陵阳河遗址的地方就很多了，因为自然背景山峰往往是非常远的，在这个遗址里面移动一下位置，对观测日出方向是不会有什么影响的。所以我后来才感觉到李老师这个提醒多么重要，以后做的一些研究就是从这个方面来进行的。

我的例子还有很多，因为时间关系不能再举了，不要以为我做天文考古李老师就没有指导，实际上他对我的指导是很多的。天文考古能够解决一些没有文字甚至没有文献记载的史前历史问题，这方面它能够完成一些单纯考古手段所不能完成的事情。我在天文考古方面取得的一些成绩都是在李老师的关心指导下取得的，这也是李老师教育教学思想的一个十分重要的组成部分。时间关系我就说到这里，谢谢！

华国荣：我是1982级考古生，刚才李老师的很多学生都说了很感人的李老师的工作经历与感情故事，深受感动。可能和其他的学生有点不一样，我1986年毕业后就直接分配到江苏省南京市博物馆，从事南京地区的考古工作一直到现在。几十年的考古生涯中想感恩的太多太多，特别是李老师作为我们那级学生的班主任带我们第一次田野考古实习，形成的那种师生关系更是有一种暖暖的家庭感。因时间关系，主要说两个方面深深感谢李老师的培养和教诲。

一是1984年在山西曲村生产实习时，第一次系统地学习田野考古基础知识，正是李老师等先生口口相授，亲手相教，让我比较顺利地掌握了系统的田野考古基本技能，包括考古调查、陶片认定、遗址分析、考古布方、土质土色辨认、地层划分、遗迹确定和发掘、资料记录、室内整理、报告编写等方面。所有这一切，对于我这样一个在市级考古机构工作的考古人员来说，一生受用，终生不忘。

二是2004年国庆长假期间，我在整理南京牛头岗遗址时，对于遗址中出土的一些遗物有些迷惑，请教李老师，让我特别感动的是李老师国庆节那天专程来到南京对遗址整理进行指导。就在那次，李老师给我讲了遗址整理中要特别注意多种文化因素的分析，要对不同的文化因素进行定量和定性的分析，要分析它们从哪里来，到哪里去了，如何全面地了解一个遗址整体的文化构成等。这对当时的我而言，真是醍醐灌顶，受益匪浅。

虽然在平时的工作中向李老师当面请教的机会不多，但在第一次见到李老师，听先生发言总结时，我都有一种想再次坐在课堂面对面听讲的冲动。先生为人如慈父般谦和，授业解惑科学严谨，六十年来教学和研究形成的学术思想必将对中国考古学的发展产生极大的影响。

最后和大家一样，敬祝先生身体康健，万事如意！

顾万发：发言时间有限，为了完整表达意思并更为清晰，所以略做增减和整理。

非常感谢，我借这个机会代表我们在地方工作的考古工作人员讲几句，至于我本人和李老师的关系说起来是话太长了，不再多说了。大家可能都知道我在北京大学读书的时候，可能是那一届我们班学习方向思维跳跃率最高的一个学生了。我当时在学校的行政管理系、经济学系、哲学系、中国经济研究中心都上过课，难免会给老师留下本专业思想不稳的印象。按照我当时的这种学习路子，若是在别的学校，估计应该是让老师为难了，但是作为院长的李老师却给了我特别的理解。所以从这个角度来说，是非常感谢学校，尤其是感谢李先生对我的关心和支持。

工作之后，来到郑州这个地方，刚才师兄们都讲了，这个地方是中国考古的圣地。其实郑州还有一个与考古有缘的事，那就是郑州是李老师的故乡。李老师以其卓识，给郑州以特别的关注，在其亲自主持和指导下，郑州考古尤其是从1998年以来，取得了一系列改变中国古史的重大发现。不只是某一方面，在旧石器、新石器、龙山时代、新砦期、夏商周等方面均有令人瞩目的成果。其中与李老师非常相关的一件事，即是在他家乡的村庄的考古发现，这就是我们私下讲的有关李先生的一个传奇。李老师家就坐落在著名的东赵遗址，也就是那个发现三城叠罗汉奇观的村庄。李老师当年在北京大学考古系读书，暑假回到村庄，就在村庄调查，结果发现了不少遗迹遗物，还专门做以工作记录，并把有关文物捐赠给了地方文博机构。可以讲，是李老师首先发现了东赵遗址。2013年，他又指导着我们和北京大学考古文博学院合作，由李先生的学生雷兴山教授作为代表参加主持，雷老师又寒暑不避，长期在这一工地发掘和带学生。在李先生指导和带领下，大家一起把东赵遗址成功申报为"全国十大考古新发现"和田野考古奖一等奖，并且培养了不同学校的70多位学生。这个遗址被视为是夏商的一个重要发现，把新砦期文化的研究推进了一大步。更为重要的是，在李先生的呼吁、建议下，在各方的努力下，最后把这个城址完整地保下来了，最终列为郑州市重大文化遗产保护项目，已经启动了遗址公园建设。

家住古代遗址，学生时代发现、记录了这一遗址，几十年后，家乡依然还在，带领弟子发掘这一遗址，这一遗址又是夏商周时期的，恰好正是李先生的主业之一，并且是由其学生们来主持发掘的，还申报成了"全国十大考古新发现"以及田野考古奖一等奖。又保下来了，又创立了考古发掘过程中可逆性遗址公园的临时规划保护模式。该遗址是首届中国考古学会创新的千人大会主参观现场，并且还启动了遗址公园建设……这不是考古传奇，那还有什么是传奇？

李先生为郑州考古所做的另一方面的重大贡献是距今5万至3万年之间的旧石器文化和万年左右的李家沟文化的发现，这是在李老师亲自协调下产生的学术联合项目。在王幼平教授的操刀下，一个个新发现如行云流水，风采迭出。不只是获得全国性奖励，尤其是对东亚现代人起源问题和中原万年以来新石器时代早期文化面貌问题，做出了考古寻找文明的特殊贡献，体现了包括郑州在内的东亚现代人在世界人类起源中的独特坐标和学术价值。我们的报告已经出来两本了，这个细节就不再多说了。也由此，使得第十届亚洲旧石器年会在郑州胜利召开。

我再讲一下李老师的时代性。李老师不只是学术恢宏，其思想也是呼应时代的。中央一旦有重大战略，我总能听到李老师讲他从考古学视野的理解。不久前，他还谈到自己从考古视野写了一篇呼应国家重大战略的文章。记得有同学告诉我，李老师在北京大学做的一场考古学观察社会的人文讲座，获得了高层的高度评价。李老师做学问本分，做人做事更是这样，对待国家的前程始终是关心的，是用心用力负载匹夫之责的。这一方面，可以讲是我们这一时代较为宝贵的。李先生为人不自我清高，做学问也绝不只写象牙塔文章，我觉得这一条是先生极其难得的。

再一个就是李老师的办学，刚才大家都讲了很多。我认为，李老师办学既有儒者的一面，又有智者的一面，像北京大学考古文博学院的红楼，还有北京大学考古文博院（我们院曾经有一段名为北京大学考古文博院）的成立，就是李先生在任期间运用他的智慧和睿智积极协调成的，对北京大学的这一考古金字招牌的不断出彩，起到了历史性的重要作用。作为学生，应该在现实的工作中学习李老师，既不失为往圣继绝学，又能够智慧地做时代应为之事。

李先生学术著作等身，退休后更是以高远的眼光和功力写出了许多别开生面的论著和论文，《感悟考古》、《黄河 黄土 黄种人》中探讨早期文明的诸篇文章即是代表，河洛古国的提出更是其学术的卓识。尤其是其有关中国青铜结构体系之论述，我觉得应该是国内首次以考古学材料为依据，解构中国青铜文化体系的时代经典。可以讲其是青铜器研究从宋代以来金石学以至器物学的总体性历史终结，开创了中国青铜器考古学研究的基本学术框架，这得益于其学术智慧和其多年来的田野工地的辛苦。

中国考古在学术理论方面，大家都知道，是非常匮乏的，但是我认为这方面值得为李先生浓墨重彩！除大家熟悉的文化因素分析法以及其提出的文明十标准之外，再一个就是文明起源模式论。这一问题苏秉琦先生已有论述，主旨即是原生、次生、再生型。这确实是有关文明起源模式的一种系统性认识。李先生提的文明模式论，建构了新的有关文明研究的中国话语体系，以军权、王权、神权等为关键概念，首次结合考古和中国礼仪制度、传统社会演绎的特征，勾画了中华文明起源时期的不同模式，在理论上更加丰富，更加具有学术可操作性，既有中国本土的语言、语义色彩，又利于与国际有关文明起源、文明模式的对话。可以这么讲，李先生这一文明模式论，不只是论述了中国早期文明的几种模式，更为重要的是，其本身的理念系统像地层学、类型学、文化因素分析法一样，应该成为我们考古学学术研究的一种新的学术方法论。这是一种非常具有理论性又具有学术实践性的方法论。各位可以试验，用李先生的文明模式论来看待考古学问题，尤其是早期考古学问题，往往可以抓住问题的本质。我举一个大家熟悉的案例，中原地区距今5300年左右原来被认为是文明空心化时代，没有数量和质量方面与周边文化可以匹敌的玉器等，从而学术界认为这个阶段中原非常暗淡，但是换一个思维模式，运用李先生的文明模式论论证它是不是另外一种模式。这一下就会令人豁然开朗。我们在对濮阳西水坡45号墓葬的论证中，即运用李先生的这一方法论，得出了其是以天文之法为依托、以遵循道家之行为本质的认识。

关于李先生，还有很多为人为事为学问的事，值得与学友们畅谈，只是时间问题就简单谈这么多。我今天主要希望表达的，还是衷心祝李老师寿比南山，天保九如！

方辉：各位先生，各位来宾，今天我们在这里隆重召开"李伯谦先生学术思想研讨会——李伯谦先生从事教学考古60周年"座谈会。这是中国考古学学科史上很重要的一天，尤其会在我国考古教育史上留下浓重的一笔。在座的大部分都是北大考古的学子们，都曾聆听过李伯谦先生的教诲。实际上我很早也聆听过李先生的讲课，第一次聆听李先生的报告是在1983年秋天，那时我们在山西侯马实习，报告的地点是在侯马工作站。当时李先生讲的题目应该是和晋文化有关，虽然是三年级的本科生了，但说实话我有很多东西还是听不懂。那次实习是在春秋时期的北坞古城发掘，我们山大、厦大和北大的同学在一块儿。那一次李伯谦先生还曾到工地去指导工作，那次接触，李先生的学术眼光以及做研究的细致给我留下很深的印象，以后对李先生的著作可以说每部必读。前几天我知道郑州在准备这样一个庆祝活动，就觉得一定要来祝贺。不仅仅因为我跟李先生接触较早，从他的学术论著里面学到很多东西，更因为李先生对山大考古专业、考古学科的发展曾发挥过重要影响。听我的导师刘敦愿先生不止一次讲过，1972年山大考古专业成立之初，师资力量缺乏，刘先生几次邀请李伯谦先生来山大讲授商周考古，由此对李先生产生了更多的敬仰之情！尤其是最近一二十年以来，李先生因工作来山东的机会多了，我也经常向他请教商周考古的问题，2003年主持大辛庄考古发掘任务以来，多次请先生来工地指导工作。再就是教育部高等教育"名堂"多了，每次我们请李先生来参加评估、评审活动他都是有求必应，从985学科的论证，到双一流学科的论证，包括我们的"环境与社会考古国际合作联合实验室"的平台申报工作，请李先生去当首席专家，李先生都是有求必应，而且是鼎力支持，极大地支持了我校考古学科的发展。因此，无论是于公于私，我们山大人都是很感激李先生的！

另外，我觉得我们会议组织得非常好，梳理了六个内容，这六个内容概括了李先生的重大贡献。李先生考古理论的一些论著都是建立在很深厚的个案的基础之上，不是凭空说的，不是说仅仅来自国外的一个理念和想法，包括他的文化因素分析法，包括他的青铜文化体系的建构都是建立在扎实的个案研究基础之上的。另外令我感动的是，李先生是70岁之后焕发了考古的青春，一系列的研究都是站在学术的最前沿。我参加会议不多，但是经常会看到李先生的影子，这么高龄的老先生始终活跃在考古一线，这跟他一生的追求是有关的。任何理论的提出都必须有坚实的依据才能阐释，这个是令我们后学望尘莫及的。刚才我们有几位说以李先生为榜样，李先生确确实实是我们的榜样。最后祝李先生身体健康，学术青春永驻！

孟华平：非常荣幸参加今天的座谈会。参加的目的有两个：一是向李先生表达敬意，一是聆听李先生的教诲。我虽然不是李先生的入门弟子，但李先生的学术思想和工作态度给我留下深刻印象。前面的同志们深情回顾了李先生教书育人、科学研究的方方面面，我简单地说三点。首先，20世纪80年代李先生系统阐述的文化因素分析方法对当时科学认识考古学文化、构建考古学文化谱系结构具有十分重要的意义，我对长江中游史前文化结构的认识无疑受益于此。随着考古学研究的深入，我坚信文化因素分析方法在探讨中华文明多元一体格局的进程中仍将持续发挥作用。其次，在中华文明起源的探讨中，李先生根据中国考古学的实践提出了判断中华文明起源的十个标准，这种客观求实的理念实际上是我们理论创新的源泉，在建设中国特色中国风格的考古学道路上，客观求实是我们应有的坚持。再次，李先生严谨的工作态度令人难忘。印象最深的是2011年李先生到湖北叶家山墓地考察，当时发掘的65号墓墓深圹窄，先生不顾年高危险，坚持到墓底仔细查看随葬品的位置特征，提问解析。先生身体力行、严谨认真的精神鼓舞了在场的所有人，是我们努力学习的榜样。

最后，祝李先生身体健康！谢谢！

阎铁成：今天这个场面让人十分感动，弟子们都已华发满首，立户成家，但是恩师依然青春，这是多么幸福的人生幸事！今宵难忘，幸福绵绵，感谢恩师，衷肠满满，还有很多人想在这儿表达自己的感情，但是我们八十多岁的李老师已经陪我们在这儿坐了将近四个小时了，因此，我想我们不能在这个场合继续表达我们的感情了。还好，我们会后安排了聚会，在聚会上，大家可以再向老师表示自己的敬意。

另外，今天的研讨会结束之后，我们还准备出一本纪念文集，希望今天到会的各位朋友，把你们的心里话，把你们学习李老师学术思想的感想都写出来，到时候我们把这本文集呈现给李老师，让李老师一天天地静下心来，来感受大家的一片深情。

我们今天的学术研讨会就到此结束！发言结束后，我们还有一个非常重要的环节，有请我们的李老师再给我们教诲！欢迎！

李伯谦：这个话从下午两点半一开始我就想讲，但是没有这个机会。想不到学会的秘书长阎铁成副会长给我这个机会，那我想就说这么几个意思。

第一个意思，就是今天这个会并不是我想要的。为什么要举行这样一个会？就是在这个会之前大概一个月，郑州中华之源与嵩山文明研究会的会长会上，由郑州中华之源与嵩山文明研究会发起人王文超动议，让学会安排一个这样的会，抽出时间来，让参加我们这个学会的人，总结一下我个人的学术思想发展的过程。我听了以后，当时是不同意的，所以说我没有考虑。后来我就在回去的路上又考虑了一下，所以今天才有这么个会。

开这个会，我自己其实很纠结，这个会要不要开？第一个是我自己本身来讲，就不应该开，因为我们谁也没有达到那么一种程度，来总结自己的学术思想发展过程，给大家做一些示范。没有！所以我觉得不应该开。第二个又觉得王文超提出的这个动议，也不是一点道理都没有，因为任何事情的发展都会有一个过程，在这个过程当中都会有机会来总结一下看还有哪些成绩，哪些不足，今后怎么发展，应该有这么个过程。作为我们学会，我又是现在学会的会长，我觉得也应该开这个会议。所以我的思想是很矛盾的。但是不管怎么说，今天这个会是开成了。

开成了，我自己也有意见，我觉得这个会上缺少反面的意见和不同意见。讲李伯谦的学术思想，讲了一二三四五六七，讲了好几点，难道这都没有问题？都是非常正确的吗？其实不然，我觉得什么问题都是应该一分为二来看待的，至少是有不足。但是我没有听到今天在会上有哪一位发言人说，你李伯谦的学术思想里的哪一条，还有值得商榷的地方，还有待改进的地方。没有！我觉得这不符合我们事物发展的常态。刚才不是说要出一本集子吗？如果说有人，至少有两三位能提出一些讨论的意见、不同的意见、改进的意见，你们就在那儿提，可以使我们这个会的成果更好。这是我想说的第二个意思。

第三个意思，雷兴山那个发言所表达的意思，本来是我要讲的，结果他先讲了，这就没办法了。那么他讲也有他的道理，我则讲我自己的亲身感受。我从去年年底，应该说是春节前后，身体一直不是太好，后来发烧，就住院了。因为我发烧住院，我们学会当中的很多同志，包括领导同志、一般的工作同志，可以说都非常关心。我记得我是在海南，发高烧，烧到39.9度，当时他们形容我发高烧的那个样子，我都感觉不到，烧得我什么都不知道了，后来就转为肺炎了。先是在中海住院，后来又转到海口市省医院，最后又把我弄到北京朝阳医院，一共住了46天医院，就是肺炎闹的。

在整个治疗过程当中，我受到的关心、爱护、支持，那真是没法用一句话来表达。所以我今天利用这样一个机会，感谢我们这个团队，真是太好了！他们对我这种关心和支持，不是一般的，那真是非常体贴的一种爱护。所以我3月12号出院到现在，恢复得还算快，我想跟这份非常体贴与支持是分不开的。这是我想说的话。我不是抢雷兴山的风头，因为他也是代表学会。我则想这个事情，如果作为一个孤立的事件来看还行。但是我想，也不单是我这样想，认为这事儿标志着我们这个团队，拥有互相爱护、互相帮助、互相支持的精神，我觉得非常可贵！当一个人出了毛病，大家都来支持你，我觉得这是非常可贵的！

我们今天这个会，讨论的是李伯谦的教学考古六十年的思想。我想我们要从更高的角度来看，我们这个有着十几年历史的学会，今后怎么更好地发展。我觉得应该从这一个事情当中做出积极的总结。

我85岁了，原来说过了85岁就是老年了，但是后来有一种说法，说是85岁好像还是壮年，我们老会长是中年。我觉得这个挺好。84周岁85岁开头，这个坎儿我迈过去了！所以我想，迈过去以后，你得往回看，还得往前看。我认为这就是一个很好的机会，总结思考怎样使我们的学会发展好，怎样使我们即将成立的天中书院更好地向前发展，我想都是很好的契机。

作为我自己来讲，不要觉得我住了三个医院，有46天住院经历，就觉得自己好像快不行了。我不这么看！我觉得我还是可以再干，但是行事方式可以变，唯有这个心劲儿不能丢，一定会干下去。所以我们学会每年都会发布课题。到时候，我们很希望有关的同志能够积极申请这些课题，共同来推进。其实我们这个会就应该总结一下，我们这十多年，确实在围绕着中华之源与嵩山文明这个大课题，做了哪些工作。但是这还是不够，我觉得我们应该做得更好一些！

我还特别感谢在座发言的很多人，包括外地来的，外单位来的，请了假来的，总而言之有很多这样的同志，还有很多可能并不是有什么直接关系的同志，我都非常感谢、感恩！我想最后特别要说的是，感谢学会和北大考古文博学院组织这么一个会。但是我想还是要把调子放低一点，不要自我膨胀。如果说要见媒体的朋友，文章最好大家要审查一下，低调，不要自我膨胀，这样我们才有更好的发展。

最后是谢谢各位的光临！谢谢各位抽出时间来参加今天的会议，不足之处我们以后再好好改善，感谢大家！

阎铁成：我们为李老师的学术成就感到自豪，更为了李老师青春永驻感到骄傲！

继承与创新的典范

——写在"李伯谦先生学术思想研讨会"召开之际

中国社会科学院考古研究所 杜金鹏

北京大学文博学院有不少著名的大师级学者,是我敬仰、崇拜的对象,每每提及他们我必口称"先生"。在他们当中,我当面称呼"老师"者唯有李伯谦先生。但我实际上并没有投身李老师门下学习的经历,也没有与李老师一起工作的机会。称呼"老师",主要是因为李老师除了学识渊博、学问高深,还有亲切谦和、平易近人的感召力和亲和力。李老师桃李满天下,多出一个叫自己"老师"的人,估计也没太在意吧。

我与李老师相识已久,较多的学术交往是在参与"夏商周断代工程"期间。那时候他是工程专家组成员,负责考古方面事务。我在安金槐先生主持的"商前期研究"课题组承担"偃师商城年代与分期"专题,自然与李老师发生较多联系。后来在许多学术活动上也有密切交集。

在"李伯谦先生学术思想研讨会"召开之际,我想借机说点自己对于李老师的认知和感想。

第一,继承与创新的结合。

李老师从事夏商周考古研究和教学，是旗帜性人物。因有邹衡先生这棵"大树"作为自己的师长和同事，我想李老师应该是荣幸与压力共存吧！邹先生把夏商周考古，做得空前绝后（就其田野工作和学术体系而言，"绝后"并非虚言），其夏商周考古学体系近乎圆满周详，在他身旁做夏商周考古，想要省力省心，只要跟着走就可以了。但李老师没有选择顺流而下，而是坚持独立思考，走自己的学术之路。我们知道，李老师属于夏商考古界"郑亳说"学派，对邹衡先生及其学说给予了极大支持，对"郑亳说"的发展做出了重要贡献。在我看来，李老师对于邹衡先生及其学术思想的最大贡献，不在于某些具体学术观点的发扬和补充，而是对于邹衡先生所倡导与坚持的学术思想（我称之为"邹衡精神"）的发扬——学术研究坚持实事求是、求真务实，不唯上，不唯众，敢于挑战权威，独立思考，创新发展。正是坚持和发扬了这种学术精神，他才能够在理论方法和技术路线上均有创发，形成了自己的学术体系，丰富了我国的夏商周考古学。他提出的文化因素分析法、二里头文化是晚期夏文化等，有力地推动了夏文化探索，丰富了夏文化研究成果，同时也使"郑亳说"有了更大发展空间——即使他的观点与邹先生观点有所不符，却正是对"邹衡精神"的发扬和诠释！

第二，学术影响力与人格魅力的结合。

长期以来，李老师在我国考古界享有崇高学术地位，除了依靠深厚的学术功底、扎实的学术功力和精到的学术见解，还有高超的人格魅力！

12年前，我的《殷墟宫殿区建筑基址研究》书稿撰毕，奉予李老师请益，希望求得一篇序文。我觉得，虽然我是个"西亳说"支持者，且对"郑亳说"多有批评，但是，学术意见不同并不影响学者间的友谊和交流。更主要的是，在与李老师的交往中，我认为他是个胸怀宽广、与人为善又知识渊博的长者，我很愿意听听他的意见，于是斗胆叨扰。

李老师非常认真地阅读了拙作，很快写了一篇长序，从五个方面对拙作的主要内容、方法路线、价值意义等，做了分析阐述，指出《殷墟宫殿区建筑基址研究》"是殷墟宫殿建筑基址开始发掘以来，继石璋如《殷墟建筑遗存》及相关著作之后，对殷墟宫室建筑研究收集材料最为丰富、分析最为深入、论断最为可信的一部具有突破和创新意义的著作"。这是一个最专业和最无门派色彩的评价。同时李老师又用较大篇幅指出拙作的问题和不足，如甲组基址朝向问题、乙一基址与乙五基址关系问题、乙五基址建筑复原问题、丙组基址年代下限问题，皆有可商余地；而对拙作未能讨论宫殿区道路、排水设施、防护设施等，表示遗憾。李老师最后说："我和金鹏是几十年的朋友，爱好一样，相知甚深，当我把这本沉甸甸的书稿读过之后，我已深知它在夏商周考古学史上的地位了。但我没有过多赞美之辞，反倒提了不少希望引起讨论的问题，就我对金鹏的了解，我想他是不会怪罪的。"这是最真诚的情怀、最具学术责任心和最有学术透视力的见解，真所谓"君子坦荡荡"也！李老师的宝序，更激起我的敬仰之情！确实，拙作只着眼于宫殿建筑（具体说是夯土建筑）基址，未能就宫殿建筑体系（包括建筑物、道路、水系、防卫、窖藏、景观、生业）进行全面讨论。其实当初很想对资料还算丰富的地下水道和众多窖藏坑做些分析讨论，只因彼时我已将学术重心转移到考古遗产保护研究方面，力不从心只得作罢，至今心存遗憾，更觉有愧于李老师的赞誉。近来我正重返殷墟研究，希望对宫殿区研究做出些许弥补。

我想，这大概是"两亳说"学者之间，最不同寻常的一次交流吧。

2017年，郑州大学陈旭教授出版《夏商文化研究续集》，委托我写序文，令我大出意料和忐忑不安！众所周知，陈老师是坚定的"郑亳说"者，是我的学术前辈，让我作序，彰显了极高学术格局。这给我一个难得的学习机会——如何做人、如何做学问。这是"两亳说"学者间又一次特殊交流。

第三，学术立场与学术胸怀的结合。

在"夏商周断代工程"期间，李老师全力投入到工程考古项目中，尤其是对于关键问题的探索，更是紧盯不放。那时，关于夏文化研究是工程重点更是难点，"郑亳说""西亳说"之间的相互"攻防"令人心房激荡。如何掌控不同学术观点之间的争鸣，平衡不同学术群体之间的工作，让工程成果体现更多人的劳动，促成学术融合与提升，实在是一门艺术。李老师在其中发挥了重要的协调和组织作用。我记得工程发布阶段性成果时，提出郑州商城和偃师商城同为"夏商界标"，当时我对这个提法是不同意的，但是也很能理解。既然是"阶段性成果"，便有进一步探讨的余地，因此也就可以接受。

事实证明，"双界标"说，是坚持学术立场与抱持学术胸怀之间的艺术平衡。在度过了那个特殊而敏感的时期之后，如何理智、正确地看待郑州商城、偃师商城两个"界标"问题，似乎已经不是什么大问题了。经过"夏商周断代工程"的磨砺，"西亳说"与"郑亳说"逐步靠拢，尤其是关于夏、商文化分界问题，分歧已经缩小到几乎可以忽略的程度。

李老师在退休之后，依然活跃在考古科研领域，引领着夏商周考古向着更高更远的方向前进。我衷心祝愿李老师身体健康，生活幸福！希望继续不断得到李老师指导！

师恩尽透些微处

——写在李伯谦老师从教六十周年时

南京大学 周晓陆

2021年是恩师李伯谦先生从教六十周年，我是他亲手培养的南京大学历史系考古专业的学生之一。导师的这个纪念日对于他的学生们，具有特殊的意义。我没有资格，也没有什么业绩奉献上祝贺，只是在此略加介绍些微小事，从中看到老师高大、亲切的影响。

一

我们是"文化大革命"结束以后恢复高考，第一期考入大学的，史称"七七级"。当时在南京大学历史系考古专业学习，我们这代人是很幸运的，亲耳听到过夏鼐、苏秉琦、贾兰坡、安志敏、宿白、石兴邦、安金槐、蒋赞初、俞伟超、朱伯谦、韩伟等全国第一流的考古学家的课堂授课。其中印象最为深刻的，是北京大学李伯谦先生为支持南京大学考古专业的建设，而给我们上的完整的"夏商周考古"课程。

李老师讲课的风格让我印象最深的有两点：第一，是学术材料的全面铺开，以文献为经，以从金石学到考古学的成果为纬，详尽地编制了这一阶段中国考古学的教程，不厌其烦，条分缕析，无余无失。第二，有很强烈的学科问题意识，以问题带动课程，使学生们能够更加明白课程的要点所在，以及围绕夏商周考古学科的未来发展愿景的所在。我非常清晰地记得，当时李老师讲深讲透的几个主要问题，例如，由新石器时代向青铜时代转化的具体地点和文化因素，二里头文化和"夏文化"的关系，夏代的都城问题，早商文化到郑州二里岗文化的相关问题，"亳"都的问题，西周的性质问题，长江下游青铜文化，东周时期三晋文化、燕文化、齐鲁文化、楚文化，等等，30多年过去了，其中有些仍然是中国考古学上的敏感问题。

我们同学们都记得，李老师那严谨认真、亲切平缓、肯定周详、清晰明了的授课，紧紧抓住重点，大度包容各家的不同意见。我们甚至还记得，考试时他带来厚厚的一叠青铜器的明信片，抽取面试，增加我们的新奇感、新鲜感，提高我们当即认知问题的能力。李老师的教导给我们班的同学都留下了深刻的印象，给同学们指出了从事考古事业的最清晰的路标。

二

1995年到1996年，发生了这样一件事情，北京的作家、书法家、收藏家路东之先生，在市场上发现了一大批古代泥封（一般著作中提及的"封泥"），他认为可能要早于他原先收藏的西汉时代的泥封。为了寻求进一步的证实，他专门赶到西安西北大学找到我。我看到实物之后大为震惊，这就是以往发现不足十枚的"秦泥封"，这是从战国秦国到秦王朝时，所有地下出土文字（包括金文、简牍文字、陶文、玺印文字、石刻文字等）当中，反映职官名目最多、地理名称最多的一次"目录性"的最大发现。

1/4个世纪过去了，现在可以明确地说，当时这个发现和希望被及时披露，在北京和西安都遇到了相当大的阻力。有关方面认为：一、私人的文物发现和收藏是不是可靠和合理；二、因为从来没听说过考古出土过秦泥封，这批东西本身是不是可靠；三、这两个人会刻图章，应当有做手脚的嫌疑；四、即使是这样的真的发现，究竟应该是由谁向社会披露。当时，我和路东之先生，向行政管理部门汇报无门，向学术界的同人们通报被拒，我俩仰天长叹："怀璧之哭，岂惟昔者！"打个不恰当的比喻，伽利略请大家看一眼天文望远镜遭拒这样的境遇，我们算是感受到了。好在，当时西北大学负责人余华清先生安排了我们向北京的李学勤、李伯谦先生做了汇报，并得到了两位德高望重的先生及时和肯定的帮助。

我清楚地记得李伯谦老师说："晓陆，你们的发现我觉得是可以信任的，但是还担心市场的出品的真伪呀！"我说："现在还不可能。"李老师说："这我就放心了。"他立即让张玉范先生帮助我们查考了北京大学图书馆珍藏的所有的古泥封的谱录，以及部分难以见到的古印谱。这样，在我们编撰《秦封泥集》的时候，李老师给予了实质的帮助和支持。后来路东之先生在北京开办了"古陶文明博物馆"，秦泥封成为重要的展品，李伯谦老师出席开馆仪式，并且多次到馆里指导工作。

类似这样的支持还有多次，我在北京赵宇泽、俞国林等先生支持下，编撰了《二十世纪出土玺印集成》。当我心怀忐忑地向李伯谦先生汇报时，说这只是"小件"，反映不了什么考古的大问题。李伯谦老师说，小件不小，可以做出大贡献。李老师欣然给"集成"作序，支持了相关的研究。后来这部书获得了国家哲学社会科学的最高奖——高校哲学社会科学研究一等奖，这里包含着李伯谦老师的大力培育、扶持。

三

在20世纪的后半叶，我被席泽宗、刘次沅等先生拉上"夏商周断代工程"这条大船。这对我来说，是难以忘怀的学习经历，从考虑问题、设计题目、具体实践等方面，在这段工作中都有了很大的提高。尤其让我高兴的是，在工程中频频受到李伯谦老师的具体关注和指导。

在陕西省长安县（现西安市长安区），穆小军同学在清理现博物馆库存时，发现了早年出土的一件青铜鼎，鼎上带有165个铭文，鼎由我先做了通读，命名为"吴虎鼎"。其中，有比较详尽的西周后期的政治地理内容，其重要性自不待言，尤其重要的是鼎上有四要素齐全的西周后期的纪年月日等要素。记得李学勤、李伯谦两位老师，当时就命我以最快时间赶到北京"夏商周断代工程"办公室，汇报这一发现。抵京，李伯谦老师立即找到我，促膝而谈，他没有提出先入为主的意见，只是反反复复与我核对：鼎腿断了，到底缺不缺字，是不是影响到全文的通读？这只鼎出土时间已长，字口有没有残损，有没有出现误读？直到我给出了肯定的回答，他才放下心来。我在会议上，为与会的领导和专家做了汇报。后来"吴虎鼎"成为"夏商周断代工程"的重要支柱之一。

1997年，刘次沅老师为了西周懿王的纪年问题，准备让我到新疆塔城地区，观察"天再旦"的情形。由于当时正值小平同志刚刚去世，北京、南京、西安的有关方面都劝我放弃。李伯谦老师也是在电话里劝阻我。我对李老师说：这次"天再旦"，是太阳系安排的，错过了，在20世纪就不可能观察到了。我记得李伯谦老师反复叮嘱我注意安全，并且说他有学生在兰州、在乌鲁木齐，如果遇到困难和问题，就第一时间找他们。我是带着快乐和安全感上路的。我和组织起来的当地群众，在1997年3月9日早晨，两次大雪的空隙之间，终于在新疆塔城及周边地区，顺利地完成了日全食环境下"天再旦"的观测，并取得了数据和当时人们真切感受的文字记录，应该说，取得了不错的成绩。回到了北京以后，李伯谦老师立刻把我叫过去，问了详详细细的情况，并提出要减少人为性的预测、暗示，抱着实事求是的科学态度，讲出当时的真实情况。后来，中央电视台专门到新疆塔城、阿勒泰地区，回访"天再旦"的工作，李伯谦老师再次叮嘱实事求是，要经得起科学检验。"天再旦"课题的基本顺利完成，对解决西周懿王纪年提供了帮助，也体现了历史学科、天文学和测年研究的有机结合，这与李伯谦老师及时的关怀、叮嘱、帮助是分不开的。

四

我在北京师范大学工作的时候，李老师特别高兴，对我在南京大学、南京博物院、西北大学、北京师范大学的工作环境再三比较、询问，我真是感到非常温暖。李老师说："晓陆，不管这些年我们直接交往多不多，但是我一直注意你和你们班同学的行踪。"他还说："这么多年你一直在让，公事私事都在让，这次到北京不要再让了。"我说："李老师，这可让你猜到了，这次我真的不让了，我是为重建文物学科的事情来的，这可能会得到大家的批评。"接着，我把文物学建设的事跟李老师谈了。

我认为，文物学渊源就是中国历史上的金石学。到了清代金石学衰落不振。新的学科——考古学在中国落地，表现了强大的学科优势，改写了中国古代史的研究局面。可是这在客观上，压抑了中国文物学。中国考古学和文物学，是有着密切关系的兄弟学科，但它们有着一些根本的不同。我举了三个例子：第一，包括古建在内的大量的"流散文物"，与基于田野收获的考古学没有什么关系；第二，中国文物的重要品类之一——绢本、纸本书画，其绝大部分和考古学没有什么关系；第三，从近现代以来，反映人民革命斗争的历史文物，与考古学也没有关系。在方法论上，文物学与考古学也有很大的区别。我当时说，我是在李老师指导下学考古干考古的，现在要研究"文物学"，是不是"背叛师门"？想不到李老师积极鼓励我，说你讲得有道理，文物学应当考虑相对独立，文物学会有更好的发展前景。李先生并提醒我，考古学进入中国之后，应该是给文物学增加了新的研究活力和方法，为文物学的发展拓宽了渠道；在研究对象来源上，在一定的时间段上，在方法论上，两者是可以又分工又分家的；但是在研究中国文明的物质化的发展上，考古学和文物学又是可以考虑分工不分家的。

这两年，从全社会来看，中国文物学日益表现出是一门相对独立的学科，是中国考古学亲密的姊妹学科，这点渐渐为人们所接受。其间，有李伯谦老师在中央层面、在首都背景层面做出的大量分析、研究和宣传工作。今年，我领衔编撰的《中国文物学教程》，也在南京大学出版社出版，回想起来，这个学科的重新兴起，包含着李先生的理解、支持、培育和推动。

五

我大概是先天不安分，在北京师范大学待了一段时间，并且开设了文物学课程之后，在世纪之交的时候，听到几位先生议论道：考古学就是考古学，而不应当强调分支建设，例如农业考古学、艺术考古学等。我觉得这种提法不是很合适。同时，我也看到，20世纪在小范围内比较活跃的"美术考古学"，实际上有着学理不清、学科界限不清、学科重要性不明等问题。所以，我想比较深入地探讨艺术考古学，并且结合实践，设法巩固这一考古学的重要分支。于是，我决定再次离开北京，回到中国考古学的圣地西安，离开综合性的大学，来到艺术院校——西安美术学院，专门筹建中国艺术与考古研究所，从事中国艺术考古的研究。

记得在北京，两次向李伯谦老师辞行，一方面交代了学生的行踪，另一方面表达学生关于艺术考古学的想法？李伯谦老师当时沉默了一会儿？讲：我们吃饭去。在饭桌上问我：你为什么要走？在北师大不是挺好的？在文物学上不是有很多想法的吗？我详详细细地谈了。李先生说：我是不想你走的，可是你有你的想法，在你走前，再见一次好不好？于是有了第二次辞行。李先生说：你讲得有你的道理，而且你也倾注了热情，我当然表示支持，但是支持并不是同意你的意见，希望你做出成绩，说服我们这些老头子，希望那个你定义的艺术考古学前景是美好的。这个事情上，反映我出身于考古，又在考古出出进进的不安分的性格，但是每想到李伯谦老师的谈话，除深受感动之外，也下决心搞出一些名堂。

经过这二十几年的思考探讨比对，我大概得出一些意见：第一个意见，考古学是面向田野的百科全书式的物化的历史重建的必需，其中包括历史场景、事件的重建，包括历史规律和历史哲学的探询。因为是百科全书式的，所以就有分科和学术分支的必要，就面对人类社会丰富的历史实践、丰富的物质文化遗产而言，它的最高级的分支应该是简明的、提纲挈领的，其下面的分支应该说多到难以尽数。我认为考古学的最高分支，一分为三或叫作鼎足而三，就是"环境考古学"（解说人类赖以生存的环境关系，人类与环境的作用与反作用的问题）、"一般考古学"（解说人类所有创造能力的表现，这是目前考古学最大的基盘所在）、"艺术考古学"（解说人类社会在美中前进，又可以叫"审美考古学"）。第二个意见，艺术考古学是服务于审美史、艺术史重建的考古学的分支，我不认为它是艺术史学的分支，但是艺术考古学是艺术学、艺术史学必须倚重的一个学科。第三个意见，在"美术考古学"的研究中，不少研究者指出其一般面向的基本资料，是考古学所提供的"艺术品"；我认为，艺术考古学针对考古学所能够提供的一切方面、一切遗迹和遗物，涉及环境、材料、基本功用的适合性，涉及美的认识、观照和张扬。在这里要强调的美的"原点"，是从"适合"出发，换言之，"适合就是美"。以后人类发展的各个时代，又有艺术家对美的不断认识和多种创造，属于美术范畴的是"美术考古"，属于音乐的是"音乐考古"，属于舞蹈戏剧的是"舞蹈戏剧考古"，等等。第四个意见，艺术考古学和一般考古学一样，越是人类早期，就越体现学科的优势；在中国，一般认为宋明之后，艺术史的重建任务一般就可以让渡给艺术史学了。第五个意见，由于在所有艺术遗产中，以造型艺术（美术）艺术遗物最为丰富，所以一般研究者可能将"美术考古学"混同于"艺术考古学"，现在人们应该厘清，美术考古学、音乐考古学、舞蹈戏剧考古学、设计考古学等，都应当是艺术考古学的下一级的必要分支。

最近几年来，对于以上的有关想法，得到了李伯谦老师的支持，他说：这比你在离开北京时所讲的，要清楚得多了。现在，我们正在为"中国艺术考古学"编撰有关的教材，李伯谦老师也欣然允诺，给这部教程撰写重要的导读。

六

我从大学读书的时候开始，主要受着夏鼐、苏秉琦、俞伟超、李伯谦等先生的教诲和启发，一直就在考虑所谓的文明起源的问题，在这个问题上，我是经过了多次反复的。首先，从打小接受的教育出发，接受了"黄河中心论"；后来，又聆听到苏秉琦先生的意见，我拥护和接受过他的意见，曾经立志做中国东南地区的早期考古（从新石器时代到青铜时代），在南京博物院还积极参与了"长江五千年文明"的基本陈列展。这些都反映了我对苏秉琦先生理论的学习和接受。20世纪90年代开始我在西安、北京工作，在黄河流域反复看考古现场，看文物资料，又经历了反复的考虑，又一次形成关于文明的以下几点意见。

第一，所谓文明，应当是指有别于动物界人类以及人类的社会组成，包括行为与思维。人类走出动物界，非洲也好，欧洲也好，亚洲也好，只要有了区别动物界的行为方式、思维模式和社会构成，这就是文明的开端。

第二，由人类文明的开端，文明的表达是有阶段性的，即：1. 最初的文明；2. 文明的发展；3. 人类社会的定居文明，包括农业文明的实现；4. 人类文明由地域性文明，进入阶级社会的国家形态文明；5. 由国家形态的文明，在地球上组合成多个意识形态、社会结构、政治统治、行为方式不同的亚文明；6. 人类工业文明的出现，有可能将人类文明综合为一体；7. 后工业时代的文明；8. 直到人类目前为止，尚难以估计的未来文明（包括人类在地球外寻找新的定居场地，生发出新的文明）。后一阶段的文明包含着对于前一阶段文明的部分否定与超越，而这些否定与超越常常成为后一阶段文明的标志，那么，各个阶段文明的标志就完全可能不一致，并不连贯。

第三，从农业定居实现开始，地域性的文明实际上受到越来越强的肯定。就中国古代文明史而言，实际上是中华文明从朦胧至清晰的诞生过程。就广大的中国历史学者、考古学者而言，人们往往接受阶级社会国家文明的指认，承认了人类文明的阶段性和后来发展所致的地域性，那么他们的意见并没有错，这成为近年文明热的指归所在。

第四，在东亚，农业文明实现之后，出现了多个地域性的文明，其中大部分文明发展到了阶级文明和国家的出现。例如红山文化、大汶口文化、崧泽—良渚文化、马家窑文化，以及从大溪、屈家岭到薛家岗一系列长江中下游遗址文化。考虑到中华文明要有具体的定义，要有贯穿几千年的特质：稳定的农业基础，高度集权的大的专制政治架构，导向了社会形态的大一统的基本追求，逐渐形成的集体价值观，等等。在这个问题上，中华文明实际上是"一元一体多援"的。于是，我把目光重新投向黄河中游地区，尤其是豫陕晋这中华文明起源的"金三角地区"的仰韶—龙山文化。

第五，中华大地上，除黄河中游地区以外，其实周边地区都形成过阶级国家文明，它们都是各有特征的，甚至例如红山、大汶口、马家窑文化，尤其是良渚文化，其文明的发达程度，超过同时期黄河流域的发展程度。但是，它们对中华文明主脉以后的发展，是重要的"帮助力量"和"重要的嵌入体"。所以，我不太同意"多元一体"的说法，如果要用这个类似的词的话，可以表达为"（先是）一体（后嵌入）多元"，也就是"一元一体多援"。这20多年来我常说，中华文明的起源，可以比作"一个摇篮多个奶妈"，不排除这些奶妈的乳汁比亲妈的乳汁有更多的营养，不排除这些奶妈比亲妈更加美丽和富有活力。作为中华文明的起源，应该是从黄河流域中部的定居实践开始，一方面各地优质的文明基因也被带到中华文明体内，另一方面源于黄河流域的早期中华文明不断扩张，直到涵盖了长江、淮河、辽河、珠江等更为辽阔的地域。直到三代时期，中华文明的中心部分和周边部分的大格局基本底定凸显，新石器时代除黄河流域之外的相对独立的文明成就，渐渐退隐。当然这些思考，也是不同于老的"黄河中心论"的。

这两年以来，李伯谦老师不断叮嘱我，关注黄河流域的收获，尤其是在天中书院、中岳书院的帮助下，他甚至不辞八旬高龄的劳苦，带我参观双槐树遗址。他问我对"河洛古国"的看法，我给了肯定的支持，并认为从这些出发，可以不断认识健康发展的中华文明，这都是极有意义的。同样反过来说，肯定各地文明早年的辉煌，肯定各地文明对中华文明发展的巨大贡献，甚至是各地提供了黄河流域自身不会自然产生的贡献，这样是比较符合历史学、考古学的实际的。真没想到，李伯谦老师立足故土，带大河而挺中岳，继续引领着考古学的发展。作为学生，我力图跟上老师的步伐。

七

去年 7 月参加"古国时代的中原及嵩山文明盛会"，李老师带领我们考察双槐树遗址，我留了两首诗：

河南考察双槐树遗址

书生何事聚嵩山，探我中华文化源。

有仰韶村开混沌，在双槐树握轩辕。

布晴却雨黄河岸，扫土见壕旧国垣。

石峁与之寻鼎列，且徕陶寺颂歌喧。

十日几度拜谒李伯谦老师

最喜他乡谒老师，束脩未备面惭时。①

阳城吹土禹涂未，洹水长流汤武诗。

几页青铜青未了，三朝断代断能知。②

先生教席夸天健，皓首锋芒阻日迟。③

注：

①李伯谦老师于 1978 年至 1979 年教我夏商周三代考古学，现已 85 岁高龄，仍慨然奋战在考古第一线。

②记得伯谦教授以几页青铜器明信片考我们，记得 25 年前伯谦先生具体而微地指导我参与"夏商周断代工程"。

③李老师关注最新的史前考古成果，奋力于中华文明探源研究，白首柱天，真有挥戈阻日之英武。

近日，又在郑州庆贺李伯谦老师从教 60 周年，感慨之际学生再留小诗一首：

我师李伯谦先生从教六十周年贺

耕耘六十秋，问夏问商周。

濠掘双槐树，宫开二里头。

大河教日夜，中岳费筹谋。

厥伟煌煌业，青铜铸九丘。

2021年7月17日

学而回顾

再读李伯谦先生《感悟考古·导言》

山西省考古研究院　田建文

李伯谦先生在 2015 年 8 月《感悟考古》出版前夕，为之写了将近 4 万字的《导言》，出版不久我读过两三遍。文如其人，李老师满篇苦口婆心，以自己的亲身经历、经验、体会甚至不足、教训，引导着考古学界一代又一代年轻学子们，树立一流的为学态度，朝向正确的考古方法，既接受国外先进考古学的模式和理念，又发扬中国传统考古学的特色和方法，使中国考古学自尊、自强、自重、自爱，走向世界，走向远方。

今年 5 月以来，我反复看，最后干脆打出电子版，才能读得明白、吃得透彻。夜深人静一边敲击键盘、核对原书，一边回忆 1980 年以来每次见到李老师时他那和蔼亲切的面容、诲人不倦的谈吐，特别是 1981 年后半年他给我们班讲授"夏商周考古"时的情景，开始是一种无言的享受和无比的幸福，后来却是越来越害怕，到了要紧处对我来说不啻当头棒喝，摘抄八则如下。

1. 得懂得发掘，得懂得器物排队做类型学研究

其实，遗迹也好，遗物也好，都是古代人类所从事的各种活动的遗留，是他们特定的思想和行为的产物，考古学的任务就是运用科学的方法、手段把它们发掘出来，运用科学的方法、手段通过对它们的研究将其蕴含的、反映的思想、行为揭示出来，去复原历史。这是一个连续的科学研究的过程，没有在地层学原理指导下的发掘，就不能有序地揭露出这些东西，没有按照类型学原理去分析研究这些东西，就不能进到更高层次的研究去揭示其蕴含和反映的历史的真谛。设想如果不懂得发掘，不懂得器物排队做类型学研究，还怎么能再上升一步去见到背后的人的活动呢？这一点我们必须明确，不要在这个问题上迷失方向。谁能坚持做到这一点并在今后的工作中持之以恒，谁就能充分发挥作为历史科学重要组成部分的考古学的优势，为复原中华民族悠久的历史做出自己的贡献。

——《感悟考古·导言》之"一、考古学是什么"，第 6～7 页

2. 如何看待国外涌进来的理论

我认为应当是立足于我们自己的考古实际，对国外涌进来的理论也好、方法也好，经过缜密的分析，有选择地使用，在使用中甚至可以根据具体情况加以修正、改进。

——《感悟考古·导言》之"一、考古学是什么"，第 7 页

3. 没有文化遗产的保护，考古也将失去自己活动的空间

回顾我国考古事业和文化遗产保护事业发展的历史即可看到，两者是相辅相成、密不可分的，文化遗产性质、年代、价值的确定，要依靠考古学的研究成果，文化遗址保护规划的制订、遗址公园的建设，需要考古工作者的参与。同样，没有文化遗产的保护，考古也将失去自己活

动的空间。

——《感悟考古·导言》之"一、考古学是什么",第8页

4. 下田野、摸陶片,掌握类型学方法对一个搞考古的人非常重要

掌握类型学方法对一个搞考古的人非常重要,根据我自己的体会,只有真正掌握了类型学方法并从类型学的实践中尝到了甜头,你才能对你挖出来的这些遗迹、遗物真正有所认识,才算真地懂了考古。我1961年毕业,当年在昌平雪山,1962年在安阳小屯,年年带实习,每次都四个多月,教育部《高等教育六十条》规定的必读书目老看不完,1963年教研室又要派我去偃师二里头带实习,心里不高兴不太想去,这事让教研室主任苏秉琦先生知道了,把我叫去狠狠地批了一顿。苏先生说:"听说你不想下去啦!是不是觉得田野这一套已经过关了?书本是学问,当然要读,但田野也是学问,对考古专业的老师来说是更重要的学问,不要以为参加过几次实习就算可以了,其实还差得远呢?考古教研室青年教师里头,除了邹衡谁的摸陶片工夫过关了?当考古专业的老师,就要立足田野,没有这个思想准备,不会有大的出息……"苏先生一针见血的批评,使我端正了方向,以后几十年再没有为下田野有过怨气,而且每次下去都会得到新的信息、新的收获。苏先生说的"摸陶片"工夫,其实就是类型学本事。……但我充分相信,利用整理的机会把类型学学到手、掌握好,是完全可以做到的。

——《感悟考古·导言》之"三、类型学是研究考古遗存的关键步骤",第12～13页

5. 如何进行类型学研究

还常常听到一种说法,说器物类型学太主观,不同的研究者对同一批器物的型、式划分常常会有较大的差别,你相信谁的呢?这种情况的确存

在，但并不能据此完全否定类型学的科学性、可靠性。类型学研究，是一个从主观到客观的过程，研究得越深，主观与客观符合的程度越高，你得出的结论越来越接近实际。反之，浮光掠影，浅尝辄止，要想作出准确的型、式分析，的确不容易，得出的结论可能会与实际相距甚远。正是因为类型学研究有难度，才要求研究者必须十分专注，反复揣摩，多方比较，并充分利用一切可以利用的科技手段。不相信类型学是科学的研究方法，是不对的，应该彻底打消。

——《感悟考古·导言》之"三、类型学是研究考古遗存的关键步骤"，第15页

6. 研究考古学文化族属的两个必须

族是一个十分复杂的概念，我们现在所讨论的主要是指以父系为主导形成的族，如夏族、商族、周族等。各个族皆以具有血缘关系的若干代男性为中心所形成，但随着婚姻、族氏分衍、融合、同化等，族本身也在不断发生着变化。一是构成特定的族的成分来源会日益复杂，二是维系族的存在的血缘纽带随着时间的推移不断弱化，而起着纽带作用的文化的分量却不断增加。因此，研究考古学文化的族属，必须在对考古学文化分期的基础上进行，必须在对考古学文化进行文化因素分析的基础上进行。

——《感悟考古·导言》之"八、考古学文化的族属问题"，第28页

7. 只有做好遗址分期，才能看出聚落的发展演变及在不同时段呈现出来的特点

我自己没有专门做过聚落考古，如果说勉强有点关系，我觉得我在第一次聚落考古会上的发言《关于文明形成的判断标准问题》（收入《文明探源与三代考古论集》，2011年科学出版社）算是自己的一点体会。现在

大家都同意以聚落分化判断文明发展程度，但分化到什么程度，文明才算形成呢？我提出了十条标准，请大家参考。

通过20多年来在聚落考古理念指导下开展的聚落考古的实践、研究和讨论，大家已经积累了不少经验，有了比较深刻的体会，尽管没有就此问题同其他人交换过看法，但我觉得开展聚落考古研究需要注意以下几个方面：

1. 需在遗址分期的基础上进行研究。聚落不是一朝一夕形成的，随着时间的推移，聚落的内部构成、功能分区、涵盖范围、建筑风格都会发生变化，只有作好遗址分期，才能看出聚落的发展演变及在不同时段呈现出来的特点。

……

——《感悟考古·导言》之"十二、聚落考古与社会结构研究"，第34～35页

8. 牢记田野工作是考古学安身立命的根本

考古学是历史科学的有机组成部分，研究人类社会发展历史及规律是考古学的根本目的。而通过野外调查、发掘获得人类在各种活动中遗留下来的遗迹、遗物等实物资料予以解析，则是考古研究的基本方法和手段。回顾中国考古学史可以清楚地看到，正是20世纪20年代以田野调查发掘为特征的考古学传入我国以来，通过对从旧石器时代至历史时期一系列重要遗址的发掘研究，才改变了我们国家远古历史一直处在神话传说中的茫昧混沌状态，理出了基本的发展线索，但这距离恢复历史原貌、理清发展规律、指导今后社会健康发展的使命还差得很远，我们决不能有丝毫的满足和骄傲，在相当长的时间内，坚持野外工作仍然是考古工作的方向。但我们也必须承认，由于时代和认识的限制，过去的野外工作的确存在粗放的现象，加之方法和手段的落后，揭露的面积虽大，获得的信息却少，许

多资源白白浪费掉了。我们虽然是文明古国，文化遗产丰富，但也毕竟不是取之不竭，用之不尽，仍然是十分有限的。一切以解决考古上的学术问题为准，能不发掘的就不发掘；能以地面调查代替发掘的，就只作地面调查；能以最小的发掘面积获取最多、最重要的信息解决问题，就尽量控制发掘面积，应当是现在考古工作者尤其是考古领队必须面对、必须坚守的原则。国家文物局作为国家主管部门，对主动发掘项目聆听专家意见、严格审批是完全正确的。在对待发掘问题上，反对必要的发掘和主张无节制的发掘这两种极端取向，都是错误的、不可取的。

——《感悟考古·导言》之"十六、考古学如何发展"，第43～44页

以上，是我读《感悟考古·导言》的八则摘抄，其中最重要的是：

1. 田野工作是考古学安身立命的根本；

2. 立足田野和"摸陶片"划分类型学，是考古学的基本功；

3. 只有做好遗址分期，才能看出聚落的发展演变及在不同时段呈现出来的特点；

4. 在对待发掘问题上，反对必要的发掘和主张无节制的发掘这两种极端取向，都是错误的、不可取的。

以是观之，相信"沙发考古学"的人、上演"关公战秦琼"的人、追求"早、大、多"的人，等等，赶紧去读李伯谦先生的《感悟考古·导言》吧！考古工作者的职业操守始终是"有一份材料说一份话"，而不是像"民科"一样，无限制、无休止地去无限延伸和演绎……

2021年7月13日13：58、14日16：16
闻喜上郭古城考古队驻地577
2021年10月20日7：51、21日6：15、23日7：15
侯马锦都经典家中书房

我所了解的李伯谦先生

郑州大学历史学院　张国硕

有幸参加"李伯谦先生学术思想研讨会——李伯谦先生从事教学考古60周年"座谈会,感到十分自豪,也很激动。李先生是我的大学老师,给我们北大81级考古班系统讲授了夏商周考古课程,是我从事夏商周考古的引路人。大学毕业之后,因专门从事夏商周考古专业方向研究和高等教育工作,与李老师联系较多。多年来,利用各种机会,老师在业务上给我相当多的指导、鼓励和帮助,学生受益良多。

李伯谦先生是著名的考古学家、教育学家。60年来,先生一直从事考古学尤其是夏商周考古的研究工作,在考古学人才培养、考古学知识的普及、社会服务等方面都做出了重大贡献。

一、构建史前及青铜文化结构体系,
注重学术理论方法的建立和创新

《中国青铜文化结构体系研究》(科学出版社,1998年)、《文明探源与三代考古论集》（文物出版社，2011 年）、《感悟考古》（上海古籍出版社，2014 年）等著作，集中体现了李先生的学术思想、理论观点和学术体系。

李先生较早地对中国青铜文化的发展阶段和分区系统进行了深入分析，从而建立起夏商周时期的区系类型和发展演变框架结构。

李先生不仅对二里岗文化、二里头文化、早期夏文化、先商文化、晚商文化、郑州商城、安阳殷墟、济南大辛庄以及晋文化与晋侯墓地、燕文化、吴文化等三代文明进行了系统研究，而且对周边地区的吴城文化、马桥文化、湖熟文化、南方地区的几何印纹陶文化、三星堆文化、夏家店下层文化、张家园上层类型、晋陕高原青铜时代文化等课题也进行了深入系统的探讨。

李先生系统论述"文化因素分析方法"，对学界从事考古学文化的来源、构成与族属判定以及文化交流与族群变迁融合等研究工作裨益很大。此方法成为继地层学、类型学之后的考古学第三大研究方法，广泛应用于史前夏商周考古乃至部分历史时期考古研究工作中。

在史前文化和文明起源研究方面，李先生对造律台文化、崧泽文化、良渚文化、红山文化、仰韶文化、王湾三期文化进行了系统研究，提出了中国古代文明演进的"两种模式"（突出神权、突出王权）、文明形成的"十项判断标准"（出现特大型聚落、围沟和城墙、大型宗教礼仪中心、特设墓地、手工业作坊区与大型仓储设施、专门武器和权杖、文字与垄断文字使用、异族文化因素、聚落间上下统辖、对外文化辐射）、文明进程的"三个阶段"（古国—王国—帝国）等系列研究成果，成为学界研究中国文明起源与形成问题倚重的主要的理论方法。

二、全力打造高水平教育平台，完善夏商周考古课程体系和教学模式

李先生自1961年留校任教以来，长期从事考古教学、实习工作，培养了大批考古专业人才。

先生长期主讲"夏商周考古"课程，构建该课程的框架结构，界定课程范围和内容，使之成为国内各高校相关课程的教学样式和模板。

李先生参编的《商周考古》（文物出版社，1979年）一书是夏商周考古乃至整个中国考古学最早的公开出版的教材，诸多高校学生受益。后来其他高校出版的多部有关夏商周考古的教材是在《商周考古》一书的基础上修订、充实、更新而成的。

李老师课堂授课通俗易懂，条理性、系统性强，注重理论与实践、课堂教学与课下实践相结合，影响了各校的考古学从教人员，成为包括我本人在内的诸多高校考古专业教师仿效的榜样。

三、注重公众考古的推广普及，积极参与社会服务活动

李先生主持承担了"夏商周断代工程""中华文明探源工程预研究"重大科研项目，在海内外享有极高的学术声誉，极大推动了史前夏商周考古工作的向前发展，大大扩展了中国考古学尤其是夏商周考古的影响力。担任郑州中华之源与嵩山文明研究会会长和学术委员会主任，对华夏文明的研究以及中华优秀传统文化的弘扬做出了重大贡献。

李先生在多种场合，通过多种途径，极力推广、普及考古学知识，让深奥的考古学走向大众百姓，让更多的人了解考古、喜欢考古，并积极参与到考古事业中来。

《感悟考古》一书用朴实、亲切的语言，讲述考古学的基本知识，涉及诸多考古学焦点、难点问题，又有李先生多年考古研究所获有关理论、方法的心得体会，并有学科如何发展的思考以及对青年朋友的寄语，更有在考古学教学、考古实践中遇到的具体问题如何阐释、如何解决等方面的内容。此书不仅具有重要的学术价值，而且对开展公众考古、考古知识的普及等工作具有重要意义，还是一本不可多得的研究生培养的教材。

李先生多次组织、举办面向公众的学术讲座，拉近了考古学与普通公众的距离。在多种媒体上宣讲、普及历史文化知识，不厌其烦地为各地文化事业的发展、考古遗存的发掘保护与利用工作出谋划策。

总之，李伯谦先生对中国的考古事业做出了重大贡献，是令人敬仰的学术大家！

学而回顾

虚怀若谷，海纳百川

——向李伯谦先生从事教学考古 60 周年致敬

故宫博物院　宋玲平

1993 年，我有幸师从李伯谦先生攻读北京大学考古系夏商周考古方向的硕士学位。2002 年 7 月我从北京大学考古文博学院博士研究生毕业后，入职故宫博物院。光阴荏苒，岁月如梭。自北京大学毕业离校至 2021 年 7 月，时间已经过去整整十九载。随着我在故宫博物院从业务研究工作转向科研管理岗位，我的学术研究领域由夏商周考古逐渐转入清代历史、清代宫廷史，但我师从李伯谦先生攻读夏商周考古的硕士、博士研究生期间所学到的专业知识、治学精神，增强的学术思维能力和拓展的学术视野，使我终身受益。面对一生执着于考古学研究和教学的李伯谦先生，面对长期坚守在考古以及考古教学一线的各位师友同人，我未敢忘记自己所学，时刻关注着师友们的专业工作进展，为大家取得的学术成就而欢欣鼓舞，也从中汲取我在学术道路上继续前行的智慧和力量。

2021 年 6 月，欣闻李伯谦先生学术思想研讨会即将在河南郑州召开，我的心情十分激动，因为我终于可以见到敬爱的恩师！终于可以见到多年未见的同门师兄弟、师姐妹！终于可以直接面对、亲身感受各位师友同人学术智慧的碰撞和交融！

回顾我受教于李伯谦先生二十八年的历程，深感李伯谦先生的学术思想立意深远、内涵丰富，既有中国青铜文化学术体系的宏观构建，也有夏商周考古研究学术专题的深度探究，既有考古学理论和方法的探索，也有理论和方法的考古实践，既有学术的承前启后，也有学术的推陈出新，值得我们深入研究、系统总结和深刻领会。对我来说，李伯谦先生学术思想是一个宏大而深奥的命题，我自认为自己的学识积累远远不够，不敢妄论。今天，我只想谈谈我心目中的李伯谦先生。

李伯谦先生是德才兼备、人品学问兼善的学者，是开放包容、与时俱进的智者，是学术民主、平易近人的师者，是有口皆碑、令人尊敬的长者。

一、德才兼备、人品学问兼善

在全国文博考古界的众多学者当中，有的学者人品好但学问未必能得到大部分人的认可，有的学者学问好但人品未必能得到大部分人的认可，而李伯谦先生的人品和学问均能得到文博考古界的广泛认可，堪称人品学问兼善、有口皆碑、令人景仰的大家学者。

李伯谦先生从事夏商周考古与教学工作六十载，他曾经是北京大学考古专业的一名青年学子，经过数十年的求索和耕耘，如今已然成长为中国考古界的一位大家，其在夏商周考古领域的学术地位和学术影响力享誉海内外。六十年来，李伯谦先生数十年如一日，尊师重教，友爱同人，呵护年轻人。

特别难能可贵的是，无论身处顺境逆境，无论何时何地，无论人前人后，李伯谦先生都能做到不论人非，不计人过，不忘人恩，用一生的言行和坚守，彰显着他善良宽厚的胸襟、情操高尚的人格魅力。涓涓细流，汇成大海；纤尘堆聚，始为高山。岁月如歌，平凡之中见证伟大。李伯谦先生一辈子始终不渝追求人品与学问同步卓越，坚守无瑕人品清如玉，谈古论今求真知，可谓高山仰止，景行行止。

二、开放包容、与时俱进

李伯谦先生所指导和帮助的考古工作者来自不同高等院校、各省市文博考古机构，遍及大江南北，李伯谦先生对他们从无门户之见，没有派别之分，不搞学术小圈子，总是热情地为他们答疑解惑，总是毫无保留地指导和帮助他们。李伯谦先生这种开放包容的学者风范宛如一泓清泉，明亮清澈且沁人心脾。

李伯谦先生一生致力于考古学研究和教学，却并未把自己封闭在考古的象牙塔，而是深刻思考着我国的博物馆事业和文物保护工作，特别是文物科技保护工作。在他的积极推动之下，赛克勒考古与艺术博物馆得以顺利在北京大学落成，成为全国高校第一座现代化文物博物馆。他很早就倡导考古与文物保护科技的跨学科结合，在他的倡导之下，北京大学考古文博院较早地设立了文物保护科技专业，成为国内最早招收文物科技保护方向博士研究生的考古文博院系，不仅前瞻性地将文物保护科技融入到考古学之中，使传统考古学如虎添翼，而且明确指出考古学与自然科学的不断交叉融合，是考古学与文化遗产相关学科发展的必然趋势。

李伯谦先生所指导的硕、博士研究生论文可以体现出其学术视野具有很强的开放包容性，有考古学文化的区系类型研究，有夏商周社会制度的探讨，有艺术考古研究，还有西方考古学方法应用等，不胜枚举，其开放性、多样性可见一斑。

李伯谦先生非常重视考古学理论与方法的建设与创新。他坚持中国考古学的特色，注重考古学理论与方法的继承与发展，同时他对待国外考古学理论与方法也秉持着开放包容的态度，既不是主观地、感性地完全排斥，也不是简单地、盲从地照单全收，而是科学地辨析、客观地反思、理性地借鉴。

　　李伯谦先生孜孜以求地探讨中国古代文明的起源和发展模式，密切关注一切与考古学发展相关的新动态，深刻思考着考古学与当今经济社会建设的关系。鉴古而知今，彰往而察来，显微而阐幽，李伯谦先生古为今用，较早地论述中华文明的核心价值体系及其精髓、中华民族的共同认同对于实现中华民族伟大复兴的重要性，为当今经济社会进步贡献其真知灼见。他虽早已办理退职休养手续，但却退而不休，从未离开过他所钟爱的考古学学术舞台，依然不辞辛劳亲临全国各处田野考古工地进行指导。虽年事已高却思维活跃、与时俱进，锲而不舍深入学术第一线，不断发表新的论述，持续出版新的著作，引领夏商周考古学术新发展，体现着他高屋建瓴的真知灼见和理性客观的严谨学风。同时，李伯谦先生也非常重视考古学面向社会大众的普及和传播，彰显了其浓厚的家国情怀和强烈的社会责任感。

三、学术民主、平易近人

　　李伯谦先生是一位学术民主的老师，他开设的研究生课程，提倡学生们对他的学术观点以及考古界的学术议题进行深入讨论，坦率交流各自的看法和见解，所以课堂上常常是争鸣的气氛十分热烈，有时甚至是激烈的辩论，观点交锋，智慧碰撞，火花四溅，但彼此并不伤和气。这也是李伯谦先生课堂教学中学术民主的特有氛围，教学相长，交流互鉴，学生们从中受益匪浅。

李伯谦先生不仅在课堂上提倡学术民主，在课堂外也是如此。对于学术界不同观点的讨论、商榷、辩论，李伯谦先生也是始终发扬和践行学术民主的理念，无论面对年轻学人还是年长学者，他总是心平气和，摆事实、讲道理，用证据来说话，以理服人，绝对不会因学术观点不同而上升到个人矛盾，这是学术界难能可贵的学者风范。如果别人对他的学术观点持有不同看法，他常常会鼓励别人撰文发表，跟他讨论，因为他认为真理越辩越明。在李伯谦先生身上，处处彰显着其虚怀若谷、学术民主的高尚风范，所以赢得了学界的广泛尊敬。

李伯谦先生还是一位平易近人的老师。考古工地上通常活跃着一批从农村走出来的技术工人，他们虽然大多只有中学文化程度，但却是身怀绝技的能工巧匠，承担着发掘绘图、现场清理、文物搬运、陶片清洗、陶器修复等任务。李伯谦先生虽然是知名教授和学者，但他对考古技工却是坦诚相待、平易近人。

在考古发掘工地上，李伯谦先生耐心地跟技工们探讨技术层面的问题，交流彼此的想法；从发掘工地收工回来，吃饭时，端着碗，他跟工友们蹲在地上，亲切地拉家常，嘘寒问暖。一位来自高等名校的大教授、大学者，却能够与技工们打成一片，亲如家人，切实赢得了技工们的交口称赞和发自内心的尊敬，从他们对李伯谦先生的高度评价当中，就能充分感受到李伯谦先生的人格魅力。

四、有口皆碑、令人尊敬

一位学者的人品和学问，若能得到他所在工作单位大部分人的认可，极为不易；一位学者的人品和学问，若能得到他所处的学术界大部分人的认可，更加难能可贵。在中国的文博考古界，无论你走到哪里，无论你遇到老先生还是年轻人，都能听到人们对一位学者的人品和学问交口称赞，可谓有口皆碑、令人钦佩。这位学者不是别人，就是令人尊敬、受人爱戴的李伯谦先生！这也是我认识李伯谦先生二十八年来的真切感受！

对我来说，李伯谦先生不仅是我的导师，更像是家中的长者。自1993年进入师门，二十八年来的相处之中，耳濡目染，李伯谦先生的松之品格和玉之风范深深地印刻在我的心灵深处。万语千言，却难以刻画出李伯谦先生的多维写真。寥寥数笔，仅能勾勒出李伯谦先生的素描画像。

李伯谦先生是一位真正的谦谦君子，上善若水，厚德载物，他像山谷一样深广，像大海一样辽阔。他是我人生道路上的引路人，是矗立在我学术道路上的一座丰碑，是我终身敬仰的楷模，需要我用一生来不断地学习！恩师对我的栽培，我无以回报，唯有以先生为榜样，谨遵先生的教诲，不辜负先生的厚望，严以修身，严以律己，继续发奋努力，知行合一，用我的人品和学问，向李伯谦先生表达最崇高的敬意！

一朝沐杏雨，一生念师恩

河南省文物局　秦文波

作为学生，我们更愿意称著名考古学家李伯谦先生为李老师，因为自觉这样更能表达出心底深处对李先生的敬爱之情和亲近之感，所以发自内心地一直称李先生为李老师。

有幸投入李老师门下做学生，一晃已近30年。在跟随李老师学习和毕业后的来往中，李老师丰硕辉煌的学术成就、谦逊正派的为人品格、永葆初心的考古情怀、关爱奖掖后学的道德风范，令我始终感念敬佩！

一、初识恩师

第一次见到李老师，应该是在1989年。那年秋天，郑州大学历史系考古专业利用李老师来郑出席会议的机会，专门邀请李老师为86级学生举办商周考古专题讲座。那天，我大学班主任宋豫秦老师专门捎信，通知我和爱人李素婷去郑大听李老师的讲座。由于那时通信很不方便，待我们得信赶到郑大后，李老师的讲座即将结束。当时，李老师正值中年，身材虽略显瘦削但很挺拔，身穿一套藏蓝色的中山装，说话不紧不慢，语气沉稳平和，娓娓道来，一双神采奕奕的眼睛和一头自然微曲的黑发，令人印象十分深刻，心中不禁暗暗赞叹：好一个睿智稳重、温文尔雅、风度翩翩的学者！

二、投入李门

在宋豫秦老师的热情鼓励下，我于1992年报考了北京大学考古系93级硕士研究生。来年春天，考试成绩出来后不久，随之就是学校按照录取程序，向我工作单位发函调档。但就是在这个节骨眼上，让我意想不到的问题却莫名突然出现，使我备受煎熬。原来，在接到学校的调档函后，单位新任主要领导罔顾当初我申请报考时，单位领导班子（包括这位新任领导在内）分别签字同意、报名表上须加盖单位公章才能参加考试的事实，拒不同意调档。尽管我据理力争，但该领导就是一直拖着不给办理调档手续，唯一的理由就是说我私自报考。当时，我的心情真是沮丧到了极点，实在想不明白，为什么我在单位从事田野发掘已满5年，工作上也没有什么过错失误，完全符合单位关于工作5年才能报考研究生的自定政策条件（国家政策是工作两年），却在考上后以那样一个理由刁难我。无奈之下，我将有关情况告诉了正跟着李老师攻读硕士学位的兴山同学，请他帮着先和李老师说明情况，看调档事情能否宽限些时间。后来，兴山同学告诉我说，李老师听了情况后，认为单位如此对我实在太失公道，继而嘱其转告我，先尽量和单位说妥，尽快调档，但如若单位坚持不放，学校即使不要档案，也将按时录取。听到李老师这番话语，我的眼泪差点掉下来，一则犹如吃了一颗定心丸，心中的担忧得到根本化解，二则十分感动于李老师为一个可以说完全没什么交集的年轻人而仗义执言和公道行事。事后得知，正是李老师的这番话产生了决定性作用，我才得以最终来到心中的求学圣地北京大学考古系，并有幸跟随李老师学习深造，从此也是真正确定了我从事文物考古工作的人生坐标，对我一生而言具有决定性意义！

三、学术胸怀

在教学中，李老师十分注重针对研究生教学的要求和特点，以培养训练学生的学术兴趣、思维方式、思考能力、研究方法等综合素质为主要目的，因材施教、因人施教。每次上课前，李老师都会根据教学计划，确定一个学术主题，事先安排学生们围绕有关主题查阅资料，梳理总结各种学术观点，在此基础上进行独立思考和交流探讨，得出自己的观点，并充分阐述理由依据，难能可贵的是，李老师还特别强调，只要是个人通过认真思考得出的能够自圆其说的结论，即使和学术大家包括他本人的学术观点不一致甚至截然相反，都完全可以充分表达，甚或坚持己见。这一点最为集中地体现了李老师宽广的学术胸怀和以教书育人为己任的大家风范，也是对北大蔡元培校长倡导的"兼容并包、学术自由"传统精神的传承践行。记得有一次，李老师为我们讲授郑州商城考古发现与研究，专门点到我来为大家介绍情况。因为是在自己导师面前第一次发言，我心中紧张，刚开始说起话来不免有点语无伦次，几次卡壳，急得我头上的汗也冒了出来。李老师看到我紧张的样子，很温和地鼓励我，说你在郑州市工作过，郑州商城你是应该比较熟悉的，放松情绪，只管放开说就是了。经李老师安慰，我的心情才得以平复，语句也顺畅了，向大家详细地介绍了郑州商城的情况。如果没有李老师的及时安抚鼓励，我那天不知道会狼狈成什么样子呢。

四、关爱后学

李老师不仅关心学生们的学习，还十分关心学生们的生活和就业问题，但对学生选择从事什么样的具体工作则是十分开明和尊重的。李老师曾说过，每个人不见得学什么专业就一定要一辈子搞什么工作，学生通过在校学习和专业训练，只是积累文化知识，打下专业基础，将来走上社会，无论从事什么职业和岗位，只要能够做到学有所用，为社会做些有益的事情，不枉过一生就好。我是家中独子，且上学时已有家庭和孩子，对于毕业去向很明确，就是想回河南工作。在三年级时开始考虑毕业回河南的具体去向，报考时发生的事情让我对原单位完全寒了心，原单位是绝不愿再回去，当时想到省文物研究所继续从事考古发掘和研究工作，但考虑到那样将和爱人在一个单位工作不太合适，内心比较纠结。毕业前夕，恰逢河南省省直机关机构改革后首次面向社会招收公务员，我就向李老师汇报了自己准备报考河南省文物局的想法，李老师完全同意，还特别支持地允许我根据需要可以随时回郑。经过报名、笔试、面试、政审、体检等一系列程序，我最终以综合成绩第一名被录用。毕业临行前，我专门到李老师家告别，李老师语气和蔼但不失严肃地告诉我，你今后虽然不从事考古发掘和学术研究工作，但文物局作为一个专业性很强的部门，河南又是文物大省，你学到的专业知识肯定会对你的工作有很大帮助的，一定要好好干！并且还很关心地说道，你马上该离校了，可以让你爱人带着孩子来北京转转玩玩。谆谆教诲，关爱之情，溢于言表。当时我也暗暗下定决心，一定要牢记李老师的殷殷嘱托，明明白白做人，踏踏实实做事，努力做好工作中的每一件事情，以此回报李老师的培养和关爱。毕业这么多年，我从事过多个岗位，虽未取得什么成绩，但可以欣慰地说，无论为人还是处事均得到了领导和同事们的好评，这其中需要的专业能力和精神力量完全来自李老师的教诲和培养。

毕业几年后，有一次，段勇同学来河南出差，我们聊起继续攻读学位的事情，那时他已考取李老师的博士研究生。段勇同学十分关心地为我考虑说，你在河南工作，如果边工作边再考北大不现实的话，可以就近考郑州本地的高校，这样工作、学习和家庭应该是可以兼顾的，李老师也肯定会理解支持。我当即表示，如果再继续攻读学位的话，就一定再考北大，原因就在于我愿意继续跟随李老师学习，毫不虚伪地说，这是我的肺腑之言。但由于种种原因，终未能付诸行动，这也成为我此生中最大的遗憾。

五、言传身教

李老师平时话语不是很多，但他的身体力行，就是无声的教诲，时常感动、教导着我。李老师是学术大家，又为人谦和、无私、真诚、热情，做事认真负责、务实严谨，所以退休后也经常被全国各地请去或谋划、主持、参加学术活动，或为地方把脉、解决考古疑难问题，而且很多时候是深入考古发掘工地，并且经常是连轴转，十分辛苦。有一段时间，李老师身体状况不是很好，我和富良同学说起李老师已80多岁了，真该多注意劳逸结合，不能不顾身体健康，马不停蹄地在全国连续奔波了，还提议说，我们见到李老师时，一起多劝劝他。富良同学告诉我说他劝过的，但当时李老师一脸严肃且不容置疑地说，学术活动，人家既然邀请参加，就是希望多听听各方面意见建议，能够帮着解决一些问题，我怎么能不去呢！过后，见到李老师时，我还是忍不住试探着劝道，毕竟年纪大了，要以身体为重，还比喻说良弓也不能拉满呀，否则把身体累垮了，不仅仅是健康受影响，更重要的是文物考古事业受损失。还好，李老师只是面无表情、沉默不语，吓得我未敢再多说下去，但心里已明白李老师未必能真正听得进去。果然，李老师过后依然我行我素，只要时间允许，还是满腔热情地奔走、忙碌于全国各地的文博单位、考古工地和学术会议之间。李老师这种对工作、对考古事业的认真负责和无私奉献，为人谦和与真诚，像春风化雨，无声地滋润、感化着我，教我更好地做人，踏实地做事。

六、考古情怀

近年，为了进一步提高考古发掘和研究水平，全面提升学术地位，郑州市特别聘请李老师主持中华之源与嵩山文明研究会的工作。在李老师的精心推动下，郑州东赵、白寨、巩义双槐树等遗址发掘工作相继获得重要发现，其中，东赵、双槐树遗址被评为当年度全国十大考古新发现。李老师不只是学术成果丰硕、学术目光敏锐，而且对如何推动学科发展、解决学术问题，具有强烈的使命感和责任感。夏商周断代工程开展和结题期间，郑州小双桥遗址的发掘获得了很重要的发现，研究工作主要集中在考古学文化分期与断代研究、聚落性质讨论、遗址内岳石文化因素的分析、祭祀遗存的探讨等方面，但针对遗址的准确范围、聚落布局、各区域文化堆积的形成与特点等问题所做工作和研究还很欠缺，多学科研究资料也不够丰富，需围绕尚未得到解决的相关问题，继续深入开展田野工作。为此，李老师亲自协调，积极推动并促成小双桥遗址的再发掘和研究工作，一直关注并参与其中，给予了大力的支持与指导。我爱人李素婷作为小双桥遗址发掘主持人，亲眼见证了李老师对考古事业的执着与情怀。2019年10月，在小双桥遗址专家现场论证会上，李老师不顾年逾80的高龄，独自沿驳接起来的工作梯，亲自爬上10多米高的传说中的"周勃墓"（后经考古发掘，应为商代堆积）。当时，"周勃墓"上遍布杂草和灌木，根本无路，难以行走，沿着梯子爬也只能到半腰，再往上只能在荆棘和杂草中蹚路向上攀爬。在场人员看实在危险，极力劝阻李老师不要爬上去了，但李老师一笑置之，一鼓作气爬到了"周勃墓"顶，站在最高处观察遗址的地形地势，对已发掘区域的现象和未发掘区域内需要关注的问题进行分析，对下一步工作提出针对性的指导意见。"周勃墓"发掘工作开始后，李老师十分关心工作进展，当年 11 月下旬，冒着寒风去工地，再次爬上正在发掘的"周勃墓"顶，并跳到探方里，亲自察看各种遗迹，分析地层及成因。当天，李老师离开小双桥后即赶到郑州市考古研究院主持的白寨发掘工地进行指导。2020 年 4 月的一天，李素婷在陪同李老师应邀去淮阳双冢、平粮台、时庄、朱台寺等遗址考古工地的路上，向李老师汇报了小双桥遗址"夯土台基"发掘的最新进展，李老师听后非常高兴，当即决定第二天就去小双桥发掘工地。因为疫情期间不能在当地住宿，李老师在淮阳马不停蹄地一天跑了四个遗址，并于当天晚上很晚才回到郑州。第二天，李老师不顾舟车劳顿，一早就赶到了小双桥，又一次爬上"周勃墓"，查看分析遗迹现象，并指出以后发掘工作的重点方向，接着就又继续赶往郑州市考古研究院发掘工地去了。彼时，"周勃墓"顶部已揭开，因为早晚地层堆积都是坡状的，打掉隔梁后的"周勃墓"顶部完全呈圜形状，就是年轻人站在上边也一点不敢分心，但李老师却一直在聚精会神地观察分析，不为它动。也许，数十年的考古生涯、无数个艰险的考古工地，练就了李老师这种处险不惊、登高如履平地的本领；也许，数十年如一日对考古事业的热爱与责任感，让李老师面对古人留下的遗存时如此地忘我与执着。2021 年 6 月，小双桥遗址专家现场会再次召开，因为当时身体不适，为了不麻烦别人，李老师在师母张老师和女儿李珣的陪同下自行先到小双桥遗址，对发掘工作进行考察和指导。当时，李素婷因脚伤不能到现场，但后来当她看到别人拍的李老师或拄着拐杖观察遗址剖面，或坐在轮椅上稍事休息然后继续观察、指导的照片和视频时，感动得热泪盈眶。李老师这种以考古事业为重、严谨求实、忘我敬业的精神深深地感动了我们每一个人！

60 年光阴，整整一甲子。李老师培养了一批又一批学生，很多都已成为我国考古界的扛鼎之才，在不同的岗位上取得了显著成果，这其中饱含着李老师为学生们付出的巨大心血；同时，李老师本人在考古学术研究中取得的辉煌成就，也深刻地引导着中国考古学的深入发展！

桃李不言，下自成蹊。对我们学生而言，师恩犹如春雨化物，时刻滋养着我们。李老师不仅仅是为我们传业授道解惑的学术导师，更是教育培养引导我们在人生道路上坚定前行的精神领袖！

谨以此文恭贺李老师从事考古教学和研究 60 年。

在此，唯愿李老师永葆学术青春，永远幸福安康！

学而回顾

李伯谦先生与郑州旧石器考古

北京大学考古文博学院　王幼平

一、概述

郑州地区位于中原的核心地带，自古以来就是中国及东亚大陆南北与东西交通的枢纽。该地区不仅是中华文明起源的核心区，也是更新世人类演化与文化发展的摇篮。近20年来，该地区文物考古单位与相关高校的考古工作者开展多项旧石器时代考古发掘与专项调查，获得大量的晚更新世以来古人类活动与旧石器文化发展的新证据，在探索现代人在该地区的出现与旧、新石器时代过渡等史前考古重大课题等方面不断取得突破[1]。回首进入新世纪以来郑州地区旧石器时代考古工作的重要进展，这些都与李伯谦先生在21世纪之初开始推动北京大学考古文博学院与郑州市文物考古研

---

[1] 王幼平、顾万发：《从现代人出现到农业起源——郑州地区旧石器时代考古新进展》，《中原文物》2018年第6期，第4~7页。

究所（现为郑州市文物考古研究院）合作发掘荥阳织机洞遗址，以及随后对两单位旧石器合作项目的长期关心与支持密切相关。

相较河南省内及周边其他地区，郑州地区旧石器时代考古工作的起步较晚。一直到20世纪的八九十年代，只有巩义洪沟与荥阳织机洞等发现。其中发现于80年代中期的织机洞遗址堆积巨厚，文化遗存尤为丰富，张松林先生等曾对此进行过数次发掘[1]。进入新世纪以来，针对中国考古学面临的现代人起源与早期农业出现等重大课题的探索，特别是追寻中华文明远古根系，全面复原中国远古人类发展史的需求，时任北京大学考古文博院院长与北京大学中国考古学研究中心主任的李伯谦先生，规划安排北京大学考古文博院与郑州市文物考古研究所联合发掘荥阳织机洞遗址，也由此开始两单位在郑州地区持续了20年之久的旧石器时代考古发掘与研究的合作，先后发掘过荥阳织机洞，新密李家沟，新郑赵庄与黄帝口，登封西施、东施与方家沟，二七区老奶奶庙等旧石器时代遗址，获得数量众多的田野考古资料，有力地推动了郑州地区旧石器时代考古工作的发展[2]。李伯谦先生对上述工作的长期关注与指导，正是近20年来郑州地区旧石器考古得以长足进步的关键。

二、织机洞遗址发掘前后

织机洞遗址位于河南省郑州市荥阳崔庙镇王宗店村的村北，1985年全国文物普查时被发现。其堆积以旧石器时代遗存为主，最上层还有新石器

---

[1] 张松林、刘彦锋:《织机洞旧石器时代遗址发掘报告》，《人类学学报》2003年第1期，第1～17页。
[2] 王幼平、汪松枝:《MIS 3阶段嵩山东麓旧石器发现与问题》，《人类学学报》2014年第3期，第304～314页。

时代陶片等遗物。郑州市文物考古研究所 1990 年 7 月对织机洞遗址进行了试掘，同年秋进行正式发掘。之后又进行过两次发掘，发掘总面积达 100 余平方米。该遗址的发现对中原地区旧石器时代考古学、古人类学、第四纪地质以及古环境等多学科的研究都具有很重要的意义[①]。李伯谦先生对织机洞这处位于自己故乡的旧石器时代洞穴遗址十分重视，也非常敏锐地认识到该遗址对于解决中国旧石器时代考古关键课题的重要意义。因此他与张松林先生商议，由北京大学考古文博学院与郑州市文物考古研究所合作，开展对织机洞遗址的发掘与研究。

从 2001 年开始，北京大学考古文博学院与郑州市文物考古研究所先后三次对织机洞遗址进行发掘。首先是 2001 年 9 月到 11 月，北京大学考古文博学院与郑州市文物考古研究所对该遗址进行第一次联合发掘，发掘面积近 10 平方米。共发掘 10 个水平层，深度 1 米。2003 年 9 月至 11 月、2004 年 9 月至 11 月又相继进行了两次发掘，发掘面积在 2001 年的基础上扩大到 15 平方米。总共发掘 85 个水平层。三次发掘共涉及 9 个地层单位，出土了丰富的石制品及少量动物化石。这些遗存包含了大量的古人类活动信息，为研究织机洞遗址的埋藏环境，认识古人类对石料选择的特点、石器制作技术与工具组合、对动物骨骼利用，以及生计方式与行为特点等内容都提供了丰富的材料[②]。

---

① 邵文斌：《织机洞遗址 2001 年的发现与初步研究》，《郑州地区旧石器时代考古新发现论文集》，科学出版社，2020 年，第 86～143 页。
② 王幼平：《织机洞的石器工业与古人类活动》，《考古学研究（七）》，科学出版社，2008 年，第 136～148 页。

图 1　李伯谦先生等考察织机洞遗址发掘现场

在注重田野考古发掘工作的同时，李伯谦先生又将织机洞遗址的发掘与研究列入刚刚成立的北京大学中国考古学研究中心公布的首批重大课题，进一步推动织机洞遗址的发掘与多学科综合研究工作。通过发掘获取了解该遗址古人类活动及其年代学与生存环境的资料，一直是该课题研究的基础。织机洞项目采用国际通用的旧石器时代遗址发掘方法，对织机洞遗址洞口的堆积进行了科学规范的发掘。野外发掘工作前后累计达 8 个月，在多个文化层发现有石制品，并揭露出晚更新世人类生产石器与居住的活动面。参加发掘者还有承担织机洞遗址古人类生存环境与年代学等不同子课题的人员，与考古发掘同步进行古环境分析与年代学测定等采样工作，切实保证分析结果的可靠性。项目组更注重考古发掘资料的整理工作与发掘工作密切配合，并将3个年度的发掘资料归纳在一起，全面分析探讨了该遗址旧石器文化的特点与古人类的活动历史。

李伯谦先生的全力支持，也使得织机洞项目多学科的综合研究能够顺利进行。遗址年代测定是本课题研究的关键问题之一，北京大学考古文博学院年代测定实验室承担了年代测定工作。为了更好地完成课题研究，课题组成员通过加速器碳十四与光释光测年技术相结合，取得了可靠的数据，确立了织机洞遗址古人类活动的年代框架。古环境研究由北京大学环境学院第四纪研究领域的专家夏正楷教授负责，与发掘工作同步进行野外考察与采样。从2002年开始，古环境样品的实验室分析工作也全面展开，为本课题研究积累了大量基础数据，确立了该遗址不同阶段古人类活动的环境背景及演化特点[①]。

李伯谦先生还积极支持织机洞课题研究走向国际，深入探讨课题已取得成果对于我国以及整个东亚地区现代人类起源与旧石器时代考古学研究的意义，支持并直接指导课题组举办了"织机洞遗址与东亚旧石器文化"国际学术研讨会。包括英国、加拿大、澳大利亚、韩国等国家与国内共50多位旧石器考古、古环境与年代学等领域的专家学者，现场考察织机洞遗址，并就各子课题的研究成果展开广泛讨论。与会代表认为本课题已取得的成果无论是对于区域性的旧石器时代考古学研究，还是对于现代人类起源与旧石器文化发展等国际性前沿课题的解决都具有十分重要的意义。

由于李伯谦先生的关心与支持，北京大学中国考古学研究中心的"中国北方旧石器时代中、晚期的过渡——以荥阳织机洞遗址为中心的研究"

---

① 夏正楷等：郑州织机洞遗址MIS 3阶段古人类活动的环境背景，《第四纪研究》2008年第1期，第96～102页。

课题，经过课题团队近 4 年的考古发掘、实验室分析与综合研究等工作，顺利完成课题预定任务，厘清了遗址不同文化层的年代关系与古环境背景，清楚地认识到古人类在该遗址的活动与行为演化的特点[①]。这一成果为探讨中国北方地区旧石器时代中晚期文化的过渡，以及中国及东亚地区现代人类起源与旧石器时代文化发展等课题都提供了十分重要的新证据[②]。

三、李家沟遗址与旧、新石器时代过渡

郑州新密李家沟遗址的发掘与研究也一直得到李伯谦先生的关心支持。2004 年织机洞遗址发掘结束之后，郑州市文物考古研究所开始组织旧石器考古的专项调查。经过几年的系统调查，到 2008 年在郑州市辖各区县发现的旧石器地点已多达数百处。这些新发现的石器或化石地点主要属于晚更新世，即旧石器时代的中、晚期。从 20 世纪 70 年代新郑裴李岗遗址发现之后，在郑州乃至中原地区一直未见有早于裴李岗文化的史前文化遗存发现。中原地区旧、新石器时代过渡阶段的文化面貌，以及早期农业起源问题，也是该地区考古工作者长期关心并不断探索的课题[③]。身为裴李岗文化发现地的郑州地区的考古同行对此更为关注，也正是由于这个课题，又促使郑州市文物考古研究院与北京大学考古文博学院的旧石器时代考古合作项目继续进行。2009 年春夏之交，两单位在新调查发现的旧石器地点中，选择了新郑赵庄与新密李家沟遗址作为本年度合作发掘项目，力求在

---

① 夏正楷等：《MIS 3 阶段的气候环境与古人类活动》，《古代文明（六）》，文物出版社，2007 年，第 1～11 页。
② 王幼平：《织机洞的石器工业与古人类活动》，《考古学研究（七）》，科学出版社，2008 年，第 136～148 页。
③ 王幼平：新密李家沟遗址研究进展与相关问题，《中原文物》2014 年第 1 期，第 20～24 页。

旧石器时代晚期至新石器时代早期考古方面有所发现，以填补该地区旧、新石器时代过渡阶段的空白[①]。

李家沟遗址位于河南新密岳村镇李家沟村西。该处地形为低山丘陵区，海拔约 200 米。地势由东北向西南部倾斜，黄土堆积发育。属于淮河水系溱水河上游的椿板河自北向南流经遗址西侧[②]。李家沟遗址即坐落在椿板河左岸以马兰黄土为基座的二级阶地堆积的上部。自 2004 年冬季开始，郑州市文物考古研究院组织专业技术人员开展了郑州地区旧石器考古专题调查，于年底发现李家沟遗址。2009 年 6 月，北京大学考古文博学院师生到郑，在考察李家沟遗址时，发现该遗址受煤矿采矿、降水与河流侧蚀等因素的影响，临河一侧出现严重垮塌。北京大学考古文博学院与郑州市文物考古研究院报经国家文物局批准，于 2009 年秋季首先对其进行了抢救性发掘。

经过 2009 年秋季与 2010 年春季为期 4 个多月的发掘，李家沟遗址已揭露面积近 100 平方米。发掘探方分南北两区。其主剖面均包括了从旧石器时代晚期至新石器时代早期的地层堆积。北区的文化层厚约 3 米，从上向下共分 7 层：第①至③层为近代堆积；第④至⑥层为新石器时代早期堆积，发现数量较多的陶片、石制品与动物骨骼碎片等；第⑦层是仅含打制石器的旧石器文化层。南区的地层堆积自上向下亦可分为 7 层：第①层为扰土层；第②层为棕褐色的含碳酸钙胶结物层，含少量裴李岗陶片；第③层为灰白色的砂砾层，含零星陶片，按岩性当与北区的第④层属同期堆积；第④层为棕黄色砂质黏土，未见文化遗物；第⑤层上部为灰黑色砂质黏土，向下渐变为棕黄色，含与北区⑤⑥层相同的夹砂压印纹陶片；第⑥层的发

---

① 郑州市文物考古研究院等：《新密李家沟遗址发掘的主要收获》，《中原文物》2011 年第 1 期，第 4~6、39 页。
② 北京大学考古文博学院等：《河南新密市李家沟遗址发掘简报》，《考古》2011 年第 4 期，第 3~9 页。

现最为丰富,含船形、柱状等类型的细石核与细石叶等典型的细石器文化遗存,同时亦见人工搬运的石块及粗大石制品,2010年又发现局部磨光的石锛与素面夹砂陶片;第⑦层为次生马兰黄土层[①]。

综合南北两区剖面层位序列,清楚可见本地区从旧石器时代晚期向新石器时代过渡的地层关系。加速器碳十四等年代测定结果进一步提供了过渡阶段的年代数据。采自南区⑥层(细石器文化层)的木炭样品的测定结果,为距今10500—10300年期间(经过树轮校正,下同)。采自北区新石器时代文化层木炭样品的测定结果,分别为距今10000年(第⑥层)、9000年(第⑤层)和8600年(第④层)。

在堆积下部发现属于旧石器时代末期典型的细石器文化层与局部磨制石锛与陶片共存,中部则发现以压印纹粗夹砂陶与石磨盘等为代表的早期新石器文化,最上部是典型的裴李岗文化遗存。这一新发现清楚地展示了中原地区从旧石器时代之末向新石器时代发展的历史进程,为认识该地区及我国旧、新石器时代过渡等学术课题提供了十分重要的考古学证据。

李家沟遗址发现伊始,就得到李伯谦先生的关心,他不辞辛苦赶到发掘工地考察,在研讨会上悉心指导。在发掘工作告一段落之后,还不断督促我们尽快整理田野考古资料。在随后成立的嵩山文明研究会设立的第一批研究课题中,"李家沟遗址与旧新石器时代过渡——嵩山东麓农业起源研究"被列为重点课题。在研究会重点课题经费资助下,课题组对新发现的田野考古资料展开多学科综合研究,将地层、年代学与古环境的研究成果与文化遗存相结合,系统探讨李家沟遗址所展现的中原地区从旧石器晚期到新石器早期的发展历程。

---

① 郑州市文物考古研究院等:《新密李家沟遗址发掘的主要收获》,《中原文物》2011年第1期,第4~6、39页。

图 2　李伯谦先生在李家沟遗址观察地层

综合研究成果显示，李家沟遗址包含旧石器时代晚期到新石器时代早期文化叠压关系的地层剖面，为寻找中原地区旧、新石器过渡性遗存提供了地层学方面的可靠参照。黑垆土层中新发现的压印纹夹砂陶器与板状无支脚的石磨盘等文化遗存，填补了中原地区从裴李岗到旧石器晚期文化之间的空白。细石器层发现局部磨制石器与陶片，以及数量较多的人工搬运石块，为研究中原地区新石器文化的起源提供了重要线索。总体来看，李家沟遗址多层文化的叠压关系，从地层堆积、工具组合、栖居形态到生计方式等多角度提供了中原地区旧、新石器时代过渡进程的重要信息，揭示了中原地区史前居民从流动性较强、以狩猎大型食草类动物为主要对象的旧石器时代，逐渐过渡到具有相对稳定的栖居形态的新石器时代的演化历史。上述研究成果正是在李伯谦先生的关心督促下才得以编辑汇总，并列入中华之源与嵩山文明研究系列丛书正式出版[①]。

四、以嵩山地区为中心的东亚现代人起源研究

2009年秋至冬季，在李家沟遗址发掘暂停之后，发掘队移师到新郑，相继发掘了赵庄与黄帝口两遗址。2010年之后，北京大学考古文博学院与郑州市文物考古研究院合作，又相继发掘了登封西施、二七区老奶奶庙等遗址。这些工作，也一直得到李伯谦先生的关注与支持。令我们非常难忘的是，不管天冷或路途遥远的辛苦，一有重要发现，李先生马上就亲临现场考察指导。

赵庄遗址的发现十分重要。该遗址位于新郑梨河镇赵庄村，沂水河东岸的三级阶地堆积中。自2006年春发现以来，陆续发现数量较多的石制品与动物化石。文化遗存出自马兰黄土层下的灰褐色黏质砂土层中。经过2个多月的野外发掘，出土石制品6000多件。种类有石核、石片、刮削器、尖状器与锯齿刃器等石英原料制品。还有数百件紫红色远距离搬运的石英砂岩石块，集中分布在一具完整的古棱齿象头之下，应是人类有意垒砌的石堆，再置放象头的遗迹。这处重要发现的年代，经校正过的加速器碳十四数据为距今3.8万—3.3万年。赵庄遗址丰富的石英制品与象头石堆遗迹的发现十分难得，是现代人在该地区出现的重要证据[②]。李伯谦先生对这处重要发现也十分关心，曾在初冬大风降温天气中赶到工地考察，予以指导。

---

① 王幼平等：《李家沟遗址与旧新石器时代过渡——嵩山东麓农业起源研究》，科学出版社，2018年。
② 张松林等：《河南新郑赵庄和登封西施旧石器时代遗址》，《2010年中国重要考古发现》，文物出版社，2011年，第10~13页。

图3 2009年李伯谦先生在新郑赵庄遗址考古队驻地

　　2010年夏季，在郑州市辖的登封市大冶镇西施遗址进行为期2个月的发掘，发现生产石叶的加工场遗迹[①]，出土各类石制品8500余件。该遗址位于嵩山东麓的低山丘陵区，埋藏在洧水河上游左岸的二级阶地上马兰黄土堆积中。在厚达3米马兰黄土层下部发现密集的石叶加工场遗存，文化层厚度约30厘米。石叶加工的主要空间位于发掘区的东北部，石制品密集分布在南北长约6米、东西宽近4米的范围内。石制品种类包括石锤、石核、石片、石叶、细石叶、工具，以及人工搬运的燧石原料等。数量更多的是

---

① 王幼平等：《河南登封西施旧石器时代遗址》，《中国考古新发现·年度记录2010》，中国文物报社，2010年，第280~283页。

石器生产的副产品，即断片、裂片、断块、残片与碎屑等。这些石制品及其分布状况，清楚地展示出该遗址石器加工场的技术特点，完整地保留了石叶生产的操作链。出土石制品的组合，包括可以拼合的石核与石片等，以及石制品主要堆积等特点，均说明该遗址的占用时间比较短暂。遗址附近黄土堆积发育，局部有燧石条带出露，也为当时人类生产石叶提供了原料来源。

2011年开始发掘的老奶奶庙遗址，坐落在郑州市西南郊贾鲁河东岸的黄土台地上。该遗址发现多个文化层的连续堆积，保存了完好的古人类居住面，由多个火塘成组分布，火塘周围是数量众多的石制品与动物骨骼残

图4　2012年李伯谦先生在郑州二七区老奶奶庙遗址

片^①。发现的文化遗物非常丰富，包括数千件石制品与万件以上的动物骨骼遗存。石制品主要以灰白色石英砂岩制品和石英制品为主，石英砂岩制品中，石片数量较多，石核多为多台面石核，均为简单剥片技术的产品，尚不见预制石核的迹象。经过仔细加工的工具不多，可见到的类型有边刮器、尖状器等。形体多较细小。动物骨骼残片的数量更多，大小尺寸也比较相近，多在10厘米左右，方便手握使用。这些迹象显示，该遗址的居民除使用石制品以外，还大量使用骨质工具。该遗址还发现用火遗迹20多处。遗物和遗迹的分布情况均说明晚更新世人类曾较长时间居住在此遗址。

图5　2015年李伯谦先生在老奶奶庙遗址发掘现场

① 王幼平：《嵩山东南麓MIS 3阶段古人类的栖居形态及相关问题》，《考古学研究（十）》，科学出版社，2012年，第287~296页。

图6　李伯谦先生与石金鸣院长在老奶奶庙遗址

从赵庄到西施和老奶奶庙几处相继发掘的重要遗址，填补了先前发掘的织机洞与李家沟遗址之间在晚更新世年代序列上的空白，系统地展示出郑州地区旧石器时代中晚期的文化发展序列，将嵩山东麓晚更新世古人类活动的历史完整地贯穿起来。位于中原核心区的嵩山东麓，是中国自然地理的亚热带至暖温带的过渡地区，也是中国地形第二、三阶梯的过渡带。自然环境优越，生态条件复杂，是早期人类生存繁衍的乐园。与此同时，这里连接着中国与东亚大陆的南北与东西，是早期人类迁徙的枢纽。所以这里不仅是孕育了中华文明的摇篮，更是探讨中国与东亚地区现代人类起源的关键地区。

长期以来，李伯谦先生关注郑州地区旧石器时代考古，支持北京大学考古文博学院与郑州市文物考古研究院合作，持续开展上述野外工作，才取得重要收获。这些工作成果与学术意义也受到郑州中华之源与嵩山文明研究会的高度重视，为此设立"东亚现代人起源——以嵩山地区为中心的研究"重大课题，委托长期在嵩山东麓地区进行旧石器时代考古工作的北京大学考古文博学院与郑州市文物考古研究院两单位组成的课题组，以上述工作为基础，持续工作数年，取得更多学术成果与研究进展，为解决东亚现代人起源课题提供了更多的重要证据[①]。

现代人起源是史前考古学、古人类学与分子人类学研究的核心课题，也是当前学术界与公众最关注的热点话题。早在2000年初织机洞遗址发掘伊始，李伯谦先生即支持发掘项目将学术目标聚焦于现代人的起源与发展。近年来，随着田野考古资料与遗传学等多学科的研究不断深入，以中国大陆为中心的东亚地区更成为探讨和突破这一学术难题的关键。在李伯谦先生的鼓励推动和中华之源与嵩山文明研究会重大课题的持续支持下，课题组成员努力开展田野考古发掘工作，同时，也广泛收集已发表的相关资料数据为课题研究奠定坚实基础。课题组成员利用受邀参加国内、国际学术会议之机，开展对国内相关地区及国外的非洲、欧洲、西亚、东北亚与东南亚各地区相关资料的系统收集。这些工作为本课题的综合研究阶段的工作奠定了更坚实、更系统的资料基础。

为了深入探讨华南与东南亚地区在晚更新世期间古人类迁徙与文化交流情况，认识东南亚与华南旧石器对嵩山与中原地区现代人出现与发展历史的影响，在李先生的支持下，课题组成员还将研究视野扩展到中原地区以外，开展更多的调查与发掘工作。2016年6月至2018年10月，课题组

---

① 王幼平：《嵩山东麓晚更新世古人类文化的发展》，《李下蹊华——庆祝李伯谦先生八十华诞论文集》，科学出版社，2017年。

与广东省文物考古研究所合作，发掘了岭南英德青塘旧石器时代晚期洞穴遗址群。此次发掘发现了数量较多的石制品、动物化石，以及属于更新世末期的古人类墓葬等，为进一步追索早期现代人及其文化在这一地区的发展奠定了基础[①]。在该项目的工作过程中，李伯谦先生还亲临岭南英德青塘遗址发掘现场考察，支持该项目，为探讨现代人扩散的南线提供新证据。

通天洞遗址位于中国新疆与哈萨克斯坦、俄罗斯等国交界地区，是联结史前时期东西方古人类迁徙与文化交流的枢纽。新疆文物考古研究所与北京大学考古文博学院合作发掘，这项发掘的学术目标也是探讨东亚现代人起源问题。通过2016年8月至2018年6—8月连续三年发掘，在国内首次发现典型的莫斯特文化遗存，为探讨东亚现代人与旧大陆西方同期古人类及其文化关系提供了第一手资料[②]。在通天洞遗址工作期间，李伯谦先生同样不辞辛苦，奔波到西北边疆的阿勒泰地区通天洞遗址现场考察指导。该遗址的发掘是中国境内首次发现完整的莫斯特文化组合，为晚更新世人类在欧亚草原地区扩散路线的研究提供了坚实的证据。

五、余论

在庆祝李伯谦先生从教60周年，讨论李先生的考古学术与教学思想之际，回顾近20年来在李先生关心指导下在郑州地区进行的旧石器时代考古发掘与研究工作，我感触颇多。首先是李先生重视田野考古基础，无论是教学或科研，都强调通过野外考古发掘获得第一手资料构建中国考古学

---

① 邓婉文等：《广东英德青塘遗址黄门岩2号洞地点2016年度的发掘》，《人类学学报》2020年第1期，第64~73页。

② 新疆文物考古研究所等：《新疆吉木乃县通天洞遗址》，《考古》2018年第7期，第3~14页。

体系的理念，这才推动我们与郑州市考古同行，坚持开展田野考古发掘工作，通过织机洞、李家沟、西施、老奶奶庙等遗址的发掘，为建立起郑州地区晚更新世以来旧石器文化发展框架奠定了坚实的基础。通过扎实的田野发掘工作构建中国考古学文化发展体系，是北京大学考古专业自建立以来就形成的传统。李先生和学院前辈一道长期坚持，通过考古专业的教学与学术研究实践，将其传授给学生与年轻教员。自1982年秋初笔者开始在李伯谦先生指导下参加皖西考古调查与发掘实习，到差不多20年后的织机洞等遗址发掘和综合研究，日愈认识到李先生重视田野考古基础的学术与教育理念。

对李伯谦先生学术与教学思想的第二点感悟是他对建立中国考古学文化发展的完整体系的坚持与追求。李先生长期从事商周考古教学与研究，但无论是作为考古专业教师还是学院领导，他的学术视野都没有仅仅局限在中国青铜时代，而是包括自旧石器时代以来的完整中国考古学体系的探索与建设。这种追求，在他对前述郑州地区旧石器时代考古的长期关心与支持上展现得十分清楚。在本科毕业实习与论文完成之后，虽然没有机会继续在李先生指导之下做商周考古学习与研究，但在旧石器时代考古的学习与研究过程中，依然经常得到李先生从学习到生活上的关心帮助。尤其是最近20年来在郑州地区的旧石器考古工作中，更深切感受到李先生的全力支持。这些帮助不仅仅是先生对学生的关怀，更重要的是体现了学术前辈对全面建设中国考古学文化体系的孜孜以求。

李先生学术与教学思想的突出特色还有他的广阔学术视野。从20年前李先生全力支持"织机洞遗址与中国北方旧石器时代中、晚期的过渡"项目的发掘开始，到近几年对"东亚现代人起源——以嵩山地区为中心的研究"等的高度重视与大力支持，都显现出李先生对考古学课题的研究视野并不局限在局部地区个别考古学文化，而是更注重跨地区与国家边界的大区域的整体观察探讨，力求在东亚乃至全球的层面上全面认识早期人类与史前文化发展的历史进程与规律。李先生的学术视野也展现在对考古学研究的多学科合作与跨学科的综合研究方面。在郑州项目的实施过程中，从织机洞发掘研究开始，多学科研究团队的组建即得到李先生的支持。近年来的东亚现代人起源研究项目，由于旧石器时代考古项目需要多学科合作的特点，更得到李先生与中华之源与嵩山文明研究会的特别关心与支持。这些都更清楚地显现出李先生的广阔学术视野。

与20年前相比，郑州地区旧石器时代考古发现与研究工作有长足进步。晚更新世以来旧石器文化发展序列的建立，特别是现代人及其文化在中原地区出现证据的确认，以及李家沟遗址旧、新石器时代过渡地层与文化遗存的发现，都为本地区乃至中国早期人类与史前文化发展史的研究增添了新证据，做出了重要贡献。这些收获的取得，都与李伯谦先生长期关心指导密切相关，也为我们学习和探讨李先生学术与教育思想提供了很具体的实例。

附记：

衷心感谢李伯谦先生对郑州旧石器时代考古的大力支持与指导，更感谢先生长期以来的关心教诲！

感谢汪松枝先生为本文提供照片！

感谢郑州中华之源与嵩山文明研究会对东亚现代人起源课题（课题编号：DZ-7）的大力支持！

学而回顾

李伯谦先生对岭南考古的研究及其贡献

深圳市文化遗产保护中心　李海荣

李伯谦先生的重要学术成就之一，是他半个多世纪以来一直致力于对中国青铜文化结构体系的阐发。李先生指出："中国幅员辽阔，古代文化错综复杂，过去由于历史的原因，大家将中国青铜文化的研究重心放在中原地区的夏、商、周文化固然无可厚非，但随着中原以外各地大量青铜文化遗存的不断涌现，对之仍然不加重视，很可能就要犯'以点代面''以偏概全'的错误了。"[1]

因此，李先生的考古与历史研究的范围，遍及全国各地的青铜时代以及由青铜时代上溯到的新石器时代，岭南当然也是他用力颇深的区域。数十年来，李先生对岭南考古的研究及其贡献，既体现于他高屋建瓴的宏阔眼光，也展现在他细致入微的个案研究中。本文从四个方面来加以概述。

---

[1] 李伯谦：《中国青铜文化结构体系研究》前言，科学出版社，1998年。

一、对岭南先秦时期区系类型体系以及文明化进程的研究

20世纪50年代由于资料所限，对广泛分布于中国华南和东南地区的几何形印纹陶，难以进行区域和时代的划分，有研究者甚至认为它们同属于一个考古学文化，称之为"几何形印纹陶文化"或"以几何形印纹陶为代表的文化"。自20世纪后半叶开始，随着各地考古工作的逐渐深入，在苏秉琦先生考古学文化区系类型理论[①]的启发下，研究者认识到几何形印纹陶的分布地域广阔、延续时间很长，不同区域的考古学文化面貌又有着明显的差异，所以有必要进行分区与分期的研究。

李伯谦先生于1978年在庐山召开的"江南地区印纹陶问题学术讨论会"上的发言[②]，以及在会后修改并在1981年正式发表的《我国南方几何形印纹陶遗存的分区、分期及其有关问题》的论文中[③]，他依据各地自然地理环境的差异和考古遗存文化面貌的不同特色，首次将含有几何形印纹陶的遗

---

① 苏秉琦等：《关于考古学文化的区系类型问题》，《文物》1981年第5期；李伯谦：《中国考古学思想发展史上的一场革命——重读苏秉琦考古学文化区、系、类型理论札记》，《苏秉琦先生百年诞辰纪念文集》，科学出版社，2012年。

② 于1978年8月24日至9月3日在江西庐山召开的"江南地区印纹陶问题学术讨论会"上，对几何形印纹陶遗存的区域划分有不同意见。有的学者主张划分为四个区域：江、浙、皖地区，闽、台地区，广东地区（包括广西东部），江西地区（包括湖北南部和湖南东部）。（张之恒：《略论我国东南沿海地区的印纹陶》，《文物集刊》3，文物出版社，1981年。）李伯谦先生则首次将几何形印纹陶遗存划分为六个文化区：太湖地区，宁镇地区（包括皖南），鄱阳湖—赣江流域，福建、浙南和粤东地区，广东地区，湖南地区。（李伯谦：《岭南地区周代考古年代学的新标尺》，《文明探源与三代考古论集》，文物出版社，2011年。）经过会议的讨论，多数人认为划分为六个区域的观点是"比较符合实际的"。有的学者还"补充提出，闽江中下游和浙南以及闽南和粤东，似乎可分别划为两个不同的区域，从粤东近年发掘的饶平墓葬，以及闽南等地出土有近似饶平墓葬的大型石戈来看，很有可能粤东和闽南有着一种内涵与闽北不尽相同的青铜文化遗存"。（彭适凡：《江南地区印纹陶问题学术讨论会纪要》，《文物集刊》3，文物出版社，1981年。）

③ 李伯谦：《我国南方几何形印纹陶遗存的分区、分期及其有关问题》，《北京大学学报（哲学社会科学版）》，1981年第1期。

存分为七个不同的文化区——宁镇区、太湖区、赣鄱区、湖南区、闽台区、岭南区、粤东闽南区；其中，五岭以南的岭南大体上以东江为界分为两个文化区，东江以西是"岭南区"，以东是"粤东闽南区"。李先生并认为，几何形印纹陶在新石器时代就开始产生，其最初并非出现于一个地区和只有一个来源，而是分别产生于不同的区域，有着不同的文化渊源和各不相同的特点，属于不同的考古学文化；从西周开始，随着文化交流与融合的发展，区与区之间的差别才逐渐缩小，并逐步融为一体。

李先生所分的"岭南区"，包括今广东北、中、南部以及海南和广西东部。他依据当时已发表的广东韶关石峡[①]、清远马头岗[②]、增城西瓜岭、始兴白石坪[③]、广西恭城[④]等遗址的有限的资料，把岭南区的几何形印纹陶遗存分为四期。这四期的年代分别为距今5000—4000年左右、大体与商时期的吴城文化相当[⑤]、西周晚期至春秋、战国；一、二期之间以及二、三期之间缺环较大，但是均有某些因素辨明它们有一定的联系；三、四期之间则紧密衔接，可以看出是一脉相承的发展关系。

李先生所分的"粤东闽南区"，包括广东东江流域以东的滨海平原和

---

① 广东省博物馆等：《广东曲江石峡墓葬发掘简报》，《文物》1978年第7期。
② 广东省文物管理委员会：《广东清远发现周代青铜器》，《考古》1963年第2期；广东省文物管理委员会：《广东清远的东周墓葬》，《考古》1964年第3期。
③ 广东省文物管理委员会、中央美术学院美术史美术理论系：《广东增城、始兴的战国遗址》，《考古》1964年第3期。
④ 广西壮族自治区博物馆：《广西恭城县出土的青铜器》，《考古》1973年第1期。
⑤ 李先生认为："从陶器作风看，与吴城有些类似，凹刃锛也见于吴城二、三期，估计其年代不会晚于商代，大体与吴城相当。"《我国南方几何形印纹陶遗存的分区、分期及其有关问题》，《北京大学学报（哲学社会科学版）》1981年第1期。

福建九龙江流域以南。他依据广东潮安梅林湖[①]、饶平浮滨[②]等遗址的考古调查和发掘资料，把粤东闽南区的几何形印纹陶遗存分为三期。这三期的年代分别为与闽侯昙石山遗址[③]下层和中层接近、不晚于商代[④]、夔纹陶与米字纹陶阶段；一、二期之间以及二、三期之间的缺环都很大，它们之间的文化发展关系还暂时说不清楚。

李先生并对岭南区和粤东闽南区的区域考古学文化特色及历史演进程做了归纳。在新石器时代，岭南区与粤东闽南区陶器上的几何形印纹就已经出现。在商代，则为重要的发展时期，特别是岭南区的曲折纹以及粤东闽南区的竖行篮纹很具有区域代表性；硬陶所占比例不大，岭南区尚未发现原始瓷，而粤东闽南区有少量发现；粤东闽南区的高领壶、尊、瓶，外加小平底的作风以及大型无阑石戈等，则不见或少见于其他地区；商时期粤东闽南区已进入青铜时代，饶平顶大埔山发现的直内铜戈也许与商文化的影响有关，而在岭南区尚未找到已进入青铜时代的证据。西周后期几何形印纹陶开始繁荣，且岭南区在西周末春秋初始能铸造青铜容器，而粤东闽南区的青铜铸造技术在春秋时已落后于岭南区；由于文化交流与融合的加强，西周后期至春秋时期，岭南区和粤东闽南区已经大体具备了相同的文化面貌，都是以夔纹陶为代表的文化遗存（属于岭南区的海南岛尚未发现夔纹陶，到了战国时期才和其他地区有了相同的文化面貌）；推测夔

---

① 广东省文物管理委员会：《广东潮安的贝丘遗址》，《考古》1961 年第 11 期；曾广亿：《广东潮安梅林湖西岸新石器时代遗址》，《考古》1965 年第 2 期。
② 邱立诚：《略述饶平浮滨、联饶发现的古墓葬》，《汕头文物》第 8 期；广东省博物馆等：《广东饶平县古墓发掘简报》，《文物资料丛刊》8，文物出版社，1983 年。
③ 福建省博物馆：《闽侯昙石山遗址第六次发掘报告》，《考古学报》1976 年第 1 期。
④ 李先生认为：“凹刃锛见于吴城二、三期和石峡中层，估计其年代应基本相当，即不会晚于商代。"（《我国南方几何形印纹陶遗存的分区、分期及其有关问题》，《北京大学学报（哲学社会科学版）》1981 年第 1 期。）吴城文化和饶平浮滨墓葬"基本同时或略有早晚"，吴城文化的"凹刃石斧、凹刃石锛见于饶平墓葬和石峡中层"。(李伯谦：《试论吴城文化》，《文物集刊》3，文物出版社，1981 年。)

纹陶最先产生于岭南区，而后才向东发展到粤东闽南区。到了战国时期，以前盛行几何形印纹陶的各区，富有区域特征的几何形印纹已基本不见，普遍流行米字纹、小方格纹、麻布纹及水波纹等，文化面貌已是大同小异。岭南一直是古越族聚居区之一，在清远春秋墓葬所出青铜器上可以看到楚文化的明显影响，但是地方色彩的文化传统一直居于主导地位，直到秦王朝统一岭南之后，本地的文化面貌才发生了根本的变化。

1981年李先生发表的《我国南方几何形印纹陶遗存的分区、分期及其有关问题》一文，虽然利用的只是20世纪80年代之前的考古资料，但却是长期被广泛认同的经典文章。该文客观、系统、科学地勾勒出了几何形印纹陶遗存的区系类型体系的轮廓，是一篇影响深远的奠基之作。仅就岭南来说，李先生划分出"岭南"和"粤东闽南"两个区，建立了两个区各自初步的考古学文化谱系，并对历史的演进进程做出了阐述，这些研究成果在今天来看也具有很高的参考价值。当然，随着之后几十年大量考古新资料的发现，李先生也在进一步地论证、细化或者修正他之前的一些观点。

2005年李先生在给《博罗横岭山——商周时期墓地2000年发掘报告》所写的长序《岭南地区周代考古年代学的新标尺》中[1]，他根据新发现的考古资料及其研究，认为广东地区相当于中原夏商周时期的考古学分期标尺已基本完整地建立，是以夏代晚期至晚商偏早阶段的深圳屋背岭墓地[2]和浮

---

[1] 广东省文物考古研究所：《博罗横岭山——商周时期墓地2000年发掘报告》序二，科学出版社，2005年。李伯谦先生的序言，后以《岭南地区周代考古年代学的新标尺》的篇名收入他的论文集《文明探源与三代考古论集》（文物出版社，2011年）。

[2] 广东省文物考古研究所等：《深圳市屋背岭商时期墓葬群》，《华南考古》1，文物出版社，2004年；广东省文物考古研究所等：《深圳屋背岭遗址发掘报告》，《考古学报》2004年第3期。

滨类型早期遗存①、商周之际至春秋时期的博罗横岭山墓地②、春秋末至战国早期的清远马头岗③和四会鸟旦山④等铜器墓葬为代表。

李先生还认为，在岭南地区，无论是新石器时代抑或青铜时代，考古学文化的谱系和分期并非原先认识的那么简单。根据考古资料，他进一步地把岭南的广东、广西大致分为了更细致的五个小区域，即粤东的梅江—韩江、榕江流域，粤中、粤北的东江、北江流域以及桂东北的桂江、贺江流域，珠江三角洲地区，粤西南地区及桂南的郁江流域，桂西北、桂北的红水河、柳江流域。李先生指出，以上五个小区域的新石器时代和青铜时代早期的考古学文化都各有特点，发展演变的途径也不尽相同。因此，要真正建立起岭南地区的考古学文化区系类型体系，还有许多工作要做。

可见，李先生已经勾画出了岭南先秦时期更细致的区系类型体系的框架，今后的考古研究工作就是要在这个框架的指导下去充实内容。当然，随着对不断出土的新资料认识的深入，除对李先生提出的框架体系进行阐述和细化之外，也有可能做一些调整。

就岭南地区文明演进及其融入中华古文化的历程，李先生也做了符合考古发现的精练的归纳。他认为早在距今六七千年前，珠江三角洲地区已与长江流域有了交往。相当于中原的龙山时代，岭南发现的琮、牙璋等玉礼器说明其间的联系有加强的趋势。在商时期，浮滨类型的釉陶、原始瓷、大型无阑石戈、青铜戈均分别与长江流域、黄河流域有着渊源关系。至迟自西周中期开始，以F纹（即通称的"夔纹"）为典型特征的文化因素，

---

① 广东省博物馆等：《广东饶平县古墓发掘简报》，《文物资料丛刊》8，文物出版社，1983年；邱立诚：《略谈粤东"浮滨类型"文化的发现及其有关问题》，《广东博物馆馆刊》1988年第1期。
② 广东省文物考古研究所：《博罗横岭山——商周时期墓地2000年发掘报告》，科学出版社，2005年。
③ 广东省文物管理委员会：《广东清远发现周代青铜器》，《考古》1963年第2期；广东省文物管理委员会：《广东清远的东周墓葬》，《考古》1964年第3期。
④ 广东省博物馆：《广东四会鸟旦山战国墓》，《考古》1975年第2期。

已逐渐渗入岭南大部分地区，基本上实现了岭南区文化系统的统一；回首夔纹、青铜铸造的鼎、甬钟、长援直内带胡戈、双翼镞以及玉玦、水晶玦的出现，再现了中原文化对岭南的强大冲击；岭南发现的上述铜器虽模仿中原但为当地铸造，这说明岭南地区至迟在西周已开始迈入文明的门槛。秦统一岭南后，本地的整体文化面貌还延续了一段时间，但至汉代则整个岭南已融入中华古文化的大系统。

由饶宗颐先生倡议、李伯谦先生作为课题组组长主持的"古揭阳（榕江）先秦两汉考古学文化综合研究"课题于2003年正式启动（图1），"其目的在于初步建立榕江地区史前至两汉时期的考古学文化编年谱系，为今后的科学研究和文物保护等工作奠定坚实的基础"[1]。

图1 2003年11月李伯谦先生（左二）在广东揭阳市普宁虎头埔遗址发掘工地指导工作[2]

---

[1] 揭阳考古队等：《揭阳的远古与文明——榕江先秦两汉考古图谱》绪言，香港公元出版有限公司，2003年。
[2] 照片采自赵富海：《读写生命大地——记20世纪知名科学家李伯谦》，中国社会科学出版社，2016年，第35页。

从 2003 年至 2005 年，课题组的成员重新检视和整理了文物部门收藏的标本，调查和复查了先秦两汉时期遗址及文物采集点 86 处[①]，并发掘了普宁市虎头埔[②]和揭东县面头岭[③]两个遗址，试掘了揭东县宝山岽遗址[④]。这项课题极大地促进了粤东地区的考古工作，取得了一些令人瞩目的研究成果[⑤]，"基本勾画出了揭阳地区先秦两汉时期考古学文化发展的脉络，建立起了年代分期标尺，为今后进一步研究奠定了较好的基础"[⑥]；"并以揭阳为中心，对粤东地区先秦文化的发展脉络作了梳理"[⑦]。

2006 年 12 月，李先生在香港召开的"饶宗颐教授九十华诞国际学术研讨会"上所作的发言，以及在会后整理发言并在 2008 年发表的《粤东地区文明化进程的考古学考察》[⑧]一文，集中展现了李先生对粤东地区考古学文化谱系及文明化进程的学术观点。

依据考古调查和发掘资料，并参考和借鉴其他一些学者的研究成

[①] 揭阳考古队、揭阳市文化广电新闻出版局编：《揭阳市古遗址调查报告》，《揭阳考古（2003—2005）》，科学出版社，2005 年；揭阳考古队、揭阳市文化广电新闻出版局编：《揭东县先秦两汉遗址调查报告》，《揭阳考古（2003—2005）》，科学出版社，2005 年；揭阳考古队、揭阳市文化广电新闻出版局编：《揭东县华美沙丘遗址调查报告》，《揭阳考古（2003—2005）》，科学出版社，2005 年；揭阳考古队、揭阳市文化广电新闻出版局编：《揭西县赤岭埔遗址调查报告》，《揭阳考古（2003—2005）》，科学出版社，2005 年。

[②] 魏峻：《普宁市虎头埔新石器时代遗址发掘报告》，《揭阳考古（2003—2005）》，科学出版社，2005 年。

[③] 魏峻：《揭东县面头岭墓地发掘报告》，《揭阳考古（2003—2005）》，科学出版社，2005 年。

[④] 徐坚：《揭东县宝山岽遗址试掘报告》，《揭阳考古（2003—2005）》，科学出版社，2005 年。

[⑤] 揭阳考古队等：《揭阳的远古与文明——榕江先秦两汉考古图谱》，香港公元出版有限公司，2003 年；揭阳考古队等：《揭阳考古（2003—2005）》，科学出版社，2005 年；魏峻：《粤东地区考古学文化与环境的互动》，《南方文物》2008 年第 1 期；魏峻：《粤东闽南地区先秦考古学文化的分期与谱系》，《考古学研究》（九），文物出版社，2012 年。

[⑥] 揭阳考古队等：《揭阳考古（2003—2005）》前言，科学出版社，2005 年。

[⑦] 李伯谦：《粤东地区文明化进程的考古学考察》，《华学》第九、十辑，上海古籍出版社，2008 年。

[⑧] 李伯谦：《粤东地区文明化进程的考古学考察》，《华学》第九、十辑，上海古籍出版社，2008 年。

果[1],李先生总结了粤东地区先秦时期考古学文化的序列、谱系、年代与主要特征。李先生认为,在揭东县车田村马头崟与硕和村老鼠山采集的两件手斧形打制石器,虽然还没有确切证据肯定为旧石器时代的遗物,但至少为寻找当地旧石器时代遗址提供了线索。新石器时代较早的遗存以丰顺和南澳县象山遗址[2]发现的细小石器为代表,年代大约距今8000年;潮安陈桥村遗址[3]与打制石器以及骨器同出的还有夹蚌片的陶片,距今约6000年。之后,主要分布于榕江中下游和梅江流域的虎头埔文化,大约距今4000—3600年;陶器以各种形制的矮圈足罐为大宗,纹饰有方格纹、条纹、曲折纹、叶脉纹、梯格纹、重圈纹、菱格纹、席纹、附加堆纹等。继虎头埔文化之后的后山文化,分布范围与虎头埔文化基本重合,二者之间具有明显的传承关系,其年代在夏商之际或商代早期;陶器以凹圜底罐、平底罐、鸡形壶、高圈足豆最具特色,纹饰有方格纹、梯格纹、菱格纹、弦纹等。后山文化是粤东地区由新石器时代晚期文化向青铜文化过渡的一种考古学文化,后山文化的消失和已经有戈等铜器出现的浮滨文化的兴起,是当地文化变迁的重大事件,这两种文化之间没有直接的传承关系。以粤东和闽南为中心的浮滨文化,其影响所及远至珠江三角洲,与吴城文化乃至中原

---

[1] 邱立诚等:《揭阳两件手斧石器的初步研究》,《揭阳考古(2003—2005)》,科学出版社,2005年;赵善德:《虎头埔文化与岭南考古研究》,《揭阳考古(2003—2005)》,科学出版社,2005年;刘成基:《普宁虎头埔陶窑的初步研究》,《揭阳考古(2003—2005)》,科学出版社,2005年;曾骐等:《揭阳榕江流域的后山类型》,《揭阳考古(2003—2005)》,科学出版社,2005年;邱立诚等:《论浮滨文化》,《潮学研究(6)》,汕头大学出版社,1997年;朱非素:《闽粤地区浮滨类型文化遗存的发现和探索》,《人类学论文选集》,中山大学出版社,1986年;陈兆善:《试论浮滨文化》,《南方文物》1996年第4期;吴海贵等:《双F纹源流初探》,《博罗横岭山——商周时期墓地2000年发掘报告》,科学出版社,2005年。
[2] 南澳县海防史博物馆等:《广东南澳县象山新石器时代遗址》,《考古与文物》1995年第5期。
[3] 广东省文物管理委员会:《广东潮安的贝丘遗址》,《考古》1961年第11期;广东省博物馆:《广东考古结硕果,岭南历史开新篇》,《文物考古工作三十年》,文物出版社,1979年。

的商文化等都有不少的联系[①]，年代为商代至西周早期。浮滨文化是广东省所见最早的青铜文化，浮滨文化中还发现有广东最早的釉陶器或称原始瓷器。浮滨文化之后，是铜器数量与种类都增加许多的以陶器上所饰夔纹为代表的夔纹陶文化；夔纹是西周中期最早发生在东江中下游，而后才传播、辐射到其他地区的。夔纹陶文化不是浮滨文化的自然延续，而是一种替代关系。战国时期夔纹陶文化发展为米字纹陶文化，粤东地区含米字纹陶的遗址随处可见；这个时期随着楚国对岭南的开发，其先进的冶铁技术也传到了包括粤东在内的岭南地区。

李先生对粤东地区的文明化进程也做了阐述。他认为由于环境因素和一些内在的原因，与黄河、长江流域相比，粤东地区的发展速度相对缓慢。直到相当于中原夏代的虎头埔文化时期，如同虎头埔遗址10多座陶窑同时集中一处所表现出来的仍然是氏族社会共同生产和生活的情景。后山文化阶段，因缺乏研究社会结构的材料，面貌尚不清楚。浮滨文化阶段则开始显露文明迹象，不仅出现了青铜器，墓葬大小和随葬品数量也悬殊，表明其社会内部已有显著的分化与对立，应该已经出现了氏族部落的显贵。不过，这种状况的产生是受黄河流域、长江流域商文化及吴城文化影响的结果。真正进入文明社会至迟是在西周中晚期的夔纹陶阶段，当时已是一种以青铜礼器为代表的礼制为标志的文明社会，这是以浙、赣、湘为主要分布地域的越文化南下的影响直接促成的。进入东周，特别是战国时期，粤东和岭南其他地区一样，不仅文化面貌一致，而且均有随葬成组合的青铜器墓葬，表明都已进入文明状态。虽然楚文化的介入局部改变了某些文化面貌，但是直到秦统一岭南和汉初在揭阳设县，包括粤东在内的岭南地区

---

① 揭阳考古队等：《揭阳的远古与文明——榕江先秦两汉考古图谱》绪言，香港公元出版有限公司，2003年。

才完全成为中华文明的有机组成部分。

就迄今所发现的考古资料来看,李先生对粤东地区先秦时期考古学文化的序列、谱系、年代与主要特征的总结,以及对粤东地区文明化进程和融入中华文明一体化过程的阐述,都是精当的,其观点基本代表了目前对粤东地区先秦时期考古研究的最高水平。

二、对咸头岭一类遗存的研究及"咸头岭文化"的命名

20世纪30年代初,在香港南丫岛大湾遗址就发现有咸头岭一类遗存[1],迄今为止已经发现了含有这类遗存的遗址近30处之多[2],其广泛分布于珠江三角洲地区,尤其在珠江口一带为多。随着20世纪90年代初之前的对深圳咸头岭[3]、大黄沙[4]、小梅沙[5]、珠海后沙湾[6]、草堂湾[7]、东莞万福

---

[1] Finn, "D.J., Archaeological Finds on Lamma Island Near Hong Kong", *Hong Kong Naturalist*, Vol.3, 1932; Finn, D.J., "Archaeological Finds on Lamma Island Near Hong Kong", *Hong Kong Naturalist*, Vol.4, 1933; Finn, D.J., "Archaeological Finds on Lamma Island Near Hong Kong," *Hong Kong Naturalist*, Vol.5, 1934.

[2] 深圳市文物考古鉴定所:《深圳咸头岭——2006年发掘报告》下篇第一章第二节,文物出版社,2013年。

[3] 深圳市博物馆等:《深圳市大鹏咸头岭沙丘遗址发掘简报》,《文物》1990年第11期。

[4] 深圳市博物馆等:《广东深圳市大黄沙沙丘遗址发掘简报》,《文物》1990年第11期。

[5] 莫稚:《深圳市考古重要发现》,《文物》1982年第7期。

[6] 广东省博物馆等:《珠海市淇澳岛古文化遗址调查》,《广东省博物馆馆刊》1988年第1期;广东省博物馆等:《广东珠海市淇澳岛沙丘遗址调查》,《考古》1990年第6期;李子文:《淇澳岛后沙湾遗址发掘》,《珠海考古发现与研究》,广东人民出版社,1991年。

[7] 梁振兴等:《三灶岛草堂湾遗址发掘》,《珠海考古发现与研究》,广东人民出版社,1991年。

庵、增城金兰寺[①]、肇庆蚬壳洲[②]、香港深湾[③]、舂坎湾[④]、澳门黑沙[⑤]等遗址的调查、试掘以及发掘，这类遗存引起了学术界很大的关注，并成为岭南新石器时代考古的焦点之一。

1992年李先生发表了《广东咸头岭一类遗存浅识》[⑥]一文，他依据当时公布的还很有限的考古资料，并参考其他一些学者的研究成果[⑦]，提出了对咸头岭一类遗存的系统的看法。李先生的这篇文章虽然篇幅不大，但是对广东新石器时代偏早阶段原始文化研究的影响却很大。

李先生认为，咸头岭遗址1985年和1989年发掘的文化层中出土遗物的时代比较单纯，与其类似的遗存主要分布于珠江三角洲及北江、西江、东江下游地区；咸头岭、大黄沙等遗址发现有房基、柱洞、红烧土面、烧

---

① 莫稚：《广东考古调查发掘的新收获》，《考古》1961年第12期。
② 陈小鸿：《高要广利贝丘遗址又有重要发现》，《广东省博物馆馆刊》1988年第1期；广东省博物馆等：《广东高要县蚬壳洲发现新石器时代贝丘遗址》，《考古》1990年第6期；广东省博物馆等：《高要县龙一乡蚬壳洲贝丘遗址》，《文物》1991年第11期。
③ S.M. Bard, Sham Wan, Journal of the Hong Kong Archaeological Society, Volume Ⅲ, 1972; S.M. Bard, Sham Wan, Phase Ⅲ, Plot 3, Journal of the Hong Kong Archaeological Society, Volume Ⅴ, 1974; 秦维廉：《南丫岛深湾考古遗址调查报告》，香港考古学会专刊第三本，1978年6月。
④ Chung Hom Wan Excavation, Journal of the Hong Kong Archaeological Society, Volume Ⅱ, 1970; Sarah Tomlin, Chung Hom Kok, Journal of the Hong Kong Archaeological Society, Volume Ⅲ, 1972; S.M. Bard, Chung Hom Kok, Journal of the Hong Kong Archaeological Society, Volume Ⅵ, 1975.
⑤ W.Kelly, Excavation At Hac Sa, Journal of the Hong Kong Archaeological Society, Volume Ⅳ, 1973; William Meacham, Hac Sa Wan, Macau, Journal of the Hong Kong Archaeological Society, Volume Ⅶ, 1976—1978; William Meacham, Hac Sa Wan, Macau, Phase Ⅲ, Journal of the Hong Kong Archaeological Society, Volume ⅩⅠ, 1984—1985; 深圳博物馆等：《环珠江口史前文物图录》，香港中文大学出版社，1991年。
⑥ 李伯谦：《广东咸头岭一类遗存浅识》，《东南文化》1992年第3~4期。
⑦ 杨式挺等：《谈谈佛山河宕遗址的重要发现》，《文物集刊》3，文物出版社，1981年；李岩：《珠江三角洲新石器时代至青铜时代早期文化序列》，北京大学考古系硕士学位论文，1987年；商志（香覃）等：《环珠江口史前沙丘遗址的特点及有关问题》，《文物》1990年第11期；朱非素：《广东新石器时代考古若干问题的探讨》，《广东出土先秦文物》，香港中文大学出版社，1984年。

灶、灰坑等遗迹，以及大量的陶器、石器等日常生活用具和工具，表明当时的居民过着较稳定的生活，他们对海潮和台风的规律有了一定的认识；依据深圳大黄沙遗址和香港深湾遗址 F 层的碳十四测年数据，估定咸头岭一类遗存的年代在距今 6000—5000 年间；咸头岭一类遗存是封开黄岩洞、阳春独石仔、英德青塘[①]、潮安陈桥村与石尾山遗址[②]所发现遗存的继承和发展；从香港深湾和增城金兰寺遗址的地层叠压关系看，咸头岭一类遗存的年代要早于河宕文化[③]，而且在文化内涵上与河宕文化有着密切的传承关系；咸头岭一类遗存中出现的与石门皂市下层类型[④]和大溪文化早期遗存相似的因素可能是后两者向南传播的结果。李先生又非常敏锐地提出，咸头岭这类遗存不仅在遗址分布规律上，而且在文化面貌上也有自己鲜明的特点，有着自己的存在时限、分布地域和不同于其他文化的显著特征，毫无疑问是一支独立的考古学文化，并建议将其命名为"咸头岭文化"。

1992 年李先生发表文章之后的一二十年，又有深圳大梅沙[⑤]，东莞蚝

---

① 广东省博物馆：《广东翁源县青塘新石器时代遗址》，《考古》1961 年第 11 期；朱非素：《广东新石器时代考古若干问题的探讨》，《广东出土先秦文物》，香港中文大学出版社，1984 年。
② 广东省文物管理委员会：《广东潮安的贝丘遗址》，《考古》1961 年第 11 期；广东省博物馆：《广东考古结硕果，岭南历史开新篇》，《文物考古工作三十年》，文物出版社，1979 年。
③ 杨式挺等：《谈谈佛山河宕遗址的重要发现》，《文物集刊》3，文物出版社，1981 年；广东省博物馆等：《佛山河宕遗址——1977 年冬至 1978 年夏发掘报告》，广东人民出版社，2006 年。
④ 湖南省博物馆：《湖南石门县皂市下层新石器遗存》，《考古》1986 年第 1 期。
⑤ 深圳市博物馆：《广东深圳大梅沙遗址发掘简报》，《文物》1993 年第 11 期。

岗[1]、万福庵[2]、中山龙穴[3]、香港龙鼓洲[4]、涌浪[5]等遗址的试掘与发掘资料的公布，特别是咸头岭遗址继续发掘后的大量资料的陆续公布[6]，对咸头岭这一类遗存的研究有了很大的进展和突破。例如，在咸头岭2004年和2006年的发掘中，找到了较之前的发掘更早的成序列的地层堆积和遗存，可以把出土的遗存划分为三期5段；依据十几个碳十四的测年数据，可把咸头岭文化的年代比较准确地判定在距今7000—6000年前后；从咸头岭等遗址新发现的彩陶和白陶器的形制和花纹看，其一些文化因素明显源自

---

[1] 李子文：《广东东莞市蚝岗贝丘遗址调查》，《考古》1998年第6期；珠江三角洲史前遗址调查组：《珠江三角洲史前遗址调查》，《考古学研究》（四），科学出版社，2000年；东莞市文化局等：《东莞文物图册》，中国建筑工业出版社，2005年；冯孟钦：《蚝岗遗址发掘的主要收获》，《东莞蚝岗遗址博物馆》，岭南美术出版社，2007年；广东省文物考古研究所等：《东莞市南城区蚝岗遗址初步发掘简报》，《华南考古》2，文物出版社，2008年。

[2] 广东省文物考古研究所：《东莞市万福庵贝丘遗址考古调查报告》，《广东文物》2003年第1期；莫稚：《广东珠江三角洲贝丘遗址》，《南粤文物考古集》，文物出版社，2003年；东莞市文化局等：《东莞文物图册》，中国建筑工业出版社，2005年。

[3] 杨式挺等：《从中山龙穴及白水井发现的彩陶谈起》，《南中国及邻近地区古文化研究》，香港中文大学出版社，1994年；李子文：《龙穴沙丘遗址发掘及相关问题的考察》，《广州文物考古集》，文物出版社，1998年；珠江三角洲史前遗址调查组：《珠江三角洲史前遗址调查》，《考古学研究》（四），科学出版社，2000年；广东省中山市博物馆等：《2004年广东中山龙穴遗址发掘简报》，《四川文物》2005年第4期。

[4] 区家发：《龙鼓洲遗址调查报告》，《香港考古学会会刊》第十五卷，2002年；区家发：《龙鼓洲遗址抢救发掘简报》，《粤港考古与发现》，三联书店（香港）有限公司，2004年。

[5] William Meacham, Middle and Late Neolithic at "Yung Long South"，《东南亚考古论文集》，香港大学美术博物馆，1995年；邓聪等：《大湾文化试论》，《南中国及邻近地区古文化研究》，香港中文大学出版社，1994年；香港古物古迹办事处：《香港涌浪新石器时代遗址发掘简报》，《考古》1997年第6期。

[6] 杨耀林：《深圳咸头岭史前文化遗存初步研究》，《广东省文物考古研究所建所十周年文集》，岭南美术出版社，2001年；深圳市文物管理委员会办公室等：《深圳7000年——深圳出土文物图录》，文物出版社，2006年；深圳市文物考古鉴定所等：《广东深圳市咸头岭新石器时代遗址》，《考古》2007年第7期；李海荣等：《深圳咸头岭遗址的发掘及其意义》，《南方文物》2011年第2期；李海荣等：《深圳咸头岭新石器时代遗址与珠江三角洲地区相关遗址的分期和年代》，《东南考古研究（第4辑）》，厦门大学出版社，2010年；深圳市文物考古鉴定所：《深圳咸头岭——2006年发掘报告》，文物出版社，2013年。

湘西沅水流域的高庙文化[①]和松溪口文化[②]，并与洞庭湖区的汤家岗文化[③]、大溪文化等一些原始文化有着比较密切的联系。

李先生以及严文明先生、张忠培先生等考古大家都曾亲临深圳，对2006年咸头岭遗址的第五次发掘及其之后的考古资料的整理和报告的编写等工作进行指导（图2）。

图2　2007年李伯谦先生（左一）在广东深圳市咸头岭遗址指导工作

---

① 湖南省文物考古研究所：《湖南黔阳高庙遗址发掘简报》，《文物》2000年第4期；贺刚：《湖南洪江高庙遗址发掘》，《2005中国重要考古发现》，文物出版社，2006年；湖南省文物考古研究所：《湖南洪江市高庙新石器时代遗址》，《考古》2006年第7期。
② 湖南省文物考古研究所：《湖南辰溪县松溪口贝丘遗址发掘简报》，《文物》2001年第6期；湖南省文物考古研究所：《湖南辰溪县征溪口贝丘遗址发掘简报》，《文物》2001年第6期。
③ 湖南省博物馆：《湖南安乡县汤家岗新石器时代遗址》，《考古》1982年第4期；湖南省博物馆：《澧县东田丁家岗新石器时代遗址》，《湖南考古辑刊》1，岳麓书社，1982年；湖南省文物考古研究所等：《湖南安乡划城岗遗址第二次发掘报告》，《考古学报》2005年第1期；湖南省文物考古研究所：《澧县城头山——新石器时代遗址发掘报告》，文物出版社，2007年；尹检顺：《汤家岗文化初论》，《南方文物》2007年第2期。

李先生根据新出土和公布的大批考古资料，也对自己的观点做了一些修正。2005年他在给《博罗横岭山——商周时期墓地2000年发掘报告》所写的序言中认为，"考古发现表明，早在距今六七千年前，珠江三角洲地区已与长江中游地区有了交往。深圳咸头岭、大黄沙等遗址出土的绳纹釜、罐、彩绘圈足白陶盘等，从形制到花纹都与湖南石门皂市下层和大溪文化早期遗址中的同类器接近，其由长江流域传播而来是毋庸置疑的"[①]。

在李先生提出应该以咸头岭遗址为代表，将珠江三角洲地区的同期考古遗存命名为"咸头岭文化"的前后时期，也有许多研究者参与了对这类遗存的文化类型以及考古学文化命名的讨论。虽然参与讨论的人对这类遗存的命名有很不相同的看法[②]，但是基本都看到了这类遗存所具有的明显区别于其他考古学文化或类型的地方性特点。在这类遗存的遗址中，咸头岭遗址是发现比较早而且是发掘面积最大的一个遗址；迄今为止，在珠三角地区所发现

---

① 广东省文物考古研究所：《博罗横岭山——商周时期墓地2000年发掘报告》序二，科学出版社，2005年。李伯谦先生的序言，后以《岭南地区周代考古年代学的新标尺》的篇名收入他的论文集《文明探源与三代考古论集》（文物出版社，2011年）。

② 有的同意"咸头岭文化"的命名（李松生：《试论咸头岭文化》，《深圳考古发现与研究》，文物出版社，1994年；叶杨：《深圳新石器时代考古》，《深圳博物馆开馆十周年纪念文集》，中华书局，1998年；杨耀林：《深圳咸头岭史前文化遗存初步研究》，《深圳文博》，人民出版社，2001年）；有的称之为"西樵山一期文化"或"金兰寺文化一期文化"（杨式挺等：《广东新石器时代文化及相关问题的探讨》，《史前研究》1986年第1、2期合刊）；有的称之为"汤家岗文化后沙湾大黄沙类型"（区家发：《浅谈长江中下游原始文化向广东地区的传播与消亡》，《岭南古越族文化论集》，市政局，1993年）；有的称之为"大湾文化"（邓聪等：《大湾文化试论》，《南中国及邻近地区古文化研究》，香港中文大学出版社，1994年）；有的称之为"金兰寺文化"（任式楠：《论华南史前印纹白陶遗存》，《南中国及邻近地区古文化研究》，香港中文大学出版社，1994年）；有的称之为"咸头岭—大黄沙文化"（贺刚：《南岭南北地区新石器时代中晚期文化的关系》，《中国考古学会第九次年会论文集》，文物出版社，1997年）；有的称之为"咸头岭类型"（裴安平：《环珠江口地区咸头岭类型的序列与文化性质》，《东南考古研究（第2辑）》，厦门大学出版社，1999年）；有的认为咸头岭遗址可以分为"前后相续的属于两种文化的新石器时代遗存"，其较晚者即为学者所称的"大湾文化""咸头岭文化"或"后沙湾类型文化"，其较早者可被视为由高庙文化发展演变而来的一支区域性亚文化（贺刚等：《高庙文化及其对外传播与影响》，《南方文物》2007年第2期）。

的有这类遗存的近 30 处遗址中，除咸头岭遗址出土了非常大量的而且成序列的遗存外，其他遗址发现的遗存的数量相对都比较少，咸头岭遗址是独一无二的最具有代表性的遗址。所以，按照考古学文化命名的原则，把这类遗存共同命名为"咸头岭文化"是最合适的，它是对珠江三角洲地区大约距今 7000—6000 年前后独具特色的一支考古学文化最恰当的概括。

由李先生首先提出并命名的"咸头岭文化"，经过 30 年来学者们的反复讨论和认识，应该说得到了学术界比较普遍的认同。咸头岭遗址一期 1 段的遗存，也是目前珠江三角洲地区有碳十四准确测年的最早的遗存，就是说咸头岭文化是迄今珠三角地区能够确立的最早的一支考古学文化[①]。"咸头岭文化"的识别和确定的意义很大，正如李先生所言，它证明了珠江流域如同黄河流域、长江流域一样，也有着相当发达的原始文化，有着自己自成序列的文化发展谱系，它们在发展过程中，对中国古代文化

---

① 目前在珠江三角洲地区还没有发现公认的早于咸头岭遗址一期 1 段的遗存。有报道称，在香港西贡黄地峒发现了最早接近距今 4 万年的"旧石器时代晚期"的大型石器加工场遗址，"出土和采集到的人工打制石制品将近一万件"，"石器除了从山坡冲下来之外，仍有原地埋葬的可能性"（吴伟鸿等：《香港深涌黄地峒遗址试掘简报》，《人类学学报》第 25 卷第 1 期，2006 年；吴伟鸿等：《香港西贡黄地峒遗址正式发掘与初步研究》，《岭南考古研究》5，岭南美术出版社，2006 年）。但是，有研究者则认为"学术界普遍对发现旧石器的报道存疑，提出应审慎地分析其石器组合及年代测定报告；至于该遗址年代是否属史前时期，以及遗址的性质都应作更为客观的分析"（香港古物古迹办事处：《香港近年的考古发现与研究》，《考古》2007 年第 6 期）。另外，在广州番禺飘锋山（曾祥旺：《广州番禺飘锋山旧石器遗存》，《南方文物》1997 年第 4 期）、香港石壁东湾（区家发等：《香港石壁东湾新石器时代遗址——1987 年及 1988 年两次发掘综合报告》，《香港考古学会会刊》第七卷，1986—1988 年；区家发等：《香港大屿山东湾新石器时代沙丘遗址的发掘》，《纪念马坝人化石发现三十周年文集》，文物出版社，1988 年；邓聪等：《略谈香港大屿山东湾遗址早期之打制石器》，《纪念黄岩洞遗址发现三十周年论文集》，广东旅游出版社，1991 年）、西贡蚝涌、西贡滘西洲（香港古物古迹办事处：《香港澳门五十年来的考古收获》，《新中国考古五十年》，文物出版社，1999 年）、沙头角新村（莫稚：《香港沙头角新村遗址考古发掘报告》，《香港考古学会会刊》第十五卷，2002 年）等遗址都发现了一些"打制石器"。在珠江三角洲地区夏商时期的一些遗址中也还有打制石器的存在，学术界对香港等地发现的几批打制石器的年代有争议（香港古物古迹办事处：《香港澳门五十年来的考古收获》，《新中国考古五十年》，文物出版社，1999 年）。所以，这些"打制石器"的确切年代还需要继续研究。

的融合、对中国古代文明的孕育都起到了自己应有的作用[①]。

三、对岭南何时开始铸造青铜器的论述

1981年李先生在发表的《我国南方几何形印纹陶遗存的分区、分期及其有关问题》[②]一文中，认为在浮滨文化的遗址饶平顶大埔山所发现的铜戈（图3）与中原商文化商代前期的戈有些类似，也许与商文化的影响有关，并推测商时期粤东闽南区已进入青铜时代。他依据当时所发表的资料，认为岭南区在商时期尚未找到已进入青铜时代的证据；在西周晚期至春秋时发现有青铜礼器、乐器、武器、工具等，从形制看有楚式铜器，有与江、浙、赣出土铜器相似的，但是也有不少器物具有当地特点，不见于其他地区；岭南区在西周末春秋初开始能够铸造青铜容器。

图3 饶平顶大埔山发现的青铜戈[③]

对于粤东闽南区何时开始在当地铸造青铜器，研究者虽有不完全一致

[①] 李伯谦：《广东咸头岭一类遗存浅识》，《东南文化》1992年第3、4期。
[②] 李伯谦：《我国南方几何形印纹陶遗存的分区、分期及其有关问题》，《北京大学学报（哲学社会科学版）》1981年第1期。
[③] 照片采自广东省文物考古研究所编著：《广东出土先秦青铜器》，科学出版社，2020年，第63页。

的看法[1]，但是从20世纪70年代开始，李先生就一直坚持粤东闽南区在商时期就已经开始铸造青铜器的观点[2]。对于岭南区何时开始铸造青铜器，则随着新的考古资料的发现与公布，李先生对自己的观点进行过修正。

1987年李先生参加在原联邦德国美因兹市召开的"第十一届国际史前和原史时期考古会议"时提交的论文《中国青铜文化的发展阶段与分区系统》于1990年正式发表[3]。李先生在该文中说，饶平顶大埔山所发现的铜戈"推测其时代不会晚于商代。而目前的考古材料表明，广东省中、西部和广西东部只是到西周中期或晚期才开始有零星的青铜器发现"。

2005年李先生在给《博罗横岭山——商周时期墓地2000年发掘报告》所写的序言中[4]，根据横岭山墓地等考古新材料的发现，他认为至迟

---

[1] 目前为止，在粤东地区浮滨文化遗址中发现的青铜器，只有饶平顶大埔山出土的一件戈，形制为扁平短直内、长直援的隆脊上有棱、内援之间有不出头的阑、内及援的靠阑各有一穿，其仿照商式戈铸造而成应该无疑，但是也有自己的特点。这件戈是否一定是在粤东当地所铸，期望今后找到更多的旁证依据来证明。不过，在粤东闽南区的浮滨文化中已经比较普遍地使用青铜器则是事实。2001年对闽南漳州虎林山遗址进行发掘，在M19中出土了属于浮滨文化的三件青铜器——戈、矛、铃，时代为晚商。M19所出青铜戈的形制为扁平长直内上有一穿、长微弧援的隆脊上有棱、内援之间有不出头的阑，矛为细长柳叶形、骹带二穿，铃的顶部有环形钮、侧视为梯形、截面近椭圆形、有一木质铃舌。这三件铜器也应该是受到了商文化同类青铜器的影响，但是形制上也不尽相同；从理化测试看，锡的含量较高。虎林山遗址的发掘和研究者认为，"表明青铜器带有中原作风但不是中原所产。虎林山戈矛兵器质地较脆弱，不能用于实战，同时器少而珍贵……应当是作为一种礼器的用途"。另外，"福建铜锡矿产资源贫乏，……虎林山的铜器可能不是本地所产。邻近的广东和江西其铜矿和锡矿资源较丰富，古代也有青铜制造业。尤其是江西地区，……是中原文化向南方传播尤其是向闽粤交界地区传播的重要通道和中介地，最有可能成为闽南早期青铜器的产地。关于这一点，还需要将来更多的考古发现和进一步的研究"。（陈兆善编：《虎林山遗址》第五章第三节，海潮摄影艺术出版社，2003年。）
[2] 李伯谦：《中国青铜文化的发展阶段与分区系统》，《华夏考古》1990年第2期；揭阳考古队等：《揭阳的远古与文明——榕江先秦两汉考古图谱》绪言，香港公元出版有限公司，2003年；李伯谦：《粤东地区文明化进程的考古学考察》，《华学》第九、十辑，上海古籍出版社，2008年；李伯谦：《关于岭南地区何时开始铸造青铜器的再讨论》，《考古》2008年第8期。
[3] 李伯谦：《中国青铜文化的发展阶段与分区系统》，《华夏考古》1990年第2期。
[4] 广东省文物考古研究所：《博罗横岭山——商周时期墓地2000年发掘报告》序二，科学出版社，2005年。

自西周中期开始，回首夔纹、青铜鼎、青铜甬钟、长援直内带胡青铜戈、双翼青铜镞等的出现，在一定程度上再现了先进的中原文化对岭南地区的强大冲击；"同时这些青铜器虽模仿中原但又为当地铸造的事实表明，在中原文化的影响下，岭南地区至迟在西周时期已开始迈进了文明社会的门槛"。

2007年12月李先生在香港"文物保护与南中国史前考古国际研讨会"上的发言，以及在会后整理发言而在2008年发表的《关于岭南地区何时开始铸造青铜器的再讨论》[①]一文，针对李龙章先生饶平顶大埔山采集的无胡戈很可能"是东周时期粤东越人的仿古铜器"等的一些观点[②]，李先生从"岭南地区何时开始铸造青铜器"这一问题着手，极为严谨地从考古地层学、器物标型学等角度做了很系统的论证，"重申至迟在商代晚期至西周早期，岭南地区以浮滨文化为代表已能铸造青铜器是不争的事实"[③]。李先生认为，除饶平顶大埔山采集的青铜戈外，在福建漳州虎林山[④]、泉州南安大盈寨山[⑤]也出土有直内无胡戈、矛、铃等青铜器，因此浮滨文化时期已能铸造青铜器是毫无问题的；浮滨类型遗址中所出的直内无胡青铜戈和大量的直内无胡石戈，显然与中原商文化中流行的直内无胡戈有密切关系，而商文化青铜铸造技术等向岭南一带传播的中介应该是吴城文化；在吴城文化中，不仅有形制上更接近浮滨类型的直内无胡青铜戈和石戈，还有既与商文化特点相似又与浮滨类型特点相似的大口尊、折肩凹底罐、壶等陶器，浮滨类型中具有商文化特点的器物是通过吴城文化传播而来已是学术界公

---

① 李伯谦：《关于岭南地区何时开始铸造青铜器的再讨论》，《考古》2008年第8期。
② 李龙章：《岭南地区出土青铜器研究》，文物出版社，2006年。
③ 李伯谦：《文明探源与三代考古论集》前言，文物出版社，2011年。
④ 陈兆善编：《虎林山遗址》第五章第三节，海潮摄影艺术出版社，2003年。
⑤ 庄锦清等：《福建南安大盈出土青铜器》，《考古》1977年第3期；庄锦清：《福建地区几何印纹陶分期初探》，《文物集刊》3，文物出版社，1981年。

认的事实；一般来说，在文化传播的过程中，从甲地到乙地会有一定的"时间差"，但如果没有十分特殊的原因，传播过程中产生的"时间差"不会有太长的时间；浮滨类型中的直内无胡戈的年代，过去定为商代早中期是偏早了，但不会与吴城文化中的同类器相差太远，即使较吴城文化略晚一些，也决不会晚至东周；浮滨文化的遗存不与夔纹陶文化的遗存共存，浮滨文化早于夔纹陶文化，这已是铁定的事实。

李先生进行过系统论证的、分布于粤东闽南区的浮滨文化在晚商前后就已经开始铸造青铜器的观点，毫无疑问是当今学术界的主流看法。不过，依据广东近些年来发现的一些新资料，对于岭南区何时开始铸造青铜器的时间，或也可判断为商代晚期前后，应该大体上是与粤东闽南区同步的。

博罗横岭山墓地第一期的墓葬中，出土有一件偏平无銎有肩有段青铜锛（M222：1），一件椭圆口銎青铜斧（M298：1），两件柳叶形青铜矛（M013：1、M309：1），年代都为商周之际[①]；佛山鹿眠村白坎出土的长援短直内带穿无胡青铜戈（图4）[②]，带有明显的中原商文化无胡直内戈强烈影响的风格；韶关圆墩岭遗址出土有一件被定为第二期偏晚阶段的鱼钩石范（2010WLYTN7WH10：5）（图5），其年代应该在商时期[③]；乐昌老虎山出土有鱼钩和铃的石范，鱼钩的形制与圆墩岭遗址所出石范上的鱼钩近似，二者的年代可能也大体一致；珠海棠下环遗址出土有凿（94PTIK8③：3）等石范（图6），依据同出的陶器，其年代被断定为商

[①] 广东省文物考古研究所：《博罗横岭山——商周时期墓地2000年发掘报告》，科学出版社，2005年。
[②] 广东省文物考古研究所：《广东出土先秦青铜器》，科学出版社，2020年，第63页。
[③] 李岩：《韶关市武江区龙归镇圆墩岭遗址的重要发现》，《从石峡到珠三角：中国南方史前先秦考古研究》，科学出版社，2020年；广东省文物考古研究所：《2010～2014年度广东基建考古新发现》，科学出版社，2020年。

时期[①]；新会象边山遗址出土有一件戈的石合范（图 7）[②]，戈的形制带有明显的中原商文化无胡直内戈的风格。

图 4　佛山鹿眠村白坎出土的青铜戈[③]

图 5　韶关圆墩岭遗址出土的鱼钩的石范[④] 　　图 6　珠海棠下环遗址出土的凿的石范[⑤]

① 广东省文物考古研究所：《珠海平沙棠下环遗址发掘简报》，《文物》1998 年第 7 期。
② 广东省文物考古研究所：《广东省文物考古研究所藏品精粹》，科学出版社，2020 年。
③ 照片采自广东省文物考古研究所：《广东出土先秦青铜器》，科学出版社，2020 年，第 63 页。
④ 照片采自广东省文物考古研究所：《2010~2014 年度广东基建考古新发现》，科学出版社，2020 年，第 44 页。
⑤ 照片采自广东省文物考古研究所：《广东出土先秦青铜器》，科学出版社，2020 年，第 172 页。

图 7　新会象边山遗址出土的戈的石合范[1]

2005 年李先生曾把岭南区又细分为五个小区[2]，根据近些年来发现的考古新资料，李先生所分五个小区中的"粤中、粤北及桂东北区"和"珠江三角洲区"这两个小区，应该在商代晚期前后已经开始铸造一些兵器、工具、铃等形制较为简单的青铜器。

四、对香港南丫岛出土牙璋的时代和意义的论证

1990 年香港南丫岛大湾遗址的考古发掘，在 M6 中出土了高岭岩质的牙璋 1 件（图 8），同出的还有串饰一组 18 件，包括璧形饰 4 件、玉管 2 件、

---

[1]　照片采自广东省文物考古研究所：《广东省文物考古研究所藏品精粹》，科学出版社，2020 年，第 69 页。
[2]　广东省文物考古研究所：《博罗横岭山——商周时期墓地 2000 年发掘报告》序二，科学出版社，2005 年。

三角形饰2件和管珠坠10颗[①]。这件牙璋的时代，一些发掘者认为是战国至汉代[②]，有的学者基本认同发掘者的观点[③]；但是，也有很多学者认为其年代要早于战国，主要有夏代[④]、商代[⑤]、商周时期[⑥]等说法。

图8　香港南丫岛大湾遗址M6出土的牙璋[⑦]

[①] 区家发等：《香港南丫岛大湾遗址发掘简报》，《南中国及邻近地区古文化研究》，香港中文大学出版社，1994年。

[②] 邓聪：《香港考古之旅》，香港区域市政局出版，1991年；李果等：《南丫岛发掘散记》，《文物天地》1991年第4期；区家发等：《香港南丫岛大湾遗址发掘简报》，《南中国及邻近地区古文化研究》，香港中文大学出版社，1994年。

[③] 邓淑蘋：《"牙璋"研究》，《南中国及邻近地区古文化研究》，香港中文大学出版社，1994年；王克林：《论玉璋的起源演变与功能》，《南中国及邻近地区古文化研究》，香港中文大学出版社，1994年。

[④] 杨伯达：《香港南丫岛大湾遗址出土牙璋初探》，《南中国及邻近地区古文化研究》，香港中文大学出版社，1994年。

[⑤] 李学勤：《论香港大湾新出牙璋及有关问题》，《南方文物》1992年第1期；郑光：《略论牙璋》，《南中国及邻近地区古文化研究》，香港中文大学出版社，1994年；裴安平：《中原商代"牙璋"南下沿海的路线与意义》，《南中国及邻近地区古文化研究》，香港中文大学出版社，1994年；曾凡：《关于福建和香港所出牙璋的探讨》，《南中国及邻近地区古文化研究》，香港中文大学出版社，1994年；邓聪：《香港大湾出土商代牙璋串饰初论》，《文物》1994年第12期；唐博豪：《岭南地区出土牙璋试析》，《福建文博》2017年第3期；李岩：《关于岭南所见牙璋的分布及相关认识》，《从石峡到珠三角：中国南方史前先秦考古研究》，科学出版社，2020年。

[⑥] 牟永抗：《南丫岛"牙璋"探微——关于玉礼兵的若干思考》，《南中国及邻近地区古文化研究》，香港中文大学出版社，1994年；杨式挺：《浅说粤港"牙璋"及相关器物——夏商周文化南传迹象探微》，《南中国及邻近地区古文化研究》，香港中文大学出版社，1994年。

[⑦] 照片采自香港中文大学中国考古艺术研究中心：《南中国及邻近地区古文化研究》彩版2，香港中文大学出版社，1994年。

李先生主张商代说。他 1993 年 7 月写就于日本东京驹泽大学并在 1994 年发表的《香港南丫岛出土牙璋的时代和意义》一文，通过细致入微地对大湾遗址 M6 所处地层叠压打破关系的观察与辨析，断定 M6 出土牙璋的年代决然不会晚到汉代；又通过对这件牙璋的形制在古代中国牙璋起源、流行、消失的演变序列中所处位置的精当分析，认为其年代上限至多到早商，下限不晚于商代晚期。

李先生还认为，就牙璋的造型而言，整体形状与中原地区二里头—二里岗牙璋虽然基本相同，但是柄部侧牙一边高一边矮的特点不见于其他地方；香港一带与中原距离又相当远，商文化直接传播至此的可能性不大，因此这个牙璋是在某一中介文化传递过来的商文化因素影响下，在当地模仿中原商文化牙璋而制成的；牙璋是一种用于祭祀的蕴含着某种信仰和礼俗的礼器，南丫岛大湾的居民（可能主要是上层）通过某一中介文化接受了中原地区商文化居民的某些信仰和礼俗以及作为载体的这种玉器。李先生进一步指出，"早在三千多年以前的商代，珠江三角洲已经和中原地区建立了某种联系"。这是李先生提出的富有启发和值得今后珠三角一带考古继续深入研究的课题。

以上，大体概述了李伯谦先生对岭南考古的研究及其贡献。

通过对李先生的有关岭南考古等文章的研读，以及对他的学术思想和一些研究观点演变过程的观察，可以看出李先生的思维非常敏捷，视野极为开阔，对新资料的跟踪及时而敏锐，他会迅速地依据新出土的考古资料，不仅实事求是地对自己的一些论点毫不犹豫地做出修正，还对不可移易的观点进行更深入的论证。李先生所撰写的有关岭南考古的文章，如同他写的其他文章一样[①]，还具有突出理论与方法的应用与探索的特点，多是考古研究的典范之作。

相对黄河流域、长江流域而言，岭南地处古代中国的"边远地区"，但是数十年来李先生从未放松过对岭南的关注，这不仅体现在他的一系列研究成果中，更体现在他对岭南先秦考古的殷切期望以及所提出的一系列课题里。

2005年李先生在给《博罗横岭山——商周时期墓地2000年发掘报告》所写的序言中，希望"能就《报告》中已经展开的研究和新提出的问题，例如年代分期、文明发展程度、与其他文化的关系以及族属等问题，做出新的探讨，共同推进岭南考古向更高层次发展"[②]。

2005年李先生在给《揭阳考古（2003—2005）》一书所写的前言中，说"古揭阳（榕江）先秦两汉考古学文化综合研究"课题，"按照当初的设想，课题范围将涵盖今揭阳、汕头、潮州三市，先由揭阳市做起。目的是整合相关单位的研究力量，在前人已有成果基础上，通过新的调查、发掘，系统梳理先秦时期粤东地区考古学文化的发展演变轨迹、谱系与年代分期，探讨其文化进程及与中原和周临地区的文化关系，揭示其在多元一体的中华文明起源、形成与发展过程中所起的作用"。李先生在总结课题已取得成果的基础上，也指出"古代考古学文化的发展并不以现行的行政区划为局限，揭阳考古取得的成果，仅是饶宗颐先生提出的粤东考古课题的开始，如果没有在粤东地区更大范围内的工作，许多问题是难以弄清楚的。我们希望继揭阳考古初战告捷之后，发扬连续作战精神，在汕头、潮州继续开

---

① 李伯谦：《中国青铜文化结构体系研究》，科学出版社，1998年；李伯谦：《文明探源与三代考古论集》，文物出版社，2011年；李伯谦：《感悟考古》，上海古籍出版社，2014年。
② 广东省文物考古研究所：《博罗横岭山——商周时期墓地2000年发掘报告》序二，科学出版社，2005年。

展工作"①。

2008年李先生在《粤东地区文明化进程的考古学考察》一文中，指出中国地域辽阔，地理环境复杂，不同地区文明的起源、形成与发展不会是同一个模式，进入文明阶段的时间也有先后，不完全一致；任何一支考古学文化都是在相互交流、影响甚至冲撞中前进的，这就决定了有些地区产生的是原生文明，有些地区产生的是在原生文明影响下出现的次生文明或续生文明②。

毫无疑问，李先生所提出的岭南各个区域考古学文化的分期、年代、发展演变轨迹、谱系、族属、与中原和周临地区的互动交流关系的探讨，以及岭南文明的起源、形成、发展、模式、文明类型、在多元一体的中华文明中所起的作用的阐发，都是今后岭南考古需要继续加大气力进行更加深入研究的课题。随着考古资料的不断积累和探索的深入，李先生提出的各个课题也会逐步得出符合于历史真实情况的解答。又因为，岭南具有独特的地理与人文环境，在探索其社会复杂化及从古国、王国到融入中华帝国的三个阶段的过程中③，也很有可能会在文明的特征、标准、阶层分化、权力体系、国家形态演进道路等方面找出一套有别于其他区域而具有岭南特色的解释模式。

---

① 揭阳考古队等：《揭阳考古（2003—2005）》前言，科学出版社，2005年。
② 李伯谦：《粤东地区文明化进程的考古学考察》，《华学》第九、十辑，上海古籍出版社，2008年。
③ 李伯谦：《中国古代文明进程的三个阶段》，《文明探源与三代考古论集》，文物出版社，2011年；李伯谦：《中国古代文明化历程的启示》，《感悟考古》，上海古籍出版社，2014年。

李伯谦老师与山西夏商周晋文化考古

山西省考古研究院　吉琨璋

2021 年是李伯谦老师从事考古教学、田野发掘、研究 60 周年，自 20 世纪 70 年代末开始，李伯谦老师有很多的时间是在山西度过的，他的考古研究有一大部分是围绕着山西夏商周时期的考古进行的，可以说，李伯谦老师与山西有不解之缘。作为他的学生，又是山西人，我感觉有责任和必要将此记录下来。

一

其实，李伯谦老师在来山西之前，就关注山西夏商周时期的考古研究，在河南二里头文化的发掘和研究如火如荼的时候，李老师的眼光就聚集到了山西夏县东下冯遗址发现的与二里头文化性质相同的文化。1979 年秋，他随邹衡先生带领北大学生在翼城天马村一带调查和试掘，在 10 月底的时候，李伯谦老师清理了曲村西一处断崖上暴露的东下冯类型文化层，这也可能是李伯谦老师第一次接触东下冯类型。也正是因为这个机遇，李老师写出了《东下冯类型的初步分析》^①，赞同中国社科院考古研究所山西工作队在对东下冯遗址发掘后提出的二里头文化东下冯类型说，并认为，东下冯类型主要文化因素来源于二里头类型，是二里头类型发展到一定阶段向晋南地区传播并与当地原居文化逐渐融合而形成的，属派生类型。

二

作为北京大学历史系考古专业从事夏商周考古研究、教学的老师，李伯谦老师同样密切关注商文化在山西的发展。1985 年，山西省考古研究所在灵石旌介发掘了 2 座商代墓葬，加上 1976 年发掘的 1 座，总共有 3 座，这批丰富又独特的材料公布之后，李伯谦老师的学术目光不仅仅看到这个点的商代材料，而且和多年来在吕梁山区发现的大量晚商时期墓葬联系起来，他运用自己在研究中摸索归纳出的文化因素分析法，研究晋陕高原青铜文化的归属，提出一个是以灵石旌介铜器群为代表的青铜文化系统，一个是以山西石楼、陕西绥德等地出土的青铜器为代表的青铜文化系统，而且还可以初步判定，前者是商文化在发展过程中在当地形成的一个地域类型的分支，是与商王朝有着较为稳定的臣属关系包括居住在灵石一带的丙族在内的诸友好方国的遗存，后者则是与商文化并行发展、互为影响、长期与商王朝处于敌对状态可能包括呂方在内的诸敌对方国的遗存^②。这样的观点至今过去 30 余年了，随着考古材料的进一步发现，对于山西的商文化研究仍然具有指导意义。

---

① 李伯谦：《东下冯类型的初步分析》，《中原文物》1981 年第 1 期，收入《中国青铜文化结构体系研究》，科学出版社，1998 年。
② 李伯谦：《从灵石旌介商墓的发现看晋陕高原青铜文化的归属》，《北京大学学报（哲学社会科学版）》1988 年第 2 期，收入《中国青铜文化结构体系研究》，科学出版社，1998 年。

三

李伯谦老师在山西做得最多的是晋文化考古和研究。

他第一次到晋南是1979年作为北京大学历史系考古专业商周教研室的带队老师跟随邹衡先生来的，住在翼城县的天马村，一起来的有北京大学历史系考古专业76级实习生和吉林大学历史系考古专业许伟老师以及山西的业内人士，共计15人。这次工作从9月14日开始，10月31日结束，历时一个半月，重点是对天马—曲村遗址的调查与试掘，同时对翼城境内的其他遗址以及与此有关的吕梁地区、太原地区进行了一些实地考察。11月初到12月底，李伯谦老师和山西省考古研究所侯马工作站的吴振禄先生等辅导全体学生进行室内初步整理，学生写出实习报告[①]。

次年，即1980年，北京大学与山西省文物工作委员会合作拉开了对曲村—天马遗址七次（1980—1989）大规模调查的序幕（图1）。

这中间有个小插曲，记得不止一次地听到李伯谦老师说起过他们首次到曲村的经历。1980年秋，李伯谦老师带队到曲村打前站，那时候是计划经济时代，到哪里工作都得持有单位开具的介绍信和粮票才能解决吃住问题。持着北京大学的介绍信先到曲村公社，公社则打发他们到村里，村里干部拿着介绍信端详了半天自言自语道：考古！是干什么的？既不是打井的，也不是工作队，怎么办呢？干脆这样吧，你们到3队去吧。这个队的队长更简单，打发他们到了一户农家，他们这才在这家安顿下来。这家刚办了丧事，吃着办事剩下的开了花的馍馍，住到一间空房里的大炕上，夜里，

---

① 北京大学历史系考古专业山西实习组、山西省文物工作委员会：《翼城曲沃考古勘察记》，北京大学考古系编《考古学研究（一）》，文物出版社，1992年。

图1　生产实习　1984年秋冬北京大学考古学系82级在曲村进行生产实习，1984年9月拍摄于曲村考古工地

大家越想越不对劲儿，感觉这间房子可能就是刚走了的老太太生前住的房子。这炕就是老太太住过的炕，恐惧笼罩着几个考古人，没人敢睡，靠打扑克度过了在曲村的第一夜。这就是那个时代考古人的工作环境。80年代初到曲村，没有工作站，只能租住民房，但大家的工作热情不减，82级本科生于1984年在此实习。20年后他们故地重游，立石纪念，正面是金文大篆"走向田野"（图2），背面是一首《聚云赋》，是当时学习、发掘、整理资料、生活的真实写照。

聚云赋

桥山之阳，滏水之滨，沃野百里，唐风晋韵。忆当年，风华正茂，一代年少，四海三江，聚首河汾。秉母校风骨，蒙恩师教化。负青山，持手铲，上穷三代故事；临碧水，卧土炕，下通世风民情。信步骄阳，放歌青春年华；笑傲寒霜，方显书生本色。

廿载倏忽，浮云重聚，白驹过隙，风物依然。惊旧梦，少年不再，蓦回首，不惑方至，再续前缘。顾恩师，华发慈颜；感同窗，故意依然。胸臆直抒，笑谈沧桑冷暖；一举十觞，饮尽古道热肠。聚散有期，悲欢无常。难得山水知音，永怀田野青天。

识此嘉会，惟立此碣于青春故园，用旌高义，用彰我衷，苍山不老，生命常青。琬琰同光，国运永昌。

图2　走向田野　2004年秋北京大学考古学系82级曲村实习20年纪念，2004年9月拍摄于曲村考古队

20世纪80年代，北京大学和山西合作，对曲村—天马遗址进行了六次大规模发掘，成果斐然，也正是这批材料，为我们准确厘定了曲村—天

马遗址的内涵。早在1985年发掘工作还在进行中,山西省考古研究所在侯马工作站组织了一次"晋文化研究座谈会",苏秉琦先生出席了这次座谈会并发表了著名的《晋文化颂》。

　　　　晋文化颂
　　　华山玫瑰燕山龙,
　　　大青山下斝与瓮,
　　　汾河湾旁磬和鼓,
　　　夏商周及晋文公。①

也是在这次座谈会上,李伯谦老师代表北京大学和山西省考古研究所组成的曲村考古队做了题为《山西天马—曲村遗址的发掘》的报告②,介绍了几年来对该遗址的发掘及研究情况,可以说是李伯谦老师在晋文化研究上迈出的第一步。其后在2000年出版的《天马—曲村(1980—1989)》③,渗透了邹衡先生、李伯谦老师等人的心血,全面解释了遗址的内涵,展现了北大和山西省考古研究所的研究成果。

我个人是作为北大考古学系82级的本科生于1984年在曲村实习的,当年的实习带队老师就是李伯谦、刘绪、张辛诸老师。应该说,我们82级班和李老师是很有感情的,我们的考古学通史夏商周专业课是李老师上的,第一次实习又是在李老师的带队下进行的,所以我们班的感情和李老师之

---

① 苏秉琦:《中国文明起源新探》,生活·读书·新知三联书店,1999年,第125页。
② 山西省考古研究所编:《晋文化研究座谈会纪要》,1985年11月。未正式出版发行。
③ 北京大学考古学系商周组、山西省考古研究所:《天马—曲村(1980—1989)》,科学出版社,2000年。这里需要强调一点,曲村—天马遗址在最初命名的时候,由于工作先从天马做起,就命名为"天马—曲村遗址",2000年,由邹衡先生主编,李伯谦、叶学明等多位先生参加的考古发掘巨著《天马—曲村(1980—1989)》出版的时候都是采用这个名字,1996年遗址被定为国家级保护单位,在申报过程中,曲沃方面考虑到该遗址的大部分在曲村界内,将最初命名的"天马—曲村遗址"更名为"曲村—天马遗址"。

间更亲近一些，而后来多人选择从事以商周考古为主的研究可能与此有关。记得在毕业的时候，我请李伯谦老师题留言，李伯谦老师题词：河汾涑浍，太行吕梁，辛勤奔波，累累硕果。字里行间，满满的殷切期望，至今保存。

图 3　观摩地层　李伯谦老师与本文作者在闻喜上郭遗址，2019 年 3 月拍摄于闻喜上郭

1992 年，晋侯墓地横空出世，李老师作为北京大学考古系主任出任队长带队，北京大学与山西合作再次组队发掘。晋侯墓地的发掘也经历了七次，前五次集中在 1992 年春到 1994 年 10 月，分别发掘了 M1、M2 组，M9、M13 组，M8、M31 组，M6、M7 组，M32、M33 组，M91、M92 组，M62、M64、M63 组，M93、M102 等八组晋侯及夫人的墓葬，第六次的发掘是在 2000 年的秋冬，发掘了 M114、M113 组晋侯及夫人墓葬，其后又发掘了一组疑似未继位太子及夫人和所有的陪葬墓，2006 年、2007 年发掘

的1号车马坑可作为第七次发掘①。

　　李老师作为发掘领队,既要从事学校考古系里的行政事务,又要负担教学任务,还要关注晋侯墓地的考古发掘,为不能亲自动手发掘而遗憾。在卸掉行政职务后,2001年冬天,李老师再次带队发掘陪葬墓,这次,李老师亲力亲为发掘了编号为M134的陪葬墓。那是一座土圹竖穴墓葬,在西周也算是中型墓了,直上直下,深近10米,由墓口向下望去,如从四层楼向下看,令人晕眩。墓很深,工作人员每次上下靠梯子,梯子有硬梯和软梯。硬梯是竹木或者铝合金做的,还好使用,软梯是绳子做的,就不太容易控制了,上下时有打秋千的感觉。无论硬梯还是软梯,在上下时都得小心翼翼,抓紧蹬实,不紧不慢。李老师在80年代有一次下墓葬时快到了底部,手一滑,闪了腰,至今留下了腰疼的病根。有时候大家为了省事就干脆乘小吊车上下,小吊车是村里常见的简易独臂吊,一个电动葫芦、一根钢管、一个滑轮、一卷钢丝缆绳组合在一起,支起来,下端一个吊钩就齐了。本来是用来出土的,干活的民工们有时为了图省事,就乘小吊车下墓,脚踩在筐子里,手紧紧抓住钢丝缆绳,电闸一开,就下去了,快是快了,但却危险了。试想,稍有闪失,后果不堪设想!李老师有时候也乘小吊车上下,记得刚开始我每次看李老师乘吊车上下,那是一位64岁的老人啊,心都揪起来,捏一把汗,惟有心里默默祈祷平安。看到老师平安落地或上到地面,才轻轻地出口气。一次,一位来看他的县上朋友恰好看到这一情景,惊讶不已,责备我们不该让老师这样,我们报以苦笑。

　　M134棺椁保存较好,随葬品也很丰富,有青铜器、玉器和漆木器。李伯谦老师每天在墓里工作好几个小时,熟练地用手铲、毛刷清理各种遗

---

① 山西省考古研究所、北京大学考古文博学院:《山西北赵晋侯墓地一号车马坑发掘简报》,《文物》2010年第2期。

迹现象，绘制墓葬形制的平剖面图、棺椁遗迹图、随葬品平面图，坚持自己去做每一个步骤。发掘到了后期，已经是天寒地冻，不得不在墓底生上了火炉，即使如此，仍然呵气成冰。绘图时戴着手套不方便，只能徒手进行，不时地搓搓手，缓和缓和几近冻僵的手指接着工作。在最后环节取器物的时候，所需标签都是李老师自己动手一份份填写，最终，一份完整、清晰的考古工地发掘资料呈现在大家面前。目睹这一切，前面提到的地方上的朋友为老师的敬业精神赞叹不已！

尽管行政工作、教学很繁忙，李老师仍然心系山西的考古发掘和研究。早在整个墓地尚未完全揭露的情况下，李老师于1993年12月在《中国文物报》上发表了《晋国始封地考略》。该文又于1996年5月易稿、1997年5月改定，名为《天马—曲村遗址发掘与晋国始封地的推定》，后收入《"迎接二十一世纪的中国考古学"国际学术讨论会论文集》。该文认为曲村—天马遗址是"西周初年叔虞封唐之唐。而且，该遗址从西周早期至春秋早期连续发展的事实也进一步证明，在晋献公八年（前669年）'始都绛'以前晋国并未迁都"。现在看来，曲村—天马遗址是不是叔虞封唐之唐还没确定，但老师的学术敏锐性和前瞻性令人敬佩。

其后，基于晋侯墓地的考古资料和其他地方的西周材料，李老师围绕着晋国始封地、晋侯墓地墓葬推定、墓葬形制、埋葬制度、器用制度及对一些点的认识等主题发表了10多篇文章[1]。

在墓地排位、墓主问题上，李老师代表考古队提出墓葬大致可分三排，北排4组，均为晋侯及夫人墓葬，由东往西依次是M9、M13组，M6、M7组，M32、M33组，M93、M102组；中排3组，东面是M114、M113组，西

---

[1] 主要见李伯谦：《中国青铜文化结构体系研究》，科学出版社，1998年；李伯谦：《文明探源与三代考古论集》，文物出版社，2011年。

面是 M91、M92 组，中间是没有墓道的一组墓 M112、M138；南排 3 组，由东往西依次是 M1、M2 组，M8、M31 组，M64、M62、M63 组。各墓均为南北向略偏东，北排最西一组即 M102 无墓道，M93 晋侯墓及南排最西一组中晋侯之夫人墓 M63 为南北两个墓道，M112、M138 组无墓道，余皆在方形或长方形墓室南面设一条墓道。各组内晋侯及夫人墓墓位安排，除 M114、M113 组及 M9、M13 组是晋侯墓居右（西）、夫人墓居左（东），余均为晋侯墓居左（东）、夫人墓居右（西）。墓主人之头向，除 M91、M92 为头向南，余皆头朝北。每组墓之东面均有附属车马坑一座，其中，M114、M113 组和 M9、M13 组车马坑为南北向（前者车马坑中间有生土隔梁），余皆为东西向。这 9 组晋侯墓葬主人分别是自晋侯燮父到晋文侯西周时期 9 位晋国国君，即晋侯燮父、武侯、成侯、厉侯、靖侯、僖侯、献侯、穆侯、文侯。

在晋侯苏钟的"隹王三十又三年"问题上，李老师力排众议，支持王占奎提出的全新解释。《国语·周语》云"（宣王）三十九年，战于千亩，王师败绩于姜氏之戎"，《史记·晋世家》对此役则记于宣王二十六年，前者是从厉王奔彘共和行政开始，后者则是从共和行政结束宣王亲政算起，二者正好相差 14 年，可证此说不误。依《国语·周语》宣王三十三年是穆侯之三年，即是献侯于宣王三十三年死去，其间尚有 4 年之差，而这 4 年是司马迁将殇叔 4 年单独列出误推所致，这样矛盾便可迎刃而解。在叔虞方鼎问题上，李老师坚定地认为作器者是晋国第一代封君。在尧公簋问题上，李老师认为唐公应该是叔虞的爵称，晋是地名，曲村—天马遗址是燮父所迁之晋，"唯王廿又八祀"是成王二十八年。在杨姞壶的问题上，李老师认为是姞姓杨国女子的自称。在晋伯卣问题上，李老师主张此伯应该是排行而非爵称。

诚然，也不全是闪亮光鲜的成绩。记得在 2000 年发现晋侯墓地以往的发掘漏掉一组晋侯和夫人墓葬（M113、M114组），李老师作为队长主动承担责任，在一篇文章的开头即做自我批评，反映出一位温文尔雅的谦谦君子不抱怨、不推责的品质。

2002年以后，晋侯墓地资料进入整理阶段，其后的10多年，李老师经常往返京城与侯马、曲沃，在生活极其简单的情况下，一份份原始资料的校对、一件件器物的核实、文字描述甚至补填标签等，李老师做得非常认真，乐在其中（图4）。

图4 李伯谦老师与本文作者在山西省考古研究所侯马工作站文物库房观摩研究晋侯铜器，2008年3月拍摄于山西省考古研究所侯马工作站

这一切的一切，都记录着李老师40多年来对山西考古、对晋文化的热爱。至今在曲村考古队院里立着两块碣石，分别由北大82级、86级本科生所立。他们于1984年、1988年在曲村实习，20年后，同学们再聚曲村，

立起石表达他们对曲村实习生活的纪念。上述的《聚云赋》是82级立的，86级立的石头，正面行书"曲村之恋"，红漆描底，是李伯谦老师亲笔题写。曲村村委会建西门，牌坊式，正中题字就是李老师亲笔的"晋都故地"（图5），字里行间，表达了考古人对遗址的认知，也表达了李老师及师生对这块土地的热爱。

图5　2020年8月15日，李伯谦老师在曲村西大门留影
左起：作者、李伯谦老师、武俊华

记得有张从垣曲渡黄河往洛阳的船上的照片，画面中有张政烺先生和李老师。一看到这张照片便想起了张政烺先生曾为李老师题的词"踏遍青

山人未老，风景这边独好"，小篆，隽永而透着刚劲，是李老师在山西的真实写照。

四

多年来，李老师不仅关注山西的考古发掘和研究，也关注着山西的考古事业的发展，为山西的考古事业建言献策、谋划大局。

图 6　到家中看望王克林老师
左起：王克林、李伯谦、刘绪、作者，2019 年 6 月 15 日于太原

山西近半个世纪多有重大考古发现，很多情况下都从外界请专家学者到场指导。李老师几乎有请必到，不畏爬山涉水，必亲临现场，进行专业

讲座、指导；同时提携后学，以他的人格感召着每一位与他有过交往的人，无不传为佳话。而对于山西的老同学、一起共过事的老同行，他总是念念不忘，每到山西，都要找机会一聚，聊过往聊学术，很多次是我陪着，其情其景，为之动容（图6）。可以说，山西的一草一木，老师是有感情的，拳拳之心，眷眷之情，若陈坛老酒，弥久益浓，香气四溢，格外芬芳。

伯乐先生，斗南一人

——我心目中的李伯谦老师

中国社会科学院考古研究所　何　驽

我本名何驽，北京生人，自 1981 年考入北京大学历史系考古专业（后依次改为考古系、考古文博院、考古文博学院），便与李伯谦先生结下了亦师亦友、形如父子的情缘。我是李伯谦先生的硕士和博士，在李老师的弟子们当中与李老师（我及我的家人都习惯尊称李伯谦先生为李老师）交往的历史最久，李老师对我倾注的心血也最多。我想通过与李伯谦老师交往的点滴小事，向世人全面袒露我心目中的李伯谦老师。

一、始自 40 年前的师生情缘

1981 年，我从北京海淀区花园村中学高中毕业，应届考入北京大学历史系考古专业。事后据知情人士告诉我，当年李伯谦老师负责考古专业北京地区招生工作，调档看到我填报的高考第一志愿就是北京大学历史系考古专业，兴奋地说："第一志愿报考古的北京生源，不要他还能要谁？就

图1　2004年11月15日李伯谦老师考察陶寺观象台遗址发掘现场与笔者合影

是他了!"我就以略高于北大录取分数线的成绩,被北大考古专业第一时间录取了。在当年,文科当中,文史哲、经济和法律是热门专业,考古是冷门,绝大多数人都不知道考古为何物。李伯谦老师与我的师生之缘,实际上从他决定录取我的那一刻便注定了。

我当年的高考成绩与我们北大考古81级同班同学相比,没有优势。但是,我知道考古为何物,所以我高考填报的第一志愿是北大考古专业,第二志愿是武汉大学考古专业,第三志愿是山东大学考古专业,第四志愿是兰州大学考古专业,大致体现了我对考古的执着与"好男儿志在四方"的少年壮志。李老师慧眼识才,认定我将来会成为一个"铁杆考古"。我也没让李老师看走眼,考古痴心从未改。不过,这一关键往事,李老师从未向我提及。

直到大二第一个学期,上"夏商周考古"专业课时,我才与我生命中第一个、也是最重要的贵人李伯谦老师真正谋面。

第一次在课堂上见面，李老师并未对我流露出特别的关注，反而是他给我留下了深刻印象：和蔼可亲，气质儒雅，五官帅气，尤其是还有一头微微的自来卷。那时我才过18岁，不知道这叫"魅力"。当然，李老师讲述"夏商周考古"专业课，条分缕析，娓娓道来，对我来说更具魅力。夏商周三代异彩纷呈的考古成果与问题，魅力四射的青铜文化，把我给迷住了。当时我便立志，今后要做夏商周考古！从此，我与李老师的交流多了起来。

20世纪80年代初，大学生业余生活比较贫乏，除了自习，便只有舞会和体育锻炼了。为了丰富业余生活，我们北大考古81级，办了一个班刊《碎金集》，大概一个学期出一集，班里同学投稿，发表论文、诗歌、散文、小说，不拘一格。每一集都请北大考古系的某位先生题写刊名，每一集也都给考古系的老师传阅，以期对我们幼稚的习作给予指导。我在《碎金集》上以发论文为主，笔名为"何驽"，取《荀子·劝学篇》"驽马十驾，功在不舍"之意。一天，李老师见到我说，看到《碎金集》上我的文章了，还说"何驽"这个笔名挺好。得到李老师的认可，我十分高兴，从此便一直用笔名"何驽"发表文章。可以说，生身父亲给了我"何努"之名，如再生之父的李伯谦老师定了我"何驽"的笔名。

记得李老师带我们班第一次外出考察是参观北京房山区周口店遗址和琉璃河考古发掘现场，我第一次感受到考古田野发掘的神秘诱惑，也有了对考古田野发掘的强烈憧憬。

1984年秋季，我们班分小组进行本科毕业实习。我毫不犹豫地选择了山西曲沃曲村晋国遗址发掘小组。北大考古82级全班那时正在那进行生产实习。实习由李伯谦、刘绪老师带队。刚到曲村工地，学生们水土不服，加之卫生条件较差，不少同学都不同程度地患上细菌性痢疾。其中我最严重，在曲村镇卫生院住了几天院没见好。李老师不知从哪找来一辆北京 212 吉普把我送到侯马市人民医院治疗，还特别安排我班同学宋国定全程陪护。在宋国定的细心照顾下，国庆节后我终于康复出院，回到曲村工地。

在曲村工地上，李老师和刘老师手把手教我们如何发现、辨别与清理墓葬。我清理墓葬的田野技术，就是在曲村打的底子。

李老师和刘老师不仅负责曲村工地发掘的全面工作，还操心我们考古队三四十号人的生活问题，甚至还管买菜。有一天，李老师叫我："何驽，走，我们去街上买菜去！"我说："不是，买菜您带我干什么？"我很不解，我作为一个考古专业学生，把田野做好了不就行了，为什么要跟着老师去买菜呀？李老师微笑道："你将来要当考古队队长的，这些事你都要管的。"我还是不理解：考古队队长干什么要去买菜？后来工作了，自己当了考古队队长、领队，才发现考古队队长、领队就是全面管理，发掘得管，买菜也得管，这是一个基本训练。但在当时，我只感觉到李老师对我比较重视，本科毕业前决定报考李老师的硕士研究生。

1985 年年初，我顺利通过硕士研究生入学考试，接着就全力攻关本科学位论文，选题是《殷墟西区小墓的分期》，论文指导与评判老师是李伯谦老师和邹衡先生。李老师和邹先生对我的学士论文表示肯定，但我深知这篇习作，只能算是全面系统的考古论文写作训练而已，没有什么创新之处。

进入硕士研究生学习阶段，我与李伯谦老师的交往真正进入佳境。当时我的导师挂名邹衡和李伯谦两位先生，实际上是李老师带我。我与沈勇，实际上算是李伯谦老师的"开门弟子"。

李老师教育学生，最大的一个特点就是授之以渔，不仅是教知识，更重要的是教给我们解决问题的能力，希望我们独立思考，尤其要有创见。他给我们开的考古学理论与方法讨论课，氛围很自由，鼓励大家发表观点，百花齐放，百家争鸣。讨论课上，李老师经常说："你们把何驽当成靶子，让他先说，他说完之后你们去批他。"这情形，在讨论课上是常态。对垒辩论的双方都要做功课，都要动脑子。说实话，课上被同学批，我有时候面子会有点挂不住，但是这样的辩论的确能启发学生的创见，我们这些弟子们受益匪浅。当年讨论的最重要的几个话题，包括文化因素分析法、民族考古学、考古研究与历史的关系等。当时国外尤其是美国考古学理论刚刚进入国内考古学界，我们这些学生非常热衷于讨论这些话题。李老师紧跟中国考古学理论发展的潮流，也带我们讨论这些很前沿的问题。通过这些讨论，我们都受到了非常好的训练，也提高了我们独立思考的能力，我硕士毕业没两年就发表了相关论文。

课余，李老师对我们几个弟子的生活也多有关心。有一年的中秋节，李老师把我们几位研究生请到北大畅春园教工公寓他的家中，师母做了一大桌子菜，师生同欢，甚是温馨！我当时便想，今后如果我也带研究生，也要像李老师这样，在过节时请学生到家中吃饭，让家在外地的学生也能感受到家的温馨。

二、李老师"最后一班"博士生

李伯谦老师不仅关心我的学业和生活，更关心我未来在学术道路上的长久发展。

20世纪80年代，李老师就开始谋划构建中国青铜时代时空与文化结构体系。得知我对长江中游地区夏商周时期青铜文化感兴趣，1986年秋季，他安排我到湖北荆州博物馆实习，参加江陵荆南寺商周遗址的发掘与整理，为我的硕士学位论文准备第一手资料。其间，从田野发掘到室内整理，包括画器物图，我都独立完成，这使我对荆南寺类型的分期与文化面貌有了自己的看法，硕士学位论文内容落实了一半，同时也让我迈出了学术生涯的第一步——探索长江中游夏商周时期青铜文化谱系。

1987年春季，李伯谦老师让我带领本科班的一个实习小组，与荆州博物馆的王宏先生一起发掘湖北江陵梅槐桥两周遗址。作为研究生，独立带队发掘遗址，这一锻炼环节，对我后来成长为一名合格的考古领队、队长，是极为重要的，在我的学术生涯中，具有里程碑的意义。

李老师还特意让我独立完成梅槐桥遗址的发掘简报的编写工作。我当时作为学生，还不太理解，这个简报谁写不行呢？后来我才明白李老师培养我的用心良苦。梅槐桥遗址的发掘简报包括绘图，都是我自己独立完成的，这对我是极为重要的训练。这篇发掘简报于1991年发表在《考古》上，凭着这篇简报，我后来非常顺利地拿到了考古领队资格。

李伯谦老师还利用各种机会，对我进行各种学术训练。李老师的重要论文《二里头类型的文化性质与族属问题》即将在《文物》上发表（刊发于1986年第6期），他将这篇论文的校样交给我做校对。校对是学者发表论文的基本功之一，但这是我第一次做校对，啥都不会。李老师便手把手教我如何用红笔标注各种校对符号。

1987年夏初，李伯谦老师带我从荆州出发，经宜昌取水道乘船经三峡到重庆，一路参观，最后到四川广汉三星堆，参加学术讨论会。我不仅见识了三星堆两大祭祀坑的震撼，还认识了苏秉琦、童恩正、童明康、赵殿增、陈德安、陈显丹等一大批重量级的考古前辈，聆听了各路考古学家激情四射、火花四溅的学术讨论，真是大开眼界，受益匪浅！

李伯谦老师不仅关心我学术生涯的发展方向，而且还操心我的终身大事。通过1986年、1987年两次荆州博物馆实习，我有意硕士毕业后到荆州博物馆工作，致力于江汉平原夏商周文化谱系与楚文化的考古研究。时任荆州博物馆馆长的张绪球先生，几番确认我的这个意向后，让馆里的同事牵线，给我介绍了一位女朋友。也是1987年夏初，李老师来荆州视察梅槐桥实习工地，约我把这位女友带到荆州古城墙东墙顶上，同我们两人进行了简短的交流。随后李老师对我表示，这个女孩可以交往下去。李老师这是在帮我把关。李老师看人很准，这个荆州女孩后来成为我的夫人，全力支持我的考古事业，直到今天。

1988年，北大考古系硕士毕业后，我如愿分配到荆州博物馆考古部工作，跟随王宏一头扎进荆南寺遗址的发掘，乐此不疲。邹衡先生和李伯谦老师都催我尽快按照论文答辩会上的专家意见修改硕士论文，尽快发表。当时我满心都是荆南寺遗址的发掘，对硕士论文的修改比较敷衍。我寄回北大的修改稿被退回，封面上贴着一张邹衡先生手书字条："考古学者应该像看待自己的眼睛一样看待自己的论文！"我见到邹先生的字条极为惶恐，可是该怎么改？一时又摸不到头脑。于是，我小心翼翼地给李老师写信，除认错之外，主要是请教如何修改。李老师随后与我多次书信往来，除了宽慰我，更多的是悉心启发、点拨我修改的思路。几经打磨，我的硕士学位论文最终达到发表水平，也得到邹衡先生的认可，于1994年以《荆南寺遗址夏商时期遗存分析》为题发表在北大考古系编辑的《考古学研究（二）》。

1998年，我决意报考李伯谦老师的博士生，回北大深造。博士生入学考试后，李老师欣喜地告诉我，专业课成绩考得很好，回家等好消息吧！出乎意料的是，我的英语考砸了，50分合格，我考了38分。李老师急了，以考古文博院的名义，向学校打报告申请破格录取，被学校以分数过低为由而拒绝。李老师非常遗憾地电话通知我失败的消息，鼓励我次年再考，主攻英语。经过一年发奋备考，1999年北大博士入学考试，我的英语考了46分。这又让李老师着急一回，赶紧让考古文博院主管研究生招生的孙华，给学校打报告申请破格录取，这次学校终于同意录取，我又重回北大，做了李老师的"最后一班"博士生。

博士研究生入学后不久，李伯谦老师便与我商定博士学位论文的选题，就叫《长江中游地区文明进程》。我向李老师提出，我不想读满三年，想提前一年毕业，李老师表示同意。这意味着我的博士学位论文必须提前一年完成。所以，2000年下半年至2001年年初，我的论文写得很辛苦。我想完成论文的70%时进行预答辩，这在当年是合规的，便与李老师商量，他断然回绝："不行！必须100%完成！否则你别想提前毕业！"这一句话就把我逼到死角，只得焚膏继晷，终于按期提前一年把这篇学位论文完成了，顺利通过正式答辩，获得了博士学位。

此外，2000年读博期间，张江凯老师正带领北大考古文博院团队对香港屯门扫管笏两周遗址进行发掘与整理，李伯谦老师让我与张弛、雷兴山、魏峻、陈洪海一道参加。这让我对岭南特别是香港地区的商周时期考古学文化、生业特征、沙丘聚落形态有了切身了解，对香港考古行业体制有了切实的认识。

2001年我博士毕业，面临就业问题。我向李老师表示，想留在北京工作。李老师便把我推荐给中国社会科学院考古研究所。时任所长刘庆柱先生和副所长王巍先生都热切地表示，欢迎我到考古所工作。

数年后，当我在陶寺遗址做出点突破后，王巍所长向我透露，当年李伯谦先生向他推荐我的时候，特别嘱咐王所长，何驽的特点是敢于思考，有些"天马行空"，既是优点，也是缺点，希望所领导尽量不要对何驽加以限制。我想，这是因为李老师秉持着"大胆假设，小心求证"的研究方法。李老师在《中国文明起源与形成研究需要注意的几个问题》一文中，便肯定了这种做法，我一直非常遵从。而我则向前更进一步：不怕乱想，就怕不想；如果乱想，还有50%的可能性，要是不想，100%没有可能性。王巍所长答应了李老师的要求，也在实际中做到了，但是他也时不时地提醒我："'大胆假设，小心求证'，再加一句，'谨慎发表'。"正是有了这种发散性的研究思路，在历任所长刘庆柱、王巍、陈星灿先生的理解、包容与支持下，我对陶寺遗址的发掘与研究很有成效。

三、虚怀若谷，低调做人

李伯谦老师的为人，正如他的名字一样，谦虚平和，虚怀若谷。

他崇尚教学相长，从不要求学生的观点与他保持一致，如果他觉得学生们的一些观点具有积极意义，还会采纳并积极地去倡导、推动。比如，李老师曾在很多场合推荐我的《考古学文化因素分析法与文化因素传播模式论》一文，后来南京大学历史系自编的教材《考古学方法与理论》收入了这篇文章。李老师在提出构建中国文明两种模式的时候，引用了我"可持续发展的人地关系"的观点。再比如，对于三星堆祭祀坑青铜器年代的认识，他用了"文化滞后"理论，这是引用了我"文化因素在社会的历史沉淀中的文化后滞现象"的观点。李老师提出文明形成的十项标准，也参考了我关于陶寺遗址聚落形态研究的成果。这些都令我很感动：老师能引用自己学生的观点，而且还很明确指出"我是引用谁谁的观点"。

2007年3月，正逢李伯谦老师七十寿辰，我们24位李老师的弟子在北京举办了一次聚会，由我主持操办。我们原本动议再出一本纪念文集，李老师说，聚会可以，同门师兄弟姐妹们毕业后如同劳燕分飞，很久没见面了，借此机会大家见见面，叙叙旧，聊聊各自的工作收获，但他断然否决了出书的想法，理由是北大的老先生没有七十大寿出纪念文集的，他不能破这个例。李老师的七十大寿，没有请其他人，也没有对外张扬，就这么悄没声儿地过去了。

李伯谦老师八十寿辰前，我们这些弟子又筹划为他祝寿。李老师坚持说，出论文集可以，主要收录弟子们和学术上交往密切学者的研究论文，不要歌功颂德的回忆录，不要搞祝寿活动。由是，自2015年起，我作为主编，组稿编辑纪念论文集。在诸位师兄弟姐妹和相关学人的鼎力襄赞下，共收到论文48篇，文图总计130余万字，篇篇都有真知灼见。可当论文集文稿送到科学出版社后，出版经费却出了问题。当时，李老师手中是掌握有出版经费的，比如北京大学震旦古代文明研究中心就有可以用于出版的经费，但李老师说，为自己的祝寿文集动用这个出版经费不合适。北京大学考古文博学院王幼平教授告知我，学院有给80岁教授出纪念文集的经费，可以去申请。我转问李老师，是否可以申请这笔出版经费？李老师沉默片刻，回我说，还是想别的途径解决吧！最终，在时任科学出版社文物考古分社社长的闫向东的鼎力支持下，2017年2月，《李下蹊华——庆祝李伯谦先生八十华诞论文集》终于出版了。

2017年3月，在安徽省文物考古研究所副所长宫希成的操持下，《李下蹊华》的作者齐聚安徽马鞍山，参加"五担岗遗址暨皖东南先秦考古学

图2　2017年3月7日李伯谦老师在"五担岗遗址暨皖东南先秦考古学文化学术研讨会"做主旨发言

图3 2017年3月7日李伯谦老师在"五担岗遗址暨皖东南先秦考古学文化学术研讨会"上欣然接受全体与会专家签名的《李下蹊华》

文化学术研讨会"。研讨会议程，除了关于五担岗遗址以及安徽史前与青铜时代考古学文化相关研讨、遗址参观，还有一个座谈会，请李老师的弟子们介绍各自近年工作的新进展与新收获，回顾李老师对我们培育和教育的往事。我和宫希成事先向李老师汇报了这场座谈会的主题，他竟然表示拒绝参加，要跑去参观遗址。我与宫希成鉴于李老师的坚决态度，只得将座谈会的主旨改为围绕"皖东南地区先秦文化和中国青铜文化结构体系"进行研讨，李老师才同意参加座谈会。

晚上聚会时，李老师还欣然接受了我们所有参会者在扉页上签名的《李下蹊华》，笑得像孩子一样开心，连声道："这才是我想要的！"会后，安徽省文物考古研究所在官网上发布了一则"五担岗遗址暨皖东南先秦考古学文化学术研讨会顺利召开"的新闻稿，有关李伯谦老师的座谈会和《李下蹊华》出版面世之事，只字未提。我明白，这完全是遵照李老师的意愿。

2021年，中国考古学诞生100周年，恰逢李伯谦老师从事教学考古60周年。年初，在郑州中华之源与嵩山文明研究会的会长会上，研究会发起人王文超先生动议，学会可以组织一个"李伯谦先生从事教学考古60周年暨学术思想研讨会"，总结一下李老师学术思想发展的历程。李老师一开始并不同意，稍后又觉得这个动议也有一点道理，最终首肯了。李老师作为研究会的会长，他希望借这样一个会，回顾研究会十多年来的发展过程，总结一下成绩和不足，展望今后如何发展。

2021年7月17日，"李伯谦先生学术思想研讨会——李伯谦先生从事教学考古60周年"座谈会在郑州举行。李老师在总结发言中重点表达了五个意思：其一是对举办这个会议内心的纠结；其二是会上总结李伯谦的学术思想缺少反面的看法和不同意见，这并不令他满意；其三是感谢研究会团队在他病情危重之时，倾力相助，证明研究会是一个非常可贵的团队；其四是老骥伏枥，志在千里；其五是再低调一些，不要自我膨胀。

李伯谦老师欢迎不同意见，对自己的学术观点存在的问题也从不文过饰非，而是勇于认错，敢于纠错，这也成为我们学生的楷模。

最初，李老师赞成二里头遗址是商都西亳的说法，后来，他认为邹衡先生的"二里头为夏都"说法更有道理，所以他就公开说，他改变了原来

图4 2013年10月13日李伯谦、刘绪老师考察陶寺宫城城墙北墙发掘现场与笔者和高江涛现场讨论

的看法，接受邹衡先生的观点。在《晋侯墓地墓主推定之再思》一文中，李老师明确表示为先前漏掉的晋侯墓地 M113、M114 这两个重要墓葬的担责。这些例子深深教育了我。

我在陶寺遗址工作 20 多年，也做过很多误判。比如，原来我判断陶寺早期城址有 56 万平方米，后来陶寺宫城发现后，推翻了我原来对于陶寺早期城址的判断。再比如，关于造成陶寺晚期社会动荡的原因，我原来认为是陶寺内部原因，现在来看，来自外部的征服是主要动因。这两项认错、纠偏，我都在正式发表的论文中明确提出过。

虽然我也年近花甲，但李伯谦老师是我永远的导师！《新唐书·狄仁杰传》称狄仁杰"北斗以南，一人而已"，我心目中的李老师，就是这样的"斗南一人"！

学人小传

李伯谦，1937 年生于河南郑州。考古学家。1961 年毕业于北京大学历史系考古专业，留校任教。曾任北大考古系系主任、考古文博院院长、赛克勒考古与艺术博物馆馆长，曾兼任中国考古学会常务理事、中国殷商文化学会副会长等职。"九五"国家计划重点科技攻关项目"夏商周断代工程"首席科学家。参加和主持过河南偃师二里头、安阳小屯殷墟、山西曲沃晋侯墓地等多处遗址的发掘。著有《中国青铜文化结构体系研究》《商文化论集》《感悟考古》等。

（原文发表于《光明日报》2022 年 11 月 21 日第 11 版"光明学人"）

述而作论

试论李伯谦先生考古学术思想体系

中国社会科学院考古研究所　何　驽

  2021 年是中国考古学诞生 100 年的重大时间点，也是李伯谦先生从事教学考古 60 周年。李伯谦先生作为新中国培养出来的杰出的考古学家和考古教育家，他的学术思想体系固然属于中国考古学学术思想体系中的一分子，十分值得总结。

  赵富海先生曾经总结了李伯谦先生对中国考古事业的七大贡献，包括考古学文化因素分析法、中华文明演进两种模式、"夏商周断代工程"、中国青铜文化结构体系、晋文化研究、北京大学考古学科建设、首次提出中国古代文明历程对当下的八点启示[1]。我认为赵先生的总结还是很到位的。当然，学术贡献不等于学术思想，尽管李伯谦先生的学术思想蕴藏其中，但仍需要我们去剖析。作为李伯谦先生的硕士、博士研究生，我想尝试分析一下李老师的学术思想体系，以期对百年中国考古学术思想的整理

---

[1]　赵富海：《读写生命大地——记 20 世纪知名科学家李伯谦》，中国社会科学出版社，2016 年，第 40 ~ 42 页。

做点滴之事。

一、考古学文化论

李伯谦老师在北京大学的教学和主要研究领域是中国青铜时代考古，也称夏商周考古。殷墟甲骨文标志着汉字体系的成熟，两周青铜铭文则标志着地下出土文献学的诞生，所以中国青铜时代考古，不可避免地与夏商周三代历史水乳交融。如此便给李伯谦老师的学术思想系统奠定了一个"历史话语体系下考古学"的总基调。这涉及李老师对中国考古学本质的认识，他认为中国考古学的主要任务是探索中国古代历史，当然不仅仅是"正经补史"那样简单，而是通过考古发掘古代人们留下的生产、生活的遗迹和遗物，去深化、细化历史文献中没有记载、语焉不详的历史，证实历史真实的素地，修正文献中历史错误的构建。所以，对李伯谦老师学术思想理解不深的人，会给老师打上"信古派"的标签，这其实是对他的误解。李老师大力提倡"科学的挑战精神"[①]，充分肯定顾颉刚的"疑古"精神，即分析和批判的精神[②]。

1. 考古学文化论的前提基础

基于"疑古"精神，李伯谦老师的考古学术思想体系建立的出发点便不可能以文献为基石和引导，必定以考古学本体论当中的地层学和类型学为基点。然而，李伯谦老师在传统考古学地层学认知的基础上，进一步提

---

① 李伯谦：《科学的挑战精神万岁——寄语2005年全国大学生课外学术科技作品竞赛第九届"挑战杯"》，《感悟考古》，上海古籍出版社，2014年，第65～68页。
② 李伯谦：《发扬"疑古"精神，推进学术繁荣》，《感悟考古》，上海古籍出版社，2014年，第51～54页。

出引入"埋藏学"的理念，将地层堆积看成一个动态的过程，而不是一个机械的静态的结果。这对考古遗迹形成的原因复原至关重要，关系着微观聚落形态研究的深度和粒度，这是李老师关于考古地层学的思考。其中隐含着地层堆积形成成因的思考，包含人类行为与自然因素两大要件。我们可称之为"埋藏学"范式的考古地层学。有了这样的范式，以往着眼于考古分期的地层划分忽略没有分期意义的小地层和遗址"统一地层"的做法，便不再"无可厚非"了，而变得"需要慎重考虑"，三思而行[1]，因为研究的主要目的从"分期"转向了"聚落"。

以地层学为前提，李伯谦老师认为，类型学是研究考古遗存的关键步骤，也是考古人的看家本领。对于考古类型学科学性和客观性的质疑，李老师根据自己的科研经验辩证地指出，"类型学研究，是一个从主观到客观的过程，研究得越深，主观与客观符合的程度越高，你得出的结论越来越接近实际"[2]。认为类型学不是科学的研究方法，这种观点要不得。

2. 考古学文化论理论框架

在李伯谦老师的考古学术思想体系中，在地层学与类型学基础上构建出来的是考古学文化。李老师的考古学文化思想体系中，坚持"在特定时间、特定区域内具有共同特征的一群遗迹、遗物的总和"这样的"考古学文化"概念界说，吸纳了苏秉琦先生考古学文化"区系类型"理论，将其应用到中国青铜时代文化谱系研究中，并提出了中国青铜文化结构体系研究的观点[3]，初步形成了李伯谦老师考古学文化思想的自身特色。

---

[1] 李伯谦：《感悟考古》，上海古籍出版社，2014年，第8～11页。
[2] 李伯谦：《感悟考古》，上海古籍出版社，2014年，第15页。
[3] 李伯谦：《中国青铜文化的发展阶段与分区系统》，《华夏考古》1990年第2期，收录在《中国青铜文化结构体系研究》，科学出版社，1998年，第1～13页。

李伯谦老师将中国青铜文化分为四个发展阶段：初始阶段（夏，公元前 21 世纪～前 16 世纪）、发展阶段（商代前期，公元前 16 世纪～前 13 世纪）、鼎盛阶段（商代后期至西周前期，公元前 13 世纪～前 10 世纪中叶）、衰落阶段（西周后期至春秋末，公元前 10 世纪中叶～前 5 世纪末）。在四大发展阶段的时间框架内，再划分中原地区、山东苏北沿海地区、北方地区东部、北方地区西部、东北地区、江汉地区、鄱阳湖赣江地区、宁镇地区、太湖及杭州湾地区、东南沿海与华南地区、四川地区、云贵地区、西北甘青地区、新疆地区等十四个文化区。其中中原地区最后发展为广义周文化的晋、卫、郑、秦文化，山东苏北沿海地区最终发展为广义周文化的齐鲁文化；北方地区东部最后发展出广义周文化的燕文化、东胡系文化；北方地区西部发展为匈奴系文化；东北地区发展为东北夷文化；江汉地区发展出周、楚文化；长江下游地区鄱阳湖赣江地区、宁镇地区、太湖及杭州湾地区发展出吴越文化；东南沿海与华南地区发展为百越系文化；四川地区发展为巴蜀文化；云贵地区发展出西南夷文化；西北甘青地区发展为羌戎系文化[①]。

李伯谦老师特别强调，在考古学文化谱系研究的过程中，文化区的划分要注意以考古学文化为本位，不局限于当代行政区划、自然地理分区的范围。而且，考古学文化区域研究要与某特定文化区域长时段的跟踪性研究相结合，也要重视同一谱系不同时段考古学文化的长时段过程研究，为探索该区域文明的演进打基础[②]。关于这一认识，李伯谦老师自己没有明确的定义性的提法，我称之为"考古学文化区域与谱系过程论"。

---

① 李伯谦：《中国青铜文化的发展阶段与分区系统》，《华夏考古》1990 年第 2 期，收录在《中国青铜文化结构体系研究》，科学出版社，1998 年，第 1～13 页。
② 李伯谦：《感悟考古》，上海古籍出版社，2014 年，第 36～37 页。

李伯谦老师并未止步于青铜文化结构体系的构建，经过研究生讨论课上多年的讨论，以及他自己的不断思考、反思、思索与总结，李伯谦老师的"考古学文化"理论体系逐步形成，我称之为"考古学文化论"（图1）。

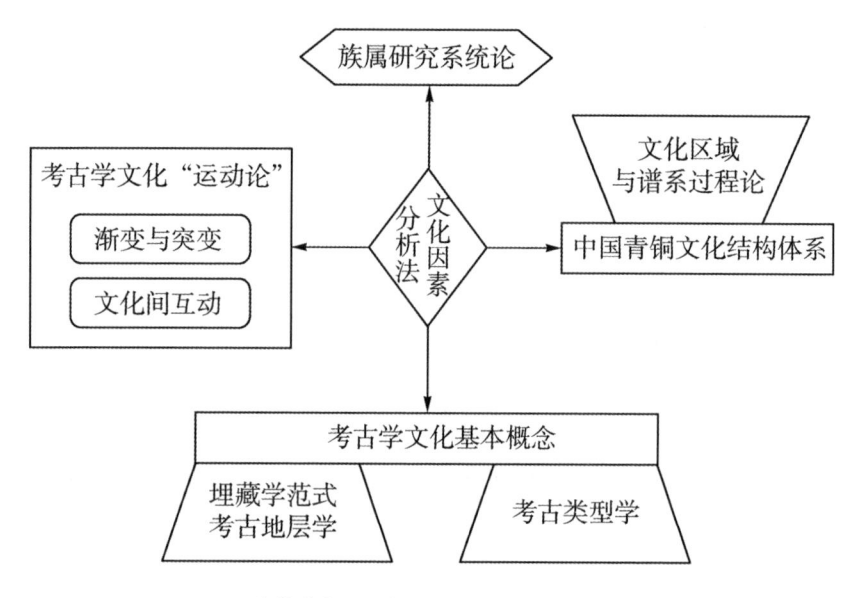

图1　李伯谦先生"考古学文化论"结构体系图解

李伯谦老师的"考古学文化论"不仅包括基本的"考古学文化"概念解说、中国青铜文化结构体系，而且还包括考古学文化的"运动论"。李伯谦老师考古学文化"运动论"，主要包含两大认识：一个是考古学文化的渐变与突变的辩证认识，从类型学和分期断代上往往看到的是考古学文化的渐变过程，但是遗迹和遗物组合的大变化却标志着突变，突变背后的原因是多样的，但都代表着新的考古学文化的诞生。另一个是考古学文化间的互动，其实主要是对考古学文化"传播论"的思辨性的深化，细化了考古学文化传播的主体与受体各自的文化势能、传播主体、传播中介、不同的传播模式、受体对文化因素的扬弃、文化飞地、文化滞后、文化因素传播的层级、传播速率等一系列鲜为人注意的理论问题认识[1]。

李伯谦老师"考古学文化论"另一个闪光点就是考古学文化族属研究的系统论。李老师首先肯定考古学文化与一定的人们共同体是有对应关系的，所以考古学文化是可以进行族属研究的，就是要运用考古学方法去揭示隐藏在考古学文化遗迹、遗物背后的这个人们共同体——族或族系。诚然，这个人们共同体也不是固定不变的，所以在实际工作中要慎重，必须在考古学文化分期的基础上，运用考古学文化因素分析法，同时梳理相关古代文献记载的可信性，然后从时空、社会发展阶段、文化特征与文物制度、文化关系与族系关系等方面一一考察，便有可能确定考古学文化背后隐藏的是文献记载中的某族。所以，考古学文化族属研究是一项系统工程[2]。这个领域里，李伯谦老师实践着力最大、研究最深、成果最多的当数晋文化研究，从年代、晋侯墓地墓主、器物分析、铭文考释、墓地制度、丧葬用玉制度等诸多方面，对晋文化进行了比较全面深入的探索[3]。

李伯谦老师"考古学文化论"当中的基本方法论是文化因素分析法[4]。这是李伯谦老师在常年的考古发掘与研究过程中，通过不断思考锤炼出来的，1985年在北大商周考古研究生讨论课上首次提出，1988年11月4日在《中国文物报》上正式公开发表[5]。考古学文化因素分析法是李伯谦老师"考古学文化论"当中的精华，不论是考古学文化"运动论"还是考古学文化族属研究系统论，都离不开文化因素分析法。同时，考古学文化因素分析法还是考古学研究上升到历史学研究的桥梁。如今，考古学文化

---

[1] 李伯谦：《感悟考古》，上海古籍出版社，2014年，第23~27页。
[2] 李伯谦：《感悟考古》，上海古籍出版社，2014年，第27~28页。
[3] 李伯谦：《文明探源与三代考古论集》，文物出版社，2011年，第276~351页。
[4] 李伯谦：《感悟考古》，上海古籍出版社，2014年，第20~23页。
[5] 李伯谦：《论文化因素分析方法》，《中国文物报》1988年11月4日。

因素分析法被中国考古学界广泛接受，成为考古学文化分析的基本方法论，足以显示出李伯谦老师的文化因素分析法对于中国考古学理论建设所做出的突出贡献。

二、中国古代文明研究理论体系

李伯谦老师中国古代文明研究理论体系，在借鉴和吸收了苏秉琦先生中华文明起源与形成多元一体的基本理论后，又形成了自己的理论体系。这个理论体系包括研究前提、中国古代文明演进两种模式、中国古代文明进程三个阶段、文明形成的判断标准（图2）。

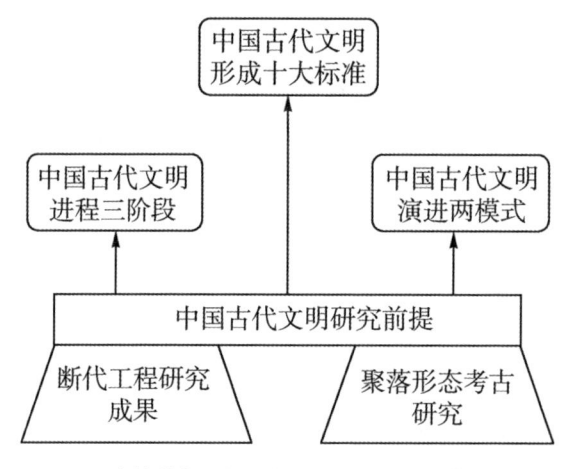

图2 李伯谦老师中国古代文明研究理论体系图解

1. 研究前提基础

在李伯谦老师看来，中国文明起源研究的关键性前提之一是"夏商周断代工程"的成果。早在夏商周断代工程的后期，他便与徐天进教授提出"中华文明探源工程"的建议，建议从青铜冶铸的生产与发展、农业起源与发展同文明形成的关系、城市的起源与发展、埋葬制度的演变与社会阶层分化的过程、宗教礼仪的形成与发展、文字的起源与发展、古史传说资料的整理及其再认识、中国文明与其他古文明的比较这八个方面进行探索[①]。他还特别强调，夏商周探源工程成果，可以作为深入探索中原古文明的起点[②]。李伯谦老师在夏商周断代工程成果的基础上，思索推进中国古代文明考古探索的上述着力点，为2001年启动的"中华文明探源工程"指明了研究探索的大致方向。"探源工程"实施20年来，主要研究的内容，基本上是在李伯谦老师提出来的上述八个方面的基础上，加以丰富、细化或深化与完善的。

李伯谦老师提出中国文明起源研究的另一个研究前提就是聚落形态考古，因为聚落形态考古研究不仅直接触及社会结构的研究，而且直接涉及文明形成的判断标准。李伯谦老师虽然不专做聚落形态考古，但是对聚落形态考古当中容易被忽视的一些问题"盲区"提出警示。他认为，聚落形态考古是要求以全面的、系统的、发展的、联系的观点为指导，从事对作为聚落遗存的遗址的调查和发掘，揭示聚落所反映的社会结构及其发展演变的历史。聚落考古需要在遗址的分期的基础上进行，聚落结构是重点，聚落所在地区的环境应纳入聚落研究的范畴，聚落关系是研究的必要内容，要从微观聚落形态研究上升到宏观聚落形态研究[③]。

在研究前提基础之上，李伯谦老师构建的中国古代文明研究的理论框架的核心是"三阶段论""两模式论"与文明形成判断标准。

---

① 李伯谦：《关于中国古代文明研究的几点设想》，《文明探源与三代考古论集》，文物出版社，2011年，第1~5页。
② 李伯谦：《以夏商周断代工程成果为起点深入探讨中原古文明》，《文明探源与三代考古论集》，文物出版社，2011年，第6~11页。
③ 李伯谦：《感悟考古》，上海古籍出版社，2014年，第33~35页。

2. 中国古代文明进程三阶段论

关于中国文明发展阶段，李伯谦老师在分析吸收了苏秉琦先生"古国—方国—帝国""三部曲"[①]的基础上，提出了自己的理论观点——"古国—王国—帝国"三阶段[②]。他虽然认同苏秉琦先生关于"古国指高于部落之上的、稳定的、独立的政治实体"的界定，但是他认为"古国"与西方人类学社会形态理论中的"酋邦"比较接近，而凌家滩古国、仰韶古国强制性权力似乎已具有某种"国家"的职能了。也就是说，在苏秉琦先生潜意识里，古国是国家社会，而李伯谦老师认为古国是近似国家的"前国家社会"或者是正向国家社会过渡的社会形态阶段。李老师主张用王国替代"方国"概念，认为是强制权力的膨胀促成了古国向王国的转化，良渚文化、陶寺文化、河南龙山文化已经进入到王国阶段，而夏商周三代则是王国的高级阶段。

关于强制权力问题，李伯谦老师认为，古国阶段的强制权力是零星的、分散的、偶发的，带有个人行为的特点。王国阶段的强制权力则变为普遍的、集中的、经常存在的（我理解为制度化的）集团行为，进而催生国家的暴力机关。李老师所谓的集团就是阶级，是对生产、生活资料是否拥有及拥有多少而分成的若干等级，能够拥有和使用强制权力的集团当然就是凌驾于社会之上的统治阶级了。

对于学界惯常使用的"复杂社会""分层社会"的理论概念，李伯谦老师认为，这些概念都是对平等社会向阶级社会过渡阶段社会状况的概括，并未触及社会的本质。复杂社会的本质是既保留着平等社会的因素，又新

---

① 苏秉琦：《中国文明起源新探》，生活·读书·新知三联书店，1999年，第130~156页。
② 李伯谦：《中国古代文明进程的三个阶段》，《文明探源与三代考古论集》，文物出版社，2011年，第76~89页。

出现了阶级社会特质的因素。分层社会是根据经济地位的不同而划分社会的不同等级，经济利益差距越来越大达到不可调和的地步，等级差别的量变就达到了阶级分化的质变，等级就变为了阶级。李老师对于"分层社会"的表述与弗里德的"分层社会"的定义基本相同。只不过弗里德认为在介于平等社会与分层社会之间，还存在一个"阶等社会"，阶等社会当中决策权力不带有强制性，只带有权威性[①]。弗里德的阶等社会相当于李老师认为的"古国"，缺乏固定的、集中的强制性权力。

苏秉琦先生将夏商周都视为"方国之君"[②]，李伯谦老师则认为是王国的高级阶段，国家机器愈加完善，西周的分封制则开启了王国发展的一个新阶段[③]。

关于帝国阶段，李伯谦老师与苏秉琦先生的认识是一致的，以秦帝国的建立为标志，是中央集权的加强和维持统治秩序的制度化促成了帝国的建立。而李老师对于帝国特征的归纳则更加明晰。他提出，从王国到帝国至少要发生六个重大变化：一是国土范围空间广大，覆盖并超越了夏商周王朝所控制的最大区域；二是民族文化融合达到新的高度；三是郡县制替代分封制；四是自耕农赋税制度替代井田制；五是推荐和任免官僚制度取代了世袭官僚制度；六是服务于中央集权的法律和文化专制主义的推行[④]。

---

① 易建平：《部落联盟与酋邦——民主·专制·国家：起源问题比较研究》，社会科学文献出版社，2004年，第216～230页。
② 苏秉琦：《中国文明起源新探》，生活·读书·新知三联书店，1999年，第145页。
③ 李伯谦：《中国古代文明进程的三个阶段》，《文明探源与三代考古论集》，文物出版社，2011年，第83～86页。
④ 李伯谦：《中国古代文明进程的三个阶段》，《文明探源与三代考古论集》，文物出版社，2011年，第86～89页。

3. 中国古代文明演进的两模式论

关于中国古代文明演进的模式，李伯谦老师从文明政治权力特征的角度，提出神权与王权两种模式。他分析认为红山"古国"是神权模式，良渚政权虽然是神权、军权、王权相结合但仍以神权为主的模式，仰韶古国是军权与王权相结合以王权为主的模式。两种不同的文明模式，最终的结果却大为异趣。神权模式由于过度依赖宗教祭祀维系统治，走上非可持续发展的道路，以致走向崩溃。而王权模式比较务实，走上了可持续发展的道路，最终走向成功，中原地区龙山文化及其后续的夏、商、周文化，从总体上说是从仰韶文化直接继承和发展来的[1]。李老师所提出的这两种文明模式，得到国内多数学者的认同，是继苏秉琦先生提出中国国家起源"原生型—次生型—续生型"三模式之后，对于中国文明演进模式的又一次理论创新。对于解读中国文明从多元到一体、中华文明最终在中原地区形成文明一体化的核心，提供了有力的理论武器。

4. 中国古代文明形成判定十大标准

关于中国古代文明形成判定标准，李伯谦老师在认同"国家是文明的总括"理论定义的前提下，指出以往文明形成以城市、文字、青铜器和大型宗教礼仪性建筑"四要素"为判断标准，并没有抓住文明和作为文明概括的国家的本质，也没有认识到问题的复杂性。而"聚落分级说"判断文明与国家的标准[2]过于机械，缺乏对于导致聚落分层结果内、外因复杂机制的考量。进而，李老师从聚落形态考古视角出发，提出判断文明形成的十

---

[1] 李伯谦：《中国古代文明演进的两种模式——红山、良渚、仰韶大墓随葬玉器观察随想》，《文明探源与三代考古论集》，文物出版社，2011年，第43~54页。
[2] ［澳大利亚］刘莉著，陈星灿等译：《中国新石器时代：迈向早期国家之路》，文物出版社，2007年，第220~222页。

大标准[①]。

①聚落规模是否出现分化？在星罗棋布的中小型聚落群的中心是否存在大型、特大型聚落？

②大型、特大型聚落是否出现了围沟、城墙等防御设施？

③大型、特大型聚落是否出现了大型宗教礼仪活动中心和建筑？

④作为大型、特大型聚落有机组成部分的墓葬，在规模上是否出现了分化？是否出现了特设的墓地？

⑤大型、特大型聚落是否出现了专业化的手工业作坊区？是否出现了集中的大型仓储设施？

⑥大型、特大型聚落是否发现有专门的武器和象征最高权力的权杖、仪仗类器物？

⑦大型、特大型聚落是否发现了文字和少数上层人物垄断文字的现象？

⑧大型、特大型聚落是否发现了异族（异文化）居民日常生活遗留下来的遗迹和遗物？

⑨各聚落之间是否存在上下统辖关系？

⑩大型、特大型聚落对外辐射（交往）的半径有多大？辐射的渠道和手段是什么？

李伯谦老师文明判断的十大标准，是从都城考古的视角，同时也是他"微观与宏观聚落形态考古相结合"思想的产物。国家是否诞生，都城是最显性的指标，所以大型和特大型聚落微观聚落形态研究是探索的重点，目的是探索强制性权力是否出现、国家机器是否形成。而聚落之间的上下

[①] 李伯谦:《关于文明形成的判断标准问题》，《文明探源与三代考古论集》，文物出版社，2011年，第71～75页。

统辖关系，实际表达的是国家组织内部中央与地方行政关系。异族或异文化遗存则是通过考古学文化因素分析法，辨识出都城内外来族群（少数族裔）文化的存在，表现都城文化独特的多元化特征。足见李伯谦老师文明判断十大标准，是他聚落形态考古思想、文明和国家起源权力产生思想、考古学文化因素分析法思想综合的结晶。当然，他的十大标准，也并非凭空想出来的，而是通过对包括半坡、姜寨、灵宝西坡、牛河梁、东山村、良渚、大汶口、陶寺、城子崖、王城岗、新砦、古城寨、瓦店、二里头、大师姑等一系列新石器时代至二里头文化时期的各类中心型遗址的观察与分析总结得出的，来自实践基础。

三、历史考古学理论

李伯谦老师考古学理论体系归根结底是历史学话语体系下的考古学，秉承中国考古学理应解决中国历史问题的理念，这里便存在一个考古学研究如何与文献结合的问题。李伯谦老师历来注重利用古代文献进行考古学研究，但是怎样使用文献、考古学与文献学究竟是怎样的关系，李老师长期思考这一重大方法论问题。

早在20世纪80年代中期，在研究生"考古学理论讨论课"当中，我们师生曾经讨论过这一论题，后来形成了我的一篇论文并发表[1]。现在反过头去审视，我的所谓"文献考古方法"也并不成熟，存在很大的问题[2]。正因如此，我的"文献考古方法"观点并未被李老师采纳。

---

[1] 何努：《文献考古方法论刍议》，《华夏考古》2002年第1期，第106~111页。
[2] 何努：《试论传说时代历史重建的方法论——以陶寺遗址考古实践为例》，《华夏考古》2021年第4期，第116~128页。

李老师既不赞同考古学研究作为文献的附庸和注脚，也反对考古学只能做社会学研究而不能做历史研究的观点。李老师认为正确处理考古与历史文献的关系，是将文献作为线索，而不能作为研究的依据，作为线索是否可信、是否符合历史的真实，最后都需要以考古发现与研究为依据进行裁断。而且文献在使用前也需要经过可信度的分析，考察其产生的背景、流传经过、内容的合理性等等[①]。比如李伯谦老师在探讨考古所见黄帝时代社会的真实性时，首先判断《史记·五帝本纪》的可信度，进而梳理《史记·五帝本纪》当中有关黄帝时期社会状况的表述，最后与考古发现的仰韶文化庙底沟类型和庙底沟二期文化社会特征加以对比，大致反映了传说中黄帝时代社会的历史真实性[②]。李伯谦老师在历史考古领域里下功夫最大的且久久为功的就是夏文化研究，成果也最为集中。他所提出的二里头文化是"后羿代夏""少康中兴"之后的夏文化、早期夏文化要到河南龙山文化（即王湾三期文化）当中去寻找的观点，现在已成为学界的主流观点[③]。

从李伯谦老师夏文化探索研究中不难发现，他的历史考古研究的思路是考古发现的年代、考古学文化分布范围、社会发展状况及其特征要与可靠文献记载的相关历史的年代、地望、社会发展状况及特征大致契合。近年来，李伯谦老师就古代历史问题考古研究提出了方法论，必须将考古学与史学和社会学有机地结合起来，传说与文献作为线索，考古学研究作为基础，社会学研究提供重要的方向。他将山西襄汾陶寺遗址作为"尧都"

---

① 李伯谦：《中国文明起源与形成研究需要注意的几个问题》，《文明探源与三代考古论集》，文物出版社，2011年，第66～67页。
② 李伯谦：《考古所见传说中黄帝时代社会的历史真实性》，《文明探源与三代考古论集》，文物出版社，2011年，第60～64页。
③ 李伯谦：《文明探源与三代考古论集》，文物出版社，2011年，第91～124页。

的考古判断视为三者结合方法论的成功案例[①]。当然，我理解，李老师依然坚持探索对象的考古学年代与考古学文化分布的范围，是历史考古研究的前提条件（图3）。

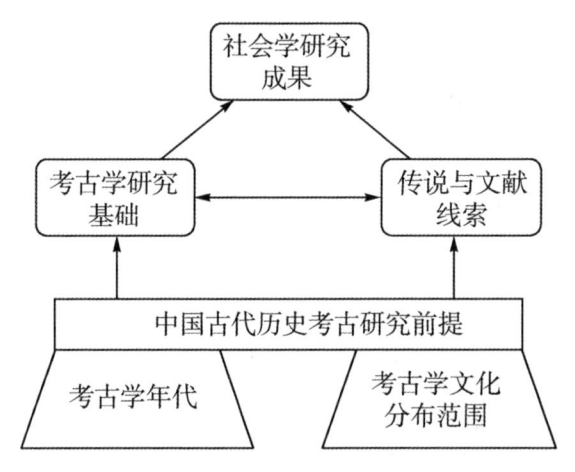

图3　李伯谦老师中国古代历史考古研究方法论体系图解

有了考古、史学、社会学相结合研究方法论，李伯谦老师就有了足够的信心反对那种"没有当时的文字证明、考古资料不能自证历史问题"的观点。

四、精神领域考古

早在20世纪80年代后期，李伯谦老师便开始注意精神领域考古理论的思索。他认为，思想观念、精神文化都附着于遗迹和遗物之上，探索古人的思想观念和精神文化，要在物的研究基础上，借助其他学科诸如哲学、

---

① 李伯谦：《陶寺遗址考古引发的几点思考》，《光被四表 格于上下——早期都邑文明的发现研究与保护传承暨陶寺四十年发掘与研究国际论坛论文集》，科学出版社，2021年，第1~2页。

心理学、宗教学、艺术等研究理论和方法，来进行探索①。李老师从精神文化角度分析，同属一个考古文化谱系的崧泽文化与良渚文化，在文明演进的权力模式上，发生了重大变化。崧泽文化大墓以玉钺为标志，走的是军权—王权的道路；而后继者良渚文化重视玉琮、玉璧和玉钺，但是以琮、璧和神人兽面神徽为主要表征，表明走上了神权、军权、王权相结合但突出神权的道路②。

五、结语

通过梳理和总结李伯谦老师从事考古教学与研究一甲子的学术思考，我认为李老师的考古学术思想体系由考古学文化论、中国古代文明研究理论体系、历史考古学理论和精神领域考古四大部分构成。其中考古学文化论是基础，中国古代文明研究理论体系、历史考古学理论和精神领域考古则各有侧重，但四者又融会贯通，相互支撑，形成一个有机的整体（图4）。

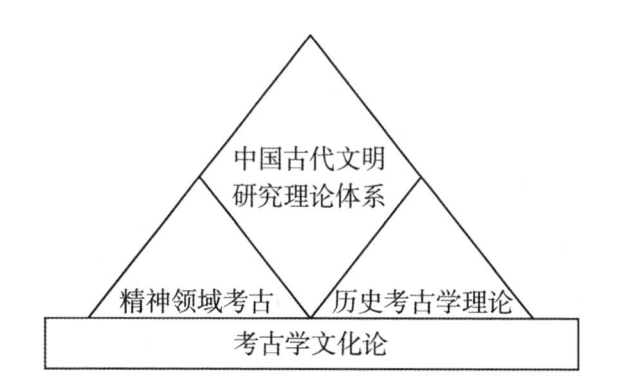

图4　李伯谦先生考古学术思想体系总图解

---

① 李伯谦：《感悟考古》，上海古籍出版社，2014年，第32页。
② 李伯谦：《从崧泽到良渚——关于古代文明演进模式发生重大转折的再分析》，《感悟考古》，上海古籍出版社，2014年，第172～189页。

通过系统总结李伯谦老师考古学术思想体系，进一步加深了我对李老师的学术思想体系的认识与领悟，也进一步促进我发扬光大李老师学术思想的精华，并在构建自己的考古学术体系的道路上，不断探索，砥砺前行。以李伯谦老师为榜样，考古探索永远在路上！

述而作论

考古学文化传统与考古学文化因素分析

郑州嵩山文明研究院　王文华

考古学文化因素分析方法是自 20 世纪 80 年代以来逐渐成熟起来的一种考古学文化研究方法，经过几十年的发展完善，已经成为与考古地层学和考古类型学并列的考古学研究的基本方法。这种方法通过对构成考古学文化诸因素的定性和定量分析，来研究考古学文化涉及的诸多方面。在构成考古学文化的诸因素中，考古学文化传统无疑是十分重要的部分之一，应该成为考古学文化分析研究中的重要内容[1]。本文试图围绕这一问题谈一点粗浅的认识，以就教于方家，并以此文纪念李伯谦先生从事考古教育和科研六十周年。

一、考古学文化与考古学文化传统

夏鼐先生在论及考古学文化的命名时说："这一群东西……是属于同

---

① 问鼎、拓古：《考古学文化传统——一种尚待分析的考古学现象》，《江汉考古》1995 年第 1 期。

一社会的产品。这个社会因为有共同的传统，所以留下来这些考古学遗迹的共同体。"①这里强调了考古学文化是社会传统的产物。苏秉琦先生在论及胶东考古时，也明确指出："从原始社会到商周时期，从整体上看，前后相承，比较连贯。文化传统的自身特征鲜明。"②严文明先生也认为，考古学文化的形成与发展，文化传统是重要的决定因素之一③。

考古学文化传统是社会传统文化价值体系在现实物质文化上的集中体现。在实际考古过程中，它表现为某一考古学文化或同一谱系的某几支考古学文化中可以为考古学家观察和识别到的具有稳定传承性的考古学遗存。考古学文化传统是某一考古学文化或同一谱系的某几支考古学文化区别于其他考古学文化的标志，也是考古学文化保持文化统一性的根本因素。

考古学文化传统和考古学文化是具有密切联系但又不同的两个概念。

考古学文化传统和考古学文化有着密切联系。考古学文化传统孕育于考古学文化之中，是考古学文化长期发展积淀的结果；同时，考古学文化传统又有其能动性，在考古学文化的发展变迁中发挥着重要作用，成为考古学文化的重要组成部分。

过去由于我们没有有意识地重视考古学文化传统的分析研究，经常是把考古学文化传统和考古学文化混为一谈，其实二者的区别也是显而易见的，主要表现在以下四个方面。

1. 从时间维度上说，考古学文化传统具有较为持久的稳定性。一种考古学文化传统可以在比较长的时间范围内保持其特性并持续传承，而考古学文化则会随着时间的推移不断发生着面貌上的变化。例如河洛地区的史

---

① 夏鼐：《关于考古学上文化的定名问题》，《考古》1959年第4期。
② 苏秉琦：《环渤海考古与青州考古》，《考古》1989年第1期。
③ 严文明：《关于考古学文化的理论》，《考古学初阶》，文物出版社，2018年。

前考古学文化遗存，从仰韶时代早期开始，就形成了以鼎和夹砂罐为主要炊具的考古学文化传统，这种传统一直持续到二里头文化时期，持续时间长达3000年之久。而在此期间，考古学文化面貌则发生了巨大的变化，先后经历了后冈一期文化、王湾二期文化、王湾三期文化和二里头文化。

2. 从空间维度上说，考古学文化传统既然表现为物质文化遗存，那就有自己的空间分布范围。这种空间分布和考古学文化有时是相同的，考古学文化的分布范围就是某一考古学文化传统的分布范围。但更多的时候是不同的。在考古学实践中，我们经常会看到同一谱系的不同考古学文化共享一种考古学文化传统的现象。如河洛地区龙山晚期遗存中，分布于豫中地区的王湾三期文化和分布于豫东地区的造律台文化在文化面貌上有较大差异，但二者都以鼎和夹砂罐为主要炊器。又如海岱地区的大汶口文化，同属于早期的遗存可以分为王因类型、刘林类型和紫荆山类型，这三个类型的考古学文化遗存各有自己的特色，但都有以鼎为主要炊具的考古学文化传统。

3. 从结构上看，二者也不相同。一是成分结构不同，二是层次结构不同。从成分结构来看，考古学文化是各类考古学文化因素的构成的总和。考古学文化传统不是抽象的，在构成现时考古学文化的诸要素中，考古学文化传统自有其具体的物质存在，但这部分文化因素只是现时考古学文化构成因素中的一部分。从层次结构来看，二者也不相同。考古学文化传统有着跨时空存在的特点，这种跨时空的特点具体到考古学遗存上实际上就是跨文化的存在。这就可以看出，考古学文化传统和考古学文化有着层次上的差别。严文明先生在论及考古学文化的层次结构时说："不仅考古学文化本身可以划分出多级层次，在考古学文化之上也还有不同的层次。例如仰韶文化、红山文化、马家窑文化、大溪文化和大汶口文化等，不但大体上属于同一时代，而且分布区域邻近，相互间有很密切的联系，许多因素相似甚至相同，从而构成为一个特殊的文化群或文化集团。这个文化群不但区别于同时代的细石器文化群，也区别于其他地方的彩陶文化群。龙山文化和同时代有着密切关系的其他文化也有着类似的情形。这种文化群究竟应给予什么样的名称才算合适，可以暂时置之不论。但它作为一个层次则是客观存在的事实。"[1]夏鼐先生也指出："这里另外还有一个问题，便是那些可以算是两个不同的文化，那些只是由于地区或时代关系而形成的一个文化的两个分支。这里各人可能有不同的看法，所以最好留待将来有机会时再加详细讨论。"[2]按照笔者的理解，严先生这里指出的文化群和夏鼐先生提出的考古学文化现象，实际上都是考古学文化传统的跨文化存在。

4. 从功能上看，二者也有不同。考古学文化传统是已经过去的存在，考古学文化是现时的文化存在。作为人类的文化创造，考古学文化传统一经产生，就会作为规定性的力量影响着考古学文化的现时创造。严文明先生把考古学文化的形成总结为自然环境、人文环境和文化传统三个方面。他认为，文化传统是考古学文化具有前进性和阶段性的根本原因[3]。可以说，考古学文化传统作为能动性的力量，是传统在现时考古学文化中的活态存在，影响着现时考古学文化的发展。它不仅是考古学文化的主要来源，还是决定现时考古学文化内部结构和性质的主要力量，具有质和量的规定性。

二、考古学文化传统与考古学文化因素分析

李伯谦先生在《论文化因素分析方法》一文中，对文化因素分析方法

---

① 严文明：《关于考古学文化的理论》，《考古学初阶》，文物出版社，2018年。
② 夏鼐：《关于考古学上文化的定名问题》，《考古》1959年第4期。
③ 严文明：《关于考古学文化的理论》，《考古学初阶》，文物出版社，2018年。

在考古学研究中的用途做了全面概括："作为一种科学方法论,文化因素分析方法在考古研究中有着广泛的用途。如对某一考古学文化的性质的确定、发展阶段的划分、源流的考证,与其他考古学文化关系的探讨,它在整个中国考古学文化区系类型体系中地位的推断以及所反映的社会结构的研究等,都要借助于对其文化因素的科学分析。可以这样认为,没有认真的、实事求是的文化因素分析,就很难对上述问题作出正确的回答。"[1] 笔者认为,在李先生所列举的上述研究领域,归纳起来,最关键的是三个方面:一是对考古学文化性质的确定,二是对考古学文化在整个中国考古学文化区系类型体系中的地位的推断,三是对考古学文化所反映的社会结构的研究。因为只有确定了一个考古学文化的性质,才能进一步研究其发展阶段、文化源流;确定了某一考古学文化在中国考古学文化区系类型中的位置,与其他考古学文化的关系就昭然若揭了;某一考古学文化所反映的社会结构,其实质是文化传统在物质层面的表现,考古学文化传统作为这一文化传统最集中的物质反映,自然是考古学文化因素分析法所需要重点关注的内容。笔者认为,在上述三个主要方面,考古学文化传统的分析研究都具有十分重要的地位,可以说,考古学文化因素分析方法在很大程度上是对考古学文化传统的分析和研究。

首先,考古学文化性质的确定,离不开对考古学文化传统的准确把握。李伯谦先生指出:"考古学文化所含诸文化因素既有质的不同,又存在量的差别,考古学文化的性质正是由其中占主导地位的因素决定的。进行文化因素分析,既要对其所含不同文化因素定性,即确定这些不同文化因素原来所属文化系统,又要引入量的概念,做量的统计和对比,即定量分析,从而分清各不同文化因素的轻重主次,正确判定该考古学文化的性

---

[1] 李伯谦:《论文化因素分析方法》,《中国文物报》1988年11月4日。

质。"[1]笔者理解,这里的"占主导地位的因素"就是该考古学文化所蕴含的考古学文化传统。虽然任何一支考古学文化都包含有复杂多样的文化因素,但考古学文化的形成和发展是一个有机的过程,是某一族群已经建构的社会文化传统与自然、人文环境相互作用的结果,不是各种因素的机械拼装,因此,任何一支稳定的考古学文化内一定有一支规定性的力量决定其基本文化性质,这种力量就是考古学文化传统。考古学文化因素分析就是要在纷繁复杂的考古学文化现象中,通过对比分析准确把握其考古学文化传统,确定其文化性质。例如豫、晋、陕邻近地区和以郑洛为中心的河洛地区几乎同时进入了龙山时代早期。随着庙底沟文化的解体,这一地区的考古学文化进入了一个剧烈重组的阶段,文化互动和交流空前活跃。豫西晋南关中文化区考古学文化遗存中出现了大量的东方因素的鼎,而在河洛地区也出现了附加堆纹、斜篮纹、绳纹等豫西晋南关中地区常见的装饰风格。考古学界因此把这两个地区的龙山时代早期文化均命名为庙底沟二期文化[2]。但是,如果我们从考古学文化传统分析的角度看,就可以发现,这两个地区龙山时代早期考古遗存是两支考古学文化传统完全不同的考古学文化。豫西晋南关中文化区在整个仰韶文化时期,一直保持着以夹砂罐和釜灶为主要炊具的考古学文化传统,到了庙底沟二期文化时期,这一传统并没有改变,炊具中虽然出现了一定数量的鼎这一东方文化因素,但其数量远远没有到取代其传统炊具的程度,而且在其后续的龙山时代晚期遗存中,这一东方因素迅速消失了。可见这一昙花一现的现象,只是此时与河洛地区考古学文化交流的结果,并没有成为其新的文化传统得以延续。同样,以鼎和夹砂罐为主要炊具,是仰韶时代以来河洛地区的考古学文化

---

[1] 李伯谦:《论文化因素分析方法》,《中国文物报》1988年11月4日。
[2] 《考古学概论》编写组:《考古学概论》,高等教育出版社,2015年。

传统。龙山时代早期，这一地区仍然保持了这一考古学文化传统，并且一直延续到了二里头文化时期。豫西晋南关中文化区对该地区器物装饰风格上的影响却被保留下来，成为该文化区后续考古学文化的显著特点之一。

其次，考古学文化区系类型的研究是文化因素分析法的重要研究内容。在做这方面研究时，同样离不开对考古学文化传统的分析和研究。这里有两个方面的原因。

一是在考古学区系类型理论语境中，"区是块块，系是条条，类型是分支"。笔者理解，这里的系，即是考古学文化传统的跨时间传承，即同一谱系；类型则是考古学文化传统的跨空间分布；具有共同的考古学文化传统的考古学文化遗存分布区，即是块块，即考古学文化区。可见，要正确构建考古学文化区系类型体系，除考古地层学、类型学之外，运用考古学文化因素分析法对考古学文化传统进行深入分析研究，也是基本方法之一。

二是考古学文化区系类型研究的目的之一是寻找建立考古学文化与古代部族的对应关系。考古学文化对应一定的人类社会共同体是客观的事实[1]。但在考古学文化怎样与族属的对应上学术界还存在一定的争议。从现有的史前考古学研究实践来看，被学术界认可的族属对应关系大多是一定的文化区对应一定的族属，例如中原文化区与黄帝部族、海岱文化区与东夷族、长江中游文化区与苗蛮部族等。这说明，在文化区的层面上探讨考古学文化与族属的对应关系是一种可行的操作方法。严文明先生认为，因历史文化传统影响而形成的考古学文化区应称之为"民族文化区"，与一定的族群有关[2]。严先生在这里指出了考古学文化传统、考古学文化区、

---

[1] 韩建业：《考古学文化阐释的理论与实践》，《中国社会科学》2021年第9期。
[2] 严文明：《关于考古学文化的理论》，《考古学初阶》，文物出版社，2018年。

族群之间的逻辑关系。张忠培先生也指出："可见，古籍记载的一个族，有时恰等于一个考古学文化，有时是包含着几个考古学文化，还未见过一个以上的族共有一个考古学文化的现象。这也说明古人对族的认定，是相当准确而符合现实情况的。"①张先生这里指出的一个族或族群对应多支考古学文化的情况，笔者理解，实际上也是肯定了考古学文化传统、考古学文化区与族群的对应关系。笔者认为，考古学文化只是某一族群在一定阶段的物质文化遗存，由于考古学文化总是随着时间和空间的变化发生变异，而考古学文化传统具有跨时空传承的特性，就会存在多支考古学文化对应同一考古学文化传统的现象。因此，在这种情况下，对考古学文化传统的跨时空传承的研究就成为我们研究考古学文化与族属对应这一问题的关键。

再次，考古学文化所反映的社会结构问题。考古学研究的目的是复原古代社会，社会结构的研究是考古学研究的重要内容。从目前的社会结构研究实践看，有两种途径：一是通过聚落考古方法研究某一特定区域内的聚落形态演变，揭示出背后的社会结构变化；二是通过人口流动、文化交流和经济贸易研究，揭示出特定区域内的政治—社会整合。无论哪一种路径，都离不开对考古学文化因素的分析研究。"没有考古学文化和族群概念的介入，事实上根本无法透视中国各地区文化及其人群互相交流碰撞的复杂过程，无法究明中华文明和中华民族发展演变的真实历史脉络。"②如前所述，在运用考古学文化因素分析法进行考古学文化区和族群构建上，考古学文化传统的分析研究有着特殊的优势。

---

① 张忠培：《民族学与考古学的关系》，《中国考古学：实践·理论·方法》，中州古籍出版社，1994年。
② 韩建业：《考古学文化阐释的理论与实践》，《中国社会科学》2021年第9期。

三、结语

对考古学文化传统的分析和研究,在既往的考古学文化研究实践中,有着广泛的运用和许多成功的案例,笔者之所以特别强调考古学文化传统的分析和研究,一是因为考古学文化传统的研究在考古学文化研究中所占的重要地位,从考古学文化传统角度进行文化因素分析,有利于在纷繁复杂的考古学文化现象中整体把握考古学文化的性质,有利于在更广泛的时空框架内对考古学文化相关问题进行多层次、多角度的研究,有必要加以充分的重视;二是过去的考古学文化研究往往把考古学文化传统分析研究和其他文化因素的分析研究同等对待,笔者提出这一问题,有利于进一步促进对考古学文化传统有意识的自觉运用;三是考古学文化传统分析有利于丰富考古学文化因素分析方法。近年来,有学者呼吁尽快建立考古学文化分析模式体系[1],意在为考古学文化因素分析方法提供可以操作的方法体系。笔者认为这一呼吁是有远见的。显然,对多区域考古学文化传统的归纳分类,有助于这一模式体系的完善。

---

[1] 宋玲平:《关于文化因素分析方法在青铜文化研究实践中的思考》,《中原文物》2006年第6期。

文化因素分析方法与人文社会科学研究

中国社会科学院考古研究所　牛世山

基于考古资料和考古学的人文社会科学的研究具有多层次的特点。总的来说，以田野考古为基础的考古学研究是基本层次，将田野考古调查、发掘的资料做纯考古学层面的研究，总的目的是研究考古学文化。然后上升到第二层次即人文社会科学的研究，这是跨学科的综合研究，需要运用社会科学研究方法、多重证据和手段，使用基于自然科学研究建立的模型；研究者还要具有狭义历史学、考古学、社会学、人类学、民族学、语言学等学科的素养，总的目的是研究古代文化、社会、国家及其关系，以构建历史，阐释古代文化和文明。最高层次是研究哲学。在不同层级的研究中，会有相应的理论指导，使用一定的研究方法。其中文化因素分析法在第一、二层次的研究中都是重要的手段。

文化是人文社会科学研究中的重要概念。广义的文化是指人类创造的一切物质产品和精神产品的总和[1]。文化可分为不同的要素，也可称为文化

---

[1] 中国大百科全书总编辑委员会：《中国大百科全书·社会学》，中国大百科全书出版社，2002年。

因素，主要有精神要素、语言和符号、规范体系、社会关系和社会组织、物质产品等，是人类社会实践的产物。文化的另一种影响较广的定义是共同塑造人们生活方式的思维方式、行为方式和物质产品[1]。不同于广义的文化，作为考古学的重要概念的文化，指一定地区同一时段内具有共同特质的古代文化（载体为遗址、遗迹、文物）及其所在环境。它具有明显的物质性，是一定地区人群的生产生活活动的结果，也是人们的观念、需求和能力的反映。考古研究实践证明，考古学文化也存在多种文化因素，如建筑遗迹、工具、器皿等。在考古和历史研究中善于使用文化因素分析方法，无疑是一把推动研究的利器。笔者在梳理有关研究学术史的基础上，结合学界的一些研究实践，谈一点自己的体会。

一、学史梳理

1938年，吴金鼎先生在《中国史前陶器》[2]中，在讨论龙山文化的文化特征时使用了"文化因素"概念。1954年，梁思永先生发表了《龙山文化——中国文明的史前期之一》，在文中第三部分说，1928年城子崖被发现之后，虽然已经有70多处遗址被找到了，发掘的地方还不过是10处。但在这些遗址里所收集的遗物，尤其是陶片，显示出不可忽视的地域差异，因此划分为山东沿海区、豫北区、杭州湾区三个区域，并比较出三个地区的文化差异。进而在第五部分之"与殷代文化的关系"一节，从文化传统演变与文化源流的方面，对龙山文化与殷墟文化的关系做了讨论，比较了

---

[1] ［美］麦休尼斯著，风笑天译：《社会学》（第14版），中国人民大学出版社，2014年，第62~63页。
[2] 吴金鼎：《中国史前陶器》，转引自李济：《安阳》，商务印书馆，2017年，第165页。

陶器和生产工具的种类、陶器装饰、墓葬葬式、占卜习俗等 10 个方面，认为龙山文化和殷文化之间有密切关系。之所以得出这些认识，梁先生文中谈到是从分析各种文化元素和文化丛的"族谱"的视角[①]。其中文化元素（即文化因素）、文化丛是人类学和社会学的术语。由于梁先生有在哈佛大学攻读人类学和考古学的背景，在研究中具有使用有关理论的高度自觉。文中将龙山文化划分为三个地区，是基于考古学文化因素的差异比较的结果，第五部分则是基于文化丛视角的讨论。

20 世纪 60 年代，苏秉琦先生在《关于仰韶文化的若干问题》[②]中，根据半坡类型与庙底沟类型的主要文化因素，讨论了两者的关系。半坡类型遗址中，含有葫芦口瓶和鱼纹彩陶盆两项主要特征因素。含有这类因素的早晚期材料的遗址只有半坡和北首岭。推测这一类型的主要分布地区是在关中的西半部。庙底沟类型遗址中，含有鸟纹、蔷薇花纹、双唇口瓶三种主要特征因素，含有这类因素的早晚期资料，典型遗址有华县泉护村遗址，分布范围大约东不过陕县（今三门峡市陕州区）一带，西不过西安一带。由此推测，这一类型的主要分布地区是在关中东部和河南极西一部。之后，在《关于考古学文化的区系类型问题》[③]中提出中国新石器时代的六大区系类型，更是顺理成章，视野面向全国，思考更深入。

邹衡先生在《试论夏文化》[④]中，将商文化二里冈类型的陶器分为 5 群，认为二里冈型是从南关外型直接发展来的，同时还大规模地吸取夏文化的因素和其他文化因素。但二里冈型吸取他种文化因素都不是简单地照抄，

---

① 梁思永：《龙山文化——中国文明的史前期之一》，《考古学报》1954 年第 1 期，收入《梁思永考古论文集》，科学出版社，1959 年，第 145~152 页。
② 苏秉琦：《关于仰韶文化的若干问题》，《考古学报》1965 年第 1 期。
③ 苏秉琦、殷玮璋：《关于考古学文化的区系类型问题》，《文物》1981 年第 5 期。
④ 邹衡：《试论夏文化》，《夏商周考古学论文集》，文物出版社，1980 年，第 125 页。

而大部分都经过了改造和创新，从而形成独具风格的新产物。因此，二里冈型与先商文化、夏文化以及其他文化之间已经产生了一个飞跃。毫无疑问，这一飞跃正深刻地反映了当时社会上所发生的剧变。在《论先周文化》[①]中，在讨论先周文化的青铜器来源时，将它们分为商式（数量最大）、商周混合式（数量次之）、周式（最少）三类。可知先周青铜文化的发展是有一个过程的。起初，周人几乎是全盘地接受了商人的青铜文化，到了后来，才逐渐发展起来具有一定周人风格的青铜文化[②]。在讨论先周文化的来源时，认为其由多种文化因素融合而成，其主要因素有：①来自殷墟为代表的商文化，反映在器物上即以商式鬲、簋和商式铜器等为代表的因素；②从分布于以晋中为中心的光社文化分化出来的姬周文化，即以联裆鬲、折肩罐等器物为代表的因素。这类因素是先周文化的核心，由其可推知先周文化源于光社文化。从人群结构角度看，三组因素分别代表来自东北方的姬周集团、来自西方的羌姜集团、其他居民集团[③]。

1981年刊出的《试论吴城文化》[④]中，李伯谦先生讨论了吴城文化的考古学文化性质。首先对以江西清江县（今樟树市）吴城遗址为代表的三期文化遗存做了分析，认为吴城文化的考古学文化特点具有独特性。再对各期的文化构成因素如建筑、墓葬、器物、文字等特点逐一分析后，基于数量的差别，将吴城文化的因素分为甲、乙两组。其中甲组陶器中硬陶、釉陶和原始瓷占较大比例，纹饰以方格纹、云雷纹、席纹、叶脉纹、圆圈纹、圆点纹、复合纹等多种几何形印纹最盛行。陶器种类复杂，形制多样，普遍流行折肩和凹圜底作风。本组最富有特色的代表性器物有甗形器、鸟

---

① 邹衡：《论先周文化》，《夏商周考古学论文集》，文物出版社，1980年，第297～356页。
② 邹衡：《论先周文化》，《夏商周考古学论文集》，文物出版社，1980年，第331页。
③ 邹衡：《论先周文化》，《夏商周考古学论文集》，文物出版社，1980年，第353页。
④ 李伯谦：《试论吴城文化》，《文物集刊》3，文物出版社，1981年。

喙状捉手器盖、覆钵状器盖以及马鞍形陶刀和石刀、凹刃石斧与石锛、凤首铜盖、石范等，基本不见或少见于商文化和周围各省的印纹陶遗存。乙组具有较浓的商文化作风，陶器以夹砂或泥质灰色软陶为主，绳纹最流行。器类有商文化常见的鬲、甗、盆、豆、长腹罐等。但细加比较，有的在形制上稍有变化，有的形制基本一样，但质地、纹饰却是甲组中常见的硬陶、釉陶、原始瓷和几何形印纹。比较甲、乙两组可知，甲组地方特点浓厚，器物种类多，数量多，在吴城文化中占有较大的比重；乙组商文化作风较浓，器物种类比较单纯，数量也较甲组为少，在吴城文化中居于次要地位。最后确认吴城文化是分布于赣江、鄱阳湖流域的本土考古学文化，但受到商文化的强烈影响，同时与周邻同时期其他考古学文化有相似因素，应该有密切联系。

正是基于《试论吴城文化》这样的成功研究案例，李伯谦先生随后在《文化因素分析与晋文化研究——1985年在晋文化研究座谈会上的发言》[①]、《论文化因素分析方法》[②]中系统讨论了考古学研究中运用文化因素分析法的迫切性，总结了运用文化因素分析法的几个重要原则和操作程序。

1985年6月，俞伟超先生在楚文化研究会成立大会上也谈到用文化因素分析方法分析研究楚文化的结构[③]。所谓不同文化因素，是指源自不同考古学文化的那些互相有区别的特征。这种方法主要是通过分析一个考古学遗存内部所包含的不同文化因素的组成，以确认其文化属性，进而确定它在考古学文化谱系中的位置。根据各种文化因素的不同，可将楚文化分为

---

① 李伯谦：《文化因素分析与晋文化研究——1985年在晋文化研究座谈会上的发言》，收入《中国青铜文化结构体系研究》，科学出版社，1998年。
② 李伯谦：《论文化因素分析方法》，《中国文物报》1988年11月4日，收入《中国青铜文化结构体系研究》，科学出版社，1998年。
③ 俞伟超：《楚文化的研究与文化因素的分析》，《楚文化研究论集》第1集，荆楚书社，1987年。

若干区域类型；在不同历史时期，除核心的"楚文化"本身因素外，还先后包含"周文化""越文化""秦文化"等方面的各类因素。还强调，在确定一文化中各种文化因素的主次位置时，必须采用定性、定量两种关联的方法。

由于在商文化、吴城文化和楚文化研究中文化因素分析方法的成功实践，到20世纪80年代，考古学研究中使用文化因素分析方法已经完全成熟。

从李伯谦先生和俞伟超先生的有关总结可见，考古学研究中如何运用文化因素分析方法，要遵循一定的原则，研究也有不同的层次。由于考古学文化的形成和发展不是孤立的、封闭的，而是与其他考古学文化存在联系。进行文化因素的分析，必须在对一个考古学文化与其他有关考古学文化的各自文化内涵进行分析基础上进行横向、纵向比较，才能够弄清楚它们之间在相互交往中的影响、传播、融合乃至同化的具体过程和情景，揭示其间的真实关系。所以，文化因素分析首先是对考古学文化内部构成因素的分析，以遗址分期为基础，引入定性和定量分析，判别区分考古学文化内部那些互相有区别的群组，确认其中的主要因素和次要因素，以主要文化因素确定遗存的考古学文化属性，探寻各类文化因素的源流、变化，从而研究考古学文化的形成、发展和变迁过程。然后是考古学文化之间乃至更大区域的古代文化关系的研究，以探讨文化背后的人群和社会关系，这实际上超出考古学文化的研究，上升到了人文社会科学的研究层次。

二、考古类型学与文化因素分析法的区别

文化因素分析方法作为考古学基本方法之一，它同考古地层学、标型学（即类型学）是互为补充的，而不是相互排斥的。正像标型学研究必须

以地层学研究为前提一样,文化因素分析也必须以标型学研究为前提[①]。有的研究者在考古研究操作中,会把考古类型学与文化因素分析方法相混,但文化因素分析方法与类型学绝不是一回事。

　　面向实物的考古类型学的实践中,操作过程既包括分类定性,也包括聚类统计,两者相辅相成,缺一不可。先以层位关系为前提,把研究对象如器物进行型和式的定性,即是分类的方法和过程。然后以考古单位为单元,对共出同型或式的器物的考古单位进行聚类,合并为一组;结合定量分析,按差异程度,将不同的组再合并为段、期。这个过程中,既有对一个个对象的型、式定性,在从组、段到期的归并定性中,还需要定量分析这个重要的基础。虽然这个操作过程是人为的,但认识的结果具有客观性。其中对各类对象逐一定性、细分为小类(型或式),是类型学的标准操作。如笔者统计安阳孝民屯地点的殷墟陶容器器类多达26类之多,有鬲、甗、甑、斝、鼎、簋、豆、盘、瓿、爵、罍、觯、尊、方口器、壶、瓶、钵、盂、盆、罐、瓮、勺、缸形器、筒形器、坩埚形器、器盖等,此外还有建筑用陶水管。殷墟陶器中,鬲、盆、罐、簋、甑、瓮最多,其他器类的数量明显较少。鬲、簋、盆、罐各自形态多样,可以细分为多个型、亚型。其中陶鬲可分三大类34型(包括亚型,下同),簋分18型,盆分两类18型,罐分19型[②]。

　　不同于类型学的操作,文化因素分析是将考古类型学分类的各类对象,打破考古单位的界限,以文化风格为视角,按文化风格的异同重新分为不同

[①] 李伯谦:《论文化因素分析方法》,《中国文物报》1988年11月4日,收入《中国青铜文化结构体系研究》,科学出版社,1998年,第299页。
[②] 牛世山:《殷墟文化的多样性——以陶质类容器为视角》,《李下蹊华——庆祝李伯谦先生八十华诞论文集》,科学出版社,2017年。

的组。笔者以殷墟陶器为例，将殷墟文化分为17组和不明组[①]，其中以本地的A组最多，在器类、数量上明显居于绝对优势，其他来自商文化其他类型和周边其他考古学文化的因素明显很少。可见殷墟文化陶器的构成以A组为主体因素，其他因素明显处于从属地位。这为进一步探讨殷墟商文化与周边商文化其他类型、商文化与周边青铜文化的关系以及人群的互动打下了基础。

三、关中商代考古学文化遗存定性实践

自20世纪30年代宝鸡斗鸡台墓地[②]发现和资料公布以来，关于灭商以前的周人早期文化——先周文化的研究引起研究者的关注。80年代自武功县郑家坡遗址[③]、扶风县刘家墓葬[④]、陕西长武县碾子坡遗址[⑤]资料刊布后，先周文化研究已成为研究热点。学界的认识差异较大，尤其对周原南北一线商代遗存的定性。武功岸底[⑥]、麟游蔡家河[⑦]遗址的发掘和研究，明

[①] 牛世山：《殷墟文化的多样性——以陶质类容器为视角》，《李下蹊华——庆祝李伯谦先生八十华诞论文集》，科学出版社，2017年；牛世山、岳洪彬、岳占伟：《殷墟文化的多元因素再分析——以陶鬲为例》，《南方文物》2019年第5期。

[②] 苏秉琦：《斗鸡台沟东区墓葬》，北平研究院史学研究所，1948年。

[③] 宝鸡市考古工作队：《陕西武功郑家坡先周遗址发掘简报》，《文物》1984年第7期；刘军社：《武功县郑家坡周人墓地》，《中国考古学年鉴 1987》，文物出版社，1988年。

[④] 陕西周原考古队：《扶风刘家姜戎墓葬发掘简报》，《文物》1984年第7期。

[⑤] 胡谦盈：《试谈先周文化及相关问题》，《中国考古学研究——夏鼐先生考古五十年纪念论文集》（二），科学出版社，1986年；中国社会科学院考古研究所泾渭工作队：《陕西长武碾子坡先周文化遗址发掘记略》，《考古学集刊》第6集，中国社会科学出版社，1989年。

[⑥] 陕西省考古研究所：《陕西武功岸底先周文化遗址发掘简报》，《考古与文物》1993年第3期；牛世山：《陕西武功县岸底商代遗存分析》，《考古求知集》，中国社会科学出版社，1997年；刘军社：《先周文化研究》，三秦出版社，2003年。

[⑦] 田仁孝等：《碾子坡类型刍论（摘要）》，《文博》1993年第6期；北京大学考古文博学院、宝鸡市考古工作队：《陕西麟游县蔡家河遗址商代遗存发掘报告》，《华夏考古》2000年第1期；雷兴山：《蔡家河、园子坪等遗址的发掘与碾子坡类遗存分析》，北京大学考古系1993年研究生毕业论文，后正式刊出，见《考古学研究》（四），科学出版社，2000年。

确和强化了对商代关中地区的本土考古学文化有郑家坡文化和刘家文化的认识。礼泉朱马嘴遗址的发掘和研究[1]，明确了关中西部商文化。这些研究都是基于遗址分期，并结合考古学文化因素分析得出结论，将三类考古学文化各自的特点比较清晰地揭示出来，推动了先周文化的研究。

在周原以及南北一线有没有商文化遗址，学界的认识并不一致。早在20世纪70年代后期，在陕西岐山县京当和扶风美阳采集到青铜器[2]，扶风县白家窑集有陶器[3]，两处遗址地点都在周原遗址范围内。邹衡先生据此命名为商文化京当类型[4]，用以代表泾渭地区（实际主要指关中西部）的商文化，但起初并未得到学界的认可。

扶风壹家堡遗址是周原以南的一处遗址。孙华先生将其中商代遗存分为四期，其中第一期为商文化，第二、四期为郑家坡遗存（即与郑家坡商代遗存的考古学文化属性相同），第三期为刘家村遗存（即文化属性同刘家墓葬）[5]。1997年"夏商周断代工程"启动以来，对周原遗址范围内的

---

① 北京大学考古系商周组、陕西省考古研究所：《陕西礼泉朱马嘴商代遗址试掘简报》，《考古与文物》2000年第5期；张天恩：《关中商代文化研究》，文物出版社，2004年。
② 王光永：《陕西省岐山县发现商代铜器》，《文物》1977年第12期；罗西章：《扶风美阳发现商周铜器》，《文物》1978年第10期。
③ 罗西章：《扶风白家窑水库出土的商周文物》，《文物》1977年第12期。
④ 邹衡：《试论夏文化》《论先周文化》，同见《夏商周考古学论文集》，文物出版社，1980年，第128、333~335页。
⑤ 孙华：《陕西扶风县壹家堡遗址分析——兼论晚商时期关中地区诸考古学文化的关系》，《考古学研究》（二），北京大学出版社，1994年。

王家嘴[①]、贺家[②]、老堡子[③]遗址做了新的发掘，获得了与壹家堡遗址类似的商代多类文化遗存先后相继的文化序列，通过对包括周原遗址的王家嘴和贺家、老堡子等地点商代遗存的研究[④]，从而使周原遗址一带包括京当类型商文化在内的商代各阶段多个考古学文化的性质更为清晰。笔者赞同周原遗址南北一线的商代遗存分为三期，从郑州商城的二里冈上层晚期（小双桥期）到殷墟二期[⑤]属于商文化[⑥]，殷墟三期属于刘家文化，殷墟四期为先周文化。对这些遗址的商代考古学文化属性的定性，是在分期基础上对其所含文化因素量化分析后确定的，为考古研究提供了成功案例。

四、聚落内部文化因素分析

关于聚落内部文化因素的研究，可以殷墟的研究为例说明。前述殷墟文化的因素是很多的，按文化风格的不同又可细分为17组以上。殷墟出土的殷商文化陶器种类之繁、文化风格之多，远多于一般普通遗址，这可视

[①] 王占奎、孙秉君：《夏商周断代工程武王伐纣年代——先周文化分期专题初步报告》（待刊），引自雷兴山：《周原遗址商时期考古学文化分期研究》注42，《古代文明》第6卷，文物出版社，2007年。

[②] 周原考古队：《2001年度周原遗址（王家嘴、贺家地点）发掘简报》，《古代文明》第2卷，文物出版社，2003年。

[③] 中国社会科学院考古研究所周原考古队：《2004年秋季周原老堡子遗址发掘报告》，《考古学集刊》第17集，科学出版社，2010年。

[④] 张天恩：《周原遗址殷商时期文化遗存试析》，《中原文物》1998年第1期；雷兴山：《周原遗址商时期考古学文化分期研究》，《古代文明》第6卷，文物出版社，2007年；雷兴山：《先周文化探索》，科学出版社，2010年，第94页；付仲杨：《老堡子遗址商代遗存的年代与性质研究》，《考古学集刊》第17集，科学出版社，2010年。

[⑤] 本文的殷墟文化分期标准同邹衡先生的分期标准。见邹衡：《试论殷墟文化分期》，《北京大学学报（人文科学）》1964年第4期；又见邹衡：《夏商周考古学论文集》第二部分第二篇，文物出版社，1980年。

[⑥] 牛世山：《商文化京当类型：判别、分歧与解析》，《古代文明》第10卷，上海古籍出版社，2016年。

为商王都这种大型都邑的特征之一。以殷墟文化陶器的类型和群组的分析为基础，可进一步探讨殷墟文化的内部构成以及形成、变化过程，也可探讨殷墟商文化与商考古学文化其他类型、商考古学文化与周边青铜文化的关系以及当时不同地区人群的互动关系等。

以往有关商文化的研究中，很多研究基于典型商考古学文化遗存，讨论商文化的扩张和向外传播，研究者对商文化的对外辐射力印象很深。通过殷墟都城遗址中各种文化风格因素的辨识，可见很多地区文化因素汇聚于商王都的现象，这是以往较少注意的，今后需要引起更多关注。只有全面考察商考古学文化与周边其他考古学文化间辐射与汇聚的双向关系，才能更好地认识商文化、商王朝及其与周边其他文化和族群的关系。

五、文化因素分析与古代国家结构探讨

人类的生产、生活活动留下的遗存是当时人群的文化、政治实体与社会关系的缩影。考古学作为历史科学的有机组成部分，决不能将自己的研究范围局限于年代分期和器物排队，而应该通过对考古遗存文化内涵的全面剖析，揭示其反映的社会状况和社会发展规律[①]。文化因素分析方法不能仅局限于探讨考古学文化层面的问题，应该成为探讨考古学文化背后的国族属性、国族源流关系的媒介。以商文化与商王国的研究为例说明。

有关商文化、商王国的研究史研究中，由于安阳殷墟、郑州商城的相继发现和研究，在考古学文化定性上，从殷墟文化追溯到郑州二里岗文化，确认了两者属于同一考古学文化系统及其有机联系。关于两个考古学文化

[①] 李伯谦：《论文化因素分析方法》，《中国文物报》1988年11月4日，收入《中国青铜文化结构体系研究》，科学出版社，1998年，第297页。

的国族属性,由于殷墟甲骨卜辞确证了殷墟是商代晚期的都城遗址、殷墟文化是商代晚期商文化的代表,进一步确认郑州商城作为商代早期都城、二里岗文化是商代早期商文化的典型类型。以往在辨识、定性考古学文化遗存的国族属性时,以考古学遗存的相似程度为依据,相同、相似的会被定性属于同一考古学文化、同一国族,相异则否。实际将定性的商考古学文化等同于商文化,商王朝疆域四至也按此确定。笔者基于文化因素分析,通过典型案例研究[①],可证商文化不仅包括过去确认的以商所称的有关考古学文化,还包括商考古学文化周边的其他一些考古学文化,如毛家咀类遗存属于商王国下的文化,只是从考古学文化层面不属于商文化。其他如郑家坡文化(先周文化)也类似,因为周人在灭商以前长期臣服于商王朝。总之,商文化分为以都城文化为代表的主流商文化和外围广大地区的非主流文化两种形态,它们分别对应商王朝疆域的三层地理空间:中心区域,对应考古学文化上的典型商文化分布区;次级区域,对应考古学文化上的非典型商文化分布区;外围区,对应商考古学文化外围其他一些考古学文化[②]。这种认识,已经突破了考古学文化属性的定性,上升到探讨历史文化的高度。这也与从殷墟甲骨文字出发探讨商代地理[③]、从商代族徽铭文角度探索商王朝疆域和管理机制[④]的有关认识相印证。

综上所述,考古工作和研究中理论和方法的应用,使中国考古学获得极大的成功,不仅成就了考古学,还创新了研究中国古代文化、人群与社会及其关系的全新模式,为历史研究提供了新的工具和手段。

---

① 牛世山:《湖北东北部晚商文化的新认识——从蕲春毛家咀遗址和新屋塆青铜器谈起》,《南方文物》2020 第 4 期。
② 牛世山:《多元多彩大邑商》,《人民日报》2018 年 10 月 17 日 24 版。
③ 郑杰祥:《商代地理概论》,中州古籍出版社,1994 年。
④ 李伯谦:《从殷墟青铜器族徽所代表的族氏的地理分布看商王朝的统辖范围与统辖措施》,《文明探源与三代考古论集》,文物出版社,2011 年。

考古学文化因素分析方法新理解

首都师范大学历史学院　雷兴山

武汉大学历史学院　王　洋

自 1985 年李伯谦先生明确提出考古学文化因素分析方法[①]以来，该方法几乎成了研究考古学文化谱系的必用方法，甚至有学者将其与考古地层学、考古类型学相提并论，视为考古学的基本研究方法。

笔者在研习考古学文化因素分析方法的过程中，曾遇到不少难题，有过不少困惑，向李伯谦先生请教，李先生的指点之一是，要寻找与人群相对应的"特质因素"。经多年思考，逐渐认识到寻找"特质因素"应是当前考古学文化因素分析的重点；逐渐认识到墓葬随葬品组合、遗迹组合等方面的特征，是能够代表特定人群的特质文化因素；逐渐认识到加强文化因素的"考古背景"分析，是判定特质文化因素的有效方法之一。今不揣浅陋，汇报如下，敬祈指正。

---

① 李伯谦：《文化因素分析与晋文化研究——1985 年在晋文化研究座谈会上的发言》，《中国青铜文化结构体系研究》，科学出版社，1998 年；李伯谦：《论文化因素分析方法》，《中国文物报》1988 年 11 月 4 日。

述而作论

一、以往文化因素分析中的困惑

以往文化因素分析方法一般的作业内容是,在按期进行文化因素分组、统计文化因素数量的基础上,判断考古学遗存的文化谱系归属,进而与文献记载等相结合,以期达到研究社会历史之目的。但以往进行文化因素分析时,存在着一些难题与困惑,如:

(1)一座墓葬包含有随葬品形制、墓葬形制、葬俗等多方面特征,这些不同方面有可能各自体现着不同类的考古学文化因素。有可能随葬品属于某种文化因素,而墓葬形制则体现的是另外一种文化因素。如何综合不同方面特征进行文化因素数量统计,进而判断该墓葬的考古文化谱系归属,以往并无明确的方法与公认的惯例,甚至在研究中会出现分歧意见。

比如,同在周原遗址的刘家墓地与王家嘴墓地,两墓地相距约1千米,晚商时期两墓地曾长期并存,都随葬有高领袋足鬲,但陶器组合与墓葬形制有异。王家嘴墓葬为长方形竖穴土坑墓,不见头龛,一般随葬1件高领袋足鬲。刘家墓葬为偏洞室墓或长方形竖穴带头龛墓,随葬高领袋足鬲、高领球腹罐等多件陶器,其中高领袋足鬲往往不止1件。有研究者将两者视为同一种考古学文化,但也有很多研究者将两者归为不同的考古学文化[1]。

(2)众所周知,一个考古学文化属性的判断,既要看居址遗存的特征,又要依据墓葬的特征。但以往很少把居址与墓葬所见文化因素的种类、数量综合计算,更不见讨论居、葬两类遗存的文化因素应各占多少比例。实际上,有时居址与墓葬所见文化因素的种类与数量相差甚大。

如在北京琉璃河西周燕国都城遗址中,西周中晚期居址所见陶鬲多是

---

[1] 雷兴山:《先周文化探索》,科学出版社,2010年,第168~178页。

大袋足无实足根鬲，文化因素几乎均属殷墟文化因素。而在同时期墓葬中，常见的是居址中少见的、属西周文化因素的仿铜鬲或联裆鬲[①]。西周居址中常见的陶甗也不见于墓葬中。

（3）墓葬中不同文化因素比例的多少，未必可用于判断该墓葬的考古学文化归属。

如宝鸡石鼓山、随州叶家山等墓地，一些西周早期"一墓多族徽"墓葬中，随葬的大量殷墟文化青铜器是周人灭商分器而得，其文化因素数量虽以殷墟文化为主，但该墓却是西周文化墓葬。

（4）以往对居址遗存的文化因素分析，多偏重于器物，对遗迹关注较少。在判断居址遗存的考古学文化属性时，几乎不见对遗物与遗迹所见文化因素该各占多少比例进行规定。有的时候，因为功能相同、制作简单，即使两个遗迹的形制相同，也不能认为它们属于相同的文化因素。比如两个考古学文化都能见到形制相同的锅底状灰坑，一般仅认为这是形制的趋同或类同，而非文化因素的传播。常见的居址遗存文化属性判断，一般是依据遗物而定，且多以陶器所见因素而定。由此造成我们常说的考古学文化，一般只是指陶器特征，而非应该的遗迹、遗物的总体特征。

诸如上述的难题还有一些，如怎样统计"混合文化"等[②]，在此不一一赘述。这些难题，不仅导致文化因素分析有时难以操作，还容易在判断考古学文化谱系时引发歧论。这些难题常让笔者产生疑惑，甚至有时困惑做这些文化因素分析有何用处，难道真的只是让我们得出"你中有我，我中有你""两者关系密切"这样简单的结论吗？

---

① 雷兴山：《试论西周燕文化中的殷遗民文化因素》，《北京文博》1997年第4期。
② 雷兴山：《壹家堡一期文化性质辨析——关于混合文化因素分析方法的讨论》，《文物季刊》1999年第1期。

最大的困惑还在于，即使能够解决上述难题，可以准确判断出考古学文化归属，但也不能完全与人群挂钩，因为考古学文化与族属不能一一对应。正如李伯谦先生所言："考古学文化与族的共同体是既有联系又有区别的两个不同的概念。一个考古学文化可以是一个部族创造和使用的文化，也可以是两个或两个以上部族创造和使用的文化，甚至不排除在一定条件下，一个部族也可以使用两种不同的考古学文化。"[①]

同样道理，我们甚至可进一步认为，文化因素与特定人群也是既有联系又有区别的两个概念。文化因素可以与一个特定人群相对应，但有时也不等同于一个特定的人群。我们能判断一个文化因素来源于某种文化，但不能判断这个因素是由于人群的迁徙而产生，还是仅仅因为技术和文化的传播。有时甚至不能判断某一外来文化因素的器物，是从原文化分布地直接流通至本地，还是本地文化受到外来文化影响而产生的。换言之，文化因素代表着物、人、技术、理念、艺术的哪个方面，尚难以确定。

于此强调的是，文化因素分析并不是以构建考古学文化谱系为最终目的，而是"从考古学的研究成果推导出历史学上的科学结论，实现考古学与历史学有机的真正的结合"[②]，"是从考古学研究过渡到历史学研究的桥梁"[③]。也就是说，文化因素分析的最终目的，是研究人与社会。

鉴于此，本文认为，只要能将文化因素与特定的人群对应起来，那么文化因素的最终目的就可实现，上述有些难题与困惑，或可暂时搁置，或可得以解决。

---

① 李伯谦：《试论夏家店下层文化》，《纪念北京大学考古专业三十周年论文集（1952—1982）》，文物出版社，1990年。
② 李伯谦：《文化因素分析与晋文化研究——1985年在晋文化研究座谈会上的发言》，《中国青铜文化结构体系研究》，科学出版社，1998年。
③ 李伯谦：《感悟考古》，上海古籍出版社，2014年，第23页。

那么，该如何将文化因素与特定的人群相对应呢？本文认为，应加强寻找考古学文化中的"特质文化因素"，这也应是目前考古学文化因素分析中的重点。

二、"特质文化因素"的新理解

本文所说的特质文化因素（即"特质因素"），是指能够与特定人群一一对应的文化因素，进一步阐释如下：

其一，特质文化因素不同于以往"以考古学文化为本位"所划分的文化因素。

以往的文化因素分析，是通过与不同考古学文化的对比，划分出不同来源的各类文化因素，其中既包括先行文化的因素，也包括周邻同时期其他考古学文化的因素。这种文化因素，可以说是以相关考古学文化遗迹、遗物形制特征作为判断标准的，即"以考古学文化为本位"。

其二，特质文化因素相当于人群的"身份代码"。

特质文化因素，是指能标识人群身份的文化特征，相当于标识人群各种社会身份的代码，如学界已熟知公认的"性别代码""等级代码"，目前也已辨识出不少"族属代码"，也许将来还有"社会年龄代码"等。

可以肯定的是，这种能代表人群社会身份的特质因素是存在的。关于性别代码，是否随葬兵器通常被视为商周时期墓葬的性别代码，秦汉时期男女两性墓葬的随葬品也有着鲜明的性别差异[①]。关于等级代码，随葬鼎、簋等铜礼器的数量、墓室面积与墓道数量等，可视为西周墓葬的等级代码。关于族属代码，目前已识别出商周时期商系族群与周系族群的多项族属代

---

① 王洋、刘一婷：《关中西汉中小型墓葬"性别代码"初探》，《北方文物》2017年第2期。

码①。通过这些特质因素就可判别古人的社会身份。

其三，特质文化因素是"以人为本位"所划分的文化因素。

特质因素与依据遗存形制所划分出的文化因素，是两个概念。特质因素，不仅仅依靠遗迹、遗物的形制来体现，可能更多的是用器用制度、物质文化制度、文化现象等来体现。特质因素，不仅仅依靠单件器物、单个遗迹的形制来体现，也可能依靠器物组合或多个遗迹一起来体现。如果说以往的文化因素分析是"以考古学文化为本位"，那么特质文化因素就是"以特定人群为本位"的分类。

特质因素的提出，需要我们在看待考古学文化时，有一个从"形"到"质"的理念转变，即在以往"以考古学文化为本位"的文化因素分析基础上，加强"以人为本位"的特质文化因素分析。如，以往把西周文化遗存的因素构成，视为"周文化因素""殷墟文化因素""土著文化因素"，是以考古学文化特征来划分的因素，但这些因素并不能代表姬姓周人、殷遗民和土著人群。笔者看待西周文化遗存时，依据族群代码或特质因素，可将西周文化遗存分为"周系遗存""商系遗存"等。

概念的解释往往不易表述，加上我们对特质因素的认识还处在探索阶段，还很不成熟，故试举两点新认识，进一步阐释特质因素的含义。

认识一，随葬品陶器组合也是一种文化因素，特定的陶器组合可作为一种特质因素。

与随葬品形制一样，随葬品组合也可视为一种文化因素。西周墓葬中，随葬陶器组合往往和墓主人族群身份相关。有时是陶器形制完全相同，但器类组合不同，不同的陶器组合可能就代表不同的人群。如郑州娘娘寨遗

---

① 雷兴山、王洋、种建荣:《西周殷遗民族属判断标准简论》，《考古学研究》（十三），科学出版社，2022年。

址，城内殷遗民墓葬与城外周系族群墓葬都随葬商式鬲，从陶器形制上看都属商文化因素，但两族群墓葬的陶器组合有别，城内殷遗民墓葬的陶器组合中含盆、豆，而城外周系族群墓葬的陶器组合普遍为单鬲，这种组合差异正是商周两系族群的差别，是两个族群的不同特质因素[①]。

有时是陶器形制不同，但陶器组合及其所代表的器用制度一致，其特质文化因素是相同的。如浚县辛村M1卫侯墓随葬陶器为一件大袋足无实足根鬲，这种鬲为殷墟四期商式鬲的延续，形制上属典型的商文化因素。但该墓陶器组合为单鬲，这是周系族群的族属特征，也与卫侯姬姓周人的身份一致。再如叶家山曾侯墓M111、M28随葬的陶鬲为红陶、大口、柱足的联裆鬲[②]，与关中地区同时期的联裆鬲形制差异明显，但陶器组合为单鬲，是典型的周系陶器组合。随着西周分封，周系族群在不同地区出现了入乡随俗的陶鬲形制之变，但大多较为严格地延续着西土传统的陶器组合[③]。所以，在这类遗存中，陶器组合就是与族群相对应的特质文化因素。

认识二，"遗迹组合"也是一种文化因素，特定的"遗迹组合"可作为一种特质因素。

笔者所谓的"遗迹组合"，是指几类不同属性遗迹间的时空共存关系。这些遗迹在一定时间段内，空间位置靠近，单位属性相关，分布形态稳定常见，属于同一特定人群。我们初步研究发现，在特定条件下，特定形态的遗迹组合可与特定人群相对应，属于特质文化因素。可举两例简要说明。

（1）"居葬合一"的居葬形态。居葬合一指的是在聚落中，居址与

---

① 张家强、王源、雷兴山：《论郑州娘娘寨遗址墓葬特征与族属》，《中原文物》2019年第6期。
② 叶家山曾国墓地M28中出土2件陶豆。M28被认为是一代姬姓曾侯之墓，按我们的观点，此墓不应该随葬陶豆。笔者查看相关报道并蒙整理人告知，陶豆出于墓葬填土之中，该墓有盗洞。更为重要的是，这2件豆的形制，同于该地区东周时期同类器，故初步认为M28这2件陶豆应是盗洞中的晚期遗物。
③ 王洋：《论西周的商、周两系陶器组合》，《三代考古》第九辑，科学出版社，2021年。

墓葬遗存共处一地，间杂分布，甚至有叠压打破关系，无单纯居址与单纯墓地之分。两类遗存时间上处于同一阶段，所属为同一人群。过去一般认为商周时期的墓地应与居址相分离，以至于在发现这种居址与墓葬叠压打破的现象时，往往认为墓葬、居址不同时，不属于同一人群，有可能是"换土易居"的结果。

事实上，居葬合一是商人聚落的典型形态，近年来殷墟小屯、孝民屯、大司空、辛店等地点的发掘中，都注意到了居址与墓葬同地分布的关系，已多次提及居葬合一的概念。这种形态在西周殷遗民聚居地中仍普遍流行，如周原遗址齐家、李家、云塘等手工业作坊中[1]。然而就目前的资料看，西周时期周系族群的居址与墓地普遍不相混杂，呈现出"居葬分离"的形态。如曲阜鲁国故城的商系族群与周系族群，就使用着不同的两种居葬形态[2]。因此，"居葬合一"这种遗迹组合形态，就可视为商周文化中商系族群的特质因素。

（2）与遗迹组合类同，可作为特质因素的还有"墓位形态"。墓位形态是指墓葬排列分布的形式，尤其是在墓地中规律性存在的形态。墓位形态在某种意义上也是一种遗迹组合。以往研究表明，商周墓地中确实存在一些规律性排列的墓位形态，如夫妻并穴合葬的墓位形态早已为学界认可。

张长寿先生曾指出张家坡墓地有"两墓一组，排成丁字形"的现象，

---

[1] 雷兴山：《论周原遗址西周时期手工业者的居与葬——兼谈特殊器物在聚落结构研究中的作用》，《华夏考古》2009年第4期；雷兴山、种建荣：《周原遗址商周时期聚落新识》，《大宗维翰：周原青铜器特展》，文物出版社，2014年；蔡宁、种建荣、雷兴山：《周原齐家制玦作坊居葬关系与社会结构再探》，《考古与文物》2022年第2期；蔡宁、种建荣、雷兴山：《陕西周原云塘制骨作坊"居葬合一"论》，《四川文物》2022年第2期。

[2] 蔡宁、雷兴山：《论曲阜鲁故城两种居葬形态》，《保护与传承视野下的鲁文化学术研讨会论文集》，上海古籍出版社，2018年。

称其为"两墓一组的家族墓"①。构成丁字形墓位的两座墓一般形制相同、规模相若、年代近同。笔者认为这种墓位形态是商系族群的特质文化因素，且主要为较低等级的商系族群使用②。这种墓位形态在殷墟商墓中已常见使用，如殷墟西区、花园庄东地等。至西周时期，在丰镐、周原等遗址的殷遗民墓地中多有发现，如1956—1957年张家坡第一地点，1967年张家坡西区、周原姚家、齐家北等墓地。有时一组两墓附近为明显空白地带，其墓位排列显然是有意为之，而非墓地中不同墓向墓葬的混杂。与此形成鲜明对比的是，在先周至西周时期的周系族群墓地中，基本不见这种形态，如长武碾子坡、岐山周公庙、孔头沟、扶风北吕、崇信于家湾等墓地。

类似上述的特质因素，应该还有很多，需要我们进一步深入研究判断。现在的问题是，该如何寻找特质文化因素呢？还有以往"以考古学文化为本位"划分的文化因素，该如何与特定的人群相对应（或如何从这些因素中辨识出特质因素呢）？笔者想到的方法之一，是进行文化因素的考古背景分析。

三、文化因素的考古背景分析

考古背景本身就是考古遗存的重要信息之一，抛弃背景去认识考古遗存必然是不全面的。将遗存置于其考古背景之下考察更能深刻、全面地把握其性质。考古背景并不具有固定的范畴，凡是与研究对象有关但又不是研究对象本身特征的信息，均属于该研究对象的考古背景。李伯谦先生曾

---

① 中国社会科学院考古研究所沣西发掘队：《1967年长安张家坡西周墓葬的发掘》，《考古学报》1980年第4期。
② 王洋：《西周墓地结构研究》，中山大学博士学位论文，2018年，第38~46页。

指出:"考古背景,并非固定的概念,而是涉及的范围要宽泛得多,在一定范围内它可以说是考古背景,但换一个场合,它可能就成了需要研究的问题的本身。"[1]

笔者在《先周文化探索》中提出过要加强考古背景研究,认为考古背景"包括区域聚落形态、单个聚落的聚落结构与聚落性质、聚落内各功能区的特征与性质、单个堆积单位的属性等"[2]。李伯谦先生认为"考古学文化族属的研究,当然和被视为考古背景的聚落形态、聚落结构、聚落性质等研究有密切关系,这几个方面研究清楚了,肯定有助于族属问题的解决"[3]。

基于上述理念,本文认为,加强文化因素的背景研究,有助于将文化因素与人群对应,达到寻找特质文化因素的目标。

笔者强调"区位"特征是一种考古背景。区位,是指遗存的位置及其与其他遗存的位置关系,也就是各种分区,如墓地分区、居址分区、聚落分区等。有时分区具有多个层级。墓地分区可细到墓区之下,由几座墓葬组成的"墓位形态";居址分区可细到由几个不同类型遗迹组成的"遗迹组合"。

换言之,将文化因素置于区位中考察其区位特征,是辨析出特质文化因素的有效途径。试举几例进一步阐释如下:

(1)即使在同一个地区,不同聚落的文化因素也有别。在周原地区,周原遗址西周聚落中见有大量商文化因素,如居址遗存中常见的商式簋、矮直领瓮、罍等陶器[4],墓葬中的腰坑、大量用牲、随葬簋豆等陶器。但

---

[1] 李伯谦:《〈先周文化探索〉读后的若干思考》,《先周文化探索》序,科学出版社,2010年。
[2] 雷兴山:《先周文化探索》,科学出版社,2010年,第33页。
[3] 李伯谦:《〈先周文化探索〉读后的若干思考》,《先周文化探索》序,科学出版社,2010年。
[4] 王洋、雷兴山:《论铜罍与陶罍》,《江汉考古》2021年第6期。

周公庙遗址、孔头沟遗址却罕见这些商文化因素。根据聚落性质等判断，上述周原遗址中的商文化因素可作为关中地区西周时期商系族群的族属代码。若不分不同聚落，统一将周原地区西周文化视为一体，就只能分辨出文化因素，而不能与族群对应，甚至会认为这些商文化因素就是周原地区周文化、周系族群的普遍特征。

（2）即使在同一个聚落，不同功能区的文化因素也有别。在三代都邑级大型聚落中，人群构成复杂，有的人群可能聚族而居、聚族而葬，使得聚落或墓地内一个区域的文化面貌与其他区域明显不同。如在夏商之际的郑州商城内外，基本同时存在着四类居址遗存：以洛达庙晚期为代表的遗存、南关外类型、以二里冈 H9 为代表的一类遗存及以化工三厂 H1 为代表的一类遗存[①]。这几类遗存分布区域有别，文化因素差异较大，学界一般认为它们代表着不同的族群。

（3）即使在同一个聚落，不同墓地的文化因素也有别。如周原遗址西周时期的贺家西墓地，为不与同时期居址混杂的单纯墓地，随葬陶器组合为 1 鬲或 1 鬲 1 罐，无腰坑。但李家铸铜作坊、齐家北制玦作坊、云塘制骨作坊的墓葬，为居葬合一，陶器组合为鬲、簋、豆、罐等，常见腰坑。现已知贺家西墓地的族属为周系族群，而李家等墓地的族属为商系族群，上述文化因素应为族属代码。

（4）即使在同一个墓地，不同墓区的文化因素也有别。西周墓地中，普遍存在不同族系特征的墓葬各自相对集中、彼此分区而葬的现象。如周原遗址黄堆墓地、姚家墓地、1967 年丰镐遗址张家坡西区墓地、华县东阳墓地、凤翔孙家南头墓地、临汾曲村墓地、北京琉璃河墓地等，都包含了

---

① 宋豫秦：《论杞县与郑州新发现的先商文化》，《中国商文化国际学术讨论会论文集》，中国大百科全书出版社，1998 年；王立新：《早商文化研究》，高等教育出版社，1998 年，第 200～211 页。

周系族群与商系族群等不同族群的墓葬，这些墓葬共处同一墓地，但各自分区埋葬，不同墓区的特质文化因素截然有别[①]。

（5）即使在同一座墓葬，随葬品的文化因素也有区位之别。如宝鸡竹园沟墓地 M13 为𢎛伯与殉妾的合葬墓，其中𢎛伯的外棺棺盖上与头端棺椁之间放置有铜戈、钺、盾牌等兵器，而殉妾头部棺椁之间的随葬品中却不见兵器[②]。兵器放在特定位置，可作为墓主的性别代码。可见同一座墓葬中随葬品的陈器位置与陈器方式，也可用于判定特质因素。

基于上述认识，于此顺便强调两点：

其一，文化因素或文化特征的统计，应在分区基础上加强区位特征统计。以往有些研究对文化特征或文化因素的数量统计，只按地区不按聚落，只按聚落不按墓地，只按墓地不按墓区，这类统计极有可能会造成不同族系（或其他人群身份）特征的混淆。

其二，以往的文化因素分析，多强调在分期的基础上按期别进行文化因素的数量统计，很少按区位（分区）进行统计。上举各例表明，若仅按照分期进行文化因素分析，就会将不同区位的文化因素混为一谈。这既不利于考古学文化性质的判断，更不利于判断特质因素、判断考古遗存对应的特定人群。故建议，以后在文化因素分析时，一定要进行文化因素的区位特征分析，甚至可言，应在分区的基础上再按分期进行统计。

---

① 王洋：《西周墓地结构研究》，中山大学博士学位论文，2018 年，第 50～82 页；雷兴山、蔡宁：《周原遗址黄堆墓地分析》，《古代文明》第 12 卷，上海古籍出版社，2018 年；种建荣：《周原遗址姚家墓地结构分析》，《华夏考古》2018 年第 5 期；王洋：《华县东阳西周墓地结构研究》，《中国国家博物馆馆刊》2021 年第 2 期。
② 卢连成、胡智生：《宝鸡𢎛国墓地》，文物出版社，1988 年，第 47 页。

中国史前文明起源"两种模式论"与中原文明化进程探索

——以河南地区为中心的考察

首都师范大学历史学院　袁广阔

1996年，李伯谦先生出任国家"九五"重点科技攻关项目"夏商周断代工程"首席科学家、专家组副组长，主要负责考古领域。2001年，李伯谦先生又担任国家"十五"重点科技攻关项目"中华文明探源工程预研究"主持人，将视野转移到中国古代文明起源的探索上来。这两次工程对考古学界意义重大，而我也有幸参与其中，"夏商周断代工程"期间参加了"商前期年代学的研究"，"中华文明探源工程预研究"期间参加了"河南早期刻画符号研究"。项目进展期间及以后，我对李伯谦先生的治学理念有了深刻认识，尤其是其关于中国文明起源的"两种模式论"，对我的研究产生了启发与长远影响。

一

1984年，我从武汉大学历史系考古专业毕业后，供职于河南省文物考古研究所，主要从事河南地区的考古发掘与研究工作。当时正值改革开放的春天，河南迎来了铁路、高速公路等基本建设的高峰。我最先参加汝州北刘庄、煤山、洪山庙等遗址的发掘，随后为配合焦枝铁路复线工程，又先后主持了邓州穰东，南阳叶胡桥，伊川南寨、北寨、白土疙瘩，济源庙街等遗址的发掘。其间，我对南阳、汝州、洛阳、焦作等地区的古文化遗址进行了系统考古调查和研究。1992—1995年，我在辉县主持孟庄遗址的考古发掘，发现了龙山、二里头、商代晚期三座城址。尤其是孟庄城址，成为河南当时发现的面积最大的龙山时代城址。此后，我对河南地区的新石器时代文化产生了浓厚兴趣并进行了深入思考。

综合梳理分析我的发掘收获和当时已经发表的河南新石器遗址的资料，我认为中原尤其是河南地区自旧石器时代以来就是人类的宜居之地，新石器时代更是成为区际交流中心，并推动了周边文化的演进与发展。

距今9000—7000年，河南地区发现大量裴李岗文化遗址，经过发掘的有登封双庙沟、王城岗，新郑裴李岗、沙窝李、唐户，新密莪沟北岗、马良沟，舞阳贾湖，汝州中山寨，郏县水泉，巩义铁生沟、瓦窑嘴，辉县孟庄，长葛石固，渑池班村，等等[1]。这些遗址的考古资料显示，当时的聚落已经有了明显规划与合理布局，绝大多数遗址都有居住或墓葬区，居住区有陶窑、窖穴、广场等与定居相关的经济、生活设施，墓葬区有墓地、墓区、墓群、墓组等的区别，这就表明，裴李岗文化先民已过上了定居生活。

这一时期的房屋大多是圆形、椭圆形的半地穴式建筑，也有一些地面建筑和干栏式建筑。唐户、贾湖等遗址的房屋朝向表明聚落布局是向心凝聚式。墓地一般单独成区，与生活区分离，以示生死有别，墓葬多为长方形土坑竖穴，墓向以西和西南为多，多数墓葬有随葬品，部分有壁龛。水泉、

---

[1] 李友谋：《裴李岗文化》，文物出版社，2003年。

裴李岗等墓地的墓葬排列井然有序，显示出统一、周密的规划。陶窑发现较少，但有规律可循，早期多与居住区混杂在一起，晚期逐渐形成独立的制陶作坊区。各遗址出土的生产、生活工具显示，裴李岗文化先民拥有成熟的农业经济。但据植物、动物考古的相关研究成果，裴李岗文化时期虽然实现了对粟、黍、稻等农作物和猪、狗等家畜的驯化[1]，但仍以采集、渔猎活动来维持食物的不间断供给。

距今7000—5000年，河南地区发现的仰韶文化遗址较裴李岗文化时期数量更多，分布范围也更为广大，经过发掘的有陕县庙底沟、三里桥，渑池仰韶村，安阳后冈，濮阳西水坡，郑州大河村、西山，荥阳青台、点军台，巩义双槐树，禹州谷水河，汝州大张、阎村、中山寨、洪山庙，洛阳王湾，淅川下王岗、邓州八里岗，等等[2]。这些遗址一般都在河流沿岸的二、三级台地上，成片或成串分布。绝大多数遗址内都发现有环壕、房屋、墓葬、窖穴、陶窑等遗迹，还有一些遗址如西山、青台、汪沟、双槐树等发现了多重环壕、城址、中心居址、夯土祭坛等。聚落布局清晰，结构复杂，规模庞大，已经进入苏秉琦先生所说的古国时代。

这一时期的城址发现1座，即西山城址，平面呈不规则圆形，城墙采用方块版筑法建造。环壕以双槐树、尚岗杨等遗址的多重环壕最具代表性。一般内壕较为规则，覆盖遗址中心区，中壕或外壕围绕内壕，或与之平行，或依地势包围整个遗址。房屋以大河村遗址的木骨整塑建筑最具代表性。房屋先挖基槽，然后垫土夯打，继而火烤，接着在墙体内布满木柱等，最后烧烤成一个整体。窖穴多为圆形，弧壁，袋状，平底。墓葬主要为长方

---

[1] 吴文婉：《中国北方地区裴李岗时代生业经济研究》，山东大学博士学位论文，2014年，第165~196页。

[2] 杨育彬、袁广阔：《20世纪河南考古发现与研究》，中州古籍出版社，1997年，第139~204页。

形土坑竖穴墓和瓮棺葬，基本不见随葬品。各遗址出土的文化遗物以陶器为主，类别多样，涵盖炊器、酒器、盛储器和饮食器等，功能逐渐稳定化。石、骨、蚌器也有发现，为当时用于耕作、采集或渔猎的工具。根据袁靖等学者的研究，河南地区仰韶时期生业经济的特征是以农业和畜牧业为主，采集、渔猎经济已退居次要地位[1]。制陶、制石、制骨、纺织技术已经颇为成熟，甚至还出现了酿酒业[2]。

距今5000—4000年，河南地区发现了大量城址，如辉县孟庄，安阳柴库，濮阳戚城、高城，温县徐堡，博爱西金城，登封王城岗，新密古城寨、新砦，淮阳平粮台，郾城郝家台，平顶山蒲城店等，各城址周围均有中小型聚落环绕，聚落之间的主从关系极为明显，表明当时已经进入文献记载的城邦时代。以河济地区为例，该区发现的辉县孟庄、温县徐堡、博爱西金城、安阳柴库、濮阳戚城等龙山城址和安阳后冈、汤阴白营、滑县三义寨、新乡李大召、濮阳马庄、菏泽安邱堌堆、永城王油坊等龙山遗址，显示这里存在一个庞大的聚落遗址群，无论是从聚落的数量、大小方面还是从聚落内部文化遗存的多寡方面，这个聚落群都至少可以分为三个层次，是社会复杂化的重要表现。

这一时期，河南地区的考古学文化主要有两支：一支是嵩山以北的后冈二期文化，另一支是嵩山以南的煤山文化。从考古发现的遗迹、遗物来看，此时的文化在两个区域都得到明显发展。在煤山文化区域聚落面积有了显著增长，如禹州瓦店约40万平方米、新密新砦70万平方米。文化堆积普遍深厚，如汝州煤山文化层约4~5米、郾城郝家台3~5米。各遗址内除发现房屋外，还发现窖穴、水井、排水沟、陶窑等，尤其是水井的

---

[1] 袁靖：《中国新石器时代至青铜时代生业研究》，复旦大学出版社，2019年，第74~118页。
[2] 刘莉：《仰韶文化与酒》，文物出版社，2021年。

使用，大大拓展了人类的活动空间。生业形态仍以农业和畜牧业为主，农作物新增小麦、大豆，家畜新增黄牛、绵羊，多种农作物种植和家畜饲养模式逐渐形成[①]。出土遗物有了金属工具的发现，如郑州牛寨的铜块、登封王城岗的残铜器、汝州煤山的熔铜坩埚等，表明人们已经掌握了冶铜技术，人类社会过渡到铜石并用的金属时代。

二

以上是中原地区新石器时代的文化发展与社会演进态势。中原之外，还有三个较为突出的文化高地，分别是长江中下游地区、海岱地区、辽西地区。

长江中游地区新石器时代文化的发展序列是：彭头山文化→皂市下层文化→城背溪文化→大溪文化→屈家岭文化→石家河文化。彭头山、皂市下层、城背溪文化时期，该区域主要经营原始稻作农业生产，还有狩猎、捕鱼等活动，社会尚处于较为平等的阶段。大溪文化时期，城址开始出现，另有房屋、墓葬、制陶作坊区、古稻田等遗迹或功能区的发现。从墓葬出土随葬品的数量来看，早期阶段差别不大，晚期阶段则多寡不一，可能已经出现了贫富分化迹象。这种情况在屈家岭、石家河文化时期表现得更为明显。

屈家岭、石家河文化的联系极为紧密，尤其是城址的延续性较强，许多学者将其视为同一文化的两个阶段，称为屈家岭—石家河文化[②]。该文化

---

① 白倩：《河南地区新石器时代生业方式初探》，《南方文物》2020年第1期。
② 张弛：《屈家岭—石家河文化的聚落与社会》，《考古学研究》（十），科学出版社，2012年，第324~351页。

发现大量规模宏大的城址，如天门石家河城址面积 120 万平方米，其他有澧县城头山、鸡叫城，江陵阴湘城，石首走马岭城，荆门马家垸，公安鸡鸣城，应城门板湾、陶家湖等。墓葬表现出了明显的贫富差别，大墓不仅墓穴宽大，随葬品也极多，包括一些制作精致带有仪礼作用的玉器，小墓则墓圹狭窄，罕见或不见随葬品。这些发现反映了屈家岭—石家河文化时期聚落形态和社会结构的复杂化，昭示着该区域已经进入初级文明社会，或者直接说是古国阶段。

长江下游以良渚文化为代表的江浙地区，大型城址、大型墓葬、大型水利设施和祭坛遗迹的发现同样表明这里的社会高度发达，可能出现了雏形国家[1]。

海岱地区新石器时代文化的发展序列是：后李文化→北辛文化→大汶口文化→龙山文化。后李文化的生产力水平较为低下，房屋较少，但面积较大，墓葬均为无随葬品或很少随葬品的单人土坑竖穴墓，表明当时的人们过着群居式的原始共产主义生活。北辛文化时期，社会生活有了长足发展，农业、家畜饲养、手工业都较后李文化进步。从房屋形态来看，此期出现了以个体家庭为单位的社会组织，处于由母系氏族社会向父系氏族社会演变的阶段。

大汶口文化时期，该区在北辛文化的基础上，快速向文明社会发展，包括农业、畜牧业、采集业和纺织、编织、制陶、制骨、制石、制玉等手工业都有了明显成就，尤其是玉器制作水平极高。墓葬资料较多，如泰安大汶口、章丘焦家等遗址发现的墓地中，不乏大型墓葬，无论从墓葬形制、规模还是随葬品数量、种类等内容来看，这些墓葬和同一墓地的其他墓葬相比，都明显属于规格、等级最高的一类。从综合聚落、墓葬、文化遗物

---

[1] 戴向明：《中国史前社会的阶段性变化及早期国家的形成》，《考古学报》2020 年第 3 期。

等信息可知，至迟到大汶口文化晚期，该区已临近或进入初级文明社会门槛。到了龙山文化时期，涌现出大量城址，如章丘城子崖、邹城丁公、寿光边线王、阳谷景阳冈、茌平教场铺、日照两城镇等，此外还有文字、铜器、礼器、高等级墓葬等的发现，显示出此时的社会发展阶段较高，在部分区域可能建立了强大的方国。

辽西地区新石器时代文化的发展序列是：兴隆洼文化→红山文化→小河沿文化。兴隆洼文化的聚落选址一般位于靠近河川或溪流的高岗上，聚落面积普遍较大，房址均组成若干排列。经济生活以狩猎为主，农业可能有了初步发展。琢玉工艺突出，这在北方地区无疑是最早的。兴隆洼文化之后，该地区以红山文化的发展水平最高。红山文化主要经营农业、畜牧业、渔猎、采集等经济活动，手工业出现专业化与社会分工，社会分化与等级制度确立。制玉技术进一步发展，较兴隆洼文化的玉器更加精致，有一些富有权力象征意义。发现较多祭祀功能的聚落区，如牛河梁第二地点以祭坛为中心的大型积石冢群。约至红山文化晚期，辽西地区进入初级文明社会，红山文明最终形成[①]。

从绝对年代上看，长江中下游、海岱、辽西地区进入初级文明社会的时间均在公元前3000年前后，大体处于中原地区的仰韶文化中晚期。这一时期，中原地区缺乏大型城址、大型墓葬等遗迹，反而盛行小型城址、墓葬和更多与农业生产相关的遗迹。这种近乎截然相反的情况引起了我的思考，为何历经千余年文化发展的沉淀，长江中下游、海岱、辽西地区出现了明显的文明化迹象，中原地区发现的彰显文明特质的遗迹反而少见或不见呢？

---

① 刘国祥：《红山文化研究》，科学出版社，2015年。

三

2009年，李伯谦先生在《文物》上发表《中国古代文明演进的两种模式——红山、良渚、仰韶大墓随葬玉器观察随想》，提出中国古代文明演进的"两种模式论"[①]。李先生分析后指出："在中国古代文明演进历程中，距今5500年至4500年这个阶段，无论是北方的红山文化、东南的良渚文化还是中原的仰韶文化，都已发展到苏秉琦先生所说的'古国'阶段，但它们所走的道路、表现的形式并不相同。如果说它们都是苏秉琦先生所说的'古国'，则红山文化古国是以神权为主的神权国家，良渚文化古国是神权、军权、王权相结合的以神权为主的神权国家，仰韶文化古国是军权、王权相结合的王权国家。"红山、良渚文化走的是"原始宗教信仰至上的神权模式"，仰韶文化庙底沟类型走的是"军权、王权相结合的王权模式"。"神权模式"重视宗教祭祀，投入大量精力建祭祀建筑，随葬精美玉器，但却忽视了农事活动和社会经济的可持续发展。"王权模式"的宗教祭祀氛围不够浓厚，且限于祖先，极为重视农业生产，崇尚军权和王权。

仔细阅读李伯谦先生的文章后，我豁然开朗，认识到中原地区虽然步入初级文明社会，但却缺乏大型城址、墓葬等遗迹的原因。正如李先生所说，从历史进程看，"古代历史上出现的王权国家，因能自觉不自觉地把握社会可持续发展的方向，避免社会财富无谓的浪费，因而要高于神权国家，要优于神权国家。仰韶文化从进入分层社会开始，社会上层即选择了在军权、王权结合基础上突显王权、发展王权的道路，并为后继者所传承，这应该是由仰韶'古国'创造的文明模式得以永续发展、数千年绵延不断

[①] 李伯谦：《中国古代文明演进的两种模式——红山、良渚、仰韶大墓随葬玉器观察随想》，《文物》2009年第3期。

的根本原因"。仰韶文化的先民们利用黄土肥力和适宜环境，倾力于民生，并注重军事实力整体提升，从而为后来的夏、商、周三代文明乃至整个中华文明奠定了"轻宗教而重民生"的制度和经济基础。

中原仰韶晚期至龙山时期的考古发现显示，部族成员普遍实行薄葬，少有大型礼仪建筑，表明这一部族的传统是崇尚节俭的，该集团的统治者们应当是推行了一条符合当时社会发展要求的务实路线。这样来看，李伯谦先生提出的"两种模式论"是依照中国史前文明诞生时的考古发掘实际和对比研究成果而归纳出来的富有中国特色的史前文明诞生理论。我也由此意识到，中原地区的仰韶文化开始显现出文明化进程的特质，具体反映在以下四个方面：

第一，大型中心聚落和城址的出现。仰韶文化早中期，中原地区发现的聚落数量尽管不少，但层次结构并不明显，也未出现大型中心聚落，社会和贫富分化尚未出现。到了仰韶文化中期末段至晚期，情况发生了剧烈变化。以郑洛地区为例，这一时期聚落数量激增，仰韶早期增加了数倍[①]。聚落规模开始呈现明显等级化差异，如洛汭地带形成了以巩义双槐树为中心的聚落，以里沟、坞罗西坡等为普通聚落的聚落群。聚落布局和结构逐渐复杂，政治、军事功能凸显，如郑州尚岗杨，荥阳汪沟、青台遗址均发现多重环壕，郑州西山则诞生了黄河中游地区最早的城址，其外围同样有壕沟环绕。

第二，大型礼仪建筑的出现。仰韶文化早期，中原地区主要发现面积较小或适中的半地穴式房屋建筑，多是用于居住的场所。仰韶文化中晚期，一些大型或超大型的建筑纷纷出现，其已不是简单居所，而应为当时社会中具有较高等级的人物聚集决议或举行重大活动的礼仪空间。如灵宝西坡

---

① 赵春青：《郑洛地区新石器时代聚落的演变》，北京大学出版社，2001年，第86~139页。

遗址发现特大型礼仪性建筑基址F105，整体占地面积达516平方米。

第三，高等级墓葬的出现。近年来，河南伊川、孟津、灵宝等地陆续发现一批仰韶文化中晚期的墓葬，等级化差别明显。灵宝西坡遗址仰韶文化中期墓地共发现34座墓葬，从墓葬规模、结构和随葬品来看，至少可分为三个等级。伊川伊阙城仰韶文化晚期墓地发现墓葬5座，规模较大，均带有二层台，有棺有椁，部分似有漆痕。孟津妯娌遗址墓地清理墓葬56座，这些墓葬排列规整，其中一座大型墓长5.15米，宽4.05米，底部有生土二层台，内置单椁，椁用圆木铺盖，椁内葬一青年男性，死者手臂上套有象牙箍。

第四，礼器的发现。仰韶文化中晚期，中原地区的墓葬中开始出现陶礼器和玉礼器。西坡墓地玉礼器发现钺，陶礼器已形成包括大口缸、釜灶、钵（碗）、簋形器（筒形器）、壶等炊器、食器、盛器、水器等较为固定的组合方式，其中大口缸的有无、簋形器（筒形器）数量的多少又成为划分墓葬等级的重要标准。伊阙城墓地发现与墓葬规格相符的石钺、玉佩饰、玉璜等。妯娌墓地发现象牙箍，居住区发现石璧、铙形器等。这些遗址墓地或居住区出土的礼器虽然不是很多，但已充分体现出明显的礼制规范与等级差异。

综合以上四个方面我们可以说，仰韶晚期的中原已出现了较为明显的文明化迹象，社会等级分化也十分突出，已发展到苏秉琦先生所说的"古国"阶段。只不过，中原向文明化演变的模式与长江流域和辽西地区不同。概括而言，中原王权国家以"祖先崇拜"为手段，注重血缘关系的架构；以礼乐文明为核心，突出社会秩序的稳定，显示出尊贵轻富、尚朴重礼的特点。

四

　　李伯谦先生的"两种模式论",较为清晰地解读了中原古国时代考古文化现象中与周边同时期文化有差异的原因,以及不同地区、不同族群的文化传播与演进模式、文化互动与融合关系,也是李先生为中华文明起源研究做出的理论贡献。此外,先生在考古学文化因素分析、田野考古方法以及中国考古学学科建设等方面都做出了突出贡献。

　　李先生治学民主、严谨,从来都以博大的胸襟对待不同的学术观点和学界争鸣。多年的学术和生活交流,使我对先生的敬重、感激之情越发浓厚,特别是在学术研究方面,先生不求别人与他自己观点一致,坚持实事求是、客观科学。我的论文《先商文化新探》中提出先商洛达庙类型是二里岗文化的直接来源,打破人们对二里岗文化直接来源于"南关外类型"的认识。当我怀着惴惴不安的心情,等待学术界的认可时,没有料到夏商考古的泰斗级专家李伯谦先生第一个对该观点给予明确认同,他在《古代文明研究通讯》上发表有关商文化的论述中明确指出这一认识与新的考古资料相符;随后又在北京大学做《考古学对中国上古史建设的重大贡献》演讲时指出:"洛达庙类型过去都认为属于二里头文化,郑州市文物考古所在郑州市区西边的洼刘发掘出典型的二里头文化遗址之后,河南省考古所的袁广阔锐敏地觉察到,洛达庙类型和洼刘的二里头文化有较明显区别,他怀疑洛达庙类型很可能是商文化推进至此后和二里头文化融合的产物,其主体应是商文化。这是有道理的。"(李伯谦:《北大演讲第四辑》)先生的支持是对我学术研究的鼓励,对我的学术研究和今后的教书育人工作影响巨大。

述而作论

论战国秦陵对秦始皇陵的影响

西北大学文化遗产学院　梁　云

西北大学文化遗产学院　段旭颖

被誉为世界奇迹的秦始皇陵位于骊山北麓，陵园由内外两重城垣组成，内城东北部再以墙垣隔出一个小城。封土位于内城南区中央，其下有地宫。在陵园西北部发现有寝殿类建筑群和饲官建筑遗址。陵园内外共发现184座陪葬坑[1]。秦始皇陵园规模庞大，设施复杂，功能完善，是"独立陵园制"全面确立的标志，在中国古代陵墓史上有非常重要的地位[2]。

秦始皇陵园的布局结构、形制特征来源于何处？或者说，其蓝图设计有无借鉴参考的对象？这个问题在学术界长期受到关注。20世纪80年代以来，学者们先后提出按照国都咸阳设计的"若都邑说"[3]和象征宫城的"若

---

[1] 段清波：《秦始皇帝陵园考古研究》，北京大学出版社，2011年。
[2] 赵化成：《从商周"集中公墓制"到秦汉"独立陵园制"的演化轨迹》，《文物》2006年第7期。
[3] 杨宽：《秦始皇陵园布局结构的探讨》，《文博》1984年第3期；袁仲一：《秦始皇陵的考古发现与研究》，陕西人民出版社，2002年。

宫城说"[1]。或认为秦始皇陵园的设计源于雍城秦公陵园[2]，是对秦先公陵园的继承和发展，与东方国家陵寝无关[3]。21世纪以来，陵园发掘者将秦始皇陵的外藏系统自内向外分为四个层次，认为它们是秦代"百官"官署机构在地下的反映[4]。另有学者主张秦始皇陵主要吸收了战国诸王陵的文化要素[5]。

应该说，陵园的象征意义与其形制来源是两个层面的问题，不宜混淆。从"事死如事生"的角度说，陵园部分要素可能象征了都邑或宫室的某些内容，但不能说陵园整体设计直接模仿了当时的都邑或宫城。秦咸阳遗址既没有发现大城，也没发现六国都城那种集合了诸多宫室的小城，不存在所谓的大小城制，与秦始皇陵园没有可比性。位于今咸阳市窑店镇的秦咸阳宫宫城，平面呈横长方形[6]，形制与秦始皇陵园也完全不同。

古代陵墓有其自身的历史发展脉络，秦国陵墓制度经历了以礼县大堡子山秦公墓地为代表的"滥觞期"，以雍城秦公陵园为代表的"发展期"，以咸阳塬、芷阳等战国秦陵为代表的"转型期"，以秦始皇陵为代表的"成熟期"；其中战国秦陵是一个承前启后、不可逾越的阶段。以前战国秦陵的资料发现不足，致使学者们探讨秦始皇陵园形制渊源，或上溯至雍城，或旁与魏、中山联系，有"舍近求远"之嫌。近年考古发现表明，战国秦陵对秦始皇陵有直接的影响，是其形制特征的主要来源。

---

[1] 赵化成：《秦始皇陵园布局结构的再认识》，《远望集——陕西省考古研究所华诞四十周年纪念文集》，陕西人民美术出版社，1998年。
[2] 尚志儒：《秦始皇陵园布局结构渊源浅谈》，《文博》1987年第1期。
[3] 张占民：《秦始皇陵园渊源试探》，《文博》1990年第5期。
[4] 段清波、张颖岚：《秦始皇帝陵的外藏系统》，《考古》2003年第11期。
[5] 赵海洲：《试析秦始皇陵墓葬制的渊源》，《华北水利水电学院学报（社科版）》2011年第6期。
[6] 中国社会科学院考古研究所编著：《中国考古学·秦汉卷》，中国社会科学出版社，2010年，第35~36页。

述而作论

一、战国秦陵的考古发现与认识

秦惠文君十三年（前325年）改元称王，"战国秦陵"指战国时期秦国君称王以后的陵墓，具体指秦惠文王、秦悼武王、秦昭襄王、秦孝文王、秦庄襄王五位秦王及其王后、太后的陵墓。据《史记·秦始皇本纪》后附《秦记》，惠文王葬公陵，悼武王葬永陵，昭襄王和庄襄王葬芷阳，孝文王葬寿陵。（图1）

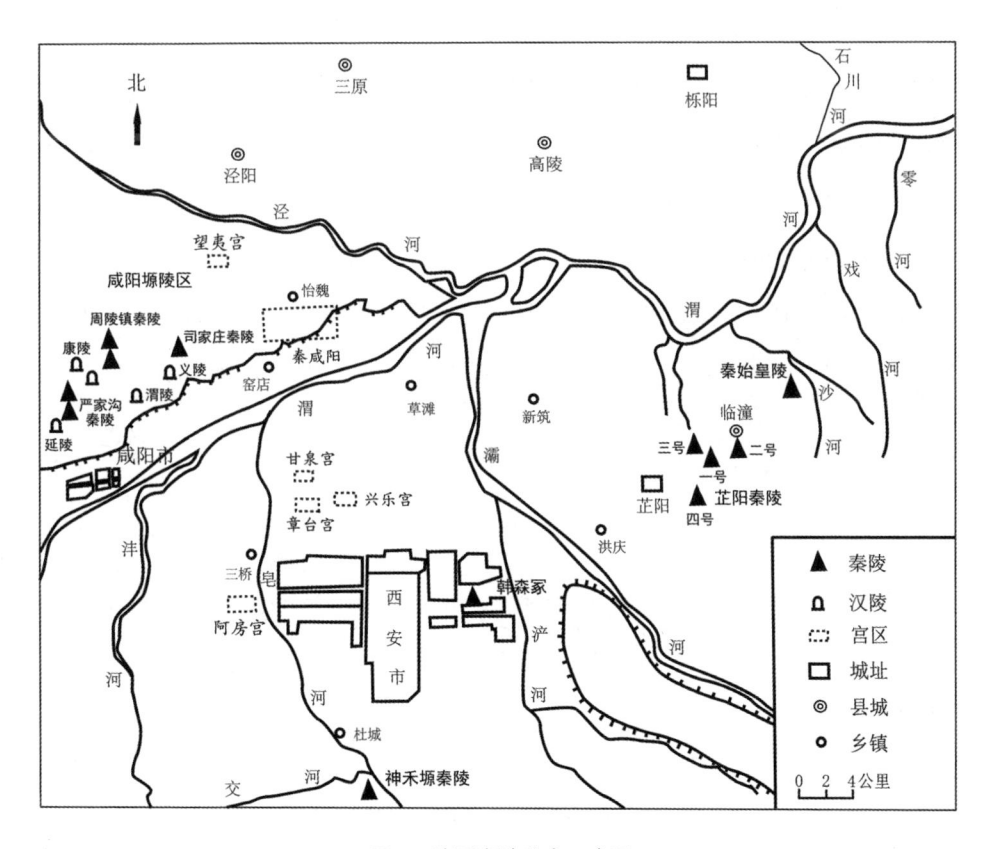

图1 战国秦陵分布示意图

20世纪80年代发现的芷阳陵区位于骊山西麓、灞水右岸，共发现4座陵园，分布在两个毗邻的山前冲积扇上。其中一号陵园居中，内有亚字形主墓2座；二号在其东北，内有中字形大墓1座，甲字形大墓3座；三号在其西北，内有中字形主墓1座；四号在其西南，内有亚字形主墓1座，甲字形大墓2座。各陵园均有数目不等的陪葬坑及地面建筑[①]。2011年对芷阳陵区进行了大范围考古勘探，新发现数量不等的陵园壕沟、陪葬坑、陪葬墓乃至中字形大墓[②]。

　　21世纪以来在汉成帝延陵东侧的严家沟村，周陵镇北的"周王陵"，汉哀帝义陵东北的司家庄村又发现3座战国秦陵园。严家沟秦陵有双重园墙，外园墙外有围沟，内有2座亚字形大墓[③]。周陵镇秦陵亦有双重园墙（图2），内、外园墙外各有围沟，内有2座亚字形大墓[④]。司家庄秦陵的陵园由3道围沟环绕而成[⑤]，在第二道围沟东沟的内侧发现有南北向夯土墙基，应是园墙的遗迹[⑥]；陵园内有亚字形大墓1座、甲字形大墓1座。各陵园均有数目不等的陪葬坑、陪葬墓及地面建筑。

---

① 陕西省考古研究所秦陵工作站：《秦东陵第四号陵园调查钻探简报》，《考古与文物》1993年第3期；陕西省考古研究所、临潼县文管会：《秦东陵第一号陵园勘查记》，《考古与文物》1987年第4期；陕西省考古研究所、临潼县文管会：《秦东陵第二号陵园调查钻探简报》，《考古与文物》1990年第4期。
② 陕西省考古研究院秦汉考古研究室：《2008—2017年陕西秦汉考古综述》，《考古与文物》2018年第5期。
③ 刘卫鹏、岳起等：《咸阳塬上"秦陵"的发现和确认》，《文物》2008年第4期。
④ 陕西省考古研究院等：《咸阳"周王陵"考古调查、勘探简报》，《考古与文物》2011年第1期。
⑤ 焦南峰、孙伟刚、杜林渊：《秦人的十个陵区》，《文物》2014年第6期。
⑥ 发现的夯土墙基宽4.5~6.2米，方向为北偏西9°，在发掘区内有凸折，在发掘区外继续向南、北延伸，北侧还有门道缺口。综合这些现象并结合陵园平面图判断该墙基应是陵园园墙。发掘资料见陕西省考古研究院：《陕西咸阳闫家寨战国秦遗址、墓葬发掘简报》，《考古与文物》2018年第4期。

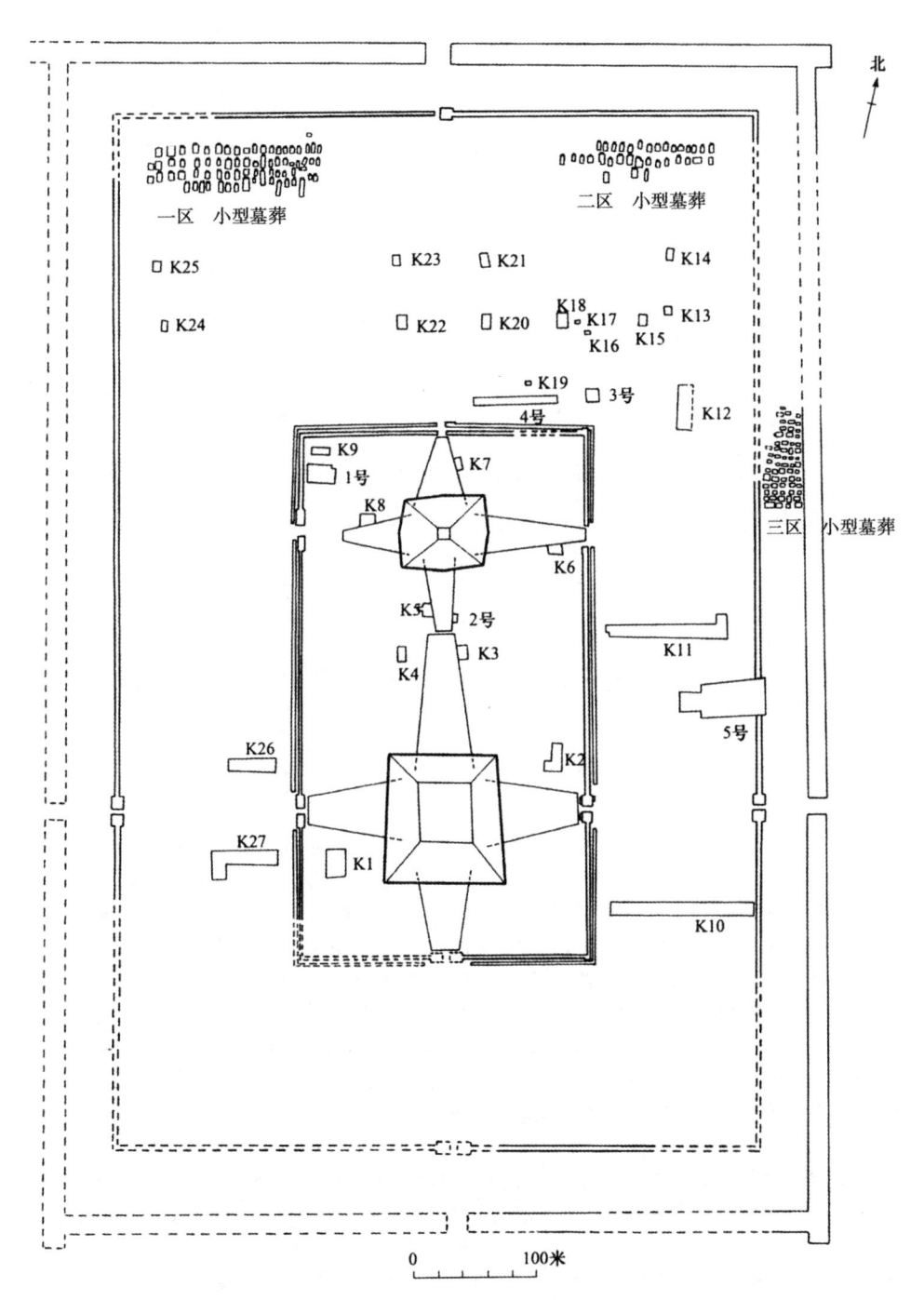

图 2 周陵镇秦陵陵园平面图

近年在西安南郊神禾塬上发掘了1座战国秦陵园,由兆沟、夯土陵墙和1座亚字形大墓构成,陵园内还有13条从葬坑,出土了带"私官"陶文的大型茧形壶,以及刻有"北宫乐府"文字的石磬[1]。学界一般认为其墓主是秦庄襄王生母夏太后[2]。

2011年对西安市东郊韩森寨村西侧的韩森冢进行勘探,发现亚字形大墓1座,陪葬坑2座,未发现陵园。调查者认为它是战国晚期秦王陵级别的墓葬[3]。

芷阳一号陵园南陵(M1)被盗的漆豆上有"八年相邦薛君造"刻铭,秦昭王八年(前299年)薛文为秦国相邦,可知漆豆为昭襄王生前自用器[4],说明南陵墓主应为昭王。那么北陵(M2)的墓主就应是孝文王生母,与秦昭王"合葬"的唐太后[5]。芷阳四号陵园只有1座亚字形大墓,属于没能与先王合葬或会葬的太后陵园,研究者认为属于宣太后[6]。

咸阳塬陵区秦陵的墓主在学界争议较大[7]。其中调查者关于严家沟秦

---

[1] 陕西省考古研究院:《陕西长安神禾塬战国秦陵园遗址田野考古新收获》,《考古与文物》2008年第5期。
[2] 王学理:《神禾塬秦墓墓主考》,《陕西历史博物馆馆刊》2008年第15辑,三秦出版社,2008年;丁岩:《神禾原战国秦陵园主人试探》,《考古与文物》2009年第4期;张天恩:《新出秦文字"北宫乐府"考论》,《周秦文化研究论集》,科学出版社,2009年。
[3] 西安市文物保护考古研究院:《西安东郊"韩森冢"考古调查简报》,《考古与文物》2015年第2期。
[4] 王辉、尹夏清、王宏:《八年相邦薛君、丞相殳漆豆考》,《考古与文物》2011年第2期。
[5] 《史记·秦本纪》:"尊唐八子为唐太后,而合其葬于先王。"
[6] 孙伟刚、杜应文、高海峰:《新发现秦漆器及秦东陵相关问题探讨》,《人类文化遗产保护》(5),西安交通大学出版社,2011年。
[7] 焦南峰、杨武站、曹龙、王东:《咸阳"周王陵"为战国秦陵补证》,《考古与文物》2011年第1期;王学理:《咸阳原秦陵的定位》,《文博》2012年第4期;焦南峰、王东、赵旭阳:《咸阳严家沟陵园时代及墓主考辩》,《庆贺徐光冀先生八十华诞论文集》,科学出版社,2015年;丁岩《咸阳原两座秦陵园主人之蠡测》,《考古与文物》2015年第2期;耿庆刚、曹龙、赵汗青:《咸阳原三座秦陵墓主考》,《考古与文物》2018年第4期。

陵为公陵、周陵镇秦陵为永陵的意见[①]，在文献方面的依据比较充分。唐《括地志》说秦惠文王陵在咸阳县西北14里，《元和郡县志》说汉延陵在咸阳县西北13里，二者与唐咸阳县的距离仅差1里，位置几乎重合[②]。严家沟秦陵位于汉延陵东侧，陵园南部甚至被延陵东司马道破坏，与上述文献中公陵与延陵的位置关系吻合，所以严家沟秦陵应是秦惠文王公陵。《括地志》又说秦悼武王陵是俗称的"周武王陵"[③]，三国时《皇览》说秦武王冢就是俗称的"周文王冢"[④]，而俗称的"周文王冢""周武王陵"即周陵镇秦陵的南北并列两座封土，可见周陵镇秦陵是秦武王永陵。司家庄秦陵在神禾塬秦陵西北的咸阳塬上，符合夏太后遗言"西望吾夫"的地望[⑤]，因此是秦孝文王寿陵。

从考古遗存本身的情况看，严家沟、周陵镇陵园平面相似，均为较窄的纵长方形，表明二者年代接近，它们与司家庄秦陵较宽的纵长方形区别明显；这与公陵、永陵前后仅差4年，它们却与寿陵相差57—61年的情况相吻合。此外，以陵园外围沟或墙垣为准，各处秦王陵陵园面积如下表：

表1 战国秦王陵陵园规模

陵园	墓主	南北长（m）	东西宽（m）	面积（m²）
严家沟秦陵	惠文王	1154.6	630	727398
周陵镇秦陵	悼武王	950	639	607050

---

① 刘卫鹏、岳起等：《咸阳塬上"秦陵"的发现和确认》，《文物》2008年第4期。
② 《史记·秦始皇本纪》引《括地志》云："秦惠文王陵在雍州咸阳西北一十四里。"《元和郡县志》：咸阳县北距汉义陵八里，西北距渭陵七里，距康陵九里，距延陵十三里。
③ 《史记·秦始皇本纪》引《括地志》云："秦悼武王陵在雍州咸阳县西十里，俗名周武王陵，非也。"
④ 《史记集解》引《皇览》曰："秦武王冢在扶风安陵县西北，毕陌中大冢是也。人以为周文王冢，非也。周文王冢在杜中。"
⑤ 《史记·吕不韦列传》："始皇七年，庄襄王母夏太后薨。孝文王后曰华阳太后，与孝文王会葬寿陵。夏太后子庄襄王葬芷阳，故夏太后独别葬杜东，曰'东望吾子，西望吾夫。后百年，旁当有万家邑'。"

(续表)

陵园	墓主	南北长（m）	东西宽（m）	面积（m²）
芷阳一号陵园	昭襄王	1180	695	824230
司家庄秦陵	孝文王	1285	1038	1333830
秦始皇陵	秦始皇	2188	971	2124548

由上表可知，战国秦王陵园基本遵循年代越晚面积越大的规律。这是因为从早到晚，随着秦国国力的增强，秦王陵园规模也在不断地增大，至秦始皇陵达到顶峰。这也说明相关墓主考证无误。目前庄襄王与帝太后的合葬陵园尚未发现，其规模应介于司家庄秦陵与秦始皇陵之间。

韩森寨仅1座亚字形墓，墓圹规模较小，与神禾塬秦陵略约相当。目前除了秦昭王的王后（叶阳后）[①]，文献中葬于芷阳陵区之外的战国秦王及王后、太后陵墓均已发现，因此韩森冢非叶阳后莫属。可能因为与昭王合葬之墓位已经被唐太后（八子）占据，她不得不另择陵地。

战国秦陵具有一些共性特征，如南北向纵长方形陵园，主墓平面为亚字形，陵园内陪葬坑和小型陪葬墓的分布有一定规律等。当然内部还有差异，咸阳塬陵区的3处陵园长轴方向均在北偏西10°左右，大墓东墓道指向东偏北方向，陵园园墙、围沟俱全。芷阳陵区陵园长轴方向在北偏东10°左右，大墓东墓道指向东偏南方向，陵园有围沟而不见园墙。神禾塬秦陵则反映出二者特点相融合的趋势。

---

① 唐太后生前为"唐八子"，可知她身份不是昭王王后。秦昭王的王后为叶阳后，《汉书·张敞传》云："秦王好淫声，叶阳后为不听郑卫之乐。"孟康曰："叶阳，秦昭王后也。"

二、战国秦陵对秦始皇陵的影响

战国秦陵对秦始皇陵的影响表现在以下方面：

1. 南北向纵长方形陵园形状

秦始皇陵园外城南北长2185.9～2188.4米，东西宽971～976米，长宽比约为2.24；内城南北长1355米，东西宽580米，长宽比约为2.34。陵园的平面形状是一个长度在宽度2倍以上、窄长形的南北向纵长方形（图3）。

雍城秦公陵园的平面有不规则梯形、南北向长方形、东西向长方形、四边形等，其中一号、二号、六号、十四号陵园为不规则梯形，三号、四号陵园为近南北向长方形，九号陵园为东西向长方形，十三号陵园结构为平行四边形，可见雍城陵园的平面形状以不规则梯形为主，南北向长方形并不占优。

战国秦陵陵园形状清楚地皆为统一的南北向纵长方形（表1）。以外围沟或墙垣的长宽比为例，严家沟秦陵为1.83，周陵镇秦陵为1.49，司家庄秦陵为1.24，神禾塬秦陵为1.77，芷阳一号陵园为1.69。这些陵园平面均为南北长、东西窄的纵长方形，绝非偶然，而是有意识、有目的设计的结果，充分说明这种形状是当时礼制的专门规定，不得擅自更改。陵园平面采用这种形状，可能是为了满足秦王与王后南北并穴合葬的需要。

这种平面形状已经成为战国秦陵最具代表性的特征，并直接影响到秦始皇陵园。它既不同于以前雍城秦公陵园平面形状多种多样、缺少统一性的情况，也不同于后来西汉帝陵大陵园平面呈东西向横长方形的情况，几乎相当于秦陵的"身份标签"，在中国古代陵墓发展史上有鲜明的特色。

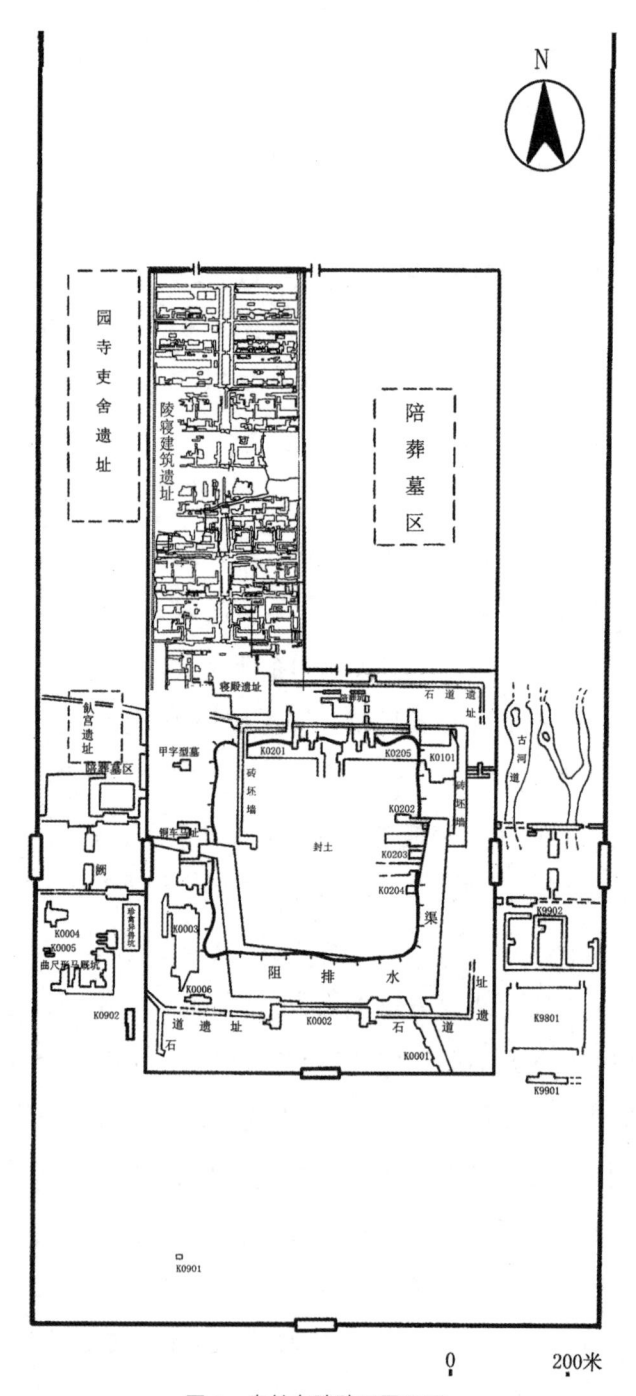

图3 秦始皇陵陵园平面图

2. 回字形双重陵园结构

秦始皇陵园内、外双重园墙构成回字形陵城，直接继承了咸阳塬战国秦陵陵园的特征。周陵镇和严家沟秦陵均有内、外双重陵园墙垣，前者在内、外园墙外均各有围沟，后者仅有外围沟。墙垣是新出现的要素，内陵园将王、后二陵包在里面，不同于雍城陵园单座大墓的"内兆"。回字形陵园是秦国陵墓史上的新形制，出现的原因，可能是秦惠文、悼武两朝时期大幅度吸收东方国家制度文化，重用张仪、魏章等魏人，陵园设计上参考了东方国家尤其是魏国的陵园制度。咸阳塬秦陵的回字形陵园结构与战国中山王墓铜版"兆域图"看起来很相似，但二者之间没有直接渊源关系。中山是白狄鲜虞建立的国家，公元前406年被魏文侯所灭，曾被魏国统治20余年，受魏国影响很深，中山的华化和儒家在中山的流行皆是，中山王墓兆域铜版的陵园制度应袭自魏国。

芷阳秦陵陵园为单重或多重隍壕，不见园墙。芷阳一号陵园有人工开凿的纵长方形单重壕沟，其外可能还有天然壕沟。芷阳四号陵园四周是人工沟和天然沟结合的兆沟。芷阳秦陵选择围沟而非园墙，趋于守旧的原因，可能是昭王即位后重用外戚宗亲，排斥魏人，陵园设计一定程度上回归秦人的旧传统。但是从秦孝文王寿陵（司家庄秦陵）开始，又恢复了咸阳塬秦陵陵园的特点，即墙、沟俱全。此后的夏太后陵也是园墙、壕沟俱全，只是礼减一等而采用了单重陵园的形式。

在陵园的布局上，将帝王陵墓置于内陵园的南部，也就是外陵园中部偏南的位置，这一点秦始皇陵也继承了战国秦陵的规制。战国秦王陵一般采取王、后南北并穴合葬的形式。王、后的陵墓被包在同一个内陵园里，内陵园又在外陵园内居中，这只能使王墓位于外陵园中部偏南的位置。目前发现的战国秦王陵中，除了司家庄秦陵的王墓位于内、外陵园的中心位置[①]，其余王墓均在陵园南部。秦始皇陵虽然不是帝、后并穴合葬——只有帝陵而无后陵，但在帝陵的位置安排上却沿袭了战国秦陵的做法，只是把后者内陵园中后陵占据的空间一分为二：东半部辟成小城，里面安排宫女之类人等陪葬；西半部分设计成寝殿建筑群。

周陵镇秦陵外围墙四面各辟1门，内围墙共有6处门址，其中东、西围墙分设2门，南、北围墙各设1门。秦始皇陵园的门址，外围墙四面各辟1门，内围墙共有6处门址，其中东、西围墙分设1门，南围墙设1门，北围墙设2门，东北小城南墙设1门。秦始皇陵园的门址设计与周陵镇秦陵非常相似（见图2、图3），外城门址的位置及数量与后者完全一样：东、西门均位于王或帝陵东西墓道的延长线上，南、北门均位于王或帝陵南北墓道的延长线上。只是内城门址的数量和位置略有区别，这是因为秦始皇陵有帝陵而无后陵，所以取消了内陵园东、西墙的北门；又因为开辟了东北小城，所以要在小城南墙西段另开一门，使之与内、外城南、北门保持在一条南北轴线上，南北贯通。

3. 覆斗形封土形制

秦始皇陵封土呈覆斗形，或谓之截尖四棱锥形。其底部平面基本为方形，边长345～350米；中腰部有两个缓坡台阶；顶部为长方形平台，东西长24米，南北宽10.4米。从封土北边地面测量封土高35.5米[②]。

咸阳塬上秦陵封土保存完整、形制清楚的皆为覆斗形。严家沟陵园的南陵封土大部分被平掉，仅余2～5米高的平台；北陵封土为覆斗形，底

---

① 司家庄秦陵将王墓安排在陵园中心位置的做法较为特殊，在战国秦王陵中仅见；该陵园似乎完全是以王墓为中心来设计的，并未考虑将来后墓的位置。
② 中国社会科学院考古研究所编著：《中国考古学·秦汉卷》，中国社会科学出版社，2010年，第78～82页。

边长75~88米，顶边长32~34米，高14.8米。周陵镇陵园的南陵封土为覆斗形，底边长90~103米，顶边长41~48米，高14米；北陵封土亦为覆斗形，底边长55~66米，顶边长9.5~10米，高17.5米。司家庄陵园主陵封土被严重破坏，现为不规则形，高约15米；北侧甲字形大墓上部未见封土。

虽然说关中帝王陵墓多经盗掘破坏，并被后世重修[①]，但文献记载的修复主要针对汉陵，未闻对秦陵的修复。调查者认为严家沟陵园的南陵封土毁于汉成帝修建延陵，但它被平掉后，在后世也没有被修复，而是残存至今。这些迹象说明除了被破坏的，咸阳塬上秦陵的封土很大程度上反映了它本来的形制。

覆斗形封土也是秦国陵墓史上的新现象。雍城秦公大墓墓上多有用于祭祀的建筑，未发现封土。《云梦秦简·法律答问》："何为甸人，守孝公、献公冢者殹（也）。"说明秦献公、秦孝公墓为冢墓，地表有封土。但献公、孝公墓至今未发现，其封土形状不得而知。秦公陵、永陵开始采用覆斗形封土，恐怕不是偶然现象。覆斗形封土为秦代、西汉帝陵专用，个别诸侯王墓采用这种封土，可能得自皇帝恩赐[②]。在先秦它也属最高级别葬制，如洛阳西郊周山的东周王室陵墓，其西部"灵王冢"（编号ZSM1），封土为覆斗形，底边长105~110米，高约20米，在封土南侧正中钻出墓道；东部"三王冢"（编号ZSM2、M3、M4），为三冢连为一组，封土亦为覆斗形，南北两侧共发现6条两两相对的长斜坡墓道[③]。《皇览》及《水经注》皆云周山大墓是周灵王和景王、悼王、定（敬）王墓，学者多从之[④]。其年

---

① 焦南峰：《秦、西汉帝王陵封土研究的新认识》，《文物》2012年第12期。
② 中国社会科学院考古研究所编著：《中国考古学·秦汉卷》，中国社会科学出版社，2010年，第358页。
③ 洛阳市第二文物工作队：《洛阳西郊周山东周王陵调查记》，《中原文物》2005年第6期。
④ 李德方：《洛阳周山东周王陵考述》，《三门峡职业技术学院学报》2009年第4期。

代属春秋晚期，早于秦惠文王公陵。惠文君称王后，秦王陵采用东周时周王陵所用的覆斗形封土，是很正常的。

芷阳一号陵园两座大墓的封土堆，"高2～4米，东西长250米，南北宽150米，表面呈鱼脊形"①。封土高度与严家沟陵园的南陵封土残高相当，可能是被后代破坏的结果②。当然也不排除芷阳秦陵回归雍城的旧传统，在墓上不起封土，所谓"鱼脊形"封土堆不过是墓室回填到最后阶段，在地面堆土略高而已。

韩森冢残存封土为不规则形，底边略呈方形，边长73～75.5米，高19米，原封土应为覆斗形。神禾塬秦陵未见封土。芷阳四号陵园的主墓上部亦无封土。王后及太后墓或有封土，或无封土，尚无定制。

从目前保存状况来看，秦始皇陵封土形制与咸阳塬秦陵最接近。战国秦陵墓室平面为方形或近方形，其上覆盖"覆斗状"封土是上下匹配的③。秦始皇陵封土无疑继承了战国秦陵覆斗形封土的形制，并将其规模扩大化。

4. 东西向亚字形墓形

在称王之前，秦是诸侯国，国君称"公"，即"秦公"。相关青铜器铭文证明了这一点，如礼县大堡子山墓地秦公器、宝鸡太公庙秦武公钟镈。相应地，秦国君墓采用诸侯级别的墓形，一直是东西向中字形大墓，带东、西两条墓道，以东墓道为长且为主墓道。

惠文君称王是秦国历史上的大事，代表国家级别的提升，即由诸侯国

---

① 陕西省考古研究所、临潼县文管会：《秦东陵第一号陵园勘查记》，《考古与文物》1987年第4期。
② 《汉书·楚元王传》："及秦惠文、武、昭、（孝文、）严襄五王，皆大作丘陇，多其瘗臧，咸尽发掘暴露，甚足悲也。""严襄"应为"庄襄"之误。如果这条记载属实，那么芷阳秦陵原本和咸阳塬秦陵一样有大型封土，目前所见低缓封土堆是被盗掘破坏的结果。
③ 焦南峰：《秦、西汉帝王陵封土研究的新认识》，《文物》2012年第12期。

跃升为王国。称王的同时一定会提升国君的礼制待遇，包括墓形葬制，势必会采用商周时王级大墓的亚字形墓形。这种墓形在秦国历史上没有先例，但从殷墟西北岗商王陵，到陕西周公庙遗址陵坡墓地，考古发现揭示商、周王室最高级别墓形均为东西墓道短、南北墓道长的南北向亚字形墓，以南墓道最长且为主墓道。

秦人称王后欲改制墓形，当时可供模仿的对象是位于洛阳的东周王室陵墓，如洛阳体育场路 CIM10122，就是这种亚字形墓[①]。秦人在礼制改革之初直接拿来，简单照用，因此公陵（严家沟秦陵）和永陵（周陵镇秦陵）的王陵均为南北向亚字形。前者东、西、南、北 4 条墓道在封土外部分钻探长度分别为 55、55、75、95 米，后者则分别为 63.8、63.4、53.8、97 米。由于封土堆积过厚，墓室范围边界不清，因此这些数据只能反映墓形大概情况，即南北墓道较长、东西墓道较短。周陵镇王陵的南墓道大部分压在现代建筑下，其实际长度应该更长。

但是，南北向墓形与秦墓长期以来东西向传统相矛盾。虽然在惠文、悼武两朝被一时接受，但缺乏历史基础，毕竟难以持久。到秦昭王时期，对它进行创造性改造：加长东墓道使之成为主墓道，相对缩短其他 3 条墓道，从而迎合了秦墓的旧传统——东西向亚字形墓的墓形在历史上是前所未有的。芷阳陵区的 3 座亚字形墓，严家沟、周陵镇的 2 座后陵，神禾塬、韩森冢的主墓，皆为这种墓形。司家庄秦陵主墓的东、南、北三面墓道几乎等长，唯独西墓道较短，可能也是朝向东的。这种墓形后来成为秦代西汉帝陵墓形的定制。

过去认为秦始皇陵地宫（墓室）的四面各有墓道，其中东侧有 5 条墓

---

① 洛阳市文物工作队：《洛阳体育场路东周墓发掘简报》，《文物》2011 年第 5 期。

道^①，但后来工作确定地宫东侧只有 1 条墓道^②。2003 年勘探发现秦始皇陵封土内（下）有九级台阶的夯土墙体台基，其东、西有缺口，对应着地下的东、西墓道，其中东墓道在墙外部分长 66.5 米，宽 13～19 米，而西墓道较短；在墙南、北两侧没有发现类似缺口^③。近年秦始皇陵勘探又有新成果，除了以前的东、西墓道，新发现了帝陵的南、北墓道；在四条墓道中东墓道最长，为主墓道^④。秦始皇陵的墓形依然是东西向亚字形，它直接继承了战国秦陵的传统，是毋庸置疑的。

5. 外藏制度

秦汉外藏制度的前身，是商周时期的车马坑。商周贵族墓外往往设有车马坑，墓与坑的位置关系，坑内车、马组合方式在不同地区、不同文化都有所不同，但一般情况下为一墓一坑。春秋时期秦车马坑亦如此，在雍城秦公陵园发现的 25 座凸字形和目字形陪葬坑都是车马坑，均位于主墓的东南方向。在墓、坑的搭配关系上，除了一号陵园的 M1 有 2 座陪葬坑，一墓一坑是定制。当时外藏制度尚未萌发和出现。

战国秦陵的陪葬坑在种类、形状、数量、空间位置上都较春秋时期发生了很大变化。首先，种类上突破了以前那种单一车马坑而变得多种多样，包括厩厨、园囿、珍奇、玩好等内容。比如神禾塬秦陵陪葬坑，除了从葬车马的 K8、K10，还有出土大量茧形壶的 K7，殉埋豹、熊、长臂猿、羊、鹤等珍禽异兽的 K12。在司家庄秦陵发掘了成片马坑，应属马厩坑。其次，

---

① 韩伟、程学华：《秦陵概论》，石兴邦主编：《考古学研究》，三秦出版社，1993 年，第 563 页。
② 陕西省考古研究院、秦始皇兵马俑博物馆：《秦始皇帝陵园考古报告（2001—2003）》，文物出版社，2007 年。
③ 段清波：《秦始皇帝陵园考古研究》，北京大学出版社，2011 年。
④ 张卫星：《秦始皇陵考古发现及保护研究》，秦俑学第八届学术研讨会，陕西临潼，2016 年。

坑的外形除了以前的长方形，还出现了曲尺形、梯形、正方形等；坑的尺寸大小不一，大致可分为大、中、小三类。再次，坑的数量较以前大为增加，不再限于一墓一坑，而是普遍为一墓多坑的搭配。比如神禾塬有13座陪葬坑，位于大墓四条墓道的周边。芷阳一号陵园内发现陪葬坑14座，位于两座大墓的周围。芷阳四号陵园发现陪葬坑3座，位于主墓附近。最后，坑的位置不再限于主墓的东南方向，不同种类陪葬坑分布在主墓不同方向位置上，而且从内向外可以分出层次。比如周陵镇秦陵发现陪葬坑27座，其中内陵园9座、外陵园18座；内陵园的陪葬坑普遍较小，位于墓道一侧、墓道夹角区域、内陵园内西北角；外陵园内陪葬坑包括大墓东墓道东南的大型坑，西墓道延长线南北的中型坑，还有位于北区的13座小型坑。总之，战国秦陵的陪葬坑较西周、春秋时期车马坑发生了质的变化，已经具备了外藏制度的雏形，代表了外藏制度的发生和起步阶段。

秦始皇陵外藏坑的种类、形状、数量急剧增加，空间分布范围进一步扩大，代表了外藏制度的成熟和完备阶段。目前在内城之内、陵墓四周发现16座，如含铜车马的巾字形陪葬坑，出土文官俑、御手俑、木车、马匹的K0006。内外城之间64座，包括马厩坑、珍禽异兽坑、跽坐俑坑、葬仪坑、甲库坑、百戏俑坑等。外城之外104座，包括兵马俑坑、动物坑、青铜水禽坑、（上焦村）马厩坑等。从外藏制度发展历史看，从雍城秦公陵园那种单一车马坑不可能一跃变为秦始皇帝陵数量众多、内涵复杂的外藏坑，后者是战国秦陵陪葬坑系统的发展、扩充和完善。

三、秦始皇陵的创新

秦始皇陵奠定了此后2000年专制社会帝王陵园制度的基础，其中的创新不言而喻。秦始皇陵的外藏系统在继承中又有创新，外藏坑的数量、规模、种类远超前代，在许多方面都是"空前绝后"的存在，如气势磅礴的兵马俑群、细工逼真的铜车马、惟妙惟肖的青铜水禽等。当然，还有比较彻底的制度创新，显而易见者如下。

1. 陵寝

蔡邕《独断》云："古不墓祭，至秦始皇出寝，起之于墓侧，汉因而不改……"近年在秦始皇陵园内城西北部发现一处大型寝殿建筑遗址，为南北长598米、东西宽241米的长方形建筑群，东、西、北三面围以墙垣，中部有9条南北向连通的廊道，将建筑群分割为东西对称的九进院落，靠南第十进院落与20世纪70年代发掘的寝殿连为一体，如此共同组成了十进院落[①]。最南的寝殿为整个建筑群的核心，在帝陵封土北侧；九进院落越靠南，其内夯土基址的规模越大。该建筑群象征了内宫之后寝[②]，南端寝殿、侧殿等建筑为"正寝"，用于安放始皇衣冠，并"日四上食"；九进院落居住守陵的嫔妃宫人，其级别越高者所居院落就越靠南。秦始皇陵陵寝建筑规模宏大，布局齐整，等级森严，对西汉帝陵陵寝制度有直接影响。

战国秦陵陵园内一般有建筑遗址，但它们规模、体量较小，分布不成规律，性质、功能不明，与秦始皇陵的陵寝建筑不能相提并论。考古发现证明《独断》所言不虚，陵寝之制确为秦始皇陵的创举。

2. 门阙

在秦始皇陵东西两侧内、外城门之间，各有一组对称的三出阙。每组

---

① 陕西省考古研究院：《2010年度秦始皇帝陵园礼制建筑遗址考古勘探简报》，《考古与文物》2011年第2期。
② 高崇文：《秦汉帝陵陵寝制度探讨》，《国学研究》第31卷，北京大学出版社，2013年。

二阙均位于东西向司马道的两侧，南北对峙，大小相当。其中东侧二阙的台基均为外侧（东侧）"三出阙"、内侧（西侧）"二出阙"的形制[1]。西侧二阙均由1个母阙台和2个收缩的子阙台构成，其中部有甲字形夯土基础，为阙的主体，顶部覆瓦[2]。

这是目前考古发现年代最早的"独立式"三出阙。战国秦陵陵园中没有发现此类阙台遗迹，但文献记载秦都咸阳有"冀阙"，是新都最先施工的标志性建筑，用于发布政令[3]。秦陵三出阙应是把宫庭前的魏阙移到陵园，以示皇权独尊，属于陵园建制新增的内容。三出阙为秦汉皇家建筑专用形制，为人臣者不得擅起[4]。

3. 陵邑

《后汉书·东平宪王苍传》："园邑之兴，始自强秦。"秦王嬴政十六年（前231年）设置陵邑，"置丽邑"（《史记·秦始皇本纪》）。丽邑为县邑级行政管理机构，专注于陵墓工程并供应陵园日后所需，陵园西北部"丽山飤官"建筑遗址出有"丽邑"刻文的陶瓷片[5]。秦丽邑即汉新丰，二者异名同地，遗址位于临潼县（现为西安市临潼区）新丰镇沙河村南，南距始皇陵约4公里，城址面积约40万平方米[6]。

陵邑之制不见于战国秦陵，由秦始皇陵首创，直接原因是陵墓工程浩

---

[1] 陕西省考古研究所、秦始皇兵马俑博物馆：《秦始皇帝陵园考古报告（1999）》，科学出版社，2000年。
[2] 陕西省考古研究所、秦始皇兵马俑博物馆：《秦始皇帝陵园考古报告（2000）》，科学出版社，2006年。
[3] 《史记·商君列传》："居三年，作为筑冀阙宫庭于咸阳，秦自雍徙都之。"《索隐》："冀阙即魏阙也。冀，记也。记列教令，当于此门阙。"
[4] 《汉书·霍光传》："禹既嗣为博陆侯，太夫人显改光时所自造莹制而侈大之。起三出阙，筑神道，北临昭灵，南出承恩，盛饰祠室，辇阁通属永巷，而幽良人婢妾守之。"
[5] 秦始皇陵考古队：《秦始皇陵西侧"丽山飤官"建筑遗址清理简报》，《文博》1987年第6期。
[6] 林泊：《陕西临潼汉新丰遗址调查》，《考古》1993年第10期。

大，不得不设置专门的后勤保障机构。该制度被西汉帝陵完整继承，汉元帝渭陵之前的诸陵皆设陵邑。西汉也承袭了秦代迁徙富户、豪强以实陵邑的做法，起到了强化中央集权的作用。

四、结语

总结战国秦陵尤其是咸阳塬上秦陵的考古发现，探讨其墓主，归纳其特征，会发现战国秦陵对秦始皇陵有直接影响，如南北向纵长方形陵园形状、回字形双重陵园结构、覆斗形封土形制、东西向亚字形墓形、外藏制度等。当然，作为第一个大一统帝国陵园，秦始皇陵的创新也很突出，包括陵寝、门阙、陵邑等制度。

从公元前247年"始皇初即位，穿治郦山"，到前210年"葬始皇郦山"（《史记·秦始皇本纪》），秦始皇陵的营建前后持续37年。以统一为界，秦始皇陵自身经历了此前26年"王陵"和此后11年"帝陵"两个阶段[①]。从这个角度说，秦始皇陵是战国秦陵发展的最终形态，它身上有诸多后者的特征，就不足为怪了。嬴政即位之后，以先王陵园为基础设计自己的陵园蓝图，也是很自然的事。

① 焦南峰先生在2019年10月"汉阳陵与汉文化研究学术研讨会"上已谈到这一点。

述而作论

莒县陵阳河遗址的天文考古研究

北京师范大学历史学院　武家璧

　　山东莒县陵阳河大汶口文化遗址以最早发现大口尊"陶文"而著称。古文字学家认为陶尊上刻画的图像文字"🌄"可能是与"日出"现象有关的原始文字，考古工作者观察到春秋分前后太阳从遗址正东方的寺崮山上升起，与陶尊文字刻画的情景非常符合，于是"陶文大口尊"成为中华5000年文明史的物证。20世纪90年代末，业师李伯谦先生在指导笔者做天文考古方向的硕士论文时，曾经提请笔者注意陵阳河遗址发现的景观现象。由于当时难以获得相关科学数据进行分析，并且遗址本身没有人工遗迹可以参照，笔者暂时搁置了这一问题。20多年来，随着互联网和数字技术的突飞猛进，获取地理信息和景观资料已十分便捷，笔者拟对陵阳河遗址奇特的景观现象进行定量分析，探索有关天文考古的途径和方法，以为恩师上寿志庆[①]，并请同门师友及感兴趣的专家学者批评指正。

---

① 北京大学考古文博学院和郑州中华之源与嵩山文明研究会联合举办"李伯谦先生学术思想研讨会——李伯谦先生从事教学考古60周年"大会，于2021年7月17—18日在河南郑州召开，笔者有幸参与盛会，特撰此文以志庆贺。

一、陵阳河遗址的重要发现

陵阳河遗址位于山东莒县东南 10 公里的陵阳镇（乡）的陵阳街（集西头村）以东，大寺村西侧、陵阳河南岸，南至厉家庄村北，核心区为一东西向梯形台地[①]。陵阳河因位于西汉任城王（朱虚侯刘章）陵墓之阳而得名，该河是沭河三级支流，发源于寺崮山，上游支流汇入黄岭南头水库，然后自东而西流出山谷，穿过陵阳河遗址北部，注入南北流向的接水河，又南入沭河支流鹤河，最后汇入沭河。遗址东 5 里许为寺崮山，整个遗址位于寺崮山脚下的陵阳河冲积平原上，范围东西约 1000 米，南北约 500 米，总面积约 50 万平方米，上部堆积到河套附近，河滩即为大汶口文化墓区。遗址附近的地形地貌，可参考颜翠翠等（2020）发表的有关莒县地下水资源的地图（图 1）[②]。该遗址因长年取土及河水冲刷，受到较严重的破坏，常因陵阳河洪水暴发侵蚀河岸墓地，导致地下文物出土。

陵阳河遗址首次发现于 1957 年，一场暴雨过后，陵阳乡文书赵明禄在陵阳河边捡到一些石器和陶器[③]。1960 年春陵阳河遗址暴雨连月，河水冲刷河滨土崖暴露出三件"炮弹"形陶尊，莒县文管所苏兆庆接到陵阳乡文书赵明禄的电话报告后，赶到现场采集了三件完整的陶尊，发现其上有刻画图案（图 2），颇为重视。由于陶尊形体太大并且交通不便，为避免

---

① 王树明：《山东莒县陵阳河大汶口文化墓葬发掘简报》，《史前研究》1987 年第 3 期。
② 颜翠翠等：《山东莒县地区地下水动态特征及找水模型》（图 1），《四川地质学报》2020 年第 4 期；计量：《山东莒县地下水水源地脆弱性评价与保护区划分》（第 14 页图 2.2 "研究区地貌图"），吉林大学硕士学位论文（专业学位），2020 年。
③ 张从军：《山东古文化遗址之陵阳河遗址》，《走向世界》2004 年第 3 期。

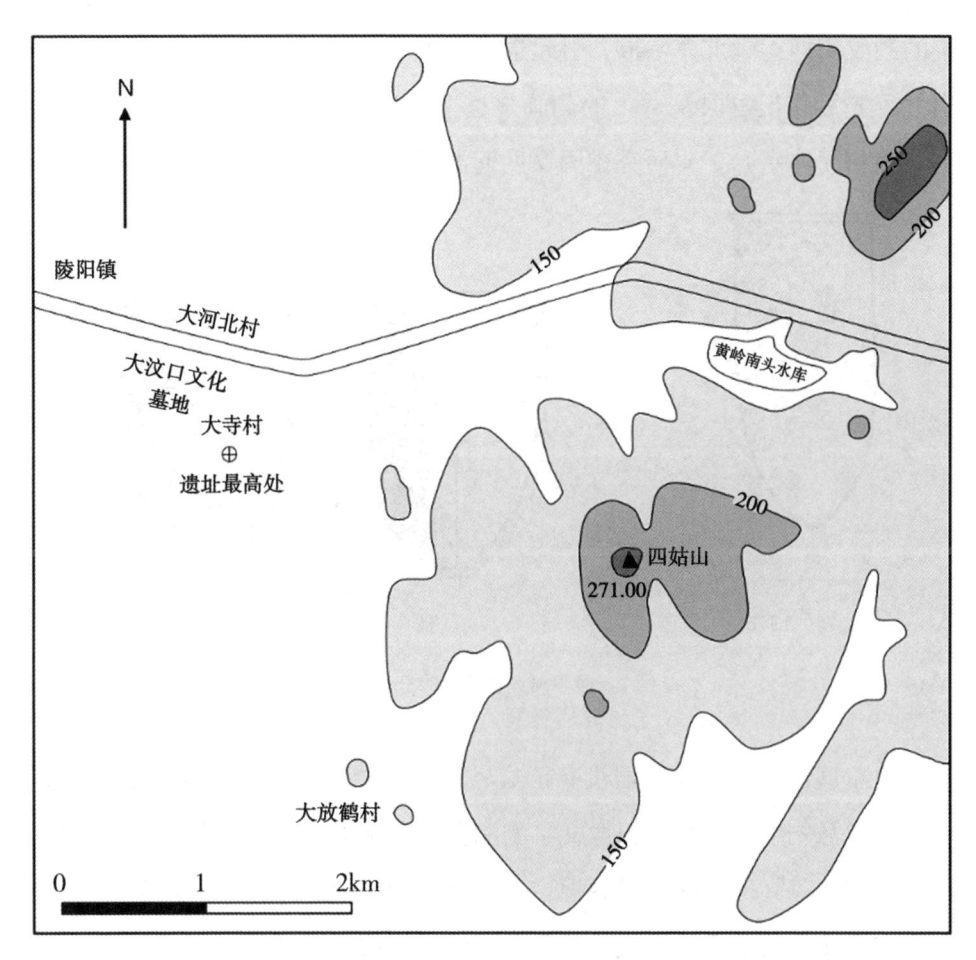

图 1 陵阳河遗址附近地形图

对古物造成进一步损坏，苏兆庆决定将其存放在赵明禄家中①。1963 年山东省博物馆王思礼等对陵阳河遗址进行试掘，发掘大汶口文化墓葬 10 座并出土同类随葬品的陶尊，此次发掘为采集品的刻纹陶尊找到了考古学文化归属。1969 年北京举办"'文化大革命'出土文物展"，苏兆庆受命将采

---

① 舒晋瑜：《苏兆庆：一个人和一座博物馆》，《中华读书报》2014 年 12 月 10 日第 7 版；舒晋瑜：《苏兆庆：莒县博物馆的"活字典"》，《新天地》2015 年第 5 期。

集的刻纹陶尊运到北京参展，引起学术界轰动[1]。著名古文字学家于省吾、唐兰等先后指出莒县陶尊上的刻画是迄今发现中国最早的成熟文字（已有会意字和简体字），对研究中国文明起源具有重要意义。

（《文物》1978.9）　　　　　（《中原文物》2001.2）

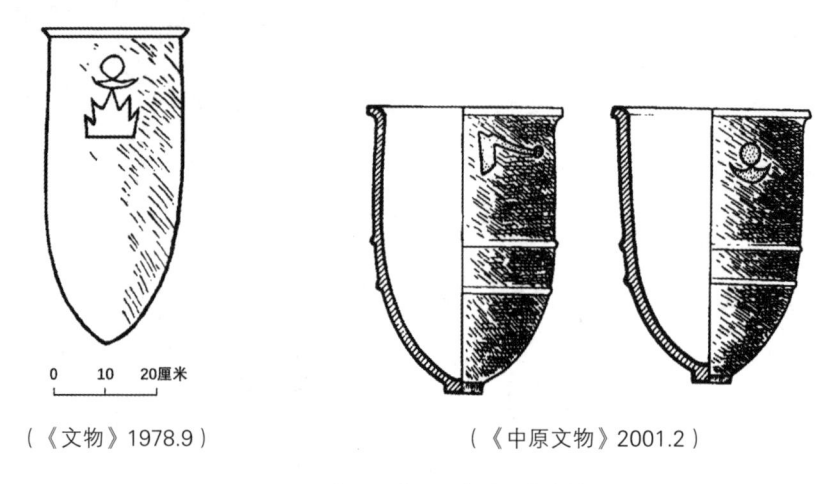

图 2　陵阳河遗址采集的三件陶尊

北京展出之前此类陶器没有正式名称，俗称为"陶缸""炮弹""盔形器"等，于省吾先生把这类有图像文字的陶器与青铜器中的"尊"类器相比拟，称为"灰陶尊"，从此考古界把这类陶器称为"陶尊"或"大口尊"[2]。为了回应古文字界的重大关切，1979 年山东省考古所王树明、莒县文管所苏兆庆等对莒县的陵阳河、大朱家村遗址联合进行了大规模发掘[3]。此次发掘

---

[1] 张从军：《山东古文化遗址之陵阳河遗址》，《走向世界》2004 年第 3 期；舒晋瑜：《苏兆庆：一个人和一座博物馆》，《中华读书报》2014 年 12 月 10 日第 7 版；杨超、崔秀娜：《大汶口文化大口尊·莒州博物馆 见证华夏文明的重要源头》，《山东画报》2021 年第 4 期。

[2] 王树明：《谈陵阳河与大朱村出土的陶尊"文字"》，《山东史前文化论文集》，齐鲁书社，1986 年；邵望平：《远古文明的火花——陶尊上的文字》，《文物》1978 年第 9 期；王吉怀等：《论大汶口文化大口尊》，《中原文物》2001 年第 2 期。

[3] 王树明：《山东莒县陵阳河大汶口文化墓葬发掘简报》，《史前研究》1987 年第 3 期；徐淑彬：《临沂地区大汶口文化研究综述》，《临沂师专学报》1994 年第 1 期。

搞清楚了遗址的内涵和分期，又发现一批刻纹陶尊作为随葬品出土于大型墓葬，时代为大汶口文化晚期。大中型墓集中在遗址北部，靠近河床处；小型墓在遗址中部或偏南处，是贫富分化的结果。

古文字界对大口尊上的"陶文"展开了热烈讨论，对符号"☼"至少提出了四种不同解读：

（1）"日云山"说。于省吾先生（1973）释为"旦"字，楷写为"旦"。他最先指出陶尊刻画的"☼"是由三个偏旁构成的"会意字"：上部○像日，中间～像云气，下部△像山有五峰，山上的云气承托着初出的太阳，这个字所描绘的是"早晨旦明"的景象[①]。

（2）"日火山"说。唐兰先生（1975）释为"炅"（热）字，上面刻画着太阳，太阳下面画出了火，下面是山；另一个字只在日下画出火形，把山形省略，反映出在烈日下山上起火的情形，跟后来的"炅"字完全一样。它们不仅是文字，而且已经有简体字，这足以说明它们是已经进步的文字，是商周时代文字的远祖[②]。

（3）"日月山"说。饶宗颐先生（1995）释为"昊"或者"暤"字，日月为明，"日月山"是"明神"的记号，表示太昊族或太暤、少暤之徽号，犹如后世的族徽[③]。

（4）"日鸟山"说。笔者（2009）认为"☼"的上部像日，中间像鸟，下部像五山，可隶定为"曡"，释义为"遷"字，描画"鸟驮日"飞过山

[①] 于省吾：《关于古文字研究的若干问题》，《文物》1973年第2期。
[②] 唐兰：《关于江西吴城文化遗址与文字的初步探索》，《文物》1975年第7期；唐兰：《从大汶口文化的陶器文字看我国最早文化的年代》，《光明日报》1977年7月14日；唐兰：《再论大汶口文化的社会性质和大汶口陶器文字——兼答彭邦炯同志》，《光明日报》1978年2月23日。
[③] 饶宗颐：《大汶口"明神"记号与后代礼制——论远古之日月崇拜》，《中国文化》1990年第1期；饶宗颐：《中国古代东方鸟俗的传说——兼论大暤少暤》，《中国神话与传说学术研讨会论文集》（上册），台北汉学研究中心，1996年。

顶的情景，表现旭日东升的景象[1]，即所谓"朝日暵"或"朝鲜"，引申为地名即日出之地，与"日本"的含义类似。

据考古工作者研究，这类"陶文"大口尊集中发现在两个主要分布区和一个次分布区[2]。两个主要分布区：一是鲁东南沂蒙山东部边缘南北狭长地带的沂沭河流域，以莒县陵阳河、大朱家村遗址为中心；二是皖北黄淮平原地区的北淝河、涡河流域，以安徽蒙城尉迟寺遗址为中心。一个次分布区是与上两大区相邻的鲁南枣滕地区、苏北的花厅、邳县的中运河流域。在大汶口文化的中心地区鲁中南汶泗流域，经过大规模考古工作（如泰安大汶口、邹城野店等），这些地区迄今未发现有陶文。栾丰实比较大汶口文化的"鲁西南/鲁东类型"与鲁中南"汶泗类型"的差别时，指出"鲁西南/鲁东类型"中"存在图像文字，并且都刻于大口尊的外表，均一器一字，有的还涂朱"，这一特征在"汶泗类型"中不显著[3]。陶文符号的分布特点说明它最初可能发源于鲁东南丘陵地区，然后绕行鲁南、苏北，传播到鲁西南和皖北平原地区。

二、陵阳河遗址的日出景观

受到于省吾先生关于陶文"旦"字的启发，考古工作者开始注意遗址的日出景观。主持发掘的王树明（1983）指出莒县陵阳河遗址东面为一丘陵起伏的山区，正东5华里有山，五峰并联，中间一峰突起名曰寺崮山（图3）[4]，春秋两季，早晨八九点钟，太阳从正东方升起，高悬于主峰之上。

---

[1] 武家璧：《史前太阳鸟纹与迎日活动》，《文物研究》（第16辑），黄山书社，2009年。
[2] 王吉怀等：《论大汶口文化大口尊》，《中原文物》2001年第2期。
[3] 栾丰实：《太昊和少昊传说的考古学研究》，《中国史研究》2000年第2期。
[4] 王树明：《大汶口文化发现陶尊与陶尊文字综述》，《故宫文物》（台湾）1990年第8卷第10期（总第90期）。

由"日"、"火"、五个山峰组成的陶尊文字（炟）应是人们对这一景象长期观察的摹画；陶尊刻画图形在莒县陵阳河这一特定的地理环境中，为二月、八月日出正东的形象[1]。

图3　陵阳河遗址所见的寺崮山（王树明摄）

原莒县博物馆馆长苏兆庆（1983）描述：在出土陶文的山东陵阳河遗址，其正东的寺崮山是春分日出参照目标，当春分太阳升起到山峰之巅时，就可以依稀呈现出陶文的图景；并且他认为该地可能就是崇拜鸟的东夷部族某一分支的天文观象台遗址，图文即春分时祭祀日出的祭文[2]。冯时先生（2001）沿用王树明的说法，认为陶尊刻画图纹"描写了一个有翼太阳从五峰山的中峰上方升起的景象，实地考察的结果表明，这种现象只有在春

---

[1] 王树明：《论陶尊文字"炟"与"昃"》，《古文字论集（一）》，《考古与文物》丛刊第二号，1983年；王树明：《谈陵阳河与大朱村出土的陶尊"文字"》，《山东史前文化论文集》，齐鲁书社，1986年。
[2] 苏兆庆：《从莒县陵阳河出土文物看少昊文化的发展》，《临沂师专学报》1983年第2期；杜升云、苏兆庆：《东夷民族天文学初探》，《北京师范大学学报（自然科学版）》1988年第3期；苏兆庆：《莒地原始农业发展初探》，《中国农史》1992年第3期；苏兆庆等：《莒县文物志》，齐鲁书社，1993年；苏兆庆：《山东莒县陵阳河陶文研究述要》，《中国先秦史研究动态》1994年第1期；苏兆庆：《山东莒县陵阳河陶文的发现与考释》，《古文字研究》第20辑，中华书局，2000年；苏兆庆：《从鲁东南濒海地区考古资料谈军事酋长制与早期方国的萌芽》，《中国古都研究（十六）》，研究出版社、杭州出版社，2003年。

分和秋分才能出现"①。

　　从地形图（图1）上看，寺崮山高高耸立在遗址的东面，其独立高耸的主峰（四姑山，标高271.00m）一峰独大，在开阔的旷野中十分显眼，但它并不在遗址的正东方，而是东偏南10多度，那么春秋分前后不可能看到太阳从主峰山尖上升起。我们注意到"腾讯地图"在陵阳河遗址东面200米等高线内，同时标注了"寺崮山"和"四姑山"两个地名："四姑山"标注在主峰位置上，"寺崮山"为其北边的次峰。实际上"寺崮山"和"四姑山"是同一座山的谐音，本文称其主峰为"四姑山""四姑山主峰""寺崮山主峰"，或简称为"主峰"；称其次峰为"寺崮山北峰"，或者简称为"北峰"。寺崮山北峰大致位于遗址的正前方，前引王树明、苏兆庆等人描述的春秋分日出应该是北峰山尖上的日出，而四姑山主峰山尖上的日出则是春分前、秋分后20多天才看到的景象（详下）。

三、旧基点的推算

　　北京师范大学天文系杜升云教授亲临莒县陵阳河遗址实地考察后确认此地为一处"史前天文遗址"，撰写科学论文发表在《科学通报》（1986.9）②上。此次考察用经纬仪实测了寺崮山北峰、北麓小山丘这两个日出地点的方位角，证实寺崮山是陵阳河遗址春分时所见日出的地方。有关原文引述如下：

　　陵阳河发掘遗址约有一平方公里，在遗址中部有一高出平地的石岗，石岗正东方向2.25公里，有一座在平原上孤立独耸的山峰寺崮山。将经纬仪置于石岗前沿中部测量，寺崮山北峰的方位为正东偏南5°10′，山峰北

---

① 冯时：《中国天文考古学》，社会科学文献出版社，2001年，第198页。
② 杜升云：《山东莒县史前天文遗址》，《科学通报》1986年第9期。

麓有一小山丘，丘顶方位为正东偏南 1°45′，可见从石岗上观测，寺崮山是陵阳河遗址春分时日出的地方。

1988年杜升云与苏兆庆联合发表论文，指出在山东莒县陵阳河、大朱家村以及诸城等多处出土刻纹陶尊，是东夷民族不同部落掌握了以日出方向定季节的证明，这个陶文使我国根据天文观测制历的年代提前到距今大约5000年前，说明"少昊时期东夷民族的天文历法"已有较高的水平[①]。《山东画报》（2021.4）还发表了1988年春苏兆庆与北师大教授一起考察陵阳河遗址日出景观的照片（苏兆庆供图，图4）[②]。

图4　陵阳河遗址日出观测（《山东画报》2021.4）

---

① 杜升云、苏兆庆：《东夷民族天文学初探》，《北京师范大学学报（自然科学版）》1988年第3期。
② 杨超、崔秀娜：《大汶口文化大口尊·莒州博物馆 见证华夏文明的重要源头》，《山东画报》2021年第4期。

20 世纪 80 年代，仅仅利用便携式简易经纬仪很难准确地测定观测地点的经纬度，现在我们凭借北斗定位系统，采用杜升云教授测得的两个方位角数据，可大致求出他当年所在观测点（旧测基点）的经纬度。

首先在北斗地图上采集相关地点的经纬度和高度数据。以四姑山主峰为例，打开北斗系统（http：//www.hapxu.com）的三维地图，找到莒县东南四姑山（寺崮山）区域，寻找海拔最高的区间，发现该地区最高海拔为 268.53 米，比前引资源地图上的四姑山标高（271.00m）要低 2.47 米，本文以北斗地图为准。在三维地图上找出本地所有海拔高度为 268.53 米、268.52 米及其附近海拔为 268.50 米点位的经纬度，使其对最高点位形成封闭圈（图 5）。所有从北斗地图上采集的点位数据（经纬度和高度），按高度分类列如下表（表 1）。

表 1 寺崮山主峰的经纬度（单位°）

海拔 268.50 米		海拔 268.50 米	
经度	纬度	经度	纬度
118.916867	35.524822	118.916873	35.524821
118.916868	35.524822	118.916873	35.524824
118.916868	35.524823	118.916873	35.524825
118.916869	35.524823	118.916874	35.524821
118.916869	35.524822	118.916874	35.524824
118.91687	35.524821	118.916874	35.524825
118.91687	35.524822	118.916875	35.524821
118.91687	35.524823	118.916875	35.524824
118.916871	35.524821	118.916876	35.524821

(续表)

| 海拔 268.50 米 || 海拔 268.50 米 ||
经度	纬度	经度	纬度
118.916871	35.524823	118.916876	35.524822
118.916871	35.524824	118.916876	35.524823
118.916872	35.524821	118.916876	35.524824
118.916872	35.524824	118.916877	35.524822
118.916872	35.524825		

| 海拔 268.52 米 || 海拔 268.53 米 ||
经度	纬度	经度	纬度
118.916871	35.524822	118.916874	35.524822
118.916872	35.524822		
118.916872	35.524823		
118.916873	35.524822		
118.916873	35.524823		
118.916874	35.524822		
118.916874	35.524823		
118.916875	35.524822		
118.916875	35.524823		

上表中经纬度数据精确到（°）以下小数点后六位数字，其位置误差在 10 ± 0.1 厘米左右。由于小数点后四位数均相同，我们取经纬度的最后两位尾数，将山顶的高度分布表示如下图（图5）。

纬度尾数

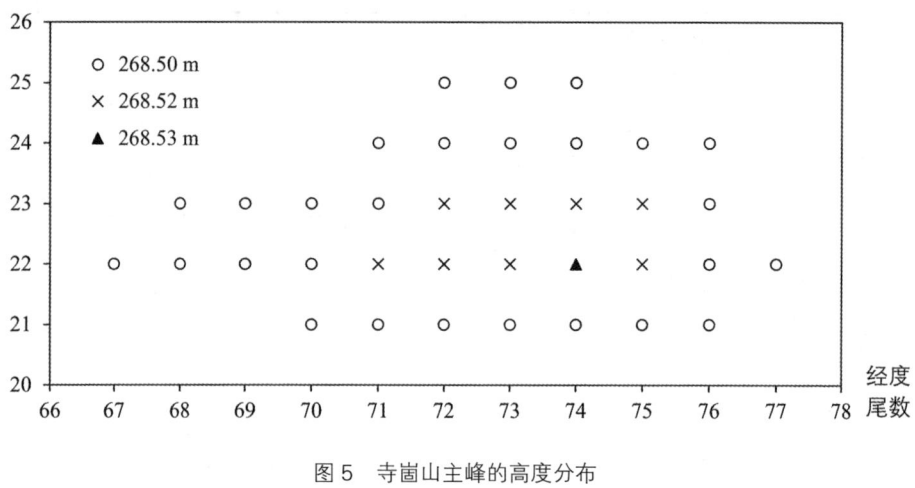

```
26
25      ○ 268.50 m
24      × 268.52 m
23      ▲ 268.53 m
```

图5　寺崮山主峰的高度分布

取最高点位为主峰的标志点（118.916874，35.524822，268.53）。用同样方法可求得任意区域内最高点位的数据，当最高点位有若干处或成片分布时，则取最靠近观测者的唯一点位作为最高峰标志点。采用上述方法求得四姑山主峰、寺崮山北峰、北麓小山丘的经纬度和高度数据等，列如下表（表2）。

表2　旧测基点与观测对象的经纬度、高度和方向（单位°）

		经度 *l*	纬度 *φ*	海拔高度 *H*	正东偏南
P	旧测基点	118.885790	35.5318434	117.56	
A	北麓小山丘	118.915327	35.531109	176.78	1°45′
B	寺崮山北峰	118.926144	35.528874	264.86	5°10′
C	四姑山主峰	118.916874	35.524822	268.53	

其次，将杜升云教授测得的两个方位角数据转换为计算条件。已知经纬度数据为 A（118.915327，35.531109），B（118.926144，35.528874），

求旧测基点 P 的经纬度 (x, y)，如图 6 所示，作直角三角形 PAA′ 和 PBB′，其中 PA′、PB′ 为正东方向，AA′、BB′ 为正北方向，则点 A′、B′ 的经度分别与 A、B 点相同，纬度均与 P 点相同，即 A′ 的经纬度为 $(118.951550, y)$，B′ 的经纬度为 $(118.926143, y)$。

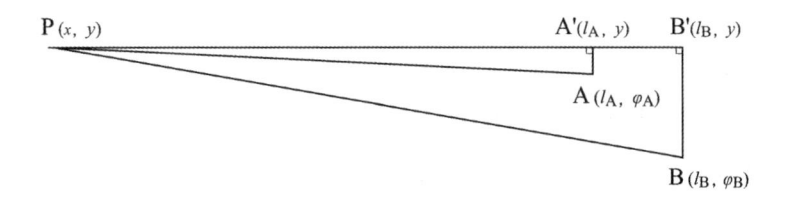

图 6　旧基点与测点示意图

如上图所示，有方位角 (θ) 的函数

$$\tan(\theta_A) = \frac{AA'}{PA'} = \tan(-1°45') \tag{1}$$

$$\tan(\theta_B) = \frac{BB'}{PB'} = \tan(-5°10') \tag{2}$$

依据经纬度求距离，有半正矢（Haversine）公式：

$$\text{hav}\left(\frac{d}{R}\right) = \text{hav}(\Delta\varphi) + \cos(\varphi_1)\cos(\varphi_2)\text{hav}(\Delta\lambda) \tag{3}$$

其中 d 是两地距离，R 为地球半径（6371.393km），经过一些变换，可以直接将距离表示为：

$$d = 2R\arcsin\left(\sqrt{\sin^2\frac{\Delta\varphi}{2} + \cos(\varphi_1)\cos(\varphi_2)\sin^2\frac{\Delta l}{2}}\right) \tag{4}$$

对于经度相同的点（如 A 与 A′ 同经线，B 与 B′ 同经线），$\Delta l = 0$；纬度相同的点（如 P 与 A′ 和 B′ 均在同一纬线圈上），$\Delta\varphi = 0$。将（4）式代入方位角函数（1）（2）式并化简，得：

$$\frac{\arcsin\left(\sin\frac{\Delta\varphi}{2}\right)}{\arcsin\left(\sin\frac{\Delta l}{2}\sqrt{\cos\varphi\cos y}\right)} = \tan(\theta) \qquad (5)$$

$$\because \quad \Delta l = (x-l), \quad \Delta\varphi = (\varphi - y)$$

$$\therefore \quad x = l - 2\arcsin\left(\frac{\sin\left(\arcsin\frac{\sin\left(\frac{\varphi-y}{2}\right)}{\tan(\theta)}\right)}{\sqrt{\cos\varphi\cos y}}\right) \qquad (6)$$

针对 A 点（小丘）计算 P 点坐标用（1）式，已知 $\theta = -1.75$，$l = 118.915327$，$\varphi = 35.531109$，于是有：

$$x = 118.915327 - 2\arcsin\left(\frac{\sin\left(\arcsin\frac{\sin((35.531109-y)/2)}{\tan(-1.75)}\right)}{\sqrt{\cos(35.531109)\cos(y)}}\right) \qquad (7)$$

针对 B 点（北峰）计算 P 点坐标用（2）式，已知 $\theta = -5.166667$，$l = 118.926144$，$\varphi = 35.528874$，于是有：

$$x = 118.926144 - 2\arcsin\left(\frac{\sin\left(\arcsin\frac{\sin((35.528874-y)/2)}{\tan(-5.166667)}\right)}{\sqrt{\cos(35.528874)\cos(y)}}\right) \qquad (8)$$

联立（7）（8）两式求解，得：

$x = 118.88579$

$y = 35.5318434$

此即杜升云教授旧测基点的坐标 P（118.88579，35.5318434）。

容易通过直线的方向斜率验证所求基点是否正确。两点连成一线的方向可由它们的经纬度算得：

$$\theta = \arctan\left(\frac{\Delta\varphi}{\Delta l \cos\varphi}\right) \tag{9}$$

其中方向余弦的 φ 值因两地相近可任取基点或测点的纬度。如 P 点（118.88579，35.5318434）和 A 点（118.915327，35.531109）连接成直线 PA 的斜率方向为：

$$\theta_A = \arctan\left(\frac{35.5318434 - 35.531109}{(118.88579 - 118.915327)\cos(35.531109)}\right) \approx -1°45'$$

又如 P 点（118.88579，35.5318434）和 B 点（118.926144，35.528874）连接成直线 PB 的斜率方向为：

$$\theta_B = \arctan\left(\frac{35.5318434 - 35.528874}{(118.88579 - 118.926144)\cos(35.528874)}\right) \approx -5°10'$$

这两个角度正是杜升云教授实测看到的寺崮山北峰及山麓小丘的正东偏南角度。

我们到北斗三维地图上寻找杜升云教授旧测基点 P（118.88579，35.5318434）的所在位置，确认在大寺村南略偏西，原遗址核心区东部边沿的中部，海拔高度 117.56 米。这里大概就是杜升云教授论文中所描述的"石岗前沿中部"。由于杜教授所测得的角度只粗略地取到角分，所以测算其基点位置容许有几百米的误差。

由旧基点 P 向东望去，地势一片开阔，唯有寺崮山独立于远方，观测效果比较理想。但在东南方向 100 多米处有一处土丘高出此地 7~8 米，遮住了冬季日出方向。因此杜升云教授选择的观测基点，有利于观测寺崮山上的春秋分日出，不利于观测冬至日出。

四、新基点的确定

莒县陵阳河遗址出土的陶文与"日出"有关，首先是古文字界的共识，要论证它与陵阳河遗址看到的日出有关，理论上要求知道古人观测日出的地点，方能在实地进行模拟观测，以证明实地的日出景观与陶文的日出图像相符合。杜升云教授在遗址的前缘找了一个地点进行了模拟观测，在此之前，苏兆庆、王树明等人的观察和描述与杜升云教授的观测具有同样的效果，他们都是站在遗址中的某个地点来观察和测量日出景观。由于遗址的范围相对较小，而日出山头到遗址的距离相对很远，因此在遗址内部移动较小的距离，对日出方位不会造成人眼可以察觉的显著变化。从这个意义上讲，陵阳河遗址的模拟观测已经完成，并且定性地说明了陶文刻画的就是"日出"景观。

之所以说是"定性地"说明了问题，是因为模拟观测的地点很随意，没有进行科学论证；其次就是陶文有五个山峰，不可能单指春秋分日出，有必要考虑最远的日出地点——冬至日出。下面首先讨论观测点的问题。

我们认为最合理的假设是遗址的最高处是观测日出的地点。中国古代的祭祀传统中，最高规格的祭祀是"冬至祭天"，大约起源于观象授时历法中的"岁首冬至"。冬至是人们最容易观测和掌握的节气，例如它的日出方位最靠南，日出到达此点即转而向北，因此这一天很容易被观测确定，原始先民把冬至日作为一年的开始，在这一天祭祀最高天神，这一古老传统历数千年而没有改变。"冬至祭天"有一个特殊的要求，就是要在一块大致呈圆形的高地举行，文献称为"圜丘"。《周礼·大司乐》载："凡乐……冬日至，于地上之圜丘奏之，若乐六变，则天神皆降，可得而礼矣。" 唐贾公彦疏："礼天神必于冬至……言圜丘者，案《尔雅》土之高者曰丘，取自然之丘。圜者，象天圜。"周朝的礼制起源于古老的习俗，"冬至祭天"

就是一种古老的礼俗。据此我们应该到遗址所在地去寻找类似于"圜丘"的地点，作为日出天象的观测点，这类观测点很可能就在遗址核心区或其附近的最高处。

杜升云教授选择的观测点在遗址核心区的前缘，但不在岗地的最高处。在北斗三维地图上很容易找出岗地的最高处在大寺村南约200米，海拔高度最高125.29米，比旧基点P点（118.88579，35.5318434）的海拔高度（117.56米）要高出7.73米。

寻找新基点的过程大致如下：首先，在三维地图上找出一批海拔高度为125.00米的点（图7中的空心圆点），看是否有一个几何中心。我们发现这些点构成一个封闭圈，东西长约53米，南北宽约45米，形状不很规整（图7）。等高线的封闭圈显示这里是一处高丘，因为是自然形成的高丘，符合文献所载"圜丘"的特点。其次，由于这块高丘的形状不甚规整，难以确定几何中心，因此尝试分析最高点位的分布状况，以确定一个中心。我们随机地寻找海拔高度为125.29米的地点（图7中的实心圆点），发现它们呈曲尺状分布，宽度约1米，初步判断是一堵垣墙的墙基，时代不详。

我们在北斗地图上采集同一高度不同点位的经纬度数据，这些点位的后三位或后四位尾数不同，将这些采集点的经纬度后四位尾数列如表3，以备查考。

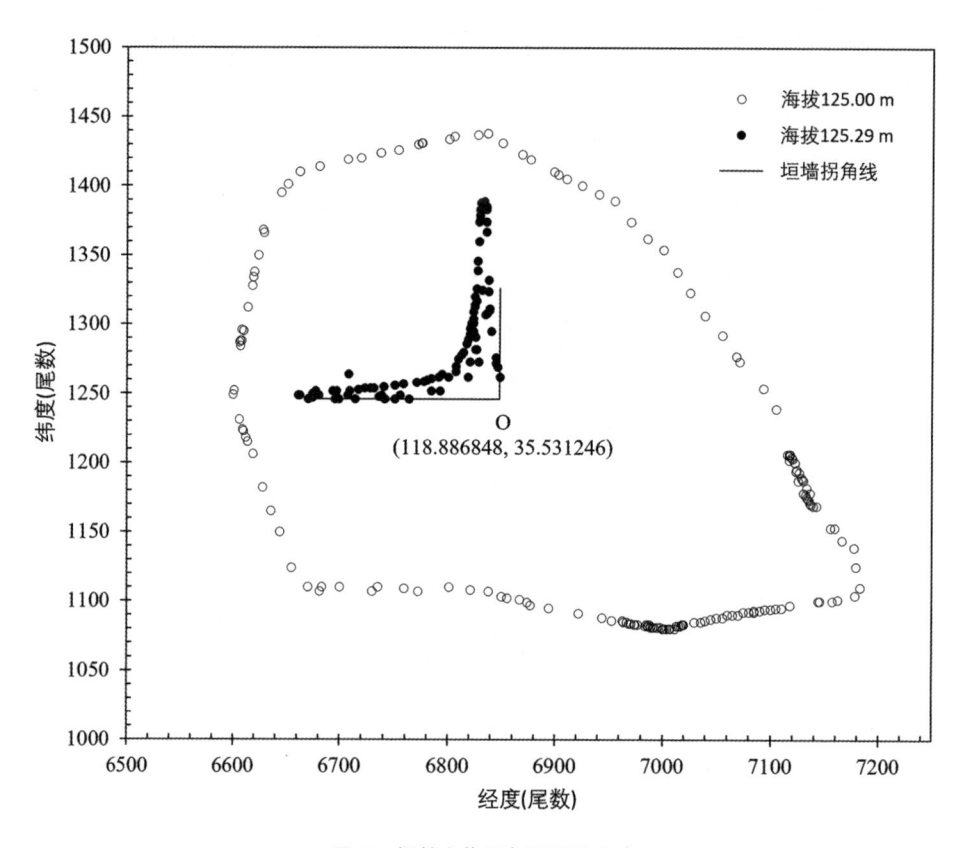

图 7　新基点位置与圜丘的高度

表 3　圜丘采集点的经纬度（四位尾数）表

海拔 125.29m				海拔 125.00m									
经度	纬度	经度	纬度	经度	纬度	经度	纬度	经度	纬度	经度	纬度
6674	1247	6728	1254	6651	1401	6975	1083	7136	1171	6681	1107
6820	1273	6731	1254	6707	1419	6977	1083	7137	1170	6670	1110
6738	1249	6740	1255	6775	1431	6988	1083	7139	1169	6636	1165
6708	1264	6750	1256	6902	1408	6984	1082	7115	1206	6628	1182
6825	1282	6758	1257	7025	1323	6986	1082	7117	1206	6644	1150

(续表)

海拔 125.29m ||||| 海拔 125.00m									
经度	纬度	经度	纬度	经度	纬度	经度	纬度	经度	纬度	经度	纬度
6826	1317	6770	1258	7068	1277	6989	1081	7118	1206	6619	1206
6707	1249	6777	1259	7071	1273	6991	1081	7119	1204	6610	1223
6826	1326	6780	1260	7117	1205	6992	1081	7120	1203	6606	1231
6836	1308	6784	1261	7117	1202	6995	1081	7122	1200	6850	1103
6825	1291	6791	1262	7123	1194	6998	1081	7124	1195	6867	1101
6674	1250	6800	1262	7125	1187	7000	1080	7126	1193	6877	1097
6844	1272	6794	1264	7133	1182	7001	1080	7128	1189	6874	1099
6844	1276	6807	1270	7142	1169	7002	1080	7129	1188	6609	1224
6818	1262	6809	1275	7155	1153	7004	1080	7130	1187	6612	1218
6736	1248	6812	1278	7166	1144	7006	1080	6774	1431	6600	1249
6792	1252	6814	1280	7177	1139	7007	1080	6800	1434	6608	1288
6784	1252	6817	1286	7118	1097	7011	1080	6805	1436	6607	1284
6697	1252	6818	1289	7136	1178	7013	1082	6836	1438	6610	1295
6680	1249	6820	1293	7105	1239	7015	1082	6850	1431	6607	1288
6823	1304	6820	1297	7068	1277	7017	1082	6868	1423	6606	1287
6831	1325	6821	1301	7159	1153	7018	1083	6876	1419	6610	1295
6848	1262	6824	1313	6944	1088	7019	1083	6898	1410	6614	1312
6828	1273	6824	1320	6801	1110	7020	1083	6910	1405	6618	1328
6807	1266	6827	1339	6735	1110	7030	1085	6924	1400	6619	1334
6823	1295	6827	1346	6759	1109	7036	1085	6940	1394	6620	1338

(续表)

海拔 125.29m					海拔 125.00m						
经度	纬度	经度	纬度	经度	纬度	经度	纬度	经度	纬度	经度	纬度
6823	1301	6828	1360	6772	1107	7040	1086	6955	1389	6624	1350
6838	1311	6828	1374	6838	1107	7045	1087	6970	1374	6629	1366
6834	1307	6833	1389	6730	1107	7050	1088	6985	1362	6662	1410
6838	1311	6832	1388	6655	1124	7056	1088	7000	1354	6680	1414
6846	1269	6830	1388	6614	1215	7060	1090	7013	1338	6719	1420
6826	1282	6835	1385	6601	1252	7065	1090	7039	1306	6753	1426
6755	1249	6835	1383	6608	1296	7070	1090	7055	1292	6827	1437
6763	1246	6829	1383	6628	1368	7075	1092	7093	1254		
6750	1246	6829	1379	6645	1395	7080	1092	7179	1125		
6741	1246	6829	1376	6737	1424	7085	1092	7144	1100		
6714	1246	6835	1374	6771	1430	7085	1093	7178	1104		
6699	1246	6835	1367	6953	1086	7090	1093	7145	1100		
6662	1249	6838	1310	6989	1082	7095	1094	7183	1110		
6661	1249	6837	1324	6987	1082	7100	1094	7157	1100		
6670	1246	6837	1332	6985	1083	7105	1095	7162	1101		
6677	1252	6838	1311	6963	1086	7110	1095	6894	1095		
6695	1246	6824	1314	6964	1085	7130	1178	6922	1091		
6693	1252	6823	1309	6967	1085	7132	1177	6855	1102		
6709	1252	6821	1298	6969	1084	7133	1175	6821	1108		
6717	1253	6840	1295	6971	1084	7134	1174	6700	1110		

(续表)

海拔 125.29m		海拔 125.00m							
经度 纬度	经度 纬度	经度 纬度	经度 纬度	经度 纬度					
6723 1254		6974 1083	7135 1173	6683 1110					

这些点位的海拔高度分布显示，有一处高丘，其顶部残留有垣墙遗迹，该遗迹高出地面约 2～30 厘米。十分巧合的是，这堵垣墙的拐角大致位于 125.00 米等高线合围圈的中心，显然这处建筑是有意识地占据本地最高地点而修建的，可能不是普通的居住房屋。此地有"大寺""小寺"古地名，显见得自古以来就是传统的祭祀神灵的地方，此处最高地点的建筑很可能与古代寺庙或祭祀遗迹有关。我们选取高丘的中心，也就是残存垣墙的拐点作为观测日出的地点，新基点的坐标为 O 点（118.886848，35.531246）（图7），海拔 125.00 米。

新基点 O（118.886848，35.531246）与旧基点 P（118.88579，35.5318434）之间的直线距离 |OP|：

$$d = 2R\arcsin\left(\sqrt{\sin^2\frac{\Delta\varphi}{2} + \cos(\varphi_1)\cos(\varphi_2)\sin^2\frac{\Delta l}{2}}\right) = 116.5\text{m}$$

直线 OP 的方向：

$$\theta_P = \arctan\left(\frac{\Delta\varphi}{\Delta l \cos\varphi}\right) = -34.75°$$

即旧基点 P 在新基点 O 的正西偏北 34.75°，两地的距离为 116.5 米。

以新基点 O 的地理纬度（35.53°）进行计算，可知冬至日出方向为东偏南 31°（详下），那么这块圜丘大致在旧基点 P 的冬季日出方向上，两地高差 7.73 米，则从旧基点看新基点的仰角为：

$$\arctan\left(\frac{7.73}{116.5}\right) = 3.8°$$

这比从遗址看寺崮山主峰的高度角（不超过 3°）还要高，完全遮挡了冬至节气在寺崮山坡上的日出。因此旧基点只适合春秋两季的日出观测，不适合冬季的日出观测。为了复原古人观象授时的基本过程（由冬至到第二年冬至），我们认为应该选用新的观测基点 O。

五、天际线

当基点 O（118.886848，35.531246）确定之后，就可以画出天际线了。传统做法是站在基点上拍摄四周的景观，测量大地与天空交界处不同点位的方向和高度角，然后把这些测点连成曲线，就是天际线。天际线上测点的密度可根据实际需要进行设置。现在有了精准的北斗定位系统，则可以不必实地拍摄天际线了，可以在三维地图上提取天际线。人工手动的做法是：沿着山脊线走向量取最高点位的经纬度和高度数据，将其换算成基点所见的方位和高度，并将每个方向上的最高点连成曲线，就是天际线。

设天际线上的任意测点为 N，从基点到测点的距离 ON 为：

$$d_n = 2R \arcsin\left(\sqrt{\sin^2 \frac{\Delta\varphi}{2} + \cos(\varphi_o)\cos(\varphi_n)\sin^2 \frac{\Delta l}{2}}\right)$$

从基点 O 看到天际线测点 N 的方位角：

$$\theta_n = \arctan\left(\frac{\Delta\varphi}{\Delta l \cos(\varphi_o)}\right)$$

本例规定方位角东偏南为正，东偏北为负。关于高度角的测量需要考虑人眼的高度，按照一般人物画法中人体的黄金比例，人脑占身高的 1/7，人眼在人脑的 3/4 高处，假设人体身高 1.7 米，则人眼高度约 1.64 米，设天际线 N 点的海拔高度为 H_n，那么从基点 O 看 N 点的高度角为：

$$h_n = \arctan\left(\frac{H_n - 125 - 1.64}{d_n}\right)$$

兹将从北斗三维地图（http://www.hapxu.com）上采集到的有关天际线测点的经纬度和海拔高度，以及按上述算式从基点O化算得到的距离、方位和高度角等数据列如表4。

表4 采集点数据及其与基点（O）的距离、方位和高度（单位°）

	经度 l	纬度 φ	海拔高 H	距离 d_n	方位角 θ_n	高度角 h_n
基点O	118.8868	35.5312	125.00			
	118.9582	35.537	252.92	6492	-5.66	1.11
	118.9591	35.536	250.52	6559	-4.62	1.08
	118.9594	35.535	242.18	6582	-3.64	1.01
	118.9297	35.533	204.65	3887	-2.88	1.15
	118.9298	35.5329	205.18	3887	-2.75	1.16
	118.9299	35.5325	200.09	3900	-2.05	1.08
	118.9516	35.5328	238.02	5858	-1.74	1.09
	118.9301	35.532	192.87	3914	-1.23	0.97
小丘A	118.915	35.5311	176.78	2577	-0.34	1.11
	118.9282	35.5312	186.21	3742	-0.01	0.91
	118.9267	35.531	186.50	3603	0.44	0.95
	118.9261	35.53	213.68	3559	2.23	1.40
	118.9261	35.5295	241.73	3559	3.13	1.85
北峰B	118.926	35.5289	264.86	3566	4.24	2.22
	118.9262	35.5285	253.56	3570	4.91	2.04

(续表)

	经度 l	纬度 φ	海拔高 H	距离 d_n	方位角 θ_n	高度角 h_n
	118.9153	35.528	220.46	2602	7.97	2.06
	118.9205	35.5262	254.29	3095	10.41	2.36
	118.9152	35.527	232.58	2604	10.44	2.33
	118.921	35.526	252.96	3145	10.69	2.30
	118.9213	35.5258	252.30	3179	10.98	2.26
	118.917	35.525	265.30	2819	14.26	2.82
主峰 C	118.9169	35.5248	268.53	2809	14.73	2.89
	118.9169	35.524	247.77	2834	16.52	2.45
	118.9169	35.523	236.58	2868	18.65	2.20
	118.9165	35.522	228.39	2874	20.96	2.03
	118.9165	35.521	213.78	2916	23.00	1.71
	118.9165	35.52	204.55	2963	24.97	1.51
	118.9162	35.519	199.75	2984	27.15	1.40
	118.9152	35.518	189.55	2955	29.89	1.22
	118.9146	35.517	190.38	2973	32.20	1.23
	118.9143	35.516	198.92	3008	34.31	1.38
	118.9139	35.515	183.85	3043	36.42	1.08
	118.9138	35.5145	178.90	3067	37.38	0.98
	118.914	35.514	175.99	3114	38.02	0.91
	118.9131	35.513	176.79	3124	40.50	0.92

为了直观地显示结果，以方位角（θ_n）为横坐标，以高度角（h_n）为纵坐标，将陵阳河遗址所见天际线表现为图8。

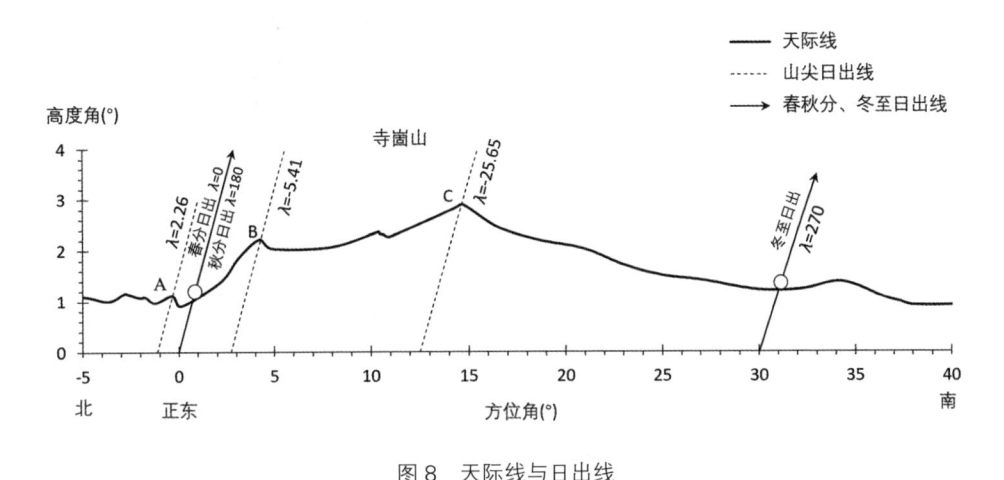

图 8　天际线与日出线

（说明：春秋分和冬至日出在主峰两侧的山坳里，山尖上的日出与节气无关）

我们沿着山脊线踩点，如果有多条山脊线则取视线方向上最高的山脊线作为天际线。表4中的数据按方位角大小从 -5° 到 40° 依次排列，然后把"方位—高度"散点连接成光滑曲线，没有出现勾回、交叉或者重叠的现象，证明我们的踩点没有明显的失误。图8表示的天际线，与王树明拍摄的陵阳河遗址所见的寺崮山实景照片（图3）基本相符。

六、节气日出线

在二十四节气的某个节气日，太阳升出地面时，从一个固定地点观看日出，位于日出方向上的远景目标我们称之为节气点。其特点是在每年的相同节气，太阳必定在同一节气点升出地面。在正常情况下，春分和秋分的日出和日落在正东和正西方向，无须进行计算，但这是在大地平坦的前提下看到的情景，如果有山脉抬升日出高度，则日出方位将向南偏转，其偏转幅度随山高而变化。

太阳从天际线上出山，在日出范围内的天际线上的每一个点位，分别代表一个日出方位（A）和日出高度（h），它们与地理纬度（φ）和太阳赤纬（δ）相关。如图所示（图9），在天球示意图上 S 表示天体（本例为太阳）的位置，Z 是天顶，P 是北极，球面三角形 PZS 就是著名的天文三角形，其中 φ 是观测点的地理纬度，δ 是天体（太阳）的赤纬，h 是天体的真实高度，$z = 90 - h$ 是天体的天顶距，A 表示天体的方位。

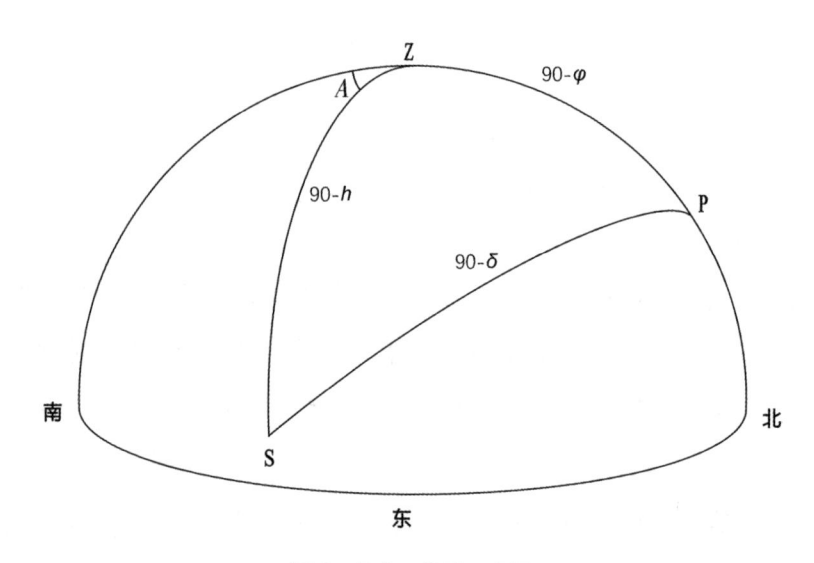

图9 天文三角形示意图

关于天文三角形 PZS，依据球面三角形有关边的余弦定理，有：

$$\cos(90-\delta) = \cos(90-\varphi)\cos(90-h) + \sin(90-\varphi)\sin(90-h)\cos(180-A)$$

（10）

化作天文三角形的四元素公式为：

$$\sin\delta = \sin\varphi\cos z - \cos\varphi\sin z\cos A \tag{11}$$

这个公式可用于已知地理纬度（φ）、太阳天顶距（z）和方位（A）以求太阳赤纬（δ）。

对于已知太阳赤纬，例如春秋分（$\delta = 0$）和冬至（$\delta = -\varepsilon$），计算天体的方位角，由（11）得：

$$\cos A = \frac{\sin\varphi\cos z - \sin\delta}{\cos\varphi\sin z} \tag{12}$$

$$A = \pm\arccos\left(\frac{\sin\varphi\cos z - \sin\delta}{\cos\varphi\cos h}\right) \tag{13}$$

此处∠A 从正南起始向西度量为正值，向东度量为负值。正值表示日落方向南偏西多少度；负值表示日出时刻太阳南偏东多少度，换算成东偏南角度 = $90º-|A|$。

以上是计算原理和基本公式，具体计算如下：取春秋分太阳赤纬 $\delta = 0º$，$\varphi_o = 35.5312$，依据四元素公式（11）式可算出 A–z 关系，又依 $h = (90º-z)$ 换算为 A–h 函数：

$$A = \pm\arccos(0.7141\times\tan h)$$

所算∠A 的正值表示日落方向，负值表示日出方向。此算式表明 A–h 函数是一条直线，我们称之为春秋分的日出（落）直线。把日出线（直线）和天际线（曲线）绘制在同一个"方位—高度"图上，直线和曲线的交点，就是春秋分日出寺崮山的地点（图8），这一交点的方位和高度就是春秋分那一天太阳从山上升起的方位和高度。如图8所示，天际线与春秋分日出线的交点高度为 $h = 1º$，算得 $A = -89.29º$，即春秋分的日出方向为东偏南 $0.71º$。

又，取冬至太阳赤纬 $\delta = -\varepsilon = -24.021$，$\varphi_o = 35.5312$，得到冬至日出线 A–h 函数：

$$A = \pm\arccos\left(0.7141 \times \tan h + \frac{0.5}{\cos h}\right)$$

又，如图 8 所示，天际线与冬至日出线的交点高度为 $h = 1.2º$，算得 $A = -59º$，即冬至的日出方向为东偏南 31º。

把计算结果显示在绘有"日出—天际线"的"方位—高度"图上（图 8），马上可以看出：陵阳河遗址所见的春秋分和冬至日出，不在寺崮山的山头上，而在山坳里。春秋分的日出在主体山峰北端的第一个山坳里，冬至日出在主体山峰南端的第一个山坳里。以前的观测者和研究者都认为大汶口文化陶尊上的五山陶文反映了太阳从山顶上升起的情景，陵阳河遗址的天文考古研究表明：陶文所反映的应该是太阳从山坳里升起的情景。

七、山尖日出线

寺崮山山尖上的日出是否与节气有关呢？计算山尖日出线，看它与天际线的交点位置是否接近某个节气点，就可以回答这个问题。实际上是要计算日出时的太阳黄经。二十四节气的黄经度数由黄道 360º 平均分为 24 等份而得到平黄经，如春分为黄经 0º，夏至 90º，秋分 180º，冬至 270º 等。太阳平均每天移动黄经约 1º，知道了太阳黄经就可以估算它离某个节气大约多少天，我们的天文考古计算到多少天以内就足够了。要想知道某个日出点对应的黄经，可以通过太阳赤纬（δ）和黄赤交角（ε）计算太阳黄经（λ），有黄赤道度变换公式：

$$\sin\delta = \cos\varepsilon\sin\beta + \sin\varepsilon\cos\beta\sin\lambda \tag{14}$$

由于太阳黄纬 $\beta = 0$，上式可写为：

$$\sin\delta = \sin\varepsilon\sin\lambda \tag{15}$$

$$\lambda = \arcsin\left(\frac{\sin\delta}{\sin\varepsilon}\right) \tag{16}$$

马上可以看出，当 λ = 0° 或 180° 时，δ = 0°，此即春分和秋分；当 λ = 90° 时，δ = ε，此即夏至；当 λ = 270° 时，δ = $-\varepsilon$，此即冬至。

在一年之中，冬至是日出最南点，夏至是日出最北点，其他点位均有来回两次日出的机会，因此一个 λ 的计算值代表两个太阳黄经：一个为 λ，且当 λ 为负值时取 (360°+λ)；另一个黄经为 (180°−λ)。

太阳赤纬 (δ) 和黄经 (λ) 的计算依赖于黄赤交角 (ε)。黄赤交角 ε 随时间而有微小变化，现阶段古大今小，积 4000 年大约有 0.5 度的变化。理论上黄赤交角的计算公式可以展开为时间 (T) 的无穷级数，现代天文年历通常取到 ε 表达式中 T 的三次项为止（近 50 年内足够精确），显然难以适用于千年以上历史年代的计算。为适合远距历元的应用，法国巴黎天文台的拉斯卡（Jacques Laskar）提出计算黄赤交角的级数表达式直到 10 次项的系数，表示如下[①]：

$$\varepsilon = 23°26'21.448'' - 4680.93U - 1.55U^2 + 1999.25U^3 - 51.38U^4 - 249.67U^5 - 39.05U^6 + 7.12U^7 + 27.87U^8 + 5.79U^9 + 2.45U^{10} \tag{17}$$

其中 U 为 J2000 起算的时间（往前数为负数），单位万年（$|U| < 1$）。据此算得大汶口文化晚期（距今 5000 年）的黄赤交角为：

	U	ε
距今 5000 年	−0.5	24.02101
公元 2000 年	0	23.43929

本例要计算的山尖日出地点，有模拟观察阶段看到的春秋分前后的日

[①] Laskar J. "Secular terms of classical planetary theories using the results of general theory", *Astron Astrophys*, 1986, 157: 59–72.

出山峰，包括 A 点——山麓小丘，B 点——寺崮山北峰；此外 C 点——四姑山主峰也在考虑之内。这三点的方位、高度（或天顶距）为已知（表5），地理纬度统一采用基点的 φ_0 值，将这三个已知参量代入四元素公式(11)式，可立马计算出太阳赤纬 δ。已知 δ 即可据（16）式计算出"山尖日出线"。

一条日出线代表一个太阳黄经值，与太阳赤纬有关而与山高无关。求得太阳赤纬 δ 之后，再按（17）式计算 ε 的古代值，然后将两者代入（16）式，可马上算得古代日出时的太阳黄经 λ。将计算结果列如表5，并表示于图8之中。

表5 陵阳河遗址日出计算表（单位°）

日出地点	高度 h	天顶距 z	太阳赤纬 δ	方位角 A	日出方向 东偏南	太阳黄经 λ
春分点 秋分点	1	89	0	−89.29	0.71	0 180
冬至点	1.2	88.8	−24.021	−59	31	270
A 山麓小丘	1.11	88.89	0.92	−90.33	−0.33	2.26
B 北峰	2.22	87.78	−2.2	−85.71	4.29	−5.41
C 主峰	2.89	87.11	−10.15	−75.35	14.65	−25.65

A 点的计算值 $\lambda_A = 2.26$，表示春分之后或秋分之前约2.3天，对应黄经为2.26°和177.74°。B 点的 $\lambda_B = -5.41°$，表示在秋分之后、春分之前约5.4天，对应黄经为185.41°和354.59°。C 点的 $\lambda_C = -25.65°$，表示在秋分之后、春分之前约25.7天，对应黄经为205.65°和334.35°。

显然寺崮山主峰（C）和北峰（B）上的日出，均与节气无关。山麓小丘（A）因接近北坡的第一个山坳，貌似与春秋分的日出位置很靠近，仅有两日之差,但实际上是以山坳为日出标志点的结果。总之,对山尖日出的日期计算,与对节气日出的方位计算,所得结论一样:寺崮山山顶上的日出与节气无关,而与节气有关的是南坡和北坡山坳里的日出。这颠覆了我们以往的经验和认识。

八、结语

大汶口文化陶尊上的"五山"陶文可能与遗址所见的日出天象有关,但它并非指太阳从山峰上升起,而有可能指太阳从山坳中升起;并非仅指春秋分日出,还有可能包括日出最南点——冬至。考古天文学计算表明,寺崮山山尖(包括主峰和次峰)上的日出线均与节气点无关,相反春秋分和冬至日出线出现在主体山峰两端的山坳中:次峰之下的北坡急剧下降,北坡第一个山坳是天际线的最低处,春秋分太阳在靠近谷底的部位升出地面;主峰之下的南坡非常平缓,南坡第一个山坳是一个浅平状锅底形的马鞍部,冬至日出在这个马鞍部的中央升起。其中北坡第一山坳的底部,也就是天际线的最低点,正好位于正东方向上,距离春秋分日出仅相差1天左右。

利用山坳确定节日的做法不乏其例。例如美国亚利桑那州原住民印第安族的霍皮(Hopi)人在冬至期间要举行索亚(Soyal)典礼,由太阳巫师和索亚巫师两人观测日落方位靠近130公里外最高峰旗杆(Flagstaff)市的圣弗朗西斯科山(San Francisco Mountains)的一个凹口时,历时9天的索亚典礼开始举行,冬至发生时典礼正在进行中[1]。埃及象形文字中的地平

---

[1] [英]米歇尔·霍斯金主编,江晓原等译:《剑桥插图天文学史》,山东画报出版社,2003年,第16~17页。

线（akhet），描绘太阳从两山之间升起，表示地平线是太阳神的家，陈星灿先生指出：这与大汶口文化所谓日月山图像文字有异曲同工之妙[①]。

我们推测大汶口文化晚期的先民们正是利用了寺崮山南北坡两处山坳中的日出天象，来确定冬至和春秋分节气的。《左传·文公元年》载曰："先王之正时也，履端于始，举正于中，归馀于终。"找到了起始节点和正中节点，就可以制订出"观象授时"的历法。这种历法主要是根据日出（落）的地平方位来授时的，我们称之为"地平历"。大汶口文化先民是中国最早的地平历的创造发明者之一。

---

① 陈星灿：《大汶口文化的日月山图像和古代埃及的地平线表示法》，《中国文物报》2006 年 1 月 20 日第 7 版，收入《考古随笔（二）》，文物出版社，2021 年。

述而作论

"夏启之居"与"后羿代夏"

——新砦城址的历史学意义[*]

中国社会科学院考古研究所　赵春青

　　新砦遗址位于河南省新密市刘寨镇新砦村，东北距郑州市 32.3 公里，南依双洎河，总面积约 70 万~100 万平方米。该遗址以富含晚于河南龙山文化又早于二里头文化的"新砦期"过渡性遗存而著称。1964 年河南省密县文化馆馆长魏殿臣先生调查时发现该遗址[①]。1979 年三四月间中国社会科学院考古研究所赵芝荃先生首次试掘新砦遗址[②]，并提出"二里头文化新砦期"[③]。"夏商周断代工程"启动后，北京大学古代文明中心与郑州市文物考古研究院于 1999 年和 2000 年两次合作发掘新砦遗址，最终确认"新

---

[*]　本文为中华文明探源研究"中原和海岱地区文明进程研究课题（2020YFC1521602）"阶段性成果。
[①]　北京大学震旦古代文明研究中心、郑州市文物考古研究院：《新密新砦——1999~2000 年田野考古发掘报告》，文物出版社，2008 年。
[②]　中国社科院考古研究所河南二队：《河南密县新砦遗址的试掘》，《考古》1981 年第 5 期。
[③]　赵芝荃：《略论新砦期二里头文化》，《中国考古学会第四次年会论文集　1983》，文物出版社，1985 年。

砦期"的存在[1]。

一、新砦城址的分期

1999—2000年度田野考古报告将新砦遗址分为三期，其中一期的文化性质为王湾三期文化，二期为过渡性质的新砦期，三期为二里头文化一期[2]。

（一）新砦一期

新砦一期文化即为新砦遗址最早的文化。《新密新砦——1999～2000年田野考古发掘报告》报告一的研究成果，目前是研究最全面的成果，依据1999—2000年遗迹叠压打破关系，新砦一期又可分为早、晚两段。

一期早段以1999T6H227、2000T3-T4H99、2000T2-T3H113、2000T12H96与2000T12H111为代表，以夹砂陶为主，占60%；泥质陶次之，约占40%。陶色以灰陶为大宗，可分为浅灰与深灰两种，二者合计约70.78%；次为褐色陶，约占15%；另有红陶与白陶，但是数量上都极少。一期早段陶器纹饰除素面和素面磨光之外，篮纹为大宗，绳纹与方格纹数量上相当，附加堆纹最少。篮纹与方格纹、绳纹印痕都较清晰，排列也都很规整。部分方格纹为横长方格，绳纹呈麦粒状。弦纹以凹弦纹为主，多施于泥质陶罐、盆豆上。指甲纹多施于小口高领罐或瓮的肩部。器型以深腹罐、小口高领罐、碗、钵为主，圈足盘、豆次之，鼎和器盖、鬶、盉、杯、盆又次之。另有少量小口罐、甗、双腹盆、刻槽盆、壶、斝、子母口瓮、单耳杯、矮领瓮等。

---

[1] 赵春青：《新砦期的确认及其意义》，《中原文物》2002年第1期。
[2] 北京大学震旦古代文明研究中心、郑州市文物考古研究院：《新密新砦——1999～2000年田野考古发掘报告》，文物出版社，2008年。

其中深腹罐为大宗，器壁皆较薄，但火候较高，同样方格纹和绳纹印痕十分清晰，多方唇，有的方唇一周施有凹槽，口沿较宽，沿下角较小，沿面较平，内折棱凸出，器身多为瘦长形，最大腹径在中腹以上，下腹部内收明显，通体施有纹饰。碗与钵多尖圆唇，唇面有凹槽，大口，器壁较斜且薄，小底内凹，内壁多有明显的凹痕，底部有轮制留下同心圆纹痕迹。小口高领罐多圆唇外凸侈口，鼓肩或圆肩。圈足盘盘腹较弧且浅，圈足较高。豆，豆盘较深，豆柄有粗、细两种，其中粗柄豆的底部较直，细柄豆的底端外侈，豆盘弧腹较浅。鬶平流，束颈宽把。单耳杯，宽带耳折腹。鼎有高足鼎与矮足鼎两类，高足鼎多素面；矮足鼎数量较少，为扁三角形。刻槽盆多为敛口，内有波浪纹。双腹盆折腹角度较大呈钝角。

第一期晚段陶器陶系以2000T12H92与2000T4H103为代表。泥质陶比例上升约占52%，夹砂陶下降到48%；陶色以灰陶为主，占总数的80%，褐陶下降到12%，另有少量黑陶，约占7.99%，红陶较少，且几乎不见白陶。晚段纹饰除素面磨光大宗外，篮纹依旧为主要装饰，次为方格纹，绳纹第三，弦纹最少。器类主要是深腹罐、碗、杯、豆、小口高领罐、圈足盘、子母口缸、鼎和器盖，另见少量侧装扁足鼎、器座、刻槽盆、深腹盆、圈足器。偶见瓮、盉、双腹盆、子母口鼎、鬶、甗、小口罐等。与早段相比，该段陶器的突出变化是深腹罐数量比早段更多。双腹盆数量下降，不见斝，甗为罐形，底部及近底部腹壁圆形镂空。小口高领罐多直领内曲，圆唇广肩。圈足盘深腹，近折壁，高圈足。晚段粗豆柄外撇，细豆柄豆盘弧腹较深。豆柄较高，底部外凸。单耳杯，宽带耳，微鼓腹或弧腹，高鼎足多为正面压印横槽，矮鼎足多为乳状足，刻槽盆多为直口。双耳盆折腹角度较小呈锐角。

总体来看，其中罐占了一半以上，加上碗、钵，三类可占整个器物组合的80%以上，属于罐文化区。目前认定其文化性质为王湾三期文化煤山类型。从器物来看，乳状鼎足、高足鼎、深腹罐、唇沿带凹槽的深腹罐、圈足盘、曲腹盆、钵、碗等，常见于临汝煤山、登封王城岗、禹州瓦店等遗址，当属于王湾三期文化煤山类型。甗、素面罐、壶、侧装三角形鼎足、高足带镂空圈足盘等当属于造律台类型。柱状鼎足、瘦长形素面深腹罐、覆钵形带纽器盖属于后冈二期文化。另有少许鲁中南龙山文化器物，如折壁器盖、粗柄豆等。还有少许石家河文化宽边足鼎等，其中王湾三期文化煤山类型占主导地位。

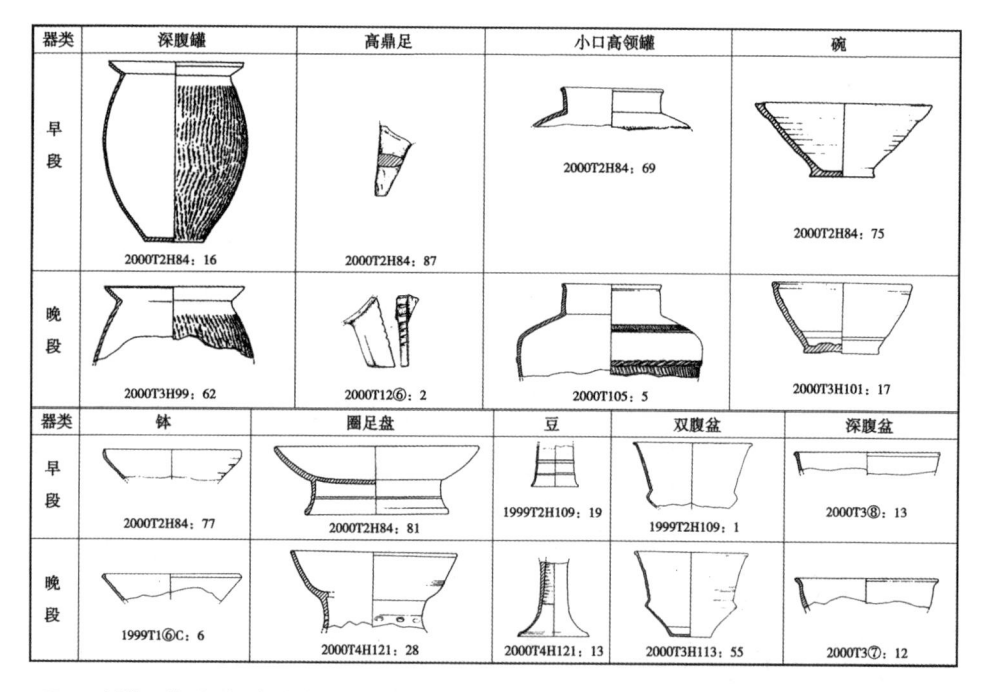

图 1　新砦一期典型器物演变图（采自《新密新砦——1999～2000年田野考古发掘报告》）

（二）新砦二期

二期早段以 2000T4H59、2000T4H53、2000T4H26、2000T2H93、2000T4H45 为代表。

二期早段陶器以夹砂陶为大宗，次为泥质陶。纹饰除素面外，以篮纹为主，其次为方格纹，绳纹已上升到第三位。器类以罐类为主，占50%以上；其次是碗、钵、小口高领罐、器盖，侧扁三角形足鼎约占第三位；盉与圈足盘数量最少，不到1%。二期早段陶器，器物组合的突出变化：一是夹砂罐和鼎的口沿唇部多尖圆唇，与新砦一期同类器流行方唇的风格截然不同，腹外部篮纹和方格纹开始变得印痕较浅且乱；二是在高足鼎、瓮的口部开始流行子母口作风；三是折壁器盖大量出现。二期早段的深腹罐口沿多为尖圆唇，少见方唇，沿面加厚不起凸棱，这是与二期晚段的深腹罐相比普遍性的差别之处。早段钵、碗胎壁较晚段薄，豆通常为浅盘，侧扁三角形鼎足足跟偏下，器盖的折壁较直，平底盆口沿较窄，腹较深，子母口缸数量少，器壁多较薄。

　　二期晚段以2004T4H19、2004T2H11为代表。二期晚段陶器仍以夹砂陶为大宗，泥质陶次之。纹饰除素面外，方格纹和篮纹最常见，绳纹呈上升趋势，附加堆纹数量大增，常与方格纹、篮纹和绳纹复合饰于同一器物上。二期晚段仍以罐类为主，约占二期晚段器物群的38.07%；其次为器盖，占28.79%；接下来依次是侧扁足鼎、小口高领罐、盆、豆等；平底盆、碗、钵类和子母口缸数量大减，只有1%多一点；其余为矮足鼎、刻槽盆、三足盘，均不到1%；甑、镂空足鼎、矮领瓮和盉、鬶数量最少。

　　总体来看，新砦二期陶器有着当地的传统因素的继承，如深腹罐、小口高领罐，另有自身创新因素，如尊形瓮、折肩罐、双腹豆等。其中东方外来因素增多，如折壁器盖、子母口鼎、子母口瓮、镂空鼎足、侧扁三角形高足鼎、平底盆等。但是这并没有从根本上改变其本身文化性质。其中占主导地位的器物仍是深腹罐。另外，二期拥有自身独特的器物特征，如直壁双层纽器盖、双腹豆、子母口瓮、深腹盆形甑等，这一变化有别于王湾三期文化核心器物双腹盆和斝。同样也无二里头文化典型器物花边罐和圆腹罐。因此，可命名为"新砦二期文化"。

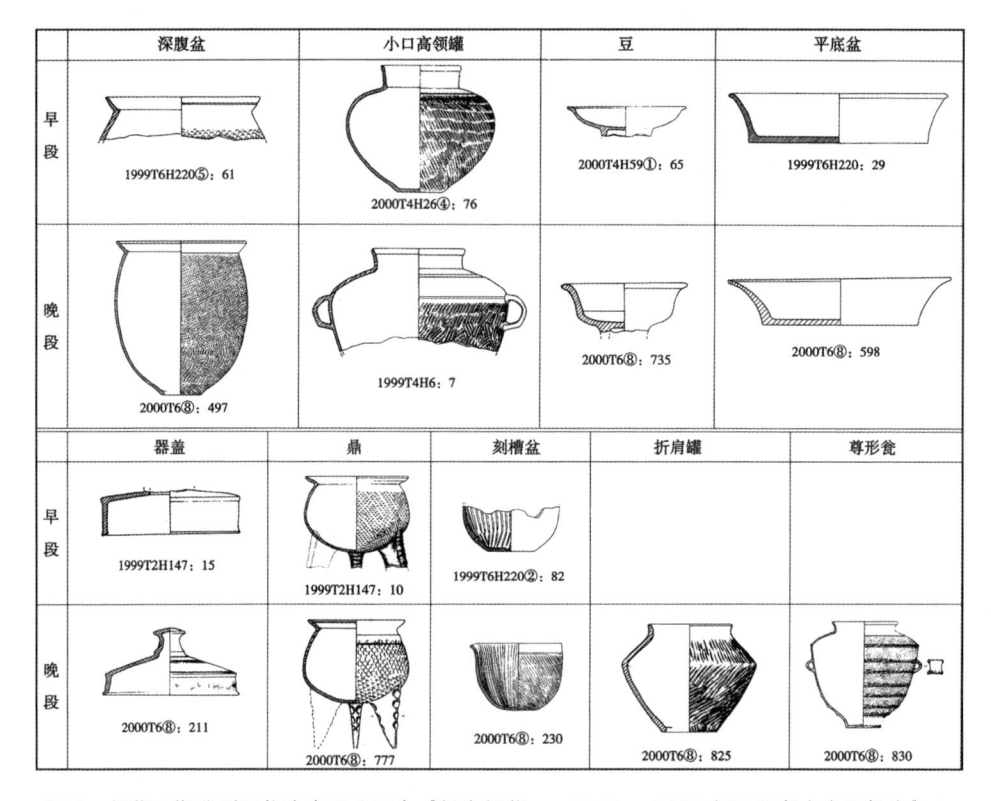

图2 新砦二期典型器物演变图（采自《新密新砦——1999～2000年田野考古发掘报告》）

（三）新砦三期

新砦三期早段以2000T7⑦A和2000T5⑤A为代表。陶器以夹砂灰陶为大宗，其中夹砂灰陶占陶器的50%以上，泥质灰陶占30%多。纹饰除素面外，以篮纹和绳纹最常见，绳纹已上升到20%左右，与篮纹比例相当。器类组合为深腹罐、器盖、花边罐、鼎，另有较多小口刻槽盆、高领罐。其中深腹罐大量沿用第二期口沿加厚的作风，器盖变化明显，折壁处往外凸出，盖纽出现了大量菌状纽，三期早段菌状纽为中空，其空间狭小，另有外表保留着二期常见的双层塔状。早段仍使用一些乳状足鼎，尊形瓮的口部较直，已经出现不少二里头文化标形器花边罐，且多为束长颈。

晚段以2000T5④为代表，陶系与纹饰特征与早段相近，绳纹已经成为最主要装饰，其次为方格纹、篮纹。陶器组合为深腹罐、器盖、鼎和花边罐，另有三足盘、子母口缸或瓮、小口高领罐、刻槽盆、豆。与早段器物相比，深腹罐口沿变得近平直，沿下角加大，腹部较直。花边罐成为主要器类，口部变得短促。器盖折肩处外凸不明显且外撇，盖纽出现了单层菌状纽，纽内的空间变大。鼎足出现正背面对捏按窝纹，乳状鼎足数量下降。

新砦遗址第三期有与二里头文化一期相近的器物，如花边罐、两侧按窝纹的鼎足、菌状纽器盖，同样也保留了诸多二期器物，如折壁器盖、折沿尖唇深腹罐、子母口鼎、刻槽盆、深腹盆形甑、乳足鼎等，但是新砦三期文化性质当属于二里头文化一期。

图3 新砦三期典型器物演变图（采自《新密新砦——1999～2000年田野考古发掘报告》）

总体来看，新砦遗址划分为三期六段较为客观地反映了新砦遗址的文化面貌，其中第一期属于王湾三期文化煤山类型。而处在过渡性质的二期，虽有一定数量的东方文化因素的涌入，但仍旧没有改变其属于中原文化的性质。新砦遗址的三期性质当为二里头文化一期，但是应比二里头遗址的一期要略早。总之，新砦期也就是新砦二期的陶器种类，主要有深腹罐、器盖、小口高领瓮、折肩罐、折肩瓮、豆、鼎、平底盆、刻槽盆、盂、单把杯、觚、钵和碗等。平底器最多，次为三足器，多为鼎。圈足器较少，仅豆、簋形豆和极少量的觚形杯。除个别刻槽盆底部近圜底外，基本不见圜底器。新砦期陶器群较之于新砦一期发生了一些变化，其基本组合已经转变为深腹罐、平底盆、鼎、尊形瓮、折肩罐，另有大量器盖。与王湾三期文化相比，双腹盆和斝已经消失，乳状鼎足、碗的数量大减，而平底盆和折壁器盖的数量大增。二里头文化常见的器盖、橄榄状深腹罐、尊形器均已露头。新砦期的陶器形制如深腹罐、鼎、器盖、碗、豆等器物形制介于龙山文化与二里头文化同类器之间。通过文化因素分析发现新砦期陶器群有三种因素出现：一是当地传统因素，如深腹罐、高足鼎、小口高领罐；二是东方因素，如子母口瓮、子母口鼎、平底盆；三是创新因素，如尊形瓮、折肩罐、双腹豆等。这三类文化因素中的前两类都可以在当地和东方的龙山文化遗存中找到具有渊源关系的同类器物，如深腹罐、小口高领罐、碗、平底盆、子母口瓮等，突出特点是东方文化因素的大量涌现和一系列崭新器类的出现。大量的东方文化因素器物的涌现，昭示出新砦期居民与东方民族发生了十分密切的联系。不过，并没有从根本上改变新砦期属于中原古文化系统的本质，在新砦遗址龙山文化陶器群占据首位的仍是深腹罐，深腹罐大小成系列配置，既作炊器又作盛储器，依旧是新砦人最常用的器物[1]。新砦期的文化性质应和二里头文化系统更近一些，新砦期陶器群中的双腹豆、尊形瓮、折肩罐等新生器物的出现以及四足瓮等高规格器物的流行，说明新砦期的兴盛。所以，不宜将新砦期归入龙山文化末期，也不必将这一过渡期单列为一个新的考古学文化，而应归入势力呈上升趋势的二里头文化早期[2]。也就是说，新砦期是王湾三期文化与二里头文化之间的链条。另外，新砦期融合了大量东方文化因素，当与太康失国、后羿代夏的历史背景有关[3]。这为探讨早期夏文化提供了新方向与支点，应加强对新砦遗址的研究。

---

[1] 赵春青：《新砦期的确认及其意义》，《中原文物》2002年第1期；赵春青：《关于新砦期与二里头一期的若干问题》，《二里头遗址与二里头文化研究》，科学出版社，2006年。
[2] 赵春青：《新砦期的确认及其意义》，《中原文物》2002年第1期。
[3] 赵春青：《新砦期的确认及其意义》，《中原文物》2002年第1期。

二、新砦城址聚落布局的探索

"中华文明探源工程预研究"和第一阶段研究项目将"新砦聚落布局与内涵"纳为重点课题之一，由中国社会科学院考古研究所和郑州市文物考古研究所联合于 2002—2005 年对该遗址进行了较大规模的钻探和发掘[1]，目前已经发现龙山文化晚期-新砦期的城墙、护城河、外壕、内壕及新砦期大型建筑等重要遗迹。2013—2020 年，为了进一步了解新砦城址外部以及核心区布局情况，对遗址再次进行大规模持续性发掘。首次发现新砦期陶窑及东城墙外有居址[2]，以及在浅穴式大型建筑南侧发现了新砦期夯土建筑基址，为研究新砦聚落布局情况提供了新的材料。

（一）新砦一期城址的发现

有关新砦遗址一期城址的问题，是在新砦遗址田野发掘中查明的，它始建于新砦城址的一期并沿用到新砦二期，这是历年在寻找新砦城址布局中确认的。目前新砦一期城址发现有壕沟与城墙，具体如下：

---

[1] 赵春青等：《河南新密市新砦遗址 2002 年发掘简报》，《考古》2009 年第 2 期；赵春青：《新密市新砦龙山文化至二里头文化时期城址》，《中国考古学年鉴 2004》，文物出版社，2005 年；赵春青等：《新密市新砦遗址》，《中国考古学年鉴 2006》，文物出版社，2007 年；赵春青等：《河南新密市新砦遗址东城墙发掘简报》，《考古》2009 年第 2 期；赵春青等：《河南新密新砦遗址发现城墙和大型建筑》，《中国文物报》2004 年 3 月 3 日第 1 版；中国社会科学院考古研究所、郑州市文物考古研究所：《河南新密市新砦城址中心区发现大型浅穴式建筑》，《考古》2006 年第 1 期；赵春青等：《河南新密新砦城址发掘城墙西北角与浅穴式大型建筑》，《中国文物报》2006 年 6 月 30 日第 2 版；赵春青等：《河南新密市新砦遗址浅穴式大型建筑基址的发掘》，《考古》2009 年第 2 期。
[2] 中国社会科学院考古研究所河南新砦队、郑州市文物考古研究院、河南大学古代文明研究中心等：《河南新密市新砦遗址王嘴西地发掘简报》，《考古》2018 年第 3 期。

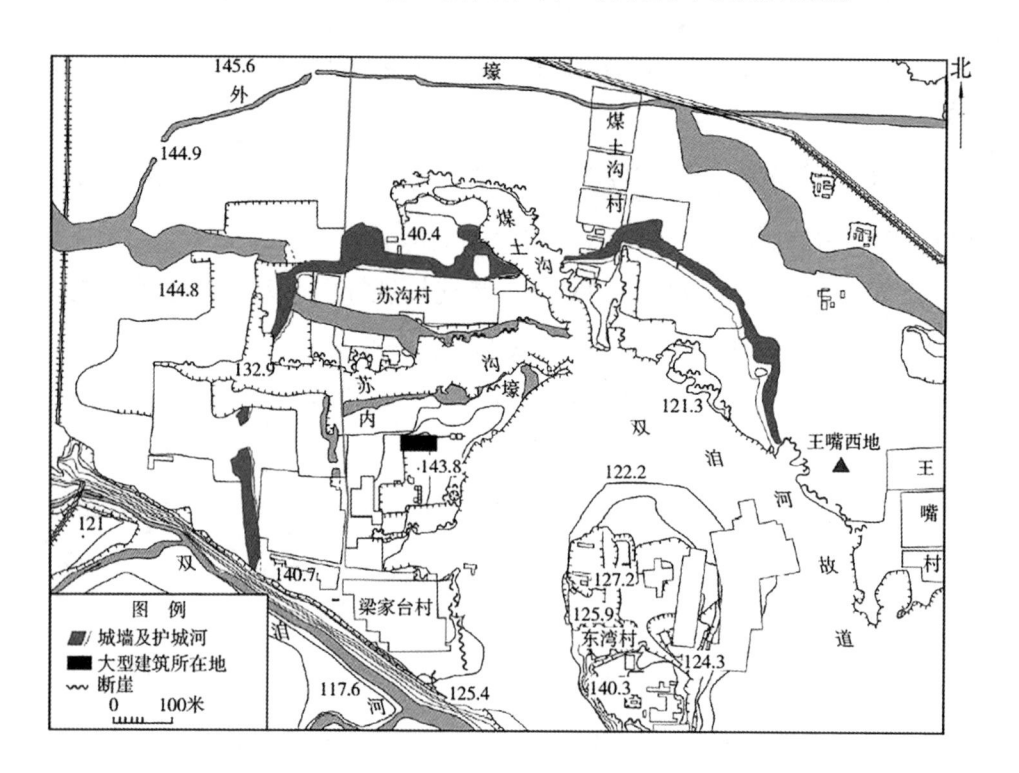

图 4 新砦城址平面结构示意图

1. 新砦一期城址的壕沟

新砦一期城址的壕沟在 2003 年所布探方 CT2、CT4～CT7 内均有发现，编号分别为 2003CT2G Ⅳ、2003CT4～CT7G Ⅲ、2003CT4～CT7G Ⅳ，具体情况如下：

编号 2003CT2G Ⅳ，位于 2003 年 CT2 中部，被新砦期早段城墙 CT2Q Ⅰ C 第 4、第 6 和第 7 层打破，底部东高西低。距地表深 3.55～3.6 米，沟深 0.34～2.3 米。堆积较杂乱，黄褐色土，内含较多的淤积层。出土陶片以灰陶为主，有少量红褐陶。纹饰有篮纹、绳纹、弦纹。可辨器型有折沿方唇夹砂罐、小口高领罐、盆及石铲等。根据出土器物，壕沟年代为龙山文化晚期。

编号2003CT4～CT7GⅢ，位于CT4南部与CT5北部。沟口上部北边被QⅠB第2层打破，南边被QⅠC第2层打破。南北宽4米，沟口距地表深4.85米，沟深0.95～1.9米。沟内堆积分为两层，第1层现存南、北两壁，坡度较缓，灰黄色土，土质稍硬，最厚1.45米。出有泥质灰陶篮纹陶片，可辨器型有器壁较薄的罐类、器耳等。第2层直接挖于生土上，形成一沟槽。绿黄色土，含有淤沙，南北宽1～1.25米，口距地表深6米，沟深0.6～0.7米。南、北两壁陡直，底部平坦。出有器壁较薄的篮纹陶片和残石器。根据出土器物，壕沟年代为龙山文化晚期。

编号2003CT4～CT7GⅣ位于CT5南部，被CT4～CT7QⅡB层叠压。南、北两壁均为生土，较陡直，底部平坦。距地表4～4.8米，口南北宽2.7米，底宽1.3米。沟内堆积可分为3层。第1层，灰黄土，土色泛青，土质稍硬，厚0.5～1.25米，出有龙山文化晚期的泥质灰陶篮纹罐腹部残片及器耳。第2层，黄土发青，夹杂淤土，厚0.6～0.7米，出土有较薄的篮纹陶片等。第3层，灰白色沙质土，含沙量较大，厚0.5～0.6米，未见包含物。

2. 新砦一期城址的城墙

新砦一期城址的城墙在2003年所布探方CT2、CT4～CT7内均有发现，编号分别为2003CT2QⅡ、2003CT4～CT7QⅡ，具体情况如下：

编号2003CT2QⅡ，位于CT2中部，南北出CT2。平面形状近长方形，剖面为西高东低的倾斜堆积。底部呈锅底状，是为城墙凹槽。顶层距地表深0.31米，东西残长3.35米，最高处至底部3.05米。

编号2003CT4～CT7QⅡ，主要分布于CT5～CT7内。直接叠压CT7南部的生土层，最高处开口于本探沟第2层下，距地表深0.25米。整体被CT4～CT7QⅠC第2层叠压，打破CT7第8层。可分

CT4～CT7Q ⅡA、B、C 3层，其中CT4～CT7Q ⅡA层又分为3小层。CT4～CT7Q ⅡA第1层和CT4～CT7Q ⅡB层上部为数层斜状堆筑层，其余为平夯层。CT4～CT7Q ⅡA、B、C3层总体特点是靠近居址的南半部为平行叠压的平夯层，系直接把南壁切削成近阶梯状，便于平行夯打夯层；而靠近外围的北部夯层因被CT4～CT7Q ⅠC打破，形成倾斜状的堆筑层。从低处的CT4～CT7Q ⅡB层北端至高处的CT4～CT7Q ⅡA第2层南端，最厚4.5米，现南北宽9.35米。

3. 新砦一期城址的年代

新砦遗址第一期出土的深腹罐、钵、碗、小口高领罐、豆、圈足盘、鼎等常见于临汝煤山、登封王城岗、禹州瓦店、新密古城寨等王湾三期文化晚期遗址，年代应与之基本相当。经过新砦遗址第一期出土木炭碳十四测年，认为新砦遗址第一期绝对年代当在公元前2050—前1900年之间。其中早段约为公元前2050—前2000年左右，晚段约为公元前2000—前1900年之间。禹的儿子启在位29年或39年。"夏商周断代工程"将夏王朝的始年定为公元前2070年。而新砦城址一期的年代经碳十四测定，在公元前2050—1900年之间，已经进入夏代早期纪年范围内，结合《穆天子传》与《水经注》的考证，新砦城址的一期应为夏启之居。

4. 对新砦一期城址的认识

新砦城址的发现为寻找夏代早期都城提供了不可多得的实物资料。对于新砦一期城址的性质目前有以下几点意见：

程平山先生认为："启即帝位以后处于二里头文化一期之初，而新砦二期晚段为夏启之居。因此，所谓的新砦二期晚段应归入二里头文化一期。

新砦二期晚段古城的发现再次证明了二里头文化一期始于启。"①蔡全法先生认为："新砦龙山城址与新砦二期文化城址的年代不在启在位的年代之内，缺乏考古年代和历史文献的支持，所谓'启都'，就目前论，尚难成立，仍需进一步研究。如果是都邑也只能是太康及其以后东夷乱夏之城邦。"②顾万发先生认为新砦一期城址为夏启之居，并认为新砦遗址一期晚段是该遗址较为繁荣的时期，新砦遗址二期晚段是该遗址最为繁荣的时期，新砦遗址二期早段此遗址处于不景气阶段，新砦遗址二期晚段城址应与少康之都有关③。近来，周书灿先生认为："新砦文化遗存的时间跨度远远超出文献所记禹、启的年代范围，且略早于羿浞代夏的年代。简单地判定新砦文化遗存与古代文献所记启居黄台、羿浞代夏等对号入座，未免过于武断。"并认为："新砦文化遗存反映出的军事防御的功能并不明显……新砦古城的防御洪水的意义远远高于军事防御功能。"④

　　本文认为新砦城址的位置完全符合《穆天子传》与《水经注》提到夏启之居的地望，城址的始建年代落入夏代早期年代范围之内，考古发掘的遗迹遗物的规格，已具备早期王都的特征。综上所述，初步推测，新砦城址很可能就是夏启之居所在地⑤。持有这一观点的还有许顺湛、马世之、郑杰祥等诸位先生⑥。

---

① 程平山：《论新砦古城的性质与启时期的夏文化》，《考古与文物》2007年第3期。
② 蔡全法：《"黄台""黄水"与"启都"新论》，《中国聚落考古的理论与实践（第一辑）：纪念新砦遗址发掘30周年学术研讨会论文集》，科学出版社，2010年。
③ 顾万发：《"启居黄台之丘"及相关问题考证》，《东南文化》2004年第6期。
④ 周书灿：《再论新砦遗址的性质与功能》，《中州学刊》2018第10期。
⑤ 赵春青：《新密新砦城址与夏启之居》，《中原文物》2004年第3期。
⑥ 许顺湛：《寻找夏启之居》，《中原文物》2004年第4期；马世之：《新砦遗址与夏代早期都城》，《中原文物》2004年第4期；马世之：《新砦城址与启都夏邑问题探索》，《考古与文物》2007年第3期；郑杰祥：《新砦遗址和夏代"启室"》，《中国聚落考古的理论与实践》，科学出版社，2010年。

（二）新砦二期城址的发现

新砦二期城址发现了大型浅穴式建筑、三重壕沟，以及城墙遗迹，具体如下：

1.新砦二期城址的壕沟

新砦二期城址的壕沟在 2003 年所布探方 CT2、CT4～CT13 内均有发现，编号分别为 2003CT2GⅡ、2003CT2GⅢ、2003CT4～CT7GⅡ，具体情况如下：

编号 2003CT2GⅡ，位于 CT2 中部偏东，南北皆出 CT2。斜坡状，东西两侧高，中间低，底部不规整。此沟打破 CT2GⅢ和 CT2QⅠ，同时被 CT2GⅠ打破。出土陶片可辨器型有深腹罐、矮领罐、高领罐、深腹盆、平底盆等，根据出土器物判断其年代为新砦期晚段。

编号 2003CT4～CT7GⅡ，位于 CT4 北部，开口于 CT4～CT7GⅠ第 7 层下。据钻探得知，壕沟主体在探沟以北，被现代民居所压。距地表深 4.6 米，探沟内南北宽 1.75 米、深 1.3 米，根据层位判断其年代为新砦期晚段。

编号 CT2GⅢ，位于 CT2 东部，南北皆出 CT2，被 CT2GⅡ第 5 层打破。壁呈斜坡状，略圜底，距地表深 3.94～4.2 米，口宽 3.14～5.12 米、底宽 2.11～3.25 米、深 1.35～1.53 米。填土较杂乱，主体呈黄褐色，夹杂有小的淤积层。出土陶片以灰陶为主，少量红陶。纹饰有方格纹、篮纹、弦纹等。可辨器型有折沿罐、平底盆、鼓腹罐、碗、鼎等，根据出土器物推断其为新砦期早段壕沟。

2.新砦二期城址的城墙

新砦二期城址的城墙在 2003 年所布探方 CT2、CT4～CT13 内均有发现，编号分别为2003CT2QⅠA、B，2003CT2QⅠC，2003CT4～CT7QⅠA、B，2003CT4～CT7QⅠC，具体情况如下：

编号2003CT2QⅠA、B，位于探沟中部，南北皆出CT2。打破新砦期早段城墙（CT2QⅠC），又被二里头文化早期壕沟（CT2GⅠ）和新砦期晚段壕沟（CT2GⅡ）打破。整体呈斜坡状，上距地表深0.39～0.65米，现存东西宽6.65米、高1.76米。其年代为新砦期晚段。

编号CT2QⅠC位于CT2中部，南北皆出CT2。开口于CT2第2层下，被CT2QⅠA、B打破，同时又打破龙山文化城墙（CT2QⅡ）。平面不规则，北部最宽，距地表0.4～3.58米，口东西宽7.1～8.5米、高2.01米。其年代为新砦期早段。

编号2003CT4～CT7QⅠA、B，分布于CT4、CT5和CT6北半部，东西均出探沟外。城墙整体呈倾斜状。最高处仅距地表0.3米，即直接开口于近代扰土层下。最深处距地表5.1米、高4.85米。以CT4～CT7QⅠA第1层最南端和CT4～CT7QⅠB第2层最北端计算，现存南北宽10.2米。其年代为新砦期晚段。

编号CT4～CT7QⅠC，主要分布于CT5、CT6内，呈倾斜状。北部被CT4～CT7QⅠB第1层打破，南部打破CT4～CT7QⅡ。最高处被探沟第2层叠压，距地表仅0.3米。从低处的CT2QⅠC第1层北端到最高处的CT2QⅠC第2层南端计算，现存南北宽9米。可分两层。青灰色土，含沙量较大，土质较疏松，与GⅢ内淤土的土质土色接近。每一层厚0.1～0.65米。因是倾斜堆积，已看不出明显的夯窝，但每一小层内部可划分出相互叠压的若干斜状薄土层。其年代为新砦期早段。

3. 新砦二期城址的年代

经过对新砦遗址二期出土木炭标本进行碳十四测年，新砦遗址二期早段的绝对年代数据大多数落在公元前 1880—前 1770 年之间，新砦遗址二期晚段的测年数据多落在公元前 1770—前 1730 年之间，测年专家认为，拟合后的数据前后摆动二三十年属于正常情况，据此，参照新砦一期的测年结果，暂把新砦二期绝对年代定在公元前 1850—前 1750 年，新砦期大体经历了 100 年左右时间。根据史书记载启传位于太康，由于太康荒于政事造成后羿代夏，后被寒浞取代，后羿、寒浞代夏这一历史事件，在考古学的反应当为新砦期，这从测年结果与出土遗物当可说明之。因而，新砦二期城址当为太康失国与后羿代夏时期。

4. 新砦二期城址城墙、护城河营建认识

新砦一期的居民将原自然沟填平并夯筑城墙，是为 CT2Q Ⅱ 第 2 层和 CT2Q Ⅱ 第 1 层，紧邻其外侧拓建配套的护城河（CT2G Ⅳ）。护城河紧邻城墙，导致城墙土容易向护城河内滑落。或许到了新砦期早段，原来的护城河已被填满。于是，新砦期早段的居民就清理护城河上部的淤土，并填上纯净的新土进行夯筑，形成了新砦期早段的夯土墙（CT2Q Ⅰ C）。同时，紧邻其外侧，向外拓建新的护城河（CT2G Ⅲ）。到了新砦期晚段，人们在 CT2Q Ⅰ C 的外坡顺势再修建新砦期晚段的城墙（CT2Q Ⅰ B 和 CT2Q Ⅰ A），其外围继续向外拓展更宽的护城河（CT2G Ⅱ 第 5 层）。因护城河距离城墙太近，新砦期晚段的护城河（CT2G Ⅱ 第 1 层至第 4 层）很快侵蚀了同时期的城墙（CT2Q Ⅰ A、B）。最后，二里头文化时期，同样是一个大壕沟（CT2G Ⅰ）将新砦期晚段的城墙（CT2Q Ⅰ A、B）和护城河（CT2G Ⅱ）冲毁。[①]

---

① 赵春青等：《河南新密市新砦遗址东城墙发掘简报》，《考古》2009 年第 2 期。

5. 新砦二期城址浅穴式大型建筑基址及性质

2002年春在钻探之初，就已经注意到今梁家台村东北的高台地偏北处有片区域，文化堆积比较纯净，不见更多的灰坑等，推测该处可能存在重要建筑。于是2002年秋在此地布10米×10米的探方5个（编号为AT1～AT3、AT5、AT6），7米×10米的探方1个（AT4），以进行大面积揭露。初步判定这里应是一处至少长50米以上的大型建筑。至于该建筑的形制和结构如何，因2002年寒冬的来临，暂停发掘而不得知。2003年，主要工作是寻找和发掘新砦遗址的防御设施，而对于大型建筑，仅在基址的中部进行了小规模的发掘。探方编号为AT24、AT25，发现1座打破大型建筑的房址（AT24F6）。2004年秋，在2002年发掘的AT3、AT6以东布下南北两排共14个探方（AT7～AT17、AT14A、AT23、AT23A），每排长10米、宽10米（仅AT16宽9米），予以大规模地揭露，但仍未发掘到该建筑的东端。2005年春夏，又向东依次布10米×10米的探方2个（AT26、AT27），在AT26南部布10米×10米的探方1个（AT29），在AT29东部布5米×10米的探方1个（AT30），最终找到了大型建筑的东端。

为了解大型建筑的建筑程序，分别在AT3与AT6和AT13与AT15内各开挖1条探沟，下掘至生土。其中，位于AT3与AT6内的探沟，靠探方东壁，正南北向，长22.1米、宽1.5米；AT13与AT15内的探沟，南北长18.95米、宽1米。为了究明"墙体"结构，在南、北"墙壁"上选择7处予以解剖。于该建筑方向约为86度，向北扩方2.1米，以完整揭露北壁。另外，为了搞清大型建筑北侧的实际情况，结合以往的钻探结果，2004年秋季于大型建筑以北按正南北方向，依次向北布AT18～AT22一排共5个探方（除AT19为南北长5米、东西宽4.5米外，余皆为南北长5米、东西宽2米）。发掘结果表明，这里分布有较多的灰坑，另有房基1座，未见大型建筑。同时，为了探寻大型建筑的西端，在AT1西部的农田断崖（现高约1.7米）下，东距AT1西壁约1.5米处，向西扩方（东西长10米、南北宽5米，编号为AT1A）。由土崖西断壁可以看出，相当于AT1第5层下面的断崖上暴露出大型建筑（编号为DF）的南壁，此处上距地表约1.8米、残宽0.25米、厚0.15～0.2米。断崖之下的AT1A内，已不见DF的西壁，只有DF之下的路土继续向西延伸。通过2002—2005年度的田野工作，在新砦遗址中心区发掘认定此为一座较完整的大型浅穴式建筑基址。

2002年发现的位于遗址中心区的大型建筑，经2003、2004年的持续发掘和2005年春季的解剖，目前已基本可以肯定这是一处新砦期晚段的多次使用的大型浅穴式露天活动场所。它的发现对于探索新砦城址中心区的建筑布局、判定新砦遗址的性质、研究华夏文明的起源均具有十分重要的意义。新砦城址的中心区位于遗址的西南部，这里是整个遗址海拔最高的地方，东、北、西三面被内壕所围，系新砦城址的"内城"。大型建筑位于内城的中部偏北，开口于二里头文化层之下，上距地表最深1.75米。该建筑西端已遭农田破坏，东端被近代扰土层破坏掉中间部分，只在东端的南、北两段保存垫土层，据此可以大体推断出东端的位置。现存部分整体呈刀把形，主体为长条形，唯东端向南内收24米，总面积达1000多平方米。根据相关文献，认为新砦遗址中心区发现的这座浅穴式大型活动场所或许与"墠"或"坎"之类的活动场所有关[1]。

有关浅穴式大型建筑的性质，周书灿先生撰文论述认为："河南新密市新砦城址中心区大型浅穴式建筑不大可能为人工筑砌的高于地平面的用

---

[1] 中国社会科学院考古研究所、郑州市文物考古研究所：《河南新密市新砦城址中心区发现大型浅穴式建筑》，《考古》2006年第1期；赵春青等：《河南新密新砦城址发掘城墙西北角与浅穴式大型建筑》，《中国文物报》2006年6月30日第2版；赵春青等：《河南新密市新砦遗址浅穴式大型建筑基址的发掘》，《考古》2009年第2期。

来祭山林丘陵之神或先祖的'坛',似乎也非经过清除平整用来祭祀先祖的'墠',更为符合'高而入于下'的'坎'的特征,因此,其很可能为统治者祭祀洧水之神的'坎'。"①

图5 新密新砦浅穴式大型建筑航拍

(三) 对新砦三期遗存的认识

2016—2018年在梁家台东北高台地揭露了新砦遗址第三期建筑遗存②,该建筑基址东西残宽约24.25米,南北长约44米。总体来看,第三期建筑基址残存面积1000平方米以上。建筑基址在建造过程中,对先期地面进行过平整,建造过程中掺杂黄土,残存建筑基址铺垫土厚度多在0.4~0.7米之间,局部破坏较为严重,厚度稍薄约0.2~0.3米。残有部分踩踏面,或经过火烤而成烧结面,部分建筑面较为坚硬,似现代水泥地面。柱洞多为双圈,最大径达到0.5米。在建筑基址上始终未发现承重墙体。柱洞在北部分布尚有规律可循,南部由于晚期遗迹密集分布,破坏较为严重。整体形制尚需进一步研究,但是根据建筑基址边界旁边柱洞分布来看,

---

① 周书灿:《新密新砦城址中心区大型浅穴式建筑的性质再思考》,《华夏考古》2011年第1期。
② 中国社会科学院考古研究所、郑州市文物考古研究院:《河南省新密市新砦遗址核心区建筑基址的发掘》,待刊。

可能为一处带有回廊的建筑。因而新砦三期遗址仍为一处重要聚落。

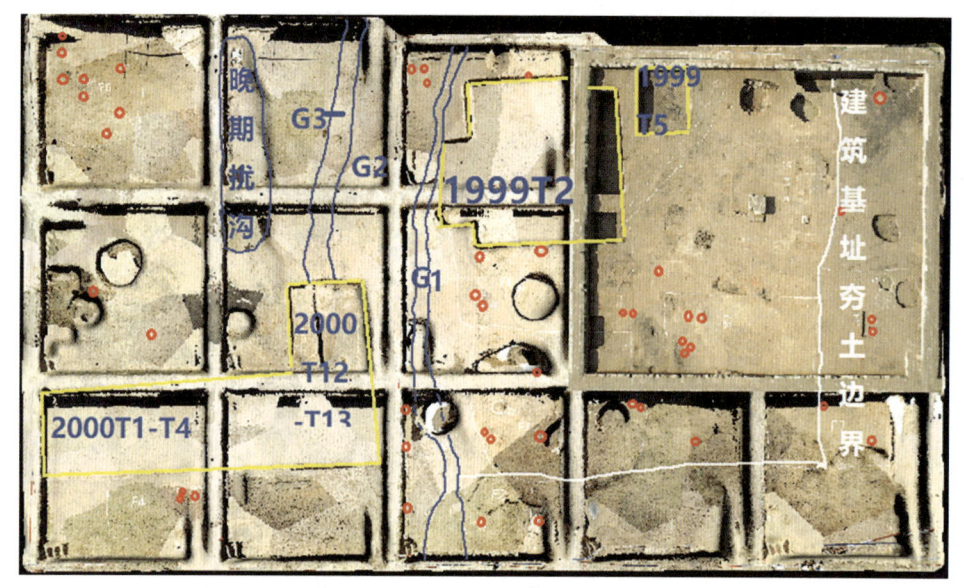

图 6　新密新砦第三期建筑基址航拍

三、有关历史学的记载

关于新砦城址的性质，不妨再从历史学角度加以考察。

（一）夏启之居

《史记·夏本纪》对夏史记述较为详细，按照《集解》徐广曰："从禹至桀十七君，十四世。"[1] 按《古本竹书纪年》的记载，夏禹在位 45 年，其子启在位 29 年或 39 年，享年 78 或 98 岁[2]。夏商周断代工程将夏王朝的

---

[1] 〔汉〕司马迁撰，韩兆琦译注：《史记》，中华书局，2010 年，第 138 页。
[2] 《古本竹书纪年辑校》禹条云："禹立四十五年。（《太平御览》卷八十二）" 启条云："即位三十九年亡，年七十八。" 参见黄永年校点：《古本竹书纪年辑校》，辽宁教育出版社，1997 年。

始年定为公元前 2070 年[①]。经碳十四测定，新砦遗址龙山文化晚期年代约为公元前 2050—前 1900 年[②]。可见新砦遗址一期已经进入夏代早期纪年范围内，具体而言对应夏代禹启时期。

丁山先生在《由三代都邑论其民族文化》[③]一文对夏启之都有所考证，我们不妨再次研读。《穆天子传》："天子东游于黄泽，宿于曲洛，废□。使宫乐谣曰，黄之池，其马歕沙，皇人威仪。黄之泽，其马歕玉，皇人受谷。丙辰，天子南游于黄台之丘（今本作黄□室之丘，据《文选》注引改正），以观夏后启之所居，乃□于启室。"郭璞注："疑此言太室之丘嵩高山，启母在此化为石，而子启亦登仙，故其上有启室也。"按，《汉书·武帝纪》，"元封元年，登礼中岳，见夏后启母石"，颜师古注引《淮南子》言："涂山氏化为石，石破生启。"启之生地，传说虽在太室，但太室之北无黄池、黄泽，亦无黄台之丘。惟《水经注》云："洧水又东南，赤涧水注之，水出武定冈，东南流，径黄台冈下，注于洧。洧水又东，与黄水合。黄水出太山南黄泉。黄即《春秋》之所谓黄崖也。故杜预注云，苑陵县西有黄水者也。又东南流，水侧有二台，谓之积粟台。黄水又东南，径龙渊东南，注于洧水。"洧水先受赤涧水，次受黄水，黄水如可指为《穆天子传》之黄泽，则积粟台非《传》文黄台之丘，黄台之丘可确指其即赤涧水旁之皇台冈。洧水出于阳城山，与黄水所出之太山，正是一脉；而黄、阳二字，古音同部，意者洧、黄之间，即夏后启之故居。

笔者曾撰文赞同丁山先生把《穆天子传》与《水经注》综合考证，并

[①] 夏商周断代工程专家组：《夏商周断代工程 1996—2000 年阶段成果报告》（简本），世界图书出版公司北京公司，2000 年。
[②] 北京大学震旦古代文明研究中心、郑州市文物考古研究院：《新密新砦——1999~2000 年田野考古发掘报告》，文物出版社，2008 年，第 149 页。
[③] 丁山：《由三代都邑论其民族文化》，《历史语言研究所集刊》第五期第一分册，商务印书馆，1935 年，第 90 页。

同意洧、黄之间为夏启之居的推论，且认为丁山先生指出的赤涧水旁的黄台冈，很可能就是离新砦遗址仅3千米的力牧台。得出这一推论主要基于《水经注》对洧水支流的叙述，具体如下：

《水经注》卷二十二："洧水又东南与马关水合，水出玉亭下，东北流历马关，谓之马关水，又东北注于洧。洧水又东合武定水，水北出武定冈，西南流，又屈而东南，流径零鸟坞西，侧坞东南流，坞侧有水，悬流赴壑，一匹有余，直注涧下，沦积成渊，嬉游者瞩望，奇为佳观。俗人睹此水挂于坞侧，遂目之为零鸟水，东南流入于洧。洧水又东与虎牍山水合，水发南山虎牍溪，东北流入洧。洧水又东南，赤涧水注之，水出武定冈，东南流径皇台冈下，又历冈东，东南流注于洧。"①

查阅《密县志·山水志》卷六，武定水出武定冈，在南来马关水之下。武定冈即今之大冈、小冈。其云悬流赴壑，沦积成渊，与所经响水潭合。在今云岩宫水库以北有响水台，当即《密县志·山水志》所云响水潭合。所以，《水经注》之武定水应为今流经云岩宫的武定水。《穆天子传》记载，穆天子经黄台冈观夏启之居。可见，夏启之居就在黄台冈不远的地方②。《水经注》所载黄台冈附近的几条河流名字，如武定水和赤涧水、马关水、虎牍溪水等河流仍旧分布在新砦城址附近。目前，新砦遗址附近有两处和黄台有关的地名。一是新密市刘寨镇黄台村，距新砦城址不足5千米，为现代村落，其名字也与历史上的黄台关联很小。另一处是新密市刘寨镇边上的力牧台，此处距新砦城址约3千米，海拔200多米，可远眺新砦城址。据《密县志》记载又名黄台冈，《河南通志》记载，力牧台，一曰拜将台，一曰熊台。在大騩镇东，俗传黄帝讲武于此。又曰："筑拜风后。土人呼

---

① 〔北魏〕郦道元著：《水经注》，时代文艺出版社，2001年，第167~168页。
② 马世之：《新砦遗址与夏代早期都城》，《中原文物》2004年第4期。

为台子冈，又曰黄台冈。"由此可见，《水经注》提及的黄台冈的确有可能就是指力牧台。该冈地为黄土丘，地面上保存有夯土台，其上为周代夯土建筑。

可见，新砦城址的位置从文献角度来看，完全符合《水经注》所云夏启之居的地望。从考古测年数据方面，新砦城址的始建年代亦进入夏代早期年代范围之内。从出土的遗物来看，礼制器用与高等级建筑材料都彰显着早期王朝国家的特征。

目前，在豫西嵩山左近发现的龙山文化晚期的城址有登封王城岗[①]、新密古城寨[②]、新密新砦[③]、郾城郝家台[④]、平顶山蒲城店城址[⑤]、淮阳平粮台城址[⑥]等，在这些城址当中，以新密新砦龙山文化晚期城址的面积最大（约70万平方米），城墙和护城河环绕新砦遗址，在目前发现的龙山文化城址当中，规模较大、城墙和城壕遗迹清楚，结合历史文献记载，我们推测新砦遗址第一期文化与城址同时代的文化遗存当属于龙山文化晚期，而新密新砦第一期文化的晚段很可能就是"夏启之居"所在地。

（二）后羿代夏

有关后羿代夏的记述在《史记》与《左传》中所载最详。

《史记·夏本纪》张守节《正义》引《帝王纪》曰："帝羿有穷氏未

---

① 河南省文物研究所、中国历史博物馆考古部：《登封王城岗与阳城》，文物出版社，1992年；北京大学考古文博学院、河南省文物考古研究所：《登封王城岗考古发现与研究（2002—2005）》，大象出版社，2007年。
② 河南省文物考古研究所等：《河南新密市古城寨龙山文化城址发掘简报》，《华夏考古》2002年第2期。
③ 赵春青等：《河南新密新砦遗址发现城墙和大型建筑》，《中国文物报》2004年3月3日第1版。
④ 河南省文物考古研究所：《郾城郝家台》，大象出版社，2012年。
⑤ 河南省文物考古研究所等：《河南平顶山蒲城店遗址发掘简报》，《文物》2008年第5期。
⑥ 河南省文物研究所等：《河南淮阳平粮台龙山文化城址试掘简报》，《文物》1983年第3期。

闻其先何姓。帝喾以上，世掌射正。至喾，赐以彤弓素矢，封之于鉏，为帝司射，历虞、夏。羿学射于吉甫，其臂长，故以善射闻。及夏之衰，自鉏迁于穷石，因夏民以代夏政。帝相徙于商丘，依同姓诸侯斟寻。羿恃其善射，不修民事，淫于田兽，弃其良臣武罗、伯姻、熊髡、尨圉而信寒浞。寒浞，伯明氏之谗子，伯明后以谗弃之，而羿以为己相。寒浞杀羿于桃梧，而烹之以食其子。其子不忍食之，死于穷门。浞遂代夏，立为帝。寒浞袭有穷之号，因羿之室，生奡及豷。奡多力，能陆地行舟。使奡帅师灭斟灌、斟寻，杀夏帝相，封奡于过，封豷于戈。恃其诈力，不恤民事。初，奡之杀帝相也，妃有仍氏女曰后缗，归有仍，生少康。初，夏之遗臣曰靡，事羿，羿死，逃于有鬲氏，收斟寻二国馀烬，杀寒浞，立少康，灭奡于过，后杼灭豷于戈，有穷遂亡也。"[1] 同样有关后羿的记载还见于《史记·吴太伯世家》："伍子胥谏曰：'昔有过氏杀斟灌以伐斟寻，灭夏后帝相。帝相之妃后缗方娠，逃于有仍而生少康。少康为有仍牧正。有过又欲杀少康，少康奔有虞。有虞思夏德，于是妻之以二女而邑之于纶，有田一成，有众一旅。后遂收夏众，抚其官职。使人诱之，遂灭有过氏，复禹之绩，祀夏配天，不失旧物。'"[2] 可见在西汉官方史学体系中对后羿、寒浞代夏这一历史事件未有怀疑，且记载较为详细，是认识这一历史事件的重要史学材料。

有关后羿、寒浞代夏的事件还见于《尚书·五子之歌》《左传·襄公四年》《左传·哀公元年》《左传·昭公二十八年》等先秦史料中。

《尚书·五子之歌》："太康尸位以逸豫，灭厥德，黎民咸贰。乃盘游无度，畋于有洛之表，十旬弗反。有穷后羿，因民弗忍，距于河。厥弟

---

[1] 〔汉〕司马迁撰，〔宋〕裴骃集解，〔唐〕司马贞索引，〔唐〕张守节正义：《史记》，中华书局，1999年，第64页。

[2] 〔汉〕司马迁撰，韩兆琦译注：《史记》，中华书局，2010年，第2475页。

五人御其母以从，徯于洛之汭。五子咸怨，述大禹之戒以作歌。"① 可见太康失国主要是由于其本人荒芜政事，而被东夷有穷部落取代，被迫外迁。

《左传·襄公四年》记载，魏绛曰："昔有夏之方衰也，后羿自鉏迁于穷石，因夏民以代夏政。恃其射也，不修民事，而淫于原兽，弃武罗、伯因、熊髡、龙圉，而用寒浞。寒浞，伯明氏之谗子弟也，伯明后寒弃之，夷羿收之，信而使之，以为己相。浞行媚于内，而施赂于外，愚弄其民，而虞羿于田。树之诈慝，以取其国家，外内咸服。羿犹不悛，将归自田，家众杀而亨之，以食其子，其子不忍食诸，死于穷门。靡奔有鬲氏。浞因羿室，生浇及豷；恃其谗慝诈伪，而不德于民，使浇用师，灭斟灌及斟寻氏。处浇于过，处豷于戈。靡自有鬲氏，收二国之烬，以灭浞而立少康。少康灭浇于过，后杼灭豷于戈，有穷由是遂亡，失人故也。"②《左传·昭公二十八年》："昔有仍氏生女，黰黑，而甚美，光可以鉴，名曰玄妻。乐正后夔取之，生伯封，实有豕心，贪婪无厌，忿类无期，谓之封豕。有穷后羿灭之，夔是以不祀。"③《左传·哀公元年》记载，伍员曰："昔有过浇杀斟灌以伐斟鄩，灭夏后相，后缗方娠，逃出自窦，归于有仍，生少康焉。为仍牧正，惎浇能戒之。浇使椒求之，逃奔有虞，为之庖正，以除其害。虞思于是妻之以二姚，而邑诸纶，有田一成，有众一旅。能布其德，而兆其谋，以收夏众，抚其官职；使女艾谍浇，使季杼诱豷。遂灭过、戈，复禹之绩，祀夏配天，不失旧物。"④《左传》作为先秦时期叙事完备的编年体史书，相对详尽地记载了后羿代夏的历史事件，用以警诫当时统治者，可见当时这一历史事件的真实性。

---

① 《十三经》整理委员会整理，李学勤主编：《十三经注疏·尚书正义》，北京大学出版社，1999年，第176页。
② 〔春秋〕左丘明撰，杨伯峻编著：《春秋左传注》，中华书局，1981年，第936~938页。
③ 〔春秋〕左丘明撰，杨伯峻编著：《春秋左传注》，中华书局，1981年，第1492~1493页。
④ 〔春秋〕左丘明撰，杨伯峻编著：《春秋左传注》，中华书局，1981年，第1605~1606页。

《左传》中对后羿、寒浞代夏这一历史事件相对详细的记述，与西汉《史记》内容基本一致。可见，后羿、寒浞代夏的历史事件在史籍中被屡屡提及，当为不虚。此外新砦遗址还发掘出龙纹陶片、带有东方特征的饕餮纹器盖残片、铜容器残片、铜刀、玉琮等一批高规格遗物。

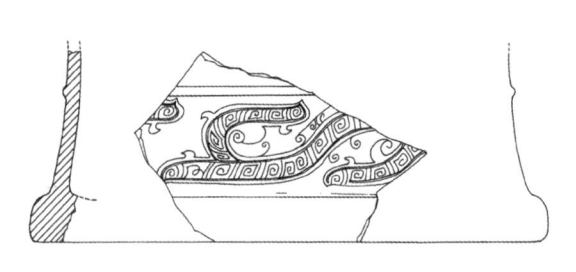

龙纹陶片　　　　　　　　　　饕餮纹器盖残片

图7　新密新砦遗址出土遗物

综上所述，新砦城址从文献记载所提及的位置以及通过现代科技考古测年与史书记载年代上都可对应夏代早期阶段，加上新砦遗址历年来田野发掘揭露的建筑遗迹以及高等级文物都可以彰显早期王朝国家的气象，根据最新考古发掘情况结合相关文献记载，初步推测新砦遗址一期即龙山文化晚期遗存为"夏启之居"，二期即新砦期遗存为"太康失国"至"后羿代夏"时期的物质遗存，新砦三期即二里头文化早期遗存仍是夏代中晚期的一个重要聚落遗址。

述而作论

河南淇河下游地区下七垣文化遗址的调查与收获

故宫博物院 王 睿

淇河发源于山西省陵川县棋子山，进入河南省境后经辉县市、林州市、鹤壁市，在淇县入卫河，全长161公里。淇河下游地区是指淇河流出太行山余脉后注入卫河的区域，包括鹤壁市及其所属的淇县、浚县，还有安阳市的汤阴县南部地区（图1）。

鹤壁地区紧邻安阳殷墟，在殷商时期是内畿之地，中国考古学的先驱者们在发掘安阳殷墟的同时，也非常关注相邻的淇河下游地区。1932年，中央研究院历史语言研究所曾调查发掘大赉店、辛村遗址，继在安阳后冈之后在大赉店遗址再次发现了仰韶、龙山、殷墟三叠层[1]；郭宝钧先生在辛村遗址发掘了西周至春秋早期卫国国君及其夫人的墓葬[2]，资料现存于台湾。

---

[1] 刘耀：《河南浚县大赉店史前遗址》，《田野考古报告》第一册，商务印书馆，1936年。
[2] 郭宝钧：《浚县古残墓之清理》，《田野考古报告》第一册，商务印书馆，1936年；孙海波：《浚县彝器》，河南通志馆，1937年。

图1　淇河下游流经区域

近年，随着对先商文化认识的逐步深入和提高，淇河下游地区再次成为考古学界重点关注的区域。

考古材料和研究证明，中华文明由远古到历史时期的文化进程模式是多地起源，而非直线发展模式，如学界所说的满天星斗式或重瓣花朵式的向心结构[1]。夏商周三代非直接相承的关系，有各自的文化来源和发展历程，而不是如文献所说，"殷因于夏礼……周因于殷礼"（《论语·为政》），"三代之君，皆在河洛之间"（《史记·封禅书》）。夏商时期也是中华文明开始步入融合、统一的起点，商代文化的源头先商文化研究成为中华

---

[1] 苏秉琦：《关于考古学文化的区系类型问题》，《苏秉琦考古学论述选集》，文物出版社，1984年；严文明：《中国史前文化的统一性与多样性》，《史前考古论集》，科学出版社，1998年。

文明探源工程的重要内容。

最初，考古学界将二里头文化遗存认定为先商文化[1]。随着考古材料的增多和研究的深化，邹衡先生全面系统地区分了夏商文化的不同来源，二里头遗存属于夏文化范畴，早商文化的源头先商文化与夏文化并行发展，分为漳河型、辉卫型和南关外型三种地方类型[2]。1989年，李伯谦先生提出了可以将漳河型、辉卫型一类遗存以下七垣遗址第3、4层为代表，称为下七垣文化[3]，用考古学命名方式代替以前的文化属性称谓"先商文化"，使先商文化不再混搅于困顿多年的二里头文化分期与夏商文化分界问题，更重要的是为先商文化研究确立了新的考古学文化标准，为先商文化研究开启了更广阔的探讨空间。在新考古学文化的标准下，一大批先商文化遗址得以发现，基本确立了先商文化的分布区域并细化了地方文化类型，正如学界所给予的高度评价："下七垣文化概念的提出和确立，绝不仅仅是对先商文化的一种改称或是对考古学文化命名原则的单纯恢复，而应是对先商文化概念把握的深化和严密。"[4]

随着对下七垣文化认识的深入，在已发现的邯郸涧沟[5]、磁县下七垣[6]、新乡潞王坟[7]、郑州南关外等几处下七垣文化遗址外，河北省境内仅

---

[1] 北京大学历史系考古教研室商周组：《商周考古》，文物出版社，1979年。
[2] 邹衡：《关于探讨夏文化的几个问题》，《文物》1979年第3期。
[3] 李伯谦：《先商文化探索》，《庆祝苏秉琦考古五十五年论文集》，文物出版社，1989年。
[4] 段宏振：《先商文化考古学探索的一些思考》，《早期夏文化与先商文化研究论文集》，科学出版社，2012年。
[5] 河北省文化局文物工作队：《河北邯郸涧沟村古遗址发掘简报》，《考古》1961年第4期。北京大学、河北省文化局邯郸考古发掘队：《1957年邯郸发掘简报》，《考古》1959年第10期。
[6] 河北省文物管理处：《磁县下七垣遗址发掘报告》，《考古学报》1979年第2期。
[7] 河南省文化局文物工作队：《河南新乡潞王坟商代遗址发掘报告》，《考古学报》1960年第1期。

磁县就发现下七垣文化遗址17处[1]，有易县下岳各庄[2]、涞水渐村[3]、任丘哑叭庄[4]、邢台葛家庄[5]等遗址；河南省境内的孝民屯[6]、大寒南岗[7]、鄗邓遗址[8]，修武李固，濮阳马庄遗址[9]，杞县鹿台岗[10]，辉县孟庄[11]、孙庄[12]，长垣宜丘[13]，淇县宋窑[14]等，极大丰富了下七垣文化的研究材料，推进了下七垣文化研究进程。随着南水北调工程和第三次文物普查项目的实施，考古调查和发掘范围的扩大，下七垣文化的考古材料获得突破性进展，在新发现的遗址中最重要的材料有两种：一是下七垣文化的最早期遗址的发现，如磁县槐树屯遗址[15]；二是发现了大规模的下七垣文化的墓地，如鹤壁刘庄[16]和磁县南城[17]，使下七垣文化研究不再局限于对文化命名、分布、分期、类型及其与周邻文化的关系等学术问题的探讨，也为深入探讨下七垣文化

---

[1] 乔登云：《河北磁县几处先商遗址的考古发现与探索》，《早期夏文化与先商文化研究论文集》，科学出版社，2012年。
[2] 沈勇：《保北地区夏时代两种青铜文化之探讨》，《华夏考古》1991年第3期。
[3] 河北省文物研究所：《河北涞水渐村遗址发掘报告》，《文物春秋》1992年增刊。
[4] 河北省文物研究所、沧州地区文物管理所：《河北省任邱市哑叭庄遗址发掘报告》，《文物春秋》1992年增刊。
[5] 任亚珊等：《1993—1997年邢台葛家庄先商遗址、两周贵族墓地考古工作的主要收获》，《三代文明研究》（一），科学出版社，1999年。
[6] 中国社会科学院考古研究所：《殷墟发掘报告 1958—1961》，文物出版社，1987年。
[7] 中国社会科学院考古研究所安阳队：《安阳大寒村南岗遗址》，《考古学报》1990年第1期。
[8] 河南省文物考古研究所：《安阳鄗邓》，大象出版社，2012年。
[9] 北京大学考古专业商周组等：《晋豫鄂三省考古调查简报》，《文物》1982年第7期。
[10] 郑州大学文博学院、开封市文物工作队：《豫东杞县发掘报告》，科学出版社，2000年。
[11] 河南省文物考古研究所：《辉县孟庄》，中州古籍出版社，2003年。
[12] 郑州大学历史学院考古系发掘材料。
[13] 郑州大学历史与考古系等：《河南长垣宜丘遗址发掘简报》，《中原文物》2005年第2期。
[14] 北京大学考古系商周组：《河南淇县宋窑遗址发掘报告》，《考古学集刊》10，地质出版社，1996年。
[15] 乔登云：《河北磁县几处先商遗址的考古发现与探索》，《早期夏文化与先商文化研究论文集》，科学出版社，2012年。
[16] 河南省文物局：《鹤壁刘庄——下七垣文化墓地发掘报告》，科学出版社，2012年。
[17] 石磊等：《河北磁县南城遗址浅析》，《早期夏文化与先商文化研究论文集》，科学出版社，2012年。

的族群构成、先商和早商之间文化面貌的差异所隐含的商代国家权力确立的方式提供了可能。

根据现有材料，下七垣文化主要分布在豫北、冀南地区，西以太行山为界，西南以沁水为界。邹衡先生根据不同地区所包含文化因素的差别，将唐河以南的冀南地区和淇河以北的豫北地区的先商文化称作"漳河型"，把分布于淇河以南、沁水以北、古黄河以西、太行山以东的先商文化称作"辉卫型"，把分布于郑州地区的先商文化称作"南关外型"[①]。虽然近年又出现对下七垣文化类型的若干细分以及下七垣文化来源的某些假说，但晋中龙山文化与下七垣文化最早期最为接近，下七垣文化由北向南逐渐由早到晚则是学界共识。

相对于文化面貌驳杂的生活居址，墓葬是以血缘或姻亲关系为基础的族群认同的文化表现，在解析社会结构和文化性质等问题上具有独特的优势。磁县南城和淇河下游鹤壁刘庄两处先商文化墓地的发掘揭示了当时社会结构的复杂性。

2008年，在磁县南城遗址发现了先商时期墓葬82座，分布相对集中，墓向基本一致，以小型墓为主，均为圆角长方形土坑竖穴，5座为南北向，余为东西向，葬式为仰身直肢，偶有例外。有棺有椁的仅1座，有棺无椁的2座，余无棺无椁。随葬品以陶鼎、鬲、豆、盆、罐等为主，还有玉饰、贝覆面、贝饰等，无明显贫富差异。

为配合南水北调工程，2005年6月至12月，河南省文物考古研究所抢救发掘了刘庄墓地，分两期共发掘了338座墓葬，被认为是先商文化发现以来最重要的发现。刘庄墓地位于鹤壁市淇滨区大赉店镇刘庄村南，位于淇河北岸的二、三级阶地之上，北高南低，由中部向南、东渐低，淇河

---

① 邹衡：《试论夏文化》，《夏商周考古学论文集》，文物出版社，1980年。

在遗址西、南两个方向环绕东流。

　　刘庄墓地文化面貌驳杂，不同于磁县南城墓地的墓向、葬式和随葬品等大致相同的遗迹现象，墓葬可以划分出不同群组，年代上也有早晚之别。墓地布局上明显可分为东、西两个大区域，东区按墓葬方向又可分为两个小片区，西区虽多为南北向，但亦可细分为二或三个小片区。墓葬多为土坑竖穴墓、木制葬具，有少量石棺和简化石棺葬；随葬品中鬲的数量最多，次为豆和盆，圈足盘亦较常见。李伯谦先生认为："刘庄墓葬有早有晚，早的以M94、M103为代表，年代约相当于二里头文化二期偏早；晚的以M298为代表，年代约与二里头文化三期至四期早段同时，说明包括刘庄墓地在内的辉卫型遗存和漳河型遗存一样，也有自己的早晚发展演变关系，它是下七垣文化的一个地方类型，而不是它发展过程中的一个期。"①

　　根据目前材料看，下七垣文化在不长时间跨度内和狭长的分布区域中能划分出多种地方类型，文化面貌驳杂。从居址和墓葬出土的遗物看，制作水平一般，没有明显的贫富差别，先商文化反映的物质文化发展水平与早商时期国家上层建筑标志城、宫殿、青铜礼器并不匹配，即如李伯谦先生所指出："（先商时期）迄今还没有发现像与其基本同时的二里头夏文化中那样的城址、大型建筑基址、青铜器及铸铜作坊等足以证明当时已进入文明建立国家的材料。"② 对于这种文化现象，张光直先生认为可能存在两个先商的源头：使用粗制灰色绳纹的日常烹饪陶器的被统治阶级可能来自冀南豫北的漳河流域，而使用夯土基址、城墙、铜器、文字等有财富和

---

① 李伯谦：《鹤壁刘庄——下七垣文化墓地发掘报告·序》，科学出版社，2012年。
② 李伯谦：《先商文化考古的新征程——在"先商文化学术研讨会"开幕式上的致辞》，《早期夏文化与先商文化研究论文集》，科学出版社，2012年。

美术价值的宝贵物品的统治阶级，则可能来自东方的海岸地带[1]，这仅仅是用物质文化表象来对接先商和早商之间文化面貌差异的简单处理。学界更趋向认同商代体现权力和上层建筑的夯土基址、城墙、铜器、文字等有财富和美术价值的宝贵物品的统治阶级物质文化面貌应该是抄袭、仿制于二里头文化[2]。

如何透过物质层面来揭示王朝更替的政治情势变化，即刘绪先生提出的考古学文化与族的关系、考古学文化的渐变与突变、政治事件与考古学文化变迁、考古学文化演进中的滞后等问题[3]，不仅需要对社会发展进程的合理判断与分析，更需要寻找材料上的支持。

先周和早周文化之间的接续曾经面临着同样的困惑[4]，随着多年不懈努力，在早周时期文化中心周原先周建筑基址的发现为这一问题的解答带来契机[5]。先商文化同样也需要寻找能够灭夏的政治势力的物质表现，紧邻南关外型分布区的淇河下游地区在商王朝建立前后的聚落情况，这一区域有无南关外型的文化影响，磁县南城、鹤壁刘庄墓地只是恰巧发现的中下阶层墓地，高等级墓地或大型高等级生活居址尚未发现，先商时期聚落与环境的关系等一系列问题都需要解答。随着鹤壁新区的建设和扩大，开展以刘庄墓地为中心的淇河下游地区考古调查工作，全面采集淇河下游地区

---

[1] 张长寿、张光直：《河南商丘地区殷商文明调查发掘初步报告》，《考古》1997年第4期；参见栾丰实：《试论岳石文化与郑州地区早期商文化的关系——兼论商族起源问题》，《华夏考古》1994年第4期。
[2] 张渭莲：《商文明的形成》，文物出版社，2008年；刘绪：《商文化的纵横考察》，《夏商周考古》，山西人民出版社，2021年。
[3] 刘绪：《论卫怀地区的夏商文化》，《纪念北京大学考古专业三十周年论文集》，文物出版社，1990年。
[4] 刘绪：《对探讨早期夏文化的几点看法》，《早期夏文化与先商文化研究论文集》，科学出版社，2012年。
[5] 《周原发现西周城址和先周大型建筑》，参见"北京大学考古文博学院"2022年2月3日微信公众号。

的遗址信息成为学术研究的迫切需求。

淇河下游地区遗址和墓地兼备,刘庄墓地资料的全面公布,为我们了解先商文化的基层社会结构构筑了一个可以深入探讨的资料基础。淇河下游地区的南部还有淇县宋窑[①]、北部鄚邓遗址都经过系统的发掘和资料整理工作。20世纪50年代以来北京大学一直持续做工作,1993年在大赉店遗址中部台地的一处断崖上发现一段先商文化地层[②]。1998年"夏商周断代工程"朝歌遗址调查组在淇县城北的高村东北角的头畛地遗址也发现了先商文化遗物[③],本次的区域调查是用全覆盖的面来补充以前点的工作。

调查从2009年春季开始,后于2010年秋季、2011年秋季分三次完成本区域的调查,又进行重要地点的复查。我们的工作模式是按照不同的地形条件,间距30~50米对所选区域进行全覆盖式的古代遗物的采集,在遗物发现点进行地理坐标、遗物采集和记录(图2、图3)。遗物在年代上分裴李岗、后冈一期、大司空类型、龙山、先商、早商、晚商、西周、东周和汉代等十档,利用 Arcriew 软件在1:10000的矢量化地图上生成采集点和不同时期遗物分布图。在调查基础上选定了遗址堆积相对单纯,以先商文化为主的王庄遗址进行试掘。

---

① 研究者把原辉卫型遗存称为辉卫文化。见北京大学考古系商周组:《河南淇县宋窑遗址发掘报告》,《考古学集刊》10,地质出版社,1996年。
② 北京大学考古学系等:《豫东北考古调查与试掘》,《考古》1995年第12期。
③ 夏、商、周断代工程朝歌遗址调查组:《1998年鹤壁市、淇县晚商遗址考古调查报告》,《华夏考古》2006年第1期。

述而作论

图 2　淇河下游地区地表采集工作现场

图 3　淇河下游地区灰坑采样工作现场

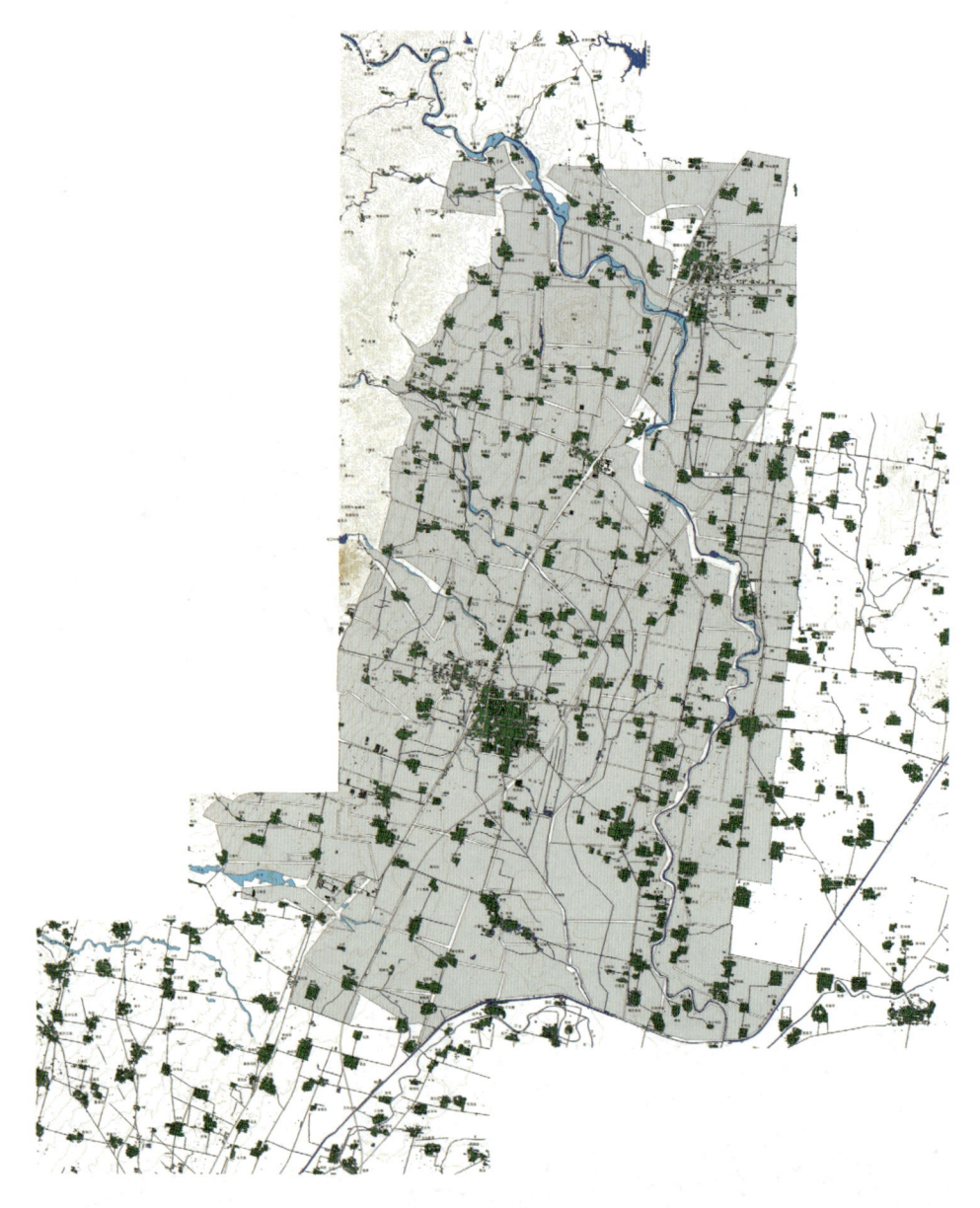

图 4　淇河下游地区采集区域示意图

本文重点介绍先商文化遗址的调查情况，遗址试掘和其他文化时期的调查材料将在《河南淇河下游地区考古调查与研究》中详细公布，本文与报告内容中有抵牾之处，以报告为准。

目前，淇河下游地区调查了 550 平方公里（图 4），在前期工作基础上，又发现了先商文化遗址约 40 多处。先商文化遗址主要分布在淇河两岸和山前平地上。从采集点分布来看，可以将遗址相对集中的区域分为六个。第一区是在山地区域的淇河两岸，有王洞、郭湾、朱家等遗址。遗存相对丰富，在淇河冲毁的河岸高地上发现灰坑。第二区是淇河下游中段的冲积平原区域，有大赉店、刘庄、王庄、夏庄、辛村、堡上、礼河屯等遗址，是淇河下游地区先商文化堆积最为丰富的区域。遗址类型丰富，有刘庄墓地和生活居址。第三、第四区域均位于淇河最下游区域的冲积平原上，第三个区域包括前公堂、后公堂、裴营、东宋庄、刘寨、申寨、姬庄、卫贤、古城、石河岸、靳庄、方寨、石佛寺、冯庄等遗址，分布面积大，遗存丰富。第四个区域包括前交卸、后交卸、前枋城、前草店、后草店、南纸坊、石奶奶庙、沙窝、三角屯等遗址，分布面积大，遗存丰富。淇河以西的山前平地地带的遗址集中区域从北到南可以分为第五、第六区。第五区的遗址分布于思德河两岸，包括上曹、下曹、王井、郝庄、北史庄、文礼庄、思德、田庄、高庄、小牛庄等遗址。第六区包括宋窑、北阳、南宋庄、玉女关和衡门等遗址（图 5）。

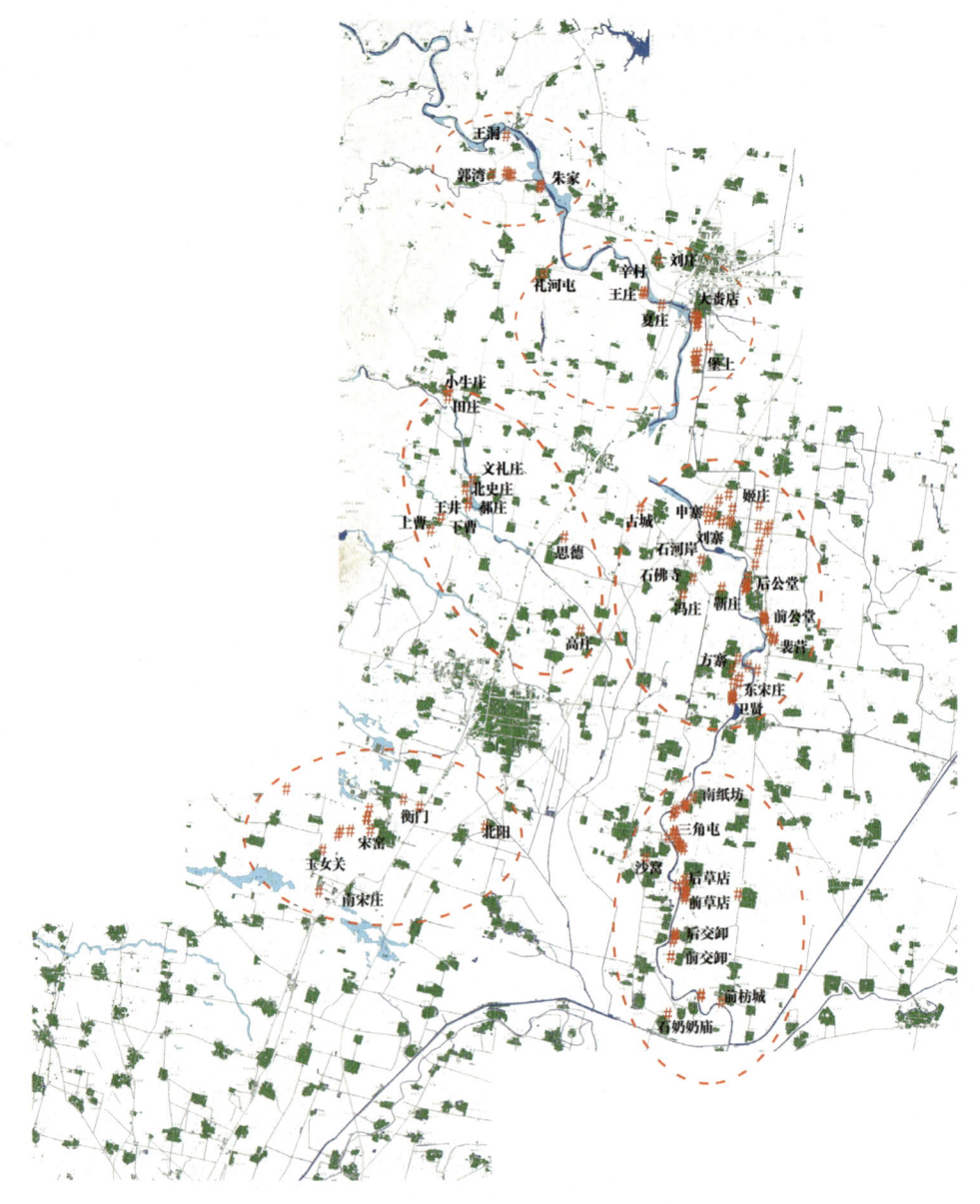

图5 淇河下游地区先商文化遗址的分布及遗址分区

宋窑和刘庄遗址均经过系统发掘，材料可参看报告；辛村采集的标本将收录于辛村遗址的报告。以下介绍各区采集的标本。

第一区 郭湾、朱家遗址采集物中可以挑选出标本，标本均为陶器。

郭湾

鬲　1件。090301H002：1②，夹砂褐陶，褐胎。圆锥状实足，饰绳纹。残高5厘米（图6：1、图7：1）。

盆　4件。090301H002：2，夹砂黑陶，黑胎。圆唇，平沿，直腹。素面。残高5.4厘米，残宽6.3厘米，厚0.8厘米（图6：3、图7：3）。090301H002：3，夹砂灰陶，灰胎。圆唇，侈口，高领。残高5.7厘米，残宽11.8厘米，厚0.8厘米（图6：4、图7：4）。090301H002：4，夹砂灰陶，灰胎。圆唇，敞口。素面。残高6.6厘米，残宽9.2厘米，厚1厘米（图6：5、图7：5）。090301F001：1，夹细砂灰陶，灰胎。圆唇，侈口。腹饰绳纹。残高5.8厘米，残宽11厘米，厚0.9厘米（图6：6、图7：6）。

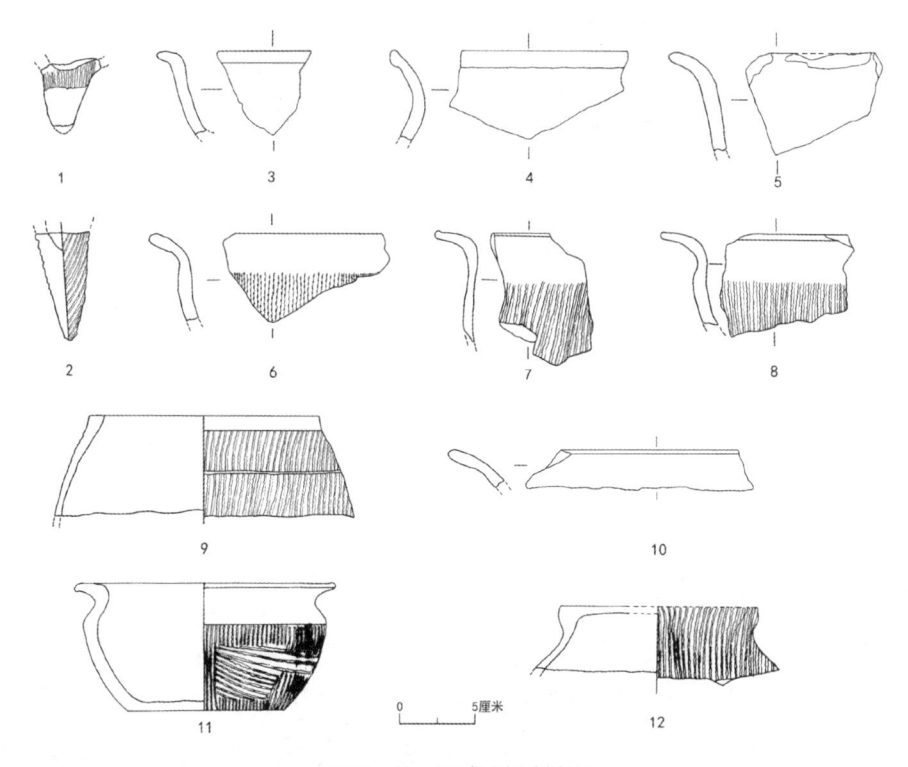

图6　第一区遗址标本线图

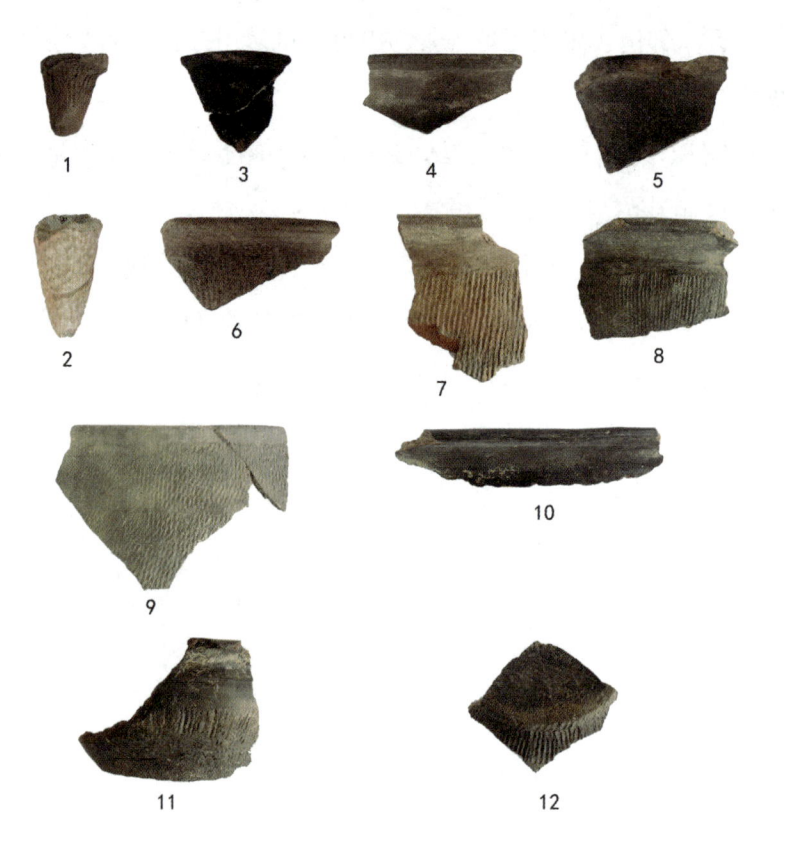

图7 第一区遗址标本照片

朱家

鬲 1件。090228G006：6，夹砂褐陶。圆锥状实足，表饰绳纹。残高7厘米（图6：2、图7：2）。

敛口瓮 1件。090228G006：7，夹砂灰陶，灰胎。敛口，方唇，束颈，弧腹。腹部下饰绳纹及弦纹。残高13厘米，口径30厘米，厚1～2厘米（图6：9、图7：9）。

大口尊 1件。090228G006：3，泥质黑陶，灰胎。侈口，圆方唇，束颈，弧腹。素面，有轮制痕迹。残高3.6厘米，残宽15厘米，厚0.6～0.8厘米（图

6∶10、图 7∶10）。

罐 1 件。090228G006∶4，泥质黑陶，褐胎。侈口，圆唇，束颈，弧腹，大平底。腹饰绳纹。残高 8.2 厘米，口径 17 厘米，底径 10 厘米（图 6∶11、图 7∶11）。

盆 2 件。090228G006∶1，泥质灰褐陶，灰胎。侈口，平卷沿，圆方唇，束颈，弧腹下收。腹饰绳纹。残高 8.5 厘米，残宽 6.6 厘米，厚 0.5～0.8 厘米（图 6∶7、图 7∶7）。090228G006∶2，泥质黑陶，灰胎。侈口，卷沿，圆方唇，束颈，弧腹下收。腹饰绳纹。残高 6.6 厘米，残宽 8.8 厘米，厚 0.4～0.9 厘米（图 6∶8、图 7∶8）。

器盖 1 件。090228G006∶5，夹砂黑陶，灰胎。器盖上平，方唇，束颈，弧腹。饰绳纹。残高 4.9 厘米，半径 6.5 厘米，厚 0.5～1.5 厘米（图 6∶12、图 7∶12）。

第二区 大赉店遗址发现了下七垣文化长约 30 米、厚度超 1.5 米的灰层，并发现有灰坑。王庄、夏庄和堡上遗址的遗存都很丰富，堡上发现灰坑，王庄遗址后经试掘，有房址、灰坑和未有随葬品的墓葬，发掘材料将在报告中公布。大赉店、王庄、堡上、礼河屯等遗址的采集物中可以挑选出标本，标本均为陶器。

大赉店

鬲 2 件。090221H009∶4，夹砂灰陶，灰胎。圆锥形袋足。表饰绳纹。残高 4 厘米，厚 0.4～0.7 厘米（图 8∶2、图 9∶1）。090221HH02∶1，夹砂灰陶，灰胎。圆柱状袋足，平底。饰绳纹。残高 3.8 厘米，残宽 2～3.7 厘米，厚 0.7 厘米（图 8∶1）。

鼎 1 件。090216D003∶1，夹砂灰陶，灰胎。实足，足跟处有一椭圆形深戳痕。残高 6.9 厘米（图 8∶3、图 9∶2）。

图8 第二区鬲、鼎、甗线图

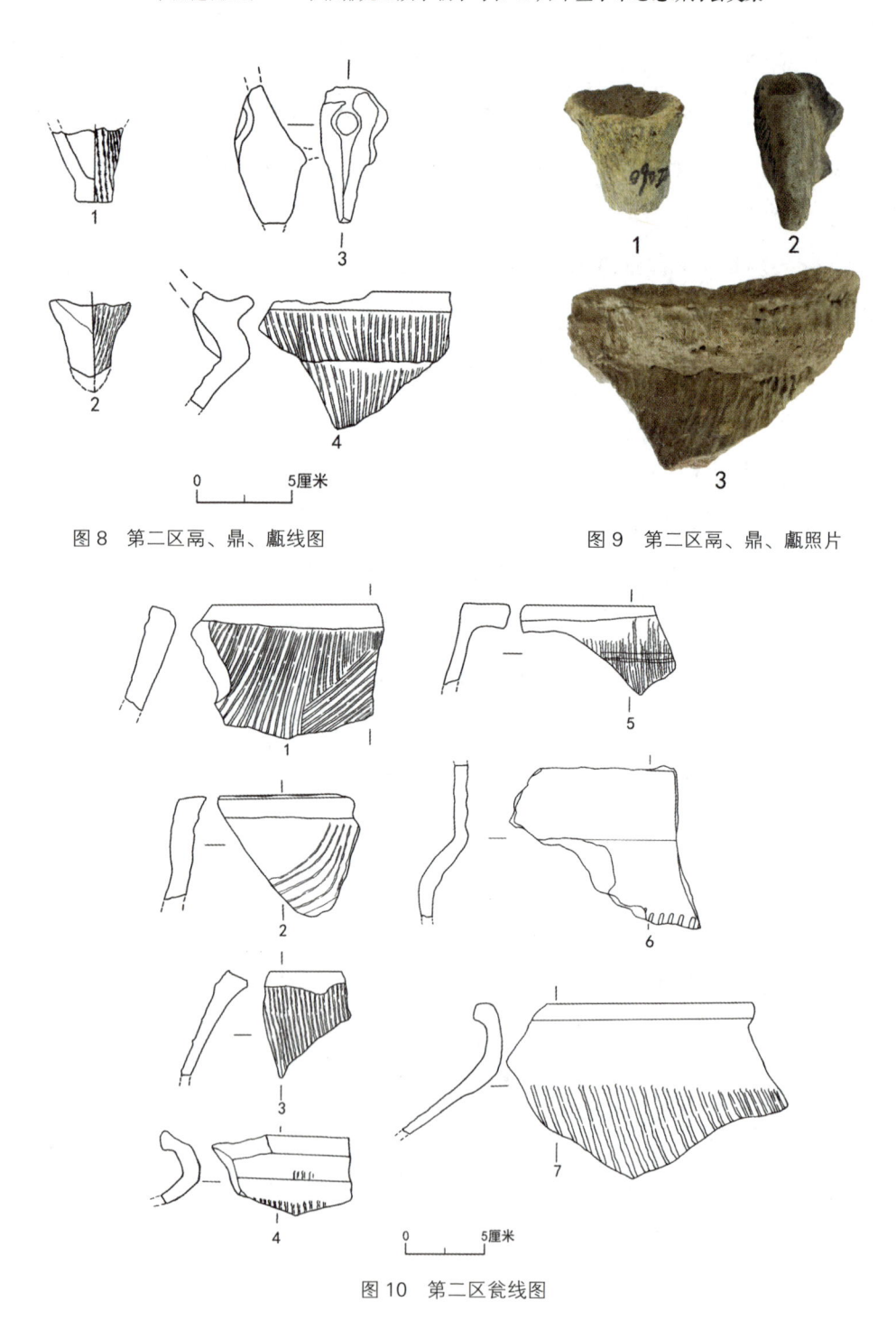

图9 第二区鬲、鼎、甗照片

图10 第二区瓮线图

图 11　第二区瓮照片

敛口瓮　1 件。090221A002：5，泥质灰陶，灰胎。敛口，内折沿，弧腹。腹部有绳纹。残宽 9.5 厘米，残高 5.5 厘米，厚约 0.8 厘米（图 10：5、图 11：5）。

瓮　3 件。090221BH01：6，夹砂黑陶，灰胎。敛口，平沿内折，圆方唇。腹饰绳纹。残宽 8.7 厘米，残高 3.7 厘米，厚 1～2.8 厘米（图 10：4、图 11：4）。090221C002：1，泥质灰陶，灰胎。侈口，卷沿，方唇，束颈，弧腹。腹部饰绳纹。残高 10.8 厘米，残宽 17.5 厘米，厚 0.5～1 厘米（图 10：7、图 11：7）。090221GH03：1，泥质黑皮陶，褐胎。高领，溜肩。腹饰篮纹。残高 9.9 厘米，残宽 12 厘米，厚 0.8～1.2 厘米（图 10：6、图 11：6）。

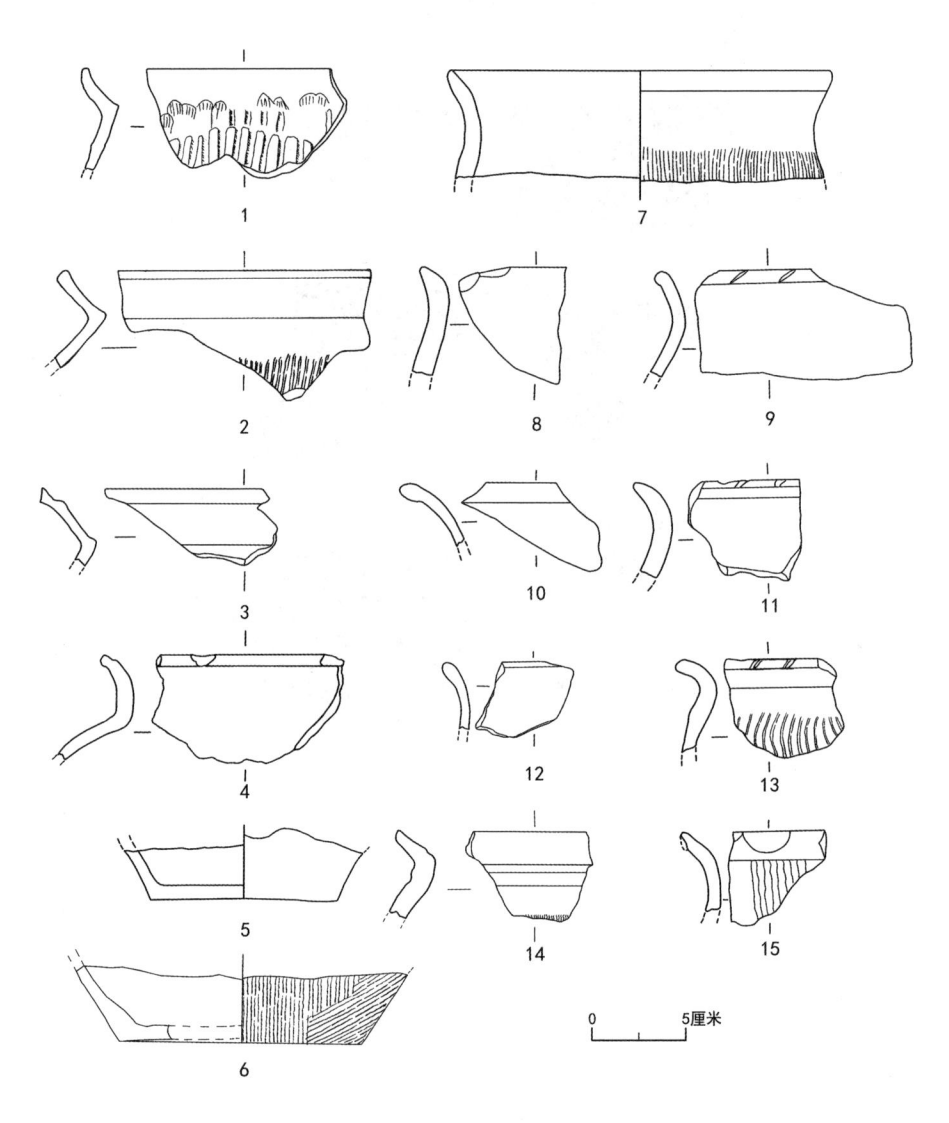

图 12 第二区罐线图

图 13　第二区罐照片

罐　5 件。090217G001：1，夹砂灰陶，灰胎。侈口，尖圆唇，卷沿。表面绳纹且有刮印痕迹。残高 5.7 厘米，残宽 10.8 厘米，厚 0.4～0.7 厘米（图 12：1、图 13：1）。090221BH01：3，泥质灰陶，灰胎。侈口，圆方唇，束颈，弧腹。腹部有绳纹，有明显轮制痕迹。残宽 8.8 厘米，残高 4.9 厘米，厚 0.6～1 厘米（图 12：2、图 13：2）。090217E001：1，泥质黑陶，灰胎。底略内凹。

素面。底径10厘米，残高3.8厘米，厚0.5～0.8厘米（图12：5、图13：5）。090227C001：1，夹砂灰陶，灰胎。直口圆唇，高领。素面。残高5.6厘米，残宽10.3厘米，厚0.5～0.9厘米（图12：4、图13：4）。090221BH02：1，夹砂灰陶，灰胎。盛储器，斜弧腹，平底内凹，下腹以上残失。细绳纹。残高3.8厘米，底径13厘米，厚0.5～1.2厘米（图12：6、图13：6）。

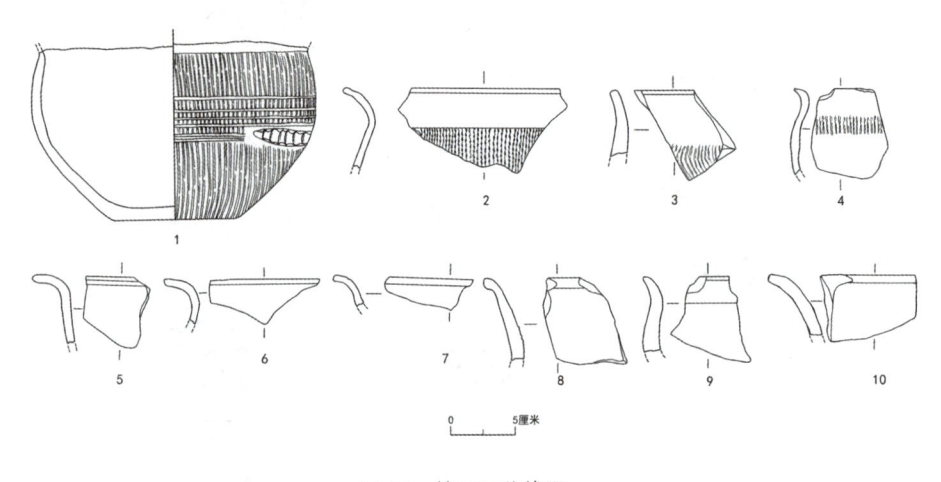

图14 第二区盆线图

图15 第二区盆照片

盆　5件。090216H003：2，夹细砂灰陶，灰胎。尖圆唇，卷沿，敞口。素面。残高5.3厘米，残宽5.1厘米，厚0.7厘米（图14：5、图15：5）。090216H003：3，夹细砂灰陶，灰胎。圆方唇，卷沿，敞口。素面。残高2.4厘米，残宽6.8厘米，厚1厘米（图14：7、图15：7）。090221BH03：1，夹细砂灰陶，灰胎。圆方唇，侈口。腹饰绳纹。残高6.4厘米，残宽13.1厘米，厚0.6厘米（图14：2、图15：2）。090221GH02：2，泥质灰黑陶，灰胎。敞口，圆方唇，束颈。素面。残宽7.4厘米，残高5厘米，厚约0.9厘米（图14：10、图15：10）。090221H009：3，夹细砂灰陶，灰胎。圆唇，卷沿，敞口。素面。残高6.5厘米，残宽6.4厘米，厚0.6～1厘米（图14：8、图15：8）。

器盖　1件。090217GH01：1，夹砂黑陶，灰胎。上部残。素面。底径22厘米，厚0.7～1.3厘米（图16：2、图17：2）。

王庄

甗　1件。090225GH01：7，夹砂褐陶，褐胎。口微敛，口沿有凹槽，束颈，弧腹。口沿下饰绳纹。残高7厘米，残宽10.2厘米，厚0.8～3厘米（图8：4、图9：3）。

瓮　2件。090225G002：5，夹砂黑陶，褐胎。口微敛，方唇，近直腹。绳纹。残宽8.8厘米，残高7.5厘米，厚1～1.5厘米（图10：2、图11：2）。090225GH01：6，泥质黑陶，褐胎。口微敛，弧腹。腹部布满绳纹。残高8.2厘米，残宽12.2厘米，厚1.5厘米（图10：1、图11：1）。

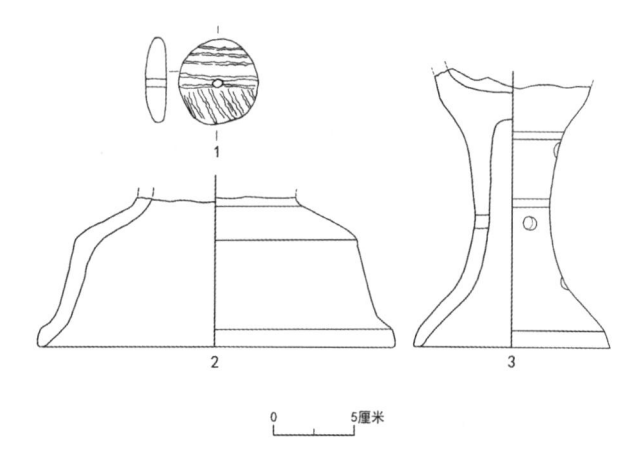

图 16 第二区纺轮、豆器盖线图

图 17 第二区纺轮、豆器盖照片

罐 8件。090225D001：1，夹砂黑陶，褐胎。侈口，圆唇，束颈，弧腹。素面，唇部有凹槽。残宽11.4厘米，残高5.7厘米，厚约0.6厘米（图12：9、图13：9）。090225D001：3，泥质黑陶，灰胎。侈口，尖圆唇，束颈，弧腹。素面。残宽5.6厘米，残高6厘米，厚约1.1厘米（图12：8、图13：8）。090225D001：4，夹细砂灰陶，灰胎。侈口，圆唇，束颈，弧腹。素面。残宽7.5厘米，残高4.5厘米，厚0.5～0.8厘米（图12：10、

图13：10）。090225G002：1，夹砂黑陶，黑胎。侈口，圆方唇，束颈，弧腹。花边口沿，腹部有粗绳纹。残宽6.3厘米，残高5.1厘米，厚0.6～1厘米（图12：13、图13：13）。090225G002：2，夹砂黑陶，褐胎。侈口，圆唇，束颈，弧腹。花边口沿，素面。残宽约6厘米，残高5.2厘米，厚约1厘米（图12：11、图13：11）。090225G002：3，夹砂灰陶，灰胎。侈口，圆方唇，束颈，弧腹。素面。残宽6厘米，残高4.7厘米，厚0.5～0.8厘米（图12：12、图13：12）。090225G002：4，夹砂黑陶，褐胎。侈口，尖圆唇，束颈，弧腹。腹部有浅绳纹。残宽5.2厘米，残高4.9厘米，厚约0.7厘米（图12：15、图13：15）。090225GH01：4，夹砂黑陶，褐胎。侈口，圆唇，束颈，弧腹。腹饰绳纹。残高5.5厘米，口径20厘米，厚0.8厘米（图12：7、图13：7）。

豆 1件。090225GH01：1，泥质黑陶，灰胎。豆盘残，柄饰圆形镂孔。磨光，饰弦纹。残高16.8厘米，底径12.2厘米，厚1厘米（图16：3、图17：3）。

盆 5件。090225FH01：1，夹砂灰陶，灰胎。侈口，卷沿，圆方唇，束颈，弧腹。素面。残宽8.7厘米，残高3.4厘米，厚约0.5厘米（图14：6、图15：6）。090225G002：6，泥质褐陶，褐胎。侈口，尖圆唇，束颈，弧腹下收。腹部下有绳纹。残宽约6厘米，残高6.8厘米，厚约0.5厘米（图14：4、图15：4）。090225G002：7，泥质黑陶，灰胎。侈口，圆唇，束颈，弧腹。腹部似有绳纹。残宽7.8厘米，残高6.8厘米，厚0.6～1.2厘米（图14：3、图15：3）。090225G002：8，泥质黑陶，褐胎。侈口，圆唇，束颈，弧腹。素面。残宽6.2厘米，残高6.4厘米，厚0.4～1.3厘米（图14：9、图15：9）。090225GH01：5，泥质黑陶，黑胎。口部残，球形腹，平底。腹部布满绳纹，中间有弦纹，附加堆纹。残高13.1厘米，底径9.6厘米，厚0.7厘米（图14：1、图15：1）。

纺轮　1件。090225GH01：3，泥质灰黑陶，灰胎。正反饰绳纹。直径5厘米，厚1.1厘米（图16：1、图17：1）。

礼河屯

罐　1件。090303C001：1，夹砂灰陶，灰胎。圆方唇，折沿，侈口。领饰凹弦纹，腹饰绳纹。残高4.7厘米，残宽6.6厘米，厚1厘米（图12：14、图13：14）。

堡上

瓮　1件。090221B006：1，夹细砂灰陶，灰胎。方唇，敛口。腹饰绳纹。残高6.5厘米，残宽5.6厘米，厚0.6～1.5厘米（图10：3、图11：3）。

罐　1件。20090221G006：2，夹细砂黑陶，褐胎。方唇，折沿，侈口。素面。残高4厘米，残宽9.2厘米，厚0.5～0.7厘米（图12：3、图13：3）。

第三区　申寨、石河岸、东宋庄、靳庄、冯庄、方寨等遗址的采集物中可以挑选出标本，标本均为陶器。

申寨　分布面积大，在申寨南、西均采集到标本。

瓮　2件。101024P002：1，夹细砂褐陶，褐胎。方唇，敛口。表饰绳纹。残高9.1厘米，残宽9.2厘米，厚1.3厘米（图18：17、图19：14）。101028M002：3，夹砂灰黑陶，灰胎。圆唇，敞口，近直壁。口沿下饰附加堆纹。残高5厘米，残宽5.1厘米，厚0.8～1.1厘米（图18：16、图19：13）。

盆　2件。101029L001：1，夹细砂灰陶，灰胎。圆唇，卷沿，侈口。腹饰绳纹。残高6.7厘米，残宽5.9厘米，厚约0.7厘米（图18：9、图19：7）。101029N004-H：2，夹砂褐陶，褐胎。斜腹下收，平底。表饰菱形纹。残高3.5厘米，残宽5.5厘米，厚约0.5厘米（图18：12、图19：10）。

述而作论

图 18　第三区遗址标本线图

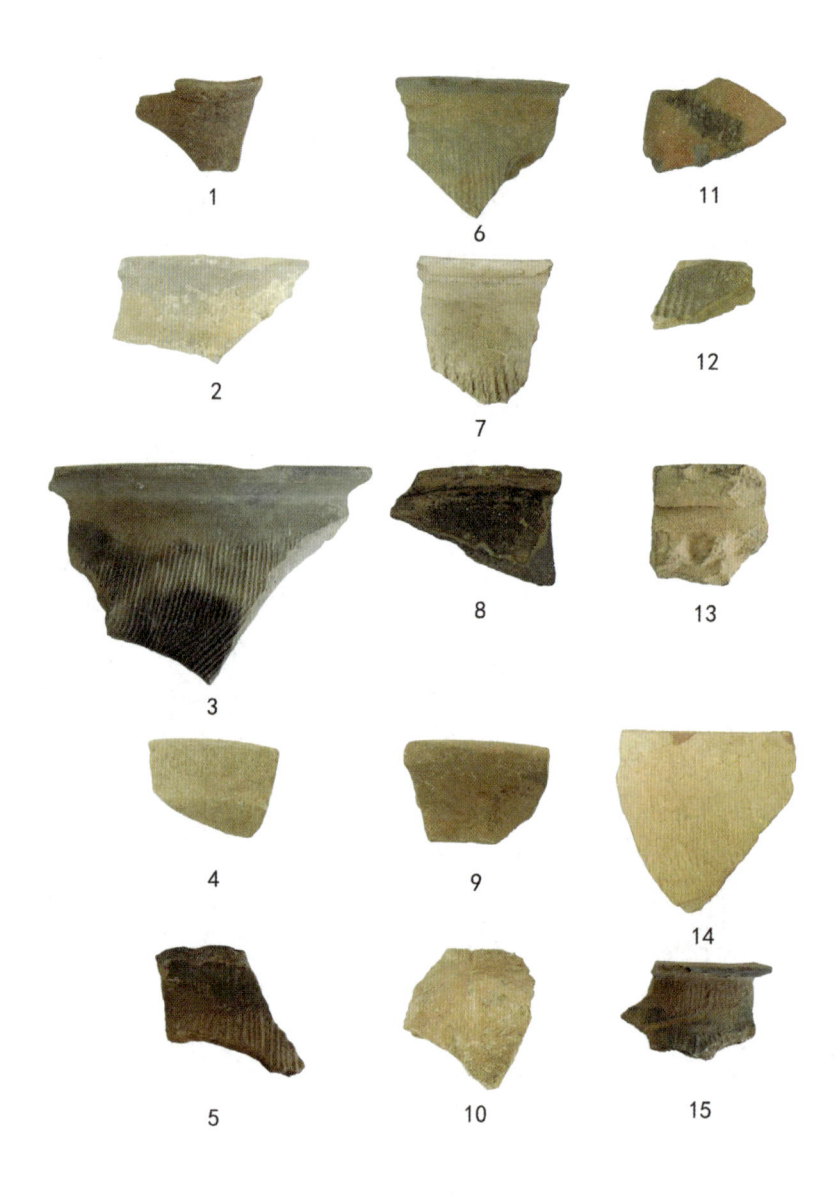

图 19　第三区遗址标本照片

石河岸

瓮　1件。101024K002：1，泥质浅褐陶，褐胎。敛口，圆唇，束颈，弧腹。腹部有弦纹。残宽8.3厘米，残高3.9厘米，厚0.8～1.7厘米（图18：15）。

器盖　1件。101024K002：5，夹砂褐陶，褐胎。圆唇，弧腹。素面，有明显轮制痕迹。残宽3.1厘米，残高2.7厘米，厚约0.8厘米（图18：13、图19：11）。

东宋庄

罐　2件。101029C011：2，泥质灰陶，灰胎。尖圆唇，卷沿，敞口。素面。残高3.5厘米，残宽6.7厘米，厚约0.5厘米（图18：3）。101029I008：1，夹砂灰黑陶，灰胎。侈口，方唇，束颈，弧腹。素面。残宽10.4厘米，残高4.6厘米，厚约0.6厘米（图18：2、图19：2）。

盆　1件。101029C011：1，泥质灰陶，灰胎。圆唇，折沿，敞口，弧腹下收。腹饰绳纹。残高5.2厘米，残宽6.2厘米，厚0.5～1.5厘米（图18：8、图19：6）。

靳庄

盆　1件。101024I008：1，夹砂灰黑陶，灰黑胎。敞口，平沿，尖方唇，束颈，斜腹。素面。残宽7厘米，残高4.5厘米，厚约0.6厘米（图18：10、图19：8）。

冯庄

瓮　1件。101029F008：1，夹砂灰陶，灰胎。敛口，平沿内折，方唇，斜腹。腹部有绳纹。残宽4.2厘米，残高4厘米，厚约1厘米（图18：14、图19：12）。

罐　2件。101029F007：1，泥质灰陶，灰胎。敛口，尖圆唇，束颈，弧腹。素面。残宽6.1厘米，残高4.6厘米，厚约0.5厘米（图18：1、图19：1）。

101030E006：2，泥质灰陶，灰胎。圆唇，平沿，束颈。腹饰绳纹。残高4.6厘米，残宽8厘米，厚0.5～0.7厘米（图18：4）。

盆　1件。101029F008：2，夹细砂黑褐陶，褐胎。敞口，圆方唇，束颈，弧腹。唇部有窝纹，腹部有绳纹。残宽6.5厘米，残高6.1厘米，厚约0.5厘米（图18：7、图19：5）。

方寨　分布面积大。

鬲　1件。101029I002：3，夹砂灰褐陶，褐胎。口微敛，平折沿，尖圆唇，束颈，弧腹。腹饰绳纹。残宽7.7厘米，残高4.5厘米，厚约0.7厘米（图18：18、图19：15）。

罐　1件。101029I002：5，泥质灰陶，灰胎。口微敛，平折沿，圆唇，束颈，弧腹。腹饰细绳纹。残宽16.7厘米，残高10.9厘米，厚0.5～1厘米（图18：5、图19：3）。

豆　1件。101028K002：2，夹砂灰陶，灰胎。圆方唇，敞口，斜腹下收。素面。残高3.8厘米，残宽5.9厘米，厚约0.8厘米（图18：6、图19：4）。

盆　1件。101028I005：1，夹细砂灰陶，灰胎。圆唇，平卷沿，敞口。素面，沿面上有凹槽三道。残高3厘米，残宽6.6厘米，厚约1.1厘米（图18：11、图19：9）。

第四区　前枋城、南纸坊、后草店、石奶奶庙、沙窝等遗址的采集物中可以挑选出标本，标本均为陶器。

前枋城

罐　1件。101110O012：1，泥质灰陶，灰胎。侈口，圆唇，束颈，弧腹。腹部饰绳纹及弦纹。残宽6.9厘米，残高6.5厘米，厚0.6～1厘米（图20：5、图21：5）。

南纸坊

鬲　1件。101113M002：1，足，夹细砂灰陶，褐胎。锥形实足。足跟处饰绳纹。残高 7.8 厘米（图 20：1、图 21：1）。

罐 3 件。101113M002：2，泥质黑陶，褐胎。圆方唇，折沿，侈口。素面。残高 6.7 厘米，残宽 8.7 厘米，厚 0.6～0.8 厘米（图 20：7、图 21：7）。101113M003：3，夹砂黑褐陶，灰胎。圆唇，近直口。素面。残高 9.3 厘米，残宽 12.6 厘米，厚 0.6～0.9 厘米（图 20：8、图 21：8）。101113P001-H：2，泥质灰黑陶，灰胎。圆唇，折沿，侈口，束颈，鼓腹。素面，微磨光，有轮制痕迹。残高 5.8 厘米，残宽 6.6 厘米，厚 0.2～0.4 厘米（图 20：6、图 21：6）。

豆 1 件。101113P001-H：1，泥质灰褐陶，灰胎。尖圆唇，折沿，侈口，斜腹下收。素面，微磨光，有轮制痕迹。残高 2.3 厘米，残宽 5.1 厘米，厚约 0.5 厘米（图 20：9、图 21：9）。

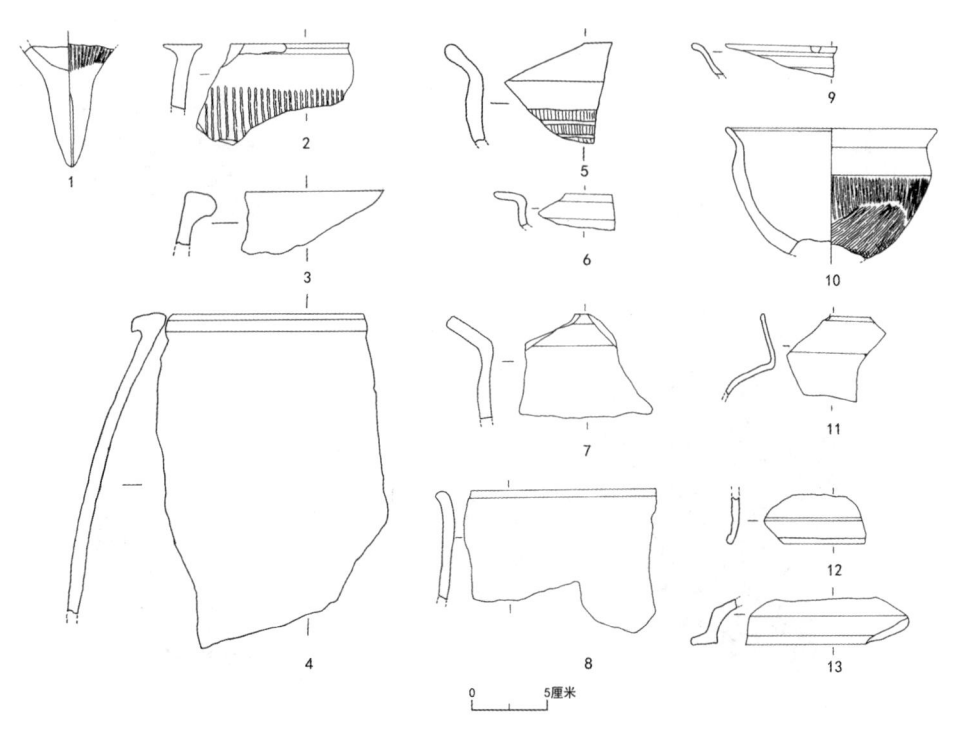

图 20 第四区遗址标本线图

盆 2件。101113P001-H-3，泥质灰黑陶，灰胎。圆唇，卷沿，敞口，斜腹下收。颈部饰弦纹，有轮制痕迹。残高3厘米，残宽7.5厘米，厚0.2～0.4厘米（图20：11、图21：11）。101113M002：3，泥质黑陶，灰胎。圆唇，卷沿，侈口，弧腹下收。腹饰绳纹。残高8.1厘米，口径14厘米，厚0.3～1厘米（图20：10、图21：10）。

器盖 2件。101113M003：2，夹砂灰黑陶，灰胎。圆唇，敞口。中部饰凹弦纹。残高3.2厘米，残宽6.8厘米，厚约0.5厘米（图20：12、图21：12）。101113O006：1，泥质灰陶，灰胎。圆唇，平折沿，口微敛。素面。残高3厘米，残宽10.9厘米，厚0.5～1.8厘米（图20：13、图21：13）。

图21 第四区遗址标本照片

后草店

瓮　1件。101112O001：1，泥质黑陶，灰胎。方唇，敛口。表面饰凹弦纹一道。残高6.1厘米，残宽11.1厘米，厚约1厘米（图20：2、图21：2）。

石奶奶庙

瓮　1件。101106H002-H：1，夹砂黑陶，红褐胎。圆唇，敛口。素面。残高4厘米，残宽9.4厘米，厚约0.9厘米（图20：3、图21：3）。

沙窝

瓮　1件。101104H001：1，夹细砂黑陶，褐胎。尖圆唇，卷沿，敛口，弧腹下收。素面。残高21.6厘米，残宽15.3厘米，厚约0.9厘米（图20：4、图21：4）。

第五区　上曹、王井、小牛庄、田庄、高庄、北史庄、郝庄、思德、文礼庄遗址的采集物中可以挑选出标本，标本均为陶器。

上曹

鬲　1件。101102E005：2，夹砂黑皮，灰胎。尖圆唇，卷沿，侈口。腹饰绳纹。残高5.7厘米，残宽9.3厘米，厚0.3～0.5厘米（图22：1、图23：1）。

瓮　2件。101102E005：7，夹砂灰陶，灰胎。方唇，敛口，斜腹。绳纹。残长22.4厘米，残宽25厘米，厚约1.5厘米（图24：1、图25：1）。101102E005：5，夹砂灰陶，灰胎。圆唇，卷沿，侈口，束颈。绳纹。残高7.1厘米，残宽12.6厘米，厚0.7厘米（图24：2、图25：2）。

罐　2件。101102E005：4，夹砂灰黑陶，灰胎。尖圆唇，敞口。素面。残高8厘米，残宽12.4厘米，厚0.8厘米（图26：1、图27：1）。101102E005：6，夹砂黑陶，红褐胎。圆唇，折沿，侈口。素面。残高3.2厘米，残宽5.1厘米，厚约0.7厘米（图26：2、图27：2）。

盆 2件。101102F002：1，泥质灰陶，灰胎。敞口，方唇，斜腹。腹部有弦纹，明显轮制痕迹。残宽8.7厘米，残高7.3厘米，厚约0.9厘米（图26：8、图27：7）。101102F002：3，泥质黑陶，灰胎。敞口，尖圆唇，斜腹。素面，有轮制痕迹。残宽7.2厘米，残高3.3厘米，厚约0.6厘米（图26：9、图27：8）。

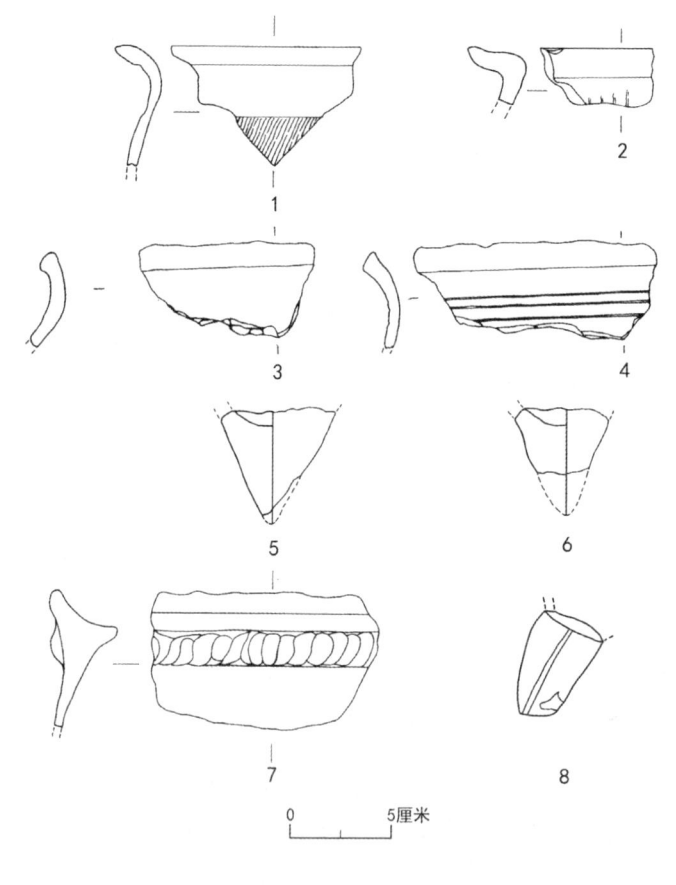

图22 第五区鬲、甗、鼎线图

述而作论

图 23　第五区鬲、甗、鼎照片

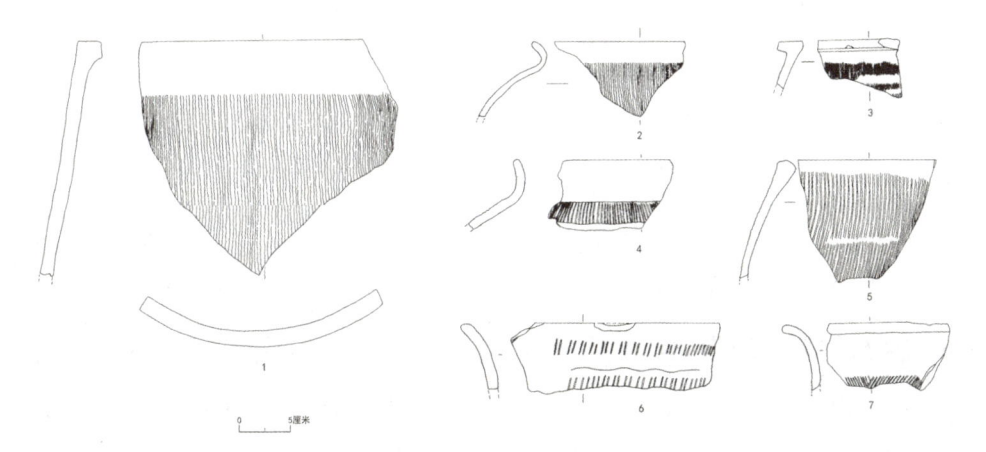

图 24　第五区瓮、尊线图

图25　第五区瓮、尊照片

王井

罐　1件。101101E003：2，泥质黑皮陶，褐胎。圆唇，卷沿，侈口。素面。残高3.6厘米，残宽8.1厘米，厚0.6～0.8厘米（图26：4、图27：4）。

小牛庄

瓮　1件。101027E008：1，夹细砂灰陶，灰胎。方唇，平折沿，敛口。腹饰绳纹。残高5.6厘米，残宽8.2厘米，厚约0.8厘米（图24：3、图25：3）。

尊　1件。101027C001：1，泥质灰黑陶，褐胎。圆唇，卷沿，侈口。腹饰绳纹。残高6.7厘米，残宽20.1厘米，厚约1厘米（图24：6、图25：6）。

罐　2件。101027E003：1，夹细砂褐陶，灰胎。方唇，卷沿，侈口。腹饰绳纹。残高3.8厘米，残宽7.5厘米，厚约0.7厘米（图26：7、图27：6）。101027E003：2，泥质灰陶，灰胎。方唇，侈口。素面，表面有凹弦纹一道。残高5厘米，残宽5.3厘米，厚0.6～0.9厘米（图26：3、图27：3）。

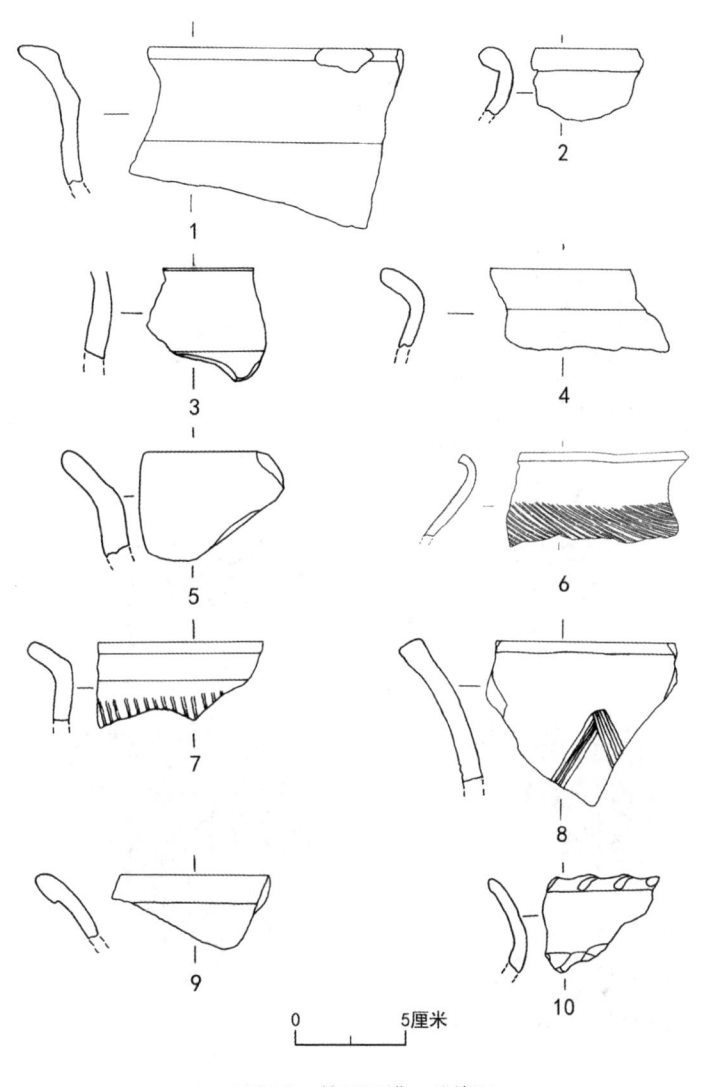

图 26　第五区罐、盆线图

田庄

鬲　1件。101028F010：1，夹砂灰褐陶，褐胎。敛口，平折沿，尖圆唇，束颈，弧腹。素面。残宽5.5厘米，残高2.8厘米，厚约0.8厘米（图22：2、图23：2）。

高庄

甗　1件。101028F013：1，夹砂灰褐陶，灰胎。侈口，内卷沿，圆唇，束颈，弧腹。颈部有附加堆纹。残宽11.3厘米，残高6.6厘米，厚0.4～3.3厘米（图22：7、图23：7）。

图27　第五区罐、盆照片

北史庄

鼎　1件。101030A002：2，夹砂褐陶，褐胎。实足，上有凹槽。残高5.4厘米，厚1.3～3.8厘米（图22：8、图23：8）。

罐　1件。101030A002：3，夹砂灰陶，灰胎。圆唇，侈口。素面。残高4.9厘米，残宽7.1厘米，厚0.8～1厘米（图26：5、图27：5）。

盆　1件。101030A002：1，夹砂灰陶，灰胎。圆唇，卷沿，侈口。唇部饰压印纹，呈波浪状。残高4.3厘米，残宽5.3厘米，厚0.4～0.8厘米（图26：10、图27：9）。

郝庄

鬲　2件。101030F007：1，泥质灰陶，灰胎。圆唇，侈口，卷沿。残高4.5厘米，残宽8.6厘米，厚0.6～0.8厘米（图22：3、图23：3）。101030F007：2，泥质灰陶，灰胎。圆方唇，卷沿，侈口。颈部三道凹弦纹。残高4.8厘米，残宽11.9厘米，厚0.5～0.8厘米（图22：4、图23：4）。

瓮　1件。101030D004：2，夹砂灰陶，灰胎。圆唇，卷沿，侈口。腹饰绳纹。残高6.8厘米，残宽11.2厘米，厚0.8～1厘米（图24：4、图25：4）。

尊　1件。101030D004：1，泥质褐陶，褐胎。圆唇，卷沿。腹饰绳纹。残高6.3厘米，残宽12.3厘米，厚0.7～0.9厘米（图24：7、图25：7）。

思德

鬲　2件。101116B007：2，夹砂红陶，褐胎。圆锥状实足。素面。残高5.4厘米，残宽4.9厘米（图22：5、图23：5）。101116B007：3，夹砂红陶，褐胎。圆锥状实足。素面。残高3厘米，残宽3.7厘米（图22：6、图23：6）。

瓮　1件。101116O002：1，口沿，夹砂灰黑陶，灰胎。口微敛，圆方唇，微束颈，弧腹近直。口沿下布满绳纹。残高11.6厘米，残宽13.6厘米，厚0.7～1.8厘米（图24：5、图25：5）。

文礼庄

罐 1件。101116K002：2，夹细砂灰陶，灰胎。方唇，卷沿，侈口，鼓腹。腹饰绳纹。残高8厘米，残宽15厘米，厚1.2厘米（图26：6）。

第六区 宋窑遗址材料已发表。在北阳、玉女关、南宋庄等遗址的采集物中可以挑选出标本，标本均为陶器。

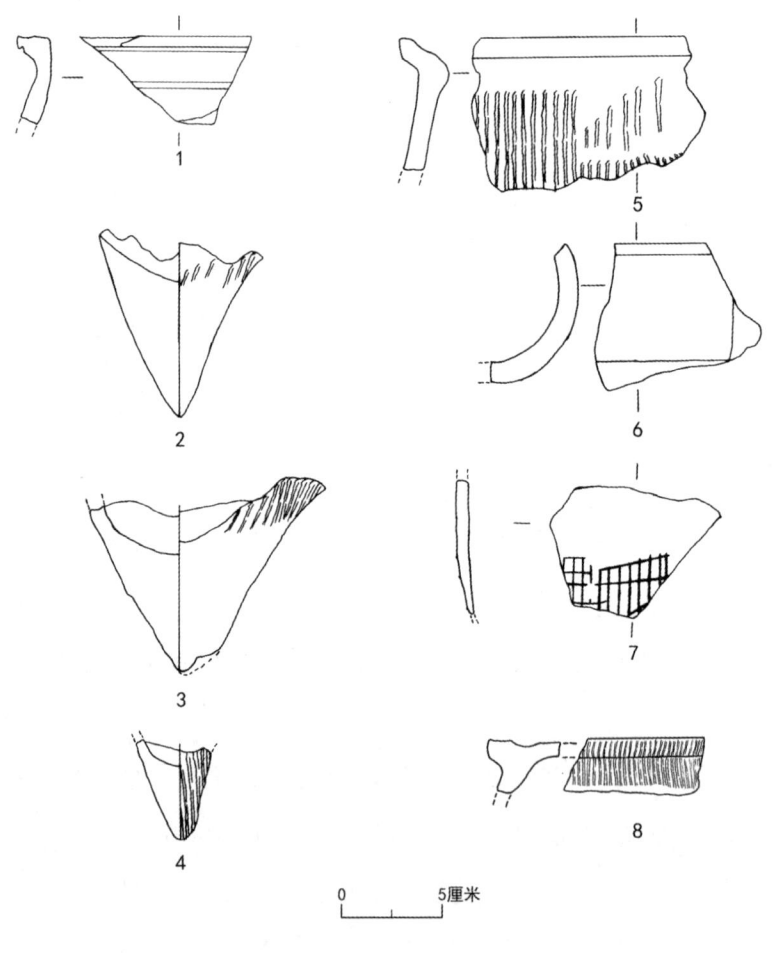

图28 第六区遗址标本线图

图 29　第六区遗址标本照片

北阳

器盖　1件。101020S006：1，泥质黑陶，褐胎。表饰绳纹。残高2.8厘米，残宽6.8厘米，厚1厘米（图28：8、图29：7）。

玉女关　下七垣文化的遗物分布面积大。

鬲足　2件。101026Q010：5，夹砂红褐陶，黑胎。圆锥形实足。足跟处有细绳纹。残宽8.1厘米，残高9厘米，厚约0.9厘米（图28：2、图

29∶1）。101026Q010∶6，夹砂灰陶，灰胎。圆锥形实足。足跟处有绳纹。残宽11.2厘米，残高9.3厘米，厚约0.7～0.9厘米（图28∶3、图29∶2）。

斝　1件。101026S006∶3，夹砂灰陶，灰胎。圆锥形实足，表面饰菱形纹。残高4.8厘米（图28∶4、图29∶3）。

罐　2件。101026Q010∶1，夹砂灰褐陶，灰胎。侈口，尖圆唇，束颈，弧腹。腹部布满绳纹。残宽11.5厘米，残高7.5厘米，厚约1.2厘米（图28∶5、图29∶4）。101026T006∶2，夹砂灰陶，灰胎。侈口，斜方唇，束颈，弧腹。素面。残宽8.1厘米，残高7.1厘米，厚约0.9厘米（图28∶6、图29∶5）。

陶片　1件。101026Q010∶3，夹砂褐陶，褐胎。器身有方格纹。残宽8.6厘米，残高6.5厘米，厚3～6厘米（图28∶7、图29∶6）。

南宋庄

鬲　1件。101101S007∶1，夹砂灰陶，褐胎。侈口，卷沿，小方唇，束颈，弧腹。腹部有弦纹。残宽8.5厘米，残高4.2厘米，厚0.5～1.3厘米（图28∶1）。

根据三个季度调查材料的分析和研究，淇河下游地区的下七垣文化遗址大致可以分为相对独立的六个区，其中五个在淇河及其支流思德河两岸，另一个以宋窑遗址为中心的区也位于山前开阔的平原并靠近水源。

每个区的遗址相对集中，区与区之间相隔一定的距离。在以大赉店和刘庄等遗址所组成的区内，刘庄遗址为单纯的墓地，大赉店、王庄遗址经过解剖和试掘发现大量房址和灰坑，应该为居住区，它们形成一个相对独立的聚落。其他区的组合情况应该与其类似，待今后工作予以验证。

本区域的下七垣文化遗址规模都不大，从断崖等剖面观察，堆积很薄，遗迹有房址、灰坑等，少有同期相互打破的遗迹。文化面貌驳杂，采集遗物中鬲的数量多且形式多样，有少量鼎，也发现有斝；豆、罐、盆、瓮数量多，形式多样，其中花边罐、敛口瓮占有一定比例。夹砂褐陶数量最多，黑皮陶上带有压印的横"S"纹为本地特色。

先商文化面貌驳杂正是其社会发展状况不稳定的反映，从采集器物所包含的文化因素分析，结合刘庄墓地从葬俗土坑竖穴和石棺葬、墓葬方向、随葬品组合等因素产生的分区情况，可以反映出淇河下游流域的先商文化时期族群不会太单一。在郑州地区，早商文化界定于郑州商城的始建时期即二里岗下层早段，与先商时期紧密接续；早商时期，在商朝的政治腹地郑州商城及其商王朝所控御地区的文化面貌也表现一致，如于夏文化腹地建立的偃师商城、深入异地的湖北盘龙城、晋南的垣曲商城和东下冯商城及其他早商时期遗址都呈现相似的情况。另外，从殷墟甲骨所反映的被祭祀的商王世系看，是单一直系，而不是下七垣文化所反映的多族群的共同体，说明南关外型文化的创造者占据了国家权力的至高地位。

段宏振先生从考古学文化与族群的对应关系来分析先商文化的构成问题，"一个较大的族系群团大概包含着多个支系、亲族、近族、盟族等，并且因时间而不断融合或分解。……所谓先商文化的内部又存在着可以再细化分解的可能性，这即是南关外类型、辉卫文化、下岳各庄文化等从先商文化系统分离而出的理论根据，与此紧密相连的还有依附于这些文化的族属。至此可以说，原来所说的先商文化，在某一层次上不仅包含着数支子文化，还包含着商族之外的若干个其他小族群。……无论是先商文化还是下七垣文化，均包含着多层次结构，在不同的层次可以分解为次一级文化或三四个类型。若从族属族性方面看，所谓商族大概包括多分支系统，可能是以商族为主的族群团，也有可能是商族被包含于某个大的族群团之内"[①]。

---

① 段宏振：《先商文化考古学探索的一些思考》，《早期夏文化与先商文化研究论文集》，科学出版社，2012年。

淇河下游地区先商文化与郑州地区及其商王朝开始控御的地区的早商文化在面貌上呈现出巨大差异，说明冀南豫北地区就是族群共同生活的地区，并非商人的核心领地。从宋窑、刘庄遗址的报告和采集器物特征分析，淇河下游地区的先商文化和夏文化并行发展了很长时间，在郑州早商时期，先商文化受本地文化侵扰程度不大，尚在延续。

致谢：

王力之先生对数据的采集方式、数据库的设立模式、具体工作中应该注意的事项都给予了宝贵的建议。

调查工作开始时期，国家博物馆田野考古研究中心的王月前、游福祥两位同志参照国家博物馆田野考古研究中心在晋南地区进行考古调查的经验确立了本项目的工作方法，吉林大学2005级的本科生参与了此次调查。

说 璋

——殷商玉器名实考之七

中国社会科学院考古研究所 杜金鹏

一、引言

《诗经·小雅·斯干》曰:"乃生男子,载寝之床,载衣之裳,载弄之璋。其泣喤喤,朱芾斯皇,室家君王。乃生女子,载寝之地,载衣之裼,载弄之瓦。无非无仪,唯酒食是议,无父母诒罹。"《郑笺》云:生男子"明当主于外事也。玩以璋者,欲其比德焉"。生女子"明当主于内事。纺砖,习其所有事也"。"瓦,纺砖也"。《疏》曰:"生男子……则衣著之以裳,玩弄之以璋也","生女子……衣著之以裼衣,则玩弄之以纺砖,习其所有事也"。意思是说,如果生男孩,就给他玉璋玩,期盼他将来长成品行高尚之君王;如果生女孩,就给她陶纺轮玩,希望她成为优秀主妇。这里所说的瓦、璋,是可以给小孩当玩具的物件。

《诗·大雅·棫朴》曰:"济济辟王,左右奉璋。奉璋峨峨,髦士攸宜。"

周王的大臣手捧玉璋，簇拥左右，一派庄严而隆重的气氛。

那么，给小孩玩的璋，与大臣手捧的璋，是同样的东西吗？商代的璋与周代的璋，是同样的东西吗？考古出土商代文物中，哪些玉器与文献中所说的璋相符合？

二、古文献所见玉璋

1. 玉璋用途

《诗·大雅·棫朴》曰："济济辟王，左右奉璋。奉璋峨峨，髦士攸宜。"大臣手捧玉璋觐见周王，庄严肃穆，气度非凡。

《诗·大雅·卷阿》曰："颙颙卬卬，如圭如璋，令闻令望。岂弟君子，四方为纲。"君子品格高尚，如圭如璋，令人敬仰。

《诗·大雅·板》："如璋如圭，言相合也。"

《周礼·大宗伯》："以玉作六器，以礼天地四方。以苍璧礼天，以黄琮礼地，以青圭礼东方，以赤璋礼南方，以白琥礼西方，以玄璜礼北方。"璋为祭祀天地之礼器。

《周礼·大宗伯·典瑞》："瑑、圭、璋、璧、琮，缫皆二采一就，以覜聘。""璋邸射以祀山川。""牙璋以起军旅，以治兵守。""驵圭、璋、璧、琮、琥、璜之渠眉。"

《周礼·大司寇·小行人》："合六币：圭以马，璋以皮，璧以帛，琮以锦，琥以绣，璜以黼。此六物者，以和诸侯之好故。"璋为"和诸侯之好"的"六器"之一。

《周礼·考工记》卷下：大璋"诸侯以聘女"，瑑璋"以覜聘"，牙璋、中璋"以起军旅，以治兵守"。

《尚书·顾命》："太保受同，降，盥，以异同，秉璋以酢。"

《左传·昭公五年》："朝聘有珪，享觌有璋。"

《礼记·祭统》："君执圭瓒祼尸，大宗执璋瓒亚祼。"郑玄注云："圭瓒、璋瓒，祼器也。"

总之，玉璋在周代是最珍贵、最重要的玉瑞和玉器，可与玉圭比肩。

2. 玉璋尺度和形象

《周礼·考工记》卷下："玉人之事。……大璋、中璋九寸，边璋七寸，射四寸，厚寸。……大璋亦如之，诸侯以聘女。瑑圭璋八寸，璧琮八寸，以覜聘。牙璋、中璋七寸，射二寸，厚寸，以起军旅，以治兵守。"

《尚书·顾命》伪孔《传》："半圭曰璋，臣所奉。"

《诗·大雅·板》孔颖达《正义》："半圭为璋，合二璋则成圭。"

圭，上首呈等腰三角形，圭身作长条状。将圭纵向对剖取"半圭"，三角形首部叫作"射"。这种非常窄长的"半圭"之璋，在考古实践中罕见。

3.《礼图》璋图像

早在汉代即有《礼图》面世，惜失传。在多地汉代碑刻中，尚可见到"礼玉图"，其中有玉璋图像[①]（图1）。形制大同小异，与汉儒释经描述的玉璋形象相符。

---

① ［日］林巳奈夫著，杨美莉译：《中国古玉研究》，图1–45"汉碑的璋"，艺术图书公司印行，1997年，第54页。

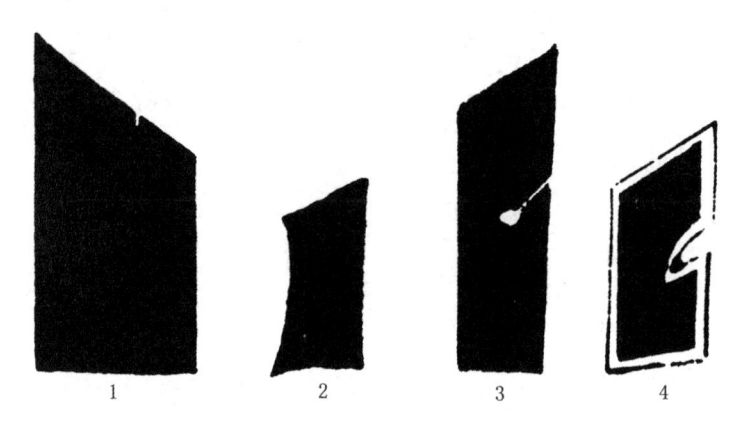

图 1　汉代碑刻所见"璋"图像

1. 单排六玉碑　2. 柳敏碑阴　3. 益州太守碑阴　4. 六玉碑

（采自林巳奈夫《中国古玉研究》图 1-45）

宋代聂崇义以世宗诏，取旧本《三礼图》六本，重加考订，编成《新定三礼图》（或题《三礼图集注》）[①]。该书绘有大璋、赤璋、牙璋、璋邸射图，卷十引《典瑞》《玉人》，指牙璋为"起军旅"所用，大璋乃诸侯聘女所用。卷十一引《大宗伯》云"以赤璋礼南方"（图 2）。只是《新定三礼图》所载牙璋、大璋、赤璋，均是凭空解经，缺乏文物实证。

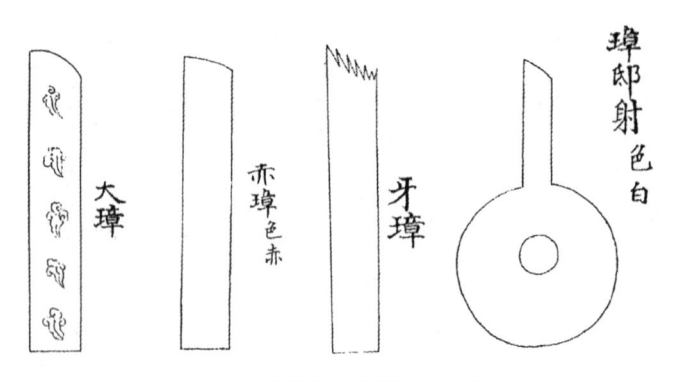

图 2　《新定三礼图》之玉璋

---

① 据文渊阁《四库全书·三礼图集注》提要。

4. 金石学认知

宋代以来，金石学渐盛，学者以传世玉器与文献比勘，给予定名、解释功用。但因对玉器时代把握不准，犯了以"周礼"一把尺子量天下的错误，常有谬误。清人吴大澂《古玉图考》著录邵漪园观察涟所藏玉璋，板式长条状，前端斜切出锐角尖（图3）。吴氏据《玉人》谓"边璋七寸，射四寸"，以周镇圭尺测量，说剡出之射（前部三角形）"长三寸十分寸之六，射下七寸，正合边璋之制"。至于射长不足四寸，是因为"古之良玉不易得，就玉琢器，或有不足耳"，从而判定此器即边璋。又举一器，形若铲，前端为斜刃，后端为短柄，柄前有阑出凸齿。吴氏引《典瑞》《玉人》指为边牙璋。该璋长一尺七寸半，与《周礼》所说九寸制度不合，"疑亦东周以后之物，与古制尺寸不甚合也"[①]。案吴氏所考，皆有牵强，以实物尺度与文献记录不同，强作拟合。殊不知，所举玉璋应该是夏商时期玉刀残件，"边璋"乃商代遗物，牙璋年代并非东周以后。

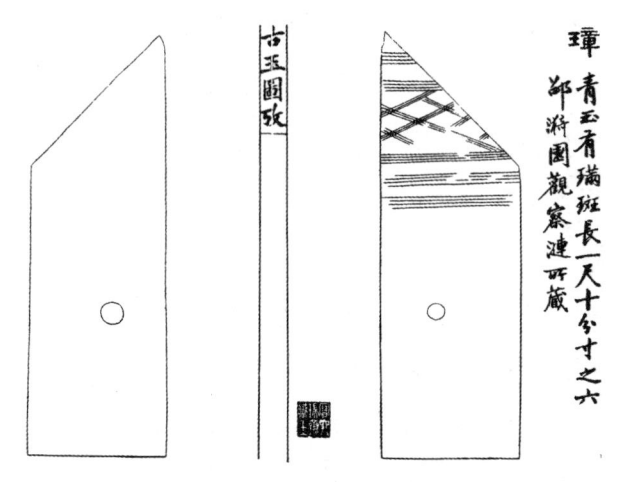

图3 吴大澂《古玉图考》玉璋

---

① 邓淑蘋：《古玉图考导读》，艺术图书公司印行，1992年，第94~96页。

三、考古学所说商周玉石璋

百年前，中国考古学诞生，逐渐有了先秦玉器出土。但一些文物学者仍然秉承金石学传统，看待传世和出土玉器[①]。即便是考古学家，虽然手握实实在在的发掘品，却也一时难以摆脱旧学羁绊。

中国考古学诞生之初，在殷墟的发掘中出土一些商代玉器，考古学家开始思考如何创立新的古玉研究体系，试图跳脱传统经学和金石学窠臼，但又苦于缺乏新的理论支撑。因此在对出土玉器的定名和功能阐释方面，颇有困惑。后来，夏鼐先生根据殷墟妇好墓的考古发现，总结此前出土玉器研究的成果与问题，发表《商代玉器的分类、定名和用途》，倡导摒弃"经学家"方式，主张改用考古学方法，从考古出土玉器出发，再参以传世文献。他采纳"半圭为璋"的说法，把形似圭但上端是一道斜边的玉器，定名为璋（图4）。说在殷墟西区41座小墓中出土石璋183件，在小屯10号房基也发现许多石璋，"它们有的在较短的一侧磨薄似刃，不锋利。有的根本没有刃部，大概不是武器，但也不像是瑞玉"[②]。

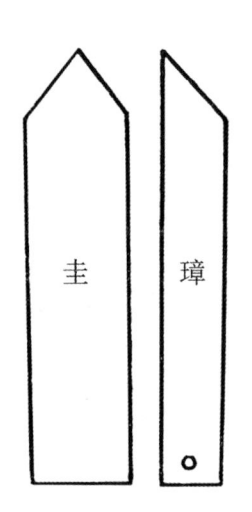

图4 夏鼐定义的玉圭、璋

在考古发掘出土文物中，有某些商周时期的玉石器被称作"璋"，其基本形制为：长条薄板状，后端齐平，前端斜切出尖锋，两个侧边往往磨成薄刃状。还有一类玉石器被叫作"牙璋"，其基本形态是：板状体，铲形，

---

① 那志良：《古玉鉴裁》，国泰美术馆，1980年。
② 夏鼐：《商代玉器的分类、定名和用途》，《考古》1983年第5期。

前端（射）切成 V 字形如两齿状，或作弧刃状，后端有柄（邸）如榫状。

1. 西周玉璋

西周墓葬中，有些玉石器大致符合古人定义的"璋"之形制特征。

陕西长安区张家坡遗址西周墓葬出土 2 件所谓"玉璋"，器形为扁平的长条形，后端为斜直边，发掘者根据"半圭为璋"定名为璋。张家坡西周墓出土礼玉中，璋的数量最少。其中标本 M301：12，在前端附有小玉饰，与柄形器的组合结构相同。类似器物为标本 M204：019，绿色软玉，通体光洁无纹饰。长 11.3 厘米，宽 3.4 厘米，厚 0.4～0.7 厘米（图 5）。还有一些归入 Ⅳ 式"柄形器"的玉器，梯形，尾端稍显斜面，颇似前述"璋"，前端也附有成组的小玉片，如 M43：1、M81：7、M249：2 等[①]。显然，上述"玉璋"与夏鼐所称"璋"者，并非一类玉器。

在洛阳北窑西周墓中也出土 1 件所谓"玉璋"：标本 M95：4，上端宽斜出尖，一边侧有凸齿，下端稍残，附近有

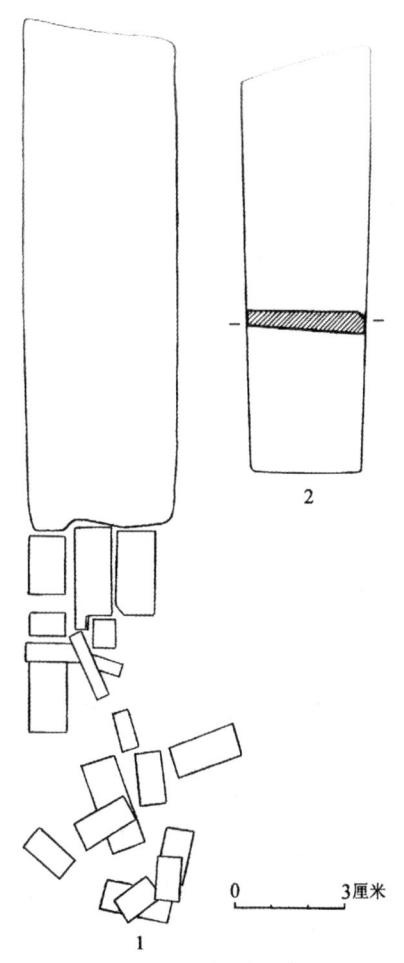

图 5 张家坡西周墓随葬"玉璋"
1.M301：12 2.M204：019

---

① 中国社会科学院考古研究所编著：《张家坡西周墓地》，图 186-1、2，图版 163-6，图 209，中国大百科全书出版社，1999 年，第 245、275 页。

长条形玉片 9 件，并有漆木痕迹。器长 7.7 厘米，宽 1.2～2.7 厘米，厚 0.2 厘米①。其实也是柄形器而非璋。

长安区张家坡 M301：12、洛阳北窑 M95：4 等，可能是古文献所谓"璋瓒"。张家坡墓地出土一些玉柄形器前端附着有小玉片，二者为组合器物，如 M302：15。更有一件标本 M155：17，在玉柄形器前端附若干小玉片、绿松石片和蚌片，以及一根小玉棒，学者指出其为"瓒"②。笔者认为玉柄形器就是所谓"玉"，这件组合玉器就是古文献所说"玉瓒"③。

河南三门峡西周虢国墓地曾有玉璋出土，如 M2001：585，长条板状，前端斜刃，后端平直。长 15.8 厘米，宽 1.9 厘米④。

在河南、陕西的西周小墓中，偶尔也出土"半圭"状玉石器"璋"：在洛阳东关 M88、M91，随葬 14 件石璋，白色细砂岩磨制，长 15～30 厘米，宽 4～4.5 厘米不等⑤。扶风上康村 M2 出土一件玉璋⑥。宝鸡贾村出土一件玉璋（宝

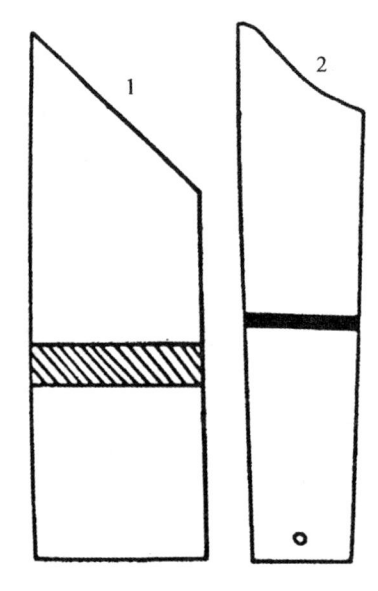

图 6　关中地区西周小墓出土玉璋
1. 上康村 M2　2. 贾村西周墓
（采自孙庆伟《周代用玉制度研究》
图 4-10）

---

① 洛阳市文物工作队：《洛阳北窑西周墓》，图版一〇五：4，文物出版社，1999 年，第 295 页。
② 李小燕、井中伟：《玉柄形器名"瓒"说——辅证内史亳同与〈尚书·顾命〉"同瑁"问题》，《考古与文物》2012 年第 3 期。
③ 拙稿《说瓒》，《华夏考古》待刊。
④ 虢国博物馆编著：《虢国墓地出土玉器》，科学出版社，2013 年，第 17 页。
⑤ 洛阳市文物工作队：《洛阳东关五座西周墓的清理》，图三：21、22，《中原文物》1984 年第 3 期。
⑥ 参见孙庆伟：《周代用玉制度研究》，上海古籍出版社，2008 年，第 214 页。

2218IB1），通长 20.9 厘米。其年代曾被定为西周[①]。据考订，该玉璋很可能出自汉代祭祀坑而非西周墓葬[②]（图6）。考古实践证明，西周时期这类玉石器数量非常稀少。

根据古文献的记载，玉璋是高级贵族拥有的高等级礼器。然就目前资料而言，西周高等级墓葬中迄今尚无堪与发掘出土的玉圭之体量、数量比肩的所谓"半圭"之璋[③]，也与古文献记载的与"圭"并列、可奉持之觐见周王的"璋"不相匹配。正如有学者指出的，在高等级西周墓葬中至今未见"半圭"状玉礼器，"如保存完整的晋侯及其夫人墓几乎都出大玉戈，而无一墓出土这种半圭状的璋"[④]。在有的考古报告和论著中报道的所谓西周墓葬出土"玉璋"，皆非典型玉璋。

在中原地区，迄今罕见西周时期的"牙璋"出土。

刘雨先生搜集涉及玉器的商代和西周金文36则，文中提到赏赐、进献（个别买卖）玉器种类和数量情况为：璋18、瓒7、圭5、璧4、玉4、环3、佩3、璜2、琲琼2、琮2、戈1、琅1、琥1、琼1、球1例，其中觐璋3、祼璋1、瓒璋1、王璋1、大璋1、玉璜1、圭瓒1、觐圭1、玉人佩1、玉和璋并列1、圭和璋并列1、玉和琮并列1例[⑤]。这和文献记载的礼必称圭璋，圭璋并举以圭为先，情况大不相同；与在考古发现中罕见玉璋之现实，更不相合。

那么，传世文献所谓璋，与西周青铜器铭文记述的璋，与考古发掘出土所谓璋，究竟什么关系？

---

① 王桂枝：《宝鸡西周墓出土的几件玉器》，图3，《文博》1987年第6期。
② 刘思哲：《陕西历史博物馆藏"西周五孔玉璋"考异》，《文博》2019年第5期。
③ 有学者曾作统计，西周墓葬出土玉璋只是个例，石璋也仅见于个别地方。大型墓葬绝无玉璋踪迹。参见张永山：《金文中的玉礼》，《东亚玉器》，表3.1，香港中文大学中国考古艺术研究中心，1998年。
④ 孙庆伟：《周代用玉制度研究》，上海古籍出版社，2008年，第214页。
⑤ 刘雨：《商和西周金文中的玉》，《故宫学刊》2004年第1期。

2. 商代玉石璋

商代墓葬中，也有些玉石器符合古人定义的"璋"之形制特征。

山东滕州前掌大商代墓葬 M110 随葬有 2 件玉璋，长条状，后端齐平，前端有尖。其中 M110：5，前端单面斜切出尖，长 9.1 厘米，宽 1.9 厘米；M110：6，前端双面斜切出尖，残长 10.1 厘米，宽 1.9 厘米[①]（图 7）。

河南鹿邑长子口墓出土 9 件玉璋，较完整者 2 件，形状似圭似戈，前锋为不对称两边斜切，有边刃，有的还起脊，无内（柄）无孔。一面磨光，另一面抛光差。M1：358 长 21.8 厘米，宽 4.8 厘米，厚 0.3 厘米[②]（图 8）。

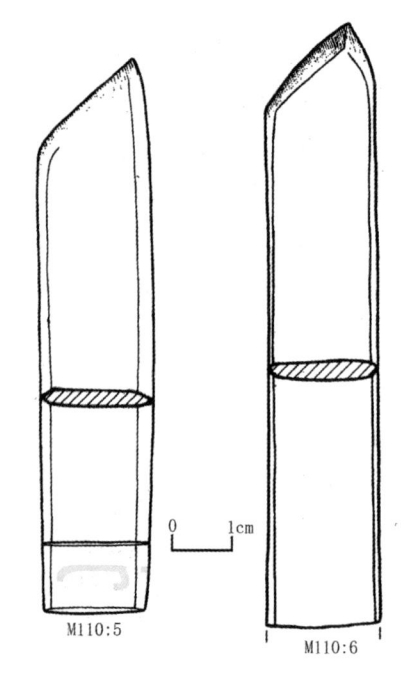

图 7 滕州前掌大商墓随葬玉璋

在安阳殷墟商代墓葬中，陆续发现一些形制似圭非圭、似戈非戈，材质似玉亦似石的随葬品，考古学家将其归类为"璋"，名之为玉璋或石璋。因材料比较庞杂，不宜详列，仅举以下几例：

---

① 中国社会科学院考古研究所编著：《滕州前掌大墓地》，图二七九：9、10，文物出版社，2005 年。
② 河南省文物考古研究所、周口市文化局编：《鹿邑太清宫长子口墓》，图一二六，中州古籍出版社，2000 年，第 151～153 页。

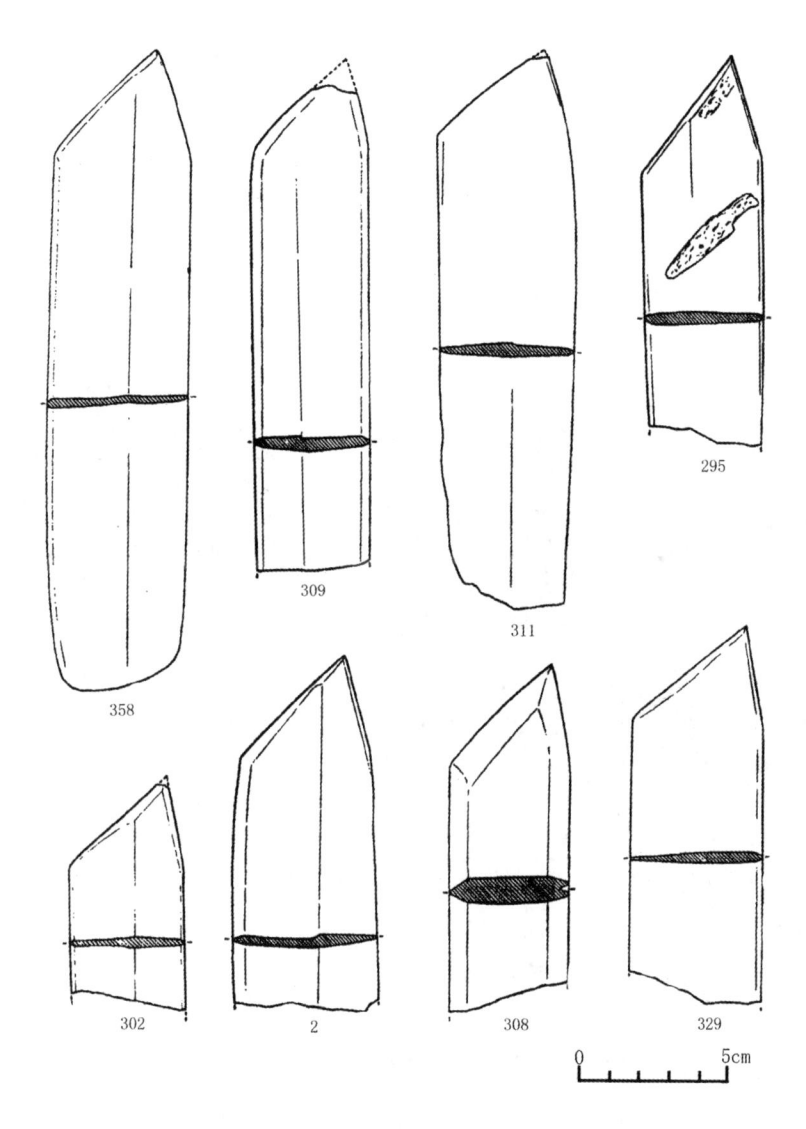

图 8　河南鹿邑太清宫 M1（长子口墓）出土玉璋

（采自《鹿邑太清宫长子口墓》图一二六。器下数字为器物编号）

早年殷墟商墓出土石璋 8 件，大部分残缺较甚，只有 3 件可看出大型。长条形，较薄，灰白或黄白色。标本 GM233：32，残长 15.8 厘米，宽 3.4 厘米，厚 0.5 厘米（图版六七：2）；标本 GM104：3，残长 15.5 厘米，宽 3.3 厘米，

359

厚0.4厘米（图版六七：3）。此外出土的玉戈GM239：11，长11.4厘米；石戈KBM21：4，无边刃，长12.2厘米。这两件也应归类于璋。玉戈形制很小，"不切实用，大概是一种玩赏品"①（图9）。

20世纪60—70年代在殷墟西区殷墓出土180多件石璋，白色。有的呈半圭状，有的近戈形②（图10）。

图9　殷墟出土商代石璋和玉石"戈"　　图10　殷墟西区商墓石戈璋
（采自《殷墟发掘报告　1958—1961》图版六七、七〇）
　　1. 玉戈GM239：11　2. 石戈KBM21：4
　　3. 石璋GM233：32　4. 石璋GM104：3

2002年，在殷墟铁三路发现一座两条墓道、随葬马车的大型商墓，编号M2118，墓室面积达41平方米，被盗扰。出土5件石璋，形近戈。白色花岗岩制成，"一般为窄长条形，多数有内或内部不明显，也有无内部

---
① 中国社会科学院考古研究所编著：《殷墟发掘报告　1958—1961》，图版六七：2、3，图版七〇：2，文物出版社，1987年，第255页。
② 中国社会科学院考古研究所安阳工作队：《1969—1977年殷墟西区墓葬发掘报告》，图七九，《考古学报》1979年第1期。

者。多数内部有钻孔。有些在形制上与石戈或玉戈很难区分"。最大一件 M2118：8，长 18.8 厘米，宽 3.4 厘米，厚 0.4 厘米[①]（图 11）。

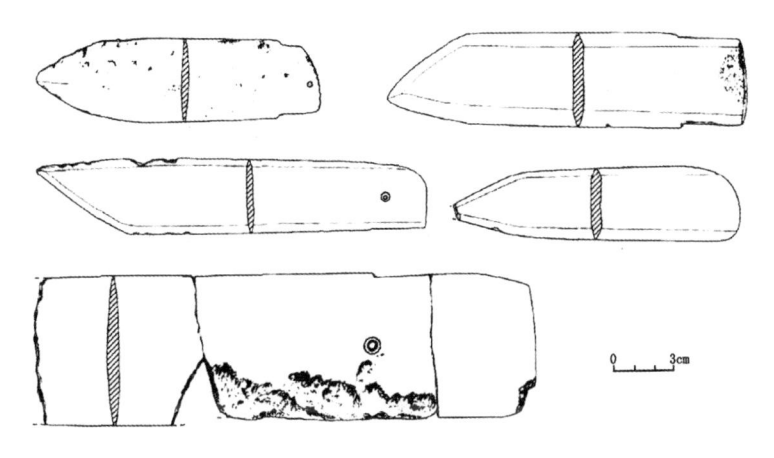

图 11　殷墟铁三路商墓 M2118 随葬石璋

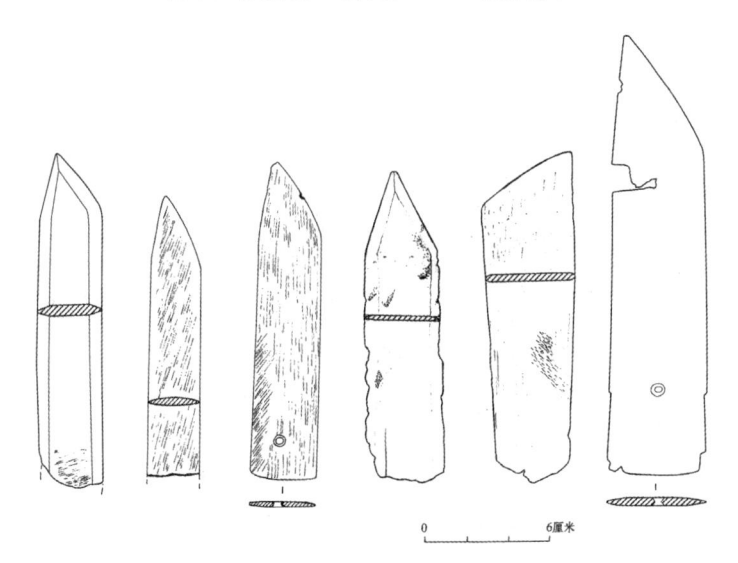

图 12　殷墟大司空商墓出土玉石璋
（采自《安阳大司空——2004 年发掘报告》上册图三五八）

[①] 中国社会科学院考古研究所安阳工作队：《河南安阳市铁三路殷墟文化时期制骨作坊遗址》，《考古》2015 年第 8 期。

2004 年殷墟大司空遗址出土 8 件石璋，均残。墓葬出土石璋 25 件，大理石磨制，多数有残缺。一般长 14～15 厘米左右，最长 20 厘米。其中 M34 出土 3 件，M400 出土 22 件。另外还有 2 件石"圭"，前锋近等腰三角形，亦应归属璋类[①]（图 12）。

殷墟戚家庄商墓出土玉璋 5 件（还有 5 件玉戈其实也为璋属）、石璋 11 件（1 件圭也应是璋类）。玉璋有前锋直刃和弧刃两式，也有个别形似戈而无内。完整者长 17 厘米；石璋分前锋作单刃和双刃两式（图 13）。M231 随葬石璋 11 件，白色，有边刃。较完整者长 18 厘米许[②]（图 14）。

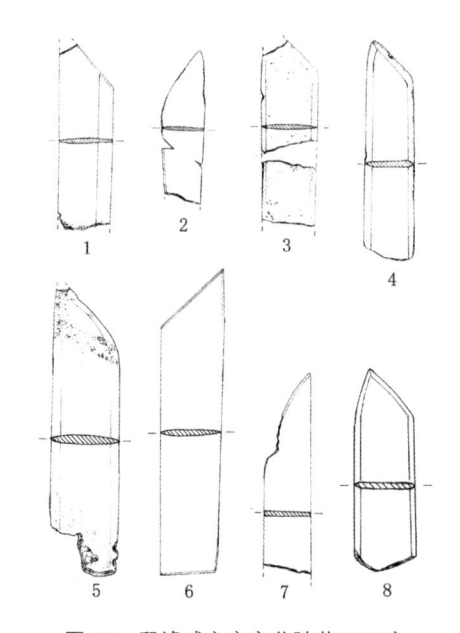

图 13　殷墟戚家庄商墓随葬玉石璋

1. 石璋 M253：1　2. 石璋 M216：4　3. 石璋 M70：1　4. 石璋 M37：2
5. 玉璋 M89：5　6. 玉璋 M134：9　7. 玉璋 M191：1　8. 玉璋 M256：17

---

① 中国社会科学院考古研究所编著：《安阳大司空——2004 年发掘报告》上册，图一七二：5、6，图三五八，文物出版社，2014 年，第 184、382～383 页。
② 安阳市文物考古研究所：《安阳殷墟戚家庄东商代墓地发掘报告》，图一七二、一八七、二一一，中州古籍出版社，2015 年，第 143～144、147、155、194～195 页。

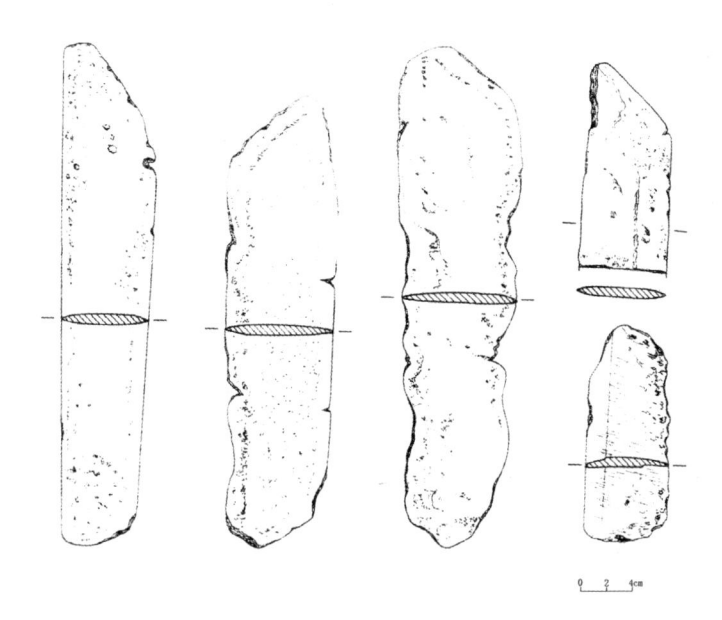

图 14　殷墟戚家庄 M231 随葬石璋

(采自《安阳殷墟戚家庄东商代墓地发掘报告》图二一一)

综览殷墟现已发现的商代玉石璋，可以总结其特点为：形状大致有二式，一式为"半圭状"，数量很少；一式则似圭似戈——前锋作斜边三角形，有刃。两侧边磨薄如刃，近底端常常有穿孔；材质很少有优质玉，很多似玉似石，更多就是大理石；其制作比较粗糙，一般均未经细磨，且磨光往往一面稍精另一面更糙；出土时多数不够完整，残断或残缺。此式比较常见。

我们今天称之为"璋"的这类玉石器，在商代究竟叫什么名字？从殷墟出土的两批文物可予以解答。

1985 年，殷墟刘家庄南四座商代墓葬出土 19 片玉器残件，上面均有朱书文字，词句残缺不全，但大体可窥见属于祼祭之辞[①]（图15）。如：M54：

---

① 安阳市博物馆：《安阳铁西刘家庄南殷代墓葬发掘简报》，《中原文物》1986 年第 3 期；孟宪武、李贵昌：《殷墟出土的玉璋朱书文字》，《华夏考古》1997 年第 2 期。

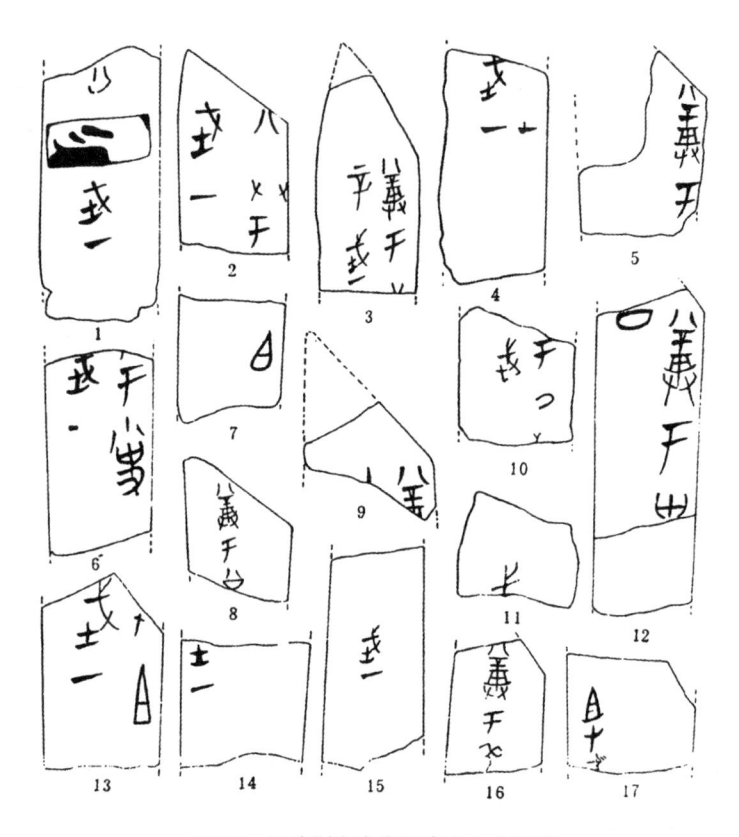

1"㺴（祼）于……戋一"；M54：3"㺴（祼）于□辛，戋一"。㺴、㺴，即祼。

图15 殷墟刘家庄商墓出土朱书玉璋

关于这些器物的属性，孟宪武等称之为璋，推测"戋字指的就是玉璋"[①]。但李学勤据其书辞云戋为祼祭礼器，认为此字所从之"土"乃玉字之省，"所从'玉'省去上一横笔，当为玉戈专字"，戋应隶作戏。主张称这批器物为戈[②]。笔者曾著文赞同李说[③]。

---

① 孟宪武、李贵昌：《殷墟出土的玉璋朱书文字》，《华夏考古》1997年第2期。
② 李学勤：《〈周礼〉玉器与先秦礼玉的源流——说祼玉》，邓聪主编《东亚玉器》，香港中文大学中国考古艺术研究中心，1998年。
③ 拙稿《说戏》，《文物》待刊。

1999年，在殷墟刘家庄北M1046出土55件"石璋"，其中18件有墨书文字，内容分别是"祼于某君乙或丁""祼于太子丁""祼于祖乙、祖丁、亚辛、三辛""祼于诸子"等①（图16）。李学勤研究认为：M1046玉器文字中的"祼"应隶定为"羛"字，读作祼，"不管是'石璋''玉璋'，它们都是圭、璋之属的祼玉"②。

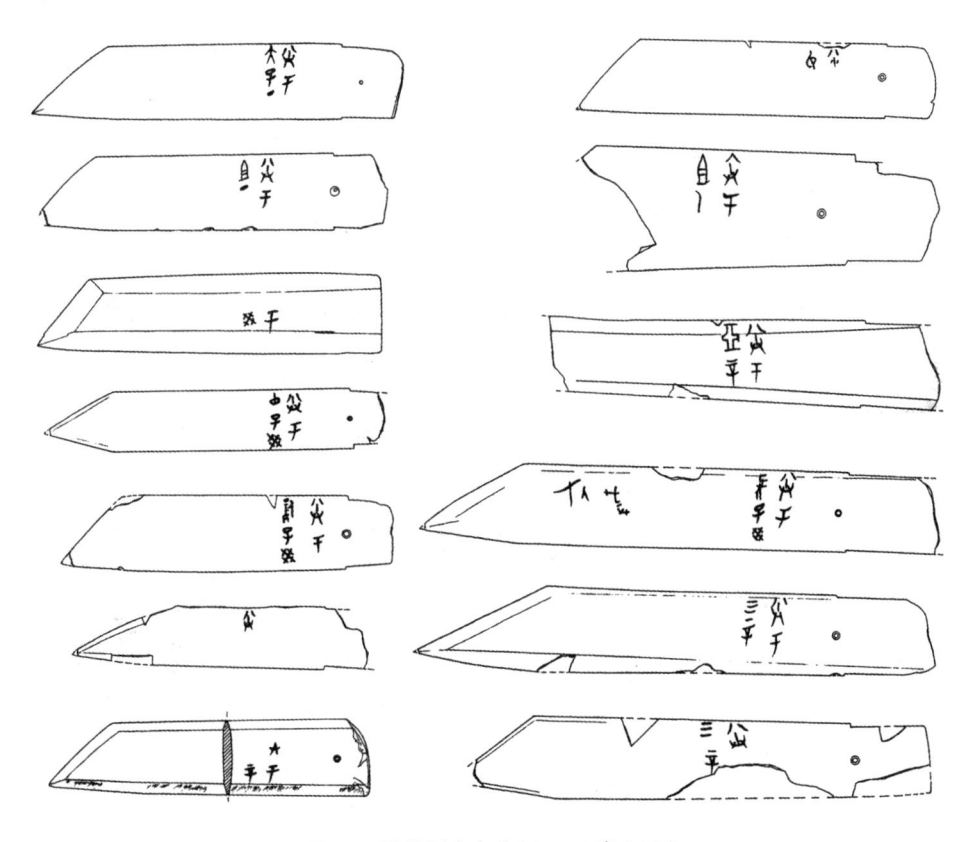

图16　殷墟刘家庄北M1046出土玉戈

---

① 中国社会科学院考古研究所安阳工作队：《安阳殷墟刘家庄北1046号墓》，《考古学集刊》第15集，文物出版社，2004年。
② 李学勤：《祼玉与商末亲族制度》，《史学月刊》2004年第9期；又《李学勤文集》，上海辞书出版社，2005年，第167~171页。

笔者认为，刘家庄南、北商代墓葬出土的"石璋"，都是"玉戈"——刘家庄北 M1046 发掘简报谓其"似石似玉，似璋似戈，暂称之为石璋"，其实 M1046 出土"石璋"多数具备"戈"的特点，如援、内俱全且分明，援有上、下两面刃，内或援上有穿。当然也有援、内不分者，但也是边侧均有锋刃。依此推知刘家庄南残碎严重的"璋"，也应该是"戈"。至于材质是石是玉，从现代地质学角度讲，应该是石，但它们在商代所代表的或者说商代人们赋予它们的物质属性，应该是玉，因为它们充当的是玉礼器角色。它们是玉戈的替身，是一种专门用于丧葬的明器"祼玉"（后来的祼圭）。器上的墨书文字，戓为戈字简体。因此，它们名字应该叫作"戓"①。

笔者曾认为金文"璋"字与"瓒"字，在构形要素上有相近之处，二者或有关联②。现实中确有瓒柄近璋形者（所谓璋瓒，如张家坡 M301：12）。但商代甲骨文中"璋"字为象形字，金文"璋"字乃会意字，二者实非一物，更非一字。

有殷墟考古专家指出：在殷墟，一般只有中型以上墓才使用玉璋（少数小墓也用少量玉璋），墓葬等级越高玉璋质量越好③。石璋可能盛行于殷墟第四期④。也有学者指出，商末殷墟墓葬随葬石璋数量激增，占到有玉石器随葬墓葬总数的 35.3%，是否随葬石璋没有等级差异，只是某些高级墓中随葬石璋相对较多，随葬石璋墓多数在殷墟西区，随葬石璋可能是特定人群流行习俗⑤。

---

① 拙稿《说戓》。
② 拙稿《说瓒》。
③ 孟宪武：《安阳殷墟考古研究》，中州古籍出版社，2003 年，第 85 页。
④ 中国社会科学院考古研究所编著：《殷墟的发现与研究》，科学出版社，1994 年，第 361 页。
⑤ 邰向平：《商系墓葬研究》，科学出版社，2011 年，第 230 页。

确实，在殷墟未被盗扰的高等级墓葬中，迄今尚未发现玉璋或牙璋。

如殷墟妇好墓出土750多件玉器，包括柄形器33、璧16、牙璧1、瑗17、环24、璜73、琮14、玦18、圭8、戈39、矛3、戚9、大刀1、簋2、盘1件等礼器，石器中也不见璋类器物①。

殷墟花园庄M54出土玉器227件，包括琮1、环2、玦4、圭2、璧1、牙璧1、戈11、矛4、戚6、钺1、柄形器3件等礼器。无玉璋或牙璋②。

殷墟郭家庄M160出土玉器33件，包括璧2、环2、璜1、玦2、钺1、戚1、戈5、柄形器8件等礼器，不见玉璋或牙璋。但据说出土2片石璋，"甚残"。M160:225，残长5厘米，宽2.6厘米。没有发布照片和线图等资料，具体形制不明③。

现在看，殷墟早期确实罕见玉石璋，玉石璋主要见于殷墟四期。玉石璋不是墓葬等级的重要标志物，而是与死者族属和职业相关。例如：

戚家庄M134随葬铜铃1，玉璋1，磨石2，陶觚、爵、盘各1件。M195是儿童墓，随葬玉璋1、玉饰件6、贝2。M191为单棺墓，随葬铜铃，玉琀、玉璋、石斧、陶觚、爵、盘各1。M37单棺，随葬玉戈1、玉饰件3、石璋1、绿松石饰件10，陶觚、爵、盘各1。M12为单棺墓，随葬铜觚1、爵1、铃1、戈2，玉钺、璜、璋、戈、管、陶觚、爵、簋各1件。M63棺椁俱全，随葬铜觚2、爵2、鼎2、簋1、尊1、斝1、卣1、铃2、戈5、矛5、镞15，穿孔石饰1，陶觚、爵、盘、罐、觯、罍各1。M235棺椁俱全，随葬铜觚2、爵2、鼎1、簋1、尊1、卣1、铃1、刀1，玉凿1，石钻帽1，

---

① 中国社会科学院考古研究所编著：《殷墟妇好墓》，文物出版社，1980年，第114~203页。
② 中国社会科学院考古研究所编著：《安阳殷墟花园庄东地商代墓葬》，表二，科学出版社，2007年，第177页。
③ 中国社会科学院考古研究所编著：《安阳殷墟郭家庄商代墓葬1982—1992年考古发掘报告》，中国大百科全书出版社，1998年，第113~121页。

陶觚、爵、盘、罐各1。M269棺椁俱全，随葬铜觚3、爵2、鼎4、尊2、卣1、方彝1、盖1、大刀2、钺2、弓形器1、锛1、凿1、斧1、刀1，陶觚、爵、豆、簋、罐各1，骨笄1、环1、玉戈1、饰件5、管1。M231棺椁俱全，随葬铜觚2、爵2、鼎1、簋1、卣1、铃1、戈1、弓形器1、镞10，陶觚、爵、簋、盘、罐、罍各1、鬲2、小罐7；玉柄形器1、璋10（琀）；石璋5、磨石1，牛腿1、羊腿2等①。

戚家庄上述墓葬包括了铜礼器（1套或2套觚爵）墓，一般棺椁俱全；也包括了单棺、无铜礼器墓。它们都属于制玉手工业家族，掌握了一些玉石材料和制品，因此很多墓葬随葬有包括璋在内的玉石器。

在四川三星堆遗址商代祭祀坑二号坑，出土玉璋4件，可分二式：A式2件，长条四边形，两端为平行斜边，阴刻卷云纹和平行线纹。1件有穿孔。B式2件，有邸（柄）。1件阴刻卷云纹和平行线纹，1件（K2③：201-4）刻画二组纹饰，画面底部山侧各有玉璋图像，是璋为祭祀山川礼器之实证②（图17）。

此外，二号坑还出土2件璋形、12件牙璋形金箔③。可能是贴敷于玉器上的饰物。

在成都金沙遗址出土的玉璋，形如三星堆A式璋，平板状平行四边形，两面雕刻云雷人物纹，人呈跪坐状，肩扛一根象牙④（图18）。

---

① 该报告文字介绍M231随葬玉璋10或11件（第194~196页），图二一一却均标为石璋，而墓葬登记表则记录为玉璋1，石璋5件。相互不符，或文字有误。
② 四川省文物考古研究所编：《三星堆祭祀坑》，图一九六、一九七，文物出版社，1999年。
③ 四川省文物考古研究所编：《三星堆祭祀坑》，图一九五，文物出版社，1999年。
④ 成都文物考古研究所编著：《金沙——21世纪中国考古新发现》，五洲传播出版社，2005年，第68~76页；成都文物考古研究所编著：《金沙玉器》，科学出版社，2006年，第62~88页。

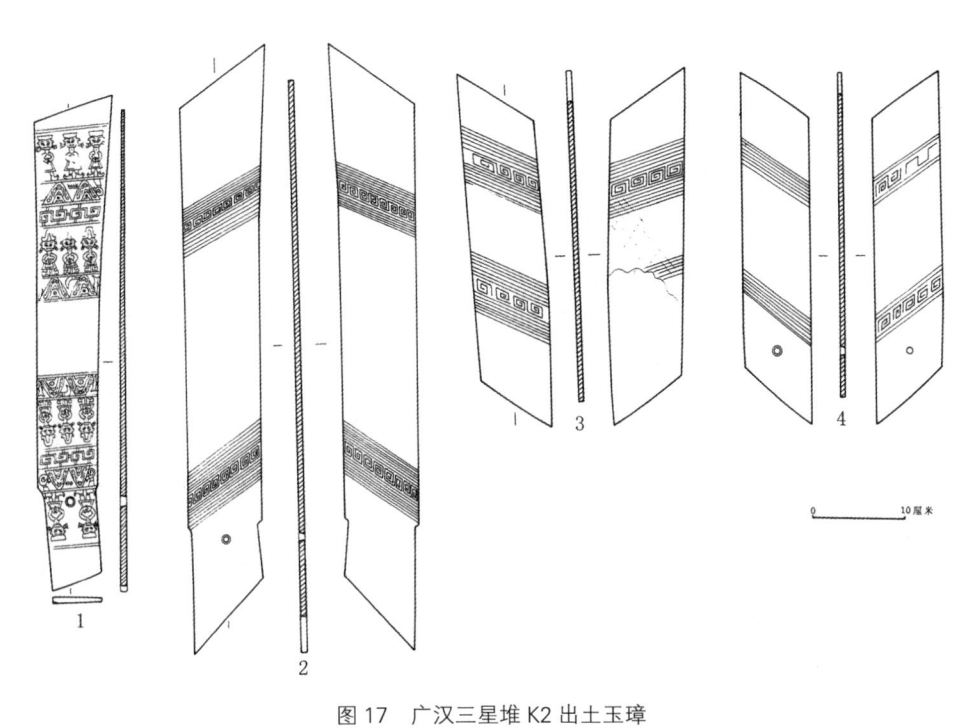

述而作论

图 17 广汉三星堆 K2 出土玉璋
1.K2③：201-4 2.K2③：194 3.K2③：150 4.K2③：08

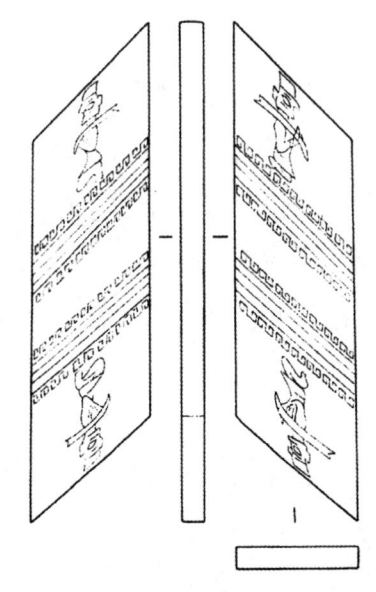

图 18 金沙遗址出土玉璋

显然，成都地区出土上述商代玉璋，与古文献所谓"半圭"状璋还是有差距的。

从器物类型学角度看，考古发现的商周时期玉石"璋"，与玉石圭有着非常紧密的亲缘关系，二者都是从玉石戈演化而来。这种玉石"璋"在商代叫作"戏"，称璋可能是后代的习惯。

四、商周的章与璋

1. 商周金文中所见"章"

在商、西周青铜器铭文中，屡见有"章"，有学者认为即"璋"字初文。

商代晚期青铜器《乙亥簋》有铭文曰："乙亥，王赐禹败玉十丰、章一，用作祖丁彝。亚舟。"①"章"字写作"𩰫"，多数学者释作璋。按：该字从辛从⊕，会意字。辛乃制玉工具形，⊕指玉器形状为圆形，上面有纹饰（或钻孔时画线定中心之标线）。此章字与商代晚期青铜器《叔䙆卣》铭文"𦥯"（璧）②结构类似："璧"字从辛从○从玉，指以辛雕琢而成的圆形玉器，会意字。可以认为，商代金文中的璧与章，所指玉器形状相同，皆属圆形。但既然各造一字为名，其实物必有区别，最大可能就是大小不同了。在考古发现中，圆形玉器中形体大者没有超过玉璧（包括瑗环）的。那么只能是玉璧形体大，玉章形体小。

西周早期《庚嬴鼎》铭文曰："……王客烔宫，衣事。丁巳，王蔑庚嬴历，赐裸章、贝十朋。……"③

---

① 中国社会科学院考古研究所编著：《殷周金文集成》（以下简称《集成》）3940，中华书局，2007年。
② 《集成》5373：《叔䙆卣》铭文"子赐叔䙆璧一，叔䙆用作师丁彝"。
③ 《集成》2748。

西周中期《裘卫盉》铭文曰:"王称旆于丰,矩伯庶人取堇章于裘卫,才八十朋,厥贮其舍田十亩。"①辞谓周王在丰都建旗议事,矩伯属下庶人,用八十朋贝从裘卫那里买来觐见用玉璋,价值折合成土地十亩。

西周中期《师遽方彝》铭文曰:"……王呼宰利,赐师遽瑁圭一、瑗章四。……"②

刘雨先生指出,在"瑁圭一、瑗璋四"句中,"如果理解为瑁字是形容圭的,瑗是形容璋的,则说明西周玉璋的形制有圆形的部分,这是金文透露出的一丝信息,与传统文献对玉璋形制的描述大相径庭,笔者难以肯定,谨录以备玉器专家研究思考"③。这是一个极其重要的发现,瑁、瑗分别与圭、章联称,且数词皆在圭、章后,则瑁、瑗属于形容词,均从玉旁,应是描述玉器的专用字。瑗字也有学者隶作"环",同义④。按殷墟卜辞中常见描述玉器的形容词,如形容玉珏(圭)的白、玄、瑳吉、蕭:

乙亥,子叀白圭冉。用。隹子见(献)。 《花东》193

丙卜,叀瑳吉圭冉丁。

丙卜,叀玄圭冉丁,亡玎。 《花东》286

丁卯卜,子劳丁,冉蕭圭一、玎九。 《花东》363

白、玄描述玉器颜色,当无异议。瑳和吉均为"圭"之修饰词,"分别说明其色彩光泽和质地"⑤。"蕭圭"是指有纹饰的玉圭⑥。因此金文中"瑁圭、瑗璋"之辞例与卜辞类同。

商周金文中的⊕和○,学者释义多有不同,但"'⊕或○是环形玉器'

---

① 《集成》9456。1975年出自岐山县董家村西周一号窖藏。
② 《集成》9897。
③ 刘雨:《商和西周金文中的玉》,《故宫学刊》2004年第1期。
④ 吴大澂:《愙斋集古录》13.9,上海涵芬楼,1930年。
⑤ 姚萱:《殷墟花园庄东地甲骨卜辞的初步研究》,线装书局,2006年,第199~213页。
⑥ 李学勤:《从两条〈花东〉卜辞看殷礼》,《吉林师范大学学报(人文社会科学版)》2004年第3期。

可能最接近事实"[①]。实际上,商和西周金文"章"字均从辛从⊕,章之本义指圆形玉器应无疑。

在目前所见西周金文中,涉及的玉璋(均写作章,从玉之璋字晚至春秋时期方才出现,如《子璋钟》),其名称包括章、玉章、玉瓤、大章、堇章、瑗(環)章、瓤章等。可见,章有多种。其用途可分为四类:周王等赏赐的璋,朝觐周王的璋,诸侯、大夫或私人赠予和酬谢他人的璋[②]。

商周金文证明,所谓"玉章",是一种形似璧而小于璧的圆形玉器。

2.考古出土的商和西周"玉章"

殷墟商墓经常出土一种璧形小玉器,考古学家或称"小璧""系璧",或称"纺轮",也有列入佩饰者。一般作平板状圆形,中心有小穿孔。少数也作球冠状,中心穿孔。这类玉器很可能就是金文所说的"章"。

这类玉器既见于普通小型墓,也见于高等级墓葬。如著名的妇好墓中,即出土有"玉纺轮"22件(包括半成品),可分二式:A式21件,为平板状圆形,表面抛光,发掘者认为"是利用环、瑗之类的钻心制成"。一般为直径5厘米左右(最大6.1厘米、最小2.9厘米),厚0.6～0.7厘米。从部分标本纵剖面呈扁梯形、外缘有旋纹等分析,它们确实属于璧类玉器的芯材所制。有的则是用其他玉器残件改制的,留有部分纹饰。其中M5:1031雕刻有比较完整的虺纹。B式1件,球冠状。直径3.6厘米,厚0.8厘米[③](图19)。

---

① 杨州:《说殷墟甲骨文中的章(璋)》,《首都师范大学学报(社会科学版)》2009年第3期。
② 张永山:《金文中的玉礼》,邓聪主编《东亚玉器》,香港中文大学中国考古艺术研究中心,1998年,第29页。
③ 中国社会科学院考古研究所编著:《殷墟妇好墓》,图版一二二至一二四,文物出版社,1980年,第146～147页。

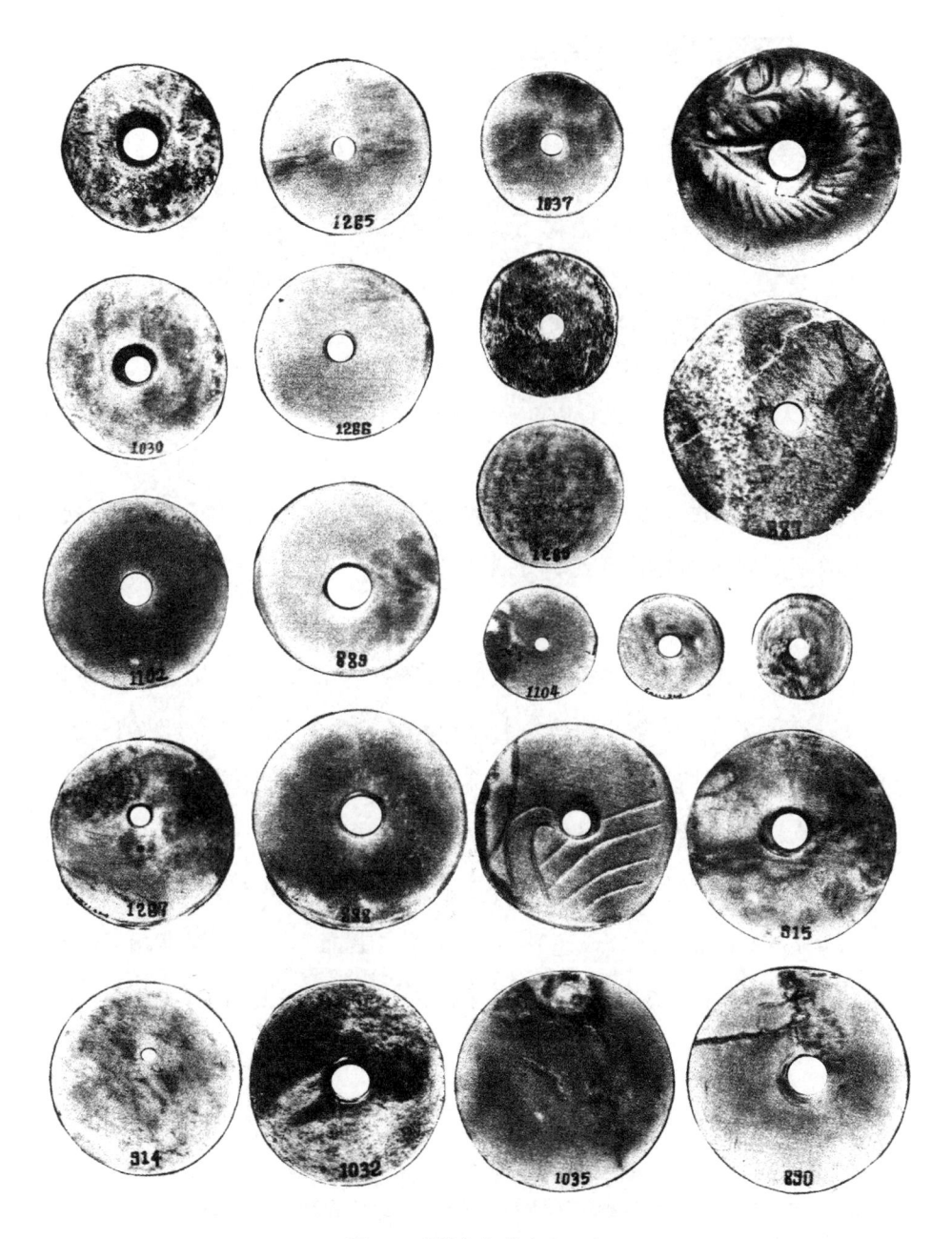

图 19 殷墟妇好墓出土玉璋

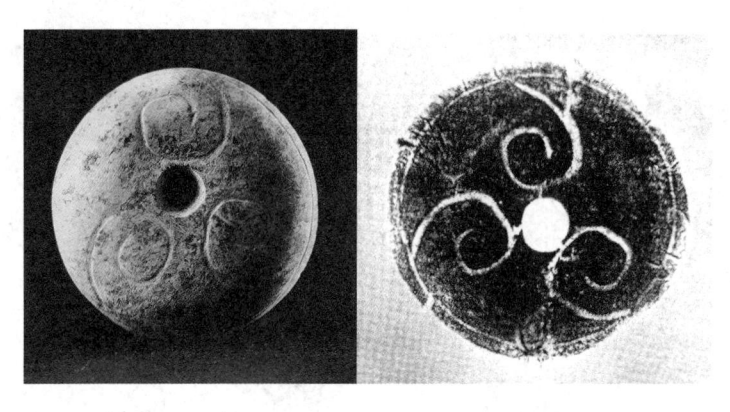

图 20　刘家庄 M1039：4 玉章（左：照片，右：拓片）

1999 年，殷墟刘家庄商墓 M1039 出土一件玉"珠形饰"，球冠状，中心有穿孔，球面刻圆圈纹，内填 3 个卷云纹。直径 2.45 厘米、厚 0.51 厘米[①]（图 20）。

在殷墟花园庄 M54 商墓中，出土有 10 件"骨章"，球冠状或圆饼状，直径 3～4 厘米左右，7 件的鼓面上雕刻有 4～5 个卷云纹[②]（图 21）。可能是仿制玉章用作镶嵌装饰，商代常见以骨、蚌仿制玉器者。

在金沙遗址出土一件商代绿松石章，直径 2 厘米[③]。

西周墓葬中也常见玉章。如西安张家坡西周墓出土有一些所谓"小璧"，直径约 4～5 厘米。还有一些所谓"串饰"，圆形或圆角方形，直径约 2～3 厘米，纹饰一般为带有旋转节律的几何纹或动物纹，或即所谓"系璧"[④]（图 22）。实际上皆可归入"玉章"类。

---

① 中国社会科学院考古研究所编著：《安阳殷墟出土玉器》，图版 156，科学出版社，2005 年。
② 中国社会科学院考古研究所编著：《安阳殷墟花园庄东地商代墓葬》，图一五三：1-4、9、12，科学出版社，2007 年。
③ 成都文物考古研究所编著：《金沙玉器》，科学出版社，2006 年，第 61 页。
④ 中国社会科学院考古研究所编著：《张家坡西周墓地》，图 181、201，中国大百科全书出版社，1999 年。

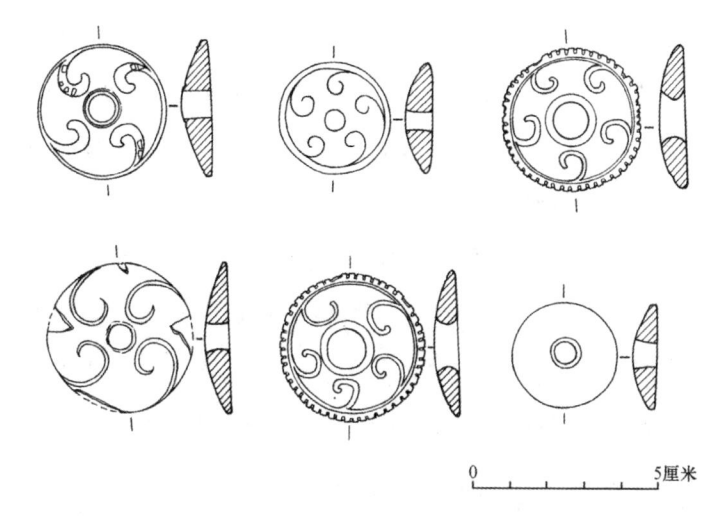

图 21　殷墟花园庄 M54 出土骨器

(《安阳殷墟花园庄东地商代墓葬》图一五三)

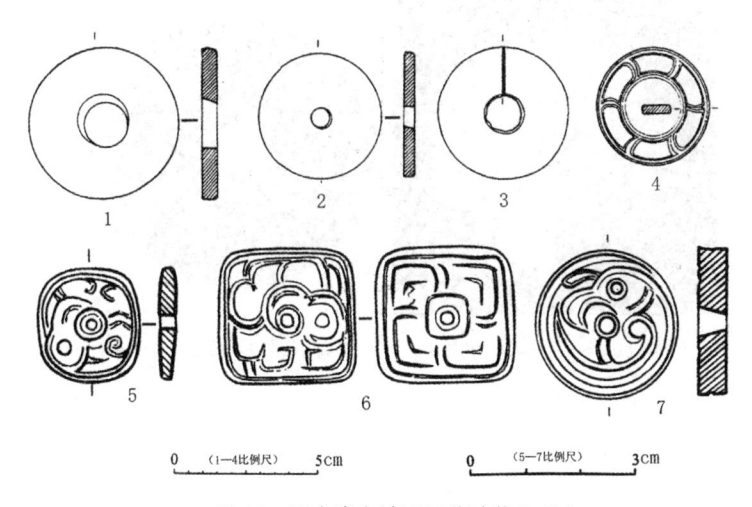

图 22　西安张家坡西周墓随葬玉系璧

1.M44：30　2.M58：10　3.M14：14　4.M157：107　5.M121：35　6.M1：13　7.M52：16

显然，商周时期的璧形小玉器，与商代金文的"章"字之形、义非常吻合。

考古实践告诉我们，商周时期的玉章不但形制上与璧相仿，实际上二者之间原本就有直接的关联——很多玉章就是利用加工玉璧（环、瑗）时产生的"钻芯"加工而成，对此，考古学家们早已发现并阐述过了——殷墟花园庄 M54 墓出土 2 件玉"纺轮"（328、372），"均由大型玉器上管钻而成的'璧芯'进一步加工而成。圆形，素面，中部有圆形对钻圆孔，侧面留有管钻形成的旋转痕迹"[①]。

笔者曾研究认为：殷墟甲骨文和金文中均有"弄"字，甲骨卜辞和铜器铭文中有关于"弄器"之记载，殷墟商代墓葬则出土大量玉雕艺术品，其中包含部分用作鉴赏把玩的"弄器"。商代玉弄器和铜弄器，均是非常珍贵的宝物，是赏赐、进献的贵重礼物[②]。香港私人藏品有商代玉章，直径 3.4 厘米，厚 0.9 厘米，其上阴刻"壬辰姤易（赐）媚"5 字。李学勤考证为殷末之物[③]（图 23），也是商代玉章为高级赏赐品之佐证。

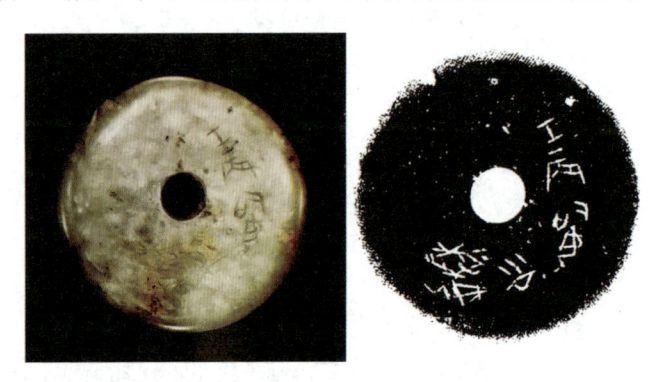

图 23 《姤赐媚》玉章（左：照片；右：拓片）

3. 商周时期的"瓦"

商代金文中已有"瓦"字，有瓦的形象可寻。1975 年，在殷墟宫殿区丙组基址西侧，发现两座商代晚期房基，编号 F10、F11，均属于帝乙、帝

---

① 中国社会科学院考古研究所编著：《安阳殷墟花园庄东地商代墓葬》，图一四三：4、7，科学出版社，2007 年，第 198 页。

② 杜金鹏：《说弄——殷商玉器名实考之六》，《江汉考古》2021 年第 6 期，第 152~161 页。

③ 姜涛、刘云辉编著：《熙珵藏玉》，图版 51，文物出版社，2006 年。

辛时期建筑。从其出土物分析应是制玉作坊。在 F11 祭祀坑中，出土一件铜方鼎盖，边长 6.3 厘米，宽 2.5 厘米。内壁铸有铭文"王作敀弄"四字[①]（图 24）。因其形体十分小巧，显然不是正常礼器，应根据其铭文定性为弄器。这"是殷王为一位名敀的妇女所作的弄器"[②]。以敀为名，敀字从瓦从女，可见"生女弄瓦"的习俗在商代便已存在。其"瓦"字作"?"，为一圆圈外连接两条同向弯曲、富有动感与韵律的线条，正是纺线时纺轮旋转景象之写照。

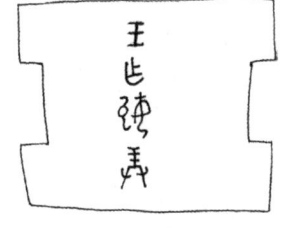

还有一件殷商铜卣的铭文也做"王作敀弄"，器高 20.2 厘米[③]（图 25）。敀字与小屯 F11 器盖铭文完全相同。

图 24　殷墟小屯 F11 出土铜器盖铭文（左：拓片，右：摹本）

图 25　商代晚期"王作敀弄"铜卣（采自陈梦家《美国所藏中国铜器集录》A560）

---

① 中国社会科学院考古研究所编著：《安阳殷墟小屯建筑遗存》，图六七，文物出版社，2010 年，第 136~154 页。线图采自刘一曼《殷墟考古与甲骨学研究》，图 4~69，云南人民出版社，2019 年，第 288 页。
② 刘一曼：《殷墟考古与甲骨学研究》，云南人民出版社，2019 年，第 287~288 页。
③ 陈梦家编著：《美国所藏中国铜器集录》（订补本）中册，中华书局，2019 年，第 764~765 页。

商代遗址和墓葬中经常出土陶纺轮，即金文所说的"瓦"。《说文》云："瓦，土器已烧之总名，象形。"随葬陶纺轮者之性别明确者，往往是女性。考古学家甚至根据随葬瓦推断死者为女性。如殷墟苗圃铸铜遗址便出土一批陶纺轮，多达 110 件。圆饼状，中央穿孔。直径一般为 4~5 厘米左右，最大的 7 厘米[①]（图 26）。

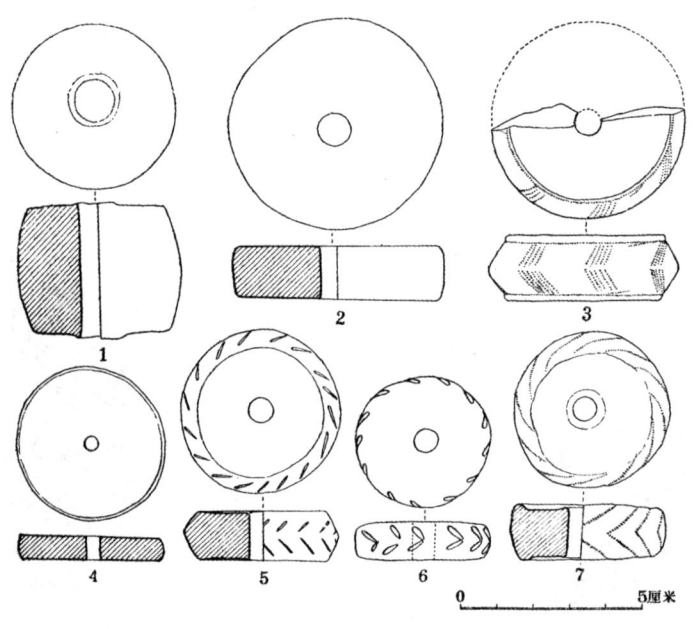

图 26　殷墟苗圃出土陶纺轮
（采自《殷墟发掘报告　1958—1961》图一二三）

甲骨文有"🉑"字，学者释作"璧"[②]。笔者也曾认为该字可隶定为

---

① 中国社会科学院考古研究所编著:《殷墟发掘报告　1958—1961》，图一二三，文物出版社，1987 年，第 162~163 页。
② 殷墟考古学家指出："此字从○从辛，当是璧字的早期形态。"中国社会科学院考古研究所编著:《殷墟花园庄东地甲骨》，云南人民出版社，2003 年。

璧[①]，其字从牙从𠂤，与金文"章""瓦"字之构字要素各有相同之处。应该是专指某种玉璧——可穿线旋转的"璧"，即章。这也印证了章与瓦之间的亲缘关系。

己卯，子见眡以㺝、琡于丁？用 《花东》490.1

己卯，子见眡以玨冪㺝于丁？用 《花东》490.2

己卯，子见（献）眡以合（玨，圭）冪㺝、㺝丁。用。 《花东》490.2

㺝字，从辛从𠂤。㺝与琡、玨等玉器同列并举，证明㺝为玉器无疑。

有学者指出，㺝字所从𠂤"正是牙形璧的生动写照"[②]。

有卜辞云："叀黄㺝、冪𠂤？"（《花东》180.3）同版同条并存，充分说明𠂤虽是玉器但并非普通的璧（㺝）。其实，𠂤与𠂤，字形相近，字义可能也近似。即𠂤字可能专指牙璧，也可能表玉章之义。

4. 商代的牙璋

（1）甲骨文所见"牙璋"

殷墟卜辞中见有𡉉字，有时用作人名，有时用作玉器名：

庚辰卜：内贞，𡉉无遘。《合》4937

……卜㝱……𡉉无遘。《合》4939

正"丁巳卜：贞，𡉉得。《合》8889

……𡉉得……受 《合》8890

姚孝遂先生谓𡉉"字不可识，卜辞均用为人名"[③]。

但另有卜辞证明𡉉为玉礼器：

---

① 拙稿《说璧》，待刊稿。
② 刘一曼、曹定云：《殷墟花园庄东地甲骨卜辞考释数则》，《考古学集刊》第16集，科学出版社，2006年，第248~250页。
③ 于省吾主编：《甲骨文字诂林》，中华书局，1996年，第3462页。

壬寅，易（赐）㠱五❒、十戈、十弓。　《合》22349

己亥卜：于庭禹㺇、❒。用。　　《花东》29.4

己亥卜：叀今夕禹㺇、❒，若，侃。用。　《花东》149.2

❒与戈、弓并称，显然是器物名。有学者认为上述花东卜辞"所卜的极有可能就是子向丁的禹献"，"❒"应该和"㺇"一样都是玉器。"❒"字就是所谓"牙璋"象形字[1]。"❒"字读为玉章（璋）的"章（璋）"[2]。"❒"字是"牙璋"象形字说，至确可取。但说"❒"字"读为玉章（璋）的'章（璋）'"，则可商。商代金文另有"章"字。

殷墟甲骨文中有一字"❒"（《合集》4524、4525），可简化为❒（《合集》4854）、❒（《合集》4853）。"❒"字在"卜辞为人名"[3]。该字从❒从口，❒即❒之省。

殷墟卜辞有贞人名曰❒（省作❒）：

癸亥，气自❒　❒　《合集》3054 白

奠示十七一屯　❒　《合集》6445 白

壬午邑示八屯　❒　《合集》17558 白

癸亥，旬气自❒十屯　❒　《合集》9410 白

由以上四辞可见，❒可省作❒，即II乃❒之省。❒字从II从口，❒字从❒从口。二字实为一字之异体[4]。殷墟戚家庄商墓M235随葬铜尊有铭文"戊

---

[1] 杨州：《甲骨金文中所见"玉"资料的初步研究》，首都师范大学博士学位论文，2007年，第45、47页。
[2] 杨州：《说殷墟甲骨文中的章（璋）》，《首都师范大学学报（社会科学版）》2009年第3期。
[3] 于省吾主编：《甲骨文字诂林》，姚孝遂按语，中华书局，1996年，第733页。
[4] 徐中舒说：贞人❒与贞人❒同在一版，疑二字同。（徐中舒主编：《甲骨文字典》，四川辞书出版社，2014年，第104~105页。）饶宗颐说：❒字有异体作❒、❒、❒等，"象置二玉于器中。❒变而为II，可知其即玨字"。并补充三个卜辞例证进一步论证"❒、❒即玨字之异体"。（引见于省吾主编：《甲骨文字诂林》，中华书局，1996年，第756页。）

"□"" 戌□"①，益证□、□为同字异体。笔者认为，□□、ΙΙ应该都是该墓铜爵铭文"□"（玉柄形器象形字）的简化体②。

丁山先生曾说："□字或省为□，□上所从之ΙΙ，当是珏字之初文。《说文》：'珏，极巧视之也，从四工。'按四工与两工之谊同皆谓善某事也。"③ 有卜辞曰："……亥卜，王……琞……伐，一月。"（《合集》10478）疑琞字亦即□字异体。其"琞"字，徐中舒说"从玉从口"④；姚孝遂说"字当隶作'琞'"⑤。该字从珏从口，隶为琞字可从。可见ΙΙ、□□与玉之关系。

可见，□所从之□，实与□□、ΙΙ等皆为玉器象形。所象玉器，只能是玉牙璋。

（2）金文中"牙璋"图像

在殷墟青铜器铭文中，见有牙璋形象。如安阳铁三路M89商墓，其铜觚铸有族徽作"□"，显然是玉牙璋之象形。因该墓随葬大量玉石器和玉器半成品、残次品，以及制玉工具等，发掘者"推测墓主可能是从事玉器生产、管理的中小贵族"⑥。在殷墟迄今未见完整玉牙璋，那么，殷墟青铜器铭文中的牙璋图像从何而来呢？可能的答案有：该族徽是从夏代（二里头文化）便已存在的族群的，在商代晚期依然在使用中；该族是仍然使用牙璋的族群（譬如三星堆、金沙遗址的居民），迁移来安阳时所带来的；将来或许在殷墟能够发现玉牙璋（可能性极小）。除此之外似无他解。

---

① 安阳市文物考古研究所编著：《安阳殷墟戚家庄东商代墓地发掘报告》，中州古籍出版社，2015年。
② 拙稿：《殷墟戚家庄商代制玉手工业遗存及相关问题》，《中原文物》待刊。
③ 引见于省吾主编：《甲骨文字诂林》，中华书局，1996年，第756页。
④ 徐中舒主编：《甲骨文字典》，四川辞书出版社，2014年，第38页。
⑤ 于省吾主编：《甲骨文字诂林》，中华书局，1996年，第3280页。
⑥ 中国社会科学院考古研究所安阳工作队：《河南安阳市殷墟铁三路89号墓的发掘》，《考古》2017年第3期；何毓灵：《试析殷墟一座玉匠墓》，《三代考古》第七辑，科学出版社，2017年；何毓灵：《殷墟铁三路M89玉匠墓研究》，杜金鹏主编：《殷墟妇好墓出土玉器研究》，科学出版社，2018年。

（3）考古发掘出土商代玉石牙璋

迄今，在殷墟尚未发现商代完整牙璋。在黄河流域的商代遗址中，也罕见年代明确的牙璋。

河南新郑望京楼[①]、郑州杨庄[②]出土过玉牙璋（图27：1、2），均属采集品，埋藏年代不详。许昌大路陈村遗址商代早期墓葬出土一件玉牙璋[③]（图27：3），是中原地区难得一见的出自商代早期墓葬的牙璋。有学者研究指出，上述三件牙璋的制作年代大概均在二里头文化第四期即夏代末期，并非商代制品[④]。

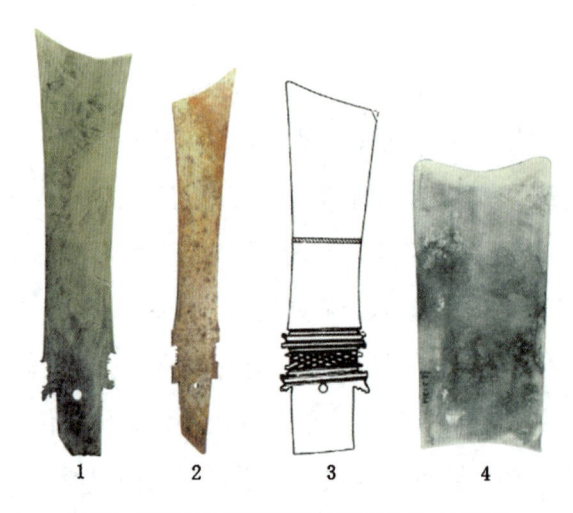

图27　河南地区夏商遗址（墓葬）出土玉牙璋

1.新郑望京楼　2.郑州杨庄　3.许昌大路陈村　4.安阳小屯

[①] 香港中文大学中国考古艺术研究中心：《南中国及邻近地区古文化研究》，彩版9：3，香港中文大学出版社，1994年。

[②] 中国玉器全集编辑委员会编，陈志达、方国锦主编：《中国玉器全集（2）商·西周》，图版二〇，河北美术出版社，1993年；香港中文大学中国考古艺术研究中心：《南中国及邻近地区古文化研究》，彩版9：7、图B：1，香港中文大学出版社，1994年。

[③] 香港中文大学中国考古艺术研究中心：《南中国及邻近地区古文化研究》，彩版9：5，香港中文大学出版社，1994年。

[④] 朱乃诚：《论牙璋的年代及反映的夏史痕迹》，《考古与文物》2020年第6期。

殷墟妇好墓出土玉器 M5：579，系牙璋残件（上部）①（图 27：4）。应该是"早期作品的残件再利用"②。妇好墓中类似的"古董"玉器还有很多③。

现有考古资料告诉我们，中原地区在商代（尤其是晚商时期）并不流行玉牙璋。"中原地区的商王朝，不制作牙璋，而是将牙璋改制为其他器物使用。这证明牙璋是夏代、夏王朝、夏部族使用的一种特殊玉器。"④但在成都平原的三星堆、金沙遗址却出土不少商代玉牙璋。

在三星堆遗址一号祭祀坑出土牙璋39件。可分二型：A型为铲形，前端呈V形薄刃，后端有窄柄。柄前往往有阑，常见凸齿装饰，多数有穿孔，34件（图28）。B型为戈形，长援，窄内，阑部常见凸齿和平行阴刻线，有穿，锋尖有小歧叉，5件（图29）。二号坑出土牙璋12件，均为铲形⑤（图30）。

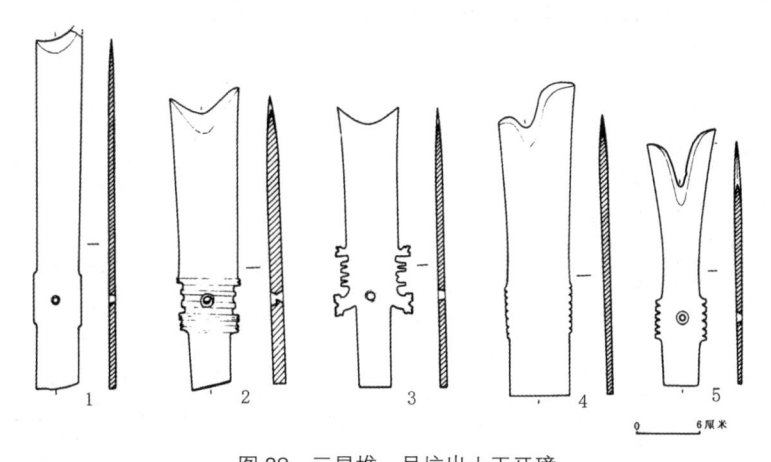

图28 三星堆一号坑出土玉牙璋

1.K1：170 2.K1：23 3.K1：01 4.K1：02 5.K1：275

① 中国社会科学院考古研究所编著：《殷墟妇好墓》，图版八四：4，文物出版社，1980年。
② 朱乃诚：《论牙璋的年代及反映的夏史痕迹》，《考古与文物》2020年第6期。
③ 王青：《妇好墓出土玉器中的遗玉略论》，杜金鹏主编：《殷墟妇好墓出土玉器研究》，科学出版社，2018年，第218~240页。
④ 朱乃诚：《论牙璋的年代及反映的夏史痕迹》，《考古与文物》2020年第6期，第65页。
⑤ 四川省文物考古研究所编：《三星堆祭祀坑》，图三六、图三七~四一，图一九八~二〇〇，文物出版社，1999年。

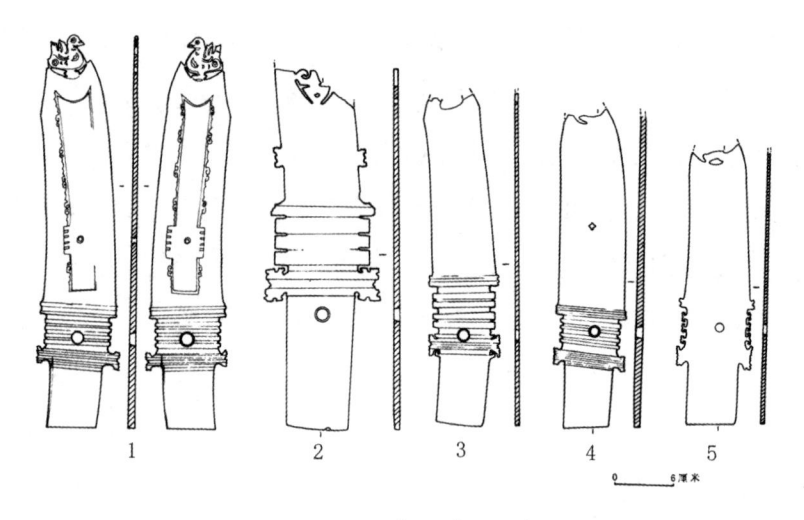

图 29 三星堆 K1 出土玉璋

1.K1：235-5 2.K1：90 3.K1：223 4.K1：161 5.K1：210

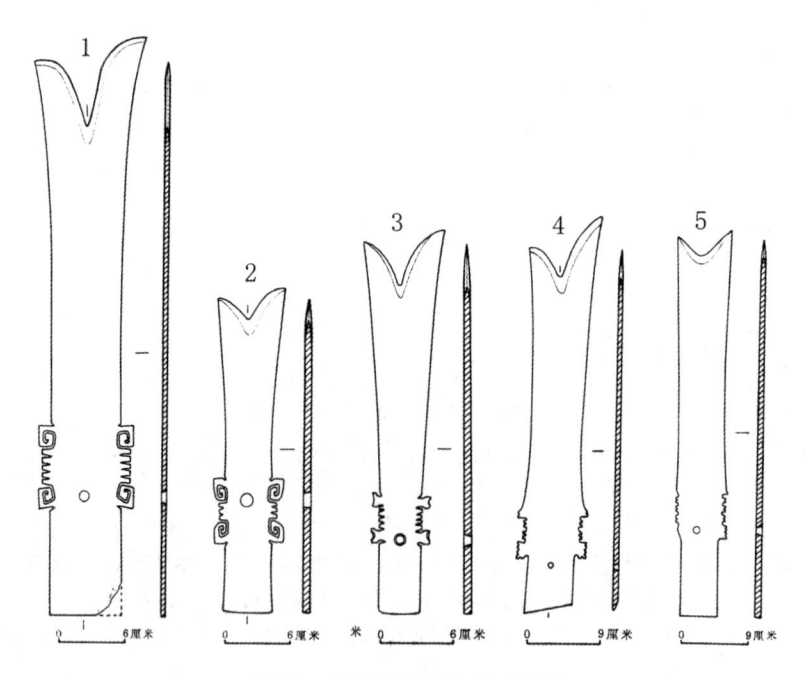

图 30 广汉三星堆 K2 出土玉璋

1.K2（3）：165 2.K2（3）：202-2 3.K2（3）：167
4.K2（3）：202-4 5.K2（3）：322-3

早年在三星堆遗址燕家院子[①]、高骈乡砖瓦厂[②]先后出土的玉牙璋，与祭祀坑出土牙璋大致类同。

在成都金沙遗址，出土部分玉牙璋。A型，铲形，前端为弧刃，窄柄有穿，阑前有凸齿装饰（图31）。B型，戈形，前锋凹缺有装饰，其他同A型（图32）。C型，形近A型而无柄。金沙遗址还出土一些小型铲式牙璋，尺寸多在长5～6厘米上下，制作比较简单[③]（图33）。金沙遗址出土较多铲式石牙璋，加工粗糙，器身凹凸不平[④]（图34）。

综上，商代成都地区流行铲式、戈式玉璋，它们虽然"出身"不同——前者沿袭自夏代的牙璋，后者则从夏代以来流行的玉戈改制而来，但它们实际上功用相仿。

三星堆牙璋K1：235-5，系戈式璋，其前锋歧齿间雕作一鸟（太阳鸟），器身两侧面均雕刻一枚装饰华美的铲式牙璋图像（参见图29：1）。它充分说明：三星堆戈式璋，与铲式璋实属姊妹器物！而商代叫作"玘"的似戈又似璋之玉器，本脱胎于玉戈，而从文字学和器物学研究角度已可证明，商周之玉圭就是玉戈之变体[⑤]。如此，则周代以来文献每言玉礼器，动辄圭

---

① 香港中文大学中国考古艺术研究中心：《南中国及邻近地区古文化研究》，香港中文大学出版社，1994年。
② 成都金沙遗址博物馆、中国社会科学院考古研究所：《玉汇金沙——夏商时期玉文化特展》，四川人民出版社，2017年。
③ 成都文物考古研究所编著：《金沙——21世纪中国考古新发现》，五洲传播出版社，2005年，第68～76页；成都文物考古研究所编著：《金沙玉器》，科学出版社，2006年，第62～88页。
④ 成都文物考古研究所编著：《金沙——21世纪中国考古新发现》，五洲传播出版社，2005年，第117页。
⑤ 殷墟甲骨文有一字作𠦑，或作𠦒，是无柲戈头之象形，为玉戈专用字，一些学者将之隶释为圭。（李学勤：《从两条〈花东〉卜辞看殷礼》，《吉林师范大学学报（人文社会科学版）》2004年第3期；王晖《殷墟玉璋朱书文字蠡测》，《文博》1996年第5期；蔡哲茂：《说殷卜辞中的"圭"字》，《汉字研究》第1辑，学苑出版社，2005年；王蕴智《释甲骨文𠦑字》，《古文字研究》第26辑，中华书局，2006年，第76～79页；刘桓《甲骨集史》，中华书局，2008年。）

璋连言，便与中原商周高等级墓葬中多见各式玉"戈"而罕见玉"璋"，可以符合。两千年来关于玉璋之谜，昭然若揭！

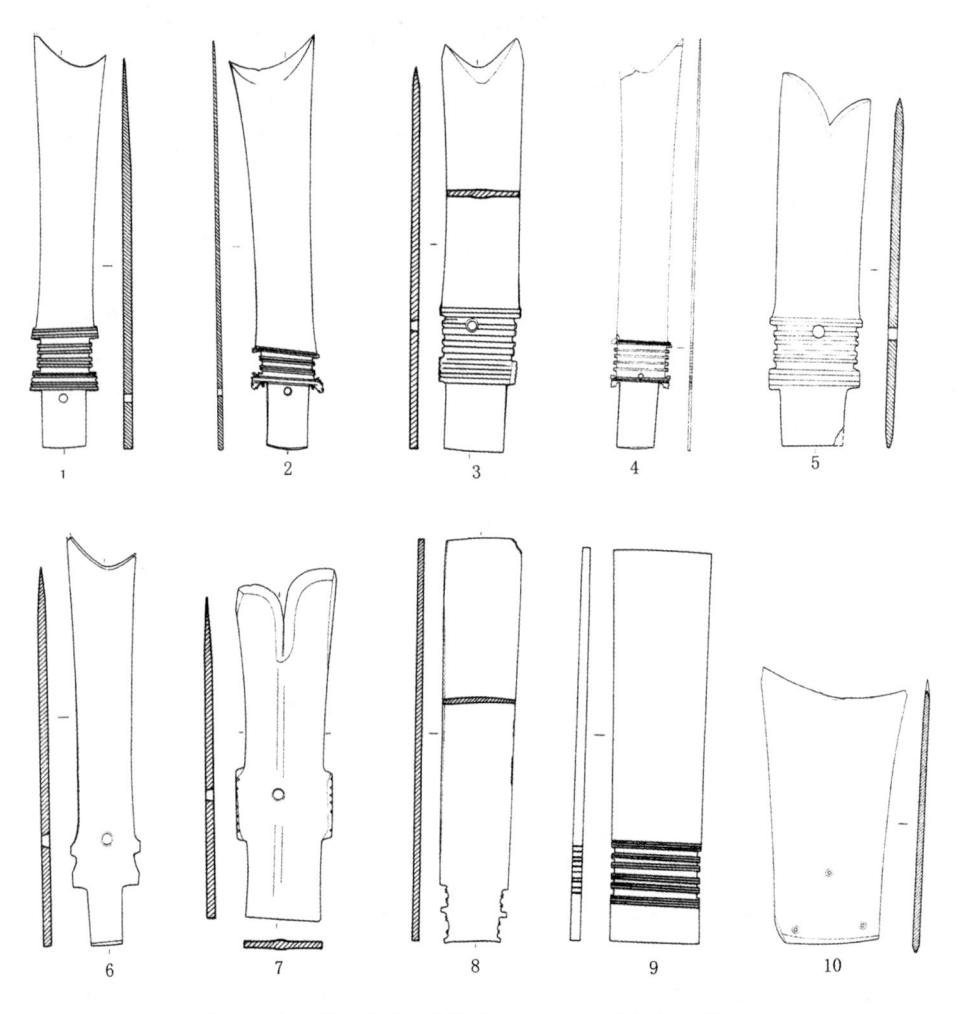

图31 金沙遗址出土商代铲式玉璋（采自《金沙玉器》）
1. 2001CQJC：6 2. 2001CQJC：955 3. 2001CQJC：123 4. 2001CQJC：136
5. 2001CQJC：461 6. 2001CQJC：71 7. 2001CQJC：122 8. 2001CQJC：956
9. 2001CQJC：507 10. 2001CQJC：5

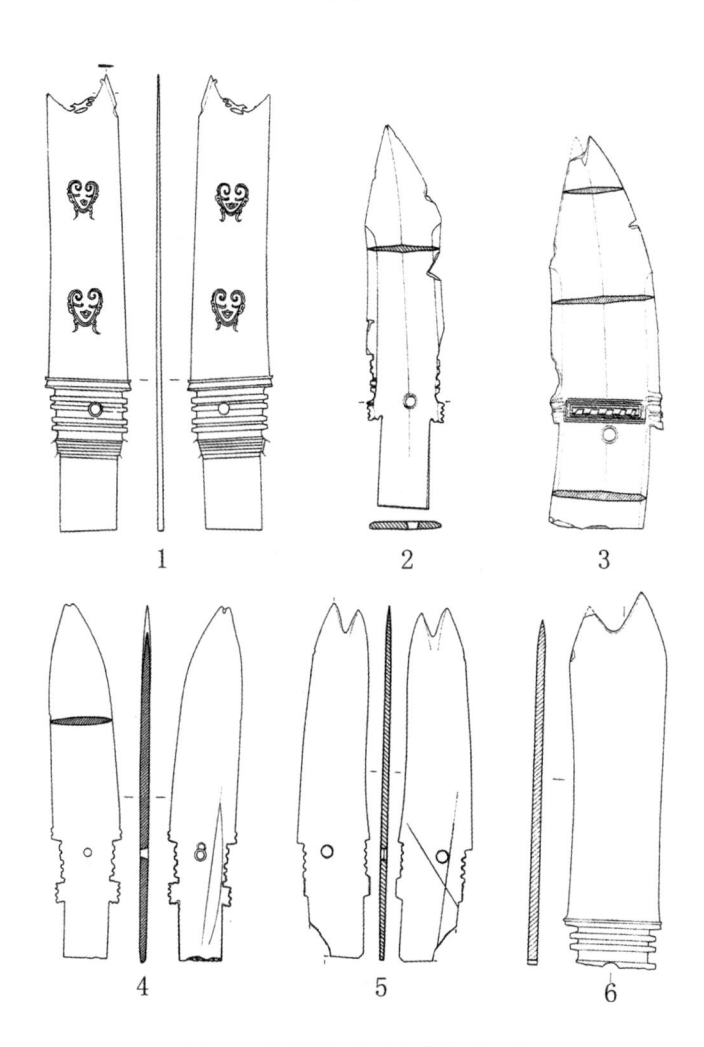

图 32　金沙遗址出土商代戈式玉璋

1. 2001CQJC：141　2. 2001CQJC：46　3. 2001CQJC：53　4. 2001CQJC：168
5. 2001CQJC：27　6. 2001CQJC：304

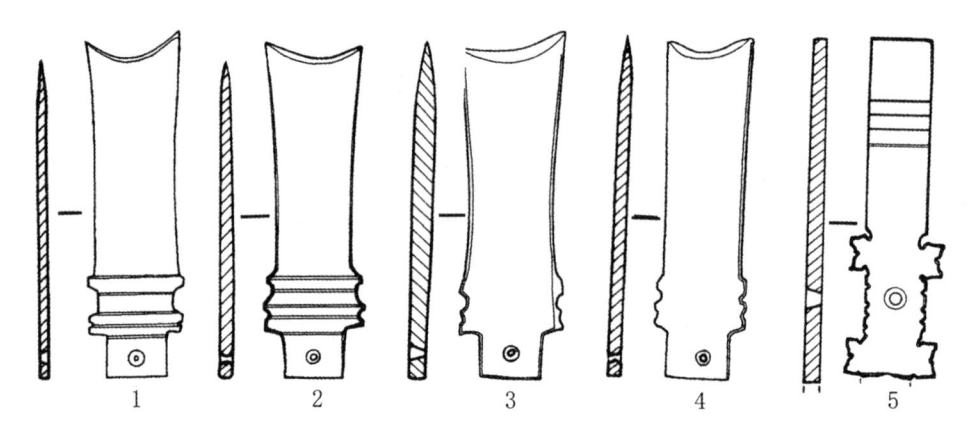

图 33 金沙遗址出土商代小型玉璋

1. 2001CQJC：479 2. 2001CQJC：1173 3. 2001CQJC：645

4. 2001CQJC：480 5. 2001CQJC：628

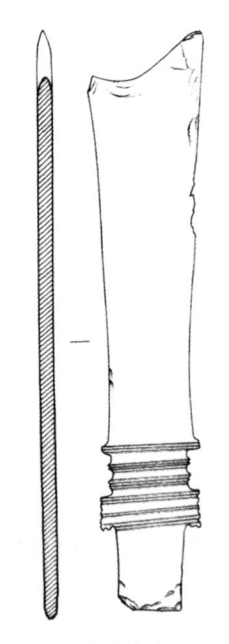

图 34 金沙铲式石牙璋

　　三星堆二号坑出土有一件青铜人像 [K2（3）：325]，虔诚跪地，双手恭敬地高举一枚硕大牙璋，表现的应该是祭祀场景（图35）。在三星堆玉璋K2②：201-4上，刻画二组纹饰，主题纹样是高耸起伏的山峰，画面底部山体两侧各有玉璋图像①（图36），此为璋是祭祀山川之礼器的实证。《周礼》所谓"以玉作六器，以礼天地四方。……以赤璋礼南方""璋邸射以祀山川"等，便有了考古学实证。

图35 三星堆K2出土持璋铜人像[K2（3）：325]　　图36 三星堆牙璋祀山图

五、余论

1. 商代的璋和章

作为玉礼器，商代虽然在成都地区保存并盛行铲式玉璋（牙璋），但在中原地区主要流行从玉戈演化而来的璋——殷墟所见玉石"璋"，当时称作戎，从字构看显然是戈属。考古学上所谓商周时期圭、璋均系玉戈的衍生品（图37）。

---

① 四川省文物考古研究所编：《三星堆祭祀坑》，图一九七：1，文物出版社，1999年，第361页。

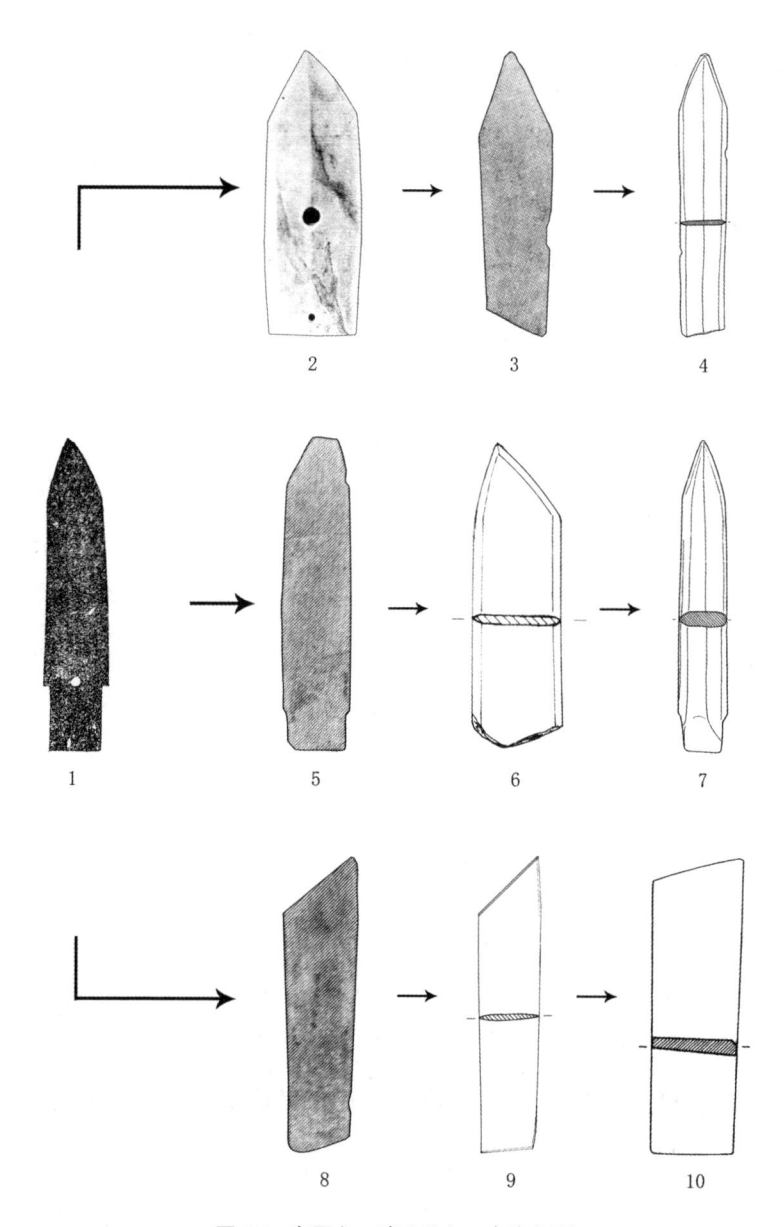

图37 商周戈、璋（玦）、圭演化图

1. 殷墟妇好墓玉戈 M5：496　2. 殷墟妇好墓玉圭 M5：950　3. 殷墟西区商墓石圭 M58：1　4. 张家坡西周墓玉圭 M165：024　5. 殷墟西区商墓玉戈 M983：1　6. 殷墟戚家庄商墓玉戈 M256：17　7. 张家坡西周墓玉戈 M163：22　8. 殷墟西区商墓石璋 M332：4　9. 殷墟戚家庄商墓玉璋 M134：9　10. 张家坡西周墓玉璋 M204：019

商代"半圭"形玉璋,并非是从"圭"演化而来,很可能是从铲式牙璋演化(简化)而来,即前者是从后者截取(有意或无意中——更可能是牙璋断裂、破碎后利用残器改制)的局部(图38)。殷墟妇好墓 M5：579、广汉高骈砖瓦厂、金沙遗址 2001CQJC：5 玉牙璋,都是前代牙璋残件,纵向剖解便得两件"半圭"璋。而金沙遗址有件"玉饰件"系用铲式玉璋首部残件改制,作⌒形,便成为后世的所谓"瑁"①(图39)。

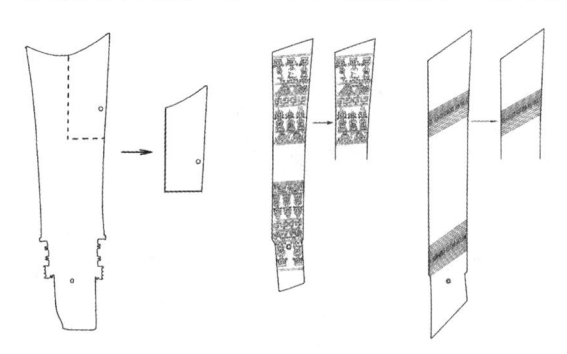

图38 铲式牙璋与"半圭"玉璋关系推测图

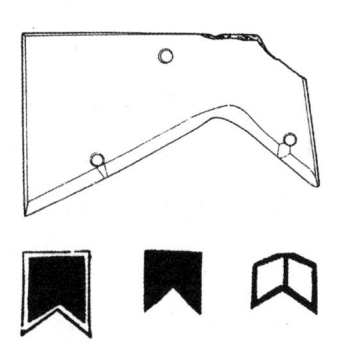

图39 金沙遗址出土玉牙璋残件(上)与汉碑玉瑁(下)

商周玉章,与铲式璋、戈式璋分属不同玉器种类。前者为礼器,后者主要作弄器(或饰物)。二者之形制和功用皆不尽相同。

2. 殷墟璋的人文内涵和用途

殷墟晚期墓葬常见的"似圭似戈""似玉似石"的玉石"璋"(戋),一般制作比较粗糙,出土时往往沾染有朱砂,有题记者表明其功用为祼器,即祼礼用器。大概只是用于丧葬的明器。《周礼·典瑞》"大丧……及葬,

---

① 成都文物考古研究所编著：《金沙——21世纪中国考古新发现》,五洲传播出版社,2005年,第100页。

共（供）其裸器，遂狸（埋）之"，或即此俗之孑遗。

3.《周礼》溯源

有学者指出：用考古发现之周代玉器去审视《周礼》，呈现的是"玉器自玉器，文献自文献，分之两真，合之两舛"。因此贬斥《周礼》只是"学人空想"，实际上"与玉人实作，本不相谋"。否定考古出土玉器与《周礼》等传统文献的契合可行性[①]。

关于玉璋的使用，从考古实践与古文献的比附对证看，《周礼》中关于玉瑞、玉器的记述，并非西周时期或东周时期的创制，甚至不是现行礼制，与殷墟的用玉制度亦不尽相符，而是与三星堆文化的用玉制度多有相合。细审三星堆文化用玉制度（包括陶礼器和青铜礼器），很多是遥承二里头文化[②]。因此说，三星堆文化之"礼"实即"夏礼"之变体。有学者指出："《周礼》一书所述，并非全为周代之礼，有许多为新石器时代巫教盛行时的礼俗。积淀到东周时，成为《周礼》的作者的思想背景。"[③]而朱乃诚先生最近撰文认为："牙璋是夏时期夏王朝夏部族创造发明并使用的一种特殊的玉器。""三星堆文化则继承并发展了夏部族使用牙璋的文化传统，使牙璋成为古蜀国国家层面的祭器。"[④] 所言极是。

4. 弄璋新解

《诗经·小雅·斯干》是赞颂周宣王的诗篇，在描述了周王"百堵"宫室之坚固巍峨之后，诗人联想到周王在此的生活，"爰居爰处，爰笑爰语"，

[①] 郭宝钧：《古玉新诠》，《中央研究院历史语言研究所集刊》第二十本，1948年。
[②] 邓淑蘋：《古玉图考导读》，艺术图书公司印行，1992年，第22～25页。
[③] 譬如流行铜铃、绿松石镶嵌铜牌饰、横式大玉刀、玉牙璋、玉戈，以及陶鬶、陶盉等。
[④] 朱乃诚：《论牙璋的年代及反映的夏史痕迹》，《考古与文物》2020年第6期。

然后便是生儿育女，弄璋、弄瓦。虽然周王不乏玉璋，可是那么高贵而庄严的礼玉，适合给幼儿玩耍吗？（显然不合于礼制）[①] 一个小儿能拿相对他来说非常硕大的玉璋玩耍吗？答案恐怕都是否定的。

比较合理的解释是，小儿"弄璋"，应与小女"弄瓦"一样，玩弄的是小物件——所谓弄器，只是男孩玩玉质的、女孩玩陶质的而已。所说"瓦"，就是现在考古发现的"陶纺轮"；所说"璋（章）"其实就是被称作"玉纺轮""小璧"或"系璧"的圆形、单穿小玉器。

---

① 商周时代礼玉为"明贵贱，辨等列"之物。正如吴大澂《〈古玉图考〉叙》所云："古之君子比德于玉，非以为玩物也。典章制度，于是乎存焉；宗庙、会同、裸献之礼，于是乎备；冠冕、佩服、刀剑之饰，君臣上下等威之辨，于是乎明焉。"

三星堆新发现"奇奇怪怪"青铜器及青铜祭坛解读[*]

郑州市文物考古研究院 顾万发

三星堆人的宇宙观和精神信仰,对于正确理解三星堆文化甚至有关商代文明非常重要。对这一问题不少学者都有论述,但是作为主题进行讨论的很少。本文以这一主题行文,借助于被公众称为"奇奇怪怪"的这件青铜器(图1)和新发现的青铜祭坛(图2),对纷繁复杂的三星堆文化宇宙观和精神信仰问题提出基于该器物本身蕴含信息的认识。

图1 三星堆"奇奇怪怪"

---

[*] 本文得到2019年度"中原基础研究领军人才"专项基金支助。

图2　三星堆8号埋藏坑青铜祭坛

一、3号坑"奇奇怪怪"

对于"奇奇怪怪"青铜器的解读，见仁见智，发掘者认为"奇奇怪怪"青铜器反映了古蜀人的宇宙观，这应是睿识，不过没有具体阐明和论证，兹以详论和新识。

该器物的上端实际是两个山形为基础的天柱，组成天门。其下端残，有发掘者认为可能与8号埋藏坑的青铜祭坛属于同一器物，这是正确的。

图像中托举的神职人员或曰巫师力士，有一对由前端衍生至背胁的羽翼，表明其有飞升的巫术，并显示其位至高空。其三樵之上、中樵位置的羽翼与其背胁的羽翼组合表示神鸟羽翼，按照对经络的认识，这些羽翼还表示生机之气，表现其能量。这些连同其下襟的服装的云雷纹以及四肢的眼睛和云雷、羽翼纹样，则可表现该神巫经络畅通和有旺盛的精气神，其可以升降、沟通天地。该神职人员的短发与很多青铜人头像相似，与三星堆2号埋藏坑的1号青铜立人像比较，发型较为一致，但是该青铜人没有发髻。其冠之索形饰，在龙山时代石家河文化晚期，少昊氏始祖鸷首曾发现有这一风格，不过两者的发型总体并不一致。

图像中托举的神职人员或曰巫师力士所托具有崇山峻岭元素的四方之地，其中的山形有羽翼云雷纹，本身又拟合蝉形，这可以表现精气神，表明这四方之地是有生机的，是有生命力的，是有精气神的。山有圆形图案，其上、下各有一个方形平面，下层平面每面各有8个圆形，上层方形四周总共有12个发光圆形。其中上端可能表示太阳并一年12个月，下端则可能是离火形的简形。两者都可以表示精气神。巫师首之两只神鸟，除了助力其升降天地、增强其精气神的意义，可能还有一项重要价值，即是表现该巫师飞舞若汉佚名《天门》诗言汉武帝祭天神的场景那样，"幡比翅回集，贰双飞常羊"，也即是形容神职人员祭祀时来回舞动飞旋如同禽鸟比翼飞翔于崇山峻岭。

托举的巫师力士有表示地的四方形冠，其冠首还有一个小青铜握手执神鸟立人，显然是一个巫师，其握手执鸟，显然是表现沟通天地、一阴一阳谓之道的，是表现天地阴阳的生机和生命力的，以神鸟之能量和知时节特征表现道的生机和规律特征。神鸟从握手中出现，即是从天地柱出现，同样呼应天、天极的。天极主宰周天运行遵循的即是天道，所以其显然是道之本质的一种象征。该小青铜人兰花指的心肾关联的经络学意义利于证明这一认识。三星堆8号坑的兰花指并握手执有领璧和苍龙组合的造型也有类似的意义。有领璧及类似器物其意义学术界有争论，但是由于该器物除了与握手、位于圆方天地之间的天地柱组合，还与璇玑组合，司马台龙山时代的一件有领璧和玉璇玑，按照邓淑蘋先生[①]的认识，是一组组合器物，尤其在三星堆文化中还与神树组合，在金沙文化中还与神鸟组合，在商文化中还与苍龙组合或者与神鸟组合，这些证据可以确切地证明有领璧确实是表现天和天地之路的，自然也可以证明新石器时代以来的玉璇玑实际是天极、天道的一种表现，其旋臂实际是表示其运行的，旋臂之羽翼扉棱实际是表示其生机之气的。

该小青铜巫师站立的台面，有花果以及与之为对称的目雷纹，整体是表现台面和神树是有精气神的。巫师站立居中的神树，可以有更丰富的符合天地之道的能量。无疑，巫师沿着花果象征的神树，可以升降天地，沟通天地。三星堆还有诸多青铜人所站立的台面有这种图像，像1号青铜立人、8号埋藏坑的蹲踞式负载巫师。自然，该小青铜立人服装上装饰的羽翼、牙璋、舩形器、省略羽翼冠的神兽以及钺同样表现了该巫师具有精气神，具有天道，可以飞升，并可沿着牙璋、舩形器等这些可以象征天地柱的器物升降天地，尤其是其中的钺形，还有表现其权能的作用，具有代天刑杀和承天道以使生的艺能。以钺拟合玉璧的形式或在这样的钺之穿所象征的天极、天道，同时增加苍龙、离火等来表现刑杀和生机是商周时期一种常见现象。斧钺为"王"字形的由来，有玉璧元素的斧钺，刑杀和生机辩证共存，这即是王道的概念。

"奇奇怪怪"青铜器中，由巫师托举的四方之地，象征呼应天的地，其四隅之四舩形，符合子弹库帛书所记载的五方之树，尤其符合子弹库帛书[②]位于四隅的四方四色神树之特征，实际即是天地柱（图3）。这四隅的

---

① 邓淑蘋主编：《故宫玉器精选全集》第一卷，台北故宫博物院出版，2019年。
② 该帛书有五方颜色的神树。

四根天地柱与《淮南子·览冥训》中女娲"断鳌足以立四极"的神话故事中四天极之地的天地柱是呼应的。

图3　子弹库帛书（画）

"奇奇怪怪"青铜器中由巫师托举的天地宇宙图式中的舰形之上的圆盘形，四周有墙似棱，可能是表示"天垿"的。整个圆盘形天盘的装饰图像是典型的目雷纹。依据《黄帝内经》记载，眼睛是精气神的集中表现，是一种特殊的"命门"。在姜寨等遗址的半坡文化中，有的省略鱼身的神人眼睛即是以男性生殖崇拜符表现的，显然是在表现其具有精气神的本质。

同时依解剖学和经络学，眼睛本身确实通过视神经连接泥丸宫，关联印堂，非常重要。大洋洲一件商青铜钺，以一个眼睛位于可以拟合玉璧之天极的钺之穿，显然与离火形位于斧钺之穿的现象，在意义方面是基本一致的，都是表现斧钺之穿所象征的璇玑、天极和天道的本质的，即是有生机、生命力和精气神的。即使该青铜钺位于钺之穿的眼睛是标准化饕餮或者有人的元素的标准化饕餮的简化，由于标准化饕餮的重要来源之一是新石器时代以来的旋符①——目雷纹系列，从而是精气神的凝结和汇聚的象征，其依然可以呼应拟合天极、璇玑的钺之穿的意义。于是"奇奇怪怪"青铜器的圆形天盘之目雷纹装饰，是表示天是有生命的，是有丰盛的精气神的。这样其与同样有丰盛生命力和精气神的地以及天地柱才会构成同质一体化，若天地之间的人有天地之道，则即是天、地、人三才合一。

"奇奇怪怪"青铜器上端圆盘象征天，天上的两座山形柱为天门，地之崇山峻岭之间有飞舞神巫。该天柱以觚为造型，实际是以同或者瓒②为造型，从文字学和考古学看，瓒是同和祼玉组合的一种祭祀行为或者工具，其又名同，与爵组合为"玏"字的一种，所以以之为天地柱有汇聚、集中的意思，更有天地柱连接天地、天地正常运行为天地之成功的意思。连同有领璧的围合③，更能体现这些意义，也表明其与子弹库帛书所谓天柱有精气神的本质是一致的。同时觚为亚腰造型，是视觉高远的一种表现形式，这正是天柱的基本特征。汉画的诸多昆仑等神山都是亚腰形。"奇奇怪怪"

---

① 红山文化、龙山文化和新砦期的玄鸟鹗以及玄鸟氏神祖誉的眼睛，有时会表现为较为真实的猫头鹰眼睛，即是单旋符或双旋符，它们与新石器时代以来的旋符，在造型和意义方面都与精气神、元气、阴阳生机之气关联。
② 少数自名为瓒，表示其用于祼祭。
③ 有领璧有天、天中、天极、连接地中、像马王堆帛画以玉璧和阴阳龙所代表的阴阳之气的阴阳等元素，所以可以象征沟通天地方圆阴阳的天地柱、天地之道路。

青铜器天地之间的觚形天柱，有造型特殊的动物装饰，实际是牛龙[①]和虎的组合。西周竹瓦街窖藏的青铜罍之牛纹利于证明牛龙联系（图4）。其中龙向上虎向下，即是表示方圆天地龙虎阴阳沟通、天地运行顺畅，以保持天柱始终有精气神，牛和虎同时护卫天地柱以使其保持精气神不散，保持不被魔化袭扰。

图4　竹瓦街青铜罍

我们知道，罗越先生曾经认为饕餮纹与新石器时代以来的旋符有联系[②]，巴克利先生认为不是这样的，同时他认为目雷纹即是饕餮纹最早造型的重要来源。罗越先生认为饕餮纹本身没有什么意义，只是单纯的装饰。

---

① 一般认为，瘤牛来自印度，是战国至汉时才传来中国，从三星堆这一"奇奇怪怪"青铜器的发现看，可能更早。同时具有牛元素的龙或者以牛为龙这种认知，实际有早期天文学依据，苗族的一些支系视牛和龙联系密切。
② Max Loehr. "Beträge zur Chronologie der älteren chinesischen Bronzen", *Ostasiatische Zeitschrift* 22(N.E. 12)(1936), pp.3–41.

罗伯特·贝格利先生基本认同罗越的这一看法，但同时认为饕餮的眼睛只是一种增强视觉注意力的设计。①实际上，新石器时代以来的旋符，是目雷纹的重要来源，也是罗伯特·贝格利先生所说的目纹的重要来源，因此从一定意义上讲，罗越先生于1936年提出的饕餮纹造型与新石器时代以来的几何纹有一定联系的观点，具有一定的正确性。

我们认为新石器时代以来的几何纹中的旋符主体是表示气的运行和凝结的起始循环过程的。气的凝结、汇聚即是气的精华，富有精气神、生机和生命力。石峁文化的一件石雕的虎首和旋符组合的造型（图5），虎首所在的旋符之气的凝结附近即是生机之气的汇集所在的附近，虎首在此，显然表明虎是生机之气汇聚并发散的有丰富精气神的动物，整个虎与旋符融合，实际也表现了其精气神、生机之气的运行循环不败的意思。在一些石雕中，虎食神祖图像中有披肩发神祖，这一披肩发神祖是典型的石家河文化晚期、山东龙山文化晚期少昊氏神祖，该氏族图腾即是鹰形禽鸟或者鸷鸟。还有的石雕是虎食另一种神祖（图6），该神祖的具体造像的羽翼总体风格属于石家河文化晚期、山东龙山文化晚期的风格，但是没有相似的耳朵，整体形象不是玄鸟氏、少昊氏神祖，应该是统治贵族的重要氏族神祖，与玄鸟氏、少昊氏有重要联盟②。夏家店下层文化中有关彩绘神人面或神兽面，与二里头文化、夏家店下层文化的目雷纹密切相关（图7），其中有的神兽构图形式与二里岗文化的标准化饕餮类似，或有相似的思路，可以视为是目雷纹为主的一种组合，所以其具有来自新石器时代尤其像仰

---

① ［美］罗伯特·贝格利著，王海城译：《罗越与中国青铜器研究：艺术史中的风格与分类》，浙江大学出版社，2019年。
② 新石器时代以来的虎食神祖与龙食神祖表达的文化概念基本一致，较为完备的则是龙虎食神祖，像小双桥青铜构件图像。石峁文化中还有马食牛图腾的造像，可能是以马为龙，马食牛实际即是龙食图腾牛，赋予牛以龙的精气神和生命力，以之衍生子孙。

韶文化（图8）、龙山文化以来与生机之气有关的旋符（图9）[①]之本质。这些旋符的中心是表现生机之气的汇聚和凝结的，是相对稳定的，是更加富有精气神和生命力的，其旋臂则是表示生机之气的流行的，是表现其相对变动的。多个旋符的组合即是表示生机之气"流行—汇聚、凝结—流行"这一循环运行的。这即是新石器时代以来，旋符中心为何有的只是一个似S形，有的是一个圆形，有的是圆形中有十字形、一个或者多个神鸟形、太阳大气光象形、蟾蜍形、似五铢钱的五字形等。更有甚者，为了表现旋符的这一主题，禹州洪山庙的仰韶文化彩绘旋符，有的是以生殖崇拜符构图表现的。这自然是我们关于新石器时代以来的主要旋符意义认知的一种重要证据。就文化含义的主题和造型而言，新石器时代以来的旋符和夏家店下层文化以来的神兽面、标准化饕餮纹是一脉相承的。标准化饕餮纹主题来源最早是由旋符构图，并有石峁、夏家店下层、二里头文化诸多元素及有关富有生命力的龙、虎、牛等动物元素。商早期以来的诸多饕餮纹实际还隐藏了勾云形玉器即玄鸟鹗的一些构图元素，总之，标准化饕餮纹实际即是精气神、生命力、元气的一种动物化。"奇奇怪怪"青铜器的觚形即以青铜觚形（同形）天地柱的花纹为标准化饕餮（图10），承对于标准化饕餮来源的论述，自然其是表现天地柱的精气神的。天地柱在牛首龙、虎这一对阴阳神兽以及有领璧这种具有和阴阳作用并且负载天地之道的器物的作用下，自然和天地保持沟通，即是天地阴阳沟通，天地柱有阴阳和，即是有精气神、元气，所以不会断折，实现天地沟通，天地正常运行，天下太平。

[①] 一般是有中心的似S形，即像《焦点访谈》的标志一样；或者の字形。图9玉器图像有鹗，即是玄鸟式图腾鹗，有少昊氏神鸟鹜，有少昊氏神祖、玄鸟氏神祖誉。该玉器图像的装饰即是新石器时代以来常见的一种旋符，显然是表示生机之气的流行和凝结之过程的，以表现玉石为精华，玉圭以上接天下着地的形状沟通天地阴阳，以生精气神、元气、生命力，从而使玄鸟氏、少昊氏的图腾、神祖都有精气神、生命力和元气。

图 5 石峁遗址石雕旋符虎

图 6

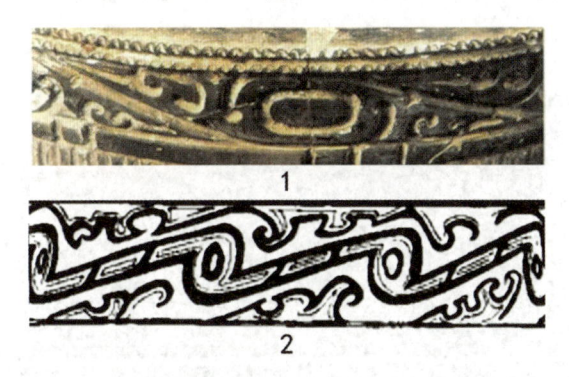

图 7 二里头和夏家店下层文化的目雷纹

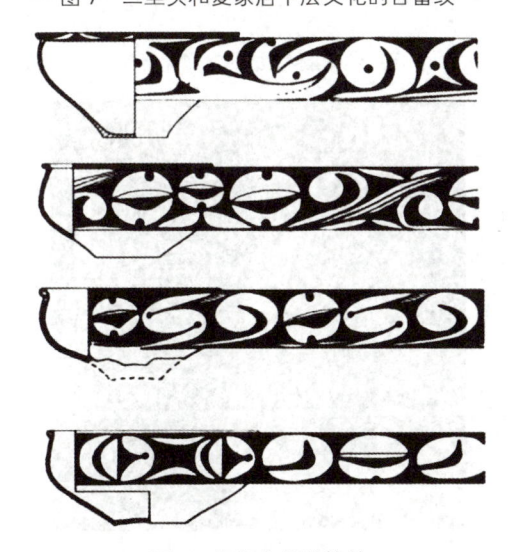

图 8 仰韶文化的旋符

少昊氏象征鹰或者鸶

玄鸟氏图腾之玄鸟鹗

少昊氏神祖

玄鸟氏神祖嚳

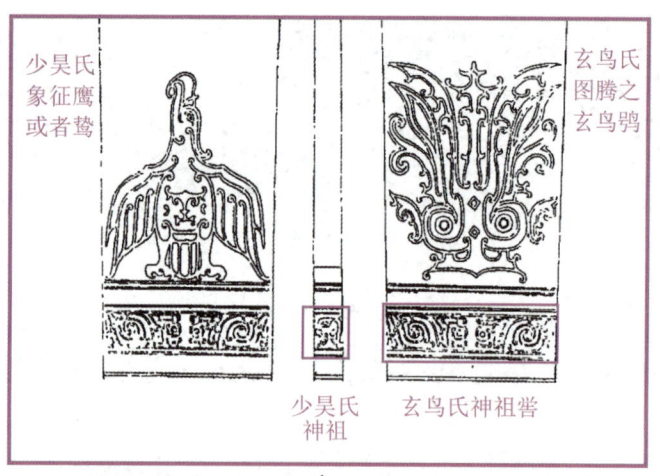

1

2

图 9　乾隆御题龙山文化玉圭

图 10　三星堆"奇奇怪怪"青铜器的天地柱

同时"奇奇怪怪"青铜器觚形天地柱之虎形装饰，有虎常见的柳树叶似花纹①，其印堂位置还有一枚向上的牙璋。从三星堆2号埋藏坑有明确兰花指特征的小型青铜人握手执牙璋（图11）和那些首有神鸟②或者蝉形③和蝉纹的牙璋及有关证据论，由于牙璋造型呼应太阳光柱，与斧钺及圭、戈造型甚至少数还与柄形器、刀造型融合，其首或者纹样、扉棱出现或者呈现为神鸟（图12）、羽翼、苍龙、蝉、虎形，表示的应该是接迎降临，带

图11 三星堆的跪坐执牙璋青铜器　　图12 三星堆牙璋首有花翎眼睛尾羽的神鸟

---

① 有的三星堆神兽有这一符号，显然是融合了虎的元素，并不是讲有这种图案的即是虎，有的只是采纳了虎的元素，三星堆8号埋藏坑的所谓猪龙即是（该龙鼻子有牙璋，制作细致，牙璋之穿、扉棱甚至是牙璋首刃都表现明显。牙璋在鼻子，表现其生机，因为鼻子位于督脉，与印堂联系。鼻子又类似三星堆代表性神兽即有马来貘、神鸟等元素神兽的嘴巴，似乎该龙形神兽有两个嘴巴。不过细致地看，这种龙形神兽的嘴巴和鼻子的整体组合更近似马来貘，只是鼻孔不是两个，以显示其为神）。还有少数神鸟采纳了这一元素。
② 该神鸟有花翎眼睛的神鸟尾，并有火字形花纹，这样的神鸟显然是具有丰富的生命力和精气神的。
③ 表示精气神、生命力、元气。

来精气神，呈现出生机之气。牙璋是一种巫术法器，由于其穿像钺、圭、戈之穿一样，有时还呼应天极，自然与天道有关。所以，诸多龙、虎才在此位置或者附近有角，与精气神有关的牙璋在此自然是可以理解的了。巫师在有精气神汇聚的神兽印堂或者印堂之角站立，自然可有丰富的精气神，即是有天道地道，与天、地、人三才合一，于是可以直接与天对话，沟通天地了。

牙璋位于印堂，印堂是精气神的汇聚显示，这与牙璋的本质是一致的。三星堆2号埋藏坑有明确兰花指特征的小型青铜人握手执牙璋可以利于证明之，三星堆文化和强国墓地各种握手的巫术意义更能证明之。这种巫术，学术界有各种论证，实际有一件重要的青铜器附属的青铜人更利于认识其本质，这即是三星堆8号埋藏坑有山形、花瓣形冠的巫师造像[①]（图13）。该巫师兰花指的握手所执龙，是和阴阳的苍龙，握手所执龙或者有领璧和龙组合即类似妇好墓苍龙和有领玦的组合，殷墟白陶器盖象征的天极、璇玑和附近的菱形花纹的苍龙组合，附近还有目雷纹或者云雷纹表示生机之气、精气神（图14）。盖纽表示天极、璇玑，有一个离火形，即是表示精气神的一个常见符号，其位于天极、璇玑，实际即是与苍龙一起表现天极、天道的本质是生机的意思，并且从四象之一的东象苍龙启动。其中有一件器物还有"五"字，显然这是以数字表现中的意思。城固发现的有三星堆龙文化风格的青铜钺拟合玉璧之穿有龙（图15），马王堆帛画的阴阳龙和玉璧组合（图16），诸多汉画中两龙与玉璧的组合[②]（图17），以及有关牛郎织女汉画中龙虎和玉璧的组合、神鸟

---

① 其冠之图案为有一个花翎眼睛的神鸟羽尾，显然是表示生机的。巫师冠首有以羽翼纹构图的勾云形似的造型，表现的是该巫师和其冠具有生发、宣升的生机勃勃之气。

② 有的两龙与多个玉璧组合。

与玉璧的组合（图18），等等。

图13　三星堆8号埋藏坑的握手执苍龙青铜人（握手立体空心圆柱形、镂空云雷纹的空心圆柱形、苍龙和有领璧，是一组与沟通天地、和阴阳、发动生机、呈现精气神及元气有关的元素）

图14　殷墟白陶簋

图 15　城固王郎村青铜钺　　　　图 16　马王堆帛画

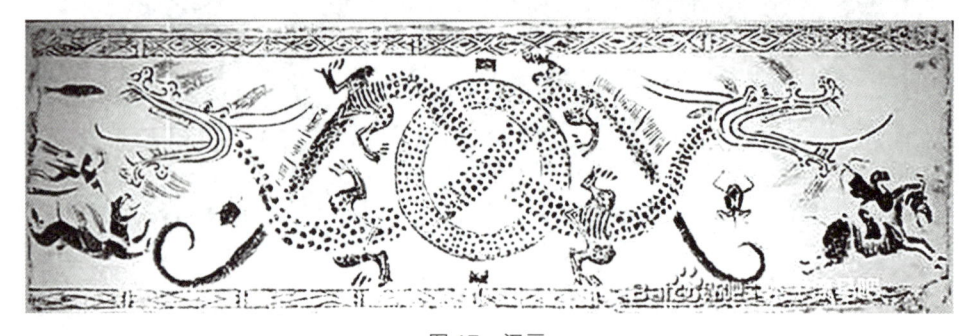

图 17　汉画

图 18　汉画

古人以玉璧礼天、象天，汉画像和镏金牌饰还有以玉璧或者拟合玉璧的五铢钱表示天门的，所以该青铜器中的握手空间即是一种天、天极、天道、太极的象征。

其龙除了与握手组合，还与有领璧组合，有领璧之领显然有沟通天中及地中之气柱、路径的概念，这即确切地表现天地之道和沟通之路，有领璧和穿过天极、天地沟通之道的苍龙，表现的正是天地阴阳沟通、天道归本为生以及《易·说卦》所谓的"帝出（万物）于震"即是出万物于东象苍龙的意思，而这一意思和逻辑出现和成立的基础即是天道本质，即是天道为无，为太极，无则生一，一生二，二生三，三生万物，太极则生阴阳两仪四象八卦。空间构图则表现了无、天极、太极经过东象苍龙启动万物生机的人文认知。这一案例证明小青铜人握手所执牙璋的本质与生机、精气神、天地之路有联系。于是牙璋位于神虎印堂，正与印堂为精气神集中的地方、与泥丸宫相关的地位是相符的，可以表现该虎具有旺盛的精气神，并且能够引来精气神的神物，赋予该虎更丰盛的精气神，与牛龙通过足的涌泉和首之百会以及印堂等来沟通阴阳能量，也表现了该虎精气神与非自身是有往来的，不是静止的，是保持生机的。

"奇奇怪怪"青铜器上的这些神职人员，像三星堆文化多数巫师甚至一些神人一样，脚趾卷起，这实际不是单纯地表现高首鞋子，从"奇奇怪怪"青铜器上巫师赤脚卷起的造型看（图19），这是为了适应其这种作法造型而制作鞋子的样子。脚趾卷起的造型，实际是中国古代道家修炼阴阳以畅通脉络增加精气神和调整意识的一种内丹术动作，与三星堆诸多握手青铜人的兰花指的功能在整体上都属于调整巫术意识、畅通经络、阴阳和合、增加精气神和元气的内丹术动作。这些巫师和神职人员四肢常见眼睛图像，并且上下肢眼睛形状有的还不一致，上肢为"臣"字形的多，下肢为菱形的多。少数神职人员下肢内外都有一个眼睛，像三星堆"奇奇怪怪"飞舞巫师的下肢即是。这些眼睛形象位于巫师和神职人员四肢的侧面，实际是经络所走的主要路径，眼睛在此主要是表现神人经络畅通、精气神旺盛的。商人四肢常见龙纹，也是表现精气神、获得精气神的一种表现，因为龙石为精气神的重要象征。三星堆只有少数巫师胳膊是龙纹，像三星堆"奇奇怪怪"飞舞巫师方冠上端的小立人巫师[①]，其上肢各有两条龙，属于商代中原和长江中游有关文化的典型风格，以表示其获得龙之能量，助力作法，沟通天地，有的还与虎组合，更为明确地表现该人修炼龙虎阴阳，获得精气神，成为有道者，可以沟通天地。像虎食人卣的拟合玄鸟鹗造型的蹲踞式誉，四肢有龙，与其所食之虎即构成龙虎阴阳，龙虎又与拟合玄鸟鹗的誉构成"龙虎图腾神人"或者"龙虎图腾神祖鱼"的经典组合，只是有的时候有所省略。同时该小立人所立方形台，有目雷纹组合对称于花果形两

---

① 其是有辫子的巫师，有辫子的握手青铜人，三星堆文化发现不多，8号埋藏坑的獠牙耳坠山形冠的握手巫师也是。其与金沙遗址的握手并有天极、璇玑和表示生机之气和天的概念的四神鸟之冠的巫师应该有联系，只是金沙这一巫师有三条辫子，而所论小立人、獠牙耳坠的巫师都是一条辫子。这似乎表明三星堆文化时期，尤其是偏晚阶段，留辫子的人中巫师力量有所增加。

边（图20）。该花果形拟合有眼花翎的神鸟尾羽或者冠羽[①]（图21）以表现方形台是有精气神的。立于该台的小立人获得精气神，可以与天、地构成一致的三才，所以可以沟通天地。这种花果拟合花翎眼睛的神鸟尾羽，不少在山之间或者山上，像三星堆8号埋藏坑的獠牙山形冠巫师之山形冠图案，还有三星堆2号埋藏坑的诸多祭坛之山，以表现山有生机、道之谷神不死和谷风为和阴阳之风的认知。同时这一造型在一些神树首出现，在一些神树的树座所在山形或者祭坛也有，像三星堆新发现的一棵玉琮神树[②]（图22），其树枝之首的造型即是有羽化特征的花果和托叶，另一棵神树的整体构图设计思维类似，只是其下端地上的树所在的设施为三层昆仑形并且明显拟合神鸟尾羽，同时每层神鸟尾羽都有花翎眼睛，第一层还有三个花翎眼睛，这与三星堆爬龙器盖表面装饰的山之花翎眼睛图像类似，也有三个花翎眼睛。同时该树枝首的花果特征更为明显地拟合神鸟花翎眼睛，还有以羽翼表现的未凋零的花（图23）。我们已有论述，这两棵树的花果与三星堆诸多神鸟拟合孔雀有眼睛花翎的尾羽、冠羽基本一致。这些现象明确表现了三星堆神树这一生物的羽化特征，因为两者都是有生命力的，并且是连接天地的。三星堆一些有石家河文化造像和饕餮羽冠风格的青铜神祖面具（图24）和新发现的玉砖形玉器两面的同类型神祖面，额头也是这一特殊的有花翎眼睛的神鸟尾羽，并且位于玉砖形玉器四隅的通天神树

[①] 其中的黄金神鸟，主体是神鹗，可能与玄鸟氏有关。参照三星堆的陶鹗、妇好墓的龙虎食誉钺、小双桥的龙虎食誉青铜构件、阜南的龙虎食誉尊以及三星堆的龙虎食誉尊，似乎玄鸟氏商人在蜀地有一定的角色。同时该黄金神鸟鹗，其鹗身造型恰好是三星堆文化常见的拟合花翎眼睛的造型，表示其有精气神。鸟身有这一图案的，表示精气神的概念，最早发现有这种符号的神鸟是石家河文化晚期的一件玉璜之鹰纹。

[②] 树座所在之山有花翎眼睛的神鸟尾羽图像，以表现生机。下端以目雷纹对称造型表现树所在之地是有生机和精气神的，同时对称于神树，与1号青铜立人所立台面、"奇奇怪怪"青铜小立人所立台面以及8号埋藏坑的负载蹲踞式者所立台面的目雷纹对称于花果形的构图和意义基本是一致的，只是该玉琮的两棵神树明显的图像中的花果复杂为一棵树了。

树首和树座之山也有这一造型，显然都表现了精气神是旺盛的，以之可以沟通天地，并且以动物、植物、人的元素融合体现了动物、植物、神人之间的联系观念。三星堆1号神树的苍龙构图理念类似，也是树、花果、龙、神鸟、神兽、神祖元素的融合。这一理念在不少文化中都存在，楚地发现的一些龙凤，有不少都有植物、花果的元素。

图19　三星堆"奇奇怪怪"

图20　三星堆握手执神鸟青铜人（代表神圣之地四方坛面，有以有花翎眼睛的神鸟尾羽为中心对称的目雷纹，神鸟尾羽同时拟合花果，象征神树，巫师立于坛，更是立于神树，三星堆文化3号神树花果上端立有鸟身神人，巴蜀地区晚期有不少人在神树上的青铜器和画像，其中应该有三星堆文化的一些因素）

述而作论

图 21　三星堆神鸟花翎眼睛

图 22　三星堆玉琮神树和有土膏即生机的地
（生机以目雷纹表现，对称于该神树）

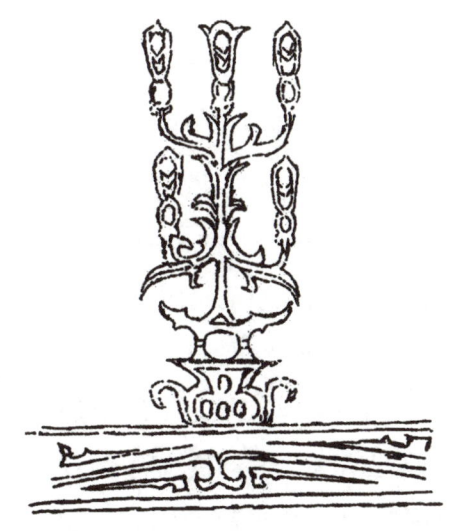

图 23　三星堆玉琮神树和有土膏即生机的地

413

图 24　三星堆额头有花翎眼睛的神鸟尾羽的青铜面具

该小立人巫师握手执神鸟，对其意义我们已有基本论证，无疑都是和天极、天道的本质有关的，这与其上肢各有两条龙以及其服装有钺形、有燕尾形符号的觚形天地柱形、牙璋形、类似 1 号青铜立人服装的一种神兽形意义是呼应的。该小立人站立台面的目雷纹对称的花果形图案之意义，实际还可以从 1 号青铜立人、三星堆 8 号埋藏坑的蹲踞负载青铜人所立台面的图案得到参照理解。这些青铜人所立台面图像实际与三星堆 3 号埋藏坑跪坐首尊的青铜人之方形冠四方图案也有联系。该方形冠的四面图案实际都是由羽翼和眼珠子组合的（图25），表现的实际是有花翎眼睛的神鸟尾巴形，自然像小立人和 1 号青铜立人所立台面的图案一

图 25　三星堆跪坐首尊的青铜人四方冠之有花翎眼睛的神写尾羽图像（拟合花果，象征通天神树）

样，其同时拟合神树首[①]。这表明这种图像实际是有精气神的，是生命力的重要象征，同时也是沟通天地之路的重要象征。只是三星堆1号青铜立人、"奇奇怪怪"飞舞巫师首的小立人以及三星堆8号埋藏坑的蹲踞负载立人明确地以目雷纹表现了其精气神，自然也表现了该台的特殊性，表现了其属于有精气神的神圣空间，巫师可以有精气神，并且可以以该神树及有精气神的台沟通天神。

二、8号坑青铜祭坛

"奇奇怪怪"这一青铜器并不完整，其首的圆形天上端的造型表示天圆，在该天之上的造型，可以确切地讲，是两个天门柱，一个在，另一个残了，二者是一样的（图26）。

其造型是立体的，四面造型是典型的三星堆文化的山形，至于上端成为柱子形，这即是天门山的认识之常规。文献记载的天门、汉代的诸多汉画天门，有的是柱子形的，像马王堆帛画的天

图26 三星堆"奇奇怪怪"青铜器的圆形天上端的天门山柱

---

① 像三星堆一件玉砖的神树首之花果形。三星堆新发现一件玉琮之两棵神树中的一棵树首的花果形也很近似，只是由于其花果首还有以羽翼表现的尚未凋零的花，这棵树的花果本质意义上与三星堆诸多神鸟的似孔雀花翎眼睛非常一致。这更加证明神树植物与神鸟的联系。三星堆玉砖的四隅神树，树首和树座所在的山，都拟合神鸟花翎眼睛的尾巴，也是重要证明。

门（图27）即是，有的是山形和汉阙的组合形（图28）。

图27　马王堆帛画天门柱

图28　汉画天门

三星堆文化的神树、天门文化以及宇宙观、思维形式，在马王堆帛画中有较为明确的体现，三星堆托举天地宇宙模型的思维在马王堆帛画中有一定体现（图29），其以花果、神鸟站立器盖纽、花果盖纽的器盖等代表通天神树和山的思维在马王堆帛画中的华盖形（图30）中也有明确体现，与三星堆文化特别重视的罍盖纽拟合花果、盖纽和盖子组合为山、盖子有花翎眼睛的尾羽图像元素等现象，具有结构和功能的联系，利于证明三星堆文化的青铜罍具有沟通天地的图式和功能，以其祭祀则更像天。这可能与古人认为雷来自天门有关，所以命名为罍。中原地区商文化一些白陶罍盖纽拟合天极、璇玑，盖有"五"字、苍龙并有离火、目雷纹等精气神图案，有的白陶罍有蹲踞式[①]神祖誉和标准化饕餮食之的图像，也利于证明这一认识。巴蜀之地的西王母背景有的即类似马王堆帛画，呈现有华盖的罍形（图31），其和西王母龙虎阴阳座所具有的和阴阳以呈精气神的意义显然是一

---

① 有的把蹲踞式简化为曲折花纹。

致的。并且马王堆 2、3 号墓帛画华盖的花果形盖纽和三星堆一些器盖象征通天神树的花果形盖纽，都存在神鸟相助，到达天门。其以两条龙以及玉璧、华盖组成青铜壶形（图 32）。

图 29　马王堆帛画负载地的力士

图 30　马王堆帛画华盖花果盖纽和神鸟

图 31

图 32　马王堆帛画阴阳龙代表的阴阳之气以及经过玉璧的和阴阳产生的精气神之气和华盖组成的壶形

"奇奇怪怪"青铜器的下端，依据发掘者认识，可能连接三星堆 8 号埋藏坑的青铜祭坛。可能确是这样的，进一步认识有待发掘者的成果。不过有的学者认为该青铜祭坛上端是另一个早年发现的首有神兽的握手巫师。我们暂且解读该青铜祭坛的较为独立意义。该祭坛基础为三层，上端跪坐抬杠奉神兽的四个神职人员所在为山上端，有三层形，实际都是表现其高和有精气神的昆仑形，其基础三层和上端以羽翼表现的山、以目雷纹表现的精气神，即是重要的证明，因为昆仑在天地之中，呼应天之三衡，呼应天地阴阳，自然是有精气神之地。作为整个器物的基础的三层，上端四周还各有两个半圆形，与羽翼构成三星堆文化特有的神鸟尾巴，有的神树树首和花果形结构，和其中的目雷纹一起表示昆仑结构和山谷的精气神。同时这八个半圆形使整个器物的上端平面形成九宫格，除了四个抬杠的巫师，剩下九个人正好各在一格，四隅为四个跪坐神职人员，四正为端坐于山端之几的与羲和四子四岳有联系的四方神，负罍青铜人在中宫山形上端。四个四肢有眼睛即表现其是有精气神的。可以胜任沟通天地和神圣事务的抬杠者所抬为神兽，这一神兽是三星堆文化常见的神兽，不过有几个不同，其有獠牙式造型。另外，该神兽尾巴上端为巫师所乘登的一个拟合神鸟尾巴形，其介字形表明其还应该有花翎眼睛，只是为神兽的尾巴所遮挡了（图33）。

图33 三星堆8号埋藏坑青铜神兽上端巫师踩踏的花果形（象征通天神树，助力巫师登天，其还拟合神鸟尾羽，一般还有花翎眼睛，不过隐盖不见）

　　这样的造型还拟合神树花果，所以可以象征神树，以利于巫师沟通天地。该造型的神鸟尾羽，还可以与三星堆有的青铜铃挂件拟合，而青铜铃正是表现天地阴阳和之乐的，正是有精气神的重要表现和载体，这都利于增加该巫师的精气神和艺能。这种结构实际与三星堆的平面青铜神祖面或者砖形宇宙图式玉器的神祖面类似（图34），这些神祖面额头都有拟合神鸟花翎眼睛的尾羽，这种尾羽造型又可以拟合神树花果，所以依然是表现通天和精气神概念的。这种特征在大洋洲的商代青铜卣之标准化饕餮额头也有表现（图35），其图案中下端拟合有托叶的介字形花果①，上端拟合有介字形并有花翎眼睛的神鸟尾羽②。自然两者从三星堆文化玉砖神树花果、神鸟拟合孔雀花翎眼睛的造型等方面看，也是可以联系混同的。这一案例在标准化饕餮中不多见，然而却可以更加确切地证明所论认识。这种拟合神鸟尾羽的图像又可融合、拟合神树之首，还可以作为山的图案、山之谷风③的本质意义的图案，对于神职人员和神兽而言，整体即是表示精气神和助力飞升。同时抬杠者所抬的这一神兽身上有一种三星堆代表性神兽常见的"三向造型"，在三星堆，这种有马来貘、虎、神鸟等元素的神兽几乎都有，并且沿着主要经络设计。该造型在有的象牙雕刻中也存在。其表示的是羽翼化的山、花，山、花瓣之间有的还有有花翎眼睛的神鸟尾巴，显然都是表示精气神和通天神力的。位于中宫的巫师神职人员所负载的罍，其器盖有山形、拟合花翎眼睛的神鸟尾巴形，其盖纽和盖柄的棱组合，还拟合神树花果、三星堆有柱子形眼睛的神人或者祖先的眼珠子，是精气神和通天神树的象征，类似三星堆诸多器盖尤其是爬龙器盖的花果形盖纽以及跪坐神职人员首上之尊的盖纽，有的盖纽上端还有神鸟表示天，也表示该青铜罍的通天特性和以酒祭祀到达天的意思。马王堆2、3号墓帛画天门附近的华盖之花果，象征通天神树，其已高达天门了，自然是通天神树了。还有神鸟在旁护卫精气神并表示附近为天。这与三星堆青铜罍之盖纽的花果、酒尊器盖的盖纽花果及盖纽有神鸟的结构功能和意义基本是一致的。三星堆文化的这些器盖，估计都是觚形器物的盖子，觚形器物本来在三星堆"奇奇怪怪"青铜器中已有承担天地柱的角色，所以这些器盖的盖纽拟

---

① 三星堆文化有类似的花果，像1号青铜神树的花果、1号神树的有人的元素的龙身之植物花果，还有一些三星堆神树的花果同样是近似造型。
② 商文化白家庄期已出现明确的标准化饕餮额头有拟合神鸟尾羽的现象，像白家庄青铜罍。
③ 谷风即阴阳和之风，表示生机，即天道之谷神不死的一种体现。

合神树、盖子本身拟合山即是合理的了。三星堆的一件爬龙器盖的本身（图36），其以三个花瓣形构成类似三星堆多见的"三向造型"，显然即是作为山的象征的，其有具有花翎眼睛的神鸟尾羽即是重要证明，因为这是三星堆文化山的一种典型特征。至于其中的神树，由于龙头向下，可能表明其树为若木。其中的龙，显然是一种苍龙了，其首向下，呼应秋冬之龙[①]。这种有苍龙、山和象征神树的花果元素的器盖，显然与三星堆1号神树的山、神树、苍龙元素构成的结构类似，意义也应该有联系。只是三星堆1号神树的苍龙中有人的手足、腿脚、眼睛元素（图37），显然是把氏族神祖和苍龙予以融合，这种文化在商文明中较为明显。像虎食人卣中，把苍龙和神祖夒、图腾神鸟玄鸟鹗都予以融合、等价；泉屋博古馆藏铜鼓中，鱼尾苍龙实际与玄鸟、夒之间也具有密切的联系。

图 34　三星堆表示类似子弹库帛画五方神树、有关神祖、八方山、方形地的玉砖形器图像

① 秋冬之龙有以马为之的，湖南发现的马簋即是证明，石峁发现的牛马石雕也是证明。也即是讲，有的文化中是以马作龙的。

腹部标准化饕餮图像

图 35 大洋洲遗址青铜卣

图 36 三星堆遗址爬龙装饰花果盖纽的青铜器盖

图37　三星堆1号神树之有神鸟、神兽、植物和神人元素的青铜龙

三、"奇奇怪怪"青铜器和青铜祭坛组合的含义

假若"奇奇怪怪"青铜器与青铜祭坛是一件器物,"奇奇怪怪"青铜器和青铜祭坛的这些神巫、神职人员,以昆仑形祭坛为中心和基础,通过祭坛的九宫八卦形、洛书式"曼陀罗"这一坛场[①]场景,四方神在位,四隅祭司虔诚握手沟通神灵天地,以四肢有眼睛符号和位于山端三层昆仑坛之上的造型显示自身具有精气神和从事神圣事业资格和艺能的神职人员抬着

[①] 形式为九宫格,有洛书之气场。望京楼商城遗址的九宫格设计,可能都是为了获得洛书之能量场等,九经九纬是三经三纬的升级版,参照《周礼》的王城九经九纬可以更好地理解这一设计。

神兽，神兽之上的跪坐巫师握手作法沟通天神。九宫格的中心圜丘，由四山组成，显然与天坛的本质基本一致，负载青铜罍的祭司跪坐在这样的神圣时空中祭天或升天的祖先。

"奇奇怪怪"青铜器上巫师托举的天地结构或者图式以及其中握手有羽翼和冠有神鸟装饰的飞舞巫师、握手执神鸟巫师[①]所体现的场景可以和祭坛所体现的祭祀场景联系，显示出一个较为完整的祭祀天神、祖先的叙事礼仪空间，即神巫、神职人员以昆仑、天地柱为媒介，幻化登天门，祭拜天神，沟通天地。同时，神灵光显，天门开，诸巫来迎，天神、在天祖先降临受祭，若《天门》诗之描述"天门开，诀荡荡，穆并骋，以临飨"，即是讲天门开，天体广远，境界浩渺，众神都和乐地驰骋而来享受祭祀。它总体表现了蜀王等像汉佚名《天门》诗中的汉武帝那样，以隆重的祭祀场景举行神圣祭祀，来迎天神、祖先，沟通天地，同时期望能够乘登天柱，登临天门，至于天界，升天成神仙，获长生久视。这也是早期中国尤其是巴蜀之地具有悠久历史的巫术文化和精神信仰的主题之一。

四、三星堆一件相关重要青铜器的解读

由"奇奇怪怪"青铜器以及有关文物的解读可以明确确认，三星堆2号埋藏坑的人身形青铜器，实际应该把发掘报告的图像倒立才是正确的方向，其实际是"奇奇怪怪"青铜器主体的平面简化版，即其同样是天柱和天门，不是学术界认为的剑具或者人身（图38）。

---

① 神鸟象征阳气来临，为生，体现的正是《易·系辞上》所谓的"生生之谓易"。神鸟为知时节，握手造型舞动，为一阴一阳之谓道、之谓无，所以握手造型无论有神鸟、有领璧之苍龙、象牙、牙璋、云雷纹，还是没有任何所执，都是阴阳和天地人之道的本质表达，都是沟通天地人之路的表达。

述而作论

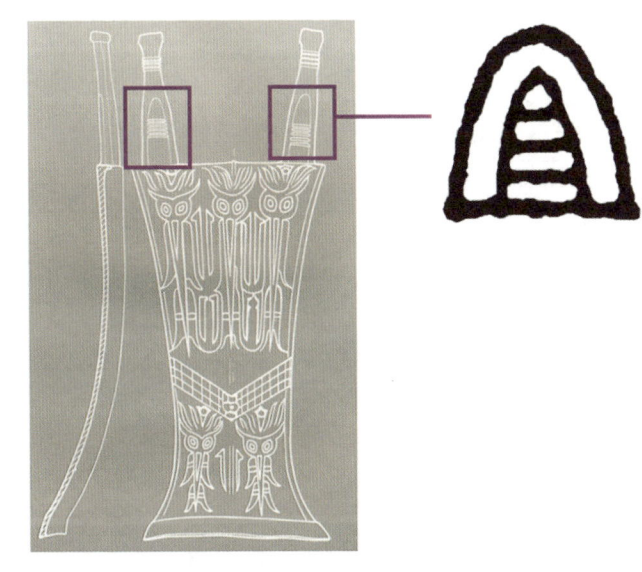

图 38 三星堆 2 号埋藏坑的人身形器和陶器符号

其中的"亚"字形为舥形,为天地柱或者天柱,上端的两个山形柱子为天门,呼应的是蜀地天彭阙即蜀文化的天门无疑。其中的山形、牙璋形的解读可以参考我们对于三星堆 8 号埋藏坑撑罍首尊踏鸟倒立屈身青铜神人造型中舥形尊的解读。其中神鸟自天而降,有特殊的神鸟尾巴,造型似鹳,可能表示柏鹳王的图腾神鸟自天而降。还应该注意的是,该天柱和天门造型,与三星堆 3 号埋藏坑的"奇奇怪怪"青铜器之宇宙图式并不完全相同,其显然没有明确地表现方形地和圆形天,这也是其难以识别的重要原因。

谨以此文祝贺"李伯谦先生学术思想研讨会——李伯谦先生从事教学考古 60 周年"顺利召开,并祝愿李伯谦先生学术长青,天保九如!

关于三星堆遗址及其文物的断想

上海大学 段 勇

1986年，当三星堆遗址1号和2号祭祀坑横空出世时，笔者正在四川大学历史系读本科，说实话当时并没有充分意识到这一发现的重大意义。后来进入北京大学跟随伯谦老师攻读硕士和博士学位，毕业论文均聚焦商周时期青铜器上的动物纹饰，皆涉及三星堆出土青铜器，但主要依据展厅里的文物和出版物上的照片、线图。在文物博物馆系统工作时，曾多次见识到三星堆文物展览在国内外的巨大影响力，它在海外一度是比肩秦始皇兵马俑的中国顶级文物品牌。到上海大学工作后，感谢四川省文物局和四川省考古院大力支持，笔者才有机会以合作形式介入到三星堆新发现祭祀坑的考古工作中，真正与三星堆遗址及其文物有了亲密接触，实在是不胜荣幸。

作为"沉睡三千年，一醒惊天下"的重大考古发现，三星堆遗址自然吸引了众多海内外学者的关注和研究，奈何其实在太神奇，竟有"越挖问题越多"之惑。中国考古百年之际"再醒惊天下"及主流媒体多次直播和自媒体的广泛讨论，更是引发社会公众的"围观"和热议，成为超越文化领域和历史领域的社会传播热点事件,并引出众多民间奇思异想。

面对神奇瑰丽的三星堆遗址及其出土文物,迄今似乎尚难有全面及深入的解读。众说纷纭之际,笔者心中也不时将前辈、今贤的研究考证与自己的胡思乱想连缀成一些片段,姑凑成文。

一、位置

令不少人深感疑惑的是:自古以"蜀道难"著称、至今仍属偏远之地的三星堆,何以在3000多年前的古代产生了如此先进的青铜文明?

事实上,关于蜀地偏僻闭塞、交通不便的印象主要是其在秦汉大一统帝国内部被边缘化以后相对于其他地区的开发进步而形成的,唐代李白《蜀道难》进一步强化了这种印象。而从上古时期广域交通角度看,古蜀地区似乎并不算十分偏僻,反而处在几条重要交通线的交会处。

根据现代分子生物学研究结果,目前地球上的所有人,从女性线粒体DNA上都可以追溯到大约20万年前生活在非洲的一名女性祖先,她的后代大约在距今7万年前陆续走出非洲,逐渐迁徙、繁衍、扩散到全球各地,并消灭取代或杂交融合了各地原有的早期人类。此"夏娃假说"和"非洲起源论"也得到了男性Y染色体溯源研究结果的支持。追踪DNA发现,其中一支古人类走出非洲后经西亚、中亚穿越兴都库什山口到南亚,沿喜马拉雅山南麓向东,到横断山脉东部往北进入东亚和今中国境内,时间大约距今5万年,三星堆就位于这条线上。这条线路其实与后来的"南方丝绸之路"是基本一致的,这也是人类早期最重要的迁徙交流大通道,因为后来横贯欧亚大陆的其他两条大通道,北方大草原纬度太高,气候严寒,沙漠绿洲丝绸之路尚未驯化骆驼,对于当时的人类来说均属于比较难穿越的畏途。

此外，三星堆位于所谓"神秘的北纬30度"上，纬度不高不低，气候不冷不热，宜农宜居利于文明发生发展；与甘青地区虽然群山阻隔，但也有狭窄的山川相连；更重要的是，还可通过长江水系与其他地区沟通。正是这样在上古时期相对利于人口迁徙、贸易往来、文化交流的区位条件使得三星堆不仅有条件发展成较为发达的区域中心文明，更是可能成为一个重要的文明交汇点。因此，三星堆遗址出土文物除青铜面具、青铜神树、青铜神坛等具有浓郁而独特的本土特色之外，还有许多文物呈现出明显的"混搭"风格。三星堆遗址出土的不少青铜器，就是在中原风格青铜器基础上再"加工"改造，增添本地特色，形成一种奇异的组合风格，如顶尊跪坐铜人等；三星堆遗址出土的玉器，或者是在良渚风格玉器上增加本地文化内涵，如神树纹玉琮，或者是在使用功能上赋予中原风格玉器新的内涵并对外传播，如数量大、类型多的牙璋，不仅让我们得知其在三星堆文化中的使用方式，而且直接传播、影响到今越南北部的冯原文化等。

二、名称

"蜀"字，甲骨文为一大眼（大头）曲身形象，许慎《说文解字》释义"蜀，葵中蚕也，从虫，上目象蜀头形，中象其身"，而双目比较突出其实也是蚕的生理特征之一。古蜀第一代先王名"蚕丛"，被蜀人奉为"先蚕"，《华阳国志》载"蜀侯蚕丛，其目纵，始称王"，许多学者认为三星堆遗址出土的青铜纵目面具应即蜀王蚕丛之形象。

中华民族号称"龙的传人"。如果说我国新石器时代是"见龙在田"，在今辽宁、内蒙古、山西、河南、湖北等地均发现龙的形象，秦汉以后是"飞龙在天"，龙成为帝王的象征进而成为中华民族的"图腾"，那么商周时期中原青铜器上就是"潜龙勿用"，即相对于兽面纹和凤鸟纹来说比较缺少龙的形象，仅有的少数龙形在青铜器上的总体地位也不够凸显。

与之形成鲜明对比的是，相当于商代晚期的三星堆遗址祭祀坑出土的文物，则存在大量龙的形象，如广泛见于青铜神树、青铜大立人、青铜神坛、青铜爬龙柱等本土风格的重器之上。

联想到《管子》所言"龙生于水，被五色而游，故神。欲小则化如蚕蠋，欲大则藏于天下，欲上则凌于云气，欲下则入于深泉。变化无日，上下无时"，蚕与龙似有密切的内在联系，如前所述蜀与蚕又直接相关，因此三星堆遗址是一个同时代罕见的"龙窝"也就不足为奇了。

三、丝绸

在后世所称的北方草原丝绸之路（毛皮之路）、沙漠绿洲丝绸之路（"正宗"丝绸之路）、南方丝绸之路（高山峡谷丝绸之路）、海上丝绸之路（陶瓷之路）中，南方丝绸之路应该是最早出现的，因为与前述上古人类的重要迁徙路线重合，属于"古已有之"，其他丝绸之路均属于后来开辟，而三星堆遗址就位于南方丝绸之路的东端或附近。

1986年发现的两个祭祀坑，由于当时技术条件限制，未能提取到丝绸残痕。这次三星堆遗址新发现的6个祭祀坑中，中国丝绸博物馆的专家无一例外均采集到丝织品遗存或痕迹，显示出丝绸在当时当地的普遍存在，可证1986年出土的青铜大立人的华丽服饰恐非当时不少学者所言纯属想象虚构。联想到我国古代传说黄帝正妻蜀人嫘祖发明养蚕缫丝、古蜀先王蚕丛被奉为"先蚕"、印度神话中大神湿婆喜爱黄色丝绸（疑即扬雄《蜀都赋》所言"黄润"细布），结合埃及底比斯在早于沙漠绿洲丝绸之路开通前（约公元前1000年）的古墓中出土丝绸头巾，以及汉武帝时张骞"凿空"西域却在大夏（在今阿富汗）见到经身毒（在今印度）贩运过去的"蜀布"

的记载，还有新疆尼雅遗址出土的"五星出东方利中国"东汉蜀锦护膊、成都老官山汉墓出土的4架织机模型等，都有力地证明了古蜀地区丝绸生产历史悠久、丝绸贸易兴盛发达，后世"锦官城"无非相沿承袭。

可见，南方丝绸之路应该是最早的且名副其实的丝绸之路，三星堆则可能是最早的丝绸之都或集散中心。

四、权杖

三星堆遗址出土的金权杖，不见于夏商周之后以中原文化为代表的中华传统主流文化，因此不少人认为与西亚北非的古代权杖传统有关。其实，它很可能也具有蜀地本土文化基因。

首先，从权杖的产生背景看，在世界各地的传统社会中，知识都源于经验的积累，即年龄越大见识越多也就越有智慧，老年人普遍掌握着家族话语权，具备天然的权威性。年老力衰后通常需要借助手杖行动，我国汉代即有皇帝赐高寿老人鸠杖的记载。久而久之，手杖自然与老人密不可分，直至成为老人的象征，在某些文化里更进一步成为可以宣示和传承老人权威的权杖。

其次，蜀地山多路不平，自古老人持杖当更为常见，何况古蜀之杖早已超越工具属性成为外贸商品：《史记》记载张骞通西域，在大夏见到的就有经身毒贩运过去的"邛杖"。

更重要的是，三星堆遗址出土的金权杖，虽仅存外裹金皮，内裹之杖已不存在，但笔者仔细观察金皮实物和照片，发现有较明显的分节痕迹，因此有足够理由相信金皮里面原来包裹的是一支竹杖而非其他材质。这一点无疑应该是金权杖的三星堆本土特色。

五、面具

三星堆遗址出土的大量青铜面具罕见于世界其他文化，不少青铜面具上还另外覆盖有金面罩，单独出土的金面具也很可能是覆盖在青铜或其他材质的头像或面具之上。这与古埃及、古希腊等出土的金面具往往直接覆盖在人体上明显不同，三星堆面具的风格也更偏向写意而不太写实。

四川及周边地区自古盛行面具文化，比如贵州的傩面具、西藏的藏戏面具等，云南很多少数民族也都有面具文化，这些应该都是上古时期巫文化的遗存。三星堆的青铜面具和金面具恐怕难以排除具有同样的文化渊源。

而青铜面具之上再覆盖金面罩的结构，让我不禁联想到川剧的一大奇观"变脸"，演员经过刻苦训练可以在眨眼间连续变化数张甚至数十张脸谱。这一绝活长期只在师徒之间秘传，近年方大白于天下。虽然川剧是明清时期才正式形成的，但史载李冰治水后民间即有"斗牛戏"，三国时期又有喜剧《忿争》，唐代更有"蜀戏冠天下"之说，明代杂剧《灌口二郎斩健蛟》则最早明确记载"变化青脸"，因此川剧"变脸"也许具有更加遥远甚至并不自觉的文化基因，可能是某种上古文化的"活化石"。

至于民间以现代某地人长相来比附三星堆青铜头像或面具，则多属不靠谱的臆想。因为一则青铜头像和面具均属写意多于写实，难以简单具象化理解；二则世界各地现代人无不是长年移民迁徙融合的结果，自然与3000多年前的古人不宜直接对号入座。

中华文化以中原文化为中心的"重瓣花朵"结构大约是在新石器时代晚期以后形成的，在此之前应该是呈现"满天星斗"形态，当然相互之间也存在交流与融合，而随着中原地区逐步脱颖而出并在青铜时代牢牢确立中心地位，周围各地依其与中原的交互关系先后融入这一文化体系。三星堆文化的形态而非时代，属于从"满天星斗"向"重瓣花朵"的过渡状态，它既受中原地区和长江流域其他文化密切影响，比如青铜罍、尊的器型、纹饰以及玉琮、玉牙璋等，也可能与更远的域外地区存在经济文化交流，比如金权杖、金面具、五芒星轮、象牙、海贝等，但是更有其自身的独特风格，比如青铜神树、青铜大立人像、青铜纵目面具、青铜神坛等。

在这一过渡过程中，三星堆遗址所反映的浓厚"神权"文化，亦随着周革殷命而被"不语怪力乱神"的礼乐文化取代，成为绝响。从遗址及出土文物形态推测，三星堆的文化面貌，大约40%是由古蜀本土文明发生发展演变而来，大约30%是受中原和长江中下游其他文明的影响，大约30%可能与西亚、北非、南亚有一定联系。可以说，三星堆文化进一步印证和丰富了中华文化"多元一体"的内涵，是中华文化乃至人类文明多元、交流、融合的生动体现和具体实证。

当然，毫无疑问，三星堆遗址还有太多的问题有待进一步发掘、研究、阐释。

述而作论

胶东地区商周时期考古学研究的两点思考

中国社会科学院考古研究所　徐良高

一、素面鬲及其所反映的环渤海和沿黄海文化区

苏秉琦先生说:"鬲的形制特异,为中国古文化的特有之物,在中国的古文化中存在长久而普遍,形制作风俱多变化,故可视为中国古文化的一种代表化石。""在西方似乎从来没有发现过与它类似的器物。所以它似乎确是中国文化的一种特别产物。同时,在中国的古文化中,它的存在又特别普遍而长久,所以竟可目为中华古文化的一种代表化石……对于追溯中华古文化的始源与流变问题更具有特别的意义。"[1]苏先生所论极是,对于胶东地区商周时期的考古学文化来说,珍珠门文化所特有的红褐素面

---

[1] 苏秉琦:《陕西省宝鸡县斗鸡台发掘所得瓦鬲的研究》,国立北平研究院史学研究所:《斗鸡台沟东区墓葬》,国立北京大学出版部,1948年;又载《苏秉琦考古学论述选集》,文物出版社,1984年。苏秉琦:《瓦鬲的研究》,国立北平研究院史学研究所:《斗鸡台沟东区墓葬》,国立北京大学出版部,1948年;又载《苏秉琦考古学论述选集》,文物出版社,1984年。

陶鬲就是极具代表性的器物。这种素面陶鬲不同于中国其他地区古代文化中常见的绳纹鬲，独具自身特色，我们以此为研究对象，可以看出胶东地区商周时期考古学文化的独特面貌及其与周边文化的关系，有助于我们认识环渤海和沿黄海区域古代文化的独特性与关联性。

珍珠门文化是胶东地区商代晚期至西周中期的考古学文化，上承当地岳石文化，同时吸收商文化和周文化因素发展而来。珍珠门文化的陶器大部分为夹砂红褐陶，器表多素面，有一些饰于甗腰及罐颈部的按窝纹、指甲纹，流行圆唇卷沿作风，器类主要有鬲、甗、鼎、盆、罐、瓮、碗等，甗为瘦长袋足，罐、瓮、盆卷沿鼓腹，圈足器较多，这些均属本土文化因素。另有少量夹砂或泥质灰陶，器表主要饰绳纹，如绳纹分裆鬲、绳纹联裆鬲、绳纹罐、三角划纹圈足簋、圈底尊等，明显受商文化或周文化影响而来，属商周文化因素。本土文化因素的红褐陶素面鬲是珍珠门文化独具特色的代表性器物，其中，盆身高裆乳状袋足素面鬲（如珍珠门 H11：16）数量多，属典型本土陶鬲；折沿联裆素面鬲（如珍珠门 H8：1）数量少，属本土风格与周文化陶鬲风格混合的产物[①]。从相关考古发现看，这种红褐色素面陶鬲的来源应与更早的岳石文化有关，在胶东地区沿用至春秋晚期。

从素面鬲的分布范围来看，珍珠门文化的素面袋足鬲西到临淄一带，在临淄东古城[②]、后李墓葬[③]等遗存中均发现了与商周文化风格陶器共存的素面鬲。最西，曾在商代晚期都城安阳殷墟遗址中出土过典型的这种珍珠门文化素面袋足陶鬲，如标本 2008ATYH88：1、2017APH129：1，均为夹

---

① 严文明：《胶东考古记》，《文物》1998 年第 3 期；刘延常：《珍珠门文化初探》，《华夏考古》2001 年第 4 期；魏峭巍：《试论鲁北地区的珍珠门文化》，《中原文物》2015 年第 4 期。
② 山东省文物考古研究所、齐城遗址博物馆：《临淄东古墓地发掘简报》，《海岱考古》第一辑，山东大学出版社，1989 年。
③ 济青公路文物考古队：《山东临淄后李遗址第一、二次发掘简报》，《考古》1992 年第 11 期；济青公路文物工作队：《山东临淄后李遗址第三、四次发掘简报》，《考古》1994 年第 2 期。

砂红褐陶，素面，弧裆，深袋足，时代为殷墟四期①。当然，殷墟遗址出现这种陶鬲与其作为商代晚期政治中心的性质有关，作为都城必然荟萃各地人员与物品。虽然这种素面袋足鬲在殷墟遗址极少见到，但这极少的几件陶鬲足以反映商代晚期作为都城的殷墟与山东半岛之间文化交流，甚至人员流动的存在，也与考古发现所见商代晚期商文化在山东半岛的扩张和文献、甲骨文中有关商代后期商王朝与东夷屡次战争的记载相呼应。

从胶东往北，在环渤海地区北侧的古代考古学文化中，素面鬲也属于代表性陶器。在辽西平原的高台山文化和赤峰一带的夏家店下层文化中均常见素面鬲，可以说在东北和内蒙古东部地区辽河流域的古代文化中，素面鬲都占有一席之地，正如有学者所说："高台山文化、夏家店上层文化和马城子文化、西团山文化的陶鬲应属同个文化系统。该系统的陶鬲主要为素面器，并以施耳或环耳为主要标志。夏家店下层文化和魏营子类型的陶鬲，除一部分带耳鬲应纳入到上述陶鬲体系之外，素面直腹鬲也应被看做是高台山文化陶鬲系统的一个分支。"②

从胶东向西南，鲁南、苏北一带也有素面鬲出土，如沭阳万北商代墓葬中出土的素面鬲。虽然由于考古工作不够充分，迄今这一带的素面鬲出土尚不多，但按照刘延常先生的研究，珍珠门文化的万北类型分布在淮河以北、陇海线以南的江苏北部地区，而沂沭河流域则是珍珠门文化鲁东南类型的分布区。考虑到鲁南、苏北地处胶东半岛和江苏宁镇地区陆路交通线的中间地带，为两地以素面鬲为代表的文化之间交流的必经之路，同时有考古证据显示两者之间存在素面鬲的联系，如后面邹厚本先生所说的。

---

① 牛世山、岳洪彬、岳占伟主编：《殷墟出土陶器》，社会科学文献出版社，2018年10月，第298、299页。
② 赵宾福：《东北和内蒙古东部地区辽河流域的陶鬲》，故宫博物院编：《中国陶鬲谱系研究》，故宫出版社，2014年7月。

我们相信，随着考古工作的不断开展，会有更多的素面鬲在这一地区出土。

再向南，宁镇地区湖熟文化和两周土墩墓文化中，素面鬲是其代表性陶器之一，包括弧裆素面鬲和分裆袋足鬲。我们知道，湖熟文化早期包含着较多的中原文化因素，在陶器类型、纹饰等方面与中原商文化陶器有很多共同点，如存在大量的鬲和甗，其次是罐、豆、盆等。但到中期以后，受中原文化影响明显减弱，形成了自身风格的器物群，其中的典型器物就包括素面弧裆袋足鬲和腰部密布指捺印痕的甗、牛角状把手的鬲和鼎等[1]。

关于宁镇地区素面鬲的来源，学术界已有基本的共识，即如邹厚本先生所说："二阶段素面鬲源头在何处呢？我国素面鬲最早出现在山东龙山文化时期，岳石文化时期继续存在，山东地区应该是素面鬲的发祥地之一。我们推测宁镇区素面鬲源于山东，千里迢迢，何来之有，最近，沭阳万北商代墓葬中出现的方唇、侈沿、袋足素面鬲，使我们在两地中间找到了一个新点。一般认为素面鬲是夷人文化系统中要素之一，考古发现证实从新石器时代晚期起山东夷人文化因素已影响到宁镇地区，当商周时期夷人势力高度发展到足以与商人多次征战，与周人相抗衡，其势力完全可能远抵江南。……有人认为，宁镇区历史上曾一度属于南淮夷的势力范围，从文化特征源流上分析这是一种有见地的意见。"[2] 甚至有学者提出，在早期湖熟文化中，除含有部分江淮龙山文化的因素外，还含有诸多岳石文化因素，岳石文化与湖熟文化存在极为密切的关系，乃至是直接的亲缘关系。湖熟

---

[1] 见宁结：《江苏句容县浮山果园西周墓》，《考古》1977年第5期；镇江市博物馆浮山果园古墓发掘组：《江苏句容浮山果园土墩墓》，《考古》1979年第2期；刘兴、吴大林：《江苏溧水发现西周墓》，《考古》1976年第4期；镇江市博物馆、溧水县文化馆：《江苏溧水乌山西周二号墓清理简报》，《文物资料丛刊》（2），文物出版社，1978年；镇江市博物馆、金坛县文化馆：《江苏金坛鳖墩西周墓》，《考古》1978年第3期；等等。

[2] 邹厚本：《略论宁镇地区青铜文化序列》，《东南文化》1990年第5期。

文化的创造者为东夷族的一支[①]。

在宁镇地区往东,长江北侧,临近古黄海西岸的江苏姜堰天目山西周城址发掘出土了素面鬲26件,数量多于绳纹鬲[②],显示这个重要遗址与宁镇地区和胶东地区古文化之间的关系以及在黄海沿岸至长江这条沟通南北水路上的重要地位。

通过梳理以上不同地区的考古发现,我们可以看出,不同于商周文化的典型绳纹陶鬲(其特征为无论是联裆鬲,还是分裆鬲、仿铜鬲、袋足鬲,均为夹砂陶器,饰绳纹)分布区,商周时期存在一个以胶东地区为中心,以红褐素面陶鬲为特征的陶器文化区。这一素面鬲文化区北达辽宁,南到江南宁镇地区,分布于环渤海、黄海岸边及其附近地区,我们可以称之为"环渤海和沿黄海素面鬲文化区"。这一文化区内的不同地域文化虽然各具特色,彼此在年代上也存在早晚交叉关系,但素面陶鬲显示出它们之间的某种联系和互相影响关系。结合相关文献记载,"环渤海和沿黄海素面鬲文化区"与商周时期的东夷、淮夷分布区存在某种关联性。虽然我们不能将素面鬲直接作为东夷、淮夷族群的物化标志,但共同的素面鬲文化因素显示出东夷、淮夷区域陶器文化的自身特色和夷人文化区内在生活、生产习惯等方面的共同地域文化小传统和工艺技术方面的相互影响,反映了他们之间的密切关系。仅从这一点来看,苏秉琦先生当年提出的"环渤海考古

[①] 林留根、施玉平:《湖熟文化族属研究》,《东南文化》1990年第5期。
[②] 南京博物院、泰州市博物馆、姜堰市文物管理委员会:《江苏姜堰天目山西周城址发掘报告》,《考古学报》2009年第1期。

研究"思路是非常具有前瞻性和启示意义的[①]。

为什么会出现这种"环渤海和沿黄海素面鬲文化区"呢？我们认为有以下两点原因。

首先，环渤海和沿黄海区域内地理环境相似，构成了一体化的地理单元和生态圈，为本区域内古代人类文化的趋同与互动提供了生态环境基础。2019年7月5日，在阿塞拜疆首都巴库召开的第43届世界遗产大会上，联合国教科文组织世界遗产委员会审议通过，将中国黄（渤）海候鸟栖息地（第一期）列入《世界遗产名录》，正说明了这个区域内地理环境、生态背景和动植物的密切关联性及其所形成的一体化。

其次，本文化区均临海而居，有沿海交通的便利，自古以来这一区域的人群之间就存在密切的文化交流与互相影响。新石器时代南北不同地域考古学文化之间玉器的相似性已显示在东部沿海地区的南北人群之间存在一定的文化交流，而且良渚文化向北已进入鲁南。从《史记·周本纪》《史记·鲁周公世家》等文献和青铜器铭文的记载来看，西周早期时东夷包括东方诸夷部族和淮夷，西周中期时又以淮夷概称东方诸夷部族，西周晚期时则淮夷、东夷并称，以此观之，东夷与淮夷的关系一直密切。关于胶东半岛与辽东半岛之间的古代文化交流与传播，已有多位学者予以论述[②]，如严文明说："（大连和旅顺）从大汶口文化、龙山文化到岳石文化的整个

[①] 1987年5月16日至20日，分别在烟台和其下长岛县召开了"胶东考古座谈会"。苏秉琦先生说不要小看渤海，它好比东方的地中海。小而言之，它是海岱、中原、燕山南北和辽东几个文化区的交汇地带，大而言之，它是中国通向朝鲜半岛和日本的门户，因此要有计划有组织地进行研究。后来在山东淄博、辽宁大连、河北石家庄和天津先后召开了几次环渤海考古的会议，取得了很好的效果。见严文明：《胶东考古记》，《文物》1998年第3期。

[②] 王富强、孙兆锋、李芳芳：《先秦时期胶东与辽东文化交流及其演变》，山东大学文化遗产研究院编：《东方考古》第12集，科学出版社，2015年12月；段天璟：《胶东半岛和辽东半岛岳石文化的相关问题》，教育部人文社会科学重点研究基地吉林大学边疆考古研究中心编：《边疆考古研究》第2辑，科学出版社，2004年5月。

时期都受到山东半岛的强烈影响,而山东半岛则基本上看不到任何辽东半岛的影响。"①

二、胶东考古学文化中陶器与铜器历史文化意义的差异性探讨

迄今,在有关胶东地区商周时期考古学文化的研究中,学者们一方面多集中于研究这一区域考古学文化,如珍珠门文化的陶器面貌、特色及其与周边文化的关系,而忽视其他方面。实际上,珍珠门文化的划分与确立也基本上是依赖于陶器标准。另一方面,研究青铜器的学者则多专注于青铜器及其铭文的研究,只在分期断代时部分参照陶器的分期断代研究。两者都忽视了不同器物群的功能、性质研究,以及将铜器与陶器结合起来的文化整体性研究。从文化交流与融合进度看,历来的考古学研究过于关注陶器,以陶器如素面鬲作为东夷族群和东夷与中原地区商周族群之间文化区分的物化标准,而忽视了以高等级墓葬、青铜礼器等为代表的文化一致性。

我们多次强调,作为日常实用品的陶器所反映的历史文化意义有限,我们的研究只关注陶器的异同远远不够,还应该关注作为政治制度、意识形态和祖先崇拜宗教信仰象征的青铜礼器,从铜器的异同上看不同区域文化之间在上层建筑方面的异同和彼此关系②。不同文化之间在政治制度、宗教信仰与日常生活方面不同层面的文化趋同与融合具有不同的速率。从胶东地区商周时期考古学文化的完整器物组合面貌看,陶器和青铜器在反映

---

① 严文明:《胶东考古记》,《文物》1998年第3期。
② 徐良高:《文化因素定性分析与商代"青铜礼器文化圈"研究》,《中国商文化国际学术讨论会论文集》,中国大百科全书出版社,1999年。

其自身特色及其与中原商周文化的关系上也是不一致的，是非常值得我们深入研究的一个现象。

根据多位先生的研究分析，胶东地区商周时期珍珠门文化的陶器组合包括三类文化因素：第一类为自身特色陶器，大部分为夹砂红褐陶，器表多素面，少见的按窝纹、指甲纹常饰于甗腰及罐的颈部，流行圆唇、卷沿作风，器类主要有甗、鼎、盆、罐、瓮、碗等，典型器物有瘦长袋足甗、卷沿鼓腹罐、瓮等，圈足器较多。这类陶器都是继承岳石文化同类器而来，在珍珠门文化中占有主导地位。第二类为明显商文化或周文化因素陶器，包括少量绳纹鬲及部分泥质陶器，如绳纹罐、圈足簋、圈底尊等，数量较少。第三类是商文化与土著文化融合形成的混合因素陶器，如早期的大口素面鬲、斜长腹乳状袋足素面鬲、素面甗、折肩罐、夹砂高圈足簋等[1]。

与珍珠门文化陶器相伴而出的是许多青铜器的出土，其中主要是周代铜器。寿光桑家庄、钓鱼台等遗址曾出土过戈、觚、爵等商文化风格青铜器，年代约为殷墟文化二期[2]。周代铜器在胶东的大部分地区都有出土，代表性遗址有龙口归城遗址及其附近多个遗址点如莱阳前河前、栖霞吕家埠、招远东曲城、烟台上夼村、胶州西庵等遗址。铜器种类有鼎、簋、鬲、甗、豆、尊、卣、爵、盘、匜、罍、盨、壶、觯等。从胶东地区出土的商周青铜器类别、组合、形制、纹饰以及铭文的特征及其发展演变趋势来看，总体上与中原地区大同小异，属于商、周青铜礼器体系无疑。

与青铜礼器系统一致的是胶东地区周代车马器、陪葬车马坑和铭文等方面也与中原周文化一致，例如，柳格庄M6随葬成套编钟，陪葬车马坑，胶州西庵遗址发现时代相当于西周中期的一座车马坑和两座小型墓葬，出

---

[1] 刘延常：《珍珠门文化初探》，《华夏考古》2001年第4期。
[2] 潍坊市博物馆：《山东潍坊地区商周遗址调查》，《考古》1993年第9期。

土遗物中，仿铜陶鬲、小口折肩罐、簋和青铜兵器戈以及车马器均属中原周文化风格，另有2件素面鬲及素面罐为珍珠门文化典型器物，随葬品组合呈现出多元文化因素共存、融合的现象①。

如何理解胶东地区珍珠门文化与中原商周文化之间的这种陶器差异（其中也有部分陶器受商周文化影响而相同，且越晚越趋于一致）与青铜礼器一致所形成的有趣的文化反差现象？如何理解这种文化反差现象所反映的历史文化意义？"文化大传统与小传统"理论给我们以启示。

"文化大传统和小传统"的概念是由美国人类学家罗伯特·芮德菲尔德在1956年出版的《农民社会与文化——人类学对文明的一种诠释》一书中提出的，文化大传统指代表着国家与权力、由城镇的知识阶级所掌控的书写文化传统，文化小传统指代表乡村的、由乡民通过口传等方式传承的大众文化传统②。后来，不断有学者对这一概念内涵作出自己的理解，如中国学者王学泰提出：社会上层、知识精英所奉行的文化传统是"大传统"，流行于社会下层、为普通老百姓所遵行的文化传统是"小传统"③。文化大传统具有国家权力、官方意识形态等上层文化色彩，文化小传统则具有区域文化、民间文化和日常生活等大众文化色彩。

从文化大传统与小传统的理论视角看胶东地区商周时期的青铜器与陶器及其与商周文化的异同现象，可以看出不同类型遗物反映了不同的历史文化含义，我们的相关研究不能一概而论或视而不见。我们认为，一方面，青铜礼器的一致反映了胶东地区地域性文化——东夷文化与中原商周文化在文化大传统上的趋同和一致，即胶东地区地域性的东夷文化从商到周渐

---

① 山东省昌潍地区文物管理组：《胶县西菴遗址调查试掘简报》，《文物》1977年第4期。
② ［美］罗伯特·芮德菲尔德著，王莹译：《农民社会与文化——人类学对文明的一种诠释》，中国社会科学出版社，2013年。
③ 王学泰：《传统与小传统》，《社会科学论坛》2000年第8期。

渐被纳入"青铜礼器文化圈"中，形成对商周礼乐文化及其背后的政治制度与宗教信仰的认同，彼此在政治体制和思想观念上日趋一致，文化上日益整合，东夷文化不断被纳入华夏文化体系之中。另一方面，胶东地域性文化中以陶器所代表的文化面貌则与商周文化不同，彼此存在文化小传统方面的差异性，即分属不同的考古学文化，呈现出商周时期文化的多元性与区域性，胶东地区东夷文化仍保存了自己的陶器生产、使用传统等部分文化传统与风俗习惯。这种文化大小传统的结合构成商周时期"多元一体"的政治与文化格局。

为什么胶东地区东夷文化与中原商周文化之间在文化大传统与小传统方面的融合进度和深度存在差异呢？究其原因，前者属于政治制度、意识形态层面，受上层社会有意识的主动政治、军事活动的强力推动和改造，以实现政治体制与意识形态的一致化，因而融合进度快，程度深，呈现出强势文化对弱势文化的同化、替代；而文化小传统属于民间生产、生活层面，基本受民间文化交流、技术传播，甚至人口流动等因素影响，具有一定的自发性与保守性，融合速度慢，融合程度有一个渐进加深的过程，同时存在彼此之间文化互动、互相影响、双向传播的特征。

尽管以青铜器为代表的文化大传统与以陶器为代表的文化小传统在趋同与融合的速率上存在差异，但最终胶东地区的土著文化还是从两方面都彻底融入了华夏文化体系之中，实现了中国古代"多元一体"文化格局的不断扩展。从考古学文化面貌来看，先秦时期东夷文化与人群融入华夏文化系统的过程，是一个长期延续的历史过程，也是三代历史的重要组成部分。随着胶东地区土著文化与中原商周文化的融合和当地的东夷族群融入华夏文化认同体系之中，"非我族类"的"东夷"概念的内涵也在不断东移。商周时期的东夷指的是生活于今山东、淮河等地区的众多部族，如《后汉书·东夷传》所载："夷有九种，曰畎夷、于夷、方夷、黄夷、白夷、赤夷、玄夷、风夷、阳夷。"经过两周阶段的深度融合,秦汉以后的东夷已经主要是指东北、朝鲜半岛和日本列岛及琉球群岛等地的族群了,即《论语·子罕》中"子欲居九夷"的疏所谓"东有九夷:一玄菟、二乐浪、三高骊、四满饰、五凫更、六索家、七东屠、八倭人、九天鄙"。

除重视陶器与青铜礼器在历史文化意义上的差异性之外,我们还必须认识到,虽然陶器反映了特定的地域文化和日常生活用器面貌,青铜礼器反映了某种政治制度、意识形态和宗教信仰,但无论是以青铜礼器为代表的文化大传统还是以陶器为代表的文化小传统,如果将它们与文献中的特定族群或国家对应起来,作为辨认、判断这些族群或国家的物化标准,都应该慎之又慎,不能简单画等号。我们曾经系统地讨论过考古学文化为何不能简单地被阐释为民族认同体或国家政治体的问题[1]。胶东地区商周时期的考古学文化面貌同样支持了这种认识。如果我们以陶器为标准来划分山东地区的考古学文化,除了一般的商周文化,就只有胶东地区的珍珠门文化。依据文献记载,胶东地区不止一个东夷部族、方国,我们如何从珍珠门文化中区分出这些部族、方国?珍珠门文化的地方类型是否能等同于某些东夷部族、方国?判断标准是什么?又依据文献记载,山东地区除胶东外还有大量的东夷部族、方国,它们与商周王朝的关系很复杂,这些东夷诸国能否通过陶器的差异从山东地区的商周时期考古学文化中辨认出来?恐怕很难!实际上,至少到两周时期,许多东夷部族、方国已经融入"礼乐文化圈"中,在物质文化面貌上与商周王朝文化基本一致,如以归城遗址为代表的莱国按文献记载本是东夷建立的国家之一,但无论是青铜器、墓葬、车马坑还是大部分陶器器类,都属于周文化系统,而且出土铭文中

---

[1] 徐良高:《文化理论视野下的考古学文化及其阐释》(上),《南方文物》2019年第2期;徐良高:《文化理论视野下的考古学文化及其阐释》(下),《南方文物》2019年第3期。

不仅可见典型的周贵族家族，还记载了参与周王朝组织的对外战争，如果没有文献记载，仅仅依据考古发现和铭文内容，我们将以归城遗址为核心的聚落群视为源自周文化并统治当地土著人群的一个封国，可能更让人信服，犹如我们将临淄后李墓地、东古城遗址的性质判断为西周封国齐国遗址一样。胶东地区的诸多重要遗址也大多如此。

述而作论

读《江南地区印纹陶问题学术讨论会论文集》札记

安徽省文物考古研究所　宫希成

《江南地区印纹陶问题学术讨论会论文集》出版于1981年3月，收录论文31篇。[①] 内容涉及印纹陶概念、特征、分期断代、发展过程及其与中原文化的关系、社会性质、族属等各个方面，可看作对南方印纹陶问题研究的一次总结和检阅。

1978年8月24日—9月3日，由江西省博物馆和文物出版社联合发起，在江西庐山召开了"江南地区印纹陶问题学术讨论会"。为了开好此次会议，东道主江西省博物馆专门成立"印纹陶问题"研究小组，进行了充分的准备。来自22个省、市55个单位的近百名代表与会，"各地代表带来了上千件文物标本，提出了三十三篇学术论文和报告"。内容广泛涉及印纹陶研究的各个方面，对一些过去有争议的问题讨论尤其热烈。正如会议纪要所言："讨论会提出的问题，很广很深。代表们普遍反映，这次会议，

---

① 文物编辑委员会编：《江南地区印纹陶问题学术讨论会论文集》，《文物集刊》3，文物出版社，1981年3月。

通过对一些典型的古文化遗址的剖析，排出了南方一些地区古代文化的发展系列，初步勾勒出了南方地区的古代文化面貌。""讨论会开得生动活泼、热气腾腾。"这次会议，在中国南方地区的考古史上是一个重要的里程碑，特别是对南方地区青铜时代考古而言。①

在中原地区流行青铜文明的夏商周时期，印纹陶广泛分布于中国南方地区，是中国南方地区独具特色的文化基因，是百越文明的文化纽带，共同构成中国南方地区先秦考古学文化的重要内涵，在南方先秦考古研究中占有极其重要的地位。

按照现在的考古资料和研究成果，印纹陶起源可以追溯到 8000 年前的浙江萧山跨湖桥遗址，出现了拍印陶器——印纹陶，并出土陶拍、陶垫等拍印工具。此时的陶胎为一般黏土，不耐高温，陶质较软，拍印交错绳纹、篮纹、菱格纹等纹样。②

新石器时代末期至相当于中原地区的夏代初期，印纹硬陶开始烧成；新石器时代末期至夏初，印纹硬陶开始出现，但是器类少，纹饰单一，为印纹硬陶的萌芽期。到夏商时期印纹硬陶逐渐发展成熟，西周时期是印纹硬陶繁荣时期。（各地区）趋于一致，呈现出器类相同、纹饰一致的大一统格局。春秋时期，印纹硬陶的纹饰又渐趋简化，器类主要是罐和坛类。战国时期印纹硬陶的器类和纹饰都进入衰退期。到秦汉时期，慢慢退出了历史舞台。③

印纹陶遗存分布地域广泛，延续时代达数千年。因其分布广泛且数量庞大，吸引了众多学者的目光，研究文章颇丰。但是，在此次会议之前的

---

① 彭适凡：《江南地区印纹陶问题学术讨论会纪要》，《文物集刊》3，文物出版社，1981 年 3 月。
② 浙江省文物考古研究所等：《跨湖桥》，文物出版社，2004 年。
③ 黄昊德：《越韵·越礼·流变——先秦越系印纹原始瓷综论》，浙江省文物考古研究所编著：《锁钥——先秦印纹硬陶原始瓷器特展》，文物出版社，2019 年。

数十年，对印纹陶遗存的认识是不清楚的。从地域来说，曾经普遍将其视为一种文化，冠以"几何印纹陶文化"或"以几何印纹陶为代表的文化""印纹硬陶文化"等不同的名称；从时代来说，很多人把它看作新石器时代文化，甚至将含有印纹陶的遗存统统划入新石器时代。举例来说，1977年10月在南京召开的"长江下游新石器时代文化学术讨论会"上，安徽省代表提交的《试谈安徽新石器时代文化与长江下游诸文化的关系》，文中列出安徽长江流域新石器时代遗址8处，其中所描述的"硬质印纹陶片、鬲足"等遗物，均当作新石器时代遗存来讨论。[①] 实际上，除芜湖蒋公山遗址早年已经毁坏殆尽，无据可考之外，其余7处有6处经之后考古工作证明均属商周时代遗址；另1处绩溪胡家村遗址虽有新石器时代堆积和遗物，但商周遗存仍是该遗址的主体部分。

因此，在研究表述中，"印纹陶"的含义其实千差万别，各不相同。不仅对印纹陶没弄清楚，同时对南方先秦时期考古学文化的认识也难以取得进展，无法深入。随着考古资料的积累，学界发现问题越来越多，"印纹陶的特征究竟是什么？能不能把它定名为考古学上的一种文化？它的产生和发展情况怎样？江南各地区之间印纹陶的关系怎样？与中原文化的关系又怎样？印纹陶生产者的族属是谁？"[②] 等等。以往的模糊认识和一系列问题亟待澄清。这些问题，实际上是"江南地区印纹陶问题学术讨论会"举办的动因，也是考古学发展的需要。

对此，李伯谦先生曾经有过论述："1973年吴城遗址发现与开始发掘以前，考古学界对长江以南先秦时期考古遗存的认识，基本上还停留在软

---

① 安徽省博物馆：《试谈安徽新石器时代文化与长江下游诸文化的关系》，《长江下游新石器时代文化学术讨论会论文集》，文物编辑委员会编：《文物集刊》1，文物出版社，1980年1月。
② 彭适凡：《江南地区印纹陶问题学术讨论会纪要》，《文物集刊》3，文物出版社，1981年3月。

陶—硬陶—印纹陶三个发展阶段的水平上。在长江以南，尤其是江西、浙江、福建、湖南、广东、广西以及上海、苏南等省区，有没有青铜文化，存在不存在青铜时代，含几何形印纹陶的遗存是属于一个统一的几何形印纹陶文化，还是可以分为几个不同的考古学文化；长江以南何时开始进入文明时代，有了国家；江南地区和中原地区在文化上存在着什么联系等一系列问题，长期处在扑朔迷离、若明若暗的状态，缺乏明晰的见解。""广泛分布于长江以南地区含有几何形印纹陶的遗存，期间虽有密切的联系，但不同地域地理环境千差万别，文化特征不尽相同，即使同为几何形印纹陶器，形制、纹饰、制法也会有一定区别。因此，将江南地区含有几何形印纹陶的遗址看作是一个统一的考古学文化并不符合实际。1978年在江西省博物馆和文物出版社联合举办的'江南地区几何形印纹陶学术讨论会'上，我们开始提出江南地区几何形印纹陶遗存的分区问题正缘于此。尽管提出的分区方案不尽相同，但含几何形印纹陶的遗存是可以分区的已成为大家的共识。"[1]

《江南地区印纹陶问题学术讨论会论文集》中收录了李伯谦先生《试论吴城文化》一文。该文把吴城遗址作为典型遗址详细讨论，分为三期并对各期特征和年代范围给予明确界定，认为"三期的划分只是代表同一文化不同的发展阶段"，正式提出了"吴城文化"的命名，从建筑、墓葬、遗物、文字等方面分析了吴城文化的内涵和文化因素，并明确指出："吴城文化是分布于赣江、鄱阳湖流域的一种青铜文化。"[2] 该文既建立了一个区域青铜时代文化的年代序列，也为印纹陶的研究指引了正确

---

[1] 李伯谦：《江南考古的重大突破——为纪念吴城遗址发掘三十周年而作》，《中国文物报》2004年3月31日第3版。又见《文明探源与三代考古论集》，文物出版社，2011年7月。
[2] 李伯谦：《试论吴城文化》，《江南地区印纹陶问题学术讨论会论文集》，《文物集刊》3，文物出版社，1981年3月。

方向。

李伯谦先生的《我国南方几何形印纹陶遗存的分区、分期及其有关问题》一文，发表于《北京大学学报（哲学社会科学版）》1981年第1期，几乎与《试论吴城文化》同时面世。据作者附记，此文是根据1978年召开的"江南地区印纹陶问题学术讨论会"上的发言补充修改而成的，1978年8月初稿，1980年7月修改。[①]

该文将南方地区的几何形印纹陶遗存划分为宁镇区、太湖（包括杭州湾地区）区、赣鄱区、湖南区、岭南区、闽台区和粤东闽南区七个大区，对各区分别进行了分期。并总结了各区的文化特征，对各区的文化性质及其相互关系、与中原和其他地区的文化交流等问题进行了深入分析，得出"广泛分布于我国南方的几何形印纹陶，产生于不同的地区，来源于不同的文化，有着各不相同的特点，结合它们所处自然条件的差异可明显区分为不同的七区，代表七支具有不同来源和特点的文化"的结论，并指出"文化的发展不是孤立进行的，随着各区不断的文化交流，从西周开始，区与区之间的差别渐趋缩小，并逐步融为一体，最初是宁镇区与太湖区，尔后是岭南区与粤东闽南区，到战国时期，在几何形印纹陶范围内已基本具备了大体一致的文化面貌"。[②]

这两篇论文，将分布广泛的南方印纹陶遗存进行了一个比较清楚的梳理，这也是文化因素分析法一个比较典型的运用。可以说基本回答了当时困惑学术界的诸多问题，为进一步地深入研究奠定了学术基础。"《试论吴城文化》为赣江流域青铜文化确立了年代标尺，《我国南方几何形印纹

---

① 李伯谦：《我国南方几何形印纹陶遗存的分区、分期及其有关问题》文末，《中国青铜文化结构体系研究》，科学出版社，1998年4月。
② 李伯谦：《我国南方几何形印纹陶遗存的分区、分期及其有关问题》，《北京大学学报（哲学社会科学版）》1981年第1期。

陶遗存的分区、分期及其有关问题》是学术界第一次对中国南方青铜文化进行了分区和分期研究。"①若对比一下在此前后对印纹陶问题的研究文献和认识，有非常大的区别。

此后，李伯谦先生又陆续发表了《马桥文化的源流》《吴文化及其渊源初探》《湖熟文化研究中的若干问题》等文章，对整个南方地区夏商周考古学文化的研究，起到非常大的指导和促进作用。

在老一辈考古学家中，李伯谦先生比较早关注到南方考古并倾注了极大的热情，对南方考古的关注和研究持续了一生。2018年11月，在杭州举办了"中国南方先秦考古学术研讨会"，这是继"江南地区印纹陶问题学术讨论会"后南方先秦考古的又一次盛会，会议探讨的问题很广，但印纹陶问题仍是讨论的重要议题之一。②相比40年前，对印纹陶问题的研究和认识已经发生根本性变化。李先生在会议发言中肯定了印纹陶研究工作的成绩，对南方考古寄予深切期望，提出了中肯的建议，体现了老一辈考古学家的博大情怀。③

李先生早在20世纪70年代就参加了吴城遗址和盘龙城遗址的发掘和研究工作。1982年，他带队到安徽六安、寿县、霍邱一带做考古调查和发掘，第一次把相当于夏代的二里头文化阶段的文化遗存区分出来，并且首次区分出来本地的文化、二里头文化和岳石文化因素。④安徽的考古工作基础比

---

① 孙庆伟：《李伯谦传记材料》，《李下蹊华——庆祝李伯谦先生八十华诞论文集》，科学出版社，2017年2月，第906页。
② 游晓蕾、谢西营、张森、张馨月：《"中国南方先秦考古学术研讨会"纪要》，浙江省文物考古研究所编：《中国南方先秦考古学术研讨会论文集》，文物出版社，2019年。
③ 李伯谦：《南方先秦考古的八点感想四个建议》，浙江省文物考古研究所编：《中国南方先秦考古学术研讨会论文集》，文物出版社，2019年。
④ 北京大学考古学系商周组、安徽省文物工作队：《安徽省霍邱、六安、寿县考古调查试掘报告》，北京大学考古系编：《考古学研究》（三），科学出版社，1997年。

较薄弱，这一次的工作为安徽夏商周的考古工作奠定了基础，后来安徽省的夏商周考古工作，实际上是在这个基础上的深化和延伸。

东周赵国的埋葬制度[*]

河北师范大学　张渭莲

东周赵国的埋葬制度具有重要的文化指向意义。赵国脱胎于晋,既继承了晋文化的基因,同时又因时因地发展创新了自身独特的文化,并与同源于晋并行发展的韩、魏文化亦存差异,成为战国中后期中原系统文化的典型类型之一。能够清晰反映这种文化特性的重要物质证据是考古发现的大量赵国墓葬。本文拟从赵国墓葬资料的分析入手,对墓葬的分期与年代、等级划分、位置规划与平面布局、器用制度与葬器组合等问题进行综合研究,进而由埋葬制度的视角对赵文化的独特性进行考察[①]。

一、墓葬的分期与年代

赵国墓葬发现于河北、山西、内蒙古等地,迄今发现的墓葬数量已有

---

[*] 本文为国家社科基金项目"东周赵国考古学文化研究"(项目编号:15BKG014)的阶段性研究成果。
[①] 关于此问题学术界已有一些研究成果,如魏建震:《先秦赵国丧葬文化初探》,《邯郸师专学报》2000年第2期;黄朝伟:《战国时期赵国墓葬研究》,吉林大学硕士学位论文,2009年。

上千座。依据墓葬出土的随葬品尤其是陶器和青铜器的变化，可以对这些墓葬进行分期排比和年代序列的构建[1]。

陶器中最常见的器物有子母口盖鼎和盖豆、盘豆、小口鼓腹壶、华盖壶、高足小壶、匜、鸟柱盘等。由早到晚这些器物变化明显。子母口盖鼎的腹部由深变浅，底部由圜底变为近平底。小口鼓腹壶和华盖壶的腹部最大径由中下腹渐次上移至上腹部。高足小壶器体和圈足均由高变矮。子母口盖豆由直口变成敛口，圈足由高变矮。盘豆圈足由矮变高，盘壁由圆润变为锐折。匜由长流变为短流，最后流近乎消失。鸟柱盘腹部由深变浅，柱由矮变高。

青铜器中常见的器物主要有立耳鼎、附耳鼎、环耳壶、华盖壶、盖豆、甗等。由早到晚，立耳鼎腹部由浅变深，三足由高变矮。附耳鼎的变化规律与立耳鼎大致相同，唯盖部环纽由高变矮。环耳壶的变化与陶质的小口鼓腹壶类似。华盖壶颈部由短变长，腹部最大径上移。盖豆腹部由浅变深，圈足由细高变得粗矮。甗的档部由高变矮，三足亦由高变矮。

根据陶器和青铜器的形制和组合变化，可将赵国墓葬分为四期。各期的典型单位主要有：

第一期：邯郸百家村M57[2]，邢台南大汪M1[3]，太原金胜村94M673、

---

[1] 张渭莲、段宏振：《东周赵国考古学文化的演进历程》，《中国国家博物馆馆刊》2016年第1期；张渭莲、段宏振：《论东周赵国青铜器》，《中国国家博物馆馆刊》2020年第6期。
[2] 河北省文化局文化工作队：《河北邯郸百家村战国墓》，《考古》1962年第12期。
[3] 河北省文化局文物工作队：《邢台战国墓发掘报告》，油印本，1959年。

M674[①]，左权石匣 M13[②]，榆次猫儿岭 M89[③]，忻州上社 M2[④] 等。

第二期：太原金胜村 88M251[⑤]，邯郸百家村 M21，邢台东董村 M50[⑥]，左权石匣 M28，柳林杨家坪 95M9[⑦]，忻州上社 M1 等。

第三期：太原金胜村 94M656、M88，长治分水岭 M25、M26[⑧]，邢台东董村 M9、M68，榆次猫儿岭 M186，忻州奇村 M1[⑨] 等。

第四期：邢台东董村 M21、M49，元氏杨家寨 1989M[⑩]，长治分水岭 M35、M36，榆次猫儿岭 M121 等。

在对各期典型器物的形制特征分析的基础上，结合同一单位出土器物的组合，同时与有明确纪年的标准器进行比对，可以对各期的年代做出大致的判定。其中的第一期约相当于春秋晚期，第二至四期约相当于战国早、中和晚期[⑪]。

---

① 李建生等：《辉县琉璃阁与太原赵卿墓相关问题》，《中国国家博物馆馆刊》2012 年第 2 期。
② 山西省考古研究所、左权县文物旅游局：《左权石匣墓地发掘报告》，《三晋考古》（四），上海古籍出版社，2012 年。
③ 猫儿岭考古队：《1984 年榆次猫儿岭战国墓葬发掘简报》，《三晋考古》（一），山西人民出版社，1994 年。
④ 山西省考古研究所、忻州市文物管理处：《忻州上社战国墓发掘报告》，《三晋考古》（三），山西人民出版社，2006 年。
⑤ 山西省考古研究所等：《太原晋国赵卿墓》，文物出版社，1996 年。
⑥ 河北省文化局文物工作队：《邢台战国墓发掘报告》，油印本，1959 年。
⑦ 山西省考古研究所等：《柳林杨家坪华晋焦煤公司宿舍区墓葬发掘报告》，《三晋考古》（三），山西人民出版社，2006 年；山西省考古研究所等：《柳林县看守所墓葬发掘报告》，《三晋考古》（三），山西人民出版社，2006 年；吕梁地区文物事业局等：《1997 年柳林县杨家坪战国墓葬清理简报》，《山西省考古学会论文集》（三），山西古籍出版社，2000 年。
⑧ 山西省考古研究所等：《长治分水岭东周墓地》，文物出版社，2010 年。
⑨ 李有成、徐海丽：《山西省忻州奇村战国墓》，《文物季刊》1995 年第 2 期。
⑩ 张金栋：《元氏县发现一座石板墓》，《文物春秋》1990 年第 2 期。
⑪ 本文以韩、赵、魏三家灭智氏之年（公元前 453 年）为春秋与战国的分野，详见刘绪：《晋与晋文化的年代问题》，《文物季刊》1993 年第 4 期。

二、墓葬的等级分类

目前考古发现的赵国墓葬，年代最早者可上溯至春秋晚期，最晚者至公元前222年，即代王嘉为秦所获、赵国灭亡之年。从分布地域来看，赵国境内的各个区域如今山西、河北、内蒙古等地都有发现，但铜器墓主要集中于山西中部和东南部、河北南部，其他地区发现较少。就埋葬形式而言，既有面积较大的集中墓地，也有一些零星小墓。

依墓葬的规格和随葬品的多寡不同，可将赵国墓葬分为八个等级：

第一级：存在独立封闭的陵园，陵墓建筑于小山之巅，有高大的覆斗形封土和较长的斜坡陵道。邯郸赵王陵的5座陵园即属此类。墓室面积较大，已探明的均为有两个墓道的中字形大墓，墓室内积石积炭，有车马坑和陪葬墓，随葬有大型木俑、成套青铜礼乐器以及玉衣片等[1]。

第二级：中字形大墓，墓上有高大的封土，墓室面积在160平方米以上，其内有多层棺椁，墓道内有殉人和车马坑。周窑 M1[2] 属于此类。

第三级：没有发现墓道，但墓室面积达80平方米以上，为积石积炭墓。墓内棺椁俱备，随葬有大量青铜礼乐器，其中包含至少一套形制相同、大小相次成列的七鼎。有单独的车马坑附葬，有的还有殉人。太原金胜村 M251 和涉县凤凰台 M1[3] 属于此类。

第四级：面积在37平方米以上，为积石积炭墓。墓内棺椁俱备，随葬大量青铜礼器，包括列鼎5件一套，此外还有编钟、编磬以及车马器、兵器、玉石器等。长治分水岭 M25、M12、M26 等属于此类。

---

[1] 河北省文管处等：《河北邯郸赵王陵》，《考古》1982年第6期。
[2] 河北省文管处等：《河北邯郸赵王陵》，《考古》1982年第6期。
[3] 史安昌：《城北关凤凰台古墓群发掘简记》，《涉县文史资料》（二），1992年；邯郸市文物研究所：《邯郸文物精华》，文物出版社，2005年，第4～5页。

第五级：面积在 18 平方米以上，有棺有椁，墓内随葬大量青铜礼器，包括列鼎一套 3 件，此外还有大量车马器、兵器和玉石器等。以邯郸百家村 M57 和邢台南大汪 M1 为代表。

第六级：面积多在 10 平方米以上，多为一棺一椁，随葬品中除有 1 至 2 件铜鼎外，还有制作精美的陶礼器一套，以及数量较多的车马器、兵器、玉石器等。以邯郸百家村 M3，长治分水岭 M83、M258 为代表。

第七级：面积在 8 平方米以上，葬具为一棺一椁，墓内随葬有成套陶礼器和带钩、车马器、青铜工具、兵器等。以邯郸百家村 M1，邢台东董村 M9、M10 为代表。

第八级：面积在 3 平方米以下，多有棺，仅有一两件日用陶器，或无随葬品。此类墓数量较多。

上述八个等级的墓葬之中，规格最高者当为第一等级，不仅有单独的陵园和大型车马坑，而且有众多的陪葬墓，墓主应为国君或夫人一类。第二至六级墓葬面积较大，墓内积石积炭，棺椁俱备，且有青铜礼器随葬，墓主应为不同等级的贵族。若再加以细分，第二级和第三级的墓葬，除随葬有大量青铜礼器之外，还有象征特殊身份与地位的编钟和编磬等乐器，此外还有车马坑附葬，并有殉人存在，这两类墓葬的墓主可能为等级较高的贵族。第七至八级墓葬规格较小，墓内未见青铜礼器，墓主应为普通平民，但第七级的墓葬面积较大，有成套陶礼器随葬，此外还有少量青铜兵器、工具等，身份应略高于第八级。

虽然由于考古发掘的偶然性以及墓葬被盗掘等各种原因，所获得的资料并不齐备，但赵国墓葬的繁杂等级，应该是赵国社会内部拥有不同财富和地位的各种层次人群的真实反映。

三、墓地位置规划及平面布局

墓地布局包括若干墓群在一个较大范围地域的分布以及每一墓地内部的墓葬平面分布。前者从宏观视角观察某一区域内不同等级墓葬的埋葬规律，后者则是从微观视角对某一墓地的平面格局进行剖析。

1. 位置规划

赵国墓地的宏观空间布局可以邯郸为例进行近距离观察。赵都邯郸的墓地主要分布在邯郸城西北的远郊和近郊地区。具体而言，王陵位于远郊，贵族和平民墓地主要分布在近郊，城内亦有零星墓葬。

赵王陵园修筑于邯郸故城西北远郊的山峦之上，距离都城约10～15公里。陵园所在的区域，低山丘陵林立，山顶海拔一般约150～180米。5座陵园分布在南、北两个区域，建筑于5座小山之巅，坐西朝东，陵台平坦，均带有高大的覆斗形封土和长长的斜坡陵道，布局宏伟，层次有序。

贵族和平民墓地主要分布在西郊和西北郊区，南郊地区基本不见，城内也很少发现。墓地所处的地理位置，多在相对高度较高的丘陵坡地地带，以沁河两岸的岗坡上最为集中。墓地以沁河为界，可分为南北两个大的地域，即沁河以北和沁河以南。这些墓葬中，既有带两条墓道、有车马附葬的大型铜器墓，亦有面积较小、仅随葬陶器的竖穴土坑墓[1]。

此外，在邯郸城内的个别地点也发现有少量的墓葬，但未发现大规模的墓葬群，而且这些零星小墓的年代多为战国早期，战国中期的墓葬基本不见，反映出邯郸成为赵国都城以后的整体格局规划较为严格。

---

[1] 段宏振：《赵都邯郸城研究》，文物出版社，2009年，第132～141页。

2. 平面布局

都城之外的普通墓地，在邢台东董村、左权石匣、榆次猫儿岭、涉县李家巷、长治分水岭等地多有发现。这些墓地发现的墓葬虽数量从十几座到上百座不等，但均排列有序，极少见到叠压打破现象，可见这些墓地均经过认真规划。

东董村位于邢台市西南，七里河从村南流过。墓地在村东长 700 米、宽 50 米的范围内，分布极为稠密。已经发掘的 131 座战国墓均为中小型竖穴土坑墓，形状以长方形居多，也有部分略呈梯形。墓葬的方向以南北向为多，东西向次之。部分墓葬带有壁龛。多数墓葬有木质葬具。葬式以屈肢葬为主，直肢葬较少。绝大多数墓葬都有随葬品，种类包括陶器、铜器、石器和玛瑙、水晶、料珠等装饰品。

这些墓葬的年代最早者为战国早期晚段，最晚者可至战国晚期，延续时间超过 200 年。从墓地分布图可以看出，发掘的 131 座墓葬可以分成 4 组，由西向东依次为 1、2、3、4 组，各组间有明确的分界线。第 1 组墓葬数量最多，绝大多数墓葬的方向为北向，其中约有 14 组对子墓即异穴并葬墓。第 2 组墓葬数量略少，北向的墓葬和东向墓葬数量几乎相等，其中包含有 10 个对子墓。第 3 组墓葬数量与第 2 组约略相当，但墓葬的方向以北向为主，其中包含有 4 组对子墓。第 4 组墓葬数量最少，多数墓葬为北向，包含 1 组对子墓。以上 4 组墓葬的存在，或许是由于时代不同，或许是属于血缘关系不同的家族，受材料限制尚不能做出更确切的结论。但如此长时段使用的墓地保存完好，未见相互打破现象，彼此间按照一定的规则有序排列，可视为研究赵国埋葬制度的一个绝佳标本。每个小组中，墓葬的数量不尽相同，墓葬的方向和排列方式亦各有特色，反映出与地缘关系相比，虽然战国时期的血缘关系渐次弱化，但仍在某些方面占据着较为重要的地位。

四、墓葬形制、方向与殉人

赵国的墓葬从形制看，以竖穴土坑墓为主，只有极少数带有墓道。墓室面积较大，且多有木质葬具。即便是面积较小的墓葬，亦有不少都是棺椁俱备。葬式以仰身直肢最为常见，但亦存在相当多的屈肢葬。

从棺椁制度来看，赵国墓葬绝大多数都有木质葬具。第一级至第三级的大型墓葬设有多重棺椁，四级以下的中型墓葬均为一棺一椁。没有随葬青铜器的墓葬，亦有不少为一棺一椁，甚至有些面积仅2平方米左右的小墓，只随葬一两件陶器或没有随葬品，亦有一棺一椁。

至于墓葬的方向，因为受到多种因素的影响，导致不同的区域有着不同的方向，但总体而言，以北向和东向比较多见。邢台东董村发现的131座墓葬中，有94座为南北向，东西向仅37座。邯郸百家村与之类似，也是以北向居多，东向较少。此外，柳林杨家坪，榆次猫儿岭，左权石匣，和林格尔大堡山[①]、土城子[②]等均是如此。但一些高规格的大型墓葬，头向多朝向东方，如邯郸赵王陵、太原金胜村M251等。

赵国墓葬中殉人比较多见。太原金胜村M251共有4个成年人殉葬，殉人均有木质棺具，分别放置在墓主的南、西和西北侧。4人中除一人性别不明外，2人为女性，1人为男性。周窑一号墓的殉人位于西墓道内，殉葬的2人系未成年的儿童，均有木棺，棺内随葬的器物有铜镜、铜印、管形饰、带钩和铁削等。林州大菜园M801在墓主南北两侧和脚下各殉

---

① 内蒙古师范大学历史文化学院等：《和林格尔县大堡山墓地发掘报告》，《草原文物》2013年第2期。
② 顾玉才：《和林格尔土城子战国居民人口学及相关问题研究》，《考古学研究》（七），科学出版社，2008年。

葬一青年女性，殉人均有木质葬具①。金胜村 M251、周窑一号墓、大菜园 M801 属于第二、三等级的大墓，墓主的身份为高等级的贵族。不仅规格较高的大型墓葬有人殉葬，面积较小的墓亦能见到人殉。如邯郸百家村 M57 为一座面积 24 平方米的三鼎墓，殉葬的 3 人分别置于墓主的脚下和左右两侧。同一墓地的 M3 面积仅为 17 平方米，但也有殉人 3 具，其中 2 具殉人有棺。M1 和 M20 面积更小，前者在墓主西北方向、后者在填土中均发现殉人一具，此二墓并未见到青铜礼器，仅出土一套仿铜陶礼器和车马器，显然墓主的级别比较低。

五、器用制度与葬器组合

赵国墓葬的随葬品种类繁多，依质地可分为青铜器、陶器、玉器、石器、骨蚌器、铁器、金器、木器等。不同种类和功用的随葬品在墓葬中的出土位置各不相同。一般来说，有棺无椁者，随葬品均放置在棺内，以头端或脚端为多。而棺椁俱备者，陶器、铜礼器和乐器放置在棺椁之间，玉覆面、玉石佩饰等装饰品和带钩、剑、戈等兵器置于棺内，也有部分兵器放在棺外。但凡有壁龛的墓葬，则将随葬品置于龛内。

墓葬随葬的诸种器物中，以青铜器和陶器最为多见。其中陶器的组合主要有以下几种：（1）单件陶器：鼎、壶、匜、罐、盘等。（2）两件器物：鼎、豆，豆、壶，豆、罐。（3）三件陶器：以鼎、豆、壶，鼎、豆、罐为主。（4）以鼎、豆、壶、盘、匜等五件陶器为代表的组合。（5）在（4）的基础上增加高足小壶、鉴、尊、鸟柱盘、筒形器、盉等器物。

---

① 张增午：《赵都中牟林州说的推定》，《中原文物》2005 年第 6 期；河南省文物考古研究院：《河南林州大菜园东周墓地出土青铜器保护修复报告》，中州古籍出版社，2016 年。

但地域不同，器物的组合略有差异。如百家村的墓葬极少见到单件或两件陶器的组合，除个别墓葬为鼎、豆、壶的基础组合外，约有近半数的墓葬为上述（4）的组合，即鼎、豆、壶、盘、匜为主，有些墓葬以碗代替盘、匜，或在这五种器物之外增加陶碗，成为六种陶器共存的形式。超过半数的墓葬为上述（5）的组合，即在鼎、豆、壶、盘、匜等仿铜陶礼器之外增加若干种器物。所增加的器物中，既有鸭尊、盉等形制复杂的器物，又有小豆、小壶、鉴、罐等日常用器。榆次猫儿岭、东外环的陶器组合比较简单，以单个的鼎、匜、壶、罐最为多见。也有部分墓葬为两件陶器的组合，如壶、盘，壶、豆，壶、鉴，鼎、豆等。鼎、豆、壶、盘、匜等五种陶器的组合在此较为罕见，但却有较多的鸭尊、盉、鸟柱盘、筒形器、兽头盆、带鸟类器盖的鼎豆壶等制作精美的陶器存在。

此外，墓葬规格不同，器物的组合亦有所变化。百家村的陶器墓，大多面积较大，虽未出土青铜礼器，但所见的陶器多为仿铜陶礼器，不仅种类繁多，而且器体较大且敦实厚重。此外这些墓葬还随葬有铜质的带钩、兵器、车马器、石圭、玉器和骨蚌器，有些墓葬甚至有殉人。长治分水岭的情形与百家村类似，墓葬面积亦较大，显示其级别亦较高。与上述两种墓地不同，邢台东董村、柳林杨家坪和榆次猫儿岭等地除个别墓葬面积较大外，绝大多数的墓葬面积较小，与陶器共出的车马器、兵器的数量亦较少。

墓葬出土青铜礼器的组合，主要有以下几种：（1）单件器物：有鼎、盘、匜等，以鼎最为多见。（2）两件器物：鼎与豆、敦、鉴的组合。（3）五件器物：以鼎、豆、壶、盘、匜为代表的固定组合。（4）在（3）的基础上增加鬲、甗、簠、铜、鉴、甑、罐、罍、钫、敦、尊等器物。

不同规模的墓葬，青铜器的组合差异明显。如鼎为铜器墓最常见的器物，以上四种组合都是以鼎为基础而构成的，但墓室规格不同，随葬鼎的数量有别：面积小者仅有一件；略大些的一般会有两到三件；规模更大的墓葬，会随葬五件以上的铜鼎。而墓室面积大于80平方米的一、二、三级墓葬，随葬鼎的数量最少也在7件以上。随葬铜鼎数量较少的墓，大多会再随葬一套仿铜陶礼器作为补充，此种情形在一鼎墓和二鼎墓比较明显。而五鼎以上的墓基本不见仿铜陶礼器。此外，赵国墓葬所见的以五种青铜器为基础的组合，还常常会增加若干种其他器类。墓葬规格越高，增添的器物种类越多。如五鼎墓多见簠、錞、甗、鉴，而七鼎以上的墓葬则在此基础上，又增加盉、钫、罍、鸟尊、钅和、瓠壶、高柄小方壶等器物。

除青铜容器之外，赵国墓葬随葬的青铜器中还有较多数量的乐器、兵器、车马器、工具和生活用具。车马器在铜器墓中极为常见，即便是一鼎墓中也常有几件车马器随葬，甚至有些面积较大的陶器墓也有车马器随葬。墓葬规格越高，车马器的数量也就越多。戈、剑、戟等兵器亦是如此，但兵器的随葬并不限于铜器墓，不少陶器墓亦常随葬有铜剑等兵器。而成套的钮钟、甬钟和镈等乐器大多仅在五鼎以上的墓葬中出现，一鼎墓和三鼎墓极为少见[①]。

由青铜器的组合似乎看不出明显的地域差别，究其原因，一方面可能是铜器墓的数量并不是很多，而且不少墓葬或经盗掘，或被破坏，当然也不排除使用青铜器的人群，原本都是士以上的贵族，这些人群有着共同的心理认同，且彼此间交往频繁，因而导致其器用制度渐趋同化。

此外，无论是陶器组合还是青铜器的组合，均看不出明显的时代变化，此一现象恰好反映出埋葬制度所固有的延续性，即对某个特定人群而言，无论其所处的社会环境如何变化，根植于内心深处的丧葬习俗不会轻易变更。

---

① 分水岭M14为一鼎墓，但有成套钮钟和甬钟，为一例外。

六、埋葬制度所反映的赵国文化特性

受地理环境和人文历史环境的影响，赵国的埋葬制度存在着诸多不同于其他国家或地区的独有特征，也因此造就了东周赵文化独特的个性。

1. 独立于都城之外的王陵陵园

将王陵区独立于普通的家族墓地，应该是始于晚商时期。殷墟宫殿建筑基址集中于洹河岸边的小屯一带，而商王的陵墓则单独修筑于侯家庄西北冈的王陵区，虽然此时的王陵区单独设区，与小屯宫殿区有相当远的距离，但王陵区仍在城市范围之内，并未彻底远离贵族与平民的居住区与埋葬区。到西周时期，许多封国如燕国、邢国等未曾设立单独的王陵区，封国国君与贵族和平民死后埋入同一个墓地。晋国虽有单独的晋侯墓地，但由于未能发现其都城所在，因此晋侯墓地是否独立于都城之外不得而知。

东周时期的情形较为复杂。以燕为代表的许多诸侯国未设置单独的王陵区。中山虽有单独的王陵区，但部分王陵位于城内，部分位于城外。齐国虽将王陵修筑于故城远郊的丘陵地带，但并未设置单独的王陵区，而是王陵与贵族陵区错处[①]。秦国的陵园在多个地方均有发现，然凤翔的秦公陵园修筑在距离都城较近的地方[②]，栎阳秦陵又缺乏相关的考古资料，直至咸

---

① 山东省文物考古研究所：《临淄齐墓》（第一集），文物出版社，2007年。
② 陕西省雍城考古队：《凤翔秦公陵园钻探与试掘简报》，《文物》1983年第7期；陕西省考古研究院等：《雍城十四号秦公陵园钻探简报》，《考古与文物》2015年第4期。

阳城西北塬上的秦陵和临潼骊山西麓的芷阳东陵[①]，才最终确定将单独的王陵区设置于远离都城的山丘之上，然而其年代要远远晚于赵王陵。因此就现有材料而言，赵国为王陵区单独划定茔域，且远离都城，修筑于地势较高的小山之巅，这一观念开启了后世王陵或皇陵布局的先河，对后世都城规划有着极为重要的影响。

2. 夫妻异穴并葬墓较为多见

夫妻异穴并葬墓最早可能出现于殷墟，在安阳的大司空、殷墟西区和南区常常发现性别不同的两个墓葬并列而葬，墓室规格相同，方向一致[②]。此类墓葬在西周时期开始流行，在浚县辛村[③]、北赵晋侯墓地[④]、绛县横水倗伯墓地[⑤]、随州叶家山曾侯墓地[⑥]等多个地点均有发现，尤其是北赵晋侯墓地清理的19座墓葬，可以分成9组，除M64为三墓并列外，余均两两并列，

[①] 刘卫鹏、岳起等：《咸阳塬上"秦陵"的发现和确认》，《文物》2008年第4期；陕西省考古研究院等：《咸阳"周王陵"考古调查、勘探简报》，《考古与文物》2011年第1期；陕西省考古研究所、临潼县文管会：《秦东陵第一号陵园勘查记》，《考古与文物》1987年第4期；陕西省考古研究所、临潼县文管会：《秦东陵第二号陵园调查钻探简报》，《考古与文物》1990年第4期；陕西省考古研究所秦陵工作站：《秦东陵四号陵园调查钻探简报》，《考古与文物》1990年第4期。

[②] 孟宪武：《试析殷墟墓地"异穴并葬"墓的性质——附论殷商社会的婚姻形态》，《华夏考古》1993年第1期。

[③] 郭宝钧：《浚县辛村》，科学出版社，1964年。

[④] 北京大学考古系、山西省考古研究所：《1992年春天马—曲村遗址墓葬发掘报告》，《文物》1993年第3期；北京大学考古学系、山西省考古研究所：《天马—曲村遗址北赵晋侯墓地第二次发掘》，《文物》1994年第1期；山西省考古研究所、北京大学考古学系：《天马—曲村遗址北赵晋侯墓地第三次发掘》，《文物》1994年第8期；北京大学考古学系、山西省考古研究所：《天马—曲村遗址北赵晋侯墓地第四次发掘》，《文物》1994年第8期；北京大学考古学系、山西省考古研究所：《天马—曲村遗址北赵晋侯墓地第五次发掘》，《文物》1995年第7期；北京大学考古文博院、山西省考古研究所：《天马—曲村遗址北赵晋侯墓地第六次发掘》，《文物》2001年第8期。

[⑤] 山西省考古研究所等：《山西绛县横水西周墓地》，《考古》2006年第7期。

[⑥] 湖北省博物馆等：《随州叶家山西周早期曾国墓地》，文物出版社，2013年。

墓主应为晋侯与夫人。进入东周以来，在侯马上马[①]、乔村墓地[②]、辉县琉璃阁[③]、荆门包山[④]、淅川下寺[⑤]等地均有异穴并葬的墓葬发现，然而总体看来，东周时期在受以晋文化为代表的中原文化影响较大的地区此类墓数量较多，其他地区较为少见，而且随着时代变化，此类墓在普通平民中日渐流行的趋势较为明显。与其他国家相比，虽然赵国采用异穴并葬的普通平民占有相当大的比例，但高等级的异穴合葬墓数量远远多于其他地区，尤其是七鼎、五鼎墓中异穴并葬墓的数量多，墓室面积大，随葬品的级别也较高，显示出赵国埋葬制度的独特性。

3. 大型墓葬的方向以东向为主

东周时期赵国墓葬的方向，虽以北向和东向比较多见，但规格较高的墓葬，却以头向朝东为多。如邯郸赵王陵五座陵园均在封土东侧有斜坡陵道，太原金胜村 M251 墓葬的方向为 110 度，林州大菜园清理的七鼎墓 M301、M801 等均为东西向，邯郸百家村的三鼎墓 M57 墓主头向亦朝东。

与赵同时的许多诸侯国的高等级大墓，除辉县琉璃阁包括甲、乙二墓在内的诸多大墓[⑥]与赵相类、坐东朝西之外，其他的方向各不相同。如秦自礼县大堡子山秦公陵园[⑦]、凤翔秦公陵园、咸阳塬秦陵和芷阳东陵所见大型墓葬多为西向，而辉县固围村 M1～M3[⑧]、汲县山彪镇 M1[⑨]等魏国大墓以

---

① 山西省文物管理委员会等：《侯马东周殉人墓》，《文物》1960 年第 Z1 期。
② 山西省考古研究所侯马工作站：《晋都新田》，山西人民出版社，1996 年，第 331 页。
③ 河南博物院、台北历史博物馆：《辉县琉璃阁甲乙二墓》，大象出版社，2011 年。
④ 湖北省荆沙铁路考古队包山墓地整理小组：《荆门市包山楚墓发掘简报》，《文物》1988 年第 5 期。
⑤ 河南省文物研究所等：《淅川下寺春秋楚墓》，文物出版社，1991 年。
⑥ 郭宝钧：《山彪镇与琉璃阁》，科学出版社，1959 年，第 3～46 页。
⑦ 戴春阳：《礼县大堡子山秦公墓地及有关问题》，《文物》2000 年第 5 期。
⑧ 中国科学院考古研究所：《辉县发掘报告》，科学出版社，1956 年，第 69、88、95 页。
⑨ 郭宝钧：《山彪镇与琉璃阁》，科学出版社，1959 年，第 3～46 页。

及郑韩故城许岗韩王陵墓主头向多向北[1]。因此大型墓葬的方向朝东无疑也是赵国墓葬的一个特点。

4. 墓葬内多有殉人

同为三晋之一的魏国也发现较多有殉人的墓葬。辉县固围村 M1~M3 为国君或夫人级别的中字形大墓，在 1 号墓和其西侧的两座陪葬墓内均发现殉人 1 具。汲县山彪镇 M1 亦为规格较高的大型墓葬，在墓主木棺四周殉葬人骨 4 具。此外，陕县后川 M2138 和 M2124 均在椁室西部发现殉人[2]，临猗程村 M1056 等三座墓在填土中亦有殉人出现[3]。但魏国的殉人墓多集中在春秋晚期至战国早期，而赵国的此类墓葬自春秋晚期延续至战国晚期一直存在。就殉人的数量而言，魏国的殉人墓除山彪镇 M1 外，多数只殉有 1 人，而赵国不仅规格较高的太原金胜村 M251 殉有 4 人，而且一些面积较小的普通铜器墓如百家村 M57、M3 也动辄殉葬 3 人，甚至一些只随葬仿铜陶礼器的小型墓葬也有殉人存在，从数量看远较魏国为多。此外，赵国的殉人多有木质葬具，有些甚至还有青铜或玉质随葬品，显示出这些殉人生前有着较高的社会地位。

东周时期的另一东方大国齐国也发现较多的殉人墓，如临淄郎家庄 M1 曾发现殉人 26 具[4]，淄河店 M2 殉有 12 人[5]，数量极为可观，然而，齐国发现的殉人墓葬主要集中于战国早期和中期，到战国晚期已基本不见[6]。

---

[1]　河南省文物研究所新郑工作站、新郑县文物保管所：《新郑县辛店许岗东周墓调查简报》，《中原文物》1987 年第 4 期。
[2]　中国社会科学院考古研究所：《陕县东周秦汉墓》，科学出版社，1994 年，第 16~18 页。
[3]　中国社会科学院考古研究所：《临猗程村墓地》，中国大百科全书出版社，2003 年，第 22~23 页。
[4]　山东省博物馆：《临淄郎家庄一号东周殉人墓》，《考古学报》1977 年第 1 期。
[5]　山东省文物考古研究所：《临淄齐墓》（第一集），文物出版社，2007 年。
[6]　印群：《论东周时期的齐殉人陪葬墓》，《管子学刊》2015 年第 4 期。

而赵国的殉人墓时代早者为春秋晚期,晚者可至战国晚期。此外,齐国的殉人多置于椁室附近的陪葬坑内,此类方式基本未见于赵国墓葬。

作为西方强国的秦亦发现有数量惊人的殉人墓,如礼县大堡子山M2西墓道填土中埋有12个殉人,礼县圆顶山M1于墓室的小龛内殉有3人[1],凤翔秦公一号大墓在墓室的二层台及西墓道与墓室连接处发现殉人166具[2]。从时代上看,秦国的殉人墓主要盛行于春秋早期至战国早期,战国中期以后罕见[3]。赵国则是自春秋晚期一直到战国晚期殉人一直盛行不衰。秦墓所见殉人的葬式多为屈肢葬,且殉人中暴力杀殉的比例相当高。此外,秦国的殉人多采用箱殉、匣殉等方式,这些均与赵国有所不同。

5. 器用制度别具特色

赵国墓葬出土的青铜器之中既有鼎、鬲、壶、豆、盘等周晋文化常见的器物,亦有圈足鍑、双耳罐、銎内戈、圆环形鸟首带扣等北方草原习见的器物,除此之外,还有不少来自山东诸国和吴越地区的文化因素,反映出其青铜文化构成的复杂性。与青铜器相似,赵国的陶器亦包含有若干文化的成分,如鬲、鼎、盆、豆、罐、盂、钵、盘口壶、匜等器物与周晋文化同类器物几乎完全相同,各种类型的带耳陶器则与长城地带居民所用器物极为相近,显然是受北方系文化影响而产生。

春秋时期晋国墓葬出土青铜器的组合虽然随着时代发展有所变化,增加了敦、舟、豆等器物,但其核心始终为鼎、盘、匜。赵国青铜器以鼎、豆、壶、盘、匜为代表的固定组合,显然是在晋文化的青铜礼器组合的基础上

---

[1] 甘肃省文物考古研究所、礼县博物馆:《礼县圆顶山春秋秦墓》,《文物》2002年第2期。
[2] 韩伟、焦南峰:《秦都雍城考古发掘研究综述》,《考古与文物》1988年第5—6期。
[3] 梁云:《战国时代的东西差别——考古学的视野》,文物出版社,2008年,第265页。

形成的，显示出赵文化与晋文化之间所存在的密不可分的特殊关系。然而与其他国家或区域略有不同的是，赵国的五种青铜器组合，虽是承继晋文化而来，但具体到某种器物的形制上，又与周晋文化不尽相同，如豆类除中原文化习见的盖豆之外，赵国还有较多的双耳方座豆；敦除平底敦之外，赵国的三足敦也极为盛行；匜既有周晋文化常见的平底匜，又有平底下带有圈足者，还有赵国独创的带提梁的虎头状者，显示出赵文化独有的特点。而陶器墓的器物组合与青铜器类似，也是以鼎、豆、壶、盘、匜为主，然而相当多的陶器墓在这五种器物之外，会增加一批制作精美、造型独特的器物，如鸭尊、兽形盉、兽头盆、鸟柱盘、高柄小壶、带柄灶、带鸟状盖纽的鼎和豆等，尤其是鸟柱盘和筒形器种类繁多，演变序列完整，已成为赵文化的代表性器物。

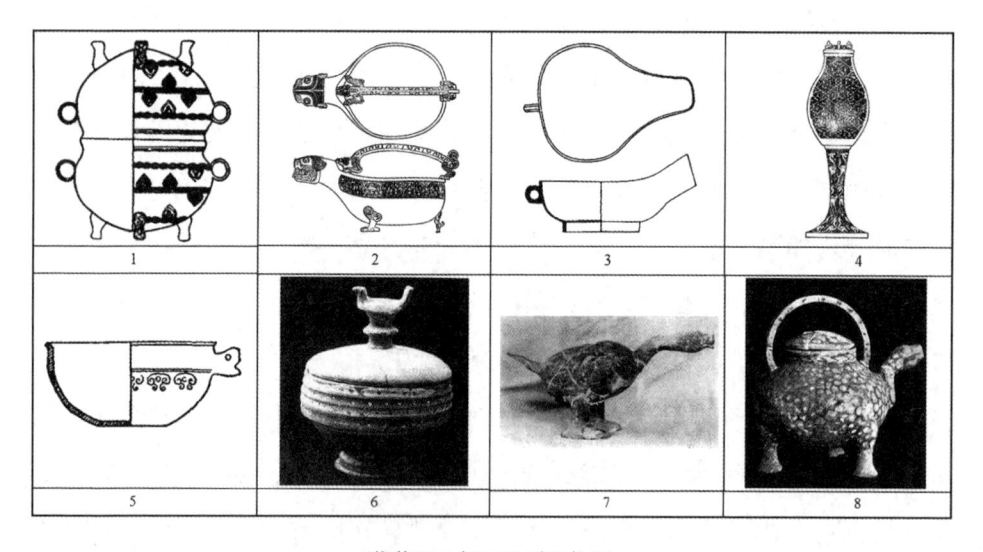

墓葬所见赵国典型器物图

1. 百家村 M3：16　2. 金胜村 M251：614　3. 分水岭 M25：42
4. 金胜村 M251：561　5. 百家村 M3：81　6. 榆次东外环 M140：9
7. 百家村 M7：14　8. 南大汪 58M1　（1-4：铜器，5-8：陶器）

由赵国墓葬出土的众多青铜器和陶器，可以窥视到若干赵国器用制度的独特性。赵文化中包含有浓厚的周晋本体文化因素，揭示出赵文化的主流渊源乃周晋文化。而赵的北境与戎狄相邻，而且赵氏亦有与诸狄联姻的传统，因而北方系文化因素的存在便在情理之中。赵国的东境与齐国等东方诸国为邻，所以赵文化中也有若干东方因素。此外，晋楚争霸之时，为了牵制南方的楚国，晋国曾与吴国和越国结为联盟，此种背景在赵文化中亦有反映。因此，赵国在频繁地与韩、魏、齐、鲁、燕等中原诸国和赵之周边的蛮夷、戎狄诸部族交往过程中，积极学习其他各国或各部族文化的优点，并加以改造而形成了一支崭新的赵文化。所有这些使得赵国墓葬的器用制度，既与中原各国有较多相近之处，亦存在相当大的差别。

七、小结

依据墓葬出土的陶器和青铜器的形制变化，可将赵国墓葬分为前后相连的四期，其中年代最早者可上溯至春秋晚期，晚者可至战国晚期。

依墓葬的规格和随葬品的多寡不同，可将赵国墓葬分为八个等级。其中规格最高者的第一等级，不仅有单独的陵园和大型车马坑，而且有众多的陪葬墓，墓主应为国君或夫人一类。第二至六级墓葬面积较大，墓内积石积炭，棺椁俱备，且有青铜礼器随葬，墓主应为不同等级的贵族。第七至八级墓葬规格较小，墓内未见青铜礼器，墓主应为普通平民。

赵国的墓地经过严格规划。在赵都邯郸，王陵设有单独陵园，位于邯郸城西北的远郊，贵族和平民墓地主要分布在近郊。普通墓地发现的墓葬虽数量从十几座到上百座不等，但排列有序，极少见到叠压打破现象。

赵国的墓葬从形制看，以竖穴土坑墓为主，只有极少数带有墓道。绝大多数墓葬都有木质葬具。葬式以仰身直肢最为常见，但亦存在相当多的屈肢葬。墓葬的方向以北向和东向比较多见。墓葬中殉人比较多见。不同级别的墓葬，墓葬的规模和随葬品的种类以及组合各不相同。

  与其他国家相比，赵国的埋葬制度具有若干特点。如存在独立于都城之外的单独王陵陵园，高等级的夫妻异穴并葬墓较为多见，大型墓葬的方向以朝东为主，墓葬内多有殉人，器用制度与葬器组合别有特色，等等。

战国及秦代蜀地漆器源流分析

保利艺术博物馆　蒋迎春

汉代蜀郡、广汉工官漆器夸耀于世，湖北、湖南、贵州、江苏等多地都有出土，甚至远播当时边陲之地，追溯其源流为应有之义。但限于资料，秦代以前巴蜀地区漆工艺面貌还存在诸多谜团。本文对已知四川地区战国及秦代漆器的部分重要考古发现予以粗略梳理，尝试探讨蜀地漆工艺源流及崛起的原因，敬请方家指正。

一、战国及秦代蜀地漆器的考古发现

东周时，巴、蜀各自独立，时敌时友，但两者考古学文化面貌目前尚难严格区分，故往往巴蜀连称。本文仅涉及以成都为中心的四川盆地西部地区漆工艺，即传统认知中的蜀中心区及其周边漆工艺，但谈及漆器群所在墓地的族属时仍以"巴蜀"笼统称之。重庆云阳李家坝[①]、涪陵小田溪[②]等巴地漆器，大都保存不佳且数量有限，连同四川牟托1号石棺墓[③]等零星出土的氐羌或西南夷漆器，待以后再作分析。

  1949年以来，四川成都、荥经、新都、青川、蒲江、郫县等县市多处地点陆续出土有东周及秦代漆器遗存，但许多仅为漆皮残迹，集中发现则主要有成都商业街大墓[④]、新都马家木椁墓[⑤]、荥经曾家沟墓地[⑥]、青川郝家坪墓地[⑦]、成都龙泉驿北干道木椁墓群[⑧]及荥经古城坪1号墓[⑨]、成都羊子山172号墓[⑩]等。它们出土漆器等相关情况请见下表。

① 四川大学历史文化学院考古学系等：《重庆云阳李家坝东周墓地1997年发掘报告》，《考古学报》2002年第1期。
② 四川省博物馆等：《四川涪陵地区小田溪战国土坑墓清理简报》，《文物》1974年第5期；四川省文物管理委员会等：《四川涪陵小田溪四座战国墓》，《考古》1985年第1期；四川省文物考古研究所等：《涪陵市小田溪9号墓发掘简报》，《四川考古报告集》，文物出版社，1998年。
③ 茂县羌族博物馆等：《四川茂县牟托一号石棺墓及陪葬坑清理简报》，《文物》1994年第3期。该墓时代及族属目前学术界分歧较大，但出土的双面牛首纽盖漆绘陶罐，造型与装饰皆具西南地区石棺葬文化特点，所绘人面的发式又与滇文化铜像上的发式相同，应为当地制品无疑，与蜀无涉。
④ 成都文物考古研究所：《成都商业街船棺葬》，文物出版社，2009年。
⑤ 四川省博物馆等：《四川新都战国木椁墓》，《文物》1981年第6期。
⑥ 四川省文管会等：《四川荥经曾家沟战国墓群第一、二次发掘》，《考古》1984年第12期；四川省文物管理委员会等：《四川荥经曾家沟21号墓清理简报》，《文物》1989年第5期。
⑦ 四川省博物馆等：《青川县出土秦更修田律木牍———四川青川县战国墓发掘简报》，《文物》1982年第1期；四川省文物考古研究院等：《四川青川县郝家坪战国墓群M50发掘简报》，《四川文物》2014年第3期；四川省文物考古研究院等：《四川青川县郝家坪战国墓葬群2010年发掘简报》，《四川文物》2016年第3期。
⑧ 成都市文物考古研究所等：《成都龙泉驿区北干道木椁墓群发掘简报》，《文物》2000年第8期。
⑨ 荥经古墓发掘小组：《四川荥经古城坪秦汉墓葬》，《文物资料丛刊》（4），文物出版社，1981年。
⑩ 四川省文物管理委员会：《成都羊子山第172号墓发掘报告》，《考古学报》1956年第4期。

单位	时代	墓主人	葬具	出土漆器情况	出土铜器、陶器情况	备注
成都商业街大墓	战国早期	开明王朝蜀王或王族成员	船形棺及殉葬匣形棺	豆1、簋1、案3、H形几1、禁5、俎形漆器1、床2、笾1、盒1、器座5、鼓1，以及漆器构件等	铜器有矛1、戈3、钺1、斤1、削刀3、带钩1、印章4等。陶器有瓮33、罐7、尖底盏17、圜底釜7、豆2等	汉以前被盗掘破坏。棺周围填青膏泥
新都马家木椁墓	战国中期	蜀开明王朝贵族	椁内分棺室及8个边厢，独木棺1	残存耳杯1、弓1等。另有髹漆锡器残片2	铜器有鼎5、罍5、壶10、豆形器5、三足盘形器5、釜5、鍪5、匕5、编钟5、中原式剑5、巴蜀式剑5、刀5、戈30、钺10、矛5、镞64、弩机1，以及印章2、带钩4等。陶器有豆、罐、釜等	多次被盗。木椁周围填青膏泥

(续表)

单位	时代	墓主人	葬具	出土漆器情况	出土铜器、陶器情况	备注
荥经曾家沟墓地	战国晚期	移民	一椁一棺一头厢、一椁一棺、单椁及单棺；长方盒式棺	耳杯15、双耳长盒2、双耳长杯1、扁壶1、圆盒1、奁3、剑1，另有木棒、杖、短撬棒等	铜器有印章2、带钩1。陶器有平底罐、圜底釜等。另有铁斧1	木椁周围填白膏泥
青川郝家坪墓地	战国晚期	移民	一椁一棺、单椁、单棺及无葬具，多长方盒形棺	1979—1980年发掘的72座墓出土漆器180余件，在随葬品中比例超过40%。有耳杯86、双耳长盒12、圆盒3、奁56、鸱鸮壶1、扁壶5、圆壶1、卮4、盂7、匕1及梳、篦、簪等。2010年发掘的34座墓有双耳长杯、器盖等漆器约37件	铜器有鼎2、铃形器8、铃1、镜6、带钩13、鍪4、桥形饰27、印1、器座1、环9、镞1等。陶器有鼎、壶、罐、蒜头壶、釜、豆、钵、盒、盆等	一椁一棺墓椁周围填白膏泥。单椁墓亦填充白膏泥。有的椁板上铺2~3层桦树皮

474

(续表)

单位	时代	墓主人	葬具	出土漆器情况	出土铜器、陶器情况	备注
成都龙泉驿北干道墓地	战国晚期及秦代	巴蜀土著	多单椁，另有个别的仅在墓底铺木板	24座墓出土漆器约30余件，可辨器型有盂、奁、耳杯等。另有木几、圆案	铜器有鍪5、釜4、釜甑1、盘1、匜1，以及戈2、矛10、剑1、钺9和削、带钩、印章等。陶器有瓮、罐、甑、釜、钵、盆、豆、器盖、纺轮等。另有铁斧、镰、臿、剑等	均使用白膏泥封填，个别椁室内填满白膏泥
荥经古城坪1号墓	战国晚期及秦代	移民	一椁一棺	漆器占随葬品总数的60%以上。有耳杯9、圆盒1、奁1、双耳长杯1、扁壶1	铜器有釜1、鍪1、镜1	椁四周及底封填白膏泥

(续表)

单位	时代	墓主人	葬具	出土漆器情况	出土铜器、陶器情况	备注
成都羊子山172号墓	秦	蜀国贵族	一椁一棺	漆器数量较多，仅1件圆盒完整。可辨器型者有圆盒2、樽（？）2。漆器上所饰铜扣有圆扣、方扣、大方扣	铜器有鼎3、甗1、甑1、釜5、罍1、钫1、匜3、盉1、盘5、炉1、镜1，以及剑2、矛3、戈1、镞15、弩机2。陶器可见罐、茧形壶等	椁四周及底封填白膏泥

二、战国及秦代蜀地漆器群的时代与族属

上表所列7处地点的时代与族属多存争议，有必要对其加以分析。

1. 成都商业街大墓

成都商业街大墓为一大型土坑竖穴多棺合葬墓，面积达600多平方米，现存9具大型独木船棺及8具殉葬的匣形棺，原规模可达32具以上，为迄今发现规模最大的船棺合葬墓。虽被严重盗扰，墓内出土遗物数量多，等级高，且有布局规整、体量宏大的墓上建筑，充分表明墓主人生前地位极为显赫——学术界普遍认为其为蜀国王族成员甚至蜀王本人。

关于墓葬的时代，主要有春秋晚期及战国早期两种观点。发掘者将其

定为战国早期；孙华先生认为其属战国早期后段，并论之甚详[①]，当从其说。

2. 新都马家木椁墓

新都马家木椁墓是一座带斜坡墓道的大型土坑竖穴木椁墓，面积近100平方米，以独木棺而非船棺殓葬。虽多次被盗，墓室内特别是腰坑中仍出土铜礼器、编钟等大批遗物。其中巴蜀符号铜印及铜鍪、釜、巴蜀式剑和锯、斧一类青铜工具等，本地文化特征鲜明，在随葬品中居主流；"邵之食鼎"铭铜鼎、缶、敦等，则或为楚器，或有楚文化特色。发掘者认为墓主人为战国早中期之际蜀开明王朝九至十一世某代蜀王。现学术界多将墓葬时代确定为战国中期。成都商业街大墓的发现，可明确战国早期蜀开明王朝已迁都成都，新都位置略显僻远，加之墓葬规模较成都商业街大墓逊色得多，故该墓主人不可能为蜀王，当为蜀高级贵族。

3. 荥经曾家沟墓地与古城坪 1 号墓

坐落在严道古城东侧的荥经曾家沟墓地，20 世纪 80 年代曾发掘 11 座墓并简要报道其中 7 座墓的资料。它们皆中小型长方形土坑竖穴墓，部分以一椁一棺殓葬，随葬品以漆木器为主。发掘者将部分墓葬时代定为战国早期；21 号墓则为战国中期前后，并认为这里系楚人公共墓地[②]。宋治民先生将墓地时代定为战国晚期，并指出它们为外来移民秦人的墓葬[③]。

曾家沟墓地出土陶器数量不多，仅见圜底罐、平底罐等，它们与相距

---

① 孙华：《四川成都商业街大墓的初步分析——成都商业街大墓发掘简报读后》，《南方民族考古》第六辑，科学出版社，2010 年。
② 四川省文物管理委员会等：《四川荥经曾家沟 21 号墓清理简报》，《文物》1989 年第 5 期。
③ 宋治民：《四川战国墓葬试析》，《四川文物》1990 年第 5 期。

不足1000米处的荥经同心村战国晚期巴蜀船棺葬群[①]同类器几乎完全相同。另外，承董珊教授赐教，曾家沟墓地出土漆器上的"成""成草"等铭文，虽有正体与俗体之分，但皆典型秦系文字，足证它们系秦举巴蜀后所设成都县漆工作坊的产品。因此，我们认为，宋治民先生关于墓地时代的判断是正确的，并进而推测墓地时代上限当不超过秦举巴蜀的公元前316年。但曾家沟21号墓漆器的品类及工艺等，与11～16号墓漆器差异较大，两者可能存在时代早晚关系。

同处严道古城东的古城坪1号墓，与相邻的曾家沟墓地应属同一墓群。其出土的10件漆器上有朱漆书"王邦"字样，不避汉高祖刘邦讳，时代为战国末及秦代，当无疑义。

曾家沟墓地的族属，或土著或外来移民，非此即彼。有毗邻的同时代的当地巴蜀墓地——同心村船棺葬群作比较，土著说可最先排除。在墓葬形制、埋葬习俗及随葬品组合等方面，两者差异明显。例如，同为土坑竖穴墓，同心村的墓葬长宽之比大，墓形窄长明显；同心村墓群以船棺殓葬，不见木椁，无使用白膏泥封填现象。曾家沟墓地每墓随葬陶器2～4件，数量有限，且仅有罐、壶，而同心村墓群陶器组合为豆、罐、釜、盘，更有鍪、釜等铜容器，以及剑、戈、矛等大批青铜兵器随葬，这些都为曾家沟墓地所不见。

曾家沟墓地的主人可确定为外来移民，他们来自何处？分析其文化构成，既可见楚文化因素，亦有秦文化因素。楚文化因素包括：墓葬长宽较为接近；棺两端用绳捆缚，上铺席一类竹编物；椁室周围以白（青）膏泥封填；等等。秦文化因素则反映在陶器为壶、釜组合，具有秦文化特色的漆扁壶等。

[①] 四川省文物考古研究所等：《荥经县同心村巴蜀船棺葬发掘报告》，《四川考古报告集》，文物出版社，1998年；四川省文物管理委员会等：《四川荥经同心村巴蜀墓发掘简报》，《考古》1988年第1期。

相较而言，秦文化的因素要更显浓厚，故墓地的主人主体更可能是秦人。

关于白膏泥封填现象，需稍作说明。将白膏泥用于墓葬隔水防潮，目前似以北京房山琉璃河西周燕国墓地[①]及昌平白浮西周墓[②]等为最早。至迟从春秋晚期开始，楚国贵族墓中流行以白膏泥封填椁室的葬俗，但同时期山东、山西、河南、浙江等省甚至江西、广西的百越地区也有此类现象，并非楚独有。我们不能以白膏泥的有无作为判断是否为楚墓的依据，但从目前资料看，楚人应用白膏泥最普遍且这一葬俗随楚国对外扩张而流布四方当无疑义。荥经当地有白膏泥资源，但与曾家沟墓地毗邻的同心村蜀墓群及烈太蜀墓[③]却弃之不用，则只能以两者在埋葬习俗上有明显差异方可解释得通。

秦灭巴蜀后，取道巴蜀顺江而下攻楚，是秦国对外重要战略之一。以巴蜀为基地攻楚，需要巴蜀稳定，而巴蜀稳定，须解决好外来移民问题。类似秦始皇统一六国后"收天下之兵"，蜀地移民及其后裔当不得拥有并私藏兵器——曾家沟墓地仅见二方铜印及一件铜带钩，21号墓甚至以一件木雕漆剑随葬，这与同心村墓群出土大量巴蜀风格兵器的情况形成鲜明对照。曾家沟移民墓地、同心村巴蜀墓地及烈太巴蜀墓等混杂一处，移民与巴蜀土著之间的关系值得深入探寻。

4. 青川郝家坪墓地

青川郝家坪墓地两次发掘共清理墓葬106座，大都为中小型长方形竖穴土坑墓，另有少量墓形狭长的圆角长方形土坑墓；葬具多一椁一棺；棺多为长方盒形棺，有的为悬底棺。一椁一棺墓及单椁墓椁室周围填充白膏

---

① 北京市文物研究所等：《1995年琉璃河遗址墓葬区发掘简报》，《文物》1996年第6期。
② 北京市文物管理处：《北京地区的又一重要考古收获——昌平白浮西周木椁墓的新启示》，《考古》1976年第4期。
③ 李晓鸥、刘继铭：《四川荥经县烈太战国土坑墓清理简报》，《考古》1984年第7期。

泥，有的厚达 2 米左右。发掘者将墓地分为早晚两期，分属战国中期和晚期。综合分析，墓地时代当属战国晚期，即便是战国中期也是中期偏晚阶段，而且漆器主要出自晚期墓葬。

郝家坪墓地的埋葬习俗及出土遗物等，所显现的文化面貌颇为复杂——本地的巴蜀及秦、楚乃至中原文化多种因素交织在一起。根据陶器组合鼎、盒、壶及蒜头壶等秦文化特点，宋治民、李明斌等学者将之定为秦人墓[①]。日本学者间濑收芳认为墓葬采用白膏泥封填、四纽陶鼎及大批漆耳杯随葬等为楚文化特征，认定其为楚人墓[②]。总体上看，墓地主人为外来移民当无疑问——106 座墓仅出土一件残损的青铜镞即是很好的说明。从有的墓椁板上铺 2~3 层桦树皮而非竹席等现象分析，这里移民的主体可能为秦人。

5. 成都龙泉驿北干道墓地

成都龙泉驿北干道墓地共发掘墓葬 34 座，其中完整的 30 座墓规模不大，均为长方形竖穴土坑墓，葬具多单椁。所有墓葬皆使用白膏泥封填，有的椁室四周填白膏泥，椁盖板和内壁也抹有厚约 5 厘米的白膏泥；个别椁室内甚至填满白膏泥，这些做法颇为罕见，亦与楚墓截然不同。发掘者将墓地分为战国晚期、秦代及西汉初年三期，并判定墓地主人为秦白起拔郢后迁往巴蜀的楚国移民。亦有学者认为部分墓葬为秦代的秦人墓[③]。

不过，这里出土的战国晚期及秦代陶器、铜器的组合与形制等，特别是辫索耳鍪、圜底釜、釜甑等，皆与四川什邡城关[④]、荥经同心村等地蜀人

---

① 宋治民：《略论四川的秦人墓》，《考古与文物》1984 年第 2 期；李明斌：《论四川盆地的秦人墓》，《南方文物》2006 年第 3 期。
② 间濑收芳：《四川省青川战国墓的研究》，《南方民族考古》第三辑，四川科学技术出版社，1991 年。
③ 李明斌：《论四川盆地的秦人墓》，《南方文物》2006 年第 3 期。
④ 四川省文物考古研究所等：《什邡市城关战国秦汉墓葬发掘报告》，《四川考古报告集》，文物出版社，1998 年。

墓群同时期同类遗物十分接近。同时，墓中随葬大批青铜和铁制的工具、农具与印章等现象，亦表明其巴蜀地方特点远比楚文化浓厚。因此，他们更有可能是秦统治下的巴蜀土著。

6. 成都羊子山172号墓

羊子山是成都旧城北郊一座人工修筑的三层方形土台，很可能是蜀国迁都成都后在城外祭祀天地之所。秦举巴蜀后，尤其是秦废蜀侯后，这一神圣祭坛遭废弃并沦为墓地。172号墓埋葬于祭坛最顶层，是这里墓葬中时代最早的一座。发掘者将其时代推定为战国晚期，后宋治民先生将其改订为秦代[①]，陈振裕先生则定其为秦汉时期[②]。该墓时代当早不过秦代，随葬品虽显现浓厚的中原文化特征，甚至还出土有秦文化典型器茧形壶，但从有"巴蜀符号"的铜盘、铜印等遗物分析，墓主人有可能为中原化的蜀国贵族。

通过以上分析，目前所见东周以来蜀地漆器群，最早的属战国早期，此后战国中、晚期及秦代序列尚大体完整。墓主人及其族属方面，战国早中期仅见巴蜀王族、贵族；战国晚期及秦代则既有本地土著，也有迁蜀的秦、楚等地移民，所反映的文化面貌十分复杂。有关移民入蜀的记述颇多，如：

周赧王元年……戎伯尚强，乃移秦民万家实之。（《华阳国志·蜀志》）
然秦惠文、始皇克定六国，辄徙其豪侠于蜀。（《华阳国志校补图注》）
蜀卓氏之先,赵人也,用铁冶富。秦破赵,迁卓氏。……诸迁虏少有余财,争与吏,求近处,处葭萌。……乃求远迁。致之临邛……（《史记·货殖列传》）
……

---

① 宋治民：《略论四川战国秦墓葬的分期》，《中国考古学会第一次年会论文集》，文物出版社，1980年。
② 陈振裕：《试论楚墓出土漆器的产地问题》，《楚文化研究论集》（第二集），湖北人民出版社，1991年。

表明至迟从周赧王元年（公元前314年），即秦举巴蜀仅仅两年后，秦即开始向巴蜀移民。随秦攻灭六国的进程，山东六国的部分贵族、富豪及民众也被迫陆续徙居巴蜀。曾家沟、青川等战国晚期及秦代巴蜀漆器群复杂的文化面貌，正是秦统一六国前后、中国历史步入帝国时代之际巴蜀大地各族群相混杂、各地文化相交融的客观再现。

三、战国及秦代蜀地漆器群分析

1. 战国早期漆器群

目前仅有成都商业街大墓一例。如果不计算矛柲等兵器杂件，共出土漆器20余件及器座、器足等一批漆器构件，涉及生活器具、家具、乐器等门类，但不见耳杯等当时常见的饮食器。簋、豆、禁、案等可能具有礼器功能。与同期墓葬出土漆器相比，其器类组合与大夫一级的湖南长沙浏城桥1号墓[①]接近，和同为国君的湖北随州曾侯乙墓[②]差别较大。

不少漆器造型为同时期他地所不见。例如，两件漆床一端平整，一端翘起呈斜坡状，其中一件床四隅还架有立柱，上设房屋式顶盖，它们与河南信阳长台关[③]、湖北荆门包山[④]等楚墓出土的漆床判然有别（图1）。有些漆器造型颇显古雅，簋（图2）形似商晚期及西周初流行的无耳簋；大型漆案（图3）的造型甚至可以上溯至新石器时代末期的陶寺文化，这不得不让人联想起蒲卑、开明等蜀王族源自东方及中原地区的早期传说与记

---

① 湖南省博物馆：《长沙浏城桥一号墓》，《考古学报》1972年第1期。
② 湖北省博物馆：《曾侯乙墓》，文物出版社，1989年。
③ 河南省文物研究所：《信阳楚墓》，文物出版社，1986年。
④ 湖北省荆沙铁路考古队：《包山楚墓》，文物出版社，1991年。

述①。两侧设虎首形耳、内分五格的圆盒，亦特色明显。与此同时，用于皮物的 H 形几（图 4）、有柄鼓等则是楚地常见器类，两者形制接近。

成都商业街大墓漆床　　　　　　　　信阳长台关 1 号墓漆床

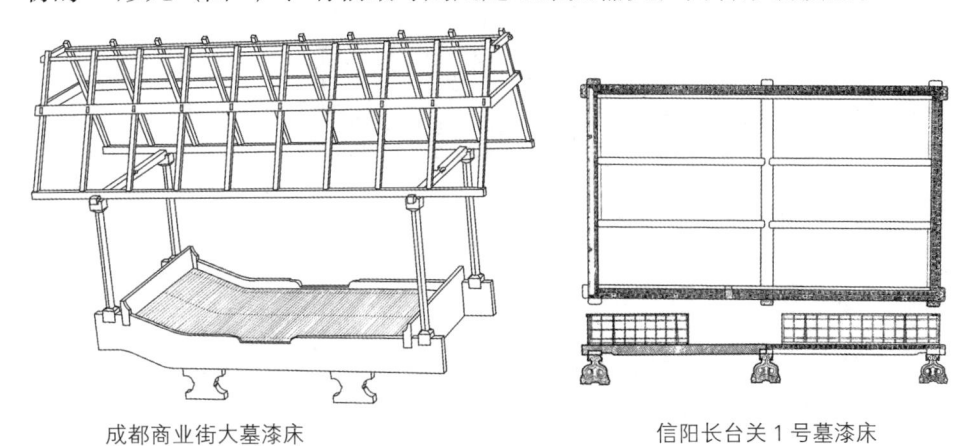

图 1　巴蜀与楚漆床

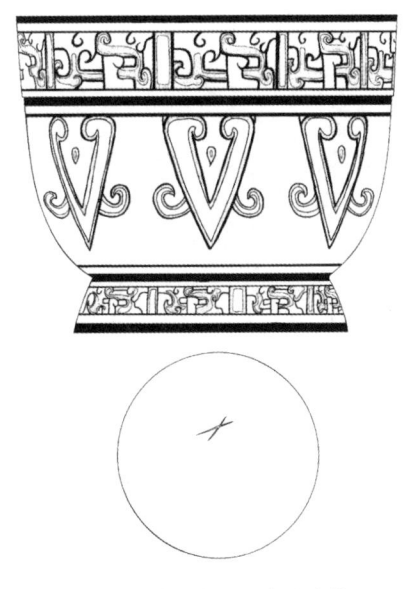

图 2　成都商业街大墓漆簋　　　　图 3　成都商业街大墓漆案

① 孙华：《蜀人渊源考》，《四川文物》1990 年第 4 期；孙华：《蜀人渊源考（续）》，《四川文物》1990 年第 5 期。

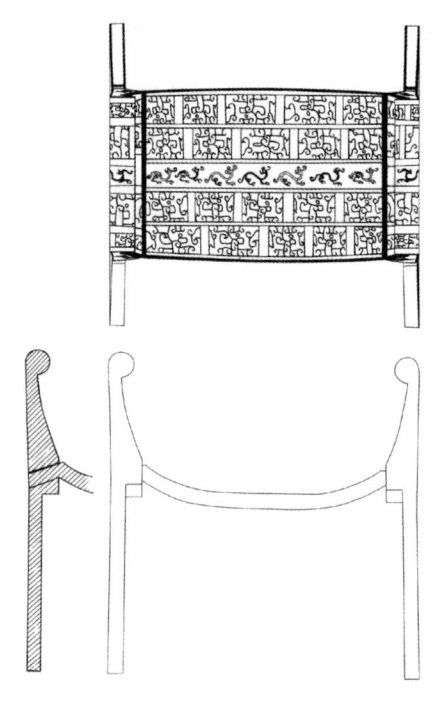

图 4　成都商业街大墓 H 形漆几

这批漆器皆木胎，采用斫、挖等技法制成，有的分别制作构件再榫卯接合。多以黑漆为底，再朱漆彩绘纹样，多单线勾勒轮廓再填涂。纹样多蟠螭纹、回首龙纹及窃曲纹，皆春秋晚期以来青铜器上流行的装饰纹样[1]。描饰内容及水准，与湖北当阳赵巷 4 号春秋晚期楚墓[2]漆器十分接近，较曾侯乙墓漆器还有相当大的差距。圆盒的虎首形双耳，以及 2 号棺虎形构件等，则应用楚地多见的胎骨雕刻装饰工艺，先雕刻再髹饰，水准亦较曾侯乙墓逊色。

① 江章华、颜劲松：《成都商业街船棺出土漆器及相关问题探讨》，《四川文物》2003 年第 6 期。
② 宜昌地区博物馆：《湖北当阳赵巷 4 号春秋墓发掘简报》，《文物》1990 年第 10 期。

2. 战国中期漆器群

以新都马家木椁墓漆器为代表。该墓曾多次被盗，墓室内仅存漆耳杯及弓各一件。但这件耳杯（图5）颇富特色，其双耳作蝠翼形，杯内书巴蜀符号，无疑为蜀地产品。另外，墓中还出土他地罕见的髹漆锡器残片。

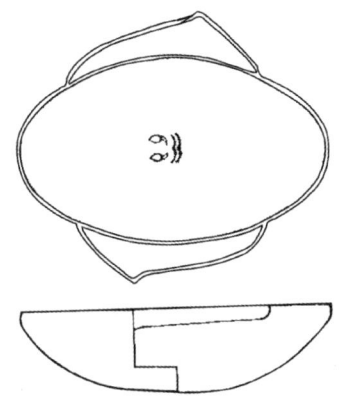

图5 新都马家木椁墓漆耳杯

3. 战国晚期及秦代漆器群

以荥经曾家沟、青川郝家坪、成都龙泉驿北干道等墓地漆器为代表。

郝家坪墓地漆器品类最为丰富，有耳杯、卮、盂、匕、鸱鸮壶、扁壶、圆壶、双耳长盒、双耳长杯、圆盒、奁等。曾家沟11～16号墓仅见耳杯、双耳长盒及双耳长杯、奁，寥寥三四种而已；略晚的曾家沟21号墓及古城坪1号墓新增扁壶、圆盒、剑等。曾家沟16号墓奁和耳杯上有"成""成草（造）"等针刻铭，郝家坪墓地及古城坪1号墓部分漆器上则针刻或烙印"成亭"2字，表明它们皆成都地区漆工作坊产品。此外，还有部分漆器上针刻"番阳脂""东"等制作者或作坊的名字及产品批次一类标记符号；朱书"王邦"等，当属漆器所有者之名。

这批漆器中，耳杯、圆盒、奁等为战国中晚期秦、楚、巴蜀及中原地区广泛使用的漆器品类，其中耳杯在各地均有大量出土，曾家沟、青川等亦不例外，在随葬漆器中占比最大。这里的耳杯，双耳作新月形，不见楚那种耳似蝴蝶双翅的方耳杯，也不同于新都马家木椁墓的蝠翼形耳杯；其造型和装饰风格与楚、秦等地同类圆耳杯相近。圆盒、奁的造型与秦及楚同类器亦相差不大。鸱鸮壶形若一蹲姿鸱鸮，为目前所仅见，却与曾侯乙墓鸳鸯盒、圆雕梅花鹿等战国早期以来楚文化区盛行的圆雕漆器有异曲同工之妙。至于扁壶、卮及盂等，则秦文化特色明显[①]。此外，漆器上针刻铭文和符号的现象，更是秦地漆器盛行的传统。

双耳长盒（双耳长杯为其一半），一般认为是秦的代表性品类。然而，目前秦地此类实物，时代最早的仅战国晚期。成都商业街大墓漆圆盒，两侧饰外伸的虎首双耳，如将盒体截圆取方，则与双耳长盒几无差别——此类装饰手法至迟战国早期即诞生于巴蜀（图6）。再有，战国中晚期楚地的酒具箱、食具箱，亦两侧设置类似的把手，与之造型相近。因此，此类双耳长盒很可能为巴蜀所创，再传入楚及秦等地。此前对带辫索形耳的鍪、釜、甑等铜器的认知亦如此，它们同见于巴蜀和秦，一段时期曾认为其为秦所特有，由秦传至巴蜀，但战国早中期巴蜀墓的系列发现，确认实由巴蜀北传至秦[②]。双耳长盒与此类辫索形耳铜器，同属巴蜀在中国文化史上所做重大贡献。

成都商业街大墓漆圆盒　　　　　荥经曾家沟21号墓漆双耳长盒

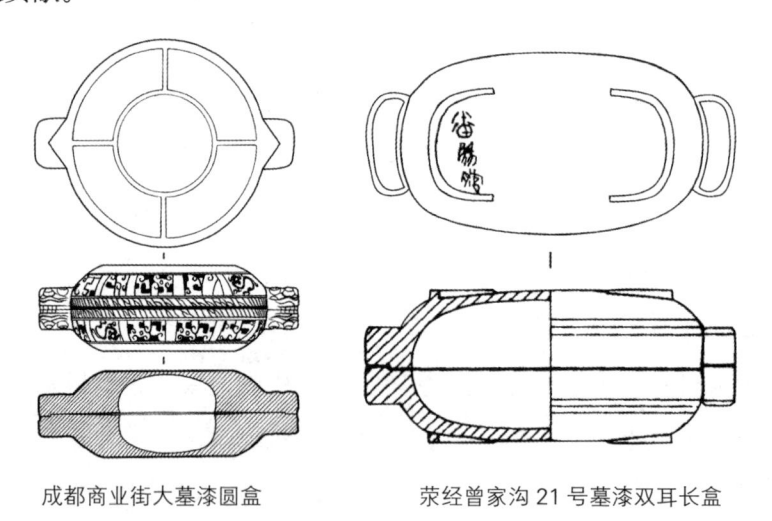

图6　巴蜀漆圆盒与双耳长盒

---

① 陈振裕：《试论楚墓出土漆器的产地问题》，《楚文化研究论集》（第二集），湖北人民出版社，1991年。
② 李学勤：《东周与秦代文明》，上海人民出版社，2014年，第131页。

在器表装饰方面，除部分素髹外，这批漆器上还普遍描饰变形凤鸟纹、卷云纹、变形云纹及圆点、圆圈、折线、弧线一类几何纹样。它们具有当地特色，亦不乏楚文化因素，但从整体上看，与同时期湖北云梦睡虎地秦墓漆器[①]更为接近。例如，曾家沟21号墓耳杯（M21：4）内底绘S形卷云纹，口沿及双耳绘点、波折纹等，纹样内容及构图皆与睡虎地秦墓部分漆耳杯相近（图7）。郝家坪1号墓漆扁壶腹面朱漆绘相隔一物对舞的双凤，构图与睡虎地3号秦墓漆扁壶类似，只是左右并未对称，双凤两侧空白处随意勾抹逗点、折线一类纹样作填充，更显朴拙与率性（图8）。

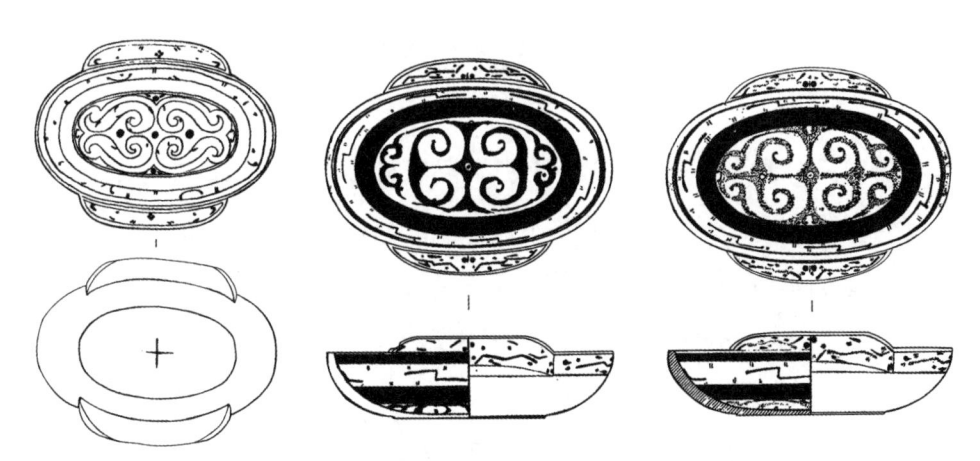

荥经曾家沟 M21：4 漆耳杯　　云梦睡虎地 M3：16 漆耳杯　　云梦睡虎地 M9：2 漆耳杯

图 7　巴蜀与秦漆耳杯

---

① 《云梦睡虎地秦墓》编写组：《云梦睡虎地秦墓》，文物出版社，1981年。

青川郝家坪 M1：10 漆扁壶　　　云梦睡虎地 M3：19 漆扁壶

图 8　巴蜀与秦漆扁壶

四、蜀地漆器源流分析

蜀地漆工艺传统颇为悠久，据现有考古发现，至少可上溯至商代。广汉三星堆遗址曾有雕刻花纹的漆木器朽痕发现；2 号祭祀坑金面铜头像，以漆为黏合剂，将金箔片粘贴于铜像之上[1]。三星堆之后的成都金沙遗址的祭祀区内亦出土一批漆器，包括嵌玉片漆器等，惜保存不佳[2]。目前早期蜀地漆器皆零星发现，其漆工艺尚不发达。

约春秋中晚期，由于外来文化的进入，成都平原地区文化面貌剧变，成都商业街大墓漆器群的突然出现就是其中一个缩影。透过这一漆器群，我们可以看到，蜀地漆工艺在外来文化影响下有了突破性进展。漆器生产规模迅速扩大，应用相当广泛；器表普遍描漆装饰，不少大型器具已颇显华美。这其中可看到楚及三晋等中原地区的影响，其中以楚最为显著。《蜀王本纪》《华阳国志》等皆称蜀开明王朝统治者来自荆楚，开明氏在蜀称王，

---

[1]　杨小邬：《浅谈三星堆出土金面铜头像的修复工艺》，《四川文物》1992 年第 S1 期。
[2]　成都文物考古研究院等：《金沙遗址祭祀区出土文物精粹》，文物出版社，2018 年。

接受当地原有文化，也将包括漆工艺在内的楚文化因素带到蜀地。同样重要的是，他们带给蜀人对漆器高度重视的观念，大批漆器开始在蜀地生产、使用，乃至作为身份地位及财富的象征而随葬墓中。地处僻远"不与中国会盟"的蜀，同样仰慕中原文化，漆器中多礼器，纹样富有中原地区鲜明特点——来自荆楚的开明氏也在蜀保持甚至强化了这一观念。

在积极吸纳外来因素的同时，蜀地漆工艺也在努力保持既有传统，特别是器类与造型方面，具有自身鲜明特色。新都马家木椁墓漆耳杯亦说明了这一点。

秦举巴蜀后各地移民的涌入，使蜀地漆工艺面貌再次为之一变。这些移民成分复杂，其中应不乏高水平的漆工，就像赵国卓氏在冶铁方面别有专长那样。他们的到来，促进蜀国漆工艺实现跨越式发展。作为统治者，秦文化影响力最大也最深远——不仅仅是工艺的传入，品种的增加，更重要的是生产体制等方面的变革：依秦制，设立成都市亭管理漆器等手工业生产；受秦"物勒工名，以考其诚"制度影响，一些漆器上出现了作坊名、工匠名及标注产品批次一类的标记符号。这些措施助力蜀地漆手工业逐渐完善管理体系，规范工艺流程，提升技术水平。一些民营漆工作坊也被纳入管理。作为商品，巴蜀地区漆器有了大范围的流通，一些产品从成都远销到几百里外的严道。

从现有资料看，战国晚期巴蜀地区漆器工艺水平参差不齐，仍有不少类似曾家沟21号漆扁壶那样胎骨加工颇为简单粗糙者——其分两半分别雕制再以漆黏合，仅合缝处用麻布条涂漆封贴，不见布漆、垸漆工序，髹漆后壶身木纹仍十分清晰。但由于有楚、秦等地高水平漆工移民的加入，这时蜀地漆器的胎骨工艺水平有了大幅提升，已开始制作轻巧的薄木胎、卷木胎，甚至还可能掌握了夹纻胎工艺。成都羊子山172号墓则发现一批镶嵌多种形状铜扣的漆器遗迹。在描饰上，技法趋于娴熟，有的线条已颇为婉转流畅，构图亦日益讲究起来。

春秋中晚期、战国晚期及秦代巴蜀地区两次外来文化的大规模传入，尽管是被动的，但造就了蜀地漆工艺的两次突破。及至西汉前期，巴蜀地区仍有各地移民不断迁入。就是这样多族群、多种文化在巴蜀大地上交汇融通，使巴蜀漆工艺得以广泛吸纳各地所长并化为己有，于西汉前期"化茧成蝶"，迅速崛起，"蜀汉扣器"更是辉煌一时。

附记：

伯谦师的《试论吴城文化》（1981）、《论文化因素分析方法》（1988）等文章发表后，在学术界引起巨大反响，影响深远，笔者亦从中颇受教益。东周及秦代巴蜀地区政治、文化诸多方面复杂多变，今尝试以文化因素分析方法梳理其漆工艺，于笔者而言不啻艰巨挑战，但仍不揣冒昧，草成小文，祝贺伯谦师从事教学及考古工作六十周年。本文写作过程中，陈振裕、孙华先生给予了热情指导，牛世山先生予以无私帮助，在此特致敬意与谢忱。文中舛误在所难免，自然由笔者负责。

述而作论

三角缘神兽镜再检讨：从金石学、以物证史到历史考古学*

上海大学文化遗产与信息管理学院　徐　坚

　　三角缘神兽镜是独见于日本古坟时代的大型铜镜，因外缘截面呈三角形，主体装饰包括神像和兽形得名。[①] 目前见诸报道的此类铜镜将近600面。虽然江户时代早期以来就陆续有出土，但严格意义上的研究起自富冈谦藏。长期以来，日本学术界奉富冈谦藏首倡的魏镜说为圭臬，富冈谦藏最早将三角缘神兽镜区分成为中国镜和仿制镜（或称为倭制镜），将舶载而来的中国制三角缘神兽镜视为《魏书·倭人传》所载曹魏馈赠给邪马台女王卑弥呼的铜镜。传统上，东洋史学者相信，卑弥呼之镜具有三重价值：首先，三角缘神兽镜的空间分布有利于揭示日本早期国家的形成过程和结构特征；其次，三角缘神兽镜是公元3世纪东亚国家之间最早交往的物证；最

---

*　本文为国家社会科学基金艺术学一般项目"加拿大皇家安大略博物馆馆藏中国青铜兵器综合研究"（批准号：18BF090）成果。本文初稿曾在2018年中国考古学大会和2019年第七届边疆中国论坛发表，感谢与会专家提出宝贵修改意见。
① 樋口隆康：《古镜》，东京：新潮社，1979年，第141页；《三角缘神兽镜综鉴》，东京：新潮社，1992年，第243～244页。

后，三角缘神兽镜为两汉三国时期观念变迁和佛教入华提供了研究资料。[①]其中，三角缘神兽镜所见三国时期的东亚国家之间的互动是中日学者共同关注的主题。20世纪80年代中期起，中国考古学家王仲殊基于考古发现的三国时期铜镜的纹样分析，提出神兽母题仅见于长江流域，因此三角缘神兽镜并非魏镜，而是吴镜。京都府广峰15号古坟出土盘龙镜上并不存在的曹魏"景初四年"铭文进一步否定了魏镜说。王仲殊继而提出，由于镜上亦不见孙吴年号和地名，吴地也未见到类似样本，三角缘神兽镜可能是由渡海抵达畿内的吴国工匠制作的。"魏镜说"和"吴镜说"的争执构成中日早期交涉历史研究的一桩公案。双方各执一词，也都经过多番修补，但仍无法获得共识。

两种主张的差歧却揭示出历史考古学的逻辑和方法问题。顾名思义，历史考古学是针对历史时期的考古学，而历史时期指已经出现文字和历史书写的时代。三角缘神兽镜对应的考古学文化在中国已属成熟的历史考古学范畴，在日本则属于原史考古学。但是，年代不是历史考古学的核心要素，历史考古学不以任何特定时段和物质文化类型界定自身，真正促成历史考古学成为考古学中具有独立价值的学科分支的是历史考古学必须拥有丰富的理论和方法，实现文献与考古发现，文字与物质、图像之间的角力和调和。[②]换言之，历史考古学的追求目标绝不是寻找可供填补文献历史的碎片化证据，而是从物质文化角度出发，建构独特版本的历史。因此，和其他不胜枚举的历史考古学个案一样，三角缘神兽镜提出，考古学发现是否可以印证文献史学记载的特定事件，如何判定考古学遗物与历史事件之

---

① 下垣志仁：《三角缘神兽镜研究事典》，东京：吉川弘文馆，2010年，第1~8页。
② Martin Hall and Stephen W. Silliman: "Introduction: Archaeology of the Modern World", *Historical Archaeology*, Malden MA and Oxford: Blackwell Publishing, 2006, pp. 1-3.

间的对应关系，以及如何将文献记录的历史事件与基于考古学发现的历史潮流结合起来。无论是文献记载，还是考古学发现，都不是历史本身，而是历史在不同介质上留下的镜像。如果我们将《倭人传》记载的卑弥呼遣使诣魏视为文献写作的镜像，将三角缘神兽镜在古坟时代前期大型墓葬中的分布视为邪马台古国的政治结构的考古学镜像的话，两者是否存在必然关联？

既往研究未加甄别地将来自文献的卑弥呼之镜与基于考古的邪马台之镜混为一谈，这是造成三角缘神兽镜的文化属性上的纷争的主要原因。魏镜说始终无法自圆，这已经暗示必须切割三角缘神兽镜与卑弥呼遣使诣魏的关联。三角缘神兽镜的孙吴纹样风格也不能采用工匠渡海之类的事件假想的方式予以解释，这显然超出考古学材料的叙事能力。三角缘神兽镜的风格分析已经清晰地表明了半魏半吴、非魏非吴的特征，这与铜镜生产的官方属性相结合，就只能指向曹魏和孙吴都能施加影响，且有较为完整成熟的政权的地域。政治史文献研究揭示出公孙氏治下的辽东在东汉三国时期政治博弈中的地位。事实上，森浩一于1962年就提出三角缘神兽镜的"遗物"和"遗迹"两种研究思路，随后提出替代性的"辽东说"。但是，辽东说的真正贡献并不是提供了曹魏说或者孙吴说的替代选项，而是警醒我们不应该以事件史或者假想的事件史阐释考古学遗物，需要重新赋予考古学遗物以讲述物质文化版本的历史的能力。

一、魏镜说和吴镜说的对峙和修正

魏镜说建立在铭文分析基础之上，虽然屡经修正，但始终未能摆脱铭文的限制。借助滋贺县织部山古坟和大阪府国分茶臼山古坟所出铜镜的铭文"铜出徐州，师出洛阳"，富冈谦藏分析"徐州""师"和"洛阳"三词的行用时限，得出仅有三国时期和南朝刘宋永初年间两个时段可能出现此类铭文。由于误将东王公西王母图像年代推测偏晚，富冈谦藏最初认定三角缘神兽镜为永初年间（420—422年）制作。[①] 不久之后，富冈谦藏意识到对东王公西王母画像的断代错误，遂将铜镜年代前提。[②] 以同样的方法，高桥健自借助"王氏作镜"和"新作"铭文，提出三角缘神兽镜可能是新莽时期制作。[③] 在批判高桥健自的新莽说的选例错误和阐释过度的基础上，梅原末治明确支持了曹魏说。[④] 出自蟹泽古坟的三角缘神兽镜带有更为清晰而直接的"□始元年"铭文，但是由于受到前条铭文断代的影响，学者们先后提出西晋"泰始（265—274年）"、刘宋"泰始（465—471年）"、王莽之后的"更始（23—25年）"或者年代更早的"初始（8年）"等诸多选项，梅原末治最终决定性提出，"□始"当作"正始（240—249年）"。[⑤] 1972年于岛根神原神社古坟中发现"景初三年陈是作镜"最终使"□始元年"之争尘埃落定，魏镜说似成定论。众多学者投入到三角缘神兽镜的论争之际，邪马台古国也成为日本史学界的关注热点。由于在邪马台古国地望上形成针锋相对的白鸟库吉九州说和内藤湖南大和说，包括青铜器在内的金属器在日本列岛的登场，无论是铜镜，还是铜铎，还是铜矛、铜剑等兵器，都迅速地纳入到对邪马台古国的探讨中。富冈谦藏之前，三宅米吉就已经提出《倭人传》记载的"铜镜百枚"在日本早期国家历史上的价值。[⑥] 当三

---

① 富冈谦藏：《日本出土の支那古镜》，《史林》第1卷第4号，1916年。
② 富冈谦藏：《再び日本出土の支那古镜に就いて》，《古镜の研究》，东京：丸善，1920年，第308页。
③ 高桥健自：《王莽时代の镜に就いて》，《考古学杂志》第9卷第12号，1919年。
④ 梅原末治：《所谓王莽镜に就いての疑问 高桥健自氏の「王莽时代の镜に就いて」を读む》，《考古学杂志》第10卷第3号，1919年。
⑤ 梅原末治：《佐味田及新山古坟研究》，东京：岩波书店，1921年。
⑥ 三宅米吉：《古镜》，《考古学会杂志》第1编第5号，1897年。

角缘神兽镜的曹魏纪年得到确认后，就不可避免地和卑弥呼遣使难升米朝贡洛阳联系起来，三角缘神兽镜就顺理成章地成为文献记载中明帝赐赠的"铜镜百枚"。

魏镜说是传统金石学范式的产物。在确认三角缘神兽镜的文化属性上，铭文成为关键甚至排他性证据，铜镜本身仅仅被视为铭文载体，并无分析价值。考古材料被急迫地征引到文献史学界定的框架之中，三角缘神兽镜的阐释能力被局限在与文献的呼应关系上。正由于这种研究传统，日本学术界整体性地忽视了三角缘神兽镜的其他因素，虽然已经注意到三角缘神兽镜从未见于中国，但是却从未将三角缘神兽镜放置在极其丰富的中国同时期考古发现的铜镜系谱之中进行评估。虽然从提出之时开始，魏镜说就面临各种挑战，不过，由于即使是质疑者和挑战者也默认古坟时代大墓所见三角缘神兽镜就是曹魏所赐铜镜，质疑和修正就只能集中在与文献记载的匹适程度上。三角缘神兽镜出土数量远远超出文献记载，富冈谦藏较早地提出了"中国镜"和"倭镜"、"舶载"和"仿制"之别，战后小林行雄也发展出精致的同范镜和同型镜理论。①

王仲殊以考古类型学分析颠覆了魏镜说。② 可能铜镜风格仍然深受尚方等官方制作机构的影响，甚至铜镜的生产与政治密切相关，三国时期铜镜呈现出风格迥异的南北风格。包括洛阳在内的华北地区流行连弧纹、云

---

① 小林行雄：《同范镜による古坟の年代の研究》，《考古学杂志》第38卷第3号，1952年；《同范镜再考》，《上代文化》第27辑，京都：国学院大学考古学会，1957年，第1~10页。
② 王仲殊：《关于日本的三角缘佛兽镜——答西田守夫先生》，《考古》1982年第6期；《日本三角缘神兽镜综论》，《考古》1984年第5期；《景初三年镜和正始元年镜的铭文考释》，《考古》1984年第12期；《景初三年镜和正始元年镜铭文补释》，《考古》1985年第3期；《吴镜师陈世所作神兽镜论考》，《考古》1986年第11期；《论日本出土的景初四年铭三角缘盘龙镜》，《考古》1987年第3期；《论日本出土的青龙三年铭方格规矩四神镜——兼论三角缘神兽镜为中国吴的工匠在日本所作》，《考古》1994年第8期；《再论日本出土的景初四年铭三角缘盘龙镜》，《考古》2012年第6期。

纹、四叶纹镜，而神兽母题或者仙人母题多见于武汉（鄂州）或者绍兴（会稽）一带的铜镜。[①] 仅从纹样判断，三角缘神兽镜就与长江以南的孙吴政权有着更加密切的联系。但是，吴镜说也面临一个无法解释的难题，即此类铜镜不乏带有纪年或者地名铭文的范例，但是无一例外皆为曹魏纪年和华北地名。王仲殊因此提出三角缘神兽镜并非是吴地生产后输出日本的。三角缘神兽镜还表现出有别于中国铜镜的形式特征：铜镜形体巨大，直径多在20厘米以上，而同期中国铜镜直径以10～14厘米为主，差异显著。三角缘神兽镜的主体纹饰带上还有从未见于中国铜镜的笠松纹，因此，借助铜镜铭文"绝地亡出"，王仲殊将三角缘神兽镜视为由渡海吴地工匠制作的特殊的"国产"镜。严格地说，三角缘神兽镜与中国南方的关联并不是王仲殊的独创或者首创，从梅原末治到西田守夫，都注意到类似的纹饰特征和出土情况，先后提出了南方来源说。[②] 只是王仲殊以最为系统的田野考古学资料证明魏镜说之误。但是，王仲殊仍然默认三角缘神兽镜确属输入类型，试图在与曹魏赐"铜镜百枚"平行的时空框架中，以类似的事件史方式提供吴匠入倭的说辞。按照形式学分析，三角缘神兽镜原本处在"吴镜说"和"国产说"之间的模糊地带上，但是王仲殊采用"吴镜"就断绝了破除对文献记录不加甄别的盲信，以考古资料重建公元3世纪东亚国家和区域的互动的可能性。

在王仲殊携中国田野考古学资料而来的冲击下，魏镜说几乎溃不成军，日本学术界以"晴空霹雳"形容，这一点都不为过。鉴于铜镜纹样风格的显著差异，所有修补魏镜说的尝试都只是徒劳的强拗。西田守夫已经注意

---

① 湖北省博物馆、鄂州市博物馆：《鄂城汉三国六朝铜镜》，北京：文物出版社，1986年；洛阳博物馆：《洛阳出土铜镜》，北京：文物出版社，1988年。
② 梅原末治：《绍兴古镜聚英》，东京：桑名文星堂，1939年；西田守夫：《三角缘神兽镜の形式系谱绪说》，《东京国立博物馆纪要》第6号，1971年。

到三角缘神兽镜的纹样更加接近于中国南方铜镜，但却令人意外地绕回到曹魏在吴镜的影响下制作的说辞。田中琢则采取特铸说。无论是"委托说"，还是"特铸说"，都无法令人信服，而且，所有的修补方案都以故事演义方式的特殊事件进行阐释，这是对考古材料如何结合文献记载的严重误读。

但是，吴镜说也有无法圆满解释之处。三角缘神兽镜明确表现出纹饰和铭文的冲突。为什么脱离了孙吴控制的制镜工匠会统一采用曹魏年号，这如同曹魏不管是特铸还是委托，会制作孙吴风格的铜镜作为用于颁赐回赠的国礼一样令人费解。在此前一文中，我尝试修改王仲殊假说，以三角缘神兽镜为孙吴制镜工匠渡海后的日本传人的产品。[①] 此说几近于将三角缘神兽镜推定为受到孙吴影响的"国产镜"。

无论是魏镜说还是吴镜说，都不是严格意义上的历史考古学假设。两种假说都无法经受住考古资料的检验，两者的对峙和不甚成功的修补表明，三角缘神兽镜的归属问题上的困境实际上是作业思路造成的。建立在铭文基础上的魏镜说高度重视铭文的释读，但却严重忽视铭文之外的任何文化信息，这是自金石学和古器物学以来形成的传统和思路，可以被称为铜镜研究中的"金石学范式"。吴镜说以田野考古资料击败魏镜说，但只是将纹饰视为和铭文一样的证据，以纹饰、形态、材质等为形式的考古学资料只能用于验证、修补或者替代以政治史、人物史和事件史为形式的文献叙事。特定的历史记忆，在三角缘神兽镜上的卑弥呼遣使诣魏，成为考古学材料跃跃欲试、急切验证或者挑战的假想敌。这是铜镜研究中的"以物证史范式"。显然，不仅在三角缘神兽镜上，而且在历史考古学的所有范畴之中，上述两种范式都是最常见的。寻找三角缘神兽镜的准确而适当的历史定位，应该从对历史考古学的学科逻辑的反思入手。

---

① 徐坚：《论三角缘神兽镜所见古代日本对江南文化的吸收》，《东南文化》2000年第1期。

二、森浩一之问与历史考古学的逻辑问题

森浩一率先系统地反思三角缘神兽镜的观察和阐释之道。[①] 在小林行雄、樋口隆康、西田守夫等诸多学者倡导的三角缘神兽镜铭文和纹样的系谱之学如日中天之际，森浩一就提出质疑，三角缘神兽镜研究究竟应该关注"遗物"还是"遗迹"。森浩一采纳的术语可能因为时代和学术传统原因而与当下流行用法有别，但是用意非常明确。"遗物"指以三角缘神兽镜为载体的铭文和纹样的分类和阐释，而"遗迹"指三角缘神兽镜的整体性使用情境。"遗物"和"遗迹"之间的选择暗示了两者所反映的历史面貌并不相同。三角缘神兽镜所牵涉的多个层面的历史可能是"遗物"无法完整覆盖的。"遗物"和"遗迹"擅长解决的问题可能也不能混作一团。森浩一之问提供了在三角缘神兽镜个案中侦测历史考古学逻辑的契机。

在对传出自洛阳的金村器群的研究中，借助阿帕杜莱和科比多夫的"物的社会生命"概念，我提出了物质文化意义的生命史模式，即从考古学过程观念出发，按照生产、流通、使用和改造、遗弃、埋藏等环节，将物质文化的生命区分成为"言前""言说"和"言后"不同阶段。"言前之意"表达的是生产和流通过程的意义和价值，"言说之意"产生于使用、改造和再使用过程，"言后之意"指物质在转变成为文化遗产之后，经历种种转型而产生的意义。[②] 在三角缘神兽镜个案上，森浩一的"遗物"等同于我的"言前之意"，而他的"遗迹"则对应我的"言说之意"。三角缘神兽镜的生产过程和使用过程应该区分对待。既往研究默认《倭人传》记载"铜

[①] 森浩一：《日本の古代文化——古坟文化の成立と发展の诸问题》，《古代史讲座 3 古代文明の形成》，东京：学生社，1962 年，第 197～226 页。
[②] 徐坚：《从金村出发：告别器物学，走向生命史》，《文艺研究》2020 年第 12 期。

镜百枚"为立论基础,将两者扭结在一起。切断两者之间的纽带,就可从文献写作和物质表达的角度重新梳理三角缘神兽镜、卑弥呼之镜和邪马台之镜之间的关系。田野发现的三角缘神兽镜的埋藏情境特色鲜明,被视为邪马台之镜大致不误。从森浩一的"遗迹"视角看,日本独见的三角缘神兽镜基本出自古坟时代前期的大型墓葬中,虽然随葬数目和位置都有一定变化,但是显然不属于葬仪用具,而且与墓葬主人的身份联系紧密。毫无疑问,随葬三角缘神兽镜的墓葬的地理分布的确能够揭示古坟时代早期的国家政治结构。考虑到古坟时代日本的金属资源和制造技术的限制,至少部分三角缘神兽镜的确存在输入的可能,区分"舶载"和"仿制"不无道理。但是,邪马台古国并不是建立在输入权威基础之上,卑弥呼的统治合法性也不依靠曹魏赐予的"铜镜百枚"。广泛见于古坟时代大型墓葬中的青铜镜、兵器和乐器可能不是如习惯假设的作为封建体制权力授受的"礼器",而是作为交换礼物和义务凭证的"威望财"。输入宝物是天生的"威望财"材料,但是"舶载镜"并不必然直接对应卑弥呼之镜。总之,从森浩一的"遗物"和"遗迹",以及我的"言前"和"言说"之分,在三角缘神兽镜上,应该将邪马台之镜与卑弥呼之镜区分开来,也要将三角缘神兽镜与《倭人传》的"铜镜百枚"区分开来。

一旦切割三角缘神兽镜与文献记载的卑弥呼遣使诣魏的必然联系,魏镜说和吴镜说的争锋就变得无足轻重了。历史考古学的确以物质文化与书写文献的平行对比为特质,但是书写文献不能先入为主地规范物质文化表达的历史的主题和内容。包括遗物和遗迹的考古学遗存建立独立于书写文献、自洽的历史的能力是历史考古学存在的必要条件。曹魏景初到正始时期,以卑弥呼及其继承人壹与之名,多批使臣诣魏,曹魏也曾遣使回访,中日之间官方交流频繁。然而,中日交往需要放置在东亚和东北亚风云诡谲的政局之中考虑。曹魏、孙吴、辽东、高句丽和倭之间存在着错综复杂而又瞬息万变的互动。景初三年（239年）卑弥呼使臣难升米诣魏，明帝封卑弥呼为亲魏倭王，并回赠大量礼物。这仅仅是东亚和东北亚政治互动中得到详细记载的少数片段之一。三角缘神兽镜的确在铭文和纹饰上表现出与这段历史的关联，但是应该被视为制度性生产和群体性行为或者潮流的结果，而不应该无谓地寻找与经过挑选后得到记录的特定事件的对应关系。因此，三角缘神兽镜需要首先切断与景初三年的难升米经带方郡诣京都之行的关联。事实上，目前已知的三角缘神兽镜的纪年铭文就包括了从景初二年（238年）到正始元年（240年）等多个年份，甚至还有根本不存在的景初四年，这一切都否定了三角缘神兽镜的同期性，即使是"舶载镜"也不是同一批次生产的。岸本直文将舶载三角缘神兽镜按照主体纹饰细分为陈是作镜、四神四兽和二神二兽三个组群，而仿制镜基本都在陈是作镜组群中，这也说明三角缘神兽镜很可能是多地多个作坊生产的。[①]

然而，替代性地域不是解决三角缘神兽镜归属问题的历史考古学方案。既往研究中已有不少学者提出过替代魏镜说或者吴镜说的候补方案。当三角缘神兽镜表现出与洛阳所出东汉三国时期铜镜截然不同的形式风格时，有学者提出三角缘神兽镜出自徐州、乐浪或者渤海湾一带。[②]北野耕平受到

---

① 岸本直文：《神像镜表现からみた三角缘神兽镜》，《椿井大塚山古坟と三角缘神兽镜》，京都：京都大学文学部，1989年；《三角缘神兽镜制作の工人群》，《史林》第72卷第5号，1989年；泽田秀实：《三角缘神兽镜の制作动向》，《法政考古学》第19集，东京：法政考古学会，1993年。
② 冈村秀典：《乐浪出土镜の诸问题》，《考古学ジャーナル》第392期，1995年；《三角缘神兽镜の时代》，《历史文化ライブラリー》第66期，1999年；上野祥史：《后汉の镜とその后》，《镜の中の宇宙》，山口：山口县立荻美术馆·浦上纪念馆，2005年，第128~134页；白崎昭一郎：《三角缘神兽镜の考察——景初四年铭盘龙镜をめぐって一》，《福井考古学会会志》第5号，1987年；西川寿胜：《三角缘神兽镜と卑弥呼の镜》，东京：学生社，2000年；辻田淳一郎：《镜と初期ヤマト政权》，东京：すいれん舍，2007年；福永伸哉：《三角缘神兽镜の系谱と性格》，《考古学研究》第38卷第1号，1991年。

森浩一的启发，提出乐浪说。[①] 重松明久则根据文献，因公孙氏控制辽东时期设置的带方郡主要管理海东诸国的朝贡献纳之事，提出带方说，即曹魏指令下于带方生产。[②] 和田萃提出另一种带方说，即带方郡中由来自孙吴的工匠为倭国特别铸造。[③] 此外，也有日本国内生产的国产说。尽管所指具体地域不同，但是思路却是统一的，依旧以文献或者铭文的只言片语，以符合政治史甚至轶事的方式建立假说。无论是受到曹魏影响，还是受到孙吴影响的乐浪、带方说，其实都是魏镜说或者吴镜说的变体，早已存在的抵牾并未解决。

三角缘神兽镜的历史考古学解决之道就是从铜镜本身的遗物遗迹特征分析，和文献的"言面"和"言下"之意的磨合出发，不断反复拟合，寻找能在最大程度上包容物质与文字的假说。比具体的生产地点更重要的是生产机制。当切割开三角缘神兽镜与难升米诣京和明帝赐赠的"铜镜百枚"的具体历史事件的关系，切割开它与卑弥呼之镜的政治象征关联，将它视为被邪马台古国的政治精英调用的"威望物"，三角缘神兽镜的生产机制，也就是"言前之意"，就能呈现出来。

三、三角缘神兽镜揭示的东亚和东北亚文化圈中的辽东

在分析三角缘神兽镜的"言前之意"，将纹样、铭文乃至材质视为揭示生产技术传统的文化因素时，由于铜镜可能出自官方或者正式工坊，强烈的政治关联否定了借鉴或者吸取敌对势力任何风格的可能，曹魏年号和

[①] 北野耕平：《古坟时代の富田林》，富田林：富田林市史编集委员会，1985年，第247页。
[②] 重松明久：《古坟と古代宗教》，东京：学生社，1978年，第155页；《前方后园坟の成立と铜镜》，《东アジアの古代文化》第27号，1981年。
[③] 和田萃：《大系 日本の历史》卷二《古坟の时代》，东京：小学馆，1988年，第69页。

孙吴纹样就代表了相互冲突、不可兼得的制作传统。此外，三角缘神兽镜上还出现了如笠松纹等既不见于曹魏也不见于孙吴的特征。互不兼容的文化因素的共存表明，三角缘神兽镜不是在曹魏或者孙吴的官方工坊生产出来的。中国南北多地历年发掘出土的东汉至三国时期铜镜数量巨大，但迄今从未发现完全符合界定的三角缘神兽镜，也侧证当在曹魏和孙吴之外寻找出处。将文化因素相互冲突的三角缘神兽镜解释成为特铸或者委托，甚至用故事性情节予以解读都是对物质材料的误读。三角缘神兽镜的"言前"过程必须满足三个条件：具有风格来源，能兼受曹魏和孙吴影响；切断风格与政治的关联，不在曹魏或者孙吴的官方工坊或者控制之下；具备输出可能性，日本列岛交通便利。因此，辽东成为最值得关注的地域。

与中原山海相隔的辽东自成体系。初平元年（190年）公孙度任辽东太守，开启了公孙氏三代四世对辽东地区长达半世纪的经营。公孙氏在辽东广置郡县，招徕流民，《三国志·魏书·公孙度传》"分辽东郡为辽西中辽郡，置太守。越海收东莱诸县，置营州刺史。自立为辽东侯，平州牧"[1]。公孙氏极盛之时，开创性地设置平州，以襄平为中心，控制了辽东、中辽、辽西、玄菟、乐浪、带方六郡及跨海而治的营州，渤海和黄海俨然成为公孙氏势力的内海。由于地处中原和海东诸国及海中倭国之间，公孙氏实际上控制了东亚与东北亚之间的联系。《三国志·魏书·韩传》"分屯有县以南荒地为带方郡，遣公孙模、张敞等收集遗民，兴兵伐韩濊，旧民稍出，是后倭韩遂属带方"[2]。乐浪户口原本不多，但分其南部为带方，外交职能远大于民政意义。正是在带方，公孙氏以中国自居，建立了覆盖东夷各国

---

[1] 〔晋〕陈寿撰，陈乃乾校点：《三国志》卷8《魏书·公孙度传》，北京：中华书局，1959年，第252页。
[2] 〔晋〕陈寿撰，陈乃乾校点：《三国志》卷30《魏书·韩传》，北京：中华书局，1959年，第851页。

的朝贡体系。即使是在公孙氏覆亡之后，曹魏继续以带方为处理高句丽、韩和倭事务的中心。

占据了辽东、垄断了海东诸国与中原的交往，通过海上线路可达长江口一带，这使公孙氏成为三国政治舞台上一股不容忽视的重要力量。公孙度以来公孙氏基本采取自保姿态，并不参与中原地区的政治纷争。但是，对于逐鹿中原的主要势力而言，辽东是重要的稳定或者制衡力量。在曹袁之争中，公孙康一度与袁绍集团结盟，但是最终斩杀逃亡辽东的袁尚、袁熙兄弟，臣服于曹操集团，曹操封公孙康为襄平侯，确定以安抚为主的辽东政策基调。孙吴则将辽东视为钳制中原的潜在盟友。早在公孙康时代，孙吴已经遣使前往辽东。不过，公孙康采取了亲魏拒吴立场。《魏略》称，"臣父康，昔杀权使，结为仇隙"。

公孙氏末主公孙渊主政时期，辽东、曹魏与孙吴的关系悄然转变，最终导致公孙氏的覆亡和东北亚政治格局的改写。曹操征乌丸后对辽东的政治压力逐步增加。辽东与孙吴互视为牵制曹魏的主要盟友。另一方面，孙吴水军的发展使近海岸短距离航行成为可能。黄龙二年（230年），"遣将军卫温、诸葛直将甲士万人浮海求夷洲及亶洲"，虽然夷洲和亶洲所指尚有争议，但孙吴拥有大规模水军远航的能力已无争议。孙权称帝后加速了对辽东的经营，对推翻公孙恭自立的公孙渊"拜渊扬烈将军，辽东太守"。公孙渊也改变国策，向孙吴称臣。但曹魏由于陷于与蜀汉之间的战争中，不得不延续安抚政策。孙吴频繁遣使辽东。黄龙元年（229年），"五月，使校尉张刚、管笃之辽东"。嘉禾元年（232年），"遣将军周贺、校尉裴潜乘海之辽东"。公孙渊积极回应，"渊遣使南通孙权，往来赂遗"。"冬十月，魏辽东太守公孙渊遣校尉宿舒、阆中令孙综称藩于权，并献貂马"①。孙吴辽东首通成功后，双方形成成规模的固定往来。次年孙吴一改使臣潜行的做法，派出庞大的水军使团，"使太常张弥、执金吾许晏、将军贺达等将兵万人，金宝珍货，九锡备物，乘海授渊"。孙吴与辽东之间除政治沟通之外，也必然经济和货物往来不断，周贺、裴潜以"求马"为名前往辽东，《晋书》亦载，"葛越布于朔土，貂马延于吴会"②。

但是，辽东由于对曹魏的忌惮，与孙吴的结盟关系并不稳定，极易反复。三国时期航海技术并不足以支撑远距离航线，孙吴与辽东的海上交往只能采取近海岸短距离航行方式。嘉禾二年（233年）的大规模使团明目张胆地北行不可避免地引起曹魏的警觉。曹魏立即对公孙渊施压。从地缘政治上看，曹魏与辽东之间的陆地交通远比孙吴与辽东之间的海上交通便利，辽东在曹魏与孙吴之间不得不屈从前者。明帝采取了水陆并进的方式征讨，"帝使汝南太守田豫督青州诸军自海道，幽州刺史王雄自陆道讨之"③。讨伐未成，但是田豫成功地伏击了南归的吴使。公孙渊首鼠两端，采取斩杀吴使的方式表达回归曹魏之意。明帝虽然继续采取安抚政策，"拜渊大司马，封乐浪公"，但是公孙渊接待曹魏使团时嫌隙未解，事故频出。公孙渊投向曹魏后，孙吴试图联合高句骊，"遣使浮海与高句骊通，欲袭辽东"，但结局不妙，"高句骊王宫斩送孙权使胡卫等首，诣幽州"④。

与蜀汉的战争压力稍缓解后，曹魏就着手解决辽东问题。在景初元年（237年）毌丘俭攻辽东失利后，曹魏加速发展水军，"诏青、兖、幽、

---

① 〔晋〕陈寿撰，陈乃乾校点：《三国志》卷47《吴书·吴主权传》，北京：中华书局，1959年，第1136页。
② 〔唐〕唐玄龄等撰：《晋书》卷56《孙楚传》，北京：中华书局，1974年，第1540页。
③ 〔宋〕司马光编著，〔元〕胡三省音注，"标点资治通鉴小组"校点：《资治通鉴》卷72《魏纪四》，北京：中华书局，1956年，第2277页。
④ 〔晋〕陈寿撰，陈乃乾校点：《三国志》卷3《魏书·明帝叡纪》，北京：中华书局，1959年，第109、107页。

冀四州大作海船"。次年司马懿征公孙渊，趁辽河涨水之势，"运船自辽口径至城下"，最终于八月剿灭公孙渊。当公孙渊向孙吴求救，孙权准备营救时，海路仍无法全时通行，只能等待来年三月季风到来时起航北行。赤乌二年（239年），当孙吴军队最终到达辽东，公孙氏早已覆亡，孙吴只能洗劫虏获人口，"遣使者羊衜、郑胄、将军孙怡之辽东，击魏守将张持、高虑等，虏得男女"。

景初二年（238年）司马懿最终解决辽东问题后，才出现中日关系上重要一幕。倭女王卑弥呼遣使难升米到达带方，"求诣天子朝献，太守刘夏遣吏将送诣京都。其年十二月，诏书报倭女王曰：'制诏亲魏倭王卑弥呼：带方太守刘夏遣使送汝大夫难升米、次使都市牛利奉汝所献男生口四人，女生口六人，班布二匹二丈……'"。与随后多次倭使臣朝贡的记录相比，《倭人传》关于难升米诣京的记载充满玄机。与其他使臣直接诣京不同，难升米抵达带方，要求朝觐天子。其次，难升米所带贡物仅有生口十人，班布二匹二丈，与之前的倭国王帅升，之后的正始四年（243年）遣使、壹与遣使的贡物相比都显得寒酸。因此，可以推断，难升米诣京是平定公孙氏之后，刘夏作为战利报送的，难升米的真正目的地应该是带方。

以事件史和政治史为表象的文献历史表明，自公孙氏经营辽东以来，辽东成为东亚和东北亚国际关系的枢纽。在中原视角上，辽东是偏远之地，而在高句丽、韩和倭看来，无疑就是中国。无论是和平还是战争的方式，这些国家都极易从辽东获得中国的物资。被曹魏剿灭之前，公孙氏辽东是实际性独立政体；即使在公孙氏覆亡后，曹魏也多是委任本地出身者任职。辽东兼受曹魏和孙吴的影响，又总揽海东诸国的朝贡献纳事务，因此曹魏和孙吴的风格都有可能出现在铜镜上，不过，最显性的风格，如铭文，仍与政治保持同步，奉曹魏为正朔，表达出中原视角。

除却曹魏和孙吴风格，三角缘神兽镜不可避免地体现出在地风格。此前在非魏即吴的论争中无法安置的风格特征也能在辽东找到端倪。大阪国分茶臼山古坟出土铜镜铭文"用青铜，至海东"中，海东地望之争大费周章，富冈谦藏认为海东指朝鲜，高本汉和王仲殊都认为指日本。[①]这些指认都是从东亚大陆视角出发的字面分析，而与海东关联最为密切的地域实际上是辽东。铭文中另一处与辽东密切相关的是织部山古坟和茶臼山古坟所出铜镜的"铜出徐州"句。在富冈谦藏的考释中，这曾是关键的年代证据。但是王仲殊提出，直到晚近，徐州都不产铜，因此"铜出徐州"可能是虚指或者误读，这也侧证三角缘神兽镜不可能出自中原地区。但是，这个误读可能真实地反映了他者的认识。同样的"铜出徐州"误读仅见于辽宁省辽阳三道壕所出方格规矩纹镜上。虽然这是硕果仅存的几例，但是如果日本所见案例为输入品的话，带有同样铭文的三道壕方格规矩纹镜则可能建立起它们与辽东的关系。即使是在曹魏或者孙吴铜镜中从未出现的纹样，如笠松纹，在辽东一带也可以找到类似的表现。以安岳3号墓为代表的高句丽古坟的壁画中的旄节纹就高度类似于笠松纹，两者可能是同一纹样在不同介质上的表现形式。

无论是从文献，还是从物质上看，辽东毫无疑问地满足三角缘神兽镜的各种要素。但是，我们并不能据此判断，三角缘神兽镜就是在辽东生产，输入日本的。事实上，目前所有证据更倾向于确认以辽东为源地的三角缘神兽镜生产知识和传统。它既可能在辽东，也可能在日本列岛生产，但是辽东无疑是东北亚朝贡体系的枢纽。

（本文原载《学术月刊》2022年第3期，收入时略有删改）

---

① Bernhard Karlgren, "Early Chinese Mirror Inscriptions", *Bulletin of the Museum of Far Eastern Antiquities*, no. 6, 1934, p. 66.

述而作论

中国古代低温铅釉陶器研究中几则基本材料的疏证[*]

河南省文物局　陈彦堂

近年来，中国古代低温铅釉陶器领域一改往常的沉寂局面，新资料不断涌现，旧资料不断被重新识读，研究课题也日渐多样化，从而形成了渐趋热络的局面。

在爬梳中国古代低温铅釉陶器资料的过程中，笔者发现，一些基础资料的引用还存在不少偏差，有的甚至是被误读和曲解。尤其是几则关乎中国古代低温铅釉陶器起始年代和烧造地点等关键问题的核心资料，被辗转征引而不辨究里，以至于以讹传讹而影响深远。论据的讹误直接导致论点的不严谨甚至不可信，不仅使前人的研究成果被忽视，而且也使得本可避免的错讹长期地反复出现。

有鉴于此，本文试图对几则典型的误读和曲解加以梳理，并对几则基础资料的准确性加以厘定，以期正本清源，俾使有关论者在新的讨论中对基础资料和核心论据的使用更加精准，结论更加可靠。若有唐突，

[*] 本文得到"郑州中华之源与嵩山文明研究会资助课题（编号Y2022-1）"资助。

尚祈指教。

一、战国起源说所依据的洛阳金村大墓的墓主问题

在临淄战国陶罍出土并获确认[①]之前，中国古代低温铅釉陶器起源诸说中，战国说者均以美国纳尔逊－阿特金斯艺术博物馆（Nelson-Atkins Museum of Art）收藏的铅釉陶罍作为最重要的证据之一。而国内外相关论者在涉及该陶罍出处时，均言出自洛阳金村韩君墓。此种现象甚为普遍，兹举有代表性的两例：

1. 日本学者：（纳尔逊－阿特金斯艺术博物馆）绿釉蟠螭纹壶，传河南洛阳金村韩君墓出土，战国时代。[②]

2. 中国学者：有台湾学者传洛阳金村韩君墓出土的绿褐釉螭纹盖壶亦属战国时期铅釉陶的珍贵实例；[③] 大陆学者认为，传世文物中，笔者仅搜集到一件与本文所论釉陶罍（笔者按：指临淄战国墓所出者）近似者，现存纳尔逊－阿特金斯艺术博物馆，相传出土于洛阳金村"韩君墓"。[④]

这两段文字有一个共同之处，即均言明其所征引资料认为纳尔逊－阿

---

① 临淄战国铅釉陶罍的出土见王会田、崔建军：《山东淄博市临淄区发现一座战国墓葬》，《考古》2008年第11期，第95～96页。被确认为低温铅釉陶器见于焱、王晓莲：《山东临淄发现战国时期铅釉陶罍》，《中国文物报》2016年8月12日；以及郎剑锋、崔剑锋：《临淄战国齐墓出土釉陶罍的风格与产地——兼论我国铅釉陶的起源问题》，《华夏考古》2017年第2期，第95～101页。其间有将近十年被认为是青瓷器的误判，其过程参见陈彦堂：《临淄出土战国铅釉陶罍及相关问题研究》，《中原文物》2021年第2期，第111～117页。
② 弓场纪知：《汉代铅釉陶器的起源》，《出光美术馆研究纪要》第四号，出光美术馆，1998年，第29页。
③ 谢明良：《中国古代低温铅釉陶器的世界》，石头出版股份有限公司，2014年，第19页。
④ 郎剑锋、崔剑锋：《临淄战国齐墓出土釉陶罍的风格与产地——兼论我国铅釉陶的起源问题》，《华夏考古》2017年第2期，第95～101页。该文的两位作者也是临淄战国陶罍的确认者。

特金斯艺术博物馆所藏的这件陶罍据传出自洛阳金村韩君墓。实际上，所谓的韩君墓问题是一个早在20世纪40年代就被质疑并已经被匡正的论点，其由来源自历史上河南洛阳金村古墓群被盗掘事件。这是中国考古史上的一件大事，其影响至今犹存。1928年开始的盗掘活动，使得相当数量的文物流入加拿大和日本等国。此后的文物流失、汇集、著录、考辨工作一直持续至今，许多学术问题尚待深入研究，而墓地性质和墓主人身份则是较早被解决的问题。金村古墓最基础最经典的两本著述，分别出自有着加拿大传教士身份的怀履光 (William Chares White)[①] 和日本学者梅原末治[②]，这两部著作可谓亡羊补牢，差堪补憾。除记述墓葬形制、著录出土文物之外，两书的共同之处在于，两书的作者都把墓主人认定为战国时期的国君，梅原末治认为是秦君，怀履光则力主韩君。前者是因为银器的针刻铭文中有"三十七年"字样，被梅原末治错误地释读为秦始皇三十七年，继而认为是秦君墓葬。后者主要是根据金村大墓流出的骉氏编钟铭文中出现了"韩宗"一词，被研究者认为属于韩国。接替安特生出任瑞典远东博物馆馆长的著名汉学家高本汉（Klas Bernhard Johannes Karlgren）则通过对骉氏编钟等青铜器铭文的研究，在对梅原末治秦墓说进行驳议之后，论证了金村古墓是韩国贵族（他认为有可能是王子）墓葬的可能性，从而使金村古墓韩君说在欧美学术界的影响进一步深化。[③]

实际上最早提出韩君墓之说的是马衡等中国学者。此说在20世纪三四十年代的欧美和日本学术界风行一时，但很快有学者对此提出驳议，

---

① William Chares White: *Tombs of Old Lo-yang*, Kelly and Walsh Ltd, Shanghai, 1934 年。该书的汉文名称为《洛阳古城古墓考》，上海别发印书馆。
② 梅原末治：《洛阳金村古墓聚英》，小林写真制版所出版部，1937 年。《增订洛阳金村古墓聚英》，同朋舍，1944 年。
③ B.Karlgren: *Notes on a Kin-Ts'un album*, The Museum of Far Eastern Antiquities Bulletin No.10, Stockholm,1938.

认为金村大墓乃战国时期东周墓，唐兰先生[①]、陈梦家先生[②]是其中的代表。此后，又有中国学者指出，战国时期的洛阳是周王所居的成周，是名义上的周王朝中央政府所在地，无论从历史地理的角度还是从战国时期的政治格局考量，地处东周王城的金村大墓，是不可能属于秦、晋、韩等诸侯国君的。换言之，所谓的秦君墓、韩君墓是完全不可能的。而最大的可能，乃是属于东周君[③]或者周王室。俟后，李学勤先生通过对金村大墓出土铜器铭文的考释，尤其是对持韩君说、秦君说者认为涉及韩国与秦国历史的铭文的辨析，认为金村墓葬群既不是秦墓，也不是韩墓，也不是东周君墓，而是东周王室的墓葬，可能包括周王及附葬臣属。被盗掘的八座大墓，其时代均为战国时期，下限迟至战国晚期。[④]此说提出之后，学术界基本再无异议。洛阳市文物考古部门通过多年的考古发掘与研究，综合国内外学术成果，已经把金村古墓群确定为东周王城的王陵区之一，并据此制定整体的保护研究规划且获国家主管部门认可。[⑤]

因此，金村大墓应该是战国中晚期东周王室墓葬。此种认知至迟从20世纪四五十年代开始提出，到20世纪80年代时已基本成为国内外学术界的共识。秦君墓说早已销声匿迹，东周君墓说也已经式微，惟韩君墓说则因辗转征引以致以讹传讹，在日本和中国台湾尚有一定余响。中国大陆学

---

① 唐兰：《洛阳金村古墓为东周墓非韩墓考》，《大公报》，1946年10月23日；《关于洛阳金村古墓答杨宽先生》，《大公报》，1946年12月11日。唐兰先生先有韩君墓的看法，也曾有晋国墓葬之议，后改为东周墓葬。参见唐兰：《智君子鉴考》，《辅仁学志》第七卷第一、二期，1938年。
② 陈梦家：《六国纪年》，上海人民出版社，1956年。
③ 郭宝钧先生在20世纪50年代认为金村大墓是东周君的墓葬，参见郭宝钧：《山彪镇与琉璃阁》，科学出版社，1959年。
④ 李学勤：《东周王城与金村大墓》，《河洛春秋》1984年第1期。另见《东周与秦代文明》，文物出版社，1984年。
⑤ 洛阳市文物管理局编著：《洛阳大遗址研究与保护》，文物出版社，2009年。另见中国国家博物馆，洛阳市文物考古研究院编著：《洛阳大遗址航空摄影考古》，文物出版社，2017年。

者当中所持或者引述韩君墓说者，大多源自对日本学者和中国台湾学者著述的辗转征引。在此问题已经被破解半个世纪左右之后，此种以讹传讹的现象当应避免发生。

二、西汉中期起源说所依据关中汉墓的资料出处问题

自20世纪50年代以降，不可胜计的低温铅釉陶器的出土，使得中小型汉墓的发掘者和报告的编写者不得不对其进行考古学的分类与排序。这项田野考古研究最基本的工作，导致考古学界通过考古类型学和层位学的研究，推定出了当时所能认识到的年代最早的低温铅釉陶器，出自关中地区西汉武帝时期的墓葬中。此为西汉中期起源说的最初来历。

"西汉中期起源说"的形成立足于当时的田野考古发掘资料，立论者以严肃认真的态度，力图以科学的资料为基础，提出基础坚实的学术认知。这一在当时并无争议的学术观点，被俞伟超先生写入北京大学考古专业的讲义[1]中之后，得以在全国考古界风行，并被古陶瓷界和科技界所认可，然后为诸家征引，几为不易之论，从而载入《中国大百科全书·考古学卷》[2]《中国陶瓷史》[3]和《中国科学技术史·陶瓷卷》[4]三部权威著作，成为在学术界影响最为广泛且最为持久的观点。

人们对这一观点长期深信不疑，一方面源于大规模田野考古中的发现与之基本吻合，另一方面则是源于对北京大学考古专业以及俞伟超先生本

---

[1] 北京大学历史系考古教研室：《战国秦汉考古》（上）（中国考古学之四），1973年6月铅印本，1981年8月重印。
[2] 中国大百科全书考古卷编辑委员会：《中国大百科全书·考古学卷》，中国大百科全书出版社，1986年。
[3] 中国硅酸盐学会编：《中国陶瓷史》，文物出版社，1982年。
[4] 李家治主编：《中国科学技术史·陶瓷卷》，科学出版社，1998年。

人学术素养的信服。这一观点唯一的也是严重的缺憾，在于其基本资料至今尚未刊布，所出究竟何物、具有何种特征以及出土环境如何，俞先生并未明示，征引者也无人探究，这批资料迄今仍付阙如，发掘者、整理者均已难述其详，甚至于资料的归属存放也不了了之。因此，该批资料中诸如器物形态及其组合关系、外观特征、烧制工艺等关乎低温铅釉陶器研究的最基本信息，我们均已无从得知了。如此一来，西汉中期起源说的论证过程就成为无本之木了——尽管迄今为止并没有任何学者对这一学术观点进行过论证，而且在新的田野发掘资料的出土日新月异的情况下，尤其是具有可靠并且完备的考古信息的战国低温铅釉陶器已然出土刊布并加以论证的情况下，西汉中期起源说的论证已经显得不是那么必需了，但从学术史的角度观察，这一学术观点的内涵至少是不完备的。

令人欣喜的是，2012 年起，陕西省文物局组织专门机构，抢救整理 20 世纪 50 年代的考古发掘资料。[①] 笔者经仔细核校，发现书中收录的汉代墓葬（含新莽时期）中，包括了西安近郊及关中地区发掘的汉墓 68 座，其中共有 16 座出土有施釉陶器。这 16 座墓葬中，大体可以判断属于西汉时期的约有 8 座。但遗憾的是，由于年代久远，该批资料详略不一，准确度互有参差，因此尚不足以对其年代和随葬品组合关系等基本考古信息做出准确判断和归纳，遑论其所出低温铅釉陶器的器物形态、工艺特征等更深层次的问题。

尽管无法确认该批墓葬是否属于俞伟超先生所说的那一批关中西汉武帝时期墓葬，且资料尚有不少缺项，但差堪补此缺憾。同时，我们也殷切

---

① 陕西省文物保护研究院编著，姜宝莲主编：《二十世纪五十年代陕西考古发掘资料整理研究》，三秦出版社，2015 年。感谢提醒我关注该批资料的白云翔先生以及提供资料的该书撰稿人之一赵强先生。

期待，当年俞伟超先生作为立论根据的那批西汉中期墓葬资料，能够从故纸堆中被辨识并刊布。

我们指出这一点，不是要苛求前辈学人，而是恰恰相反，是在向先贤致敬的同时，力图从学术史的角度总结得失，以使前人探索的意义得到彰显。

三、南越王宫苑遗址出土的带釉砖瓦的属性与年代问题

迄今所见的汉代及其以前的低温铅釉陶器，基本都是出自墓葬中。出自遗址尤其是建筑基址的器物极为罕见，因此一旦刊布就会被研究者格外关注。因为低温铅釉陶器用于地面建筑的问题，直接涉及低温铅釉陶器是单纯的随葬明器还是兼具实用功能的器物功能界定，因此非常有必要对基础资料进行严格精确的辨识和解释，从而确定低温铅釉陶器是否以及何时用于地面建筑。[①]

曾有人认为广州南越王宫苑遗址出土的带釉筒瓦，可作为汉代低温铅釉陶器出土于遗址的例证。[②] 检索发掘报告，该遗址出土的汉代带釉陶质建筑构件包括带釉的砖和瓦两种，其中刊布的瓦有青釉带钉板瓦（95T5PC：36）和青釉普通筒瓦（95T4PC：7）两件，但其釉色分别呈现出青绿色与黄绿色，胎体也呈现为灰白色，与汉代习见的铜绿色与砖红胎差别明显。砖的胎体和釉色也显得很特异。通过对两块砖和三块瓦的釉层进行取样分析，砖瓦釉层中作为主要助溶剂的元素是钠和钾，含量高达14%左右，而

---

① 关于汉代低温铅釉陶器用于建筑构件的其他资料以及相关讨论，需要对资料加以重新稽核，本文暂不涉及。参见陈彦堂：《汉魏时期低温铅釉陶器实用功能的初步探索》（待刊）。
② 谢明良：《中国古代低温铅釉陶器的世界》，石头出版股份有限公司，2014年，第72页。

传统低温釉中作为助溶剂的铅元素在此基本不存在，作为绿色呈色剂的氧化铜也基本没有含量，这就基本可以否定其铅釉的属性。另一个值得关注的现象是，带釉砖瓦的烧结温度均在1000℃以上，基本属于高温釉，与传统概念中铅釉的低温性能也相差极大。因此，南越王宫苑遗址出土的带釉砖瓦，不仅不是低温铅釉，而且与常见的高温钙釉也很不相同。[①]

至于所谓的低温铅釉陶瓦，器型包括绿釉莲花纹瓦当（97T13GC①：21）、绿釉板瓦（97T13GC①：29）和绿釉砖（97T1GC①：3），有的化学成分和理化性能的确属于低温铅釉系统，也的确出自该遗址，但却是出自五代十国时期南汉王朝的层位，属于南汉皇宫的建筑构件[②]，其时代为公元917—971年，与西汉中期相差千年有余。彼时，低温铅釉用于建筑材料已蔚然成风，故建筑基址中出土此类器物已不鲜见，比如同样位于广州地区的同为南汉皇室建筑的康陵陵园建筑遗址内，就出土了低温铅釉筒瓦和瓦当。[③] 而南汉前后遍布全国其他建筑遗址诸如唐大明宫遗址[④]及渤海国遗

---

① 南越王宫博物馆筹建处、广州市文物考古研究所编：《南越宫苑遗址》（上）表六、表七、表十三、表十七及彩版七，文物出版社，2008年，第42、239页。南越王宫遗址出土的这批带釉陶器与中国陶瓷史上的高温钙釉瓷器和低温铅釉陶器均存在很多差异，其间所蕴含的学术意义容另文讨论。
② 南越王宫博物馆筹建处、广州市文物考古研究所编：《南越宫苑遗址》（下）彩版九、十，文物出版社，2008年，第213~240页。并参见该书（上）第239页检测分析报告。
③ 广州市文物考古研究所：《广州南汉德陵、康陵发掘简报》，《文物》2006年第7期，第4~15页。低温铅釉筒瓦和瓦当的测试数据见鲁晓珂、李伟东、罗宏杰：《五代南汉国王陵出土陶瓷器的特点和来源探析》，《硅酸盐学报》第39卷第5期，2011年5月，第818~824页。
④ 中国社会科学院考古研究所：《唐长安大明宫》，科学出版社，1959年。中国社会科学院考古研究所、日本独立行政法人文化财研究所奈良文化财研究所联合考古队：《西安市唐长安城大明宫太液池遗址》，《考古》2005年第7期，图版拾，第29~34页。另据中国社会科学院考古研究所西安研究室主任、曾长期主持大明宫考古发掘工作的安家瑶先生见告，唐长安大明宫遗址出土的低温铅釉琉璃瓦包括板瓦、筒瓦，但数量不多，有可能是因为当时是作为宫殿屋檐的剪边琉璃使用的。西明寺遗址还出土过三彩瓦。不过这些琉璃瓦并没有经过检测，仅从外观判断其为低温铅釉。谨向安先生致谢。

址[①]、南汉之后的巩义北宋皇陵遗址[②]及宁夏西夏王陵遗址[③]等,均有低温铅釉的建筑构件出土。但有汉一代,尚无此例。[④]

故此,关于南越王宫遗址出土低温铅釉建筑材料的问题,可以廓清为两点:一是汉代地层出的带釉筒瓦是钠钾碱釉而不是低温铅釉;二是低温铅釉瓦和瓦当均出自该遗址的南汉地层而不是西汉地层。以往的误解,源自对釉的属性和建筑构件的时代产生了严重误判。

四、纳尔逊－阿特金斯艺术博物馆收藏铅釉陶罍的可信度问题

前文已述,战国起源说者把纳尔逊－阿特金斯艺术博物馆收藏的战国绿釉陶罍作为重要证据。较早把该陶罍作为中国古代低温铅釉陶器来论述的,主要是日本学者。先是长谷部乐尔在其编著的《中国美术》系列之《陶瓷卷》中,收录该器并注明传出自洛阳韩君墓。[⑤]俟后,弓场纪知在其所著《汉代铅釉陶器的起源》一文中,把这件被认为属于战国晚期的文物,作为他中国铅釉陶器战国起源说的重要证据。[⑥]中国台湾学者谢明良在其相关论著中,引入了日本学者征引的资料和观点。[⑦]而此后中国大陆涉足低温铅釉陶

---

① 黑龙江省文物考古研究所、吉林大学考古系、牡丹江市文物管理站:《渤海国上京龙泉府宫城第二宫殿遗址发掘简报》,《文物》2000年第11期,第14~22页。
② 河南省文物考古研究所:《北宋皇陵》,中州古籍出版社,1997年。
③ 宁夏文物考古研究所、银川西夏陵区管理处:《西夏三号陵——地面遗迹发掘报告》,科学出版社,2007年。
④ 参见陈彦堂:《汉魏时期低温铅釉陶器实用功能的初步探索》(待刊)。
⑤ 长谷部乐尔:《中国美术·陶瓷》,日本讲谈社,1973年。
⑥ 弓场纪知:《汉代铅釉陶器的起源》,《出光美术馆研究纪要》第四号,出光美术馆,1998年,第21~36页。
⑦ 谢明良:《中国早期铅釉陶器》,收入颜娟英主编:《中国史新论·美术考古分册》,联经出版公司,2010年,第55~110页。另见谢明良:《中国古代低温铅釉陶器的世界》,石头出版股份有限公司,2014年。

器研究的学者，则对该陶罍的可信度表示存疑。所以在相关的讨论中，大陆学者甚少涉及该件陶罍。有学者把这种现象的产生归结为大陆学人的视野所限，但我更愿意相信是源自田野考古学家对文物资料出土背景的谨慎。由于该绿釉陶罍不是正式发掘出土品，其出土地有待科学辨析，出土单位无法确认。在这种背景下，研究对象的真伪、时代以及出土地都存在不确定性，故中国考古界对其辨伪、断代问题一直持比较谨慎的态度。尤其是洛阳金村文物的流失背景十分复杂，被冠以金村出土文物的甄别和辨伪一直是中国考古界议论的话题。因此，在无法亲临观看甚至无法获取更详尽资料的情况下，更不愿遽断。

中国台湾学者曾明确表示，"（弓场纪知）宣称纳尔逊美术馆和大英博物馆藏品传出土于洛阳金村、东京博物馆藏品传出土于安徽寿县，对此本文不予采信"[①]，率先对其出土地提出质疑。俟后，临淄齐故城战国铅釉陶罍的确认者立足于有准确出土地点和确切的考古层位关系的发掘资料，也基本否定了纳尔逊藏品出土地的可信性。作者指出："现存纳尔逊－阿特金斯艺术博物馆(Nelson-Atkins Museum of Art)，相传出土于洛阳金村'韩君墓'。该器的形制、装饰、釉色等均与临淄出土釉陶罍存在较多的相似之处，当为同类器物。惟该器为双耳，临淄所出为四耳，耳的形制亦略有区别。洛阳是我国较早开展考古工作的地区之一，考古工作众多，在发表的考古资料中迄今未见同类器物出土。因此，传该器出自洛阳的说法只能存疑。"[②]

有鉴于战国晚期与西汉早期文化的延续性，尤其是在作为当时文化中

---

① 谢明良：《中国古代低温铅釉陶器的世界》，石头出版股份有限公司，2014年，第228页注8。
② 郎剑锋、崔剑锋：《临淄战国齐墓出土釉陶罍的风格与产地——兼论我国铅釉陶的起源问题》，《华夏考古》2017年第2期，第96页。

心的河洛地区，从战国晚期到西汉前期的陶器形态演变比较缓慢，在缺乏明确的出土背景的情况下，试图准确进行年代定位是一件十分困难的事情，我一度对以纳尔逊陶罍来论定战国起源说比较谨慎，而倾向于用有明确出土单位的文物来做立论支撑。因此在文章中，我同样表达了这种谨慎态度："（战国）说的根据，是目前已流传至美国、英国和日本的据传是出自洛阳金村和安徽寿县的战国墓葬的几件铅釉陶器。另外，韩国某收藏家的藏品中，也有一件铅釉陶单耳杯，造型与上海博物馆收藏的战国原始瓷器极为相似。但这几个案例均缺乏可靠的出土背景，其年代问题似不宜遽断。何况，战国晚期与西汉早中期的某些器型在无可靠出土资料的情况下是较难以区分的。故铅釉陶器起源于战国之说，目前尚缺乏足够的证据。"[1]

但很显然，与前述几位存疑的侧重点不同的是，我强调的是该陶罍的时代，而不是其出土地。

如果说此前我对纳尔逊－阿特金斯艺术博物馆收藏的据传出土于洛阳金村大墓的战国绿釉陶罍还心存疑虑的话，那么临淄齐墓出土的绿釉陶罍则把我的疑虑基本冰释了。临淄齐国墓葬战国陶罍甫一出土，我即寻求相关资料，将两者加以比对。比对的结果是：

1. 器物形态的一致性：两者均为广肩、鼓腹、圈足并带盖的球状轮廓，盖顶上均带有四个钮状捉手，明显是模仿青铜礼器的造型。

2. 釉面的一致性：两者外表均施釉，釉色青中泛黄，有细碎开片，光照处有银釉闪烁。釉面不匀，局部有斑驳；胎釉结合不牢，局部有脱釉。

---

[1] 陈彦堂：《关于汉代低温铅釉陶器研究的几个问题》，北京大学中国考古学研究中心等编：《古代文明》第4卷，文物出版社，2005年，第303~315页。世纪之交，笔者在日本做学术交流期间，承蒙日本出光美术馆弓场纪知先生惠赠他所搜集的纳尔逊－阿特金斯艺术博物馆低温铅釉陶罍资料的黑白复印件，后又承长期在美国纳尔逊－阿特金斯艺术博物馆工作的耶鲁大学教授杨晓能博士惠赠彩色照片，得以较详细了解该项资料。谨向弓场先生和杨晓能博士致谢。

3. 胎体的一致性：两者露胎处，均显现出灰色胎体。这是目前所知年代最早的灰胎低温铅釉陶器，与两汉时期绝大部分呈现红色的胎体极为不同。

4. 烧成技法的一致性：从灰色胎体可以推测出两者均是在还原气氛中烧成的。而且还可以进一步推断，应该是和普通灰陶器甚至原始瓷器同窑，在同样烧成气氛中烧成的。[①]

5. 装饰的一致性：两者均是在肩部和上腹部各规划一条装饰纹带，装饰母题是战国时期青铜器上常见的蟠螭纹和云雷纹。

6. 出土环境的一致性：金村古墓均为甲字形大墓，有些还有殉马坑，属于高等级贵族甚至王室墓葬。临淄安乐店战国齐墓也是甲字形，全长超过20米，规模宏大，结构复杂，墓主人应是齐国的贵族。[②]

另外，两者之间还存在着产地一致的可能性。从前述诸方面判断，很有可能是同一个窑场烧造的。

据此，我对纳尔逊－阿特金斯艺术博物馆收藏陶罍的基本判断是：

年代：战国晚期；

釉的属性：低温铅釉；

归属与性质：上层贵族随葬品；

出土地：可能来自洛阳东周王室墓葬。

基于此判断，我认为，对纳尔逊－阿特金斯艺术博物馆收藏陶罍的所有疑虑可以基本打消。临淄战国齐墓低温铅釉陶罍的出土，不是否定了或者取代了前者，而是从考古类型学的角度证实了此前对于其年代和性质的

---

① 崔剑锋先生对此也有相同的看法，参见郎剑锋、崔剑锋：《临淄战国齐墓出土釉陶罍的风格与产地——兼论我国铅釉陶的起源问题》，《华夏考古》2017年第2期，第99页。

② 王会田、崔建军：《山东淄博市临淄区发现一座战国墓葬》，《考古》2008年第11期。

判断，两者之间是互证关系而不是否定关系。由此，也显示出了以此立论的战国说的学术预见性。

五、大英博物馆典藏战国陶罐的出土地问题

大英博物馆典藏的战国陶罐也是被国内外研究者广泛举证的一件著名文物。因其与东京国立博物馆典藏的同类器物在外观上具有显著的一致性，日本学者也最早对该类文物进行汇集和比对研究。在日本学者的著作中，大英博物馆的该件陶罐被认为是据传出自洛阳金村[1]，此说被众多中国大陆学者和台湾学者辗转引用，是以在目前的汉语系著作中，相关论述均沿袭此说。

在进行中国古代低温铅釉陶器的分类和溯源的工作中[2]，出于谨慎，我对该件陶罐原始著录和出处进行了检索，惊讶地发现，在欧美学者的著作中，此器被认为出自河南浚县，而不是亚洲学者所说的洛阳。尤其是大英博物馆官方主持编纂的藏品图录[3]，其藏品的年代、出处、来历等信息应该是最接近档案的第一手的材料，应该比一般的著作或论文可信度更高一些。

检索河南浚县在1949年之前的考古发掘，较有影响的只有辛村一项。[4]而辛村的发音与金村非常近似，"辛"和"金"同韵且均为前舌音，对于

---

[1] 参见［日］弓场纪知：《汉代铅釉陶器的起源》，《出光美术馆研究纪要》第四号，出光美术馆，1998年。

[2] 陈彦堂：《绘彩类低温铅釉陶器的初步探索》，"汉代西域与汉文化国际学术研讨会"论文，乌鲁木齐，2012年。

[3] 参见 Shelagh Vainker: *Chinese Pottery and Porcelain*, The British Museum Press, 1991, London. 承蒙旅英陶瓷学者、牛津大学考古学院李宝平博士惠赠该图录相关资料并见告，谨谢。

[4] 郭宝钧：《浚县辛村》（考古学专刊乙种第十三号），科学出版社，1964年。

非汉语母语的人来说，听、说、读都极易搞混。因此，入藏英国的辛村文物，被日本学者误听或者误译为金村出土是非常有可能的事。另一个非常值得关注的因素是，两者同属王室墓葬，而且洛阳金村文物流散范围包括日本、欧美众多国家，名噪一时，很多不属于金村的文物也被收藏者和待沽者附会为金村。大英博物馆这件陶罐被误认为金村出土，也有可能是被当时的交易者附会所致。同时，也与美国纳尔逊－阿特金斯艺术博物馆将其所收藏的类似器物归入传自金村有关。

事实上，在盗掘事件发生的当时，怀履光就已经意识到了他所收购的所谓的金村大墓出土文物当中有很多是不可靠的，以至于他自己就列出了一份存疑的清单，瑞典学者高本汉也指出怀履光著录中的可疑之处。[①] 既往的金村文物群概念，大多是通过这种推测、附会的"加法"的途径所形成的，以至于越来越庞大杂芜。近年来，有中国学者提出，在"加法"已不可为的情况下，善用"减法"是接近真实金村器物群的必要途径。[②] 大英博物馆收藏的这件陶罐，也许就为"减法"的应用提供了极好的案例。

循着这条线索和思路，再来观照美国纳尔逊－阿特金斯艺术博物馆的同类藏品，我们会发现这个误会还在延续，而且如出一辙。大英博物馆藏品之所以被有些学者误会成洛阳金村古墓出土，显然是受到了纳尔逊－阿特金斯艺术博物馆这一做法的影响。但大英博物馆本身却出言谨慎。因此在介绍该件陶罐的同时，该馆也把美国纳尔逊－阿特金斯艺术博物馆的同类藏品并列，明确指出是"另一个例证"，其中暗含的信息，恐怕不仅仅把两者归为同类同时代的器物，应该是包括了出土地，也就是说英国藏家

---

① 参见 C.G.Seligman and H.C.Beck：*Far eastern glass, some western origins*, The Museum of Far Eastern Antiquties Bulletin No.10, Stockholm, 1938. 感谢惠赠此资料的瑞典远东博物馆原馆长李东博士（Dr. Michel Lee）。
② 参见徐坚：《暗流：1949年之前安阳之外的中国考古学传统》，科学出版社，2012年。

在暗示与美国的藏品属于同一个出土地。事实上，大英博物馆的图录介绍中，把美国的藏品标注为 Sedgsick 的收藏，而大英博物馆自己的藏品，在相关的著录中也被注明是 Sedgsick Collection。[①] 两相对照，就明白无误地说明两者属于同一个收藏者，而且是同样的形制、同样的尺寸、同样的风格，缘何分属英、美两家博物馆后出土地却分属浚县辛村与洛阳金村？很显然，误听、误译以及附会都可能是造成这一混乱的原因，但基本可以确定的是，这两件来自中国中原地区分藏大西洋两岸的绘彩铅釉陶罐，极有可能出自辛村而被加入金村器物群。明确了这一点，就应该采用"减法"，将其从金村器物群中剔除。

这件陶罐不是出自洛阳金村大墓的另一个旁证是，瑞典学者在进行远东古代玻璃器专题研究时也把该件陶罐列为讨论对象。在涉及该件陶罐时，作者仅仅很明确地注明是 Sedgwick 的收藏，而没有任何涉及金村大墓的信息。相反地，其他所有出自金村的资料，都有明确标识。设若该件陶罐属于金村大墓，作者不可能毫无提示甚至暗示。[②]

因此可以判断，大英博物馆典藏的这件战国绘彩类低温铅釉陶罐，经检索其藏品档案并结合考古学史资料，应该是出自河南浚县辛村，而不是洛阳金村。日本学者的误听或误译被中国学者误引，影响持续至今。

但是需要指出的是，20世纪30年代前后四次发掘的浚县辛村，文化内涵包括龙山文化晚期遗址和西周时期的卫国贵族墓葬，已经刊布的考古资料中并无东周时期的遗存，学术界对辛村的认识也仅限于西周时期的卫国。因此，大英博物馆入藏的这件被认为属于战国时期的绘彩陶罐，似乎

---

① C.G.Seligman and H.C.Beck: *Far eastern glass, some western origins*, The Museum of Far Eastern Antiquties Bulletin No.10, Stockholm,1938.
② C.G.Seligman and H.C.Beck: *Far eastern glass, some western origins*, The Museum of Far Eastern Antiquties Bulletin No.10, Stockholm,1938.

应该与20世纪30年代原中研院史语所在浚县辛村的考古发掘主体内容无关。但实际上，据发掘者石璋如先生回忆，当年曾经发掘清理出随葬品丰富的汉代墓葬。① 近年来新的考古调查与发掘，也在辛村遗址新发现了丰富的东周时期遗存②，说明辛村一带出土战国两汉时期的文物是很正常的。而20世纪30年代初，浚县辛村的古墓葬盗掘异常猖獗，当地已经形成了官匪勾结的盗掘体系。连李济都感慨总部设在巴黎的古董商在中国北方各省都设立了分机关。③ 史语所之所以在辛村进行连续多年考古发掘，其中一个重要原因就是阻止当地的疯狂盗掘。这又从另一个侧面说明，战国两汉陶器在30年代从辛村盗掘并辗转流传到欧美，是完全有可能的。

六、北朝铅釉陶器烧造窑址的资料问题

近年来，河北临漳发现了一处名为曹村窑的古代窑址，调查者和试掘者均认为该窑址的烧造年代为北朝时期，并进一步断言，安阳北齐范粹墓出土陶瓷器应该是这个窑口的产品。④ 科技界也有人对样本进行了测试，确认了一批低温铅釉器皿。⑤ 果如是，则自应视为北朝低温铅釉陶器研究的重要资料，自然也是中国陶瓷史上的重要发现。因为迄今为止，唐代之前的中国古代低温铅釉陶器的烧造遗址，尚无一例明确的考古发现。曹村窑的

---

① 陈存恭等：《石璋如先生访问记录》，转引自岱峻：《李济传》，商务印书馆，2021年。
② 河南省文物考古研究院发掘资料。
③ 李济：《河南考古之最近发见》，《李济文集》，上海人民出版社，2006年。
④ 王建保：《磁州窑窑址考察与初步研究》，李江：《河北省临漳曹村窑址初探与试掘简报》，均收入中国古陶瓷学会编：《中国古陶瓷研究》第十六辑，紫禁城出版社，2010年。王建保等：《河北临漳县曹村窑址考察报告》，《华夏考古》2014年第1期，第24~29页。
⑤ 李国霞等：《新发现曹村窑三种釉色陶瓷的初步分析》，中国古陶瓷学会编：《中国古陶瓷研究》第十六辑，紫禁城出版社，2010年，第525页。

发现一旦得到确认，必将是一项填补学术空白的成果。

但通过对已刊布的相关资料和论述的梳理分析，我个人认为，虽然曹村窑的资料对寻找北朝时期低温铅釉陶器的烧造地点提供了非常具有启发意义的线索，但相关论著在窑址的年代论定、出土文物的层位关系以及相对年代推定诸方面，曹村窑遗址的定性还有很多基础性工作有待展开，目前尚不具备认定为"经考古发掘的烧造低温铅釉陶器的北朝窑址"的基本要素。更进一步地，以此来论定北朝时期低温铅釉陶器的生产工艺和技术指标，显然是缺乏坚实的田野考古基础的。① 换言之，在目前资料的基础上，确认曹村窑是北朝时期烧造低温铅釉陶器的专业窑场，尚显言之过早。

首先，论者以曹村窑采集的酱釉碗与东魏高雅墓出土的天平四年（537年）酱釉碗造型一致为论据，认为"曹村窑址的时代上限不会晚于东魏"②，这一表述与考古学判定年代的逻辑恰恰相反。也就是说，如果器物比附成立，恰好说明曹村窑的年代上限不早于亦即相当于或者晚于天平四年而不是相反。其次，《河北省临漳曹村窑址初探与试掘简报》这个标题本身就不符合考古简报的基本要求，简报中没有发掘区位置图、发掘地点的平剖面图（经查，简报中的曹村窑剖面图实为文物勘探图，而非发掘简报必需的发掘探方剖面图），也确实缺少考古简报的基本要素。更加匪夷所思的是，所有的出土遗物均没有出土单位和器物编号，没有层位关系，其相对年代

---

① 目前所见，以曹村窑址为主要证据，来论述北朝时期低温铅釉陶器的生产工艺和产品特征的论著主要有：小林仁：《北齐邺城地区的明器生产及其系谱——以陶俑和低温铅釉陶为中心》，中国古陶瓷学会编：《中国古陶瓷研究》第十六辑，紫禁城出版社，2010年，第505～524页；小林仁等：《北齐铅釉器的定位和意义》，《故宫博物院院刊》2012年第5期，第104～111页；谢明良：《中国古代铅釉陶器的世界》，石头出版股份有限公司，2014年，第77页。尤以小林仁对曹村窑址发现的意义评价最高，他甚至推断说曹村窑址很有可能是北齐邺城的官营窑场。
② 王建保：《磁州窑窑址考察与初步研究》，收入中国古陶瓷学会编：《中国古陶瓷研究》第十六辑，紫禁城出版社，2010年，第7页。

根本无法排序。尤其是具有重要年代意义的铜钱，无法从简报中得到任何出土单位的信息，因此也无法与任何遗物建立科学的关联关系。包括灰坑和窑炉在内的遗迹单位，其使用年代和废弃年代均无法从层位关系中得到解释。

因此，通过已经发表的资料，很难把这次活动定义成科学的考古发掘。这两篇文章所刊布的资料，只能视为采集品，其结论也无法用科学考古发掘的方法去验证。同样，对该窑址标本的各项测试中，对象是曹村窑的八件标本，但均没有出土单位和出土层位，更没有器物编号，故测试结果与窑器物年代和窑址年代的推断之间，逻辑关系是不成立的。有鉴于此，我并不认为目前已经可以从考古学和科技检测角度认定曹村窑的北朝低温铅釉窑址属性。

考古发掘与田野采集最根本的区别在于遗物的原始层位关系，缺失了层位关系的文物，在考古资料的整理阶段一律会被归为采集品，这是田野考古的惯例和基本要求。因此，有关曹村窑的所有标本，目前看来均应被视为采集品，而不具备考古发掘出土品的基本属性。以此为论据所得出来的有关北朝时期低温铅釉陶器烧造地的观点和结论，至少是不严谨不严肃的。

必须指出的是，我们相信，以邺城为中心的河北南部与河南北部一带，既是北朝时期低温铅釉陶器集中出土的区域，也极有可能是重要的烧造区域，正如宿白先生对太原大同一带北朝墓葬出土低温铅釉陶器做出的其产地"应在北齐北都附近"的科学预判[1]一样。我们同样相信，墓葬出土文物与田野采集文物所提供的线索，显示出在该区域取得学术突破、填补学术

---

[1] 宿白：《太原北齐娄叡墓参观记》，《文物》1983年第10期；宿白：《笔谈太原北齐娄叡墓》，《文物》1983年第10期。

空白的极大可能性，包括曹村窑属于低温铅釉陶器专业窑场的可能性。但是，对于这种学术假说和学术预测进行证实的唯一途径，是科学严谨的考古发掘以及资料的整理和编写。在此基础上，从最基本最确凿的原始资料出发去申述学术观点，而不是舍本逐末。

附记：

本文在写作过程中及草成后，先后得到了中国社会科学院考古研究所白云翔先生、安家瑶先生，美国纽约大都会艺术博物馆孙志新博士，英国牛津大学李宝平博士，广州南越王宫博物馆全洪先生，瑞典远东博物馆李东先生等师友的指教和帮助，在此谨申谢忱！

辽祖陵出土瓦当的文化因素分析[*]

中国社会科学院考古研究所　董新林

中国社会科学院大学　岳天懿

辽祖陵是辽代开国皇帝耶律阿保机及其皇后述律平的陵寝之地。天显元年（926年）七月，太祖耶律阿保机于东征渤海国的归途中驾崩，翌年八月葬于祖陵。应历三年（953年），淳钦皇后述律平亦祔葬于此。辽祖陵是辽代第一座帝陵，开启了辽代陵寝制度的新规制。[①]

辽祖陵遗址位于内蒙古自治区赤峰市巴林左旗查干哈达苏木石房子嘎查，东略偏北距辽上京遗址约20公里。2003年起，中国社会科学院考古研究所内蒙古第二工作队开始对辽祖陵遗址进行考古调查；2007—2010年，中国社会科学院考古研究所内蒙古第二工作队和内蒙古自治区文物考古研究所联合组成的辽祖陵考古队对辽祖陵遗址进行了科学的考古发掘，取得

---

[*] 本文得到国家社科基金重大项目（批准号：20&ZD251）"辽上京皇城遗址考古发掘资料的整理和综合研究"及中国社会科学院大学（研究生院）研究生科研创新支持计划项目考古学专项"辽金时期瓦件的考古学研究"（项目编号：2022-YZ-06）的资助。

[①] 董新林：《辽祖陵陵寝制度初步研究》，《考古学报》2020年第3期。

了一系列重要成果。本文拟以辽祖陵遗址考古发掘出土瓦当标本为基础，结合早年调查试掘所获的资料，尝试对辽祖陵出土瓦当的类型、分期和文化因素进行初步研究。

一、研究简史

学术界对辽祖陵遗址瓦件的收集与整理，可以上溯到20世纪上半叶。1939年日本学者田村实造、小林行雄等曾对辽祖州城进行过调查，采集了部分瓦件标本。[①]1943年岛田正郎等人对辽祖州城进行盗掘，获得一批重要的瓦件材料。[②]1949年后，中国学者曾对辽祖陵进行过零星调查，也曾发表部分标本。[③]2003年以降，辽祖陵考古队对辽祖陵遗址展开了系统的考古工作，出土了大量建筑构件[④]，基本明晰了陵区构成和陵园布局。

瓦当作为具有断代意义的标本，从发现之初就为学者所重视。关于瓦当的论题涉及类型、年代、文化来源三方面。小林行雄发表辽祖州城采集的两件心叶形莲纹和一件兽面纹瓦当。他认为心叶形莲纹瓦当与渤海遗址

[①] 小林行雄：《遼代の瓦當文について——興安西省発見遼代古瓦の研究》，《宝雲》第30册，1943年，第31~49页；田村实造著，索介然译：《辽代的移民政策和州县制的建立》，《日本学者研究中国史论著选译》，中华书局，1993年，第510~513页。
[②] 岛田正郎：《祖州城：東蒙古モンチョックアゴラに存する——遼代古城址の考古學的歷史學的發掘調查報告》，中泽印刷株式会社，1955年。
[③] 汪宇平：《内蒙古文化局调查辽代祖州城辽太祖墓》，《文物参考资料》1955年第5期，第109~110页；洲杰：《内蒙古昭盟辽太祖陵调查散记》，《考古》1966年第5期，第263~266页。
[④] 中国社会科学院考古研究所内蒙古第二工作队、内蒙古文物考古研究所：《内蒙古巴林左旗辽代祖陵陵园遗址》，《考古》2009年第7期，第46~53页；《内蒙古巴林左旗辽代祖陵陵园黑龙门址和四号建筑基址》，《考古》2011年第1期，第3~6页；《内蒙古巴林左旗辽代祖陵龟趺山建筑基址》，《考古》2011年第8期，第3~12页；《内蒙古巴林左旗辽祖陵一号陪葬墓》，《考古》2016年第10期，第3~23页。汪盈、董新林：《从考古新发现看辽祖陵龟趺山基址的形制与营造》，《考古》2016年第10期，第25~33页；《辽祖陵黑龙门遗址发掘报告》，《考古学报》2018年第3期，第373~428页。

所出者相似，体现辽初渤海文化的影响；在和中原及朝鲜半岛材料进行比较后，他审慎地提出辽代兽面瓦当的造型反映出唐宋样式的影响。岛田正郎研究辽祖州城出土瓦当时，依然延续了莲花和兽面的二分法。但他进一步认识到在兽面纹中还包含特殊的人面纹类型。岛田也认为莲纹瓦当源自渤海，是辽初兴建祖州城时期的产品；而兽面瓦当是辽朝中期用于修补的产品。人面瓦当造型可能来源于契丹人面部形象。贾洲杰认为辽祖陵和祖州所出的莲纹瓦当主要体现出唐代遗风，兽面纹瓦当和宋代产品相近，二者均为辽初产品。[①]向井佑介认为辽祖州城出土的莲花纹瓦当不仅包含渤海因素，更包含华北因素的影响，且以后者为主；辽境内渤海风格的四瓣莲花瓦当，在渤海都城遗址中不见。[②]彭善国根据渤海上京城出土的类似材料对向井佑介的观点提出了反驳。[③]此外，一些博士硕士论文的综合研究中也曾涉及辽祖陵遗址出土的瓦当标本。[④]综上所述，辽祖陵遗址的瓦当研究还较薄弱。限于考古发掘资料的局限，关于辽祖陵遗址瓦当的形制类型、分期断代和文化源流等基本问题，都有待厘清。

二、瓦当类型

迄今为止，辽祖陵陵园内发掘出土的瓦当为陶质。而在辽祖州内城则

---

① 贾洲杰：《内蒙古地区辽金元时期的瓦当和滴水》，《考古》1977年第6期，第422~425页。
② 向井佑介著，孙琳译：《契丹的移民政策和渤海系瓦当》，《历史与考古信息·东北亚》，2013年第2期，第106~120页。原载《辽文化·庆陵一带调查报告书》，京都大学大学院文学研究科，2011年，转引自中译本。
③ 彭善国、孙旸：《契丹辽文化中渤海因素的考古学观察》，《边疆考古研究》第24辑，科学出版社，2018年，第315~322页。
④ 申云艳：《中国古代瓦当研究》，文物出版社，2006年，第219~257页；卢成敢：《中国东北地区辽金瓦当研究》，吉林大学硕士学位论文，2015年；赵怡博：《内蒙古地区辽金元瓦当纹饰研究》，内蒙古师范大学硕士学位论文，2019年。

发现较多施釉瓦当。辽祖陵出土瓦当绝大多数为圆形,对接半圆形筒瓦。瓦当朝向屋外的一侧为当面,朝向屋内、连接筒瓦的一侧为当背。当面样式的变化主要包括两方面:一是边轮,即外围无纹饰部分;二是当面纹样。

(一)边轮类型

边轮形制可分为三型(图1①):

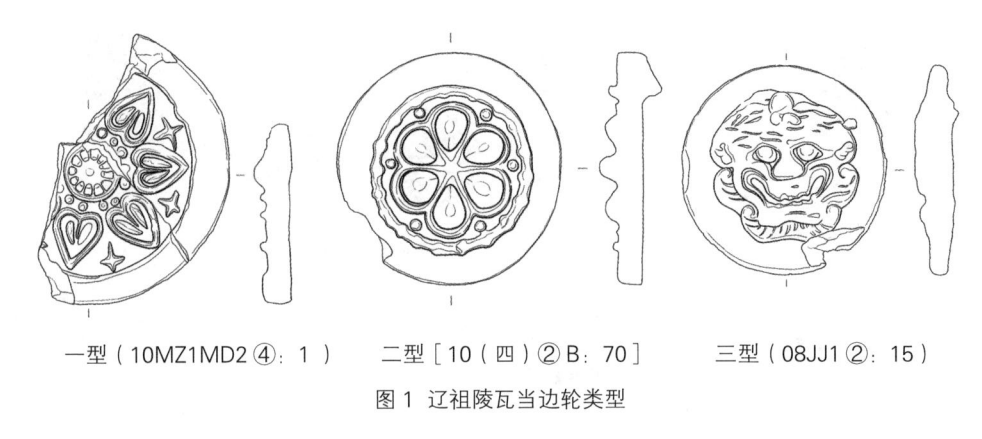

一型(10MZ1MD2④:1)　　二型[10(四)②B:70]　　三型(08JJ1②:15)

图1　辽祖陵瓦当边轮类型

一型:边轮凸起,高出内部纹样的当面。

二型:边轮与内部纹样的当面齐平或略低矮。二者之间以一周或两周完整的凸弦纹作为界隔。

三型:边轮与内区当面齐平或略低矮,二者之间无明显间隔。

(二)当面纹样类型

根据当面纹样的不同,可将辽祖陵出土的瓦当分为四类:莲花纹、几何纹、人面和兽面瓦当。

---

① 本文线图由中国社会科学院考古研究所内蒙古第二工作队王岩、王亚琪绘制,谨致谢忱。

1. 莲花纹瓦当

当面饰以形态不一的莲花图案。根据花瓣形态的差异，可分为三型（表1）。

表1　辽祖陵出土莲花纹瓦当

	A 型				B 型	C 型
	Aa	Ab	Ac	Ad		
一期早段	Ⅰ式　祖州城出土（岛田正郎著录） Ⅱ式　10MZ1MD1②：1		Ⅰ式　15GT3北扩②：14 Ⅱ式　15GT4北扩③：18	Ⅰ式　10MZ1MD2④：1	Ⅰ式　09G13③：8	Ⅰ式　10MZ1MD1③B：112 Ⅱ式　15GJPG1⑥：5
一期晚段		15GJPG1③：6	Ⅲ式　10MZ1F1①：11 Ⅳ式　09G10②：1		Ⅱ式　10(四)①：38 Ⅲ式　10(四)②B：57	Ⅲ式　10(四)②B：26 Ⅳ式　10(四)②B：48

A 型，花瓣呈倒心形或其变体。根据花瓣个数，可分为四个亚型。Aa—Ad 依次为四、五、六、七瓣。

Aa 型：四瓣。依据纹样和边轮形制变化，可分两式。

Ⅰ 式：花瓣为倒心形，尖头向外。花瓣间装饰有伞状或十字形间饰。

Ⅱ 式：花瓣为垂尖形，尖头向外。花瓣间饰为直凸棱线和小乳钉构成的近干字形间饰。

Ab 型：五瓣。花瓣近垂尖形，尖头朝向当心，朝外缘一侧略内折，花瓣内由两条凸棱线构成花肉，无间隔线。瓣间有长十字形凸棱线和小乳钉共同构成的间饰。

Ac 型：六瓣，分四式。

Ⅰ 式：花瓣为倒心形，尖头向外，两片花肉之间有间隔线。瓣间有十字形间饰。花肉轮廓线有单层和双层两种。

Ⅱ 式：花瓣为垂尖形，尖头朝向当心，朝向外缘一侧折角内收。两片花肉间无间隔线。瓣间有十字形间饰。

Ⅲ 式：花瓣形状与Ⅱ式相近，朝向外缘一侧折角幅度缩小，花肉开始像 V 字形发展。瓣间的十字形间饰开始与小乳钉组合。

Ⅳ 式：花瓣呈长椭圆形。间饰近 T 字形，连缀三个小乳钉。

Ad 型：七瓣。花瓣呈倒心形，内部两片细长花肉由界隔线分开，瓣间有十字形间饰。

B 型，花瓣呈较大的椭圆形。分三式。

Ⅰ 式：饰六瓣长椭圆形瓣，花瓣之间有 T 字形间饰。联珠纹饰带环绕在外，且与花瓣之间有凸弦纹间隔。

Ⅱ 式：饰六瓣椭圆形花瓣，花瓣较Ⅰ式更圆润，且均有外廓，外廓间有一小乳钉。

Ⅲ 式：饰八瓣椭圆形花瓣，花瓣更近圆形，且均有外廓。花瓣间饰一小乳钉。

C 型，花瓣呈较小且密集的椭圆形。分四式。

Ⅰ式：饰密集突起的小椭圆花瓣，花瓣之间有小乳钉间饰。外围环绕一圈联珠纹，联珠纹与花瓣之间有凸弦纹为界隔。

Ⅱ式：与Ⅰ式接近，但花瓣与联珠纹带之间的凸弦纹界隔消失。仅发现一残片。

Ⅲ式：小椭圆花瓣出现外廓，花瓣之间有小乳钉间饰。外围无联珠纹带。

Ⅳ式：花瓣呈近圆形轮廓状，瓣间有两个小乳钉构成的间饰。

2. 几何纹瓦当

当面饰以各种形状的几何纹饰。根据几何纹饰的差异，可分为四型（表2）。

表2　辽祖陵出土几何纹瓦当

	A 型				B 型	C 型	D 型
	Aa	Ab	Ac	Ad			
一期早段	Ⅰ式 07GT2②：74-1	Ⅰ式 15GT3北扩②：2	Ⅰ式 15GT1东扩②：1		Ⅰ式 10MZ1MD1③ B：81　Ⅱ式 15GT4北扩②：7	07PM1：117	

（续表）

	A型				B型	C型	D型
	Aa	Ab	Ac	Ad			
一期晚段	Ⅱ式 10(四)①：83	Ⅱ式 10(四)②B：97	Ⅱ式 10(四)②B：19	09(三)G22②：1	Ⅲ式 10(四)①：33		Ⅰ式 10(四)②B：107　Ⅱ式 10(四)①：1　Ⅲ式 10(四)①：9

A型，饰多角形图案。依据纹样差异分四个亚型。

Aa型：饰五角形图案，各角之间有小乳钉间饰。分两式。

Ⅰ式：五角形饰外有一周联珠纹装饰，当中间隔一圈凸弦纹。

Ⅱ式：五角形饰饱满凸出，其外无联珠纹带。

Ab型：多角形饰外围有一周方格纹饰带。分两式。

Ⅰ式，饰七角形图案，各角之间有小乳钉构成间饰。

Ⅱ式，饰五角形图案，各角之间有小乳钉、弧线构成的间饰。

Ac型：饰短线构成的多角折线图案。分两式。

Ⅰ式：短线靠近当心，连续不断。

Ⅱ式：短线远离当心，隔断呈三角形和梯形相间的装饰带。

Ad型：五角形图案外饰三角形装饰带。

B型，饰较大的圆形乳钉图案。分三式。

Ⅰ式：大乳钉间有十字形间饰。

Ⅱ式：大乳钉之间的间饰由十字形向小乳钉转变。

Ⅲ式：大乳钉之间由五个小乳钉构成间饰。

C型，饰较大的十字形图案，周旁有小乳钉间饰。

D型，饰放射线图案。内区纹饰主要以放射状直线和乳钉组合而成。依据放射线和乳钉组合形式的差异，分三式。

Ⅰ式：外围放射线细密，间隔有小乳钉。当心区域由一个中心乳钉及环绕在外的一圈小乳钉和凸弦纹构成。

Ⅱ式：外围放射线较粗疏，间隔乳钉较大。

Ⅲ式：放射线和间隔乳钉向当心收缩，放射线由折线构成，较为稀疏。外围有一圈较大乳钉构成的联珠纹带，与放射线之间有凸弦纹间隔。

3. 人面瓦当

当面饰一接近人面的形象，完整标本嘴部均较为平弧，眼下多存有颊饰，无犄角、獠牙、鬃毛等。可依据眼部形态差异分两型（表3）。

A型，圆眼，外有一周眼睑。可分两式。

Ⅰ式：弯眉，面像外有联珠。

Ⅱ式：斜眉，面像占当面比重较Ⅰ式缩小。

B型，细长眼，无眼睑。可分两式。

Ⅰ式：面像与联珠纹之间无界隔线。

Ⅱ式：面像与联珠纹之间有界隔线，面像占当面比重较Ⅰ式缩小。

4. 兽面瓦当

当面饰一兽面形象，根据嘴部形态的差异可分四型（表3）。

A型，嘴下有衔环。分两个亚型。

Aa型：眼部突出，外有眼睑。衔环较大。

Ab型：眼部较小，无眼睑。衔环较小。早年小林行雄著录者及近年出土者均残，可根据辽上京出土完整标本（图3，1）[①]复原。

B型，嘴部两角起翘。可分两个亚型。

Ba型，嘴角上翘幅度相对较小，且较为圆滑，向两颊横向伸展。分两式。

I式：面像外有联珠。

II式：面像外无联珠。

Bb型，嘴角上翘幅度较大，纵向伸展，指向两眉。

C型，嘴部较平弧。

D型，嘴部呈凹凸起伏状。可分三亚型。

Da型：嘴呈凹形，下底较起伏，嘴中部下凹明显。

Db型：嘴角呈梯形，上大下小。祖陵出土者无完整件，据辽上京博物馆展品（图3，2）复原。

Dc型：嘴下底较平，嘴角向上鼓起。可根据辽上京遗址出土较完整标本（图3，3）[②]复原。

[①] 中国社会科学院考古研究所、内蒙古文物考古研究所：《辽上京西山坡遗址2020年度考古新成果》，《中国文物报》2021年2月19日第8版。

[②] 中国社会科学院考古研究所内蒙古第二工作队、内蒙古自治区文物考古研究所：《内蒙古巴林左旗辽上京宫城建筑基址2019年发掘简报》，《考古》2020年第8期，第52~72页。

表3 辽祖陵出土人面、兽面瓦当

	人面瓦当		兽面瓦当							
	A型	B型	A型		B型		C型	D型		
			Aa	Ab	Ba	Bb		Da	Db	Dc
一期晚段	Ⅰ式 09（二）G18②：2	Ⅰ式 10MZ1T45①：1	07PM1：27							
二期	Ⅱ式 10（四）①：98	Ⅱ式 09（三）G22③：2			Ⅰ式 15GT3北扩②：6 Ⅱ式 祖州城第一建筑基址出土（岛田正郎著录）		09（四）G25①：1			

(续表)

人面瓦当 || 兽面瓦当								
A 型	B 型	A 型		B 型		C 型	D 型		
		Aa	Ab	Ba	Bb		Da	Db	Dc
三期			08JJ1②：20 祖州城采集（小林行雄著录）		08JJ1①：19		08JJ1②：15	08T22②：1	08JJ2②：60

各地点出土瓦当的型式和数量统计详见表4[①]。

[①] 此表以2003年以降辽祖陵遗址考古工作所获得的典型标本（小件）为基础，对发掘和试掘地点材料进行初步统计。出土的破损严重的瓦当残块，还有待进一步整理。祖州城遗址根据小林行雄著录标本、岛田正郎公布的发掘资料和近年采集标本进行勾选。

表4 辽祖陵出土瓦当统计表

类别	型式	分期	边轮形制	一号陪葬墓	甲组建筑基址	二号建筑基址	三号建筑基址	四号建筑基址	黑龙门	龟趺山建筑基址	祖州城	总计
莲花纹	AaI	一期早段	一					1	1		✓	2
	AaII	一期早段	不明						1			1
	Ab	一期晚段	二							4		4
	AcI/Ad	一期早段	一						4	12	✓	16
	AcII	一期早段	二							10		10
	AcIII	一期晚段	二					6	5		✓	11
	AcIV	一期晚段	二					2				2
	BI	一期早段	二					2	7		✓	9
	BII	一期晚段	二					41		7	✓	48
	BIII	一期晚段	二					4	3	3		10
	CI	一期早段	二						1			1
	CII	一期早段	不明							1		1
	CIII	一期晚段	二			2		4	24	2	✓	32
	CIV	一期晚段	二					4		3		7

(续表)

类别	型式	分期	边轮形制	一号陪葬墓	甲组建筑基址	二号建筑基址	三号建筑基址	四号建筑基址	黑龙门	龟跌山建筑基址	祖州城	总计
几何纹	AaI	一期早段	二							9	✓	9
	AaII	一期晚段	二					25		7	✓	32
	AbI	一期早段	二							1		1
	AbII	一期晚段	二					3	4	7	✓	14
	AcI	一期早段	不明							1		1
	AcII	一期晚段	二			3		27		3		33
	Ad	一期晚段	二				1	1				2
	BI	一期早段	二						12	2	✓	14
	BII	一期早段	二			1			1	5		7
	BIII	一期晚段	二			3		2		1	✓	6
	C	一期早段	二	1						1	✓	2
	DI	一期晚段	二					15		5	✓	20
	DII	一期晚段	二			1		13		12	✓	26
	DIII	一期晚段	二					6		6		12

(续表)

类别	型式	分期	边轮形制	一号陪葬墓	甲组建筑基址	二号建筑基址	三号建筑基址	四号建筑基址	黑龙门	龟趺山建筑基址	祖州城	总计
兽面	Aa	一期晚段	二	19				12				31
	Ab	三期	一		2						✓	2
	BaI	二期	二					1		19		20
	BaII	二期	二								✓	
	Bb	三期	一		4							4
	C	二期	二			1		5	1	1		8
	Da	三期	三		15							15
	Db	三期	二		1							1
	Dc	三期	一		1							1
人面	AI	一期晚段	二			1		1	1			3
	AII	二期	二			1		3				4
	BI	一期晚段	二						1			1
	BII	二期	二				1				✓	1
不明					1			1		11		13
总计				20	24	13	2	175	63	140		437

三、分期与年代

瓦件的年代，广义上来说是一个延续性的概念，包括生产、使用、废弃。此处所探讨的重点是各类瓦当的生产年代。此外，瓦件制作对原材料、烧制火候的要求都较为宽松。从现有的发现来看，辽金时期的城址、寺庙类遗存周边发现砖瓦窑址并不鲜见。因此，即使是同一类型的产品，在同一政权疆域内部不同地区，其烧制年代都可能存在差异。本文所讨论的祖陵瓦当年代，与其他辽金遗址瓦当年代的关系，也应是相互参照而非完全对等的关系。

（一）莲花纹与几何纹瓦当断代

可分为两组。第一组包括莲花纹瓦当AaI、AaII、AcI、AcII、Ad、BI、CI、CII式，几何纹瓦当的AaI、AbI、AcI、BI、BII、C型（参见表1、表2）。这组产品主要具有以下两个特征：第一，纹样构图和外区形制与中原地区唐五代时期的莲花纹、几何纹瓦当或渤海国的倒心形花瓣瓦当相近。如莲花纹瓦当的A型，其主体花瓣、十字间饰与突起的边轮，都与渤海国瓦当高度相似（图2，1—4）[1]；莲花纹瓦当的B、C型，以及几何纹瓦当的A、B型产品，其主题纹饰可在洛阳城（图2，5—12）[2]、北宋皇陵（图

---

[1] 黑龙江省文物考古研究所：《渤海上京城：1998—2007年度考古发掘调查报告》，文物出版社，2009年。
[2] 中国社会科学院考古研究所：《隋唐洛阳城：1959—2001年考古发掘报告》，文物出版社，2014年；洛阳市文物考古研究院：《隋唐洛阳城天堂遗址发掘报告》，科学出版社，2016年。

2，18)[①]、开封（图2，17)[②]或晋阳[③]地区出土的唐宋时期瓦当上找到源头；同时，中原地区唐代瓦当盛行的联珠纹等外饰带、花瓣间的多个小乳钉间饰（图2，15—16）也与辽祖陵该组产品十分相近，而这类小乳钉间饰又见于辽境内会同六年（943年）下葬的后唐德妃墓（图2，20）。[④]第二，这些瓦当在祖陵陵园中多于黑龙门和龟跌山建筑基址，而在四号建筑基址中大多不见。[⑤]作为陵园入口的黑龙门以及立有太祖纪功石碑的龟跌山基址，应自太祖去世（926年）后祖陵营建之初即开始营建。就祖陵遗址而言，第一组产品的年代上限应该与祖陵营建同时，即10世纪20年代后期。

四号建筑基址是与一号陪葬墓配套的祭祀建筑。从墓葬规格和出土墓志残片判断，一号墓可能是辽太祖第三子耶律李胡墓。四号建筑基址应是一号陪葬墓的"献殿"建筑，始建年代可能与耶律李胡去世时间（960年）相近。由于四号建筑基址中鲜见第一组产品，反而出现了其衍生的后续样式，因此第一组的烧造年代的下限应该不晚于四号建筑基址的营建，约为10世纪中叶。

---

① 河南省文物考古研究所：《北宋皇陵》，中州古籍出版社，1997年。
② 河南省文物考古研究院、开封市文物考古研究所、城市考古与保护国家文物局重点科研基地、河南大学历史文化学院文博系：《河南开封北宋东京城顺天门遗址2012—2017年勘探发掘简报》，《华夏考古》2019年第1期，第13～41页。
③ 山西省考古研究所、太原市文物考古研究所、晋源区文物旅游局：《晋阳古城一号建筑基址》，科学出版社，2016年；山西省考古研究所、太原市文物考古研究所、晋源区文物旅游局：《晋阳古城晋源苗圃考古发掘报告》，科学出版社，2018年；山西省考古研究院、太原市文物考古研究所、晋源区文物旅游局：《晋阳古城三号建筑基址》，科学出版社，2020年。
④ 赤峰市博物馆、巴林左旗辽上京博物馆、巴林左旗文物管理所：《内蒙古巴林左旗盘羊沟辽代墓葬》，《考古》2016年第3期，第31～44页。
⑤ 有个别例外，如在四号建筑基址中出土一件仅存一瓣的莲花纹瓦当Aa1式残块标本［09（四）G25②：5］；另有一件归入不明类别的残片［03（四）：采1］，从残存部分推测可能属几何纹瓦当BⅡ式。

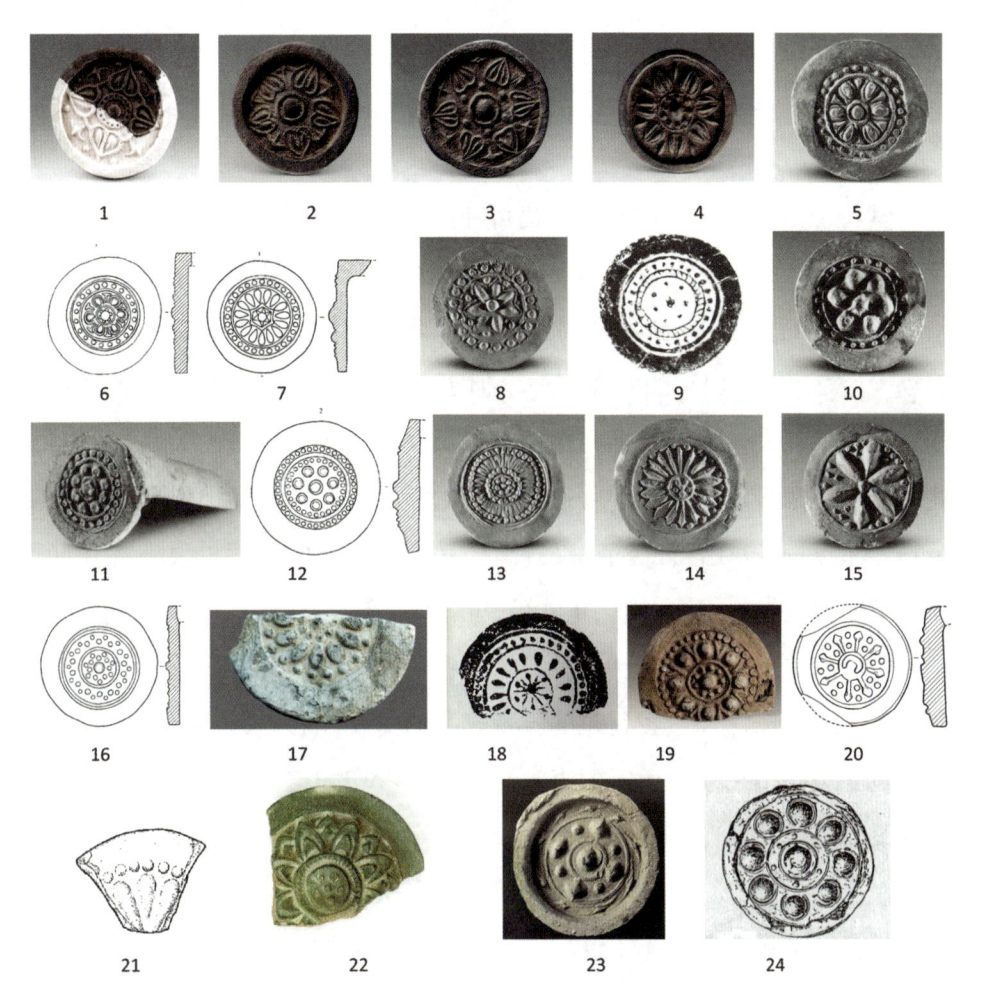

图 2　莲花纹、几何纹瓦当对比资料

1—4.渤海上京城（01NSGIT007026②：1，05SYDF5：138，98NSGIT010058②：37，04SYDF1：3）　5—16.洛阳城（GT443③：3，GT642③：9，GT397③：1，GT28②：9，GT125②：1，GT67②：2，GT396②：1，GT699②：7，LT67②：2，HT23②H8：1，GT837②：72，GT64②：4）　17.开封顺天门（T1219⑨d：2）　18.北宋永安陵（标本A采：4）　19.晋阳古城一号基址（T10405④a：35）　20.盘羊沟辽墓（MT：1）　21.解家烧锅区轴线建筑基址（XC：1）　22.北镇显陵（琉璃寺：20）　23.敦化六顶山（IM5：10）　24.龙泉坪古城采集

第二组产品主要包括莲花纹瓦当 Ab、AcIII、AcIV、BII、BIII、CIII、CIV 式，以及几何纹瓦当的 AaII、AbII、AcII、Ad、BIII、D 型（参见表1、表2）。

其特征是：第一，部分标本仍可在中原地区找到相对应的产品。如莲花纹瓦当 BIII 式、几何纹瓦当 BIII 式的纹样变化应该仍源自中原地区的母题（图2，11、19），新出现的几何纹 D 型可能与中原地区流行的细长莲瓣纹（图2，13—14）的变体有关。但更多的产品与中原或渤海地区的标本差异开始加大，而与前述祖陵本地的第一组产品有直接的关联。第二，此组产品在四号建筑基址中普遍出现且数量较大。此外，类似莲花纹瓦当 AcIV 式的残片曾在辽怀陵遗址发现。[①] 第二组产品的年代上限应该与四号建筑基址营建年代相近，即 10 世纪中叶。

需要讨论的是其生产的年代下限。我们认为以下几方面的线索值得注意。第一，其他辽代帝陵建筑的发现。我们需要注意到，营建于辽代晚期的庆陵（圣宗、兴宗、道宗陵寝）目前所见者均为兽面或人面瓦当，不见莲花纹或几何纹瓦当。[②] 始建较早、沿用年代较久的北镇辽显、乾二陵（葬有义宗、世宗、景宗，辽末祔葬天祚帝），就目前公布的调查与发掘材料来看，几何纹瓦当基本不见，莲花纹瓦当虽有发现但种类较单一（图2，22）[③]，且与祖陵所见者形制、纹样差异较大。因此，莲花纹和几何纹瓦当在辽朝帝陵遗址中的生产年代下限大体应在圣宗朝。第二，就辽代墓葬仿木构门楼所用瓦当材料来看，在辽代早期的墓葬中，莲花纹和几何纹瓦当并不鲜

---

① 见前揭向井佑介文。
② 田村实造、小林行雄：《慶陵——東モンゴリアにおける遼代帝王陵とその壁畫に關する考古學的調查報告》，座右宝刊行会，1952 年。
③ 辽宁省文物考古研究所：《辽宁北镇市辽代帝陵 2012—2013 年考古调查与试掘》，《考古》2016 年第 10 期，第 34～54 页；辽宁省文物考古研究院等：《辽宁北镇市琉璃寺遗址 2016—2017 年发掘简报》，《考古》2019 年第 2 期，第 38～62 页。

见[①]，但10世纪80年代以降，大同云中的许从赟墓[②]和上京周边的韩匡嗣夫妇墓[③]均采用兽面瓦当，并在以后成为主流。而莲花纹和几何纹瓦当在墓葬仿木构门楼中的使用，则主要见于工艺完全不同于建筑用瓦的砖雕瓦当。陈国公主墓（初建年代稍早于1018年）墓门所出的四角星、五角星图案瓦当是目前已知的年代最晚的辽代几何纹瓦当纪年材料。[④]第三，贾洲杰先生曾指出在中京城早年大规模发掘时，辽代地层中不见莲瓣纹瓦当[⑤]，目前刊布的中京发掘资料亦佐证了这一观点。[⑥]此外，祖陵出土的莲花纹和几何纹瓦当的第二组产品多与第一组产品的纹样、形制相互衔接。因此，其生产年代下限应大致在10世纪后期。当然，陈国公主墓中所用的多角形瓦当，以及乌兰木图山辽墓群东区（解家烧锅区）墓地轴线建筑出土的莲花纹瓦

[①] 如盘羊沟辽墓、床金沟5号墓等。赤峰市博物馆、巴林左旗辽上京博物馆、巴林左旗文物管理所：《内蒙古巴林左旗盘羊沟辽代墓葬》，《考古》2016年第3期，第31～44页；内蒙古文物考古研究所：《巴林右旗床金沟5号辽墓发掘简报》，《文物》2002年第3期，第51～64页。

[②] 王银田、解廷琦、周雪松：《山西大同市辽代军节度使许从赟夫妇壁画墓》，《考古》2005年第8期，第34～47、97～101页。

[③] 内蒙古文物考古研究所、赤峰市博物馆、巴林左旗博物馆：《白音罕山辽代韩氏家族墓地发掘报告》，《内蒙古文物考古》2002年第2期，第19～42页。

[④] 内蒙古自治区文物考古研究所、哲里木盟博物馆：《辽陈国公主墓》，文物出版社，1993年。另北镇辽陵陪葬墓区洪家街一号墓（简报定为辽代中晚期）亦出莲花纹瓦当，形制与北镇陵园内所见者相似。笔者认为该风格瓦当实为金代产品。参看揭辽宁省文物考古研究所：《辽宁北镇市辽代帝陵2012—2013年考古调查与试掘》、司伟伟、苏军强、万雄飞等：《锦州市北镇洪家街辽代墓地》，《中国考古学年鉴2016》，中国社会科学出版社，2017年，第213页。

[⑤] 见前揭贾洲杰：《内蒙古地区辽金元时期的瓦当和滴水》，《考古》1977年第6期。

[⑥] 辽中京发掘委员会：《辽中京城址发掘的重要收获》，《文物》1961年第9期，第34～40页；内蒙古文物考古研究所、赤峰市博物馆、宁城县博物馆：《辽中京半截塔台基覆土及地宫发掘简报》，《内蒙古文物考古》2005年第2期，第13～26页；内蒙古文物考古研究所、宁城县博物馆：《辽中京大塔基座覆土发掘简报》，《内蒙古文物考古》1991年第1期，第58～63页；首都博物馆：《大辽五京：内蒙古出土文物暨辽南京建城1080年展》，文物出版社，2018年，第94页。

当残块①（图 2，21）也提示我们，还不能排除个别莲花或几何纹瓦当在更晚的时期仍在烧制的可能。

（二）兽面与人面瓦当断代

兽面、人面瓦当在南北朝时一度兴盛，但在唐代却迅速沉寂。已有研究指出，在作为唐朝东都、北宋西京的洛阳地区，继北朝后，兽面瓦当的再次出现应在晚唐至五代前后。②虽然唐朝兽面瓦当的具体发展情况尚不清晰③，但可以达成共识的是，进入辽金与两宋时期，兽面、人面瓦当再次进入一个繁盛期。

祖陵出土的兽面与人面瓦当，可分为三组。

第一组，包括兽面瓦当 Aa 型、人面瓦当 AI、BI 式（参见表3）。这组产品均为二型边轮，且边轮占比相对有限。④面像基本撑满当面纹样部分。类似边轮形制和构图比例的瓦当在晋阳古城可见（图 3，4—5）。晋阳城毁于 10 世纪 70、80 年代之交，出土标本的瓦件年代当在此之前。虽然有

---

① 解家烧锅墓群已勘探的墓葬沿山坡分上下两级分布，其中下一级墓葬中的萧仪（卒于1029年）墓、萧旻（卒于1058年）墓，均属辽代中晚期，上级墓群还未发掘。地势较高的上级墓群年代可能要早于下级已发掘的纪年墓。参见辽宁省文物考古研究所、阜新市考古队：《辽宁阜新县辽代平原公主墓与梯子庙4号墓》，《考古》2011年第8期，第46~65页。
② 陈良伟：《洛阳出土隋唐至北宋瓦当的类型学研究》，《考古学报》2003年第3期，第347~372页。韩建华：《洛阳地区兽面纹瓦当的初步研究》，《考古学集刊》（第19集），科学出版社，2013年，第300~315页。
③ 目前较明确的晚唐兽面瓦当见于太原蒙山大佛佛阁遗址。该基址出土的一件兽面瓦当，背后对接的檐头筒瓦凹面有乾宁丙辰年（896年）刻铭。太原市文物考古研究所：《晋阳遗珍》，三晋出版社，2021年，第121页。
④ 该组产品中，边轮宽比（两侧边轮宽之和/直径）的上限以兽面纹瓦当A型I式为代表，在0.35左右。而人面纹瓦当AI式的边轮宽比则在0.25左右。"边轮宽比"概念借鉴自吕梦、龚国强、李春林：《唐长安青龙寺的用瓦制度与寺院营建》，《考古与文物》2020年第4期，第96~104页。

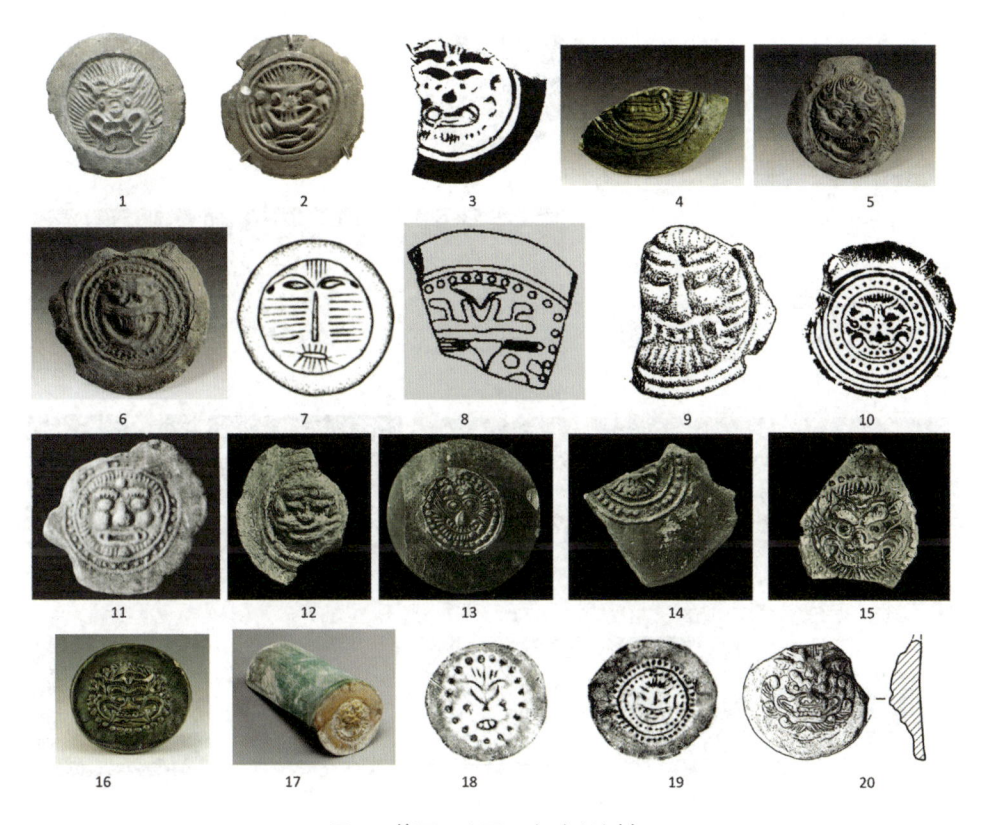

图 3 兽面、人面瓦当对比资料 1

1、3. 辽上京（西山坡 2020JZ2A1①：10，2019JZ1A①：69） 2. 辽上京博物馆藏品 4—6. 晋阳古城一号建筑基址（T10503G4：35，T10405④a：36，T10604H31：6） 7. 萧和夫妇墓（M4：57） 8. 埋王沟 M1 出土 9. 库伦一号墓出土 10. 韩匡嗣夫妇墓（M3：20） 11. 叶茂台 M20 出土 12—15. 庆东陵寝殿遗址出土 16. 北镇乾陵新立一号建筑基址（T2209③：30） 17. 小王力沟 M1（M1 墓道：3） 18—19. 福峰山萧宁墓（NFM：3，NFM：6） 20. 宝马城（T1008①：7）

图4 兽面、人面瓦当对比资料2

1.金上京（T045129②：12） 2、6.乾安春捺钵遗址（T0101⑤：1，T0202②：1） 3—5.前郭塔虎城（采：00902，T132②：4，早年采集） 7.巴东旧县坪（L6I：1） 8—9.明月坝（02H16：1，02F17：2） 10—13、15—19.洛阳城出土（GT180③：1，LT17②：8，GT169③：8，GT642②：4，GT505③：7，DT45③：19，GT398②：6，GT127②：7，DT45③：22） 14.韩琦家族墓地（F1：7） 20.华清池（XCT5④J：8）

资料显示在辽太祖时期，辽境内已存在有使用面像纹瓦的现象[①]，但考虑到兽面瓦当 Aa 型在祖陵一号陪葬墓和四号建筑基址中大量出土、人面瓦当 AI 式亦出现在四号建筑基址，且未见其他年代可能更早的兽面或人面瓦当型式，我们认为在祖陵，此组特征相近的产品生产时间上限应当与上述建筑的始建年代相差不远，约为 10 世纪中叶。

此类二型窄边轮、面像撑满当面纹样部分的瓦当，在辽晚期的庆陵遗址中并不常见，但在其他辽代遗址中也有一些年代偏晚的发现，如圣宗时期的萧和夫妇墓（图 3，7）[②]，以及年代更靠后的埋王沟 M1（图 3，8）[③]、库伦一号墓（图 3，9）[④]等。不过这些标本与辽祖陵所见者在纹样上有较大差异，如祖陵所出者多为短三角鼻，嘴部无獠牙；而萧和夫妇墓所出者为长条形鼻，库伦一号墓所出者鼻部亦拉长，嘴部出现了獠牙。辽祖陵中该组产品的瓦当种类相对较少，不似长期生产，且又发现部分标本的纹样似为第二组产品继承，其生产年代的下限应当为第二组产品出现的上限。

第二组，包括兽面瓦当 Ba 型、C 型，人面瓦当 AII、BII 式。这组产品依旧采用二型边轮，多数标本边轮仍然较窄，但纹样部分中面像部分占比开始缩小，联珠纹、凸弦纹占比加大。外围的凸弦纹层数增加，或兽面和联珠之间开始出现凸弦纹间隔。类似的标本，见于 10 世纪晚期的辽韩匡

[①] 目前报道的辽境内最早的兽面瓦当标本见于宝山 M1。据简报的文字描述，宝山 M1 墓门的仿木构门楼顶部铺设兽面瓦当。据墓内题记，墓主下葬于天赞二年（923 年）。此外，北京房山北郑村辽塔地宫出土后唐长兴三年（932 年）造陶幢，幢顶"出檐施瓦垅并泥塑兽瓦头"。见内蒙古文物考古研究所、阿鲁科尔沁旗文物管理所：《内蒙古赤峰宝山辽壁画墓发掘简报》，《文物》1998 年第 1 期，第 73~95 页。齐心、刘精义：《北京市房山县北郑村辽塔清理记》，《考古》1980 年第 2 期，第 147~158、199~202 页。

[②] 辽宁省文物考古研究所：《关山辽墓》，文物出版社，2011 年。

[③] 内蒙古文物考古研究所、辽中京博物馆：《宁城县埋王沟辽代墓地发掘简报》，《内蒙古文物考古文集》（第二辑），中国大百科全书出版社，1997 年，第 609~630 页。

[④] 王健群、陈相伟：《库伦辽代壁画墓》，文物出版社，1989 年。

嗣夫妇合葬墓（图3，10），夫妇二人的下葬时间分别为985年和993年。[1]另一典型标本为法库叶茂台辽墓群M20所出者（图3，11）。[2]在晋阳古城中，也有嘴下衔环的兽面瓦当标本出现了这种面像占纹样部分比例缩小的趋势（图3，6）。综上，祖陵所见的这类瓦当生产年代上限应在10世纪后期。考虑到在辽代庆东陵寝殿也有类似构图比例的产品出现（图3，12），我们认为其生产年代的下限可初步定在辽代中后期。

值得注意的是，在庆陵寝殿、北镇乾陵寝殿[3]、小王力沟一号墓[4]、宁城县萧宁墓[5]、朝阳刘知新墓[6]出土的一批年代相对明确的辽代中后期兽面与人面瓦当中，二型边轮出现加宽的趋势[7]（图3，13—14），或采用以一

---

[1] 内蒙古文物考古研究所、赤峰市博物馆、巴林左旗博物馆：《白音罕山辽代韩氏家族墓地发掘报告》，《内蒙古文物考古》2002年第2期，第19～42页。

[2] 冯永谦、温丽和：《法库县文物志》，辽宁民族出版社，1996年，第283～284、441页。文字描述中"图一〇二"的左、右顺序标反。按：M20本身破坏严重，墓葬形制不清，出土遗物较少，难以准确断代。值得注意的有两点：第一，迄今叶茂台墓群还未见明确早于10世纪末的墓葬。第二，紧邻M20的叶M8、叶M9年代均要迟至圣宗朝或以后。叶M8出土有一批以葫芦形瓶（M8：20）为代表的影青瓷，可知其年代应不早于圣宗朝。叶M9在原简报中被认定为辽代早期墓葬，墓中出土的定窑白瓷碗（M9：2）被认为是北宋早期产品。但根据近年定窑的发掘资料，其与五代至北宋早期的定窑产品存在较大差异，年代应该要迟至北宋中后期。见王秋华：《惊世叶茂台》，百花文艺出版社，2002年，第13页；辽宁大学历史系考古教研室：《辽宁法库县叶茂台8、9号辽墓》，《考古》1996年第6期，第41～47、102页；北京大学考古文博学院、河北省文物研究所、北京大学考古文博学院、曲阳县定窑遗址文保所：《河北曲阳县涧磁岭定窑遗址A区发掘简报》，《考古》2014年第2期，第3～25页；秦大树、高美京、李鑫：《定窑涧磁岭窑区发展阶段初探》，《考古》2014年第3期，第82～97页。

[3] 辽宁省文物考古研究院、锦州市文物考古研究所、北镇市文物处：《辽宁北镇市新立遗址一号基址2015—2018年发掘简报》，《考古》2020年第11期，第48～71页。

[4] 内蒙古文物考古研究所、锡林郭勒盟文物保护管理站、多伦县文物局：《内蒙古多伦县小王力沟辽代墓葬》，《考古》2016年第10期，第55～80页。

[5] 赤峰市博物馆、宁城县文物局：《赤峰宁城县福峰山辽代墓葬》，《草原文物》2018年第1期，第49～56页。

[6] 朝阳市龙城区博物馆：《辽宁朝阳市水泉三座辽代纪年墓》，《北方文物》2020年第4期，第17～31页。

[7] 边轮宽比达0.4左右。

周联珠纹而非凸弦纹间隔图像和边轮部分的做法（图3，15—19）。在辽上京遗址中也有类似的产品发现。[1] 这可能是辽代中后期瓦当新的变化趋势。[2] 但类似特征的兽面与人面瓦当在辽祖陵并不多见，唯有岛田正郎等在祖州城发掘时获得的兽面瓦当BaII式标本具有宽边轮的特点，年代可能偏晚。

第三组，包括兽面瓦当Ab、Bb、D型。这批瓦当的特点是：第一，集中出土于甲组建筑基址。第二，瓦当纹饰造型与前述两组产品差异较大，无直接承袭关系。除纹样不同外，兽面瓦当D型面像整体呈高浮雕凸出的特点，亦不见于祖陵其他产品。第三，瓦当边轮形制变化多样，一型、三型标本混杂，亦与前述两组兽面、人面瓦当不同。第四，这批瓦件的纹样与边轮形制，多与一些金代标本相近。出土数量最多的Da型与宝马城（图3，20）[3]、金上京（图4，1）[4]所出者类似；兽面瓦当Ab型与乾安春捺钵遗址（图4，2）[5]、塔虎城（图4，3）[6]出土者相近；兽面瓦当Bb型见于塔虎城（图4，4）；兽面瓦当Dc型早年亦在塔虎城有所发现（图4，5）[7]，在乾安春

---

[1] 中国社会科学院考古研究所内蒙古第二工作队、内蒙古自治区文物考古研究所：《内蒙古巴林左旗辽上京宫城建筑基址2019年发掘简报》，《考古》2020年第8期，第52～72页，图二五。
[2] 既往对辽代后期瓦当特征的总结参前揭小林行雄：《遼代の瓦當文について——興安西省発見遼代古瓦の研究》；田村实造、小林行雄：《慶陵——東モンゴリアにおける遼代帝王陵とその壁畫に關する考古學的調査報告》。
[3] 吉林大学边疆考古研究中心：《吉林安图县宝马城遗址2014年发掘简报》，《考古》2017年第6期，第66～81页。
[4] 黑龙江省文物考古研究所：《哈尔滨市阿城区金上京南城南垣西门址发掘简报》，《考古》2019年第5期，第45～65页。
[5] 武松：《乾安后鸣字区遗址研究》，吉林大学硕士学位论文，2016年；吉林大学边疆考古研究中心：《吉林乾安县辽金春捺钵遗址群后鸣字区遗址的调查与发掘》，《考古》2017年第6期，第28～43页。
[6] 吉林省文物考古研究所、吉林大学边疆考古研究中心：《前郭塔虎城——2000年考古发掘报告》，科学出版社，2017年。
[7] 何明：《记塔虎城出土的辽金文物》，《文物》1982年第7期，第44～49页。

捺钵遗址出土的三角形滴水标本亦模印有相近图案（图 4，6）。根据上述理由，我们认为这批瓦当应该是金代产品。

（三）辽祖陵瓦当分期

综合上述讨论，我们可以将辽祖陵出土瓦当的生产年代分成三期四段。

一期早段，10 世纪 20 年代后期至 10 世纪中叶，相当于辽太宗至辽穆宗时期。以莲花纹、几何纹瓦当第一组为代表。

一期晚段，10 世纪中叶至 10 世纪晚期，相当于辽穆宗至辽圣宗早中期。以莲花纹、几何纹瓦当第二组，以及兽面、人面瓦当第一组为代表。

二期，10 世纪末至辽朝灭亡，相当于辽圣宗中期以降。以兽面、人面瓦当第二组为代表。

三期，12 世纪 20 年代以降，属金代，以兽面瓦当第三组为代表。

此次发掘出土的瓦当标本，以一期晚段占比最大，一期早段次之，二期相对有限，三期标本则仅见于甲组基址。

四、文化因素分析

从前文分析中可知，辽祖陵出土的瓦当构成较为复杂。通过与早、晚和同时代相关遗址出土瓦当的比较研究，可以初步识别出辽祖陵瓦当的构成因素。

辽祖陵出土的辽代瓦当（一至二期），主要体现出渤海、中原和辽朝自身文化三方面因素。

1. 渤海因素

主要体现在甲类几何纹瓦当中的倒心形花瓣瓦当。其一型边轮和花瓣纹样均与原渤海疆域内的产品一脉相承。渤海国疆域内不同区域的瓦当类型存在差异，因此我们有必要明晰辽上京和辽祖陵出土瓦当究竟与渤海国哪一地区直接关联。就目前的发现来看，辽祖陵中四、五、六、七瓣四种类型均存在，在渤海统治区中唯有渤海上京城同时出现了这四种瓣数的瓦当类型[1]，辽祖陵所见的倒心形花瓣瓦当显然受到这一地区的直接影响。《辽史·地理志》载祖州城内"班院祗候蕃、汉、渤海三百人，供给内府取索"，祖州下辖二县之一的长霸县原为龙州长平县[2]，龙州即渤海国上京龙泉府下辖三州之首。[3] 发掘材料可与历史文献相互佐证。

值得注意的是，祖州的另一辖县咸宁县沿革虽有异议，但近年来学界多认为其由原渤海中京显德府辖县迁置。[4] 渤海中京多认为在今和龙西古城城址[5]，出土的倒心形花瓣瓦当以六瓣为大宗，西古城所处的图们江流域其他渤海城址和寺庙中亦散出四瓣、八瓣者。[6] 祖陵所出四瓣、六瓣型的瓦当，也存在受渤海中京地区影响的可能。

还需要说明的是，祖陵出土的部分瓦当虽看似与渤海国境内出土的一些标本十分接近，但二者并非直接地承袭。例如辽祖陵出土的几何纹瓦

---

[1] 宋玉彬：《渤海瓦当研究》，吉林大学博士学位论文，2011年。
[2] 〔元〕脱脱等：《辽史》卷三十七《地理志一》，中华书局，2016年，第500～501页。
[3] 〔宋〕欧阳修、宋祁：《新唐书》卷二百一十九《渤海传》，中华书局，1975年，第6182页。
[4] 参前揭向井佑介文及余蔚：《中国行政区划通史·辽金卷》（修订本），复旦大学出版社，2017年，第147页。
[5] 关于西古城城址性质的讨论和不同意见，见宋玉彬：《渤海都城故址研究》，《考古》2009年第6期，第40～49页。
[6] 吉林省文物考古研究所、延边朝鲜族自治州文化局、和龙市博物馆等：《西古城：2000—2005年度渤海国中京显德府故址田野考古报告》，文物出版社，2007年，第326～330页；宋玉彬：《渤海瓦当研究》，吉林大学博士学位论文，2011年。

当 C 型，仅从纹样来看与敦化六顶山渤海墓地出土的十字纹瓦当（图 2，23）相近①，但是两者外区形制差异较大，且六顶山渤海墓地所见的十字纹瓦当在其他渤海遗址鲜见，目前多数学者倾向于其年代应属渤海早期。祖陵其他出土瓦当中亦难以见到与六顶山渤海墓地风格相近者。故我们认为这种 C 型几何纹瓦当与六顶山出土者无关。又如祖陵的 BIII 式莲花纹瓦当，纹样上不仅与中原地区的标本相近，在渤海境内的龙泉坪古城②也曾发现主题纹饰接近者（图 2，24），但外区形制存在明显差异。祖陵和渤海遗址所见的两类标本，应该同样都受到中原地区的辐射形成，但并不存在直接的关联。不过，祖陵的 B、C 型几何纹瓦当的十字形饰，在中原地区发现更多类似资料之前，尚不能排除和渤海倒心形花瓣瓦当晚期十字形间饰存在关联的可能。

2. 中原因素

就形制而言，辽祖陵出土的辽代瓦当盛行的二型边轮与中原地区晚唐以降的标本具有高度相似性。就纹样而言，辽祖陵瓦当包含的两个主要系统——莲花纹、几何纹与兽面、人面瓦当，均深受中原地区影响。前者的影响体现在一期早段至一期晚段，后者体现在一期晚段至二期。

一期早段时，主要受中原地区莲花纹、几何纹瓦当系统的影响。虽然华北地区晚唐五代的建筑构件资料相对匮乏，使得我们无法明晰辽代瓦当文化的直接来源地，但唐宋洛阳城、晋阳城出土的大量标本仍可帮助我们掌握中原瓦当的主要面貌，辽祖陵出土的多种型式均可找到对应的标本。

---

① 吉林省文物考古研究所、敦化市文物管理所：《六顶山渤海墓葬——2004—2009 年清理发掘报告》，文物出版社，2012 年。
② 吉林省文物志编修委员会：《汪清县文物志》，1984 年，第 42 页。

一期晚段时，辽祖陵遗址莲花纹、几何纹瓦当的纹样演变趋势仍可在中原寻觅到其源头。更重要的变化则体现在兽面、人面瓦当的大量出现。既往有观点认为兽面可能为北族之传统[1]，人面可能与契丹人面像有关[2]，但现有的材料显示这二者均非北族传统。晋阳已出土明确为晚唐纪年的兽面瓦当材料，嘴下衔环的兽面瓦当A型标本同样与晋阳出土的残块标本（图3，4）十分接近，人面瓦当则可和巴东旧县坪[3]、云阳明月坝遗址[4]（图4，7—9）所出者对比，突出的大乳钉状颊饰同样多见于洛阳（图4，10）。

进入二期，已不见莲花纹、几何纹瓦当的新型式，兽面、人面瓦当则继续发展。此时人面瓦当的纹样仍和一期晚段保持了较强的连续性。而兽面瓦当则有了明显的变化，A型标本不见后继型式，出现了与母题迥异的B、C型标本，皆可与洛阳出土者（图4，11—12）相比照。人面瓦当亦可追溯到相关的产品（图4，13）。二者在纹样和构图布局上都较为接近。

3. 辽代自身的文化因素

辽祖陵地区所见的各种型式瓦当，其源头虽可上溯至华北地区汉文化传统和东北地区附属唐朝的渤海国，但在辽朝迅速发生了融合和创新。如源自渤海的莲花纹瓦当A型，其纹样与外缘形制很快发生变化；源自中原的诸多型式，亦在汉文化辐射下形成了自身的演变序列。以唐宋时期瓦当资料较为丰富的洛阳、晋阳地区为参照，辽祖陵地区出土瓦当与之在风格上相近，母题上同源，但具体造型上并不相同，流行的纹样型式亦不一致。

---

[1] 张文芳、黄雪寅：《内蒙古博物馆馆藏瓦当浅论》，《内蒙古文物考古》1991年第1期，第113~118、126页。

[2] 参前揭岛田正郎文。

[3] 国务院三峡工程建设委员会办公室、国家文物局：《巴东旧县坪》，科学出版社，2010年，第590页。

[4] 李映福：《三峡地区出土唐宋瓦当的类型和时代》，《文物》2009年第3期，第62~74页。

辽祖陵遗址出土的金代瓦当全部为兽面，数量和种类均较为有限。在文化因素上，与本地辽代产品之间缺少关联，而多与中原地区出土的宋金时期材料接近。如兽面瓦当 Ab 型（图4，14）见于北宋韩琦家族墓地[1]，兽面瓦当 Bb 型与 D 型（图4，15—19）皆可在洛阳城找到对应的标本，兽面瓦当 Db 型的相近产品（图4，20）还见于华清宫遗址[2]。

四、余论

本文简要对辽祖陵出土瓦当形制进行了类型学分析，并结合建筑基址的年代和相关资料的比较，对辽祖陵瓦当进行了分期断代，初步建立了辽祖陵遗址的瓦当演变序列。并在此基础上，对辽祖陵出土瓦当的构成进行了文化因素分析。

整体而言，辽祖陵出土瓦当的文化因素可概括为三点：渤海因素的"一次性输入"、中原地区文化的"多阶段性输入"以及辽金之间的"断裂性"。

渤海因素系在一期早段一次性输入。天显元年（926年）辽太祖东征灭渤海国后，将大批的渤海人迁徙至辽人腹地，渤海末王大諲譔亦迁至辽上京城西筑城以居。[3] 出土瓦当材料的型式明确表现出渤海上京地区的直接影响。渤海因素在祖陵初期的瓦当中确实占据了一定比重，这在龟趺山建筑基址体现得相对明显。然而这种影响并未形成一个稳定的纹样和形制传统。结合新出土材料，我们可以在向井佑介研究的基础上对渤海因素的消退过程作更系统的论述：以莲花纹瓦当 A 型为代表的渤海风格产品，在进

---

[1] 河南省文物局：《安阳韩琦家族墓地》，科学出版社，2012年。
[2] 陕西省文物事业管理局：《唐华清宫》，文物出版社，1998年。
[3] 〔元〕脱脱等：《辽史》卷二《太祖纪下》，中华书局，2016年，第25页。

入一期晚段后种类迅速减少；典型的一型边轮形制在一期早段就迅速被中原地区流行的二型边轮取代；倒心形的主题花瓣在一期早段已发生形变，至一期晚段，以莲花纹瓦当 AcIV 式为代表的花瓣已完全脱离其祖型；自一期晚段开始，花瓣间饰糅合了华北地区小乳钉装饰风格。

中原地区的影响则体现出一种"多阶段性输入"，在一期早段、一期晚段、二期，辽祖陵新出现的瓦当类型皆不断受到中原因素的影响，或是出现新的大类，或是原有大类下出现全新的型式和布局特征。相较其他历史时期瓦当纹样演变的漫长周期，辽朝前一百年内瓦当型式产生如此迅速的变化，显然与大规模的文化与工匠交流有关。结合历史背景，我们认为这三阶段瓦当纹样形制的变化，与10世纪辽朝与华北诸政权的征伐是紧密相关的。

10世纪初至10世纪30年代，即辽太祖至太宗早中期，契丹人不断南下冲击幽云地区诸政权，以扶立石晋、获取幽云十六州告终。10世纪上半叶辽朝主流的莲花纹、几何纹瓦当，应该与这一时段北上的幽云工匠相关。

10世纪40年代后期，即辽太宗执政的末期，辽朝大军再次南下灭后晋政权，一度占据汴京，契丹辽王朝完成了其历史上唯一一次对中原腹地的短暂控制，并以迅速撤军北还、太宗驾崩于途中宣告终结。10世纪中叶以降，兽面、人面瓦当的大量出现，莲花纹、几何纹所见的新发展趋势，可能为这一次深入中原腹地、掳掠而还的产物。

此后辽世宗、穆宗至景宗时期，辽与中原政权之间虽仍不乏危机，但冲突的规模相对有限。景宗末期至圣宗前期，即10世纪70年代末宋灭北汉以降至11世纪初澶渊之盟前，辽宋再次进入大规模的战争阶段。[1] 兽面、人面瓦新的布局特征，兽面瓦当中 Ba、C 型等新的类型，则恰好于这一历

---

[1] 曾瑞龙：《经略幽燕：宋辽战争军事灾难的战略分析》，北京大学出版社，2013年。

史节点出现于契丹腹地。

　　游牧的契丹人在立国之前本无瓦件制作的传统。建国后瓦件的大批量生产，显然依靠汉地和渤海工匠之手。而大规模的军事冲突带来的人口迁徙，则成为促使其瓦件生产体系变化的核心原因。此外值得注意的是，在一期晚段和二期，中原地区新文化因素输入的同时，辽祖陵本地上一阶段的传统纹样依旧得到了延续和发展，二者并非"取代"而是"融合"的关系。由此我们可以推测，自辽祖陵营建初期，本地已形成了一个相对稳定的工匠系统。伴随着契丹与中原时战时和的关系，祖陵的工匠集团亦相应获得了新鲜血液，在这一过程中不断形成辽朝瓦当自身的特色。

　　辽祖陵遗址出土的二期瓦当相对较少，无法帮助我们深入探讨辽中晚期瓦当的面貌。出土的金代瓦当亦只有寥寥几种，由此而生的辽金瓦当"断裂性"之论显然只能作为单一遗址范围的限定性总结。[①] 但值得注意的是，辽祖陵出土的这组金代兽面瓦当，不仅与本地辽代产品几无相近之处，亦与庆陵和目前所见的辽代中后期墓葬所出瓦当材料相差甚远。再结合其与中原地区所出材料的相似度，我们认为这批产品很可能是金人南下后，大规模掳掠宋地工匠北上的产物。

　　附记：

　　本文是为贺恩师李伯谦先生从事教学考古60周年纪念而作的小文。

[①] 文献材料显示，辽代的瓦件生产体系在金初仍有着重要影响。《三朝北盟会编》卷三记"其（女真）俗依山谷而居，联木为栅。屋高数尺，无瓦，覆以木板，或以桦皮，或以草绸缪之"。宋人徐亢宗于宣和七年（1125年）出使金上京时见城址草创之景，"木建殿七间甚壮，未结盖，以瓦仰铺及泥补之。以木为鸱吻，及屋脊用墨，下铺帷幕，榜额曰乾元殿"。此时金人尚未攻宋，营建城邑的工匠应该为辽境旧民。见〔宋〕徐梦莘：《三朝北盟会编》卷三，上海古籍出版社影印许涵度刻本，1987年，第17页；许亢宗：《宣和乙巳奉使行程录》，贾敬颜《五代宋金元人边疆行记十三种疏证稿》本，中华书局，2004年，第253页。

我于 1989—1993 年在北京大学考古文博学院跟随李伯谦教授攻读硕士研究生。在写作硕士论文时，研究方法除运用地层学和类型学等外，我对业师倡导的文化因素分析法在实践中感到受益颇深。虽然到中国社会科学院考古研究所后，因为工作需要改为从事辽宋金元明时期的考古发掘和研究，但是一直坚持对地层学、类型学和文化因素分析等考古学基本方法的不断学习和实践。我也要求我的博士和硕士研究生要具体运用文化因素分析法进行历史时期考古学的研究。本文是我和我的博士研究生岳天懿一起草成的一篇小文，以示对考古学方法的学术传承。董新林记。

艺术考古研究

——以晋侯墓地 M63 晋穆侯夫人墓出土组玉佩为例

台北故宫博物院　蔡庆良

前言

本文是以何驽先生定义的"艺术考古"所进行的研究，其定义为："用考古综合研究方法分析古代艺术物质遗存资料（艺术品遗存），以探索古代艺术的发生、特性与社会功能。"[①]

研究分析的对象（艺术品遗存），主要为山西曲沃晋侯墓地 M63 晋穆

---

① 何驽：《怎探古人何所思——精神文化考古理论与实践探索》，科学出版社，2021 年 2 月，第 490 页。

侯夫人墓出土的组玉佩 M63：41（以下简称"M63 组玉佩"）（图1）。[①] 研究目标有二：其一，探索 M63 组玉佩的拥有者晋穆侯夫人排列 M63 组玉佩组件的组合原则，以及其中两件改制器 M63：41-58、M63：41-78 改制所显现的社会现象；其二，探究艺术家们设计 M63 组玉佩各式玉璜组件纹饰时所遵循的规范公式（后文又称为创作因素）以及在公式制约下的创意发想。

由于 M63 组玉佩组件数量多，器号又近似易于混淆，为便于后文清楚论述，根据各组件在 M63 组玉佩中的相对位置另编表（表1），表中除记录原始器号之外，另依左行、中行、右行等排序编其代号，后文即以诸如（左行01）、（中行02）、（右行03）等代号指称各组件[②]，并将各组件形制调整回初始设计形制以利论述。

[①] 有关晋侯墓地 M63 的年代和墓主，李伯谦先生论证为晋穆侯费王夫人墓，年代为西周晚期晚段，约在宣王时期，参见李伯谦：《晋侯墓地墓主之再研究》，北京大学中国传统文化研究中心编：《文化的馈赠——汉学研究国际会议论文集·考古学卷》，北京大学出版社，2000年，第74~80页；李伯谦：《晋侯墓地发掘与研究》，上海博物馆编：《晋侯墓地出土青铜器国际学术研讨会论文集》，上海书画出版社，2002年；李伯谦：《眉县杨家村出土青铜器与晋侯墓地若干问题的研究》，《古代文明》第三卷，文物出版社，2004年。但随着2005年至今陕西韩城芮国墓地持续发掘，笔者参与整理芮国 M27、M26、M19、M502、M586、M28 的出土玉器之后，赞同孙庆伟的看法，应为春秋早期晋昭侯时期，也就是周平王之世。详见孙庆伟：《晋侯墓地 M63 墓主再探》，《中原文物》2006年第3期。另 M63 组玉佩可见于山西省考古研究所、北京大学考古学系：《天马—曲村遗址北赵晋侯墓地第四次发掘》，《文物》1994年第8期，图二九；上海博物馆：《晋国奇珍——山西晋侯墓群出土文物精品》，上海人民美术出版社，2008年7月，第170页。

[②] 笔者 2003 年整理组玉佩 M63：41 时，有数件组件的小编号未能记全，现于图表中标示为 M63：41-？。此外，（右行03）和（中行17）两件组件重号，皆记录为 M63：41-86，当于日后确认修改。

图 1 晋穆侯夫人墓 M63 出土组玉佩（M63：41），山西博物院藏

表1　M63组玉佩各组件的序号以及原始器号对照表

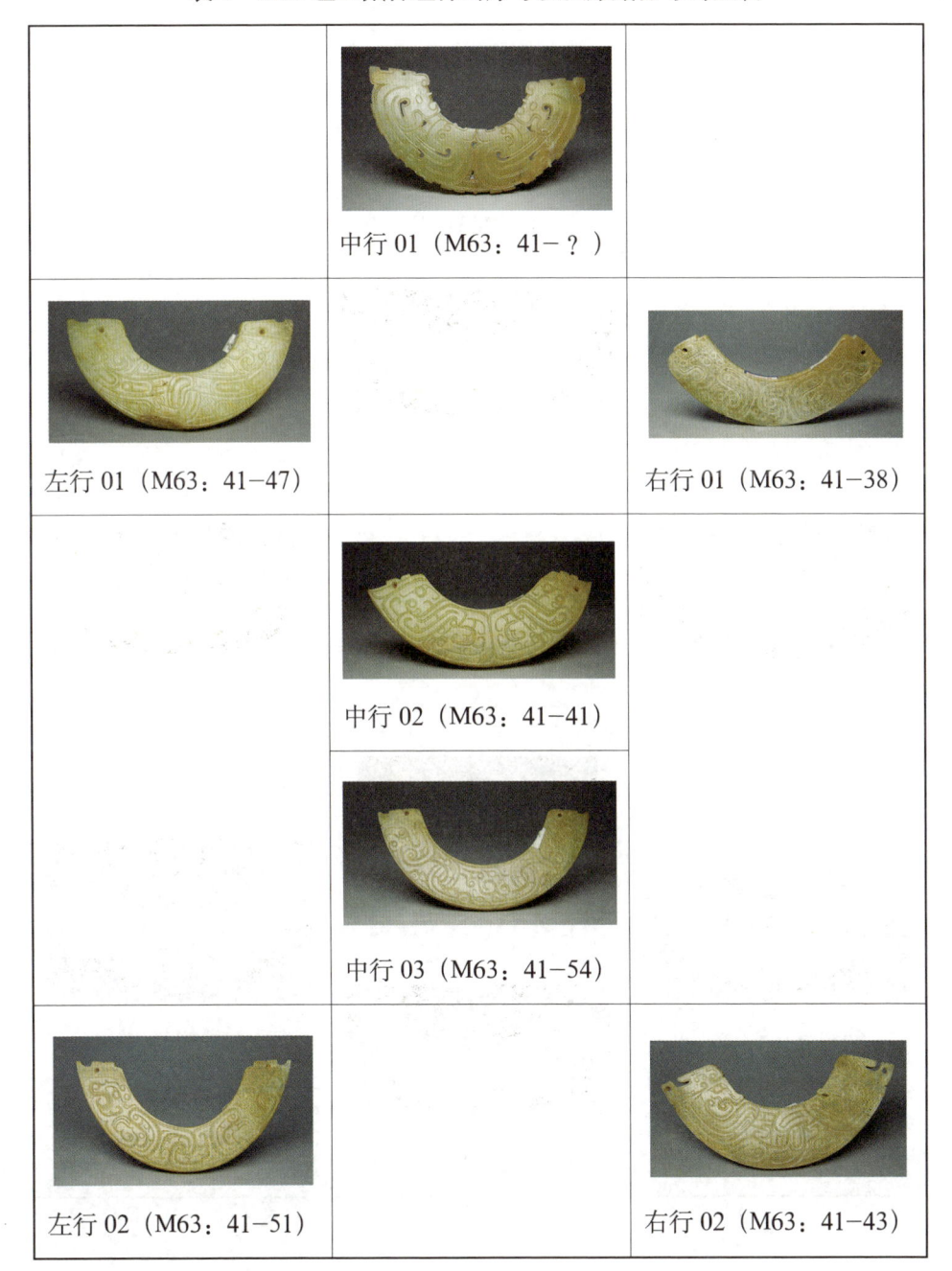

	中行01（M63：41-？）	
左行01（M63：41-47）	中行02（M63：41-41）	右行01（M63：41-38）
	中行03（M63：41-54）	
左行02（M63：41-51）		右行02（M63：41-43）

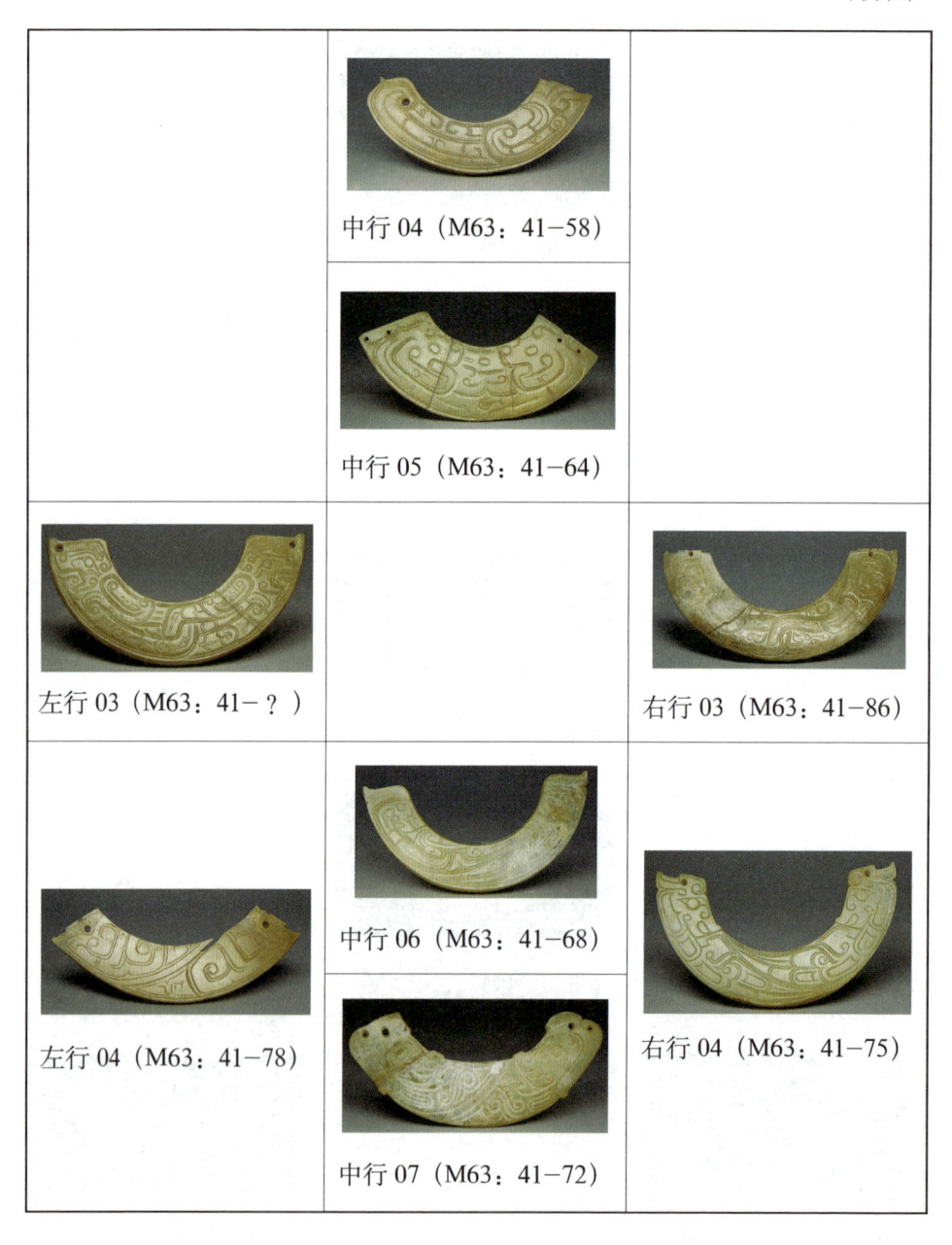

（续表）

	中行 04（M63：41-58）	
	中行 05（M63：41-64）	
左行 03（M63：41-？）		右行 03（M63：41-86）
左行 04（M63：41-78）	中行 06（M63：41-68） 中行 07（M63：41-72）	右行 04（M63：41-75）

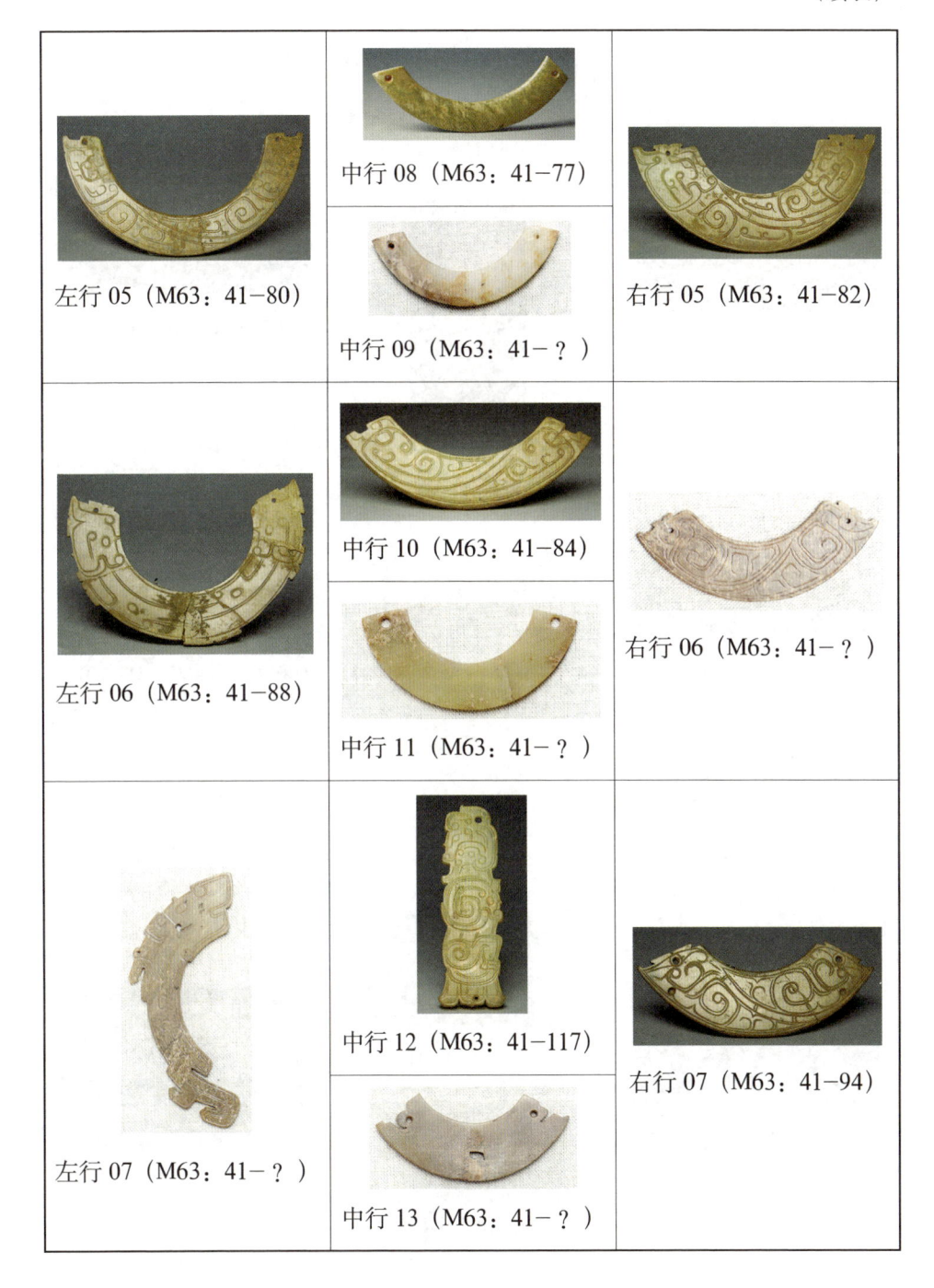

(续表)

左行 05（M63：41-80）	中行 08（M63：41-77） 中行 09（M63：41-？）	右行 05（M63：41-82）
左行 06（M63：41-88）	中行 10（M63：41-84） 中行 11（M63：41-？）	右行 06（M63：41-？）
左行 07（M63：41-？）	中行 12（M63：41-117） 中行 13（M63：41-？）	右行 07（M63：41-94）

（续表）

	中行 14（M63：41-93）	
左行 08（M63：41-100）	中行 15（M63：41-94）	右行 08（M63：41-98）
左行 09（M63：41-102）	中行 16（M63：41-？）	右行 09（M63：41-101）
左行 10（M63：41-？）		右行 10（M63：41-？）
左行 11（M63：41-106）	中行 17（M63：41-86） 中行 18（M63：41-？）	右行 11（M63：41-105）

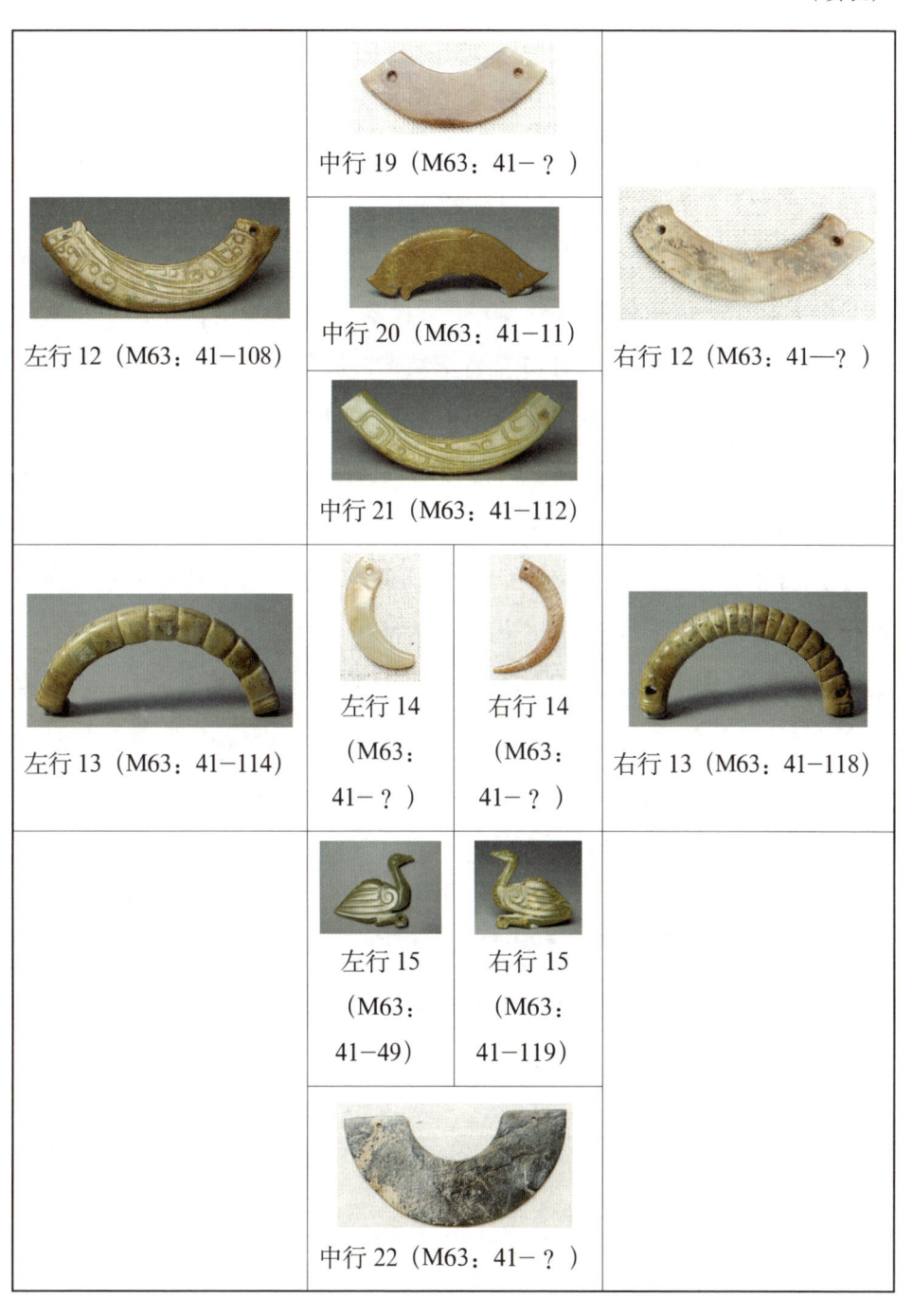

（续表）

左行 12（M63：41-108）	中行 19（M63：41-？） 中行 20（M63：41-11） 中行 21（M63：41-112）	右行 12（M63：41-？）
左行 13（M63：41-114）	左行 14（M63：41-？） 右行 14（M63：41-？）	右行 13（M63：41-118）
	左行 15（M63：41-49） 右行 15（M63：41-119）	
	中行 22（M63：41-？）	

M63 组玉佩简介

　　选择 M63 组玉佩为研究对象，主因是整组的组合方式以及左、右两行组件的排列方式都相当特殊。一般所见的西周组玉佩是以不同件数的玉璜为中轴上下并列，再以左右对称的玉管、玛瑙珠相互串联，并于组玉佩最上方以圆形或其他形制的玉器将串线收束。例如晋侯墓地 M113 晋侯燮父夫人墓出土组玉佩 M113：66[1]、晋侯墓地 M91 晋靖侯墓出土组玉佩 M91：30、37-41[2]、晋侯墓地 M92 晋靖侯夫人墓出土组玉佩 M92：1-8（图 2）、晋侯墓地 M31 晋献侯夫人墓出土组玉佩 M31：90[3]、山西绛县倗国墓地 M1 出土组玉佩 M1：121[4]、河南三门峡虢国墓地 M2001 虢季墓出土组玉佩 M2001：600、661[5]、河南平顶山应国墓地 M231 出土组玉佩 M231：21[6]、陕西韩城芮国墓地芮桓公墓出土组玉佩 M27：264、200-206（图 3）[7]、芮国墓地 M26 芮桓公夫人墓出土组玉佩 M26：677、656-662（图 4）[8]，整体形制基本相同。相较之下，M63 组玉佩的组件数量相当惊人，若忽略

---

[1]　北京大学考古文博院、山西省考古研究所：《天马—曲村遗址北赵晋侯墓地第六次发掘》，《文物》2001 年第 8 期，图二八。

[2]　北京大学考古学系、山西省考古研究所：《天马—曲村遗址北赵晋侯墓地第五次发掘》，《文物》1995 年第 7 期，图一一。

[3]　上海博物馆：《晋国奇珍——山西晋侯墓群出土文物精品》，上海人民美术出版社，2008 年 7 月，第 130 页。

[4]　山西省考古研究所、运城市文物工作站、绛县文化局：《山西绛县横水西周墓发掘简报》，《文物》2006 年第 8 期，图二一。

[5]　河南省文物考古研究所、三门峡市文物工作队：《三门峡虢国墓（第一卷）·下》，文物出版社，1999 年 12 月，彩版十七。

[6]　河南省文物考古研究所、平顶山市文物管理局：《平顶山应国墓地Ⅰ·下》，大象出版社，2012 年 7 月，彩版一四。

[7]　孙秉君、蔡庆良：《芮国金玉选粹》，三秦出版社，2007 年 12 月，第 59 页。蔡玫芬、蔡庆良编：《赫赫宗周——西周文化特展》，台北故宫博物院，2012 年 10 月，第 247 页。

[8]　蔡玫芬、蔡庆良编：《赫赫宗周——西周文化特展》，台北故宫博物院，2012 年 10 月，第 227 页。

数量有限的珠管，主要玉组件多达 52 件，居中一行的成列玉器也不限于玉璜，包括若干矩形玉器及玉鱼；而且在一般组玉佩之中呈左右对称、用以串接居中成列玉璜的玉管、玛瑙珠，在此几乎全以左右两行的玉璜代之；众多玉璜并一改横放的初始设计形式，改以直竖排列串连。

图 2　晋靖侯夫人墓 M92 出土组玉佩（M92: 1–8），山西省考古研究院藏，笔者摄

图 3　芮桓公墓 M27 出土组玉佩（M27: 264、200–206），梁带村芮国遗址博物馆藏，童治源摄

图 4　芮桓公夫人墓 M26 出土组玉佩（M26: 677、656–662），梁带村芮国遗址博物馆藏，童治源摄

此种组合方式虽然极为特殊，却也不是绝无仅有，居中一行玉器包括玉璜和矩形玉器的组合形式，在晋侯墓地较早的 M92 晋靖侯夫人墓出土的

组玉佩 M92：83 中已可看到①；至于将玉璜直竖并环圈连接的组合方式，在晋侯墓地 M8 晋献侯墓出土组玉佩 M8：114–124 中也可发现。②

此外，细察 M63 组玉佩各组件的造型、纹饰特征，可知是晋穆侯夫人生前收集不同时代玉器组合而成③；最明确的例证是（中行 14），与之成对的另一件玉器（图 5）收藏在台北故宫博物院④，两者玉质相同，形制吻合，纹饰呈镜像对称，显然本为成对作品，制作年代则为西周中期偏晚。⑤由于 M63 晋穆侯夫人墓未曾被盗扰，年代为春秋早期偏早，可见本对时代更早的玉器早已各自流传。虽然 M63 组玉佩各组件的来源不一⑥，但得益于商周玉器的制作年代研究

图 5　龙凤纹长条形片饰（购玉 249），台北故宫博物院藏

---

① 北京大学考古学系、山西省考古研究所：《天马—曲村遗址北赵晋侯墓地第五次发掘》，《文物》1995 年第 7 期，图一八；上海博物馆：《晋国奇珍——山西晋侯墓群出土文物精品》，上海人民美术出版社，2008 年 7 月，第 72 页。

② 北京大学考古学系、山西省考古研究所：《天马—曲村遗址北赵晋侯墓地第二次发掘》，《文物》1994 年第 1 期，图三一、图三二；上海博物馆：《晋国奇珍——山西晋侯墓群出土文物精品》，上海人民美术出版社，2008 年 7 月，第 127 页。

③ 不仅 M63 组玉佩各组件来自不同的时代，晋侯 M63 墓中本就出土大量不同时代的玉器，例如李伯谦先生发现墓中有一盒玉器多为商代玉器，推测应为墓主生前收藏。详见李伯谦：《晋穆侯夫人随葬玉器反映的西周后期用玉观念的变化》，《刘敦愿先生纪念文集》，山东大学出版社，1998 年。又如多位学者发现晋侯 M8：235 是良渚玉琮。详见邓淑蘋：《良渚晚末期玉器变化及纹饰流传初探》，《古玉新诠——史前玉器小品文集》，台北故宫博物院，2012 年。蒋闻蕾：《夏商西周遗址中所见良渚风格玉器研究》，南京师范大学硕士论文，2014 年，第 59 页。

④ 宋兆霖主编：《天保九如——九十年来新增文物选粹》，台北故宫博物院，2015 年 10 月，第 40～41 页。

⑤ 蔡庆良：《规范与设计——晋侯墓地出土玉器的风格特征》，《古代文明》第 15 卷，上海古籍出版社，2021 年 7 月，第 73～74 页。

⑥ 晋侯墓地 M63 还出土一件玉鱼 M63：199，和张家坡 M163：022 玉鱼为成对作品，年代为西周早期偏早，虽然 M63：199 并不是 M63 组玉佩的组件，但可看出玉器流传相当复杂。蔡庆良：《规范与设计——晋侯墓地出土玉器的风格特征》，《古代文明》第 15 卷，上海古籍出版社，2021 年 7 月，第 73～74 页。

早已完善，本文无须就组玉佩各组件的年代一一分析，故直接列表载明年代（表2）。

表2　M63组玉佩各组件的制作年代

	中行01（M63：41-？） 西周晚期	
左行01（M63：41-47） 西周中期		右行01（M63：41-38） 西周中期
	中行02（M63：41-41） 西周中期	
	中行03（M63：41-54） 西周中期	
左行02（M63：41-51） 西周中期		右行02（M63：41-43） 西周中期
	中行04（M63：41-58） 原件为西周中期玉龙	
	中行05（M63：41-64） 西周晚期	
左行03（M63：41-？） 西周中期		右行03（M63：41-86） 西周中期
左行04（M63：41-78） 原件为西周中期玉璜	中行06（M63：41-68） 西周中期	右行04（M63：41-75） 西周中期
	中行07（M63：41-72） 西周中期	

（续表）

左行 05（M63：41-80） 西周中期	中行 08（M63：41-77） 新石器时代晚期	右行 05（M63：41-82） 西周中期
	中行 09（M63：41-？） 新石器时代晚期	
左行 06（M63：41-88） 西周晚期	中行 10（M63：41-84） 西周中期	右行 06（M63：41-？） 西周中期
	中行 11（M63：41-？） 新石器时代晚期	
左行 07（M63：41-？） 西周晚期	中行 12（M63：41-117） 西周晚期	右行 07（M63：41-94） 西周中期
	中行 13（M63：41-？） 原件为新石器时代晚期 西周中期略为修改	
左行 08（M63：41-100） 西周中期	中行 14（M63：41-93） 西周中期	右行 08（M63：41-98） 西周晚期
	中行 15（M63：41-94） 西周晚期	
左行 09（M63：41-102） 西周中期	中行 16（M63：41-？） 新石器时代晚期至西周	右行 09（M63：41-101） 西周中期
左行 10（M63：41-？） 新石器时代晚期		右行 10（M63：41-？） 新石器时代晚期

(续表)

	中行 17（M63：41-86）西周中期	右行 11（M63：41-105）西周晚期
左行 11（M63：41-106）西周晚期	中行 18（M63：41-？）原件为新石器时代晚期 西周中期略为修改	
左行 12（M63：41-108）西周中期	中行 19（M63：41-？）新石器时代晚期	右行 12（M63：41-？）新石器时代晚期
	中行 20（M63：41-11）西周早期	
	中行 21（M63：41-112）西周中期	
左行 13（M63：41-114）西周早期	左行 14（M63：41-？）新石器时代晚期	右行 14（M63：41-？）两周之际	右行 13（M63：41-118）西周早期
	左行 15（M63：41-49）原件为商周之际 后侧剖成对	右行 15（M63：41-119）原件为商周之际 后侧剖成对	
	中行 22（M63：41-？）原件为新石器时代晚期玉璧，后修改为玉璜	

艺术考古观点下的 M63 组玉佩

由上可知，M63 组玉佩确实相当特别，值得用考古综合研究方法分析。何努先生在探讨艺术考古的考古综合研究方法时，强调此方法并不是指考古地层学、类型学以确定古代艺术物质遗存的相对年代，因为这不是艺术考古的基本工作。艺术考古的基本工作是在考古学已经确定了古代艺术物质遗存年代的基础上，将古代艺术物质遗存放回到考古存在背景关系中，运用艺术类型学、艺术学、艺术心理学、民族志考古、实验考古、人类学或民族志参考、古代文献甚至必要的科技考古检验等综合分析方法，探索古代艺术的发生、特性与社会功能。①

M63 组玉佩出土于晋穆侯夫人墓中，各组件出土位置明确，埋藏年代为春秋早期偏早，已符合艺术考古研究的基本要求；加上由表 2 已知各组件的制作年代，可知 M63 组玉佩实有两个年代基础，即一是埋藏年代，另一为各组件制作年代，而这两个年代基础正是研究得以展开的根本。

因此，本文即依据艺术考古理论进行研究，根据此方法，首要工作必须确定 M63 组玉佩的艺术类型。

M63 组玉佩的艺术类型以及创作因素分析法

如前所述，M63 组玉佩的组合方式虽然特殊，但仍有相似的前例可循。此外，比较 M63 组玉佩之中的玉璜和其他同时代的出土玉璜，可发现即使彼此之间的造型、纹饰略有差异，但创作者仍遵循相同的程序化设计规范，

---

① 何努：《怎探古人何所思——精神文化考古理论与实践探索》，科学出版社，2021 年，第 490～491 页。

例如（中行17）的特征与虢国墓地 M2001：661-6（图6）相同[①]，（左行08）的构图形式则和晋侯燮父夫人墓 M113：66:12（图7）一致。[②]

图6 虢季墓 M2001 出土组玉佩中的玉璜组件（M2001：661—6），河南博物院藏，笔者摄

图7 晋侯燮父夫人墓 M113 出土组玉佩中的玉璜组件（M113：66：12），山西省考古研究院藏，笔者摄

由此可知，M63 组玉佩的艺术类型符合何努先生所定义的 C 型：公式型艺术。其特征为"审美变为呆板，个性化'真实'美感被程序化美感所统摄。概念被归纳为事物的共相，形成公式，表现事物共相的结构。公式经过不断矫正、调整、顺应以处理个体概念。表现概念的同时，表达艺术家个人对'原型'所寄予的情感。观众根据自己累积的图示对艺术品进行遐想，以理解'原型'的图示意义和情感"。[③]

公式型艺术定义中的程序化美感，之于艺术史学科可称为"艺术风格"；分析公式型艺术作品中的风格特征，就是在解析表现事物共相的结构，亦即分析各种公式化的创作方式和特点。

[①] 河南省文物考古研究所、三门峡市文物工作队：《三门峡虢国墓（第一卷）·下》，文物出版社，1999年12月，彩版二〇：5。

[②] 北京大学考古文博学院、山西省考古研究所：《天马—曲村遗址北赵晋侯墓地第六次发掘》，《文物》2001年第8期，图三四：2。

[③] 何驽:《怎探古人何所思——精神文化考古理论与实践探索》，科学出版社，2021年2月，第479页。

至于分析公式型艺术的风格特征的方法，笔者曾为文讨论，认为至少有9个图式化象度可资分析，分别是：图式化琢磨手法和工序、造型的图式化制作技巧和工序、图式化纹饰单元、图式化造型单元、母题、构图、整体艺术美感（或是特质）。[①] 这些具有风格特征的图式化象度，也就是公式型艺术中的公式化创作方式和特点；亦即由各种图式化象度（公式化创作方式和特点）共同形成的艺术风格，就是公式型艺术所说的程序化美感。

倘若借鉴考古学文化因素分析法[②]，则可将各种图式化象度（公式化创作方式和特点）视为艺术家必须依循或使用的"创作因素"，以此观点研究商周青铜器和玉器等公式型艺术，更加符合此时期艺术考古的特点。因此，本文以艺术考古为本，结合风格分析和文化因素分析法，将分析公式型艺术之中各种图式化象度（公式化创作方式和特点）的方法称为"创作因素分析法"。商周不同阶段的玉器和青铜器艺术家依循各自的创作因素，这些创作因素或是继承所致，或是交流而得，或是全然创新，由此形成各具特色的艺术风格，也就是公式型艺术中的程序化美感。

依据上述，观众（包括研究者）即可借由分析M63组玉佩不同组件的创作因素来理解表现共相结构的设计公式，以理解"原型"的图示意义和情感，也可以依此探究艺术家个人对"原型"所寄予的情感。

---

① 蔡庆良：《规范与设计——晋侯墓地出土玉器的风格特征》，《古代文明》第15卷，上海古籍出版社，2021年7月，第53页。
② 李伯谦先生对于文化因素分析法至少有三篇重要论文，分别是《试论吴城文化》《文化因素分析与晋文化研究》《论文化因素分析方法》，现皆收录在李伯谦：《感悟考古》，上海古籍出版社，2014年7月，第71~97页。

述而作论

创作因素分析法和艺术心理学

今日观众(包括研究者)针对M63组玉佩各组件所分析出的创作因素,为何就是当时艺术家所依循或使用的创作因素?主要依据在于艺术考古方法论下所运用的艺术心理学。[1]此学科认为人类代代遗传了相同的视觉感知,所以面对全然为视觉艺术的M63组玉佩,只要理论运用得宜,今日观众(包括研究者)的研究成果应该符合商周艺术家创作时的实情。

基于M63组玉佩的艺术特征,本文运用艺术心理学中三个重要原理,以利创作因素分析法的应用,分别是选择性注意、封闭原则、连续性原理。

何谓"选择性注意"?[2]简言之,由于视觉在同一时间接受的外界讯息刺激过于庞大,大脑无法同时处理这些庞大讯息,因此短瞬之间真正受到注意的讯息极为有限,此种只注意到某些讯息刺激而忽略其他讯息的现象,即为选择性注意。

---

[1] 在心理学主要流派中,格式塔学派又称"完形心理学",主张"整体大于部分的总和"。此学派的代表人物鲁道夫·欧恩海姆(1904—2007),将艺术美学理论建立在格式塔心理学理论上,以知觉为艺术思维之基础,认为视知觉心理是影响美学欣赏的重要依据,提出"视知觉张力"概念,主张视知觉思维造成观看各艺术品而感知不同的"力",进而感知不同的"美"。Koffka K, *Principles of Gestalt Psychology*, London: Routledge, 1935, pp. ix-x. Arnheim R, *Art and Visual Perception: A Psychology of the Creative Eye*, Berkeley, California: University of California Press, 1965, pp. 10–41, pp. 372–409, pp. 410–443. Arnheim R, *The Power of the Center: A Study of Composition in the Visual Arts*, Berkeley, California: University of California Press, 1983, pp. 1–9.

[2] Goldstein EB, *Sensation and Perception*, 8th Ed, Boston, Massachusetts: Cengage Learning, 2009, pp. 93–121, pp. 171–192. Ramachandran VS, Anstis SM, "The Perception of Apparent Motion", *Scientific American*, Volume 254 (1986), pp. 102–109. Breitmeyer BG, Ritter A, "The Role of Visual Pattern Persistence in Bistable Stroboscopic Motion", *Vision Research*, Volume 26 (1986), pp. 1801–1806. Morgan MJ, "Perception of Continuity in Stroboscopic Motion: A Temporal Frequency Analysis", *Vision Research*, Volume 19 (1979), pp. 491–500.

何谓"封闭原则"？[①]视觉倾向于将断续的点或线段解释成完整封闭的图形，例如下图（图8）中的例子[②]，虽然线段之间并不连贯，但大脑仍会自动感知出圆形和正方形的封闭轮廓。

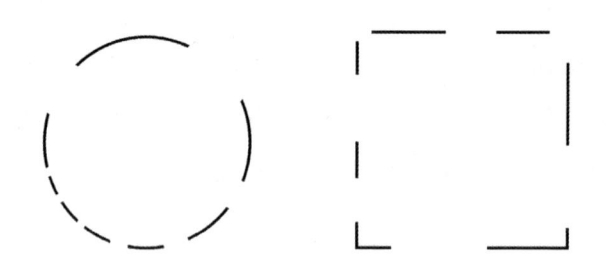

图 8 视觉"封闭原则"图说

什么是"连续性原理"？[③]借一图（图9）简述之[④]，当波形被一长直面积横截而过（图9a），视觉会自动接续被遮蔽的线段，大脑仍会认为图案是由连续波形和遮蔽其上的长直面积组合而成（图9b），而不会认为是由长直面积及五段弧线组合而成（图9c）。

---

① Wagemans J, Elder JH, Kubovy M, Palmer SE, Peterson MA, Singh M, von der Heydt R, "A Century of Gestalt Psychology in Visual Perception: I. Perceptual Grouping and Figure-Ground Organization", *Psychological Bulletin*, Volume 138 (2012), pp. 1172–1217. 叶素玲、陈一平：《知觉心理学与设计：完形心理学、镜像神经系统、功能预示性》，《心理学：身体心灵与文化的整合》，台湾大学出版中心，2018年。
② 蔡庆良：《实幻之间——院藏战国至汉代玉器特展》，台北故宫博物院，2022年2月，第163页。
③ Sternberg RJ, Sternberg K, *Cognitive Psychology*, 7th Ed, Belmont, California: Wadsworth Publishing, 2016, pp. 96–110. Chang D, Dooley L, Tuovinen JE, "Gestalt Theory in Visual Screen Design - A New Look at an Old Subject", in: *Selected Papers from the 7th World Conference on Computers in Education (WCCE'01), Copenhagen, Computers in Education 2001: Australian Topics*, Volume 8, Melbourne: Australian Computer Society, 2002, pp. 5–12.
④ 蔡庆良：《实幻之间——院藏战国至汉代玉器特展》，台北故宫博物院，2022年2月，第271页。

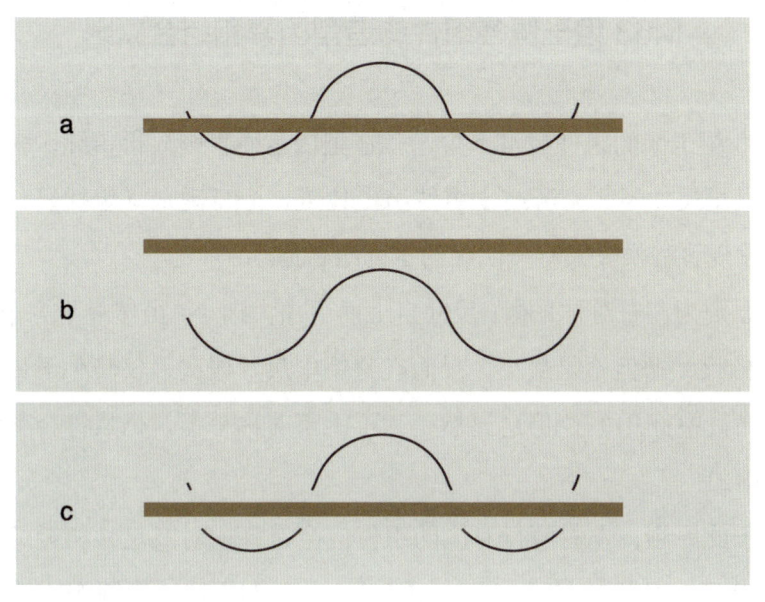

a. 当波形被一长直面积横截而过

b. 视觉会自动接续被遮蔽的线段，大脑仍会认为图案是由连续波形和遮蔽其上的长直面积组合而成

c. 而不会认为是由长直面积及五段弧线组合而成

图 9 视觉"连续性原理"图说

由于 M63 组玉佩各组件多为西周中晚期玉器，此时期纹饰多呈现细浅不清的艺术特征，视觉刺激并不显著，基于前述三种视觉特性，玉器的造型轮廓将是视觉首先注意的焦点，其次才是轮廓内的纹饰。至于视觉观看纹饰的方式，也是依循相同的视觉特性，先注意具有封闭轮廓的图形，再观看其余细节。因此，后文先讨论视觉首先注意的造型因素，再进一步讨论纹饰因素。

M63 组玉佩各组件的造型因素和组合原则

M63 组玉佩的组件数量不少，就造型因素而言则显得单纯，多为玉璜形制，只是尺寸不一；若结合组件出土位置，今日观众（包括研究者）确实可以发现晋穆侯夫人有一明确的排列组合原则。

此原则为左右对称平衡，尺寸自上而下由大渐小，虽然最下方玉璜（中行 22）的尺寸非但不是最小，反而在整组中尺寸居次，仅略小于最上方最大的玉璜（中行 01），但这显然是为了上下对称平衡，仍然符合整体排列组合原则。

基于此原则，左右两行对应的组件应会选择成对或尺寸相近的玉器，观察可知两件玉龙（左行 11）、（右行 11）（图 10）形制相同，本即为成对作品；至于两件玉觿形器（左行 10）、（右行 10）形制相似，可能本为同一件新石器时代晚期多联璧之中的两件组件；至于两件玉蚕（左行 13）、（右行 13）以及两件玉觿（左行 14）、（右行 14），形制略有不同，穿孔也不同，但仍近似，显然是刻意收集配对而成。再仔细观察，可发现商周之际的一对玉鸟（左行 15）、（右行 15）（图 11），实以同件玉鸟侧剖为二。由上述例子可知，对称平衡确实为 M63 组玉佩的排列组合原则。

在此原则下，有两件经修改裁截的玉器（中行 04）、（左行 04）值得关注。（中行 04）裁截后尺寸变小，但裁截前的较大尺寸可能更符合此处的需要；至于（左行 04）本即为玉璜，上方圆弧裁截后的痕迹粗略明显，而且裁截后仍是同宽的玉璜，形制和功能皆未改变，裁截后的尺寸也无法和右方玉器（右行 04）有更好的对称效果。所以为何选取经裁截的玉器置于此处颇令人费解，此一特殊现象将于后文继续讨论。

图10 M63组玉佩之中的成对玉龙（M63：41-105、M63：41-106），山西博物院藏，笔者摄

图11 M63组玉佩之中的成对玉鸟（M63：41-49、M63：41-119），山西博物院藏，笔者摄

讨论至此，可知今日观众（包括研究者）确实可以理解晋穆侯夫人排列M63组玉佩时的思考方式。以此类推，若观察M63组玉佩的纹饰特征，应该也可以寻找出晋穆侯夫人的纹饰组合原则，但缘于组件数目过多，本文无法一一说明，故选取数量最多、可为代表的玉璜为研究对象，而且基于上述视觉三原理，首先讨论视觉先关注的构图因素，再讨论纹饰因素。

M63组玉佩玉璜组件的构图因素

缘于选择性注意，视觉特别善于辨识类似眼睛的图形，只要是大小适中的圆形或椭圆形，视觉皆会倾向于辨识为眼睛；而且大脑对于类似面部的图案的辨识能力也极为迅速，只要是合于五官结构即会作如此解释。[1]基于这些视觉特性，今日观众（包括研究者）观察 M63 组玉佩各式玉璜的纹饰时，会认为大多数玉璜纹饰的设计原则为左右两端分置相同的头首，或如（右行 08）两头首对望（图 12），或如（左行 09）望向同一方向（图 13），或如（左行 03）背对外望（图 14）。

至于左右头首之间扇形面积的纹饰构图形式，也是视觉注意的焦点，今日观众（包括研究者）可辨识出三种主要形式：斜对角圆弧分割构图、中央交缠构图、平行分割构图。

视觉会将（左行 12）辨识为斜对角圆弧分割构图（图 15），是基于封闭原则，故将纹饰辨识为二个弧形三角形，二个三角形之间呈现斜对角圆弧呼应的形式。视觉会将（右行 02）辨识为中央交缠构图（图 16），则是基于"封闭原则"和"连续性原理"，两个视觉特性相互作用下，会将其辨识为此种构图。至于视觉会将（左行 06）辨识为平行分割构图（图17），在于此种构图的典型设计并无明确的封闭面积，视觉会被众多相互平行的长弧线引导向左右发散，所以难以明确辨识出如同前两种设计形式中的主体轮廓，又因这些长弧线和玉璜本身的弧形轮廓平行，接近轮廓的长弧线甚至和弧形轮廓合一，使得此种纹饰特征对于视觉的"选择性注意"而言，并无特殊之处；因而乍看之下，玉璜造型常先成为视觉注意的焦点，纹饰则为装饰配角；但又因这些纹饰之中常常有小型的圆形或椭圆形纹样，

---

[1] Meng M, Cherian T, Singal G, Sinha P, "Lateralization of Face Processing in the Human Brain", *Proceedings of the Royal Society B: Biological Sciences*, Volume 279 (2012), pp. 2052–2061. Mondloch CJ, Le Grand R, Maurer D, "Configural Face Processing Develops More Slowly than Featural Face Processing", *Perception*, Volume 31 (2002), pp. 553–566. Richler JJ, Cheung OS, Gauthier I, "Holistic Processing Predicts Face Recognition", *Psychological Science*, Volume 22 (2011), pp. 464–471. Shaw S, "Adele and the Margaret Thatcher Effect", *Psychology in Action*, 2016. https://www.psychologyinaction.org/psychology-in-action-1/2016/03/07/adele-and-the-margaret-thatcher-effect. Tsao DY, "How the Brain Reads Faces", *Scientific American*, 2019. https://www.scientificamerican.com/article/how-the-brain-reads-faces/.

述而作论

图12 头首对望的设计，修改自M63组玉佩玉璜（M63：41-98），山西博物院藏，笔者修改

图13 头首望向同一方向的设计，修改自M63组玉佩玉璜（M63：41-102），山西博物院藏，笔者修改

图14 头首背对外望的设计，修改自M63组玉佩玉璜（M63：41-？），山西博物院藏，笔者修改

基于前述视觉的"选择性注意"，又会认为其中藏有眼睛和面部，在来回辨识之中，增添扑朔迷离的视觉美感。

观察表1中M63组玉佩诸多玉璜的纹饰构图，可发现晋穆侯夫人排列玉璜所在位置时，除尺寸是否合宜之外，也同时考虑构图是否对称，所以左右两行对称玉璜的构图多相同或近似，居中一行组件的构图也尽量配合左右。

图15 斜对角圆弧分割构图，修改自 M63 组玉佩玉璜（M63：41-108），山西博物院藏，笔者修改

图16 中央交缠构图，修改自 M63 组玉璜（M63：41-43），山西博物院藏，笔者修改

图17 平行分割构图，修改自 M63 组玉佩玉璜（M63：41-88），山西博物院藏，笔者修改

而若今日观众（包括研究者）认为正确的组合原则和晋穆侯夫人所思相同，则 M63 组玉佩之中有几件玉器的位置需要调整，若将（右行 01）和（右行 02）两者互换，将（右行 06）和（左行 07）也互换，显然更符合左右构图对称的原则。由此可知，此四件玉器目前所在位置应非晋穆侯夫人初始排列位置，而是墓中环境变化造成位移所致。

述而作论

M63组玉佩玉璜组件的纹饰因素

观察M63组玉佩各式玉璜，可发现主要的纹饰因素有羽纹单元[①]、鳞纹单元、羽尾单元、孔雀羽毛单元、花翎羽尾单元。这些纹饰因素会因应前节讨论的三种构图特点，调整变化再设计其中，而且细察可知羽纹单元较常出现，原因除本身即为重要创作因素外，也有可能是外形适合调整变化，易于符合各种构图需要。

接下来，即以前述三种构图为顺序，首先以M63组玉佩中数量最多、以斜对角圆弧分割构图设计而成的玉璜为对象，分析其中的纹饰因素。

"羽纹单元"在"斜对角圆弧分割构图"中的设计及其源头

观察玉璜（中行21）、（左行12），两者皆为斜对角圆弧分割构图，若进一步分析纹饰因素，可知（中行21）单纯只以两个调整后的羽纹单元上下组合而成（图18），（左行12）上下也是以调整后的羽纹单元组合，一如图15之中的解析，图15再加上头首之后即完成整体设计，羽纹在此作品中成为左右母题的身躯。

---

① 笔者过去依高本汉先生的观点称此纹样为"羽纹"，前篇文章则改采林巳奈夫先生的观点称为"气纹"单元，参见蔡庆良：《上古时代的错觉艺术》，《实幻之间——院藏战国至汉代玉器特展》，台北故宫博物院，2022年2月，第422~425页。本文再改回"羽纹"，因为追溯此种纹饰单元的源头，可发现以此单元为创作根本并依循特定公式设计而成的纹样，至迟在石峁遗址出土的石雕兽面的羽冠中即已如此（图26），所以本文的论证依据虽然和高本汉先生所论不同，但仍应称为"羽纹"较为合适。

图 18　上下羽纹单元解析，修改自 M63 组玉佩玉璜（M63：41-112），山西博物院藏，笔者修改

不仅上述例子，商晚期至西周的玉器纹饰设计，羽纹单元是最重要也是应用最广的纹饰因素[①]，于此先列举数例西周常见的羽纹单元（图19），再以此观察表 1 中 M63 组玉佩各式玉璜，即可发现羽纹单元大量应用在其中，例如（右行 09）同样以一对羽纹单元设计而成（图 20）。

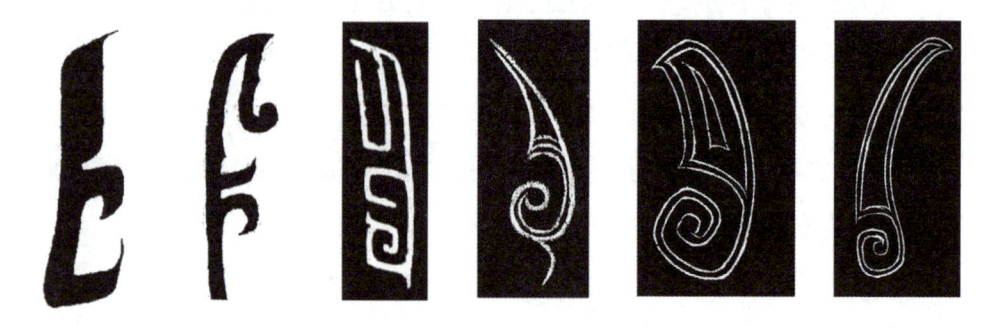

图 19　西周羽纹单元举例

---

① 例如安阳殷墟出土的玉嵌件 R001510，以及妇好墓出土的玉片 M5：1418-1421，皆应为漆木器的"羽纹"嵌饰器。李永迪编：《殷墟出土器物选粹》，台北"中研院"历史语言研究所，2017 年 12 月，第 223 页；广东省博物馆、中国社会科学院考古研究所：《妇好墓玉器》，岭南美术出版社，2016 年 12 月，第 160 页。

图 20　上下羽纹单元解析，修改自 M63 组玉佩玉璜
（M63：41-101），山西博物院藏，笔者修改

此外，羽纹单元也大量应用于西周青铜器纹饰设计，观察分析西周中期丰尊纹饰（图 21）[①]，以及宝鸡石鼓山 M3 出土西周早期神鸟纹方座簋 M3：27 纹饰（图 22）[②]，可发现羽纹单元是最主要的纹饰因素。[③] 但对于设计西周青铜器、玉器纹饰的艺术家而言，羽纹单元也非全新创造，而是源远流长的传统创作因素。

自商代晚期追溯至商代早期，可发现艺术家早已娴熟于将羽纹单元组构于兽面之中（图 23、图 24、图 25）。[④] 而且由近年考古发现，可知以羽纹单元构成兽面纹的艺术设计也非商代所新创，至迟在陕西石峁皇城台大

[①] 李伯谦主编：《中国出土青铜器全集·16 陕西　中》，科学出版社、龙门书局，2018 年 12 月，第 482 页。

[②] 陕西省考古研究院、宝鸡市文物旅游局、上海博物馆：《周野鹿鸣——宝鸡石鼓山西周贵族墓出土青铜器》，上海书画出版社，2014 年 10 月，第 172~176 页。

[③] 蔡庆良：《上古时代的错觉艺术》，《实幻之间——院藏战国至汉代玉器特展》，台北故宫博物院，2022 年 2 月，图 14、图 15。

[④] 蔡庆良：《上古时代的错觉艺术》，《实幻之间——院藏战国至汉代玉器特展》，台北故宫博物院，2022 年 2 月，图 16、图 17、图 21。

台基南护墙 11 号石雕即可见到（图 26）[①]，比较图 25 和图 26，可知商早期青铜器兽面和石峁石雕兽面之间的密切关系。若仅就羽纹单元而言，陶寺中期王墓出土的彩绘陶簋（M22：15）[②]，即已见其踪迹。

图 21　丰尊凤鸟纹之中羽纹单元解析，陕西扶风庄白一号窖藏出土，宝鸡市周原博物馆藏

图 22　方座簋（石鼓山 M3：27）器座之中神人纹的羽纹单元解析，陕西宝鸡石鼓山 M3 出土，宝鸡青铜器博物院藏，笔者摄

[①] 孙周勇、邵晶、邸楠：《石峁遗址的考古发现与研究综述》，《中原文物》2020 年第 1 期，图一五、图一六；蔡庆良：《上古时代的错觉艺术》，《实幻之间——院藏战国至汉代玉器特展》，台北故宫博物院，2022 年 2 月，图 23。
[②] 中国社会科学院考古研究所山西队、山西省考古研究所、临汾市文物局：《陶寺城址发现陶寺文化中期墓葬》，《考古》2003 年第 9 期，图二；何驽：《怎探古人何所思——精神文化考古理论与实践探索》，科学出版社，2021 年 2 月，第 342 页。

灰色为阴纹羽纹 —— 黑色为阳纹羽纹

图 23 商代晚期青铜器兽面纹之中羽纹单元解析（中铜 001762），台北故宫博物院藏

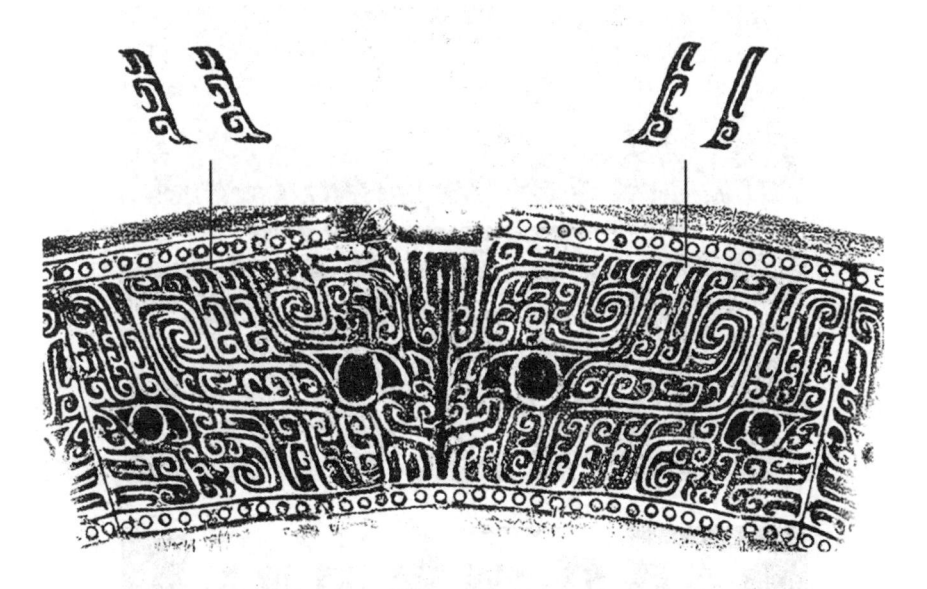

图 24 商代早期偏晚青铜器兽面纹之中羽纹单元解析（中铜 000872），台北故宫博物院藏

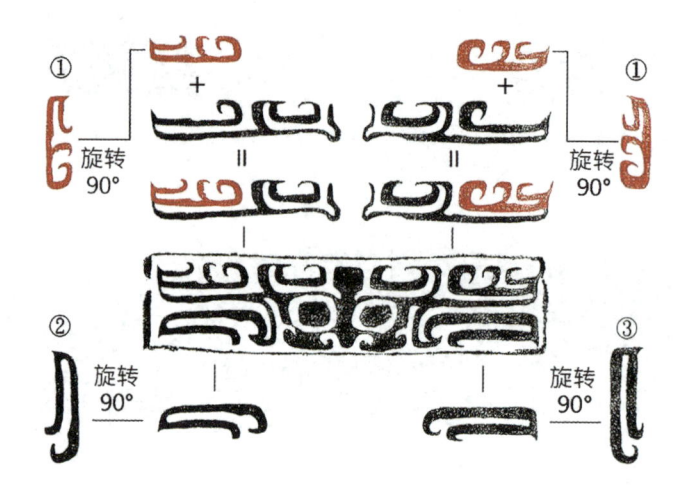

图 25　商代早期青铜器兽面纹之中羽纹单元解析（中铜 000019），台北故宫博物院藏

图 26　石峁皇城台 11 号石雕兽面原件和拓片对照，以及兽面额部羽纹单元特写，陕西省考古研究院藏

述而作论

有此传承千年以上的传统，对于设计西周玉器纹饰的艺术家而言，自然熟悉羽纹因素及各种构图因素。例如晋侯墓地 M13 晋武侯夫人墓出土的玉璜 M13：179–1（图 27），艺术家即以斜对角圆弧分割构图设计器内一对羽纹单元，一如设计图 20 玉璜的艺术家。[①]

图 27　晋武侯夫人墓 M13 出土玉璜（M13：179–1）及羽纹单元解析，山西省考古研究院藏，笔者摄并绘制

艺术家驾轻就熟各种创作因素之余，面对不同设计条件时，自然可以如何努先生所言，经过矫正、调整创作公式，在表现事物共相的结构以及概念的同时，表达其个人对"原型"所寄予的情感。

观察晋侯墓地 M92 晋靖侯夫人墓出土玉璜 M92：19 的拓片（图28），纹饰设计为中轴左右镜像对称，左右皆以相同的羽纹单元和斜对角圆弧分割构图设计而成；和图 20、图 27 相互比较，可知三件玉器的创作因素和创作公式皆相同，只是设计本件玉璜的艺术家在表现共相结构和概念的同时，稍微调整了羽纹单元的外形、比例、方向，并发挥创意，以中轴左右镜像对称的概念进行设计，不但适合本件玉璜近于半圆的形制，而且也表达艺术家个人的巧思和美感。

---

① 即使是斜对角分割构图，其实也是传承有序的构图因素，广为应用在商代青铜器纹饰设计中。上海博物馆青铜器研究组：《商周青铜器文饰》，文物出版社，1984 年 5 月，第 251 页。

图 28　晋靖侯夫人墓出土玉璜（M92:19）及羽纹单元解析，山西省考古研究院藏，笔者绘制

又例如制作（右行09）、（左行12）玉璜的两位艺术家，构思母题下颌和身躯的设计方案，皆是将左小右大的两个羽纹单元略加变化调整，并以左右并列的方式组成（图29、图30）；图29、图30中的大小羽纹单元相互独立，另外三件（中行10）、（左行05）、（右行05）则是将羽纹或融合或变形延伸来设计下颌及身躯（图31、图32、图33），不同艺术家借由各自创意表达对"原型"所寄予的情感。

图 29　以大小羽纹单元组成的下颌和身躯，修改自 M63 组玉佩玉璜（M63:41-101），山西博物院藏，笔者修改

图 30　以大小羽纹单元组成的下颌和身躯，修改自 M63 组玉佩玉璜（M63:41-108），山西博物院藏，笔者修改

述而作论

图 31　以羽纹单元设计成的下颌和身躯，修改自 M63 组玉佩玉璜（M63：41-84），山西博物院藏，笔者修改

图 32　以羽纹单元设计成的下颌和身躯，修改自 M63 组玉佩玉璜（M63：41-80），山西博物院藏，笔者修改

图 33　以羽纹单元设计成的下颌和身躯，修改自 M63 组玉佩玉璜（M63：41-82），山西博物院藏，笔者修改

"鳞纹单元"在"斜对角圆弧分割构图"中的设计

  鳞纹单元也是西周玉器常用的纹饰创作因素，表1中M63组玉佩也有不少玉璜是用鳞纹单元设计而成。比较（右行09）和（左行09），可见仍是依循相同的构图因素（斜对角圆弧分割构图），只是（右行09）填饰了如图20解析的羽纹单元（图34），（左行09）则填饰鳞纹单元（图35）。一如羽纹单元，鳞纹单元也非周人新创，乃是继承自商代即广为使用的创作因素（图36）。而且再往上追溯，至迟在陶寺早期王墓出土的彩绘龙盘中即可看到此一纹饰因素。[①]

图34 以羽纹单元设计成的上下母题，修改自M63组玉佩玉璜（M63: 41-101），山西博物院藏，笔者修改

图35 以鳞纹单元设计成的上下母题，修改自M63组玉佩玉璜（M63: 41-102），山西博物院藏，笔者修改

[①] 何驽：《怎探古人何所思——精神文化考古理论与实践探索》，科学出版社，2021年2月，第334页，图二二七。

图36 商晚期龙纹盘（中铜1513）（左）及局部鳞纹特写（右），台北故宫博物院藏，笔者摄

  借由创作因素分析法，可知 M63 组玉佩玉璜的诸多创作因素皆非周人所创，如此一来，今日观众（包括研究者）又如何能判断是西周而非商代或其他时代的作品呢？如同前述，创作因素还包括图式化琢磨手法和工序、造型的图式化制作技巧和工序、母题、整体艺术美感（或是特质）等。不同时代的艺术家运用各种创作因素的设计公式或相同，或不同，或略为调整，但即使是些微的差异，极为敏锐的视觉感知也可判断出不同的时代特征。例如商代晚期和西周中期玉器的艺术追求并不同，商代晚期为"刚直方折"的肃穆感受，西周中期则为"华丽流畅"的雍容美感[1]；因而商代玉器使用"参差断续、深浅不一"的图式化琢磨手法（图37）[2]，西周中期

---

[1] 蔡庆良：《古器物学研究——陕西韩城芮国大墓出土玉器概论》，《芮国金玉选粹》，三秦出版社，2007年12月，第296~298页。

[2] 蔡庆良：《山东前掌大墓地出土玉器分期试析》，《夏商时期玉文化国际学术研讨会论文集》，科学出版社，2018年10月，第196页，图一七。

玉器则以"巨细靡遗、一丝不苟"的图式化琢磨手法（图38）①，各自创造出不同的视觉美感。

图37 商代玉器"参差断续、深浅不一"的图式化琢磨手法，安阳花园庄 M54：350 玉兽耳部特写，笔者摄

图38 西周中期玉器"巨细靡遗、一丝不苟"的图式化琢磨手法，晋武侯夫人墓 M13：178 玉璜左侧兽鼻特写，笔者摄

又例如商、西周虽然皆使用羽纹单元和鳞纹单元，但这两个纹饰因素的外形特征在两个时代已略为调整变化②，一如考古学类型学中的不同式别，可作为分期断代依据；何况西周中期出现各种新的组合形式，例如将两个较小的羽纹单元上下叠饰在具有鳞纹单元的龙身上下，这可在晋侯燮父夫人墓 M113 出土组玉佩中的玉璜 M113：66-8③ 以及晋穆侯夫人陪葬墓 M136 出土西周中期玉璜 M136：10 中看到（图39），今日观众（包括研究者）只要熟悉这些不同时期特有的创作因素和组合公式，即可有效判断玉器的

① 蔡庆良：《规范与设计——晋侯墓地出土玉器的风格特征》，《古代文明》第15卷，上海古籍出版社，2021年7月，第71页，图二十一：2。
② 蔡庆良：《古器物学研究——陕西韩城芮国大墓出土玉器概论》，《芮国金玉选粹》，三秦出版社，2007年12月，第296~298页。
③ 北京大学考古文博院、山西省考古研究所：《天马—曲村遗址北赵晋侯墓地第六次发掘》，《文物》2001年第8期，图三四：1。

制作年代。

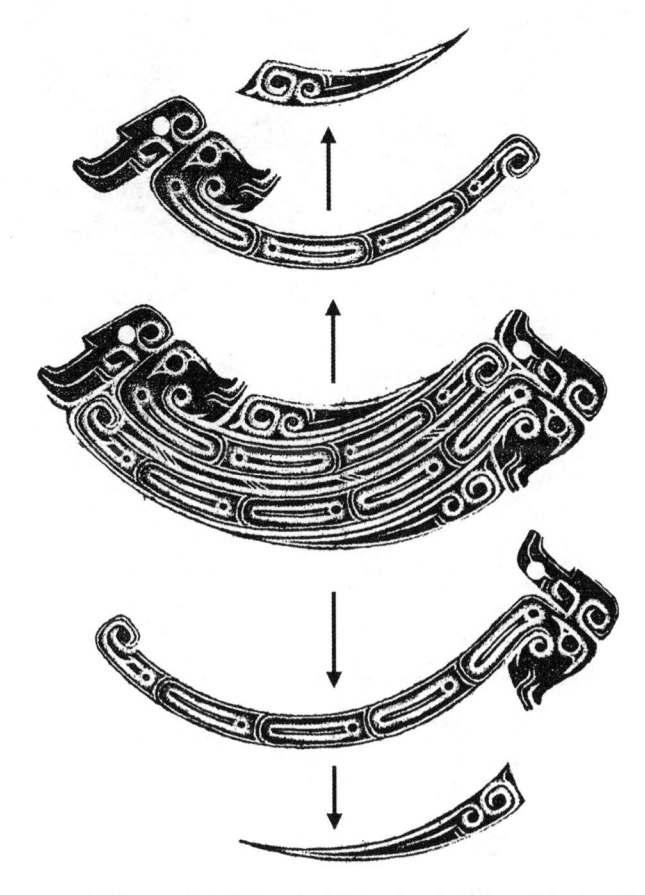

图39 以羽纹单元和鳞纹单元设计成的西周中期玉璜，修改自晋穆侯夫人陪葬墓出土的玉璜（M136：10），山西博物院藏，笔者绘制

今日观众（包括研究者）甚至可以和艺术家默契与共，知道作品创意所在。例如观察（右行04），可发现艺术家不但使用了羽纹单元和鳞纹单元，同时发挥惊人巧思，略为变化设计，就将作品（右行04）以图39的概念幻化成图34和图35两种身躯的合体（图40），实为独一无二、创意无穷的杰作。

图40 以羽纹单元身躯（左）和鳞纹单元身躯（右）幻化成一体的设计，修改自 M63 组玉佩玉璜（M63：41–75），山西博物院藏，笔者修改

"羽纹单元"和"鳞纹单元"在"中央交缠构图"中的设计

如前所述，纹饰因素可以应用在不同构图的作品中，因此观察表 1 M63 组玉佩中以中央交缠构图所设计的玉璜，可发现主要的纹饰因素仍为羽纹单元和鳞纹单元。倘进一步分析纹饰单元的组合方式，例如（左行01），由其解析图（图41）可知，具有鳞纹单元的龙身以及龙身和上方羽纹单元之间的组合关系，一如图39所用的设计公式，只是略作调整变化。所以由创作因素分析法来看，两幅作品的创作年代相同，只是艺术家各自选择了同时代的不同构图因素，调整了纹饰因素的组合关系。

但也因不同的构图会形成不同的设计空间，艺术家会相应调整出最适合的创作公式。例如中央交缠构图的特性（左行03）、（右行03）、（右行02），易于将大比例的足爪置于各种母题的身躯中（图42、43、44）；也因此，屈折足爪的上臂留有足够空间让艺术家发挥巧思，填饰组合各式纹饰单元。图42的上臂特写之中倾斜倒置一个标准羽纹单元；图43的上臂特写之中则倾斜倒置两个并列的羽纹，大羽纹较复杂置于右侧，小羽纹较简单置于左侧，两羽纹的前端末梢依上臂的轮廓调整变形，并相接于下方的尖端；图 44 则在上臂的上方填饰了长弧的羽纹单元，下方则依轮廓填饰了两个前后相接的鳞纹单元。

图 41　鳞纹单元设计的身躯（左）和其上方空间中的羽纹单元（右），修改自 M63 组玉佩玉璜（M63：41-47），山西博物院藏，笔者修改

图 42　足爪在玉璜中的位置（左），以及足爪上臂中所填饰的羽纹单元（右），修改自 M63 组玉佩玉璜（M63：41-？），山西博物院藏，笔者修改

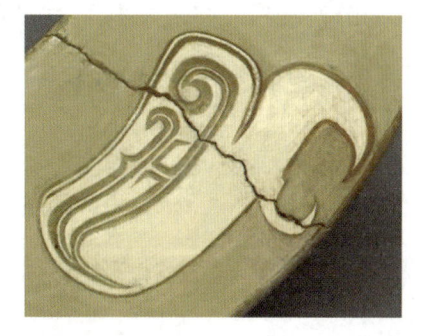

图 43　足爪在玉璜中的位置（左），以及足爪上臂中所填饰的大小羽纹单元（右），修改自 M63 组玉佩玉璜（M63：41-86），山西博物院藏，笔者修改

图 44　足爪在玉璜中的位置（左），以及足爪上臂中所填饰的羽纹单元和鳞纹单元（右），修改自 M63 组玉佩玉璜（M63：41–43），山西博物院藏，笔者修改

除了上述纹饰单元，中央交缠构图的玉璜也有较大的设计弹性，可以使用其他构图较难应用的纹饰因素，例如"羽尾单元"和"花翎羽尾单元"。

"羽尾单元"在"中央交缠构图"中的设计

解析图 16、图 41 以及（左行 03）、（右行 03），可发现两个身躯在中央交缠之后，继续延伸并于末端收束成三角形的尾部，尾部旁侧有形如锯齿一般的小收尖。这种尾部特征和图 21 以及山西翼城大河口出土的铜尊（M1017：21）之中向身后大弧度弯转收尖的羽尾（图 45）相仿[①]，所以本文名之为羽尾单元。

---

① 　山西省考古研究院、山西大学北方考古研究中心、运城市文物工作站、绛县文物局：《霸金集萃——山西翼城大河口西周墓地出土青铜器》（下），上海古籍出版社，2021 年 4 月，第 351 页。

图 45　山西翼城大河口出土的铜尊（M1017：21）鸟纹拓片

此种羽尾单元在中央交缠构图的玉璜中相当常见，观察表 1 以及晋武侯夫人墓 M13 出土玉璜 M13：177-1（图 46）即为如此，可能缘于西周中期的青铜器纹饰开始流行回转羽尾鸟纹，而中央交缠构图正符合此种艺术美感，因此取而用之。

图 46　晋武侯夫人墓 M13 出土玉璜（M13：177-1），山西省考古研究院藏，笔者摄

若进一步观察，可发现羽尾单元之内常常相应填饰其他纹饰单元，例如图 16 的变形羽纹单元，或是如图 41 的圆圈纹，此为公式化的设计模式。依笔者浅见，这两幅图中的羽尾单元应是接下来讨论的"花翎羽尾单元"的简化形式或是变化形式；亦即"花翎羽尾单元"是在羽尾单元之中再填饰"孔雀羽毛单元"而成，是西周中期才开始出现的纹饰创作因素，具有分期意义。

"孔雀羽毛单元"及"花翎羽尾单元"

观察（中行 03），可见以中央交缠构图设计的鸟纹（图 47）[①]，鸟纹设计类似于图 21，向下延伸交缠的羽尾末端填饰有圆圈纹，一如图 21、图 41、图 46 的羽尾单元。进一步观察，可发现向下延伸鸟尾的上段之中填饰了另一种纹饰单元，若颠倒观看则呈上扬形式（图 48）。此形式更利于接

---

① 图 47 中向右下交缠延伸的鸟尾同时也是中央龙首的身躯，此为本时期常见的设计形式，但为了简洁说明本节内容，此图将位于右半的龙首抹除。

下来的讨论，同样的纹饰单元也设计在鸟首上方扬起的尾羽中。由后文可知，此纹饰单元也是公式化的纹饰因素，而且填饰了此种纹饰单元的羽尾单元才是最完整的羽尾单元。

图 47　羽尾单元呈交缠形式的鸟纹，修改自 M63 组玉佩玉璜（M63：41-54），山西博物院藏，笔者修改

图 48　填饰在图 47 鸟尾上段的纹饰单元（和图 47 颠倒），笔者修改

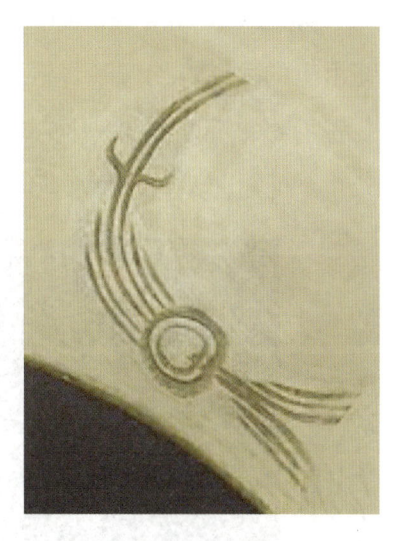

观察图 48 纹饰单元，可知主体类似椭圆形，主体上下装饰有细密平行线纹，整体因此形似花朵。椭圆形主体的轮廓呈中轴左右对称，并在中轴的一端内收成尖，使椭圆形主体又形似莲叶。此一形似莲叶的主体串接在如同花茎的曲弧长线上，曲弧长线上还有左右对称且斜倾的短线，如同花茎上的小分枝。

这种纹饰单元和孔雀羽毛极为相似（图 49），笔者认为应是孔雀羽毛

图 49　孔雀羽毛特写，aitoff from Pixabay

的简化形象，所以称之为"孔雀羽毛单元"。而以孔雀羽毛单元填饰而成的羽尾单元，此处借用清代官帽中以孔雀羽毛为顶戴花翎的典故，称此羽尾单元为"花翎羽尾单元"。

称之为花翎羽尾的原因除上述之外，观察晋侯墓地 M114 晋侯燮父墓出土的西周早期偏晚青铜鸟尊 M114：210（图 50）[①]，尾部设计也是以孔雀羽毛单元重复铺列而成（图 51），和真实的孔雀羽尾所差无几（图 52），可知青铜鸟尊的原型应是孔雀，孔雀也可能是西周各式鸟纹的原型。

图 50　晋侯燮父墓 M114 出土青铜鸟尊（M114：210），山西博物院藏，图片提供：吉琨璋

[①] 此鸟尊另可见于北京大学考古文博院、山西省考古研究所：《天马—曲村遗址北赵晋侯墓地第六次发掘》，《文物》2001 年第 8 期，图一四；上海博物馆：《晋国奇珍——山西晋侯墓群出土文物精品》，上海人民美术出版社，2008 年 7 月，第 50～51 页。

图51　图50青铜鸟尊羽尾纹饰特写，图片提供：吉琨璋

图52　孔雀尾部特写，danielsfotowelt from Pixabay

有了以上认识，今日观众（包括研究者）已理解"花翎羽尾单元"原型的图示意义，也可以和艺术家保持同理心，理解艺术家个人对"原型"的调整变化和所寄予的情感。例如晋穆侯夫人墓出土的梯形牌饰 M63：36，对照原器和解析图可知（图53），艺术家因应梯形的形制共设计了两个花翎羽尾：其一较长，自尾部末端向上回旋，经鸟首绕向胸前、足爪，最终于身后收尾；另一较短，自胸口出发，回转穿过鸟腿后在腹下收尾，和前一羽尾上下平行叠置。两羽尾的末端细节设计精巧，实为仅见。

图53 晋穆侯夫人墓 M63 出土的梯形牌饰（M63：36）（左），以及花翎羽尾解析（右），山西省考古研究院藏，笔者摄并绘制

此外，由于长的花翎羽尾面积充足，艺术家得以依次填饰数个完整的孔雀羽毛单元；短的花翎羽尾则面积有限，只能简化设计，保留了孔雀羽毛单元如圆眼的莲叶主体，而省略细密平行线纹和对称分枝。

此种面对不同设计条件所为的矫正调整，在上海博物馆藏的圆形玉总束（图54）中也可见到。艺术家为了因应较小的圆形面积，不但省略了鸟足，也省略了孔雀羽毛单元之中的对称分枝，如此才能在窄弧的面积中容纳更多的孔雀羽毛单元，同时在其余适当位置设计变化的羽纹单元。如此不但形成鳞次栉比的秩序感，更增添整体的流畅美感，实为佳作。

同理，今日观众（包括研究者）观察晋侯墓地 M9 晋武侯墓出土的圆形玉总束 M9：122（图 55），即可知道这位艺术家的设计原型与前一件相同，只是对公式略作变化，将孔雀羽毛单元和羽纹单元略作简化调整并组合，成为现在所见羽尾单元。

图 54 以孔雀羽毛单元和气纹单元设计的圆形玉总束，上海博物馆藏，图片提供：陈曾路

图 55 晋武侯墓 M9 出土的圆形玉总束（M9：122），山西省考古研究院藏，笔者摄

由此可知，图 55 和前文图 41、图 46 所论的羽尾单元实则相似，都是自花翎羽尾的原型调整而成；观察表 1 中各式玉璜的羽尾单元，也可看到和花翎羽尾原型的关系；至于图 21 鸟颈上的类似莲叶的图案，现在可知就是孔雀羽毛单元的简化形式。

孔雀羽毛单元的变化调整

一如羽纹单元作为纹饰创作因素，艺术家可以调整变化以因应设计需要，孔雀羽毛单元同为纹饰创作因素，自然也可以调整应用在不同的纹饰母题之中，例如（左行 03），由图 14 之中昂鼻张嘴的特征来看，纹饰母题应为兽而非前文所论述的鸟，但艺术家仍使用前文惯见的中央交缠构图的花翎羽尾（图56），并在其中填饰了标准的孔雀羽毛单元（图57），以及简化调整后的孔雀羽毛单元和羽纹单元（图58）。又例如M63组玉佩（右行03），纹饰母题为神人，中央交缠构图的身躯末端则设计成龙首，形成两母题共享一身的特殊设计，并在身躯上方有限的剩余面积中，填饰了简化形式的孔雀羽毛单元和羽纹单元（图59、图60）。此种不同母题却使用相同纹饰单元的设计方式，或许说明当时艺术家的创作概念是希冀融合不同物种的象征单元，以创造出具有多重力量的神物。

图56 中央交缠构图的花翎羽尾，修改自M63组玉佩玉璜（M63：41-？），山西博物院藏，笔者修改

图57 图56之中花翎羽尾右下方填饰的孔雀羽毛单元，笔者修改

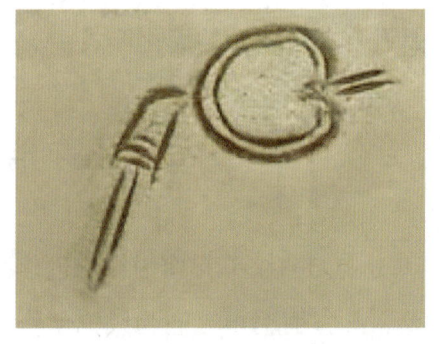

图58 图56之中花翎羽尾中央填饰的简化孔雀羽毛单元（右）和简化羽纹单元（左），笔者修改

述而作论

图59 简化孔雀羽毛单元和简化羽纹单元在玉璜中的位置，修改自M63组玉佩玉璜（M63：41-86），山西博物院藏，笔者修改

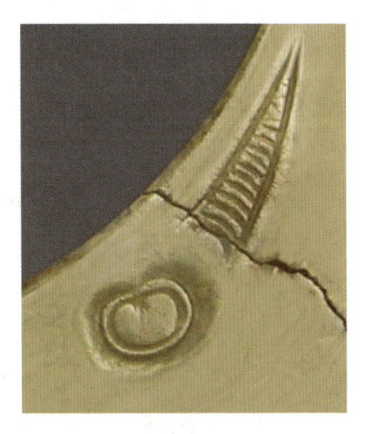

图60 图59局部特写，可见简化孔雀羽毛单元（左下）和简化羽纹单元（右上），笔者修改

观察图53胸口羽尾内部所填饰的简化孔雀羽毛单元和羽纹单元（图61），并比较图58和图60，可发现西周中期艺术家简化并组合单元的方式也依循相类似的创作公式，可知三件作品皆是在极明确的设计限制之下调整完成，今日观众（包括研究者）也可由此体会不同艺术家的独特创意。

时至西周晚期，艺术家显然继承了孔雀羽毛单元的创作因素，也熟知如何使用简化公式来象征某物。

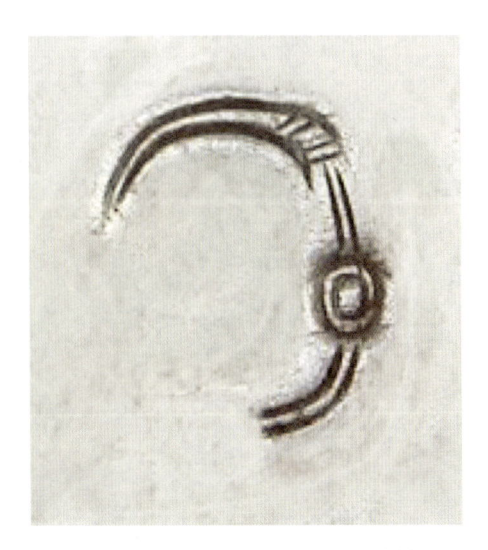

图61 图53之中胸口羽尾内部所填饰的简化孔雀羽毛单元（下）和简化羽纹单元（上），笔者修改

例如陕西眉县杨家村出土的述盉①，以及陕西扶风齐家出土的㝬盉②，两件青铜盉都有鸟形盖，鸟背皆装饰了前述的莲叶主体（图62），此乃艺术家们使用简化孔雀羽毛单元来象征孔雀。又如霸伯山簋的器盖装饰了诸多孔雀羽毛单元及羽纹单元（图63）③，可推测艺术家如此设计的目的，除要符合西周晚期青铜器纹饰流行的简约品味外，同时也象征器盖上鸟母题的原型是孔雀。

图62 述盉（左）和㝬盉（右）的鸟形器盖上所装饰的简化孔雀羽毛单元

① 陕西省考古研究院、宝鸡市考古研究所、眉县文化馆：《吉金铸华章——宝鸡眉县杨家村单氏青铜器窖藏》，文物出版社，2008年10月，第197页。
② 李伯谦主编：《中国出土青铜器全集·17陕西下》，科学出版社、龙门书局，2018年12月，第641页。
③ 山西省考古研究院、山西大学北方考古研究中心、运城市文物工作站、绛县文物局：《霸金集萃——山西翼城大河口西周墓地出土青铜器》（上），上海古籍出版社，2021年4月，第283~289页。

图63 霸伯山簋的器盖上正面设计的孔雀羽毛单元（左）及背面左右镜像对称的一双羽纹单元（右）

今日观众（包括研究者）也可以推知，环列毛公鼎器身一圈的纹饰单元（图64），虽然近似于图39、图41西周中期的鳞纹单元，但西周晚期的艺术家其实是在调整西周中期的纹饰因素，设法将孔雀羽毛单元之中的莲叶主体和鳞纹单元合二为一，或许是为了在西周晚期的朴实风尚中留下些许西周中期的华丽记忆。

图64 毛公鼎（中铜651）器身纹饰特写，台北故宫博物院藏

"平行分割构图"玉璜的纹饰因素

观察（中行05），此种构图的典型设计一如图17所述，并无明确的封闭面积，视觉会被众多相互平行的长弧线引导向左右发散。为避免破坏此种构图的视觉美感，艺术家很少填饰前述的各种纹饰单元，偶尔使用也多是简化的羽纹单元，羽纹外形和玉璜轮廓平行呼应。又因纹饰之中常常有圆形或椭圆形的纹样，视觉又会认为其中藏有眼睛和面部，增添扑朔迷离的视觉美感。

这种朴素中略带抽象的艺术美感流行于西周晚期[①]，观察（右行11）龙首和身躯纹饰设计，即可看到具象龙首和抽象龙首之间的调整设计（图65）。此种设计公式应用在（左行06）中轴左右对称的玉璜时，只要将纹饰在左右对称设计即可，所以左右两端会有分明清晰的龙首（图66），玉璜中段的左右则各有一抽象的龙首，一如图17所分析。

图65 具象龙首（左）和身躯之中的抽象龙首（右），修改自M63组玉佩玉璜（M63：41-105），山西博物院藏，笔者修改

[①] 蔡庆良：《古器物学研究——陕西韩城芮国大墓出土玉器概论》，《芮国金玉选粹》，三秦出版社，2007年12月，第294～295页。

图 66　左右两端分明清晰的龙首，修改自 M63 组玉佩玉璜（M63：41-88），山西博物院藏，笔者修改

但这不代表西周晚期的艺术家不熟悉过去的创作因素。例如由（中行 05）、（右行 08）可知，设计者显然知道羽纹单元，只是变形并谨慎使用以避免破坏视觉美感；又例如图 17 中轴的两道弧线，仔细观察才知是视觉一时无法察觉的中央交缠构图，显然艺术家也只是谨慎勾勒象征轮廓以免破坏此时追求的美感。也因为图 17 此种中央交缠构图只有微弱的象征而未有实际上的视觉效果，因此笔者仍将其归为本节讨论的构图形式。

众所周知，相较西周中期的艺术特色，西周晚期的玉器和青铜器显得较为朴实，其中是否有特殊的社会原因呢？前述曾提及 M63 组玉佩中有两件经裁截后的玉器（中行 04）、（左行 04），笔者认为，晋穆侯夫人刻意使用裁截自西周中期的玉器，并置于 M63 组玉佩中较显眼的位置，其原因和西周晚期的玉器、青铜器采用朴实风格是息息相关的。

M63 组玉佩之中经过后改的玉璜的讨论

（中行04）、（左行04）两件玉器虽曾修改，但经本文讨论，今日观众（包括研究者）已相当熟悉西周中期艺术家所使用的创作因素，因而可以有效复原这两件经裁截玉器的原貌（图67、图68），相比裁截前后的样貌，会对裁截原因深感不解。

图67 玉龙复原图，复原自M63组玉佩玉组件（M63：41-58），山西博物院藏，笔者绘制复原

图68 玉璜复原图，复原自M63组玉佩玉璜（M63：41-78），山西博物院藏，笔者绘制复原

首先，裁截后并未再修整加工，而是直接保留了残缺不全的造型和纹饰，显然不是因为晚期玉料不足而寻找西周中期的玉器再利用；其次，裁截后的尺寸变化有限，而且形制也未改变，尤其（左行04）原为玉璜，修改后仍是玉璜，宽度也未改变，亦即修改后并未改变实际功能，反而留下了粗糙不加修整的切割痕迹。这些现象予人一感受，就是不裁截可能比裁截好，那为什么如此做呢？

可能有学者会认为这些修改未必是晋穆侯夫人所为，而是收集之始本已如此。虽然目前不能排除此可能，但在组玉佩中刻意使用裁截不全的玉璜却是有迹可循。例如时代差距不远的图3芮桓公墓M27出土的组玉佩，以及图4芮桓公夫人墓M26出土的组玉佩，皆使用裁截后的玉器作为玉璜组件，而且两套组玉佩最显眼的第一件玉璜M27：200及M26：656（图

69、图 70），由复原图可知，原件是西周中期极为精彩的玉璜和玉璧（图 71、图 72）[①]，而且图 69 的裁截方式和（左行 04）如出一辙，皆简单粗率。基于以上，裁截修改应有其因。

图 69　芮桓公墓 M27 出土玉璜（M27：200）拓片

图 70　芮桓公夫人墓 M26 出土玉璜（M26：656）拓片

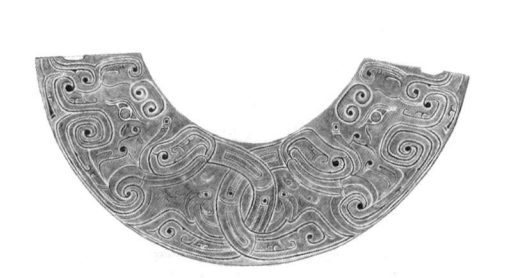

图 71　图 69 玉璜复原为原始玉璜，笔者绘制复原

图 72　图 70 玉璜复原为原始玉璧，笔者绘制复原

笔者曾为文讨论两周之际修改西周中期服饰用玉的时代原因[②]，文中

[①]　笔者曾发表过此两件玉器的复原图，但其中 M27：200 的若干细节有待修正，本文已重新修改调整。原复原图可见蔡庆良：《赫赫宗周——西周文化特展的策展理念及内容》，《赫赫宗周——西周文化特展》，台北故宫博物院，2012 年 10 月，第 296 页。

[②]　蔡庆良：《质胜于文　真性乃显——略论芮国出土的改制玉器》，《故宫文物月刊》2013 年第 366 期，第 46~59 页。

以毛公鼎朴素无华风格为例，认为这是西周晚期宣王以来刻意提倡的社会风气。后代子孙并不是不了解先祖玉器珍贵稀罕，在技术传承下也并非不能制作相类风格的玉器；但在新的价值观念驱使下，不但选择新的简朴风格，并刻意修改西周中期精美的玉器，以凸显并配合新的观念内涵。

小　结

本文以何努先生所定义的"艺术考古"为研究方法，以M63组玉佩为研究对象，尝试将此古代艺术物质遗存放回到考古存在背景关系中，并运用艺术心理学和文化因素分析等方法，试图探索玉器艺术的发生、特性与社会背景，同时探究玉器艺术家个人对其创作所寄予的情感。

研究方法已然完备，研究对象也绝非一般，但限于今日观众（笔者）的研究能力，成果显然不足，只能继续努力，期待日后得有尺寸之功。

后　记

本文得以完成，缘于2003年至2007年跟随李伯谦先生整理晋侯墓地出土玉器，其间蒙先生悉心指导，于此致上最深敬崇。在侯马、太原研究期间以及本文写作过程中，皆得到吉琨璋先生的支持协助，特此表达谢忱。另感谢何努先生惠赠《怎探古人何所思——精神文化考古理论与实践探索》一书，本文才有了真正的理论基础。

述而作论

深刻认识"中国特色中国风格中国气派考古学"的丰富内涵

北京大学考古文博学院　孙庆伟

　　2020年9月28日在十九届中央政治局第二十三次集体学习上,习近平总书记发表重要讲话,号召要致力建设中国特色中国风格中国气派的考古学,更好认识源远流长、博大精深的中华文明,坚定文化自信。总书记的重要讲话为新时代的考古学发展提供了根本遵循和行动指南,在全国文物考古界引起了热烈反响,极大地激发了广大文物考古工作者的爱国热情和专业自信。认真学习、深刻领会总书记重要讲话精神是当前全国文物考古工作者的首要政治任务。只有在政治上想明白"为何考古",才能在学理上说清楚"如何考古"。只有学懂弄通中国特色中国风格中国气派考古学的丰富内涵,才能实现中国考古学的大繁荣大发展。

　　一是要坚决筑牢中国理论之基。考古学是一门根据古代人类活动遗留下来的实物,以研究人类古代社会历史的科学,具有鲜明的历史学属性。1919年五四运动以来,伴随着马克思主义在中国的传播,唯物史观也逐渐进入中国学界的视野。1930年,郭沫若以唯物史观为指导,融文献记载、甲骨文和金文材料于一体,出版了《中国古代社会研究》这部巨著,标志着中国马克思主义史学的诞生。新中国成立伊始，中国考古学界的代表性学者夏鼐和苏秉琦都自觉地学习和接受马克思主义史学理论，倡导在正确史观引导下，实现从"为考古而考古"到"为历史而考古"的转变。同一时期，在全国高校率先建立考古专业的北京大学师生们也纷纷响应，呼吁要"建立马克思主义的中国考古学体系"。经过30多年的发展，到20世纪80年代，"把马克思主义理论与世界上独一无二的中国社会历史与民族文化相结合"、具有鲜明特色的考古学"中国学派"宣告成立。新中国历史学和考古学取得的重大成就充分证明唯物主义历史观是我们研究历史的基本理论和方法，具有重要的指导意义。历史唯物主义既包括对历史过程的本质认识，即历史本体论，也包括我们如何认识历史，即历史认识论、历史方法论和历史价值论。发现历史和解释历史是考古学的基本职责，以史育人是考古学的重要使命，但历史不会自动说教，总是通过历史书写来发挥它的教育功能，什么样的史观就会导致什么样的历史解释和历史书写。相比传统史学，考古学面对的大多是零散、破碎的"无字天书"，考古学的历史书写绝不是考古材料的简单堆砌。正如郭沫若当年所指出，缺少理论指导的考古学者经常是"捧着金饭碗讨饭"，无法化腐朽为神奇，将无序的考古材料有机地整合起来，升华为著史的重要史料，更不能对中国古代社会做出科学化系统化阐释。我们要更加深刻地意识到，理论建设的滞后和唯物史观的缺失必然会导致历史认识论和历史价值观的混乱，必然会导致价值中立的历史虚无主义和以科学主义面貌示人所谓"纯粹研究"的盛行。一段时间以来，在一些重大历史问题如对中华文明多元一体格局和夏代信史地位的否定，对中国考古学所谓"民族主义"倾向的指责，在本质上是史观之争、理论之争。这些现象充分说明历史文化领域的斗争是客观存在的，考古工作者肩负用事实回击对中华民族历史各种歪曲污蔑的重任。建设中国特色中国风格中国气派考古学必须坚持辩证唯物主义和历史唯物主义对学科的全面指导，大力加强广大考古工作者的理论修养，不断探索马克思主义唯物史观与本学科材料的有机结合，构建起新时代的马克思主义中国考古学的理论体系。

二是要积极探索中国方法之用。习近平总书记强调："要运用科学技术提供的新手段新工具，提高考古工作发现和分析能力，提高历史文化遗产保护能力。"考古学的基本职责是获取资料并解释资料——技术是获取考古资料的手段，方法是解释考古资料的途径。作为一门近代从西方引进的学科，考古学的基本方法和基本理论最初都是照搬西方同行。经过几代考古学者的工作实践和不懈探索，中国考古学在田野发掘、年代测定、成分分析和文物保护等领域的技术手段不断成熟规范，形成了独具特色的中国考古学技术体系，诸如土遗址和有机质文物的发掘与保护技术在世界范围内都处于领先地位，具有重要的示范作用。以最重要同时也是最基础的田野发掘技术为例，早在20世纪30年代殷墟考古发掘中，以梁思永为代表的中国考古学者既充分借鉴西方考古地层学的长处，更从中国古代遗址的具体实践出发，形成了一套行之有效的发掘方法并传承至今。相比西方考古同行流行的水平层发掘法，当前中国考古学界广泛采用的以遗迹单位为主体的自然层发掘法显然更为先进，也更适合中国古代遗址的实际。在理论方法层面，围绕实证阐释中华文化、中华民族及整个国家的发展脉络及演进过程等重大问题，以苏秉琦、俞伟超为代表的中国考古学者以器物类型学分析为基础，创造性地发展了独具特色的考古类型学，开创性地提出了考古学区系类型理论和文化因素分析方法，这是中国考古学为世界考古学做出的重大理论方法贡献。实践证明，中国考古学的繁荣发展不能脱离文明大国、遗产大国、史学大国的具体实际，不能照搬和迷信西方考古学的技术体系和话语体系，不能丧失考古学理论方法的原创性、民族性和自主性。新时代的考古工作者要坚定学科自信，博采众长，守正创新，围绕"延伸历史轴线、增强历史信度、丰富历史内涵、活化历史场景"根本任务，大力开展学科交叉和学科整合研究，积极探索新技术新方法在本学科中的运用，特别是要在田野发掘技术、考古信息提取、文物成分分析、科技检测手段、遗迹遗物保护、历史场景复原以及考古历史融合等关键领域不断拓展和完善新方法，建设具有中国特色中国风格中国气派的考古学理论方法体系。

三是要善于凝练中国问题之核。习近平总书记在座谈会上强调："我国古代历史还有许多未知领域，考古工作任重道远"，"要围绕一些重大历史问题作出总体安排，集中力量攻关，不断取得新突破"。中国考古学自诞生之日起就具有强烈的问题意识，1926年李济在山西夏县西阴村遗址挖下的中国考古学者第一铲就具有鲜明的问题导向——用考古实证来回应瑞典学者安特生的中国文化西来说。1930年，受蔡元培、傅斯年的委派，中国"第一位考古专门学者"梁思永不远千里，奔赴黑龙江齐齐哈尔市，调查了新石器时代的昂昂溪遗址，也是为了用实物证据来揭穿日本军国主义"满蒙非中国领土"的谎言。20世纪70年代，随着考古材料的大量累积，考古学"中国学派"奠基人苏秉琦向全国同行发出呼吁，提出中国考古学要聚焦"中国文化起源、中华民族的形成、统一多民族国家的形成和发展"等重大问题，努力为"国家的统一，人民的团结，国内各民族的团结"贡献学科力量。当代中国正经历着我国历史上最为广泛而深刻的社会变革，也正在进行着人类历史上最为宏大而独特的实践创新。这是历史赋予考古学的重大机遇。新时代的考古学不仅是一项重要文化事业，更是一项具有重大社会政治意义的工作。身处"两个一百年"奋斗目标的历史交汇期，我们比以往任何时候都更加迫切了解五千多年文明古国的发展脉络和历史规律，比以往任何时候都更加迫切从历史传承和文化传统中寻找治国理政的大智慧。一切有理想、有抱负的考古工作者都应该勇立时代潮头，紧跟时代步伐，及时调整学科思维，打破专业旧有藩篱，不断强化问题意识和社会担当，将学科发展自觉融入民族复兴伟业，为党述学，为国立论。要坚定学以致用的学术报国信念，自觉抵制材料主义、实证主义学风的蔓延，拒绝"为研究而研究"的孤芳自赏，远离支离破碎、无病呻吟的伪问题，防止考古学蜕变为"见物不见人"的庸俗学问。要秉持传统史学"志古自镜""修旧起废"的经世理想，发扬马克思主义史学的理论雄心，扎根中国大地，立足田野一线，通过对考古材料的深入理解和熔铸升华，凝练出事关文明沉降、族群聚散、国家兴衰、生民休戚、思想变迁和人类未来的大问题，做关乎民族复兴大业和文化自信大局的大学问，当识大体、陈大义、有关怀、能担当的大学者，努力把考古学建设成元气淋漓、视野宽广、格局宏阔的大学科。

四是要充分阐释中国文明之美。习近平总书记指出："长期以来，中华文明同世界其他文明互通有无、交流借鉴，向世界贡献了深刻的思想体系、丰富的科技文化艺术成果、独特的制度创造，深刻影响了世界文明进程。"文明是人类智慧的结晶，是人类文化的高峰，是人类生存的方式。人类文明充满了多样性，每一种文明都诞生于特定的时空背景，形成了自身的文化传统，散发着独特的文化魅力。考古研究表明，诞生在世界东方的中华文明，历经"超百万年的文化根系，上万年的文明起步，五千年的古国，两千年的中华一统实体"，是人类历史上唯一没有中断的文明，是人类文明一道独特的风景线。考古学家张光直通过对中国文明的系统研究发现，"连续性"的中华文明与"断裂性"的西方文明大异其趣，人类历史变迁的"中国模式"代表了全世界大部分地区文化连续体的变化法则。历史学家钱乘旦则发现，相比于其他古代文明，中国的特殊之处在于它早在公元前 2 世纪就已经把文明的精神载体（孔子学说）和政治载体（帝国结构）有机地结合起来，形成了思想与国家的完美对接，这在人类文明中堪称绝无仅有。在经过近代的迟滞与衰弱之后，百折不挠的中华文明再次凝聚起磅礴力量，焕发出勃勃生机，走向新的辉煌灿烂。考古学以"通古今之变"为鹄的，以研究人类文明的"变"与"常"为学科己任，在历经文化谱系构建和古史重建之后，中国考古学的学科重心必然要转向文明阐释的主战场——"凝练文明基因，阐发传统价值，厚植文化自信，助力民族复兴"是新时代中国考古学的核心使命。考古学者要善于运用考古学的手段，科学挖掘蕴含在中华文明瑰宝中的优秀文化基因，深入研究中华民族的文化根脉，准确把握中华文明的基本特征及其在人类文明中的重大贡献，深刻阐释中华文明"讲仁爱、重民本、守诚信、崇正义、尚和合、求大同"的价值传统，推动人类文明走向"美美与共"的美好愿景。

时代是思想的摇篮，社会进步是学科发展的推手。身处百年未有变局的大时代，吮吸着五千多年文明的深厚滋养，肩负着国家和民族的期盼，中国考古学责任重大，使命光荣。中国考古界同人要坚守赓续文脉、传承文明的学科使命，勇担"考古释中国"的历史重任，充分发挥考古学在讲好文明故事，讲好中国故事，增进文化自信，促进文明交流中的独特作用，为塑造可信、可爱、可敬的中国形象贡献考古力量。

（本文删减版曾以《中国考古学的特色与风格》为题刊载于《人民日报》2021年3月20日第5版）

工科类高校设立艺术考古学科的意义

西安工程大学艺术考古研究中心　高子期

前　言

李伯谦先生曾有"考古是科学，考古是艺术""艺术具有展现广阔生活背景的特性，而考古恰恰为其提供了良好的环境与条件"的论断。[1] 笔者在 2016 年拜访李先生时谈到在工科类高校开设艺术考古学并征求他的意见和建议时，原以为会受到一定的质疑。不承想先生听后竟然大力支持："在工科院校开办艺术考古学是有开创性的，我坚决支持。"原因无他，作为老一辈的考古学家和教育家，他在长期的考古发掘及教学实践中，以学者的敏感认识到现有学科教育的局限和不足。在得到先生的启发和鼓舞后，笔者开始思考在工科类高校如何开展艺术考古学科的工作，思考艺术考古

---

[1] 李伯谦：《访谈·考古是科学，也是艺术》，《大河美术报》2021 年 5 月 9 日"考古、美学与艺术欣赏"分享会。

与历史学、考古学、艺术学、设计学、建筑学以及其他学科彼此间的区别与联系。从艺术考古学科的范围和特点，总结出几点认知。

一、艺术考古学科的范围和特点

1. 什么是艺术考古学

艺术考古学就是以考古学的方法和语言，表达人类社会对美的认识、创造和前进的历史，因此被称为"美的考古学"或"审美考古学"。它是从一般考古学和艺术史学发展而来的交叉学科，是物质化、实证化的艺术史学，是一级学科考古学的重要分支，也是艺术史学的重要分支。它弥补了传统考古学在艺术领域的缺失，也是理工科高校现在和未来必要的基本素质基础。

艺术考古学的研究对象，基本涵盖一切与人类社会活动相关的遗物或遗迹，是古代精神文明和物质文明的重要组成部分，体现了人类对物质世界的适应与适用发展的进程，同时也体现了在人类社会历史进程中技术的进步与艺术的演变规律。对人居结构、器用的美化，直接体现了以造型艺术为代表的种种艺匠的创制，也间接体现了古代音乐、舞蹈、戏剧、诗歌等艺术成就。

2. 特点

艺术考古学的研究方法，与艺术史学者从作为意识形态的审美观念出发研究各种美术品相比，有着原则性的差别。作为研究人类社会艺术发展历程的艺术考古学，有着考古学学科的先天优势。它善于通过实物史料来认识、捕捉和肯定不同历史阶段的艺术中最为突出的发展点，借此判断和评价这些发展点对人们生活及历史演进的作用，总结和找出其中的规律。在这一点上，艺术考古学对现当代艺术起着一种前卫式、突破性的促进作用，提供了历史上本质相近的具体范例。

3. 学科范围及与其他学科间的联系

作为探讨"美"的艺术考古学，与社会科学乃至自然科学都有着程度不同的联动关系。艺术考古学像是一座桥梁，它的出现打破了多个学科之间的隔阂与壁垒。从另一侧面看，在极为丰富的考古学收获之中，需要着眼于对"美"的发现与探究，要摆脱考古学家、文物学家知"物"不知"美"、论"物"不论"美"的局限，同时也要纠正部分艺术家和设计师论"美"不求"真"、论"美"不知"源"的局限。

（1）与考古学的联系

考古学的学科性质决定其与建筑学、艺术学、设计学及艺术史学存在着天然的联系。从学术史的角度来看，西方美术史和考古学的发展都与15世纪以后对古典艺术的兴趣有着直接的关系。对古典美术史和古典考古学做出巨大贡献的温克尔曼就拥有"考古学之父"和"艺术史之父"两顶桂冠。考古学研究的对象是人类社会的一切物质遗存，在没有文字记载之前，人类早期历史的框架体系只能借助这些遗迹和遗物加以构建，因此它成为历史学科的重要分支。

艺术考古学源于考古学，同时也对考古学产生重要影响，是推动考古学成为一个真正的百科全书式的学科体系的必要条件。夏鼐在《什么是考古学》一文中，指出"考古学是属于人文科学中的历史科学，而不属于自然科学"。因此，考古学利用物质遗存研究古代历史，但想借此"恢复的古代人类历史是要包括各个方面，不限于物质文化"，还要研究古代社会的结构和演变，以及"美术观念和宗教信仰等精神文化的历史"。[①] 充分吸

---

① 夏鼐：《什么是考古学》，《文物》1984年第10期。

取艺术考古的营养和资料，拓宽研究范围和研究思路，提供丰富性和多样性的艺术创作素材。真实再现历史、展示各地风情，都需要考古学提供物证，需要艺术考古学手段进行复原和再现。

（2）与艺术史学的联系

艺术是人类社会文明的一个重要现象，研究艺术的起源与发展，探讨完整的艺术历史，除了文献、艺术史学、口传艺术史学，艺术考古是非常重要的选择。考古提供的物质材料，揭示了人类在文明进程中适应社会发展、适应生活需求的种种创制。这些创制集中体现了不同历史时期的先进技术与艺术的最高水准。通过这些物质材料，又构建起一部相对于传世艺术品更为真实可信的艺术史。在这一层面考量，艺术与考古从来就未曾割裂。

《考古学与中国历史的重构——为纪念北京大学考古专业成立五十周年而作》一文中，认为考古在揭示社会政治、经济、生活等方面十分有效，但在代表"精神领域"的艺术品的研究上就显得力不从心。[①]曹意强认为艺术史与考古学一向是个"共生学科"[②]，也是一门天然的交叉学科。李伯谦先生也认为，利用考古综合研究方法分析古代物质文化遗存资料的过程，自身就是对古代艺术遗存进行研究和探索的过程，"人类社会发展在一步一步往前走，新的发明创造也在不断出现，当这些发明创造积累到一定程度就是文明。当然，艺术与考古也是在同步发生的"[③]。在艺术界与考古界出现相同认知的情况下，考古与艺术的融合，顺应了人们对由物质文化遗

[①] 赵辉：《考古学与中国历史的重构——为纪念北京大学考古专业成立五十周年而作》，《文物》2002年第7期。
[②] 曹意强：《考古学与艺术史：两个"共生"的学科》，《美术研究》2009年第1期。
[③] 李伯谦：《访谈·考古是科学，也是艺术》，《大河美术报》2021年5月9日"考古、美学与艺术欣赏"分享会。

产构建的世界艺术的认知和探索的需求。

"艺术的诞生是由人们的自我愉悦开始，艺术的终极目的应当是促使人类的圆满达到可能的极致。简而言之，艺术的终极目的就是人类社会在艺术层面上的真善美的全面实现。"①艺术的终极目标涉及是什么原因促使人类产生艺术，而艺术的出现又是为了表现何种精神理念、人类又将通过何种手段和途径去实现理想世界。这些艺术考古学都将会提供有益的启示，并最终依托艺术品这一媒介，真实地向人们展示不同历史时期的艺术面貌和文明程度。

（3）与设计学的联系

从远古时期人类社会出现的第一个临时营地开始，人们就开始了对自然世界的设计与改造，其中蕴含了一定的审美认知与技术演进在内。可以说，自人类出现之始，技术与艺术就紧密结合、相伴相随。艺术考古正是利用人们对技术与艺术的敏感认知，直击这些古代物质遗存在材料与工艺、形式与功能、装饰手段等方面的具体表现，分析和总结其中的经验与传承。因此，可以说艺术考古学与设计学之间，是联动相对紧密的学科。

艺术考古学科之下的设计艺术考古这一崭新概念的提出，以及相关课程的设置，搭建了以考古学材料为基础，认知设计学原理的桥梁；再通过设计学原理解析古代社会，通过考古学资料反思历代设计的发展和技术的进步。以古观今，从实践出发，经不断研究和总结，从物质与精神层面探讨设计艺术的适用与审美的问题，从而更好地提高现代设计与创新的竞争力。

（4）与建筑学的联系

建筑是人类赖以生存的必备条件，也是人类文明进步的重要标志之一，

---

① 周晓陆：《艺术考古教育谈》，《艺术教育》2014年第10期。

直接反映了人类社会的进步，间接体现了当时当地的社会发展水平及社会性质。同时还承载着人类一定的审美和情感寄托，最终演化成为某种文化的载体。考古学作为研究古代物质遗存的学科，与建筑学有着密切的联系，两者的结合是历史的必然选择。在世界文化遗产中古代建筑占有绝大部分比重，考古学发掘出众多的古代城市、关塞、宫殿及民居等遗址，也离不开对建筑学的研究和推测性复原。因此，建筑也成为人们认识区域文明的重要途径之一。

建筑学的介入，不仅能促进考古学的发展，而且能为考古遗址的复原和展示提供相对科学的参考，既体现了建筑的艺术美，也展示了建筑的技术美，同时还激发起民众的求知欲望。但考古学与建筑学，长期以来分属社会科学与自然科学两个独立且相互阻隔的学科。如何让有着"无字史书"之称的建筑，或经考古发掘的建筑遗址为人们所认知，就需要艺术考古学在两者之间进行沟通与转译。

（5）与其他学科的联系

考古学资料为科学研究服务，并提供专业理论基础。作为特殊考古学的艺术考古，与众多学科以及艺术学各门类专业密切相连。无论是学习建筑设计、服装设计，或是绘画、雕塑，以及陶瓷、金属、玻璃、珠宝等其他各门类工艺美术的设计、加工与创作，都离不开艺术考古的释读、转译及可供借鉴的例证。可以说，艺术考古学是现当代艺术与设计教学中重要的基础课程。无论绘画、雕塑也罢，立体设计、平面设计或环境设计也好，艺术考古都可提供较为直观的科学认知以及面广量大的实物借鉴范本。

二、工科类高校的性质及教学

1. 性质

工科院校一般指"应用科学和技术的原理，来解决问题"的院校，强调技术的实践性和应用性，以研究应用技术和工艺学问、培养具备一定的动手能力和独立思维能力的学生为特色，往往被誉为"培养工程师的摇篮"。工程学或工学，一般专业化程度相对较高，工程师往往通过想象、判断和推理，将科学、技术、数学和实践经验应用到设计、制造或程序之中。工程师的设计，虽也经历假设和想象阶段，但这个阶段最终却是在严谨、缜密的逻辑思维下，经反复推演后得以实现，与艺术想象既有联系也有区别。

2. 教学

国内工科院校在顺应社会需求的趋势下，陆续增设各艺术类方向课程，主要以艺术设计为主。但其工科性质，决定其教学仍以实践类课程为主，艺术理论教育相对薄弱。相关艺术类专门院校虽注重各门类艺术的理论和实践教育，但两类院校都对考古学相对陌生。考古学自身虽是注重田野实践的科学，但存在着对艺术不敏感、缺乏艺术想象等现象。想象力的缺乏，导致考古工作者在考古现场难以建构遗址的三维形象，为遗址的复原带来一定难度。艺术的不敏感，则会使相关研究者不能准确地把握不同时期艺术的特征，对相关艺术品的释读也会出现偏差。艺术考古学科，正是两者之间的有机媒介和桥梁，其理性思维与感性表达的结合将打通艺术与考古彼此的隔膜。

三、艺术考古学科的课程设置

作为一门新兴的交叉学科，艺术考古学科自身承担着培养复合型实用人才和研究人才的使命。由于新兴，自然没有可参照和借鉴的实例，因此本专业方向是在结合相关学科特点的基础上，结合本校的学科特长后，摸索出一套适合学科未来发展的教学方案以供探讨。

1. 开设课程

根据艺术考古学科特点，其课程设置主要分为专业基础理论课、专业技能课和实践课三类。其中基础理论课为艺术考古学概论、考古学略论、文物及博物馆学略论、设计艺术考古、建筑艺术考古、纺织及服装艺术考古，专业技能课为艺术考古实践技能，专业实践课为田野调查及博物馆考察等。

2. 课程特点

艺术考古实践技能，是艺术考古方向重点专业核心课程。它是专业从业人员根据学科特点而设计的一门建立在艺术学、考古学、文物学、建筑学理论基础上的综合性实践课程。主要强调对学生动手能力和实践能力的培养，通过测量、制图、传拓及多视角影像三维重建以及考古与文物文献阅读（包括读图）的能力等专业技能的培养、训练和掌握，增强学生在田野调查、资料整理和数据重建等方面的实践能力。促进学生具备文献与实物互证的思维能力，掌握一定的测绘技巧和能力，满足建筑、考古、文物等学科在田野调查、发掘和整理各作业阶段的不同需求。同时结合目前相对先进的数字采集和复原手段，实现对艺术品、对古代遗迹和遗物的多维度记录、呈现与再现，是艺术考古学科的科学研究及文化遗产保护的必要手段和途径。

设计艺术考古，是一门开创性的新学科，同时也是一门综合性较强的专业基础创作实践核心课程，肩负着不断积累设计与考古学科之间实践经验的互证与总结的任务。旨在借助对考古学所提供的人类发展史中创造出的一切物质文化资料，在技术与艺术之间做出具体的分析和思考，并总结艺术、技术与设计三者间的联系、互动与融合的过程。

设计艺术考古作为艺术考古方向的重要基础课程，将考古与设计相互结合，侧重培养学生理性思维的扩展，从生产和生活两者间的关系，分析技术与艺术间的联系，总结设计在人类历史演进过程中的作用和地位。通过课程实践，培养一批具有史学认知的现代设计后续人才，使他们能够主动研究、不断完善设计学科体系。

艺术考古充分融合多学科的教学方法，利用现场考察、实物遗存、多元方法论及多视角三维重建等手段相结合，使学生对古代遗迹和遗物有直观的认知，引导学生实现对过往世界的三维重构，进而实现研究成果的现实转化，最终服务于社会，为相关艺术、考古、文博及文化（出版、传媒、测绘、艺术品拍卖等）行业和机构培养理论知识与实践并重的、多学科交叉的复合型实用人才。

3. 科研

本学科拟在加强实践平台建设的基础上，构建并完善"实践＋研究"培养机制，即实践基地建设与相关实地调研相结合。考古实践教学活动应当作为科学研究的基础，以丝绸之路为带，西部为面，关中为点，包括关中都城、帝陵考察、丝绸之路考察等。学生在校期间应积极参与课题研究，指导教师在科研中培养人才，学生在科研实践中增长知识和研究能力。

增加考古现场和博物馆实习等现场教学和实践类课程，课堂教学与田野调查、博物馆、文保中心实践相结合，实现中外艺术史文献和考古实物的互证。坚持专业基础理论知识与实际工作能力相结合，通过与考古文博单位进行科研合作共建，建立教学实习基地，充分利用陕西得天独厚的文物资源，立足陕西、依托西北，培养本科生、硕士研究生，为社会相关研究机构输送专门研究、实践人才。

四、在工科类高校设置艺术考古学科的意义

1. 原因

世界一流大学大多拥有历史、考古、文博和艺术等学科，西方国家的艺术史学一般设在综合性大学，与历史学科联系在一起。而中国的艺术史基本依附于艺术院校，其研究对象着眼于传统中国书画等传世艺术品领域。由于传世艺术品及其作者在数量上相对有限，相关的研究已很难有发挥空间。面对层出不穷的考古出土艺术品，多数研究者的目光开始转而从考古出土物中寻找突破口。艺术考古的研究方法，与艺术史学者从作为意识形态的审美观念出发研究各种美术品相比，有着原则性的差别。

国内现代化程度和科技水平虽日益提高，但在突出本国、本民族文化传统的审美和创造方面仍有所欠缺。在此背景下，探索艺术与设计的发展道路成为当今艺术学科及设计学科的首要任务。艺术考古多学科交叉的性质，在对中国古代艺术品的研究与现代设计艺术人才培养和创作实践中，将起到重要的启迪和借鉴作用。

2. 定位

目前国内艺术类院校中的美术学方向已认识到艺术考古学的重要性，很多已经设立或筹备艺术考古专业。综合性高校中无论是工业设计还是艺术设计，也基本意识到艺术设计与考古科学结合的必要性，都在积极进行

这一方向的探索，而真正落到实处的，目前暂以西安工程大学为代表。

首先，注意到艺术考古在强调科技创新和产品设计本土化方面，对设计学起着重要的推动作用。艺术考古的研究对象来自考古发掘的古代物质文化资料，这些资料可以直接服务于纺织、服装、建筑、环境、工业等设计学科。相信通过艺术考古学基本理论与实践知识的学习，对设计学和美术学的学科发展都会起到积极的推动作用，也会形成服装与设计学院自己的专业特点，但两者的侧重点是不一样的。

其次，国外部分综合性大学或理工科大学也积极培养从事艺术考古研究人才，突破了由专业艺术院校培养模式。美国的哈佛大学、麻省理工学院，借助于以考古学为代表的社会科学来推动自然科学的发展。麻省理工学院更早在1977年已设立"科学、技术与社会计划"，鼓励学生开阔视野，在完成学业的同时广泛接触人文社科知识[1]，以丰富和完善自身。该"计划"现已成为大学三十多个著名的跨学科的研究和教学中心之一。1996年，时任校长的查尔斯·维斯特在麻省理工学院艺术委员会的年会上，发表《科学教育和艺术教育并重，因为科学与艺术之间有着密切的联系》的演讲。德国排名第一的纯理工科学校卡尔斯鲁厄理工学院，现在却是以文科为其特色，并且在文科下设立"ZKM|艺术与媒体中心"。该中心目前已发展成为优秀的跨学科案例，在业界影响巨大，被称为新世纪的"包豪斯"[2]。

艺术考古学的主要任务是解决"人居结构及器用"的"适合、美化和适用"的问题，并不主要针对以绘画为代表的高级艺术品的审美问题，反而与人们日常生活中的衣食住行联系更为紧密。以大英博物馆、故宫博物院等单位为例，两馆推出的系列文创产品受到各国民众追捧，就是建立在

---

[1] 发勤:《美国麻省理工学院设立"科学、技术与社会计划"》,《自然辩证法通讯》1981年第2期。
[2] 本刊编辑部:《ZKM|艺术与媒体中心》,《当代美术家》2016年第4期。

考古文物资料的基础上形成的最直接的影响和效益。实际上，两者就是形而上和形而下的区别，前者的受众相对后者要少，而后者一旦获得成功，造成的社会影响将大于前者。艺术侧重点的不同，结果也将会不同。设计相对于绘画更具适用性与普遍性，因此，艺术考古对其针对性、实效性也相对更强一些。

鉴于当今社会发展的现实，若能在相关院校中开设艺术考古学，让社会科学和自然科学的学生都接受艺术考古学的训练，不仅能够训练他们纵向和横向的思维，同时也能开阔视野，在各自的专业方向上能有更大的发展。简单地说，艺术考古学在本科阶段着重培养"手脑并用"的复合型实用人才，而非研究型人才。

结　语

艺术考古学是探讨人类社会历史进程中技术的进步与艺术的发展和演变规律。在一定程度上超越了纯粹美术意义的阐释，体现了人类对物质世界的适应与适用发展的进程。一方面将考古学引进了工科院校，解决工科发展历史上的一系列与古代相关的实际问题；另一方面注意到了艺术学、艺术史学的影响，使相对严谨的考古学变得美好而鲜活起来。

艺术考古是借助科技、艺术、考古三者结合的模式，寻求如何将考古所见的真实重新融入现代艺术设计。从学术的公信力和艺术的吸引力入手，辨析、沟通和融会古今，搭建当代艺术与设计的研究、展示和交流的平台，让社会在了解中国古代优秀的文化遗产的同时，重新审视和正确利用这些遗产是艺术考古研究者的责任。

艺术考古学的介入，在产品产出方面可以建立全局性、历史性、物质史的思维，在考古资料中寻求历史实证和借鉴对象，从而获得进一步发展。

在人才建设和培养方面，可向社会培养和输送具有一定技术、艺术、考古知识和技能的不同层次的复合型人才，这些都需要有艺术考古学的支撑。

所谓"中国特色中国风格中国气派"不仅仅是针对考古学的建设和发展，同样也适用于其他学科，可以针对和启发其他理工学科与考古学科建立跨学科之间的联系和互动。2017年启动的"新工科建设"中的新时代中国高等工程教育就强调学科交叉融合，跨学科、跨专业是未来培养工程人才的主要教育模式。"新工科"倡导培养交叉融合、全面、创新能力强的复合型人才，而艺术考古学对引导学生针对工程技术与艺术的"形而上"问题的思索、兴趣和创造性思维的形成，具有不可替代的引导和启发作用。

在工科类院校开设艺术考古学是一个新的尝试，相信在以李伯谦先生为代表的老一辈考古学家的支持下，本学科的发展将会迎来可喜的春天。

参考资料

1. 夏鼐：《什么是考古学》，《文物》1984年第10期。
2. 刘铭：《论温克尔曼的古代艺术史观》，《文艺研究》2011年第11期。
3. 周晓陆等：《我们这样认识艺术考古学》，《艺术考古：中国艺术与考古研究所成立纪念文集》，群言出版社，2006年。
4. 曹意强：《考古学与艺术史：两个"共生"的学科》，《美术研究》2009年第1期。
5. 周晓陆：《艺术考古教育谈》，《艺术教育》2014年第10期。
6. 郑中天：《作为艺术与科学的考古学》，《文物世界》2019年第4期。
7. 杨建华：《欧美考古学发展史中的自然科学与社会科学》，《东南文化》1993年第1期。
8. 别敦荣、李晓婷：《麻省理工学院的发展历程、教育理念及其启示》，《高等理科教育》2011年第2期。

9. 孙长初：《中国艺术考古学初探》，文物出版社，2004年。

10. ［英］科林·伦福儒、保罗·巴恩著，陈淳译：《考古学理论、方法与实践》（第六版），上海古籍出版社，2015年。

11. 浙江大学艺术与考古研究中心：《浙江大学艺术与考古研究》，浙江大学出版社，2019年。

12. ［美］杜朴、文以诚著，张欣译：《中国艺术与文化》，湖南美术出版社，2019年。

里仁文志

李伯谦先生论文集、主编著作、著述年表

山西省考古研究院　田建文　整理

一、李伯谦先生论文集

1.《中国青铜文化结构体系研究》（31篇），科学出版社，1998年4月。

2.《文明探源与三代考古论集》（58篇），文物出版社，2011年7月。

3.《写给青年学者的考古学读本：感悟考古》（25篇），上海古籍出版社，2015年8月。

4.《晋侯晋都晋文化》（21篇），三秦出版社，2022年8月。

二、李伯谦先生著作

1.《考古探秘》（与徐天进合著），科学技术文献出版社，1999年10月。

2.《商文化论集》（上、下册），文物出版社，2003年9月。

3.《李伯谦谈中国青铜文化》，湖南少儿出版社，2010年3月。

4.《青铜器与中国青铜时代》，中国科学技术大学出版社，2018年4月。

5.《中国出土青铜器全集》，科学出版社、龙门书局，2018年12月。

6.《从古国到王国：中国早期文明历程散论》，上海古籍出版社，2021年12月。

7.《中国文明之源》，三秦出版社，2022年3月。

三、李伯谦先生著述年表（包括前言、序、采访）

1.《安阳殷墟五号墓的年代问题》，《考古》1979年第2期。

2.《我国南方几何形印纹陶遗存的分区、分期及其有关问题》，1978年8月初稿，1980年7月修改，《北京大学学报（哲学社会科学版）》1981年第1期。

3.《东下冯类型的初步分析》，1980年8月，《中原文物》1981年第1期。

4.《试论吴城文化》，《文物集刊3·江南地区印纹陶问题学术讨论会论文集》，文物出版社，1981年3月。

5.《后李商代墓葬族属试析》（与郑杰祥合著），《中原文物》1981年第4期。

6.《中原地区东周铜剑渊源试探》，1979年9月初稿，1981年7月改定，《文物》1982年第1期。

7.《吴文化及其渊源初探》，《考古与文物》1982年第3期。

8.《城固铜器群与早期蜀文化》，1982年6月，《考古与文物》1983年第2期。

9.《论造律台类型》，《文物》1983年第4期。

10.《山西天马—曲村遗址发掘》，《晋文化研究座谈会纪要》，1985

年 11 月。

11.《在晋文化研究会上的发言》，《晋文化研究座谈会纪要》，1985年 11 月。

12.《二里头类型的文化性质与族属问题》，《文物》1986 年第 6 期。

13.《䇂族族系考》，1985 年 4 月，《考古与文物》1987 年第 1 期。

14.《从灵石旌介商墓的发现看晋陕高原青铜文化的归属》，《北京大学学报（哲学社会科学版）》1988 年第 2 期。

15.《论文化因素分析方法》，《中国文物报》1988 年 11 月 4 日。

16.《马桥文化的源流》，《中国原始文化论集——纪念尹达八十诞辰》，文物出版社，1989 年 6 月。

17.《先商文化探索》，《庆祝苏秉琦考古五十五年论文集》，文物出版社，1989 年 8 月。

18.《中国青铜文化的发展阶段与分区系统》，参加 1987 年 8—9 月在联邦德国美因兹市召开的"第十一届国际史前和原史时期考古会议"时提交的论文，《华夏考古》1990 年第 2 期。

19.《湖熟文化研究中的若干问题》，1989 年 10 月 8 日至 11 日在南京召开的"湖熟文化命名三十周年学术讨论会"上的发言，《东南文化》1990 年第 5 期。

20.《论夏家店下层文化》，1984 年 5 月，《纪念北京大学考古专业三十周年论文集（1952—1982）》，文物出版社，1990 年 6 月。

21.《夏文化与先商文化关系探讨》，参加 1990 年 5 月在美国洛杉矶加州大学召开的"夏文化国际讨论会"时提交的论文，《中原文物》1991年第 1 期。

22.《丰硕成果 新的课题》，《内蒙古中南部原始文化研究文集》，海洋出版社，1991 年 9 月。

23.《广东咸头岭一类遗存浅识》,《东南文化》1992 年第 Z1 期。

24.《香港南丫岛出土的牙璋的时代和意义》,1993 年 7 月 6 日于日本东京驹泽大学,《南中国及邻近地区古文化研究——庆祝郑德坤从事学术活动六十周年论文集》,香港中文大学出版社,1994 年。

25.《张家园上层类型若干问题研究》,《考古学研究(二)》,北京大学出版社,1994 年 11 月。

26.《商周青铜器艺术的光彩》,《神州学人》1995 年第 4 期。

27.《中国文明的起源与形成》,为庆贺日本学者江上波夫先生 88 岁寿辰而作,1995 年初曾以日文发表于日本出版的《文明学原论》论文集中,后又刊于《华夏考古》1995 年第 4 期。

28.《考古学研究与"夏商周断代工程"》,《寻根》1996 年第 5 期。

29.《从对三星堆青铜器年代的不同认识谈到如何正确理解和运用"文化滞后"理论》,《四川考古论文集》,文物出版社,1996 年 12 月。

30.《北京房山董家林古城址的年代及相关问题》,《北京建城 3040 年暨燕文明国际学术研讨会会议专辑》,北京燕山出版社,1997 年 3 月。

31.《晋侯苏钟的年代问题》,《中国文物报》1997 年 3 月 9 日第 3 版。

32.《长江流域文明的进程》,1995 年 8 月在日本大阪召开的东北亚的政治与经济国际学术讨论会(历史分会)上的讲演,《考古与文物》1997 年第 4 期。

33.《对三星堆文化若干问题的认识》,《考古学研究(三)》,科学出版社,1997 年 6 月。

34.《从晋侯墓地看西周公墓墓地制度的几个问题》,为庆祝北京大学考古学系客座教授张光直先生六十五岁寿辰而作,《考古》1997 年第 11 期。

35.《也谈杨姞壶铭文的释读》,《文物》1998 年第 2 期。

36.《天马—曲村遗址发掘与晋国始封地的推定》,1993 年 5 月初稿,

1996年5月二稿，1997年5月改定，《"迎接二十一世纪的中国考古学"国际学术讨论会论文集》，科学出版社，1998年4月。

37.《文化因素分析与晋文化研究——1985年在晋文化研究座谈会上的发言》，《中国青铜文化结构体系研究》，科学出版社，1998年4月。

38.《晋穆侯夫人随葬玉器反映的西周后期用玉观念的变化》，《刘敦愿先生纪念文集》，山东大学出版社，1998年4月。

39.《作为后过程主义考古学的"表现象征主义"》，《民族艺术》1998年第4期。

40.《商周铜剑发展谱系的缩影》，《古越阁藏铜兵萃珍·铜剑篇》，1998年10月。

41.《庄重典雅的商周青铜器》，电视系列片《中华文明之光·商周青铜器艺术》文字稿，1995年3月25日晚，《中华文明之光》（第一辑），北京大学出版社，1998年11月。

42.《夏商周断代工程考古课题的新进展》，此文为1998年12月15日在全国政协委员会和科教文卫体委员会举办的"夏商周断代工程"专题报告会上的发言，《文物》1999年第3期。

43.《关于中国古代文明研究的几点设想》，原载北京大学古代文明研究中心编《古代文明研究通讯》总第一期，1999年5月。本文是"夏商周断代工程"后期向即将开展的"中华文明探源工程"提的一个建议，初稿由徐天进教授执笔，李伯谦教授参加了讨论和修改，并曾征求了朱凤瀚教授的意见，现征得徐天进教授同意收入《文明探源与三代考古论集》中。

44.《关于早期夏文化——从夏商周王朝更迭与考古学文化变迁的关系谈起》，原载北京大学古代文明研究中心编《古代文明研究通讯》总第二期，1999年8月，正式刊于《中原文物》2000年第1期。

45.《关于夏王朝始年推定的思考》，原载北京大学古代文明研究中心编《古代文明研究通讯》总第三期，2000年1月，后正式发表于寒生主编《黄河文化论坛》第四辑，中国戏剧出版社，2000年5月。

46.《晋侯墓地墓主之再研究》，此文为1998年5月6—8日北京大学"98汉学研究国际会议"上的发言，《文化的馈赠——汉学研究国际会议论文集·考古学卷》，北京大学出版社，2000年8月。

47.《夏商周年代学的考古学基础》，《光明日报》2000年11月24日第C04（历史周刊）版。

48.《我们还有很多工作要做》，《中原文物》2001年第2期。

49.《关于夏文化探索的谈话》，《手铲释天书——与夏文化探索者的对话》，大象出版社，2001年4月。

50.《以夏商周断代工程成果为起点深入探讨中原古文明——在〈中原文物〉百期纪念暨中原文明学术研讨会上的发言》，《中原文物》2001年第6期。

51.《邢台东先贤商代遗址发掘报告》，该遗址领队为李伯谦先生，《古代文明》第1卷，2002年。

52.《晋侯墓地墓主推定之再思》，原载北京大学古代文明研究中心编《古代文明研究通讯》总第九期，2001年6月，后收入《揖芬集——张政烺先生九十华诞纪念文集》，社会科学文献出版社，2002年5月。

53.《关于有铭"晋侯铜人"的讨论》，原载北京大学古代文明研究中心编《古代文明研究通讯》总第十四期，2002年9月，后正式刊于《中国文物报》2002年11月1日第7版。

54.《解读盘龙城——盘龙城商城的性质及其意义》，《武汉城市之根——商代盘龙城与武汉城市发展研讨会论文集》，武汉出版社，2002年10月。

55.《商周青铜器的区域特征及其形成原因初析》，此文为2000年

6月在台北"中研院"汉学研讨会上的发言，原载北京大学古代文明研究中心编《古代文明研究通讯》总第十五期，2002年12月，后正式刊布于《青铜文化研究》第三辑，黄山书社，2003年10月。

56.《中国古代文明起源与形成研究的回顾与展望》，《郑州大学学报（哲学社会科学版）》2003年第3期，此文又名《中国古代文明起源与形成研究（笔谈）》。

57.《大辛庄甲骨文与商王朝对东方的经营》，《文史哲》2003年第4期。

58.《发扬"疑古"精神，推进学术繁荣》，此文为2003年8月8日"纪念顾颉刚先生诞辰110周年学术座谈会"的发言，原载北京大学震旦古代文明研究中心《古代文明研究通讯》总第十八期，2003年9月。

59.《眉县杨家村出土青铜器与晋侯墓地若干问题的研究》，原载北京大学震旦古代文明研究中心编《古代文明研究通讯》总第十八期，2003年9月，后收入《古代文明》第3卷，文物出版社，2004年12月。

60.《江南考古的重大突破》，《中国文物报》2004年3月31日第3版。

61.《大师姑二里头文化城址发现的意义》，此文为郑州市文物考古研究所编《郑州大师姑（2002—2003）》的序，科学出版社，2004年11月。

62.《对郑州商城的再认识》，原载北京大学震旦古代文明研究中心编《古代文明研究通讯》总第二十三期，2004年12月，后收入《古都郑州》2005年第4期。

63.《岭南地区周代考古年代学的新标尺》，此文为广东省文物考古研究所《博罗横岭山——商周时期墓地2000年发掘报告》的序，科学出版社，2005年4月。

64.《继往开来谱新篇》，此文为2005年8月6日在"周原考古与西周文化国际学术研讨会"上的致辞，原载北京大学震旦古代文明研究中心编《古代文明研究通讯》总第二十六期，2005年9月。

65.《与自然科学的不断融合是考古学发展的必然趋势》，中国社会科学院考古研究所考古科技中心编《科技考古》第一辑"科技考古笔谈"，中国社会科学出版社，2005年10月。

66.《我认识的安金槐先生》，《安金槐先生纪念文集》，大象出版社，2005年10月，后又刊登在《华夏考古》2021年第3期。

67.《学科发展的有力见证——〈考古〉创刊五十周年感言》，原载《考古》2005年第12期《新世纪的学术期刊与考古学的繁荣发展——纪念〈考古〉创刊50周年笔谈》，后收入《感悟考古》，上海古籍出版社，2015年8月。

68.《从殷墟青铜器族徽所代表的族氏的地理分布看商王朝的统辖范围与统辖措施》，此文为2005年3月在加拿大召开的"中国古代文明论坛"国际学术研讨会上提交的论文，原载北京大学考古文博学院编《考古学研究（六）》，科学出版社，2006年，后收入《多维视域——商王朝与中国早期文明研究》，科学出版社，2009年1月。

69.《南方青铜时代考古的重大突破》，《南方文物》2006年第1期。

70.《殷墟的价值》，《中国文化遗产》2006年第3期。

71.《洛阳夏商周都城研究的有益启示》，《洛阳师范学院学报》2006年第3期。

72.《土墩墓考古：新收获，新思考》，此文为2005年12月18日在"宁常、镇溧高速公路土墩墓抢救性发掘考古成果汇报会"上的发言，北京大学震旦古代文明研究中心编《古代文明研究通讯》总第二十八期，2006年3月。

73.《首造之功　功不可没》，2006年4月在收到《侯马市志》后的感想，《沧桑》2006年第4期。

74.《我会沿着您的足迹继续前行——悼念恩师邹衡先生》，北京大学震旦古代文明研究中心编《古代文明研究通讯》总第二十八期，2006年3月。

75.《对皖南商周青铜器的几点新认识》，此文为安徽大学、安徽省文物考古研究所编著《皖南商周青铜器》序，文物出版社，2006年9月。后收入《青铜文化研究》第五辑，黄山书社，2009年。

76.《关于考古学文化互动关系研究》，《南方文物》2008年第1期。根据历届研究生"商周考古学理论与方法"课程授课提纲和课堂讨论小结补充修改而成，2006年9月；后发表于北京大学震旦古代文明研究中心编《古代文明研究通讯》总第三十一期，2006年12月。

77.《折射中国悠久文明历史的彩练》，《文明》2006年第12期。

78.《中国考古学的历程》，此文为2005年在清华大学"二十一世纪历史学论坛"的演讲，据清华大学历史系研究生贾宇记录整理稿修改而成，《清华历史讲堂初编》，生活·读书·新知三联书店，2007年3月。

79.《关于精神领域的考古学研究》，根据历届研究生"商周考古学理论与方法"课程授课提纲和课堂讨论小结补充修改而成，2007年3月讨论，《中国文物科学研究》2007年第3期。

80.《𪭢公盨与晋国早期历史若干问题的再认识》，原载北京大学震旦古代文明研究中心编《古代文明研究通讯》总第三十三期，2007年6月，2007年12月作为参会论文提交河南博物院主办的"河南博物院建院八十周年庆典暨两周列国文化研讨会"会议，后收入《中原文物》2009年第1期。

81.《从长时段着眼的晋系墓葬研究》，此文为宋玲平《晋系墓葬制度研究》序，科学出版社，2007年8月。

82.《䙵马盘铭文与晋侯墓地排序》，原以《䙵马盘铭文考释》为题载北京大学震旦古代文明研究中心编《古代文明研究通讯》总第三十四期，2007年9月，后收入北京大学考古文博学院、北京大学中国考古学研究中心编《考古学研究（八）》，科学出版社，2011年6月。

83.《"禹都阳城"的新证迹》，此文为北京大学考古文博学院、河南省文物考古研究所编著《登封王城岗考古发现与研究（2002—2005）》序，大象出版社，2007年9月，后收入《文明探源与三代考古论集》，文物出版社，2011年7月。

84.《北方与中原文化交流的生动写照》，此文为北京市文物研究所等编《昌平张营——燕山南麓地区早期青铜文化遗址发掘报告》序，文物出版社，2007年11月。

85.《连云港文化遗迹考察的观感与联想》，此文为2005年12月27日在"夏暨东夷文化遗迹考察座谈会"上的发言，原载北京大学震旦古代文明研究中心编《古代文明研究通讯》总第三十五期，2007年12月。

86.《新砦遗址发掘与夏文化三个发展阶段的提出》，此文为北京大学震旦古代文明研究中心、郑州市文物考古研究院编《新密新砦——1999—2000年田野考古发掘报告》前言，文物出版社，2008年1月。

87.《考古学文化的族属问题》，北京大学考古文博学院编《考古学研究（七）》，科学出版社，2008年1月。

88.《谈谈近十年的两周考古——在河南博物院"两周列国文化学术研讨会"上的发言》，2007年12月写于郑州，《中原文物》2008年第2期。

89.《考古学视野的三皇五帝时代》，此文为2007年10月16日在"炎黄精神与和谐文化研讨会"上的发言，原载北京大学震旦古代文明研究中心编《古代文明研究通讯》总第三十六期，2008年3月，后收入《炎黄文化研究》第八辑，大象出版社，2008年9月。

90.《夏文化探索与中华文明研究》，此文为2007年8月18日在国家图书馆"部级领导干部历史文化讲座"上的演讲，原载国家图书馆编《部级领导干部历史文化讲座·2007》，北京图书馆出版社，2008年5月。

91.《粤东地区文明化进程的考古学考察》，此文为2006年12月13

日在香港"饶宗颐教授九十华诞国际学术研讨会"上的发言,原载饶宗颐主编《华学》第九、十辑,上海古籍出版社,2008年8月。

92.《读〈周代用玉制度研究〉》,此文为孙庆伟《周代用玉制度研究》的序,上海古籍出版社,2008年8月。

93.《关于岭南地区何时开始铸造青铜器的再讨论》,此文为2007年12月14日在香港"文物保护与南中国史前考古国际研讨会"上的发言,后刊登在《考古》2008年第8期。

94.《中国古代文明演进的两种模式——红山、良渚、仰韶大墓随葬玉器观察随想》,原文载于北京大学震旦古代文明研究中心编《古代文明研究通讯》总第三十八期,2008年9月,后刊在《文物》2009年第3期。

95.《对进一步做好西部考古工作的几点建议》,此文为2008年11月2日至4日在"第五届西部考古协作会暨'史前时代的中国西部——以云贵高原为中心'国际学术研讨会"上的发言,原文载于北京大学震旦古代文明研究中心编《古代文明研究通讯》总第三十九期,2008年12月。

96.《浓墨重彩 2008年度全国十大考古新发现》(合著),《中国文化遗产》2009年第2期。山东寿光双王城水库盐业遗址群、陕西岐山周公庙遗址、云南剑川海门口遗址、河南荥阳娘娘寨遗址、江苏无锡阖闾城遗址、安徽蚌埠双墩一号春秋墓、河南新郑胡庄墓地的专家点评由李伯谦先生担任点评专家。

97.《朝远的精神永远和我们在一起》,《上海文博论丛》2009年第2期。

98.《先商文化考古的新征程》,此文为2009年7月27日在"先商文化学术研讨会"上的致辞,原文载北京大学震旦古代文明研究中心编《古代文明研究通讯》总第四十二期,2009年9月,又以《先商文化考古的新征程——在"先商文化学术研讨会"开幕式上的致辞》为题刊在《南方文物》

2009 年第 4 期。

99.《中国文明起源与形成研究需要注意的几个问题》,《中国历史文物》2009 年第 6 期。本文是根据 2009 年 4 月在河北易县清西陵召开的"中国古代国家起源与形成研讨会"上的发言补充修改而成,原载北京大学震旦古代文明研究中心编《古代文明研究通讯》总第四十一期,2009 年 6 月。

100.《俞伟超与中国考古学学科建设》,中国国家博物馆、北京大学考古文博学院编《俞伟超先生纪念文集·怀念卷》,文物出版社,2009 年 6 月。

101.《商周时期车马埋葬研究的新进展》,此文为吴晓筠《商周时期车马埋葬研究》序,科学出版社,2009 年 11 月。

102.《〈先周文化探索〉读后的若干思考》,此文为雷兴山《先周文化探索》序,科学出版社,2010 年 1 月。

103.《中国考古学的 60 年:发展、贡献、问题与前瞻》,原文载于《北大视野——新中国 60 年学术流变记》,北京大学出版社,2010 年 2 月。

104.《关于文明形成的判断标准问题》,此文为 2010 年 2 月在"新密市聚落考古研讨会"上的发言,原载北京大学震旦古代文明研究中心编《古代文明研究通讯》总第四十四期,2010 年 3 月,后收入《中国聚落考古的理论与实践(第一辑)——纪念新砦遗址发掘 30 周年学术研讨会论文集》,科学出版社,2010 年 12 月。

105.《崧泽文化大墓的启示》,原载北京大学震旦古代文明研究中心编《古代文明研究通讯》总第四十四期,2010 年 3 月,后以《崧泽文化大型墓葬的启示》收入《历史研究》2010 年第 6 期。

106.《中国考古学思想发展史上的一场革命——重读苏秉琦考古学文化区、系、类型理论札记(提纲)》,《南方文物》2010 年第 3 期。

107.《考古所见传说中黄帝时代社会的历史真实性》,此文为 2010 年

4月炎黄文化研究会在北京举办的"新时期炎黄文化研究的回顾与思考学术研讨会"上的发言。

108.《殷墟宫室建筑研究的新成果》，此文为杜金鹏《殷墟宫殿区建筑基址研究》序，科学出版社，2010年11月。

109.《晋伯卣及其相关问题》，原载上海博物馆、香港中文大学文物馆《中国古代青铜器国际研讨会论文集》，2010年11月。

110.《考古学上的吴文化》，2010年6月12日在苏州博物馆的演讲，《苏州文博论丛》2010年总第一辑。

111.《中国古代文明进程的三个阶段》，此文根据2010年12月1日至2日在台北"东亚考古学的再思——纪念张光直先生逝世十周年学术研讨会"上的发言补充、修改而成。

112.《也谈武王伐纣之年》，此文写于1998年"夏商周断代工程"进行中，收入《文明探源与三代考古论集》，文物出版社，2011年7月。

113.《晚商时期中国青铜文化的分布格局及其相互关系》，《文明探源与三代考古论集》，文物出版社，2011年7月。

114.《汉中出土商代青铜器族属问题的再讨论》，《文明探源与三代考古论集》，文物出版社，2011年7月。

115.《叔矢方鼎铭文考释》，《文物》2011年第8期。

116.《湖北随州叶家山西周墓地笔谈》（合著），《文物》2011年第11期。

117.《北大考古的传统》，原文载于北京大学震旦古代文明研究中心编《古代文明研究通讯》总第五十二期，2012年3月。

118.《谈谈两周时期与两周考古——在"海峡两岸——中原两周列国考古与文化学术研讨会"上的发言》，2011年12月18日写于郑州，《中原文物》2012年第3期。

119.《回望曲村——山西晋文化墓地发掘历程》,《中国文化遗产》2012年第4期。

120.《中国考古学思想发展史上的一场革命——重读苏秉琦考古学文化区、系、类型理论札记》,此文提交2009年10月24日至25日召开的"苏秉琦先生诞辰暨牛河梁遗址发现30年纪念大会",刊于中国考古学会、朝阳市人民政府编《苏秉琦先生百年诞辰纪念文集》,科学出版社,2012年10月。

121.《从崧泽到良渚——关于古代文明演进模式发生重大转折的再分析》,北京大学考古文博学院、北京大学中国考古学研究中心编《考古学研究(十)》,科学出版社,2012年12月。本文为喜迎李仰松先生八十华诞而作。

122.《随州叶家山西周墓地第二次发掘笔谈》(合著),《江汉考古》2013年第4期。

123.《科学的挑战精神万岁——寄语2005年全国大学生课外学术科技作品竞赛第九届"挑战杯"》,《感悟考古》,上海古籍出版社,2015年8月。

124.《中国古代文明化历程的启示》,2010年到新加坡参加"二十一世纪中华文化世界论坛"第六届国际学术研讨会,中国古代文明经历了酋邦(古国)—王国—帝国三个发展阶段,《人民日报》2015年3月6日第7版,也刊在《决策探索(下半月)》2015年第3期。

125.《略论陶寺遗址在中国古代文明演进中的地位》,根据2015年4月15日在山西临汾市召开的"尧文化暨德廉思想研讨会"上的发言补充、修改而成,《华夏考古》2015年第4期。

126.《金文族徽研究领域的可喜成果》,《中原文物》2015年第5期。

127.《传承华夏文明 共迎民族复兴——从河南省重大考古发现谈起》,《感悟考古》,上海古籍出版社,2015年8月。

128.《从中国文明化历程研究看国家起源的若干理论问题》，《中原文化研究》2016年第1期；此文曾提交2015年11月14日至15日在上海大学召开的"国家起源研究的理论与方法国际学术研讨会"会议。

129.《黄帝精神的核心是创新》，《黄河　黄土　黄种人》2016年第10期。

130.《中国矿冶考古史上的空前发现》，《黄河　黄土　黄种人》2016年第12期。

131.《良渚水坝——中国五千年前的水利奇观》，《黄河　黄土　黄种人》2016年第14期。

132.《三星堆遗址：新发现、新成果、新认识》，《黄河　黄土　黄种人》2016年第18期。

133.《禹会村遗址——"禹会诸侯于涂山"的考古学证据》，《黄河　黄土　黄种人》2016年第22期。

134.《探源文明　追迹历史——李伯谦先生专访》，《东南文化》2017年第1期。

135.《新砦期遗存——"后羿代夏"确有其事的证据》，《黄河　黄土　黄种人》2017年第2期。

136.《再识牙璋》，《黄河　黄土　黄种人》2017年第4期。

137.《红山文化为神权古国的再次证明——从辽宁朝阳半拉山遗址考古发掘分析》，《黄河　黄土　黄种人》2017年第6期。

138.《陶器起源研究的新进展》，《黄河　黄土　黄种人》2017年第8期。

139.《原始瓷起源于夏代的确证——读"瓷之源"课题组研究成果报告》，《黄河　黄土　黄种人》2017年第12期。

140.《石家河文化时期长江中游地区已进入王国文明阶段》，《黄河

黄土　黄种人》2017 年第 14 期。

141.《从焦家遗址看大汶口文化的社会性质与文明模式》,《黄河　黄土　黄种人》2017 年第 16 期。

142.《从焦家遗址看大汶口文化的社会性质与文明模式》,《黄河　黄土　黄种人》2017 年第 16 期。

143.《吴越文化的历史贡献》,《黄河　黄土　黄种人》2017 年第 18 期。

144.《文献所见大禹事迹与考古发现如何对应问题的若干思考》,《黄河　黄土　黄种人》2017 年第 20 期。

145.《齐国始封地猜想》,《黄河　黄土　黄种人》2017 年第 22 期。

146.《再谈郑州商城的始建年代——赵海涛、侯卫东、袁广阔论文读后》,《黄河　黄土　黄种人》2017 年第 24 期。

147.《周人经略西北地区的前哨基地——姚河塬遗址》,《黄河　黄土　黄种人》2018 年第 4 期。

148.《重启对古书的反思》,《中国社会科学报》2018 年 4 月 26 日第 7 版。指出：首先，需要在认识上走出一个误区，不能认为出土的就是可信的；其次，要将出土文献、传世文献结合起来进行互证互校研究，以求其原真面貌。

149.《漫说晋国、晋文化》，山西博物院编《"晋界"讲坛文集 (2016—2017)》,三晋出版社, 2019 年 2 月。

150.《古史传说的考古观察：三皇五帝能否求证》,《美成在久》2019 年第 4 期。

151.《考古研究中的夏朝寻踪》,《光明日报》2019 年 12 月 28 日第 10 版。

152.《怀念在"夏商周断代工程"中和李学勤先生的交往》,《出土文献》2020 年第 3 期。

153.《"夏代有无"之争已成过去式》，《历史评论》2020 年第 4 期。

154.《参加"夏商周断代工程"夏代年代学研究课题有感》，《中国史研究动态》2020 年第 4 期。

155.《两千年来殷周金文族徽研究的大成之作》，2019 年 5 月 20 日于北京回龙观通达园寓所，《文物鉴定与鉴赏》2020 年第 17 期。

156.《追溯中华文明的源头——访北京大学考古文博学院教授李伯谦先生》，《中国文物报》2020 年 9 月 29 日第 1 版转第 3 版。

157.《我认识的安金槐先生》，《华夏考古》2021 年第 3 期。

158.薛芃：《鸟瞰商朝时期青铜版图——专访考古学家李伯谦》，《追寻三星堆：探访长江流域的青铜文明》，生活·读书·新知三联书店，2021 年 9 月。

159.《百年考古　寄语湖北》，《江汉考古》2021 年第 6 期。

附：李伯谦先生传记

郑州市文物考古研究院编，赵富海著：《读写生命大地：记 20 世纪知名科学家李伯谦》，中国社会科学出版社，2016 年 10 月。

李伯谦先生关于晋文化论著目录

山西省考古研究院　吉琨璋　整理

1985 年

□李伯谦：《文化因素分析与晋文化研究——1985 年在晋文化研究座谈会上的发言》，收入《中国青铜文化结构体系研究》，科学出版社，1998 年。

1993 年

□李伯谦：《晋国始封地考略》，《中国文物报》1993 年 12 月 12 日。

1997 年

□李伯谦：《晋侯苏钟的年代问题》，《中国文物报》1997 年 3 月 9 日，收入《文明探源与三代考古论集》，文物出版社，2011 年。

□李伯谦：《从晋侯墓地看西周公墓墓地制度的几个问题》，《考古》1997 年第 11 期，收入《文明探源与三代考古论集》，文物出版社，2011 年。

1998 年

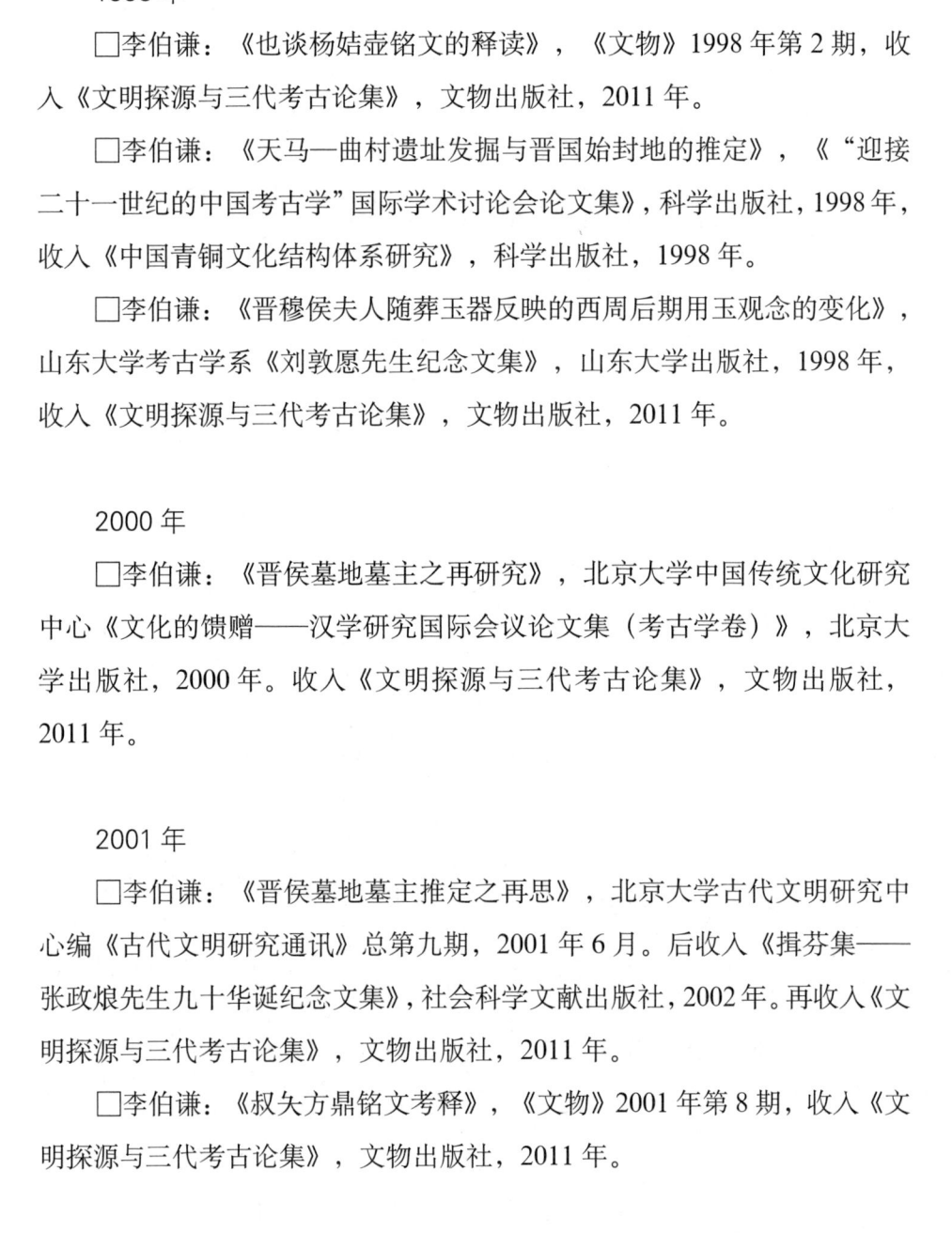

□李伯谦：《也谈杨姞壶铭文的释读》，《文物》1998 年第 2 期，收入《文明探源与三代考古论集》，文物出版社，2011 年。

□李伯谦：《天马—曲村遗址发掘与晋国始封地的推定》，《"迎接二十一世纪的中国考古学"国际学术讨论会论文集》，科学出版社，1998 年，收入《中国青铜文化结构体系研究》，科学出版社，1998 年。

□李伯谦：《晋穆侯夫人随葬玉器反映的西周后期用玉观念的变化》，山东大学考古学系《刘敦愿先生纪念文集》，山东大学出版社，1998 年，收入《文明探源与三代考古论集》，文物出版社，2011 年。

2000 年

□李伯谦：《晋侯墓地墓主之再研究》，北京大学中国传统文化研究中心《文化的馈赠——汉学研究国际会议论文集（考古学卷）》，北京大学出版社，2000 年。收入《文明探源与三代考古论集》，文物出版社，2011 年。

2001 年

□李伯谦：《晋侯墓地墓主推定之再思》，北京大学古代文明研究中心编《古代文明研究通讯》总第九期，2001 年 6 月。后收入《揖芬集——张政烺先生九十华诞纪念文集》，社会科学文献出版社，2002 年。再收入《文明探源与三代考古论集》，文物出版社，2011 年。

□李伯谦：《叔夨方鼎铭文考释》，《文物》2001 年第 8 期，收入《文明探源与三代考古论集》，文物出版社，2011 年。

2002 年

□李伯谦：《晋侯墓地发掘与研究》，上海博物馆《晋侯墓地出土青铜器国际学术研讨会论文集》，上海书画出版社，2002 年，收入《文明探源与三代考古论集》，文物出版社，2011 年。

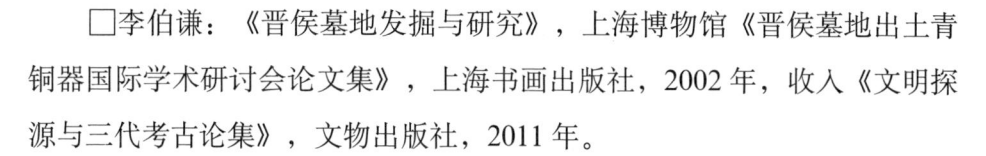

□李伯谦：《晋侯墓地的新发现》，《2001 中国重要考古发现》，文物出版社，2002 年。

□李伯谦：《关于有铭"晋侯铜人"的讨论》，北京大学古代文明研究中心编《古代文明研究通讯》总第十四期，2002 年 9 月。《中国文物报》2002 年 11 月 1 日第 7 版。再收入《文明探源与三代考古论集》，文物出版社，2011 年。

2003 年

□李伯谦：《眉县杨家村出土青铜器与晋侯墓地若干问题的研究》，北京大学震旦古代文明研究中心编《古代文明研究通讯》总第十八期，2003 年 9 月。后收入《古代文明》第 3 卷，文物出版社，2004 年。再收入《文明探源与三代考古论集》，文物出版社，2011 年。

2006 年

□李伯谦：《首造之功　功不可没》，《沧桑》2006 年第 4 期，赵建国主编新版《侯马市志》中《晋都新田文化》和《文物》两编读后感。

2007 年

□李伯谦：《从长时段着眼的晋系墓葬研究》，宋玲平著《晋系墓葬制度研究》序，科学出版社，2007 年。收入《文明探源与三代考古论集》，文物出版社，2011 年。

□李伯谦：《兒公簋与晋国早期历史若干问题的再认识》，北京大学震旦古代文明研究中心编《古代文明研究通讯》总第三十三期，2007年6月；《中原文物》2009年第1期；收入《文明探源与三代考古论集》，文物出版社，2011年。

□李伯谦：《棷马盘铭文与晋侯墓地排序》，原以《棷马盘铭文考释》为题载于北京大学震旦古代文明研究中心编《古代文明研究通讯》总第三十四期，2007年9月。收入《文明探源与三代考古论集》，文物出版社，2011年。

2010年

□李伯谦：《晋伯卣及其相关问题》，原载上海博物馆、香港中文大学文物馆《中国古代青铜器国际研讨会论文集》，2010年11月。

2012年

□李伯谦：《回望曲村——山西晋文化墓地发掘历程》，《中国文化遗产》2012年第4期

2019年

□李伯谦：《漫说晋国、晋文化》，山西博物院编《"晋界"讲坛文集（2016—2017）》，三晋出版社，2019年。

后 记

忝为这本文集的主编之一,后记的撰写实在让我犯难,总觉意犹未尽,却又言犹难及,迟迟不知如何下笔。放弃不写,又不合规矩。那么,从诸位学人的论文中,采英撷华,总结一下李伯谦先生的人格魅力与学术成就,权代后记。

周晓陆:师恩尽透些微处——写在李伯谦老师从教六十周年时

李老师讲课的风格让我印象最深的有两点:第一,是学术材料的全面铺开,以文献为经,以从金石学到考古学的成果为纬,详尽地编制了这一阶段中国考古学的教程,不厌其烦,条分缕析,无余无失。第二,有很强烈的学科问题意识,以问题带动课程,使学生们能够更加明白课程的要点所在,以及围绕夏商周考古学科的未来发展愿景的所在。我非常清晰地记得,当时李老师讲深讲透的几个主要问题,例如,由新石器时代向青铜时代转化的具体地点和文化因素,二里头文化和"夏文化"的关系,夏代的都城问题，早商文化到郑州二里岗文化的相关问题，"亳"都的问题，西周的性质问题，长江下游青铜文化，东周时期三晋文化、燕文化、齐鲁文化、楚文化，等等。30多年过去了，其中有些仍然是中国考古学上的敏感问题。

我们同学们都记得，李老师那严谨认真、亲切平缓、肯定周详、清晰明了的授课，紧紧抓住重点，大度包容各家的不同意见。我们甚至还记得，考试时他带来厚厚的一叠青铜器的明信片，抽取面试，增加我们的新奇感、新鲜感，提高我们当即认知问题的能力。李老师的教导给我们班的同学都留下了深刻的印象，给同学们指出了从事考古事业的最清晰的路标。

……

十日几度拜谒李伯谦老师

最喜他乡谒老师，束脩未备面惭时。①
阳城吹土禹涂末，洹水长流汤武诗。
几页青铜青未了，三朝断代断能知。②
先生教席夸天健，皓首锋芒阻日迟。③

注：

①李伯谦老师于1978年至1979年教我夏商周三代考古学，现已85岁高龄，仍慨然奋战在考古第一线。

②记得伯谦教授以几页青铜器明信片考我们，记得25年前伯谦先生具体而微地指导我参与"夏商周断代工程"。

③李老师关注最新的史前考古成果，奋力于中华文明探源研究，白首柱天，真有挥戈阻日之英武。

近日，又在郑州庆贺李伯谦老师从教60周年，感慨之际学生再留小诗一首：

后　记

我师李伯谦先生从教六十周年贺

耕耘六十秋，问夏问商周。

濠掘双槐树，宫开二里头。

大河教日夜，中岳费筹谋。

厥伟煌煌业，青铜铸九丘。

2021 年 7 月 17 日

张国硕：我所了解的李伯谦先生

李伯谦先生是著名的考古学家、教育学家。60 年来，先生一直从事考古学尤其是夏商周考古的研究工作，在考古学人才培养、考古学知识的普及、社会服务等方面都做出了重大贡献。

一、构建史前及青铜文化结构体系，注重学术理论方法的建立和创新；

二、全力打造高水平教育平台，完善夏商周考古课程体系和教学模式；

三、注重公众考古的推广普及，积极参与社会服务活动。

总之，李伯谦先生对中国的考古事业做出了重大贡献，是令人敬仰的学术大家！

田建文：再读李伯谦先生《感悟考古·导言》

李伯谦先生在 2015 年 8 月《感悟考古》出版前夕，为之写了将近 4 万字的《导言》，出版不久我读过两三遍。文如其人，李老师满篇苦口婆心，以自己的亲身经历、经验、体会甚至不足、教训，引导着考古学界一代又一代年轻学子们，树立一流的为学态度，朝向正确的考古方法，既接受国外先进考古学的模式和理念，又发扬中国传统考古学的特色和方法，使中国考古学自尊、自强、自重、自爱，走向世界、走向远方。

…………

1. 得懂得发掘，得懂得器物排队做类型学研究；

2. 如何看待国外涌进来的理论？

3. 没有文化遗产的保护，考古也将失去自己活动的空间；

4. 下田野、摸陶片，掌握类型学方法对一个搞考古的人非常重要；

5. 如何进行类型学研究？

6. 研究考古学文化族属的两个必须；

7. 只有做好遗址分期，才能看出聚落的发展演变及在不同时段呈现出来的特点；

8. 牢记田野工作是考古学安身立命的根本。

以上，是我读《感悟考古·导言》的八则摘抄，其中最重要的是：

1. 田野工作是考古学安身立命的根本；

2. 立足田野和"摸陶片"划分类型学，是考古学的基本功；

3. 只有做好遗址分期，才能看出聚落的发展演变及在不同时段呈现出来的特点；

4. 在对待发掘问题上，反对必要的发掘和主张无节制的发掘这两种极端取向，都是错误的、不可取的。

何驽：试论李伯谦先生考古学术思想体系

赵富海先生曾经总结了李伯谦先生对中国考古事业的七大贡献，包括考古学文化因素分析法、中华文明演进两种模式、"夏商周断代工程"、中国青铜文化结构体系、晋文化研究、北京大学考古学科建设、首次提出中国古代文明历程对当下的八点启示。我认为赵先生的总结还是很到位的。

当然，学术贡献不等于学术思想，尽管李伯谦先生的学术思想蕴藏其中，但仍需要我们去剖析。作为李伯谦先生的硕士、博士研究生，我想尝试分析一下李老师的学术思想体系，以期对百年中国考古学术思想的整理做点滴之事。

一、考古学文化论

二、中国古代文明研究理论体系

三、历史考古学理论

四、精神领域考古

通过梳理和总结李伯谦老师从事考古教学与研究一甲子的学术思考，我认为李老师的考古学术思想体系由考古学文化论、中国古代文明研究理论体系、历史考古学理论和精神领域考古四大部分构成。其中考古学文化论是基础，中国古代文明研究理论体系、历史考古学理论和精神领域考古则各有侧重，但四者又融会贯通，相互支撑，形成一个有机的整体。

高子期：工科类高校设立艺术考古学科的意义

李伯谦先生曾有"考古是科学，考古是艺术""艺术具有展现广阔生活背景的特性，而考古恰恰为其提供了良好的环境与条件"的论断。笔者在 2016 年拜访李先生时谈到在工科类高校开设艺术考古学并征求他的意见和建议时，原以为会受到一定的质疑。不承想先生听后竟然大力支持："在工科院校开办艺术考古学是有开创性的，我坚决支持。"原因无他，作为老一辈的考古学家和教育家，他在长期的考古发掘及教学实践中，以学者的敏感认识到现有学科教育的局限和不足。

袁广阔：中国史前文明起源"两种模式论"与中原文明化进程探索
——以河南地区为中心的考察

李伯谦先生的"两种模式论"，较为清晰地解读了中原古国时代考古文化现象中与周边同时期文化有差异的原因，以及不同地区、不同族群的文化传播与演进模式、文化互动与融合关系，也是李先生为中华文明起源研究做出的理论贡献。此外，先生在考古学文化因素分析、田野考古方法以及中国考古学学科建设等方面都做出了突出贡献。

李先生治学民主、严谨，从来都以博大的胸襟对待不同的学术观点和学界争鸣。多年的学术或生活交流，使我对先生的敬重、感激之情越发浓厚，特别是在学术研究方面，先生不求别人与他自己观点一致，坚持实事求是、客观科学。我的论文《先商文化新探》中提出先商洛达庙类型是二里岗文化的直接来源，打破人们对二里岗文化直接来源于"南关外类型"的认识。当我怀着惴惴不安的心情，等待学术界的认可时，没有料到夏商考古的泰斗级专家——李伯谦先生第一个对该观点给予明确认同，他在《古代文明研究通讯》上发表有关商文化的论述中明确指出这一认识与新的考古资料相符；随后又在北京大学做《考古学对中国上古史建设的重大贡献》演讲时指出："洛达庙类型过去都认为属于二里头文化，郑州市文物考古所在郑州市区西边的洼刘发掘出典型的二里头文化遗址之后，河南省考古所的袁广阔敏锐地觉察到，洛达庙类型和洼刘的二里头文化有较明显区别，他怀疑洛达庙类型很可能是商文化推进至此后和二里头文化融合的产物，其主体应是商文化。这是有道理的。"（李伯谦：《北大演讲第四辑》）先生的支持是对我学术研究的鼓励，对我的学术研究和今后的教书育人工作影响巨大。

后 记

王幼平：李伯谦先生与郑州旧石器考古

郑州地区位于中原的核心地带，自古以来就是中国及东亚大陆南北与东西交通的枢纽。该地区不仅是中华文明起源的核心区，更是更新世人类演化与文化发展的摇篮。近20年来，该地区文物考古单位与相关高校的考古工作者开展多项旧石器时代考古发掘与专项调查，获得大量的晚更新世以来古人类活动与旧石器文化发展的新证据，在探索现代人在该地区的出现与旧、新石器时代过渡等史前考古重大课题等方面不断取得突破。回首进入新世纪以来郑州地区旧石器时代考古工作的重要进展，这些都与李伯谦先生在21世纪之初开始推动北京大学考古文博学院与郑州市文物考古研究所（现为郑州市文物考古研究院）合作发掘荥阳织机洞遗址，以及随后对两单位旧石器合作项目的长期关心与支持密切相关。

相较河南省内及周边其他地区，郑州地区旧石器时代考古工作的起步较晚。一直到20世纪的八九十年代，只有巩义洪沟与荥阳织机洞等发现。其中发现于80年代中期的织机洞遗址堆积巨厚，文化遗存尤为丰富，张松林先生等曾对此进行过数次发掘。进入新世纪以来，针对中国考古学面临的现代人起源与早期农业出现等重大课题的探索，特别是追寻中华文明远古根系，全面复原中国远古人类发展史的需求，时任北京大学考古文博院院长与北京大学中国考古学研究中心主任的李伯谦先生，规划安排北京大学考古文博院与郑州市文物考古研究所联合发掘荥阳织机洞遗址，也由此开始两单位在郑州地区持续了20年之久的旧石器时代考古发掘与研究的合作，先后发掘过荥阳织机洞，新密李家沟，新郑赵庄与黄帝口，登封西施、东施与方家沟，二七区老奶奶庙等旧石器时代遗址，获得数量众多的田野考古资料，有力地推动了郑州地区旧石器时代考古工作的发展。李伯谦先生对上述工作的长期关注与指导，正是近20年来郑州地区旧石器考古得以长足进步的关键。

…………

在庆祝李伯谦先生从教60周年，讨论李先生的考古学术与教学思想之际，回顾近20年来在李先生关心指导下在郑州地区进行的旧石器时代考古发掘与研究工作，我感触颇多。首先是李先生重视田野考古基础，无论是教学或科研，都强调通过野外考古发掘获得第一手资料构建中国考古学体系的理念，这才推动我们与郑州市考古同行，坚持开展田野考古发掘工作，通过织机洞、李家沟、西施、老奶奶庙等遗址的发掘，为建立起郑州地区晚更新世以来旧石器文化发展框架奠定了坚实的基础。通过扎实的田野发掘工作构建中国考古学文化发展体系，是北京大学考古专业自建立以来就形成的传统。李先生和学院前辈一道长期坚持，通过考古专业的教学与学术研究实践，将其传授给学生与年轻教员。自1982年秋初笔者开始在李伯谦先生指导下参加皖西考古调查与发掘实习，到差不多20年后的织机洞等遗址发掘和综合研究，日愈认识到李先生重视田野考古基础的学术与教育理念。

对李伯谦先生学术与教学思想的第二点感悟是他对建立中国考古学文化发展的完整体系的坚持与追求。李先生长期从事商周考古教学与研究，但无论是作为考古专业教师还是学院领导，他的学术视野都没有仅仅局限在中国青铜时代，而是包括自旧石器时代以来的完整中国考古学体系的探索与建设。这种追求，在他对前述郑州地区旧石器时代考古的长期关心与支持上展现得十分清楚。在本科毕业实习与论文完成之后，虽然没有机会继续在李先生指导之下做商周考古学习与研究，但在旧石器时代考古的学习与研究过程中，依然经常得到李先生从学习到生活上的关心帮助。尤其是最近20年来在郑州地区的旧石器考古工作中，更深切感受到李先生的全力支持。这些帮助不仅仅是先生对学生的关怀，更重要的是体现了学术前辈对全面建设中国考古学文化体系的孜孜以求。

李先生学术与教学思想的突出特色还有他的广阔学术视野。从20年前李先生全力支持"织机洞遗址与中国北方旧石器时代中、晚期的过渡"项目的发掘开始，到近几年对"东亚现代人起源——以嵩山地区为中心的研究"等的高度重视与大力支持，都显现出李先生对考古学课题的研究视野并不局限在局部地区个别考古学文化，而是更注重跨地区与国家边界的大区域的整体观察探讨，力求在东亚乃至全球的层面上全面认识早期人类与史前文化发展的历史进程与规律。李先生的学术视野也展现在对考古学研究的多学科合作与跨学科的综合研究方面。在郑州项目的实施过程中，从织机洞发掘研究开始，多学科研究团队的组建即得到李先生的支持。近年来的东亚现代人起源研究项目，由于旧石器时代考古项目需要多学科合作的特点，更得到李先生与中华之源与嵩山文明研究会的特别关心与支持。这些都更清楚地显现出李先生的广阔学术视野。

与20年前相比，郑州地区旧石器时代考古发现与研究工作有长足进步。晚更新世以来旧石器文化发展序列的建立，特别是现代人及其文化在中原地区出现证据的确认，以及李家沟遗址旧、新石器时代过渡地层与文化遗存的发现，都为本地区乃至中国早期人类与史前文化发展史的研究增添了新证据，做出了重要贡献。这些收获的取得，都与李伯谦先生长期关心指导密切相关，也为我们学习和探讨李先生学术与教育思想提供了很具体的实例。

宋玲平：虚怀若谷，海纳百川——向李伯谦先生从事教学考古60周年致敬

李伯谦先生是德才兼备、人品学问兼善的学者，是开放包容、与时俱

进的智者，是学术民主、平易近人的师者，是有口皆碑、令人尊敬的长者。

…………

李伯谦先生是一位真正的谦谦君子，上善若水，厚德载物，他像山谷一样深广，像大海一样辽阔。他是我人生道路上的引路人，是矗立在我学术道路上的一座丰碑，是我终身敬仰的楷模，需要我用一生来不断地学习！恩师对我的栽培，我无以回报，唯有以先生为榜样，谨遵先生的教诲，不辜负先生的厚望，严以修身，严以律己，继续发奋努力，知行合一，用我的人品和学问，向李伯谦先生表达最崇高的敬意！

综上所述，足见李伯谦先生的人格魅力：德才兼备、人品学问兼善的学者，开放包容、与时俱进的智者，学术民主、平易近人的师者，有口皆碑、令人尊敬的长者。

李伯谦先生的学术成就：一、考古学人才培养。二、考古学理论贡献，包括：1.考古学文化论。2.中国古代文明研究理论体系。3.历史考古学理论。4.精神领域考古。三、考古学知识普及和社会服务。

李伯谦先生的学术贡献：考古学文化因素分析法、中华文明演进两种模式、"夏商周断代工程"、中国青铜文化结构体系、晋文化研究、北京大学考古学科建设、首次提出中国古代文明历程对当下的八点启示。

感谢郑州中华之源与嵩山文明研究会的鲍君惠与李珣女士在前期做了大量的文集稿件收集工作！同样感激出版社的编辑为编辑本文集所做出的辛勤努力！由衷感谢郑州中华之源与嵩山文明研究会为本文集的出版提供资金，铭感五中！

何 驽

2022年6月15日